오픈 소스 소프트웨어 아키텍처

The Architecture of Open Source Applications

Edited by Amy Brown & Greg Wilson

25개 애플리케이션으로 배우는 오픈 소스 소프트웨어 아키텍처

초판 1쇄 발행 2015년 5월 11일 **엮은이** 에이미 브라운, 그레그 윌슨 **옮긴이** 류성호, 김 마이클, 김성안, 박성철, 서지혁, 설현준, 임성현, 정진수, 조상민, 최용호, 허태명, 현수명 **펴낸이** 한기성 **펴낸곳** 인사이트 **편집** 이지연 **본문디자인** 윤영준 **제작·관리** 박미경 **표지출력** 소다디자인프린팅 **용지** 월드페이퍼 **인쇄** 현문인쇄 **제본** 자현제책 **등록번호** 제10-2313호 **등록일자** 2002년 2월 19일 **주소** 서울시 마포구 잔다리로 119 석우빌딩 3층 **전화** 02-322-5143 **팩스** 02-3143-5579 **블로그** http://blog.insightbook.co.kr **이메일** insight@insightbook.co.kr **ISBN** 978-89-6626-126-0 책값은 뒤표지에 있습니다. 잘못 만들어진 책은 바꾸어 드립니다. 이 책의 정오표는 http://www.insightbook.co.kr/63684에서 확인하실 수 있습니다. 이 도서의 국립중앙도서관 출판예정도서목록(CIP)은 서지정보유통지원시스템 홈페이지(http://seoji.nl.go.kr)와 국가자료공동목록시스템(http://www.nl.go.kr/kolisnet)에서 이용하실 수 있습니다.(CIP제어번호: CIP2015000157)

이 도서는 판매 수익금 일부를 국제앰네스티(Amnesty International) 한국지부(http://amnesty.or.kr)에 기부합니다.

25개 애플리케이션으로 배우는

오픈 소스 소프트웨어 아키텍처

The Architecture of Open Source Applications

에이미 브라운 · 그레그 윌슨 엮음
류성호 · 김 마이클 · 김성안 · 박성철 · 서지혁 · 설현준 · 임성현
정진수 · 조상민 · 최용호 · 허태명 · 현수명 옮김

인사이트
insight

차례

13장 셀레늄 웹드라이버(Selenium WebDriver)　　299

14장 소셜캘크(SocialCalc)　　337

15장 스노우플록(SnowFlock)　　365

24장 파이썬 패키징(Python Packaging)   561

25장 하둡 분산 파일시스템(Hadoop Distributed File System)   593

옮긴이의 글

처음 이 책이 소개된 것은 2012년이었습니다. 당시 공식 웹 사이트를 통해 책의 내용을 접하고 개인적으로 챕터들을 번역하기 시작했던 것이 계기가 되어, 이렇게 한글판 책이 나오게 되었습니다. 광범위한 주제를 다루는 책이었던 만큼, 번역에 참여하신 분들도 많았습니다. 모두 12분이 참여하셨고, 여기 번역되어 소개된 내용들 외에도 개별적인 챕터를 번역해 공개한 분들도 상당수 있는 것으로 알고 있습니다.

소프트웨어 아키텍처란 용어가 널리 사용되고는 있지만, 사실 일반적인 프로그래밍 관련 서적이나 정규 교육 과정에서 실제로 접하기는 어려웠습니다. 상대적으로 상세 설계에 관해서는 디자인 패턴이나 UML 같은 체계적인 도구들이 많이 소개되었습니다만, 소프트웨어의 구조를 설명할 때에는 이 같은 정형화된 포맷이 사용되지는 않고 있습니다. 물론 소프트웨어 공학 분야에서 구조 설계에 대한 설명과 다양한 방법들을 제시해 주고 있습니다만, 실제 사례들에서는 이 같은 방법론이나 표기법들에 딱히 구애받지 않고 상대적으로 자유로운 형태로 설명되는 경우가 많았습니다. 게다가 추상화된 소프트웨어의 구조만으로는 실제로 이 내용들이 어떤 형태로 구현되는지를 알기 어렵기 때문에, 소프트웨어 구조만을 따로 떼어내어 전문적으로 설명하기보다는 실제 사례들을 중심으로 다양하게 접해 보는 것이 도움이 된다고 생각합니다.

이 책에서는 다양한 오픈 소스 소프트웨어들의 얼개를 해당 소프트웨어 개발에 직접 참여했던 사람들이 설명하고 있습니다. 하둡과 같은 분산시스템에서부터 bash와 같은 셸에 이르기까지 다양한 대상들을 다루고 있는 만큼, 각 장마다 설명하는 방식도 개성이 뚜렷합니다. 하지만, 작업한 대상의 얼개를 설명할 때 어떤 내용을 중심으로 설명하고 어떤 내용을 생략했는지, 그리고 설계할 때 어떤 부분을 고민했으며 그에 따르는 장단점이 어떤 것이었는지 등을 살펴보면 흥미로울 듯합니다. 특히 센드메일(Sendmail)이나 bash와 같이 오랜 역사를 가지

고 있는 소프트웨어들의 경우 시간이 흐름에 따라 어떤 부분이 유지되었고 어떤
부분이 변경되었는지, 새로 만든다면 다르게 접근하고 싶은 부분은 어떤 것인지
등에 대한 설명을 듣는 것도 쉽게 접하기 어려운 부분입니다.

　이 책에서 소개되고 있는 내용이 소프트웨어 아키텍처에 관심 있는 분들께 작
은 도움이 되었으면 하는 바람입니다.

류성호

서문

에이미 브라운(Amy Brown), 그레그 윌슨(Greg Wilson) 엮음
류성호 옮김

목공은 그 자체만으로도 평생에 걸친 수련이 필요한, 섬세하면서도 힘겨운 공예입니다. 하지만, 목공은 건축 설계와는 별개의 이슈입니다. 대패와 끌에서 한 발짝 물러나서 바라보면, 건물 자체를 설계하는 작업은 전혀 다른 일이며 그 작업을 잘하는 것 역시 나름대로의 예술이자 과학이라는 점을 알 수 있게 됩니다.

프로그래밍 역시 평생에 걸친 수련이 필요하다는 점에서 일맥상통합니다. 하지만, 마찬가지로 프로그래밍 자체는 소프트웨어 아키텍처 설계와는 별개의 문제입니다. 많은 프로그래머가 보다 큰 규모의 설계 이슈에 대해 몇 년에 걸쳐 생각하고 씨름합니다. 이 애플리케이션은 확장 가능하게 만들어야 할까? 그렇다면 스크립팅 인터페이스를 제공하는 것이 좋을까? 아니면 플러그인 메커니즘? 그것도 아니면 아예 전혀 다른 방법으로? 클라이언트와 서버의 역할 분담은 어떻게 하는 편이 좋을까? 아예 클라이언트-서버 모델 자체가 이 애플리케이션에 적합하긴 한 걸까? 이런 것들은 단순한 프로그래밍의 범위를 넘어서는 질문입니다. 계단을 어디에 배치하는 것이 좋을지를 고민하는 것이 단순한 목공의 범위를 넘어서는 것과 마찬가지로 말이죠.

건축물의 구조 설계와 소프트웨어의 구조 설계에는 많은 공통점이 있습니다만, 한 가지 뚜렷한 차이점이 존재합니다. 건축가들은 교육과정과 커리어 전반에 걸쳐 수천 개의 건물에 대해 접하게 되지만, 대부분의 소프트웨어 개발자들이 접하게 되는 대규모 프로그램은 단지 몇 개에 지나지 않습니다. 게다가 이 프로그램들은 각자 직접 작성한 것이 대부분입니다. 개발자들은 역사적으로 뚜렷한 족적을 남긴 프로그램들을 접하거나, 노련한 업계종사자들이 해당 프로그램들에 대해 작성한 평가를 읽을 기회가 거의 없었습니다. 그 결과로 서로의 장점과 성공을 계승하지 못하고 서로 동일한 실수를 계속 반복해 왔습니다.

이 책은 이런 현상을 고쳐보고자 하는 노력의 일환입니다. 각 챕터는 오픈 소스 프로그램들의 아키텍처를 설명합니다. 전체 구성은 어떻고, 각 하부 구조는

어떻게 상호동작하며, 왜 그런 방식으로 구축하게 되었으며, 다른 대규모 설계 문제에 적용될 수 있는 교훈은 어떤 것들이 있었는지 말이죠. 각 해설은 해당 소프트웨어를 잘 아는, 복잡한 애플리케이션을 설계하고 재설계하는 작업을 길게는 수십 년에 걸쳐 수행해 온 전문가들이 작성해 주었습니다. 각 애플리케이션은 간단한 드로잉 프로그램에서부터, 웹 기반 스프레드시트, 컴파일러 툴킷, 그리고 수백만 라인에 이르는 시각화 패키지 등 매우 다양한 분야를 아우르고 있습니다. 일부는 몇 년밖에 되지 않은 반면, 어떤 것은 30주년을 바라보는 애플리케이션입니다. 하지만 모두가 공통적으로 가지고 있는 것은, 각 시스템 제작자들이 설계에 대해 오랫동안 열심히 고민해왔고 그 결과를 여러분과 자발적으로 공유하고 싶어 한다는 점입니다. 이 분들이 작성한 내용을 독자 여러분께서 즐겨주시면 좋겠습니다.

이 책을 만드는 데 참여한 분들

에릭 알만(Eric P. Allman - Sendmail): sendmail, syslog, trek의 원저자이면서 Sendmail, Inc.의 공동 창업자입니다. 그는 오픈 소스 운동이 태동하기 이전, 오픈 소스라는 이름 자체가 없던 시절부터 오픈 소스 소프트웨어를 개발해 왔습니다. 현재 ACM Queue의 편집위원회와 Cal Performances Board of Trustees의 멤버이며, 웹사이트는 http://www.neophillic.com/~eric/입니다.

키이스 보스틱(Keyith Bostic, Berkeley DB): UC 버클리 컴퓨터 시스템 연구 그룹의 일원입니다. 그는 BSD 2.10 배포판의 아키텍트였으며, BSD 4.4와 관련 배포판의 주 개발자였습니다. 그는 유닉스 커뮤니티에서 돋보이는 기여를 한 분들에게 수여되는 USENIX Lifetime Achievement Award("The Flame")를 받았으며, BSD 4 배포판을 오픈 소스화한 기여로 UC 버클리의 Distinguished Achievement Award를 수상했습니다. 키이스는 오픈 소스 임베디드 데이터베이스 시스템인 Berkeley DB의 아키텍트이자 원 개발자 중 한 명입니다.

에이미 브라운(Amy Brown, 편집): 워틸루 대학교에서 수학으로 학사를 마쳤으며, 소프트웨어 산업에서 10년 동안 근무했습니다. 최근에는 저술과 책 편집 업무에 종사하고 있으며, 때때로 소프트웨어에 관한 책을 다루기도 합니다. 에이미는 토론토에서 자녀 두 명과 아주 나이 먹은 고양이와 함께 살고 있습니다.

티투스 브라운(C. Titus Brown - Continuous Integration): 진화적 모델링, 물리기상학, 발생생물학, 유전학, 바이오 인포매틱스 분야 등에서 근무해오고 있습니다. 현재 미시간주립대학교의 조교수이며, 과학용 소프트웨어의 재현성과 유지보수성 등과 같은 새로운 분야로 관심 분야를 넓히고 있습니다. Python Software Foundation의 회원이기도 하며, 블로그 주소는 http://ivory.idyll.org 입니다.

로이 브라이언트(Roy Bryant - Snowflock): 20년 경력의 소프트웨어 아키텍트이자 CTO인 로이는 Electronics Workbench 및 2006년 Microsoft 하이퍼포먼스 컴퓨팅 분야 세계 Customer Award를 수상한 Linkwalker Data Pipeline을 포함한 다양한 시스템들을 설계했습니다. 최근 스타트업을 매각한 후, 가상화 및 클라우드 컴퓨팅 분야 연구를 위하여 토론토 대학교 전산학과 대학원으로 복귀했습니다. 최근에는 2011 ACM Eurosys Conference에서 Snowflock에 대한 Kaleidoscope 확장 기능을 발표했습니다. 개인 웹 사이트는 http://www.roybryant.net입니다.

러셀 브라이언트(Russel Bryant - Asterisk): Digit, Inc. 오픈 소스 소프트웨어 팀의 엔지니어링 매니저입니다. 2004년 가을부터 아스테리스크 개발팀의 핵심 멤버로 근무해 오고 있으며, 프로젝트 관리에서부터 핵심 구조 설계 및 개발에 이르기까지 아스테리스크 개발 전 영역에 걸쳐 참여해 오고 있습니다. 블로그 주소는 http://www.russelbryant.net입니다.

로산젤라 카니노-코닝(Rosangela Canino-Koning - Continuous Integration): 13년 동안 소프트웨어 산업의 최전방에서 근무한 뒤, 미시간 주립대학교에서 전산학 및 진화생물학 분야에서 박사과정을 밟고 있습니다. 남아도는 여가 시간동안 독서, 하이킹, 여행 그리고 오픈 소스 바이오 인포매틱스 소프트웨어 해킹을 하곤 합니다. 블로그 주소는 http://www.voidptr.net입니다.

프란체스코 체사리니(Francesco Cesarini - Riak): 1995년부터 매일 Erlang을 사용해 왔으며, 에릭슨(Ericsson)에서 OTP R1 배포판을 포함하는 다양한 턴키 프로젝트에 참여하고 있습니다. Erlang Solutions의 창업자인 동시에 O'Reilly에서 발간한 『Erlang Programming』의 공동저자입니다.

로버트 챈슬러(Robert Chansler - HDFS): 야후의 소프트웨어 개발 부서의 시니어 매니저입니다. 카네기멜론 대학원에서 분산 시스템을 전공한 뒤, 컴파일러, 프린팅 및 이미지 시스템, 전자상거래, SAN 관리 분야 등에서 근무했습니다. 분산 시스템 및 HDFS 분야로 복귀하면서 예전에 익숙했던 문제들과 다시 마주하게 되었지만, 이번에는 뒷자리에 0이 여러 개 더 붙어 있더라더군요.

제임스 크룩(James Crook - Audacity): 아일랜드 더블린에 거주하는 계약직 소프트웨어 개발자입니다. 예전에는 바이오인포매틱스 소프트웨어 개발을 수행했으며, 현재는 전자 설계 툴을 개발하고 있습니다.

크리스 데이비스(Chris Davis - Graphite): 구글 엔지니어이자 소프트웨어 컨설턴트로, 12년 넘게 확장성 있는 모니터링 및 자동화 툴을 설계하고 개발하는 업무에 종사해 왔습니다. 크리스는 2006년 그래파이트를 직접 작성하였고, 해당 오픈 소스 프로젝트를 이끌고 있습니다. 코드를 작성하지 않을 때에는 요리, 작곡, 연구 작업들을 수행합니다. 연구 관련한 관심 분야는 지식 모델링, 그룹 이론, 정보 이론, 혼동 이론, 복잡계 이론 등입니다.

줄리아나 프레어리(Juliana Freire - VisTrails): 유타대학교 전산학과 조교수입니다. 이전에는 벨연구소의 데이터베이스 연구 부서에서 기술 스태프로 근무했었고, OGI/OHSU에서 조교수를 역임했습니다. 연구 분야는 과학 데이터 관리, 정보 통합, 웹 마이닝 등입니다. NSF CAREER 후원 프로그램 및 IBM Faculty Award를 수상했으며, NSF, 미국 Department of Energy, National Institutes of Health, IBM, Microsoft, Yahoo! 등으로부터 연구 지원을 받고 있습니다.

버크 게베치(Berk Geveci - VTK): Kitware의 과학 컴퓨팅 분야를 담당하고 있으며, VTK에 기반한 시각화 프로그램인 ParaView의 개발을 이끌고 있습니다. 연구 관심 분야는 대규모 병렬 컴퓨팅, 컴퓨터 기반 동역학, 유한 요소법 및 시각화 알고리즘 등입니다.

앤디 그로스(Andy Gross - Riak): Basho Techonologies의 수석 아키텍트이며, Basho의 오픈 소스 및 엔터프라이즈 데이터 스토리지 시스템 설계와 개발을 담당하고 있습니다. 앤디는 10여 년에 걸친 소프트웨어 및 분산 시스템 엔지니어링 경력을 갖고 있으며, 2007년 12월부터 Basho에서 근무하기 시작했습니다.

Basho 이전에는 Mochi Media, Apple. Inc., Akamai Technologies 등에서 분산 시스템 업무를 수행했었습니다.

빌 호프먼(Bill Hoffman - CMake): Kitware, Inc.의 CTO이자 공동창업자입니다. CMake 프로젝트의 핵심 개발자이기도 하며, 대규모 C++ 시스템 개발을 20년 넘게 수행해 오고 있습니다.

케이 호르스트만(Cay Horstmann - Violet): 산호세 주립대학교 전산과 교수로 근무하고 있습니다만, 종종 산업계에서 근무하거나 외국에서 강연을 하기 위해 자리를 비우기도 합니다. 프로그래밍 언어 및 소프트웨어 설계에 관한 다수의 책을 저술하였으며, Violet 및 GridWorld 오픈 소스 프로그램들의 원저자이기도 합니다.

에밀 이보프(Emil Ivov - Jitsi): Jitsi 프로젝트의 설립자이자 프로젝트 리더입니다. ice4j.org나 JAIN SIP 프로젝트와 같은 다른 활동들에도 참여하고 있습니다. 2008년 초에 스트라스부르 대학교에서 박사 학위를 받은 후, 줄곧 Jitsi 관련 활동에 주로 초점을 맞춰서 활동하고 있습니다.

데이비드 쿱(David Koop - VisTrails): 유타 대학교 전산학과 박사과정 학생이며, 2011년 여름에 졸업 예정입니다. 연구 분야는 시각화 및 과학 데이터 관리입니다. 현재 VisTrails 시스템의 주 개발자이며, VisTrails. Inc.의 소프트웨어 아키텍트입니다.

하이롱 쾅(Hairong Kuang - HDFS): 하둡 프로젝트에 오랫동안 참여해 왔으며 커미터로 활동하고 있습니다. 예전에는 야후, 지금은 페이스북에 근무하면서 하둡 프로젝트에 관여하고 있습니다. 산업계에 참여하기 전에는 캘리포니아 폴리테크닉 대학교에서 조교수를 역임했으며, UC 어바인에서 전산학 박사 학위를 받았습니다. 관심 분야는 클라우드 컴퓨팅, 모바일 에이전트, 병렬 컴퓨팅, 분산 시스템 등입니다.

앙드레 라가-카빌라(H. Andrés Lagar-Cavilla - Snowflock): 가상화, 운영체제, 보안, 클러스터 컴퓨팅, 모바일 컴퓨팅 분야에서 실험적인 연구를 수행해 오고 있습니다. 아르헨티나에서 학사를 받았으며, 토론토 대학교 전산학과에서 석사 및 박사 학위를 취득했습니다. 온라인 주소는 http://lagarcavilla.org입니다.

크리스 래트너(Chris Lattner - LLVM): 컴파일러 툴 체인, 운영체제, 그래픽스, 이미지 렌더링 등 다양한 분야에 걸친 관심과 경험을 갖춘 소프트웨어 개발자입니다. 오픈 소스 LLVM 프로젝트의 설계자이자 리드 아키텍트이기도 합니다. 크리스와 그의 프로젝트에 대해 더 알아보려면 http://nondot.org/~sabre/를 방문해 보세요.

앨런 로디치나(Alan Laudicina - Thousand Parse): 웨인 주립대학교 전산과에서 분산 컴퓨팅을 공부하고 있는 석사과정 학생입니다. 여가 시간에는 코딩을 하고, 새로운 프로그래밍 언어를 배우고, 포커를 합니다. 앨런에 관해서는 http://alanp.ca/에서 더 알아보실 수 있습니다.

다니엘 마델리(Danielle Madeley - Telepathy): 텔레파시 프로젝트 및 Collabora 사의 다른 프로젝트에 참여하고 있는 오스트레일리아 소프트웨어 개발자입니다. 전자공학 및 전산학과 학사 학위를 가지고 있으며, 방대한 펭귄 인형 컬렉션을 보유하고 있습니다. 블로그 주소는 http://blogs.gnome.org/danni/입니다.

애덤 마커스(Adam Marcus - NoSQL): MIT AI Lab에서 데이터베이스와 소셜 컴퓨팅의 접목에 관해 연구하고 있는 박사과정 학생입니다. 최근에는 트위터 같은 소셜 스트림과 메커니컬 투르크(Mechanical Turk)와 같은 인력 기반 연산 플랫폼을 기존의 데이터베이스와 결합하는 작업 등을 수행했습니다. 주로 연구 프로토타입에서 실용적인 오픈 소스 시스템을 개발하는 것을 좋아하며, 해변에서 산책하는 것보다 오픈 소스 스토리지 시스템을 추적하는 것을 더 좋아합니다. 블로그 주소는 http://blog.marcua.net입니다.

케네스 마틴(Kenneth Martin - CMake): 현재 미국의 R&D 기업인 Kitware, Inc.의 의장이자 CFO입니다. 1998년에 Kitware를 공동 창업했으며, 현재까지 회사를 꾸준히 성장시켜왔습니다. 최근에는 다수의 정부기관 및 산업계 클라이언트들에게 선도적인 R&D 솔루션을 제공하고 있습니다.

아아론 마브리낙(Aaron Mavrinac - Thousand Parse): 윈저 대학교 전자전산학과에서 카메라 네트워크, 컴퓨터 비전, 로보틱스를 전공하고 있는 박사과정 학생입니다. 여가시간이 있을 때에는 Thousand Parsec을 비롯한 다른 자유 소프트웨어에 참여하거나, 파이썬이나 C로 코딩하거나, 그 밖의 다양한 많은 일을 하곤 합니다. 웹사이트는 http://www.mavrinac.com입니다.

킴 므와르(Kim Moir - Eclipse): 오타와의 IBM Rational Software에서 이클립스 및 Runtime Equinox 프로젝트의 배포 엔지니어링 리더로 근무하고 있으며, 이클립스 아키텍처 위원회의 멤버로 활동 중입니다. 관심 분야는 빌드 최적화, Equinox, 컴포넌트 기반 소프트웨어 개발입니다. 업무 시간 외에는 달리기를 즐겨합니다. 블로그 주소는 http://relengofthenerds.blogspot.com입니다.

딜키얀 오흐트만(Dirkjan Ochtman - Mercurial): 2010년에 전산학과 석사를 취득했으며 이후 금융 관련 스타트업에서 근무하고 있습니다. 여가 시간에는 머큐리얼(Mercurial), 파이썬, 젠투(Gentoo) 리눅스, 파이썬 용 CouchDB 라이브러리 등을 해킹하곤 합니다. 현재 암스테르담에서 살고 있으며, 개인 웹사이트는 http://dirkjan.ochtman.nl입니다.

산제이 라디아(Sanjay Radia - HDFS): 야후의 하둡 프로젝트 아키텍트이며, 하둡 프로젝트 커미터인 동시에 아파치 소프트웨어 재단의 프로젝트 관리 위원회 구성원입니다. 이전에는 Cassatt, 썬마이크로시스템즈, INRIA 등에서 근무하면서 분산 시스템, 그리드/유틸리티 컴퓨팅 인프라 등의 개발을 수행했습니다. 산제이는 캐나다 워털루 대학교 전산과에서 박사 학위를 받았습니다.

챗 래미(Chet Ramey - Bash): 20년 넘게 bash 개발에 참여해 오고 있으며, 최근 17년은 주 개발자 역할을 수행했습니다. 오하이오 주 클리블랜드의 케이스 웨스턴 대학교에서 학사 및 석사 학위를 받고, 같은 학교에서 근무하고 있습니다. 현재 클리블랜드 근처에서 가족 및 애완동물들과 함께 살고 있으며, 온라인 주소는 http://tiswww.cwru.edu/~chet/입니다.

에마뉴엘레 산도스(Emanuele Santos - VisTrails): 유타 대학교의 연구원입니다. 관심 분야는 데이터 관리, 시각화, 프로베넌스(provenance)입니다. 2010년도에 유타 대학교 전산과에서 박사 학위를 취득했으며, VisTrails 시스템의 리드 개발자입니다.

카를로스 샤이데거(Carlos Scheidegger - VisTrails): 유타 대학교 전산과에서 박사 학위를 취득했으며, 현재는 AT&T 연구소에서 연구원으로 근무 중입니다.

2007년 IEEE Visualization 학회와 2008년 Shape Modeling International 학회에서 최우수논문상을 수상하였으며, 연구 분야는 데이터 시각화 및 분석, 컴퓨터 그래픽스입니다.

윌 슈레더(Will Schroeder - VTK): Kitware의 공동 창업자이자 대표입니다. VTK의 핵심 개발자 중 한 명이며, 컴퓨터 기하학이나 그래픽스 분야에 관련된 깔끔한 코드를 작성하는 것을 즐깁니다.

마고 셀저(Margo Seltzer - Berkeley DB): 하버드 대학교 전산학과의 교수이자 오라클의 아키텍트입니다. 그녀는 버클리 DB의 핵심 설계자 중 한 명이며 Sleepycat Software의 공동창업자입니다. 관심 분야는 파일 시스템, 데이터베이스 시스템, 트랜잭셔널 시스템, 의료 데이터 마이닝입니다. 업무 관련 사항은 http://www.eecs.harvard.edu/~margo/에 게재되어 있으며, 블로그 주소는 http://mis-misinformation.blogspot.com입니다.

저스틴 쉬히(Justin Sheehy - Riak): Webmachine과 Riak을 개발한 Basho Technologies의 CTO입니다. Basho에 근무하기 전에는 MITRE 기업의 수석 과학자, Akamai 시스템 인프라스트럭처의 아키텍트로 활동했습니다. 두 회사에서 모두 스케줄링 알고리즘 등 분산 시스템 안정성에 관련된 분야들에 참여했습니다.

리처드 쉬무카(Richard Shimooka - Battle for Wesnoth): 온타리오 주 킹스턴의 퀸스 대학교 국방관리 연구 프로그램에 참여하고 있는 연구원입니다. 또한 Battle for Wesnoth의 대표 관리자이자 의장이기도 합니다. 리처드는 정부기관에서 오픈 소스 프로젝트에 이르는 다양한 종류의 사회적 그룹에서 발생하는 조직 문화에 관하여 다수의 연구 결과를 발표했습니다.

콘스탄틴 쉬바코(Konstantin V. Shvachko - HDFS): 베테랑 HDFS 개발자이자, 이베이의 수석 하둡 아키텍트입니다. 콘스탄틴은 대규모 스토리지 시스템을 위한 효율적인 자료구조 및 알고리즘 분야에 정통합니다. 비정형적인 데이터에 최적화된 색인을 위한 새로운 종류의 밸런스드 트리나 S-트리를 고안해냈으며, S-트리 기반의 리눅스 파일 시스템이며 reiserFS의 전신인 treeFS의 주 개발자이기도 했습니다. 콘스탄틴은 러시아 모스크바 대학교 전산학과에서 박사 학위를 받았으며, 하둡 프로젝트 관리 위원회의 일원이기도 합니다.

클라우디오 실바(Claudio Silva - VisTrails): 유타 대학교 전산학과 전임교수입니다. 연구 분야는 시각화, 기하학적 컴퓨팅, 컴퓨터 그래픽스, 과학 데이터 관리 등입니다. 1996년에 NYSB 뉴욕 주립대학교에서 전산학으로 박사 학위를 받았습니다. 2011년 하반기 뉴욕 대학교 폴리테크닉 연구소에 전산학과 전임교수로 부임할 예정입니다.

수레쉬 스리니바스(Suresh Srinivas - HDFS): 야후의 HDFS 아키텍트로 근무하고 있습니다. 하둡 커미터인 동시에 아파치 소프트웨어 재단의 프로젝트 관리 위원회 멤버이기도 합니다. 야후에 근무하기 전에는 실란트로 시스템(Sylantro Systems)에서 확장성 있는 인프라스트럭처 개발을 수행했습니다. 인디아 국립 카르나타카 기술대학의 전자통신학과 출신입니다.

사이먼 스튜어트(Simon Stuart - Selenium): 런던에 거주하며 구글의 테스트 분야 소프트웨어 엔지니어로 근무하고 있습니다. 현재 셀레늄(Selenium) 프로젝트의 핵심 기여자이며, 예전엔 웹 드라이버를 개발했었고, 오픈 소스에 열광적입니다. 맥주 마시는 것과 소프트웨어를 개선하는 것을 좋아합니다. 개인 홈페이지는 http://www.pubbitch.org입니다.

오드리 탕(Audrey Tang - SocialCalc): 타이완에 거주하는 독학 프로그래머이자 번역가입니다. 현재는 SocialText에서 'Untitled Page'라는 직함으로 근무하고 있으며, 동시에 애플의 지역화 및 배포 엔지니어링 관련 협력업체 업무도 수행하고 있습니다. 예전에는 Perl 6의 최초 구현체인 Pugs 프로젝트를 설계하고 이끌었으며 Haskell, Perl 5, Perl 6 언어 설계 위원회에서 활동했었고 CPAN 및 HPackage의 다수 산출물에 기여하고 있습니다. 블로그 주소는 http://pugs.blogs.com/audreyt/입니다.

후이 T. 보(Huy T. Vo - VisTrails): 2011년 5월에 유타 대학교에서 박사 학위를 취득했습니다. 연구 분야는 시각화, 데이터 플로 구조, 과학 데이터 관리입니다. 현재 VisTrails, Inc.에서 수석 개발자로 근무하며 뉴욕 대학교 폴리테크닉 연구소의 연구 조교수로 부임 예정입니다.

데이비드 화이트(David White - Battle for Wesnoth): 웨스노스 전투의 창립자이자 주 개발자입니다. 역시 직접 공동 창업한 Frogatto를 비롯한 다수의 오픈 소스 비디오 게임에서 활동하고 있습니다. 또한 여행 관련 기술회사인 세이버 홀딩스(Sabre Holdings)의 성능 엔지니어이기도 합니다.

그레그 윌슨(Greg Wilson - 편집): 25년 넘게 고성능 과학 컴퓨팅, 데이터 시각화, 컴퓨터 보안 분야에 종사해왔으며, 2008년 졸트상 수상작인 『Beautiful Code』를 포함한 여러 권의 컴퓨터 관련 서적과 어린이를 위한 두 권의 책을 저술했습니다. 그레그는 1993년 에딘버러 대학교에서 전산학 박사 학위를 취득했습니다. 블로그 주소는 http://third-bit.com와 http://software-carpentry.org입니다.

타렉 지아데(Tarek Ziadé - Python Packaging): 프랑스 부르고뉴에서 살고 있습니다. 모질라의 시니어 소프트웨어 엔지니어로 근무하면서 파이썬으로 서버를 개발하는 업무를 수행하고 있습니다. 여가 시간에는 파이썬의 패키징 관련 활동을 이끌고 있습니다.

1장

CMake

빌 호프먼(Bill Hoffman), 케네스 마틴(Kenneth Martin) 지음
현수명 옮김

1999년 미국 국립 의학 도서관은 Kitware라는 작은 기업에게 다양한 플랫폼에서 복잡한 소프트웨어를 설정하고, 빌드하고, 배포할 수 있는 더 나은 방법을 개발해 달라고 의뢰했습니다. 이는 Insight Segmentation and Registration Toolkit, 즉 ITK라는 프로젝트의 일환이었습니다. 이 프로젝트를 이끄는 Kitware는 ITK 연구원과 개발자들이 사용하는 빌드 시스템을 만드는 일에 착수했습니다. 이 빌드 시스템은 사용하기 쉬워야 했고 연구원들의 프로그래밍 시간을 효율적으로 쓸 수 있도록 도와줘야 했습니다. 그리고 이런 목적 이외에도 CMake는 소프트웨어를 빌드하는 기존의 autoconf/libtool 방식을 대체할 수 있어야 했습니다. 그래서 기존 툴의 장점을 살리면서 단점을 보완하는 방식으로 설계됐습니다.

여러 해가 지나면서 CMake는 빌드 시스템에서 CTest, CPack, CDash와 같은 개발 툴 모음으로 발전하기 시작했습니다. 하나씩 살펴보면 CMake는 소프트웨어를 빌드하는 빌드 툴이고, CTest는 회귀 테스트를 실행할 때 사용하는 테스트 드라이버 툴입니다. CPack은 CMake로 빌드된 소프트웨어의 특정 플랫폼에 대한 인스톨러를 만드는 데 사용하는 패키징 툴이고 CDash는 지속적인 통합 테스트를 수행하고 테스트 결과를 보여주는 웹 애플리케이션입니다.

1.1 CMake 역사와 요구사항

CMake가 만들어질 당시 프로젝트의 일반적인 모습은 유닉스 플랫폼에서는 설정 스크립트와 Makefile이 있고 윈도우 환경에서는 Visual Studio 프로젝트 파일이 있는 형태였습니다. 이렇듯 플랫폼에 따라 빌드 시스템이 다르기 때문에 크로스 플랫폼 개발이 더욱 어려운 상황이었으며 프로젝트에 소스 파일을 하나 추가하는 간단한 작업도 고통스러운 일이 되기 십상이었습니다. 개발자들의 목표는 분명했습니다. 바로 하나의 통합 빌드 시스템을 만드는 것이었습니다. 이 당시 CMake의 개발자들은 통합 빌드 시스템이라는 과제를 해결할 수 있는 두 가지 해결책을 알고 있었습니다.

첫 번째 방법은 1999년의 VTK 빌드 시스템이었습니다. 이 시스템은 유닉스 환경의 스크립트와 윈도우 환경의 pcmaker라는 실행 파일로 구성된 시스템이었고 pcmaker는 유닉스의 Makefile을 읽어서 윈도우의 NMake 파일을 생성하는 C 프로그램이었습니다. pcmaker 바이너리 실행 파일은 VTK CVS 시스템 저장소에 체크인되어 있었는데 새로운 라이브러리를 추가하는 등 여러 일반적인 경우에 소스를 변경해야 했고, 이때마다 새로운 바이너리를 다시 체크인해야 했습니다. 어떻게 보면 통합 빌드 시스템이 맞긴 했지만 단점이 너무 많았습니다.

개발자들이 알고 있던 두 번째 해결책은 TargetJr의 빌드 시스템을 기반으로 하는 gmake였습니다. TargetJr은 썬 워크스테이션에서 개발된 C++ 컴퓨터 vision 환경이었습니다. 기존에 TargetJr은 Makefile을 생성하기 위해 imake 시스템을 사용했습니다. 하지만 어떤 면에서는 윈도우로 포팅해야 했기 때문에 gmake 시스템이 만들어진 것입니다. 유닉스 컴파일러와 윈도우 컴파일러는 모두 이 gmake 기반의 시스템을 사용할 수도 있었습니다. 이 시스템에서는 gmake를 실행하기 전에 여러 환경 변수를 설정해야 했는데, 환경 변수를 올바로 설정하지 않으면 시스템은 실패했으며 사용자가 문제 원인을 디버그하기가 특히 어려웠습니다.

이 두 가지 시스템은 모두 심각한 문제를 만들어냈는데 바로 윈도우 개발자들에게 커맨드 라인을 사용하도록 강요한다는 점이었습니다. 숙련된 윈도우 개발자는 통합 개발 환경(IDE)을 사용하길 선호했기 때문에 윈도우 개발자들은 IDE 파일을 직접 손으로 만들어서 프로젝트에 반영했고, 결국 빌드 시스템은 다시 두 개가 되어버렸습니다. IDE 지원이 부족힐 뿐만 아니라 두 시스템 모두 소프트웨어 프로젝트를 통합하기가 너무 어려웠습니다. 예를 들어 VTK에는 이미지를 읽을 수 있는 모듈이 거의 없는데, 이는 빌드 시스템이 libtiff나 libjpeg와 같은 라이브러리를 사용하기 너무 어렵게 만들었기 때문입니다.

그래서 ITK와 C++을 위한 새로운 빌드 시스템이 개발되어야 한다고 결정됐습니다. 새로운 빌드 시스템에 대한 요구사항은 다음과 같았습니다.

- 시스템에 설치된 C++ 컴파일러에만 의존한다.
- Visual Studio IDE 입력 파일을 생성할 수 있어야 한다.
- 정적 라이브러리, 공유 라이브러리, 실행 파일, 플러그인 등 기본 빌드 시스템 타깃을 생성하기 쉬워야 한다.
- 빌드 타임 코드 생성기를 사용할 수 있어야 한다.
- 소스 트리에 따라 다양한 빌드 트리를 지원해야 한다.
- 시스템 분석을 수행할 수 있어야 한다. 예를 들어 타깃 시스템이 할 수 있는 일과 없는 일을 자동으로 판단할 수 있어야 한다.
- C/C++ 헤더 파일의 의존성 탐색을 자동으로 할 수 있어야 한다.
- 모든 기능은 지원하는 모든 플랫폼에서 일관적이고 동일하게 잘 동작해야 한다.

추가적인 라이브러리와 파서에 종속되는 걸 피하기 위해 CMake는 오직 C++ 컴파일러와의 의존 관계 하나만 유지하도록 설계됐습니다(C++ 코드를 작성 중이라면 안전하다고 가정할 수 있는). 그 당시에는 Tcl 같은 스크립트 언어를 유명한 유닉스 및 윈도우 시스템에서 빌드하고 설치하는 게 쉽지 않았습니다. 요즘에도 슈퍼컴퓨터나 인터넷이 연결되지 않은 보안이 중요한 컴퓨터에서는 여전히 문제가 될 수 있는데, 서드파티 라이브러리를 빌드하기가 어렵기 때문입니다. 패키지를 만들기 위해서는 빌드 시스템이 기본적으로 필요하기 때문에 CMake는 더 이상 추가적인 의존 관계를 만들지 않기로 결정했습니다. 결국 이런 이유로 CMake는 자신만의 간단한 언어로 만들어지게 됐고 이로 인해 아직도 몇몇 사람은 CMake를 싫어하고 있습니다. 그 당시 가장 인기 있던 임베디드 언어는 Tcl이었지만 만약 CMake가 Tcl 기반으로 만들어졌다면 지금과 같은 유명세를 얻을 수 없었을지 모릅니다.

IDE 프로젝트 파일을 생성해주는 기능은 CMake의 강력한 장점이지만 CMake는 오직 지원하는 IDE에 대해서만 이 기능을 제공했습니다. 하지만 실제

IDE 빌드 파일을 제공한다는 장점은 이러한 제약을 넘어서기에 충분했습니다. 비록 IDE 빌드 파일을 제공해야 한다는 결정이 CMake 개발을 더 어렵게 만들긴 했지만 CMake를 사용한 덕분에 ITK는 물론 다른 프로젝트도 개발하기가 더 쉬워졌습니다. 개발자들은 익숙한 툴을 사용할 때 행복감을 느끼며 더 생산적이 됩니다. 개발자들에게 선호하는 툴을 사용하도록 만들어 줌으로써 프로젝트는 가장 중요한 자원인 개발자의 능력을 최대한 끌어낼 수 있는 것입니다.

모든 C/C++ 프로그램은 소프트웨어의 중요한 구성요소인 실행 가능 파일, 정적 라이브러리, 공유 라이브러리, 플러그인 중에 하나 혹은 여러 개를 필요로 합니다. CMake는 지원하는 모든 플랫폼에 대해서 이런 구성요소를 생성할 수 있는 기능을 제공해야 했습니다. 비록 모든 플랫폼에서 이런 요소를 생성하는 걸 지원하지만 컴파일러 플래그(compiler flags)는 컴파일러마다 그리고 플랫폼마다 매우 다양한 방법으로 이를 생성하는 데 사용되곤 했습니다. 플랫폼 간의 차이나 복잡한 걸 생각하지 않아도 되는 간단한 명령어 CMake 덕분에 개발자들은 윈도우, 유닉스, 맥에서 제품을 개발할 수 있습니다. 그래서 개발자들은 공유 라이브러리를 어떻게 빌드해야 하는지에 신경 쓰기보다는 프로젝트 자체에 더 집중할 수 있습니다.

코드 생성기는 빌드 시스템에 또 하나의 복잡성을 더합니다. 처음에 VTK는 C++ 헤더 파일을 파싱해서 C++ 코드를 자동으로 Tcl, 파이썬, 자바 코드로 래핑하고 래핑 레이어를 자동으로 생성해주는 시스템을 제공했습니다. 이로 인해 빌드 시스템은 C/C++ 실행 가능 파일(래퍼 생성기)을 빌드할 수 있어야 하고 그 다음에는 빌드 타임에 실행 가능 파일을 실행해서 더 많은 C/C++ 소스 코드(특정 모듈의 래퍼)를 생성할 수 있어야 합니다. 그 다음 생성된 소스 코드는 실행 가능 파일 혹은 공유 라이브러리로 컴파일되어야 하며, 이 모든 과정이 IDE 환경 및 생성된 Makefile에서 수행되어야 합니다.

크로스 플랫폼 C/C++ 소프트웨어를 개발할 때는 특정 시스템에 한정되지 않는 기능을 개발하는 게 중요합니다. Autotools에는 코드 조각을 컴파일하고 그 결과를 조사하고 저장하는 등 시스템을 분석하는 기능이 있는데 CMake는 크로스 플랫폼을 지향하기 때문에 이와 비슷한 검사 시스템을 차용했습니다. 그래서 개발자들이 특정 시스템에 국한되지 않고 범용적인 시스템을 개발할 수 있었습니다. 또한 시간이 지나고 컴파일러나 운영체제가 변해도 계속 사용할 수 있도록 만드는 게 중요합니다. 예를 들어 다음 코드를 살펴봅시다.

```
#ifdef linux
// 리눅스를 위한 코드
#endif
```

이 코드보다는 다음 코드가 더 견고합니다.

```
#ifdef HAS_FEATURE
// 기능 관련 코드
#endif
```

CMake의 또 다른 초반 요구사항도 Autotools로부터 나왔습니다. 빌드 트리를 소스 트리와 분리해서 생성하는 기능인데, 이 기능 덕분에 여러 개의 빌드 타입에 대해서 같은 소스 트리를 사용할 수 있게 됐습니다. 또한 소스 트리가 빌드 파일로 어수선하게 흩어짐으로써 버전 관리 시스템을 혼란스럽게 만드는 것도 방지할 수 있었습니다.

빌드 시스템의 가장 중요한 기능 중 하나가 바로 의존성을 관리하는 기능입니다. 소스 파일이 변경되면 이 소스 파일을 사용하는 모든 제품은 다시 빌드돼야 합니다. C/C++ 코드에서는 .c나 .cpp 파일에 포함된 헤더 파일 역시 모두 의존 관계를 체크해야만 합니다. 잘못된 의존 관계로 인해서 컴파일돼야 하는 코드의 일부분이 실제로 어디서 컴파일되는지 찾는 문제는 많은 시간이 소요될 수 있습니다.

새로운 빌드 시스템의 이러한 모든 요구사항과 기능은 지원하는 모든 플랫폼에 대해 완벽히 동일하게 동작해야 했습니다. CMake는 개발자가 플랫폼 세부 사항을 알지 않아도 복잡한 소프트웨어 시스템을 만들 수 있도록 간단한 API를 제공할 필요가 있었습니다. 사실상 CMake를 사용하는 소프트웨어는 빌드 문제를 CMake 팀에게 아웃소싱하는 것입니다. 빌드 툴에 대한 기본적인 요구사항과 비전이 만들어지고 나서는 빠른 구현이 요구됐는데 ITK는 거의 처음부터 빌드 시스템을 필요로 했습니다. CMake의 첫 번째 버전은 목표로 했던 모든 요구사항을 만족시키진 못했지만 윈도우와 유닉스에서 빌드를 할 수 있었습니다.

1.2 CMake의 구현 방식

살펴본 것처럼 CMake는 C와 C++ 언어로 개발됐습니다. 이번 절에서는 세부 내용을 살펴보기 위해 먼저 사용자의 관점에서 CMake 프로세스를 살펴보고 그 다음 구조를 살펴보도록 합니다.

1.2.1 CMake 프로세스

CMake에는 크게 두 가지의 단계가 있습니다. 먼저 '설정(configure)' 단계로 CMake가 주어진 모든 입력을 처리하고 처리할 빌드의 내부적인 설정을 만드는 단계입니다. 그 다음은 '생성(generate)' 단계로 실제 빌드 파일이 생성되는 단계입니다.

환경 변수(혹은 다른 변수)

1999년도의 많은 빌드 시스템은 물론이고 심지어 요즘의 빌드 시스템들도 프로젝트를 빌드할 때는 셸 레벨의 환경 변수를 사용합니다. 그래서 프로젝트에 소스 트리의 루트를 가리키는 PROJECT_ROOT 환경 변수가 있는 건 일반적인 일입니다. 또한 환경 변수는 외부 패키지나 옵션을 가리킬 때도 사용합니다. 이 방식의 문제는 빌드가 제대로 동작하기 위해서 모든 외부 변수들이 빌드가 수행되는 시점에 매번 설정돼 있어야 한다는 것입니다. 이 문제를 해결하기 위해 CMake는 빌드할 때 필요한 모든 변수를 한곳에 저장하는 캐시 파일을 제공합니다. 이때의 변수들은 셸이나 환경 변수가 아닌 CMake 변수입니다. 맨 처음 CMake가 특정한 빌드 트리에서 실행되면 빌드를 위한 모든 변수를 저장하는 CMakeCache.txt 파일을 생성하고 이 파일이 빌드 트리에 포함되기 때문에 CMake는 매번 실행할 때마다 항상 변수를 사용할 수 있게 됩니다.

설정 단계

설정 단계에서 CMake는 이전 실행의 CMakeCache.txt 파일이 존재하면 우선 이 파일을 읽습니다. 그리고 나서 CMake는 처리해야 하는 소스 트리의 루트에 위치한 CMakeLists.txt 파일을 읽습니다. 설정 단계에서 이 CMakeLists.txt 파일은 CMake 언어 파서에 의해 해석되며 파일에 적힌 각 CMake 커맨드는 커맨드 패턴 객체(command pattern object)에 의해 하나씩 실행됩니다. 그리고 include나 add_subdirectory라는 CMake 커맨드를 통해 추가적인 CMakeLists.txt 파일도 이 단계에서 해석할 수 있습니다. CMake는 각 커맨드마다 CMake 언어에서 사용되는 C++ 객체를 가지고 있는데, 커맨드의 예로는 add_library, if, add_executable, add_subdirectory, include 등이 있습니다. 실제로 CMake의 모든 언어는 커맨드를 호출하는 형태로 구현됐습니다. 그래서 파서의 역할은 단순히 CMake 입력 파일을 커맨드 호출과 커맨드의 매개변수로 사용할 문자열 리스트로 변환하는 게 전부입니다.

설정 단계는 특히 사용자가 제공한 CMake 코드를 '실행'합니다. 모든 코드가 실행되고 나면 모든 캐시 변수 값이 계산되고 CMake는 빌드할 프로젝트의 내용 (representation)을 메모리상에 만들게 됩니다. 여기에는 모든 라이브러리, 실행 가능 파일, 커스텀 커맨드 그리고 선택한 생성기가 마지막 빌드 파일을 생성하는데 필요한 모든 정보 등이 포함돼 있습니다. 이 시점에서 CMakeCache.txt 파일은 나중에 실행될 CMake를 위해 디스크에 저장됩니다.

메모리상에 있는 프로젝트의 내용은 타깃의 집합으로 라이브러리나 실행 가능 파일처럼 단순히 빌드될 대상을 의미합니다. CMake는 또한 커스텀 타깃도 지원하는데 사용자는 입력과 출력을 정의할 수 있고 빌드 타임에 실행할 수 있는 커스텀 실행 가능 파일이나 스크립트도 정의할 수 있습니다. CMake는 각 타깃을 cmTarget 객체에 저장합니다. 이 객체는 소스 트리의 해당 디렉터리에서 발견되는 모든 타깃이 저장되는 cmMakefile 객체에 차례로 저장됩니다. 그리고 cmTarget 객체의 맵을 가지고 있는 cmMakefile 객체의 트리가 마지막 결과로 만들어집니다.

생성 단계

설정 단계가 완료되면 생성 단계가 시작됩니다. 생성 단계는 사용자가 선택한 타깃 빌드 툴에 대한 빌드 파일을 CMake가 생성하는 단계입니다. 이 시점에 타깃(라이브러리, 실행 가능 파일, 커스텀 타깃)의 내용은 Visual Studio 같은 IDE 빌드 툴의 입력이나 make로 실행되는 Makefile의 집합으로 변환됩니다. 설정 단계가 끝난 후 CMake의 내용은 가능한 한 범용적인 형태를 보이는데, 코드와 데이터 구조를 다른 빌드 툴에서도 최대한 공유할 수 있어야 하기 때문입니다.

전체 프로세스는 그림 1.1과 같습니다.

1.2.2 CMake: 코드

CMake 객체

CMake는 상속, 디자인 패턴, 캡슐화의 개념을 차용한 객체 지향 시스템입니다. 주요 C++ 객체와 그들 간의 관계는 다음 그림 1.2를 살펴봅시다.

각 CMakeLists.txt 파일을 해석한 결과는 cmMakefile 객체에 저장됩니다. 디

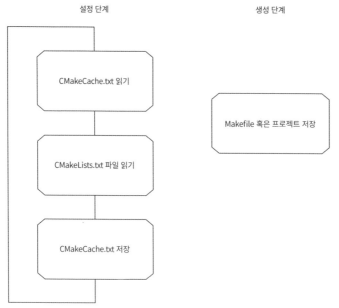

그림 1.1 CMake의 전체 프로세스

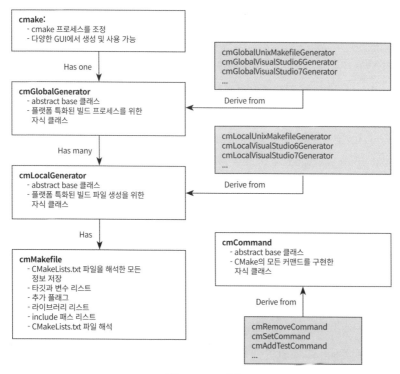

그림 1.2 CMake 객체

렉터리에 관한 정보를 저장하는 것뿐만 아니라 cmMakefile 객체는 CMakeLists. txt 파일의 해석을 조정합니다. 해석 함수는 CMake 언어를 위한 lex/yacc 기반의 파서를 사용하는 객체를 호출합니다. CMake 언어 문법이 거의 변하지 않고 CMake가 만들어지는 시스템에서 lex와 yacc를 항상 사용할 수 있는 건 아니기 때문에 lex와 yacc의 출력 파일이 처리된 다음에는 직접 작성한 다른 모든 파일과 함께 버전이 관리되는 Source 디렉터리에 저장됩니다.

CMake의 또 다른 주요 클래스는 cmCommand입니다. 이 클래스는 CMake 언어의 모든 커맨드 구현체의 기본 클래스입니다. 그리고 각각의 서브클래스는 커맨드의 구현뿐만 아니라 문서화까지 담당하고 있습니다. 예를 들어 cmUnsetCommand 클래스의 문서화를 위한 메서드는 다음과 같습니다.

```
virtual const char* GetTerseDocumentation()
{
    return "Unset a variable, cache variable, or environment variable.";
}

/**
 * More documentation.
 */

virtual const char* GetFullDocumentation()
{
    return
      "  unset(<variable> [CACHE])\n"
      "Removes the specified variable causing it to become undefined.  "
      "If CACHE is present then the variable is removed from the cache "
      "instead of the current scope.\n"
      "<variable> can be an environment variable such as:\n"
      "  unset(ENVLD_LIBRARY_PATH)\n"
      "in which case the variable will be removed from the current "
      "environment.";
}
```

의존성 분석

CMake는 포트란, C, C++ 소스 코드 파일에 대한 강력한 의존성 분석 기능을 내장하고 있습니다. 하지만 통합 개발 환경(IDE)도 파일 의존 관계를 관리해주기 때문에, CMake는 이런 빌드 시스템에 대해서는 의존성 분석을 하지 않습니다. 그리고 IDE 빌드를 위해 CMake는 실제 IDE 입력 파일을 생성하고 파일 레벨의 의존 관계는 IDE가 관리하도록 내버려 둡니다. 그리고 타깃 레벨의 의존 관계는 구체적인 의존 관계를 정의하기 위해 IDE를 위한 포맷으로 번역합니다.

Makefile 기반의 빌드에서 실제 make 프로그램은 의존 관계를 어떻게 자동으로 계산하고 최신으로 유지하는지를 알지 못합니다. 이런 빌드를 위해서 CMake 는 자동으로 C, C++, 포트란 파일을 위한 의존 관계를 계산합니다. 즉 이렇게 의존 관계를 생성하고 관리하는 일이 CMake에 의해 자동으로 처리되는 것입니다. 프로젝트가 CMake로 처음에 한번 설정되고 나면 사용자는 make를 실행하기만 하면 되고 나머지 모든 일은 CMake가 대신 처리해줍니다.

사용자는 CMake가 어떻게 동작하는지 알 필요가 없지만 프로젝트의 의존 관계 파일을 살펴보는 게 유용할 때가 있습니다. 각 타깃의 이 정보는 depend. make, flags.make, build.make, DependInfo.cmake라는 네 개의 파일에 저장 됩니다. depend.make에는 디렉터리의 모든 객체 파일에 대한 의존 관계가 저장됩니다. 그리고 flags.make에는 이 타깃의 소스 파일에 사용되는 컴파일 플래그가 저장되고, 이게 변경되면 파일은 다시 컴파일됩니다. DependInfo.cmake 는 의존 관계를 최신으로 유지하는 데 사용되고, 어떤 언어의 어떤 파일이 이 프로젝트에 속해 있는지에 대한 정보가 담겨 있습니다. 마지막으로 의존 관계를 구성하는 규칙은 build.make에 저장됩니다. 한 타깃의 의존 관계가 갱신되어야 하는 경우에는 해당 타깃에 의존하고 있는 정보만 다시 계산되고 나머지 의존 관계는 유지합니다. 이는 .h 파일을 변경해서 새로운 의존 관계를 추가할 수 있기 때문에 가능한 일입니다.

CTest와 CPack

그러던 중에 CMake는 빌드 시스템에서 소프트웨어의 빌드, 테스팅, 패키징을 위한 툴 모음으로 진화했습니다. 커맨드 라인 cmake와 CMake GUI 프로그램뿐만 아니라 CMake는 테스팅 툴인 CTest와 패키징 툴인 CPack을 배포했습니다. CTest와 CPack은 모두 CMake를 같은 코드 기반으로 사용하지만 개별적인 툴이라서 기본적인 빌드에 필수는 아닙니다.

ctest 실행 가능 파일은 회귀 테스트를 실행하는 데 사용됩니다. 프로젝트는 CTest의 add_test 커맨드로 실행할 수 있는 테스트를 쉽게 작성할 수 있습니다. 테스트는 CTest로 실행할 수 있으며 CDash 애플리케이션으로 테스트 결과를 보내고 웹에서 확인할 수도 있습니다. CTest와 CDash는 모두 허드슨(Hudson) 테스팅 툴과 비슷하지만 한 가지 중요한 차이점이 있습니다. 즉, CTest는 분산 테스팅 환경을 훨씬 더 많이 지원하도록 설계됐습니다. 클라이언트는 버전 관리 시스템에서 소스를 가져와서 설정할 수 있고 테스트를 실행하고 결과를 CDash에 보낼 수 있습니다. 허드슨에서는 클라이언트 머신이 머신에 대한 ssh 접근 권한을 허드슨에게 제공해야지만 테스트를 실행할 수 있습니다.

cpack 실행 가능 파일은 프로젝트의 인스톨러를 생성하는 데 사용됩니다. CPack은 다른 패키징 툴과 통신하면서 CMake 빌드의 일부분인 것처럼 동작합니다. 예를 들어 윈도우에서는 NSIS 패키징 툴이 프로젝트의 실행 가능한 인스톨러를 생성하는 데 사용됩니다. CPack은 NSIS와 같은 인스톨러 프로그램에게 전달할 인스톨 트리를 만들기 위해 프로젝트의 인스톨 규칙을 실행합니다. 또한 CPack으로 RPM, 데비안 .deb 파일, .tar, .tar.gz, 혼자 압축이 풀리는 tar 파일 등을 생성할 수도 있습니다.

1.2.3 그래픽 인터페이스

많은 사람들이 CMake의 사용자 인터페이스 프로그램 중 하나를 통해 CMake를 처음 접하게 됩니다. CMake에는 두 가지의 사용자 인터페이스 프로그램이 있습니다. Qt 기반의 윈도우 애플리케이션과 커스(curses) 그래픽 기반의 커맨드 라인 애플리케이션입니다. 이 GUI들은 CMakeCache.txt 파일을 변경하는 그래픽 편집기라고 보면 됩니다. 이 프로그램에는 CMake 프로세스의 주요한 단계인 설정 단계와 생성 단계를 실행하는 2개의 버튼이 있습니다. 커스 기반의 GUI는 유닉스 TTY 타입 플랫폼과 Cygwin에서 실행가능하고 Qt GUI는 모든 플랫폼에서 사용 가능합니다. GUI의 모습은 다음 그림 1.3과 그림 1.4에서 확인해봅시다.

그림 1.3 커맨드 라인 인터페이스

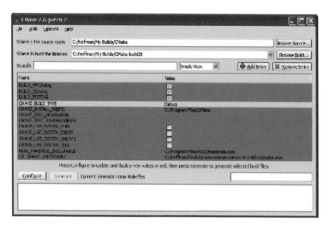

그림 1.4 그래픽 기반 인터페이스

이 GUI들은 모두 왼쪽에 캐시 변수를 보여주고 오른쪽에는 값을 보여주고 있습니다. 사용자는 오른쪽의 값을 빌드를 위한 적절한 값으로 변경할 수 있습니다. 변수에는 일반과 고급이라는 두 종류가 있는데 기본적으로 사용자는 일반 변수를 먼저 보게 됩니다. 프로젝트는 CMakeLists.txt 파일 안에 어떤 변수가 고급 변수인지 판단할 수 있고 이를 통해 사용자는 빌드에 필수적인 몇 가지 선택지를 표현할 수 있습니다.

캐시 값이 커맨드를 실행함으로써 변경될 수 있기 때문에 최종 빌드를 위한 프로세스는 반복될 수 있습니다. 예를 들어 하나의 옵션을 활성화하면 추가적인 옵션이 보일 수 있습니다. 이러한 이유로 GUI는 사용자가 모든 옵션을 최소한 한 번은 다 볼 때까지 '생성' 버튼을 활성화시키지 않습니다. 설정 버튼이 눌릴 때마다 아직 사용자가 보지 못한 새로운 캐시 변수는 빨간색으로 표시됩니다. 설정 단계에서 생성된 새로운 캐시 변수가 더 이상 없으면 생성 버튼이 활성화됩니다.

1.2.4 CMake 테스팅

CMake 개발에 합류하는 모든 개발자는 우선 테스팅 프로세스를 알아야 합니다. 이 프로세스는 CMake, CTest, CPack, CDash 등의 CMake 툴을 활용합니다. 코드가 변경되고 버전 관리 시스템에 체크인 되면 지속적인 통합 테스팅 머신이 자동으로 빌드를 수행하고 CTest를 사용해서 새로운 CMake 코드를 테스트합니다. CDash 서버는 테스트 결과를 받아서 빌드 에러, 컴파일 경고, 테스트 실패 등의 내용을 개발자에게 이메일로 전달합니다.

이 프로세스는 전형적인 통합 테스팅 시스템입니다. 새로운 코드가 CMake 저장소에 체크인되면 CMake가 지원하는 플랫폼에서 자동으로 테스트가 수행됩니다. CMake는 다수의 컴파일러와 플랫폼을 지원했기 때문에 이런 종류의 테스팅 시스템은 안정적인 빌드 시스템을 개발하는 데 필수적입니다.

예를 들어, 새로운 개발자가 새로운 플랫폼을 지원하고 싶다고 하면 먼저 해당 시스템에 대한 데일리 대시보드 클라이언트를 제공할 수 있는지가 첫 번째 질문입니다. 지속적인 테스팅이 없으면 새로운 시스템은 분명 얼마 지나지 않아 작동을 멈출 것이기 때문입니다.

1.3 교훈

처음부터 CMake는 ITK를 성공적으로 빌드했으며 이 부분이 프로젝트에서 가장 중요한 부분 중 하나였습니다. CMake를 다시 처음부터 개발한다 해도 지금에 비해 크게 변경되는 부분은 없을 것입니다. 하지만 언제나 그렇듯 조금 더 잘할 수 있었던 부분은 분명히 있습니다.

1.3.1 하위 호환성

하위 호환성을 지키는 일은 CMake 개발팀에게 중요한 일입니다. 분명 이 프로젝트의 주된 목표는 소프트웨어를 쉽게 빌드하는 것입니다. 따라서 프로젝트 혹은 개발자가 CMake를 빌드 툴로 선택할 때는 그 선택을 존중하는 마음으로 새로 릴리스된 CMake가 빌드를 깨지 않도록 만드는 게 중요합니다. CMake 2.6에서 개발된 policy 시스템은 기존 동작에 영향을 줄 수도 있었지만 경고를 보여줄 뿐이지 기존 동작들에 대해서도 여전히 잘 동작했습니다. 물론 각 CMakeLists. txt 파일에는 어떤 CMake 버전을 사용할지 반드시 명시해야 합니다. 새로운 버전의 CMake를 사용하면 경고가 나오긴 하겠지만 예전 버전이 빌드하던 것처럼 여전히 빌드는 잘 동작할 것입니다.

1.3.2 언어, 언어, 언어

CMake 언어는 아주 단순합니다. 하지만 새로운 프로젝트에서 CMake 도입을 고려할 때면 주요한 장애요소 중에 하나가 바로 이 언어입니다. CMake가 점점 발전함에 따라 CMake 언어는 몇 가지 단점을 가지게 됐습니다. 맨 처음 이 언어를 위한 파서는 lex/yacc 기반이 아니라 단순한 문자열 파서였습니다. 언어를 통해 얻을 수 있는 기회를 감안했을 때 우리는 이미 존재하는 멋진 임베디드 언어를 찾는데 더 공을 들일 수도 있었습니다. 아마 가장 잘 어울리는 언어는 루아(Lua)였을 것입니다. 결국은 루아 같은 다른 언어가 사용되진 않았지만, 처음부터 기존에 존재하는 언어에 더 많은 관심을 기울였을 수도 있었을 것입니다.

1.3.3 동작하지 않았던 플러그인

프로젝트별로 CMake 언어의 확장성을 제공하기 위해 CMake에는 플러그인 클래스가 있습니다. 이를 통해 C 언어로 프로젝트에 새로운 CMake 커맨드를 만들 수 있는데, 그 당시에는 괜찮은 생각으로 보였고 서로 다른 컴파일러에서 사용하기 위해 인터페이스를 C로 정의했었습니다. 하지만 32/64비트 윈도우, 리눅스와 같은 다양한 API 시스템 시대가 도래하면서 플러그인의 호환성을 관리하기가 너무나 어려워졌습니다. CMake 언어로 CMake를 확장하는 기능이 그리 강력하진 않았지만 CMake가 죽거나 프로젝트를 빌드하지 못하는 상황은 피할 수 있었는데, 그런 상황에서는 플러그인을 만들거나 로드하는 데 실패했기 때문입니다.

1.3.4 공개된 API 줄이기

CMake 프로젝트를 개발하면서 깨달은 큰 교훈은 사용자가 사용하지 않는 기능에 대한 하위 호환성은 관리할 필요가 없다는 점입니다. CMake를 개발하는 동안 사용자와 고객은 다른 언어에서 CMake 기능을 사용할 수 있도록 CMake를 라이브러리 형태로 만들어 달라고 요청했었습니다. 이로 인해 서로 다른 방법으로 CMake를 사용하게 되면서 CMake 사용자 커뮤니티도 분열됐을 뿐만 아니라 CMake 프로젝트를 유지보수하는 데도 아주 큰 비용이 들어갔습니다.

옮긴이: 현수명

장인 개발자를 꿈꾸는 수습 개발자로, 함께 배우고 토론하며 지식 공유하기를 좋아한다. 신나고 즐겁게 개발하기 위해 노력 중이며, 습득한 지식은 블로그(soomong.net)를 통해 공유한다.

2장

LLVM

크리스 래트너(Chris Lattner) 지음
류성호 옮김

이 장에서는 LLVM[1]이 현재의 모습을 갖추게 해준 설계상의 결정들 중 몇 가지 측면에 관해 논의하도록 하겠습니다. LLVM은 어셈블러나 컴파일러, 디버거 등과 같이 상호 밀접하게 연동되는 저수준 툴체인들을 제공함으로써 관련 기능을 개발할 수 있게 해주는 총괄 프로젝트입니다. LLVM에서 제공되는 툴들은 일반적인 유닉스 환경에서 사용되는 기존 툴들과 호환될 수 있도록 설계되었습니다. 원래 LLVM이라는 명칭은 저수준 가상머신(Low Level Virtual Machine)을 지칭하는 약자였습니다만, 최근에는 다수의 하위 프로젝트들을 총괄하는 대표 프로젝트의 이름이 되었습니다. LLVM 프로젝트가 널리 알려지게 된 데에는 clang[2]과 같은 훌륭한 툴들의 역할이 컸습니다. 그리고 LLVM에서만 찾아볼 수 있는 기능들도 다수 존재합니다. 하지만, LLVM을 다른 컴파일러들과 차별화시켜 주는 가장 중요한 요소는 바로 내부 아키텍처입니다.

LLVM은 2000년 12월부터 개발되기 시작했습니다. 이 시점부터 이미 LLVM은 깔끔하게 정의된 인터페이스를 갖춘 일련의 재사용 가능한 라이브러리 형태를 갖추도록 설계되었습니다.[LA04] 반면 당시의 오픈 소스 프로그래밍 언어들은 툴 형태로 설계되는 것이 일반적이었으며, 대부분의 경우 모놀리틱(monolithic)한[3] 실행 파일 하나만 제공되었습니다. 이로 인하여, GCC와 같은 기존 컴파일러

---

1 http://llvm.org
2 OS X에서 기본으로 제공되는 LLVM 기반의 C/C++/Objective-C 컴파일러입니다. GCC 대비 다수의 장점을 제공합니다. http://clang.llvm.org
3 (옮긴이) 세부 단위로 분리하기 어려운 일체식(一體式) 구조를 의미합니다.

들에서 파서 기능만을 따로 떼어내어 다른 용도로 사용하는 것, 예를 들어 프로그램의 정적 분석(static analysis)이나 리팩터링 등에 활용하기란 매우 어려웠습니다. 스크립트 언어들의 경우 런타임(runtime)과 인터프리터(interpreter)를 보다 큰 애플리케이션에 내장시킬 수 있는 수단이 제공되기는 했습니다. 하지만, 이들 언어의 런타임 역시 통째로밖에 사용할 수 없는 모놀리틱한 형태를 갖고 있었기 때문에 그 구성요소 중 일부만을 재사용할 수는 없었습니다. 나아가, 서로 다른 언어들 사이에서 유사한 기능을 구현한 코드들이 공유되는 경우는 거의 없었습니다.

컴파일러 구성 방식만이 상호 고립되었던 것은 아닙니다. 당시 대중적이던 언어의 개발자 커뮤니티들 역시 공고하게 양극화되어 있는 경향이 높았습니다. 대부분은 GCC, Free Pascal, FreeBASIC 같이 전형적인 정적 컴파일러만을 제공하거나, 아니면 인터프리터 혹은 JIT(Just-In-Time) 컴파일러 형태의 런타임만을 제공하는 방식 둘 중 하나만을 채택하고 있었습니다. 두 가지 형태가 모두 제공되는 경우는 극히 드물었으며, 설사 두 방식이 모두 제공되는 경우에서도 코드 공유나 재사용은 거의 일어나지 않았습니다.

지난 10년 동안 LLVM은 이런 상황을 개선하는 데 크게 기여해왔습니다. 현재 LLVM은 다양한 종류의 정적 언어나 런타임 컴파일 언어들을 구현을 위한 공통 인프라(infrastructure) 역할을 수행하고 있습니다(예를 들어 GCC, 자바, 닷넷, 파이썬, 루비, 스킴(scheme), 하스켈(Haskell), D를 비롯한 다수의 언어들의 개발에 사용되고 있습니다). 또한, LLVM은 애플(Apple)의 OpenGL 스택이나 어도비(Adobe) 애프터 이펙트(Affer Effects)의 이미지 처리 라이브러리용 런타임 엔진과 같은 다양한 특수 목적 컴파일러들을 대체하는 용도로도 사용되고 있으며, 그 밖의 전혀 새로운 분야들에서 활발히 사용되고 있습니다. 가장 유명한 예로서는 OpenCL GPU 프로그래밍 언어 및 런타임을 들 수 있습니다.

2.1 빠르게 살펴보는 고전적 컴파일러 설계 방식

기존의 정적 컴파일러들의 설계에서 가장 전형적으로 사용되는 구조는 그림 2.1과 같이 프론트엔드, 옵티마이저, 백엔드의 3개 구성요소로 이루어집니다. 프론트엔드는 소스 코드를 파싱하면서 오류를 검출하고, 입력 코드를 표현해 주는 전용 추상 구문 트리(Abstract Syntax Tree, AST)를 구축합니다. 경우에 따라

AST는 별도의 최적화 전용 표현 형태로 재 변환되기도 합니다. 이 경우, 옵티마이저와 백엔드는 이 변환된 결과 코드를 대상으로 적용되게 됩니다.

그림 2.1 3단계 컴파일러의 세 가지 주요 컴포넌트

옵티마이저는 코드의 실행 시간을 단축시켜 주는, 예를 들어 불필요한 중복 계산 제거 등과 같은 다양한 변환 작업을 적용하는 역할을 담당합니다. 일반적으로 옵티마이저의 기능은 언어 및 타깃에 거의 독립적입니다. 백엔드는 코드를 타깃 명령어 셋에 맞게 변환해주는 역할을 담당합니다. 이 때문에 백엔드를 코드 생성기(code generator)라 부르기도 합니다. 하지만, 단순히 있는 그대로 동작하는 코드를 생성해 주는 것만은 아닙니다. 대상 아키텍처에서만 지원되는 특수 기능들을 활용하는 효율적인 코드를 생성해 주는 것도 백엔드에서 담당합니다. 컴파일러 백엔드에는 명령어 선택, 레지스터 할당, 명령어 스케줄링과 같은 기능이 주로 포함됩니다.

이 구조는 인터프리터나 JIT 컴파일러들에서도 똑같이 적용될 수 있습니다. 자바 가상 머신(JVM) 역시 앞서 설명한 3단계 구조를 가지고 있으며, 자바 바이트 코드가 프론트엔드와 옵티마이저 사이의 인터페이스 역할을 담당합니다.

2.1.1 설계상의 이점

이 같은 고전적 설계는, 컴파일러에서 다수의 소스 언어 및 타깃 아키텍처를 지원하고자 할 때 그 장점이 두각을 나타냅니다. 컴파일러 내부에서 공통으로 사용되는 옵티마이저용 코드로 변환만 가능하다면, 새로운 언어가 무엇이든 해당 언어에 대한 프론트엔드가 작성될 수 있으며, 마찬가지로 해당 옵티마이저 코드로부터 변환만 가능하다면 어떤 타깃 아키텍처에 대해서도 백엔드가 작성될 수 있습니다. 이 내용은 그림 2.2에 설명되어 있습니다.

이 같은 설계에서 알골이나 베이직 같은 새로운 소스 언어를 추가하고자 할 경우, 해당 프론트엔드를 구현하기만 하면 충분하며, 기존의 옵티마이저와 백엔드를 그대로 재사용하는 것이 가능합니다. 이 같은 분리형 구조가 아니었다면, 새로운 소스 언어를 추가하려면 모든 것을 처음부터 다시 구현했어야 했을 것입니다. 따라서 N 종류의 타깃과 M 종류의 소스 언어를 지원해야 할 경우 N*M개

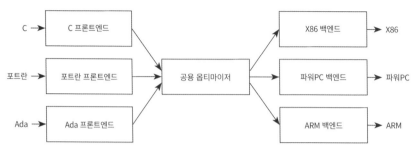

그림 2.2 3단계 컴파일러의 용이한 이식성

의 컴파일러가 필요했겠죠.

3단계 설계의 또 다른 이점은, 하나의 소스 언어와 타깃만이 지원되는 경우보다 훨씬 더 많은 프로그래머들에게 유용하게 사용될 수 있다는 점입니다. 오픈 소스 프로젝트 관점에서 보면, 이는 잠재적 기여자의 규모가 비약적으로 증가함으로써 자연스럽게 컴파일러 기능 개선 증가로 이어질 수 있다는 점을 의미합니다. 이것이 바로 GCC처럼 많은 커뮤니티의 지원을 받는 오픈 소스 컴파일러가 프리파스칼(FreePASCAL) 같이 협소한 컴파일러보다 더 최적화된 기계 코드를 만들어 내는 이유입니다. 하지만, 상업용 컴파일러들처럼 프로젝트 예산이 컴파일러 퀄리티와 직결되는 경우는 예외입니다. 일례로, 인텔의 ICC 컴파일러는 매우 제한된 사용자들만을 대상으로 하지만 해당 컴파일러에서 생성되는 코드 품질이 매우 좋기로 유명합니다.

3단계 설계에서 얻어지는 마지막 장점은 옵티마이저 및 백엔드 구현에 필요한 기술들과 프론트엔드 구현에 필요한 기술들이 서로 다르다는 점입니다. 이들 둘을 분리시킴으로써 '프론트엔드 전문가'가 독자적으로 기능 개선 및 유지보수를 수행하기가 용이해집니다. 이 점은 기술적이라기보다는 사회적 이슈에 가깝긴 하지만, 오픈 소스 프로젝트에서는 가능한 한 많은 참여가 이루어질 수 있도록 진입장벽을 낮추는 것이 바람직하기 때문에 현실적으로 매우 중요한 부분입니다.

2.2 기존 구현 사례들

3단계 설계의 장점은 컴파일러 교과서들에서 상세하면서도 설득력 있게 설명되고 있긴 하지만, 실제로 완전하게 구현된 적은 거의 없었습니다. LLVM 프로젝트가 착수되던 시점의 오픈 소스 언어들을 살펴보면, 펄, 파이썬, 루비, 자바 들 사이에서 전혀 코드가 공유되지 않고 있었다는 점을 발견할 수 있습니다. 글래스고 하스켈 컴파일러(Glasgow Haskell Compiler, GHC)나 프리베이직 (FreeBasic) 같은 프로젝트들에서는 다양한 CPU 타깃들이 지원되기는 하지만 해당 소스 언어에만 특화된 구현이 사용되고 있었습니다. 그 밖에 영상 처리, 정규표현식, 그래픽 카드 드라이버 등이나 CPU 계산집약적인 전문 분야에서 사용되는 특수 목적용 JIT 컴파일러들이 다양하게 사용되고 있었습니다.

이상의 점들을 염두에 두고 볼 때, 기존의 대표 성공 사례들로 크게 세 가지를 들 수 있습니다. 첫 번째 사례는 Java와 .NET 가상머신입니다. 이 시스템들에서는 JIT 컴파일러 및 런타임, 그리고 매우 잘 정의된 바이트코드 포맷이 제공됩니다. 따라서 해당 바이트 코드로 컴파일만 가능하다면 최적화, JIT, 런타임 등에서 제공되는 장점을 그대로 사용할 수 있습니다. 이 같은 접근 방식을 채택한 언어들은 수십 개가 존재합니다.[4] 반면 런타임의 선택에 큰 제약을 받는다는 반대급부가 존재합니다. 즉, 두 사례 모두에서 JIT 컴파일, 가비지 컬렉션, 그리고 각자가 지정하는 객체 모델들을 반드시 사용해야 합니다. 따라서 LLJVM 프로젝트 하에서의 C 언어처럼 이 모델에 잘 맞지 않는 언어를 컴파일하고자 할 경우 성능 저하가 발생하게 됩니다.

두 번째 사례는 가장 바람직하지 못하다고 볼 수 있습니다만, 동시에 컴파일러 기술을 재사용할 때 가장 대중적으로 사용되는 방법이기도 합니다. 이 방식에서는 소스 언어를 C(혹은 다른 언어)로 변환한 뒤, 그 결과를 기존 C 컴파일러에 전송합니다. 이 경우 코드 최적화, 타깃 코드 생성기의 재사용이 가능해지며, 상당한 수준의 유연성, 런타임 선택의 다양성, 그리고 프론트엔드 구현의 용이성 및 유지 보수성 등의 장점을 얻을 수 있습니다. 하지만, 이 방식에서는 효율적인 예외 처리 기능 구현이 어려우며, 디버깅하기가 매우 까다롭고, 컴파일 시간이 느려지며, tail call 최적화[5]와 같이 C에서 제공되지 않는 기능들을 필요로 하는 언어들을 구현하기가 어려워집니다.

---

4 http://en.wikipedia.org/wiki/List_of_JVM_languages
5 (옮긴이) 보통 재귀 함수의 최적화를 위해 사용되는 기법 중 하나입니다. 함수의 마지막 연산이 다른 함수를 호출하는 형태를 가지며, 컴파일 시 일반적인 함수 실행에 사용되는 호출 스택(call stack)을 사용하는 대신 일종의 jump 연산을 이용하여 재귀 호출을 구현합니다. 이를 통해 호출 스택의 크기에 제약받지 않고 재귀 호출을 사용할 수 있게 됩니다. http://en.wikipedia.org/wiki/Tail_call

마지막 대표 사례는 GCC(GNU Compiler Collection)[6]입니다. GCC는 다양한 종류의 프론트엔드 및 백엔드를 지원하며, 방대하면서도 활발한 기여자 커뮤니티의 지원을 받고 있습니다. GCC는 오랜 세월에 걸쳐 다양한 타깃들을 지원하는 C 컴파일러의 역할을 수행해 왔으며, 그 밖의 몇몇 언어에 대한 지원들이 꼼수 형태(hacky)로 끼워 넣어져 있습니다. 시간이 지남에 따라 GCC의 설계는 보다 깔끔한 형태로 점점 진화해 나가고 있습니다.

이상에서 살펴본 사례들은 매우 성공적이긴 하지만, 단일 애플리케이션(monolithic application)이라는 설계상의 태생적 한계로 인하여 적용가능한 분야가 크게 제한됩니다. 일례로, GCC를 다른 애플리케이션에 포함시켜서 런타임/JIT 컴파일러로 사용한다거나, GCC의 일부 구성요소만을 떼어내어 재사용하는 것은 현실적으로 불가능에 가깝습니다. 문서 생성이나 코드 색인, 리팩터링, 정적 분석 도구 등을 위해 GCC의 C++ 프론트엔드를 사용하고자 할 경우, 관련 정보를 XML로 생성해 주는 하나의 툴로서 GCC를 통째로 사용하거나, GCC 내부 프로세스에 끼워 넣을 수 있는 전용 플러그인을 작성해야만 했습니다.

GCC의 세부 기능들 중 일부만을 라이브러리처럼 분리해내서 재사용하기 어려운 데에는 여러 가지 이유가 있습니다. 전역 변수의 남용, 불변성(invariants)의 준수 미흡, 잘못 설계된 데이터 구조, 제멋대로 퍼져 있는 코드베이스, 그리고 한 번에 한 종류 이상의 프론트엔드/타깃 조합을 사용할 수 없게 만드는 매크로 사용 등을 들 수 있습니다. 하지만, 가장 까다로운 문제점은 오래전의 초기 설계에서 기인하는 구조 설계상의 문제점들입니다. 구체적으로, GCC는 고질적으로 레이어 사이의 기능 분리가 미흡하고 추상화가 부족한 문제에 시달려왔습니다. 백엔드에서 디버깅 정보를 생성하기 위해 프론트엔드 AST를 열람해야 하는가 하면, 프론트엔드에서 백엔드 자료 구조가 생성되기도 하고, 컴파일러 전반에 걸쳐서 명령어 인터페이스에 의해 생성된 전역 자료 구조를 참조하는 것 등이 대표적 사례입니다.

---

6 (옮긴이) GCC는 원래 GNU C 컴파일러(GNU C Compiler)의 약자였습니다만, 지원되는 언어가 늘어남에 따라 GNU 컴파일러 집합(GNU Compiler Collection)을 나타내는 것으로 의미가 변경되었습니다. GCC 4.4부터는 이전에 비해 프론트엔드로부터의 독립성이 향상된, 'GIMPLE 튜플(tuple)'이라고 일컬어지는 새로운 옵티마이저 전용 표현(representation)이 사용되고 있습니다. 또한, GCC의 포트란(Fortran) 프론트엔드와 에이다(Ada) 프론트엔드는 순수한 AST를 사용합니다.

2.3 LLVM IR

역사적인 배경과 상황을 살펴보았으니, 이제부터는 LLVM에 관해 보도록 하겠습니다. LLVM 설계의 가장 핵심적인 구성요소는 LLVM IR(Intermediate Representaion)입니다. LLVM IR은 LLVM 내부에서 코드 표현을 위해 사용하는 수단입니다. LLVM IR은 옵티마이저에서 수행되는 미드레벨 분석 및 변환 작업을 지원하기 위해 설계되었습니다. LLVM IR의 설계에는 가벼운 런타임 최적화[7], 함수 경계 종단 최적화(cross-function/interprocedural optimization), 프로그램 전체 분석, 과감한 프로그램 구조 재구성 기능 등 다수의 구체적인 목표들이 반영되었습니다. 하지만, 가장 중요한 점은 LLVM IR 자체가 잘 정의된 시맨틱을 갖는 완성도 있는 1급 언어(first class)로서 정의되어 있다는 점입니다. 아래의 간단한 .ll 파일을 예로 들어보겠습니다.

```
define i32 @add1(i32 %a, i32 %b) {
entry:
  %tmp1 = add i32 %a, %b
  ret i32 %tmp1
}

define i32 @add2(i32 %a, i32 %b) {
entry:
  %tmp1 = icmp eq i32 %a, 0
  br i1 %tmp1, label %done, label %recurse

recurse:
  %tmp2 = sub i32 %a, 1
  %tmp3 = add i32 %b, 1
  %tmp4 = call i32 @add2(i32 %tmp2, i32 %tmp3)
  ret i32 %tmp4

done:
  ret i32 %b
}
```

이 LLVM IR을 C 코드로 표현하자면 다음과 같습니다. 이 코드에서는 정수 두 개를 더하는 함수를 두 가지 형태로 구현합니다.

```
unsigned add1(unsigned a, unsigned b) {
```

---

7 (옮긴이) 프로그램이 실행되는 도중에 수행되는 최적화 작업으로, 보통 가상머신의 JIT(Just-In-Time) 컴파일 과정에서 적용됩니다. 프로그램이 실행되는 도중에 적용되기 때문에 가급적 간단한 경량 최적화 기능이 적용됩니다.

```
    return a+b;
}

// 숫자 두 개를 더하는 데 효율적인 방법은 아닙니다.
unsigned add2(unsigned a, unsigned b) {
  if (a == 0) return b;
  return add2(a-1, b+1);
}
```

위 예제에서 볼 수 있듯이, LLVM IR은 RISC와 유사한 로우레벨 가상 명령어 셋입니다. 언뜻 일종의 어셈블리 언어처럼 보일 수 있습니다. 실제 RISC 명령어 셋에서와 같이, LLVM IR은 더하기, 빼기, 비교, 분기 연산 등과 같은 간단한 명령어들이 순서대로 나열된 형태를 지닙니다. 각 LLVM IR 명령어들은 t1 := t2 + t3와 같이 최대 세 개까지의 피연산자를 갖는 3 address form을 가집니다. 즉, 몇 개의 피연산자를 입력받아 지정된 연산을 적용한 뒤 그 결과를 별도의 레지스터에 저장하는 형태로 이루어져 있습니다.[8] 또한, LLVM IR에서는 분기를 위한 label도 지원됩니다.

하지만, 대부분의 RISC 명령어 셋과는 달리 LLVM IR은 간단한 타입 시스템을 갖춘 강타입(strong typed) 언어입니다. 예를 들어, i32는 32비트 정수를, i32**는 32비트 정수에 대한 포인터의 포인터를 나타냅니다. 또한, 하드웨어 관련 세부사항들은 상당 부분 추상화되어 있습니다. 일례로 호출 규약(calling convention)을 표현할 때 call/ret 명령어와 그 매개변수들만이 사용되며, 그 이상의 세부 사항은 표현되지 않습니다. 그리고 실제 머신 코드와는 달리 LLVM IR에서는 명명된 레지스터(named register)들을 개수에 제한 없이 사용합니다. 각 레지스터들은 % 글자로 시작되는 이름을 가지는 임시 명칭으로 지칭됩니다.

LLVM IR은 세 종류의 서로 동일한(isomophic) 형태로 표현됩니다. 방금 살펴본 텍스트 포맷(.ll 파일), 기록 밀도와 입출력 효율이 더 좋은 이진 비트코드 포맷(.bc 파일), 그리고 실제 최적화 과정 진행 중에 사용되는 인-메모리 데이터 구조입니다. LLVM 프로젝트에서는 텍스트 형태와 바이너리 형태 사이에 상호 변환을 위한 툴들도 제공합니다. llvm-as는 텍스트 형태의 .ll 파일을 비트코드 형태의 .bc 파일로 변환해 주며, llvm-dis는 반대로 .bc 파일을 .ll 파일로 변환해 줍니다.

---

8 이 점은 x86처럼 연산 결과를 항상 입력 레지스터에 덮어씌우는 2-address form이나, JVM처럼 하나의 피연산자만을 가지는 스택 머신 구조들과 차별됩니다.

   컴파일러의 IR(intermediate representation)은 최적화 작업을 위한 이상적인 환경이 될 수 있습니다. 프론트엔드나 백엔드와는 달리, 옵티마이저는 특정 소스 언어나 타깃 머신에 종속되지 않기 때문입니다. 이를 뒤집어 생각해 보면, IR은 프론트엔드와 백엔드의 요구사항들을 모두 충족시켜 줄 수 있어야 한다는 점을 의미하기도 합니다. 즉, 프론트엔드에서 소스 언어를 IR로 쉽게 변환할 수 있을만큼 단순하면서도, 실제 타깃 머신에 유용한 최적화 작업들을 빠짐없이 적용할 수 있을만큼 표현력도 충분해야 합니다.

2.3.1 LLVM IR 최적화 기능 작성

최적화 작업이 어떻게 동작하는지에 대해 이해하려면 예제 몇 개를 차근차근 따라가 보는 것이 도움이 됩니다. 컴파일러 최적화의 종류는 매우 다양해서 어디에든 적용가능한 일반적인 공식은 존재하지 않습니다. 하지만, 대부분의 최적화 작업은 아래와 같은 3단계로 이루어진다고 볼 수 있습니다.

· 원하는 패턴을 찾는다.
· 발견된 패턴에 원하는 변환 작업을 적용해도 안전한지, 변환 결과가 정확한지를 검증한다.
· 발견된 패턴에 변환을 적용하여 코드를 업데이트한다.

가장 간단한 최적화 작업은 패턴 매칭을 통해 똑같은 결과 값을 갖는 식을 찾아내는 것입니다. 예를 들어, 임의의 정수 X가 주어졌을 때, X - X = 0, X - 0 = X, X * 2 - X= X이라는 점을 적용하는 것입니다. 우선 LLVM IR에서 이런 식들이 어떻게 표현되는지부터 예제를 통해 살펴보겠습니다.

```
...
%example1 = sub i32 %a, %a
...
%example2 = sub i32 %b, 0
...
%tmp = mul i32 %c, 2
%example3 = sub i32 %tmp, %c
...
```

LLVM에서는 이처럼 간단한 변환들[9]을 위한 명령어 단순화 인터페이스가 제공됩니다. 이 인터페이스는 보다 복잡한 고차원 변환 작업들의 구성에 사용되는 유틸리티 역할을 수행하기도 합니다. 앞서 설명했던 변환 작업들은 SimplifySubInst 함수 안에 구현되어 있으며, 실제 코드는 아래와 같습니다.

```
// X - 0 -> X
if (match(Op1, m_Zero()))
  return Op0;

// X - X -> 0
if (Op0 == Op1)
  return Constant::getNullValue(Op0->getType());

// (X*2) - X -> X
if (match(Op0, m_Mul(m_Specific(Op1), m_ConstantInt<2>())))
  return Op1;

…

return 0;   // 아무것도 발견되지 않은 경우, 변환이 발생하지 않았다는 의미로 0을 반환.
```

위의 코드에서 Op0과 Op1은 각각 정수 뺄셈 명령어의 좌/우 피연산자들에 대응됩니다.[10] 비록 LLVM의 구현에 사용된 C++에는 Objective Caml과 같은 언어들에서 기본적으로 제공되는 패턴 매칭 기능이 없지만, 대신 유사한 메커니즘을 직접 구현할 수 있도록 해주는 고도의 일반화된 템플릿 시스템이 존재합니다. 예를 들어, match 함수와 m_ 함수들은 LLVM IR 코드들에 대한 선언적 패턴 매칭(declarative pattern matching)을 수행할 수 있는 기능들을 제공해 줍니다. 위의 예제에서 m_Specific은 곱셈 연산의 좌측 피연산자가 Op1과 동일할 때에만 참 값을 반환해주는 프레디컷(predicate)[11]입니다.

예제의 세 경우 중 어느 하나라도 발견되면 이 함수는 그에 상응하는 단순화된 명령어를 반환해주며, 아무것도 발견되지 않았을 경우에는 null 포인터만을 리턴해 주게 됩니다. 이 SimplifyInstruction은 일종의 dispatcher 함수, 구체적으로 바꿔 말하면 명령어 opcode의 패턴에 따라 그에 상응하는 헬퍼 함수로 분

---

9   (옮긴이) 이런 종류의 최적화는 전체 프로그램 중 극히 작은 부분만을 들여다보고서도 수행될 수 있기 때문에, '바늘구멍(peephole) 변환'이라고도 불립니다.

10 (옮긴이) 예제에 사용된 등치 관계는 IEEE 부동소숫점 연산에서는 성립하지 않을 수도 있다는 점을 반드시 염두에 두어야 합니다.

11 (옮긴이) 주어진 입력에 대해 참이나 거짓으로 결과 값을 반환해 주는 함수를 의미합니다. http://en.wikipedia.org/wiki/Predicate_(mathematical_logic)

기해주는 하나의 커다란 swich문을 가지는 함수를 통해 호출됩니다. 다양한 최적화 작업들이 이런 dispatcher 함수를 호출하여 사용합니다. 간단한 예제는 다음과 같습니다.

```
for (BasicBlock::iterator I = BB->begin(), E = BB->end(); I != E; ++I)
  if (Value *V = SimplifyInstruction(I))
    I->replaceAllUsesWith(V);
```

이 코드에서는 블록 내의 각 명령어를 하나씩 들여다보면서, 그중 단순화시킬 수 있는 것이 있는지 살펴봅니다. 만일 변환 가능 대상이 발견되면 (SimplifyInstruction에서 null이 아닌 값을 반환해준 경우입니다), replaceAll UsesWith 메서드를 사용하여 보다 단순화된 형태의 코드로 치환을 수행합니다.

2.4 LLVM에서의 3단계 컴파일러 설계 구현

LLVM 기반의 컴파일러에서 프론트엔드는 입력된 코드의 파싱/검증/에러 분석 작업과, 파싱된 코드를 LLVM IR로 변환하는 작업을 담당합니다. 일반적으로 AST를 구축한 뒤 AST를 IR로 변환하는 방식이 주로 사용됩니다(물론 일부 예외도 존재합니다). 이렇게 생성된 IR은 일련의 분석 및 최적화 작업을 거쳐 개선된 후 네이티브 머신 코드를 생성해 주는 코드 생성기로 전달됩니다(그림 2.3). 이것은 컴파일러의 3단계 설계를 있는 그대로 표현해 주고는 있습니다만, 반면 지나치게 단순화된 나머지 LLVM 아키텍처가 LLVM IR로부터 이끌어내는 강점과 유연성이 충분히 표현되지 않고 있습니다.

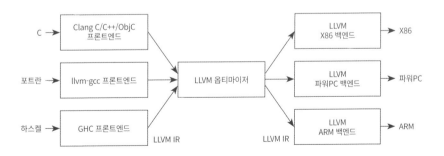

그림 2.3 LLVM 3단계 설계의 구현

2.4.1 자체만으로 코드를 완전하게 표현해 줄 수 있는 LLVM IR

무엇보다도 LLVM IR이 옵티마이저에 대한 유일한 인터페이스인 동시에 잘 정의되어 있는(well defined) 인터페이스라는 점을 특히 강조할 만 합니다. 덕분에 LLVM용 프론트엔드를 작성하고자 할 경우 LLVM IR에 관해 아는 것만으로, 즉 LLVM이 무엇이며, 어떻게 동작하고, 어떤 불변항(invariant)이 충족되어야 하는지를 아는 것만으로 충분합니다. 또한 LLVM IR은 텍스트를 기본 표현 형태로 사용하므로, 프론트엔드에서 텍스트 형태로 LLVM IR을 출력하여 유닉스 파이프를 통해 옵티마이저와 코드 생성기에 전달하는 것이 가능합니다. 이것은 실제로 유용한 접근 방법입니다.

다소 의외일 수도 있습니다만 이 점은 사실 LLVM만이 가지는 고유 특징이며, LLVM이 다양한 분야에서 성공을 거둘 수 있었던 핵심 요인 중 하나이기도 합니다. 이미 널리 사용되고 있는 GCC조차 상대적으로 잘 짜인 아키텍처를 갖고 있음에도 불구하고 이런 특성을 제공하지 못합니다. GCC에서 사용되는 미드레벨 표현방식인 GIMPLE만으로는 프로그램을 완전히 표현해주지 못하며, 별도의 부가 정보들이 더 필요하기 때문입니다. 일례로, GCC 코드 생성기에서 DWARF 디버깅 정보[12]를 출력하려면 원래 소스 레벨의 '트리' 형태를 다시 참조해야만 합니다. 또한, GIMPLE은 코드상의 연산을 표현하는 데 '튜플'을 사용하지만, 그 피연산자들을 표현하려면 아직까지도(최소한 GCC 4.5까지는) 소스레벨 트리에 대한 레퍼런스가 필요합니다.

이로 인하여 GCC 프론트엔드를 작성하려면 GIMPLE 외에도 GCC가 어떤 형태의 소스 트리 데이터 구조를 사용하며 그것을 어떻게 생성하는지에 대해서도 알고 있어야 합니다. GCC 백엔드 역시 유사한 문제를 가지고 있어서, RTL[13] 백엔드가 어떻게 동작하는지에 대해 속속들이 알아야 합니다. 마지막으로, GCC는 코드에 대한 모든 관련 정보를 덤프하거나, GIMPLE(및 연관된 데이터 구조들)을 텍스트 형태로 입출력할 수 있게 해주는 기능이 존재하지 않습니다. 이 때문

---

12 (옮긴이) Linux/Unix환경에서 널리 사용되는 디버깅 정보 표현 방식입니다. 위키피디아에 따르면 유닉스에서 사용되는 ELF(Executable and Linkable Format)에 대응해서 DWARF라고 이름이 정해졌다고 하며, 최근에는 'Debugging With Attributed Record Format'이라는 명칭의 약자로 사용된다고 합니다. http://en.wikipedia.org/wiki/DWARF

13 (옮긴이) RTL(Register Transfer Language)의 약자로서, GCC에서 사용하는 고유의 중간 표현입니다. RISC와 유사한 LLVM IR과는 달리 RTL은 Lisp S-Expression과 유사합니다. http://en.wikipedia.org/wiki/Register_transfer_language

에 GCC는 이런저런 실험을 해보기가 상대적으로 어려우며 훨씬 적은 수의 프론트엔드들만이 존재합니다.

2.4.2 LLVM에서 제공되는 라이브러리들

다음으로 중요한 측면은, LLVM이 일련의 라이브러리들의 집합으로 설계되었다는 점입니다. 이 점은 모놀리틱 컴파일러인 GCC, 혹은 가상머신 구조를 갖는 JVM이나 .NET과 특히 대조되는 부분입니다. LLVM은 일련의 유용한 컴파일러 기술들을 제공해주는 인프라스트럭처이며, 이를 바탕으로 C 컴파일러 개발이나 특수 효과 파이프라인 옵티마이저와 같은 문제들을 해결하는 데 사용할 수 있습니다. 이 점은 LLVM의 가장 강력한 특징 중 하나지만, 동시에 가장 덜 알려진 설계 포인트이기도 합니다.

일례로, 옵티마이저의 설계를 살펴보겠습니다. 옵티마이저는 LLVM IR을 읽어 들여서, 약간의 분석과 변형을 적용한 뒤, 수행 속도가 향상될 것으로 기대되는 LLVM IR 코드를 출력합니다. 다른 많은 컴파일러에서와 마찬가지로 LLVM 옵티마이저는 일련의 최적화 패스들이 순서대로 연결되는 파이프라인 형태로 구성되어 있습니다. 각 최적화 패스들은 상호 독립적으로 자신만의 분석 및 변환 작업을 수행하게 됩니다. 이러한 최적화 패스들의 대표적인 예로는 인라이닝(함수가 호출되는 부분을 함수의 본문으로 통째로 치환해 주기), 연산 재구성, 루프 불변항(invariant) 코드 이동 등을 들 수 있습니다. 최적화 수준에 따라서 적용되는 최적화 패스들의 구성도 달라지게 됩니다. 예를 들어 clang에서는 -O0 옵션이 주어질 경우 어떤 최적화 패스도 수행되지 않으며, -O3이 주어질 경우 67종류의 최적화 패스들이 순서대로 적용됩니다(LLVM 2.8의 경우).

각 LLVM 패스들은 Pass 클래스를 간접적으로 상속하는 C++ 클래스로 구현되어 있습니다. 대부분의 경우 하나의 .cpp 파일로 작성되어 있으며, Pass 클래스를 상속받은 클래스는 anonymous 네임스페이스에 구현되어 있습니다. 덕분에 작성된 클래스는 오직 해당 파일 내부에서만 접근 가능하며, 해당 패스의 기능을 외부에서 적용할 수 있도록 해주기 위해서 해당 패스 객체를 생성해 주는 함수 한 개만이 노출됩니다.[14] 다음은 이해를 돕기 위해 간단히 작성된 예제입니다.

---

14 더 자세한 사항은 'LLVM 패스 작성 설명서'에 설명되어 있습니다.
　　http://llvm.org/docs/WritingAnLLVMPass.html

```
namespace {
  class Hello : public FunctionPass {
  public:
    // 최적화되는 LLVM IR이 위치한 함수 이름들을 출력.
    virtual bool runOnFunction(Function &F) {
      cerr << "Hello: " << F.getName() << "\n";
      return false;
    }
  };
}
FunctionPass *createHelloPass() { return new Hello(); }
```

앞서 설명한 바와 같이 LLVM 옵티마이저는 동일한 스타일로 작성된 수십 개의 패스들로 구성되어 있습니다. 각 패스는 하나 이상의 .o 파일로 컴파일된 뒤, 종류별로 UNIX 시스템의 .a 파일과 같은 라이브러리 파일로 묶여집니다. 이들 라이브러리들은 온갖 종류의 분석 및 변환 기능들을 제공하며, 각 패스들은 최대한 상호 독립적이 되도록 구성되어 있습니다. 만일 독자적으로 적용할 수 없는 패스가 있을 경우 결과를 얻으려면 다른 어떤 패스들이 필요한지에 대한 설명이 명시적으로 제공되어야 합니다. LLVM PassManager는 이 같은 명시적 상호 의존 관계 정보를 활용하여 일련의 최적화 패스들이 주어졌을 때 가장 최적의 실행 순서로 이들 작업을 실행합니다.

하지만 아무리 추상화와 라이브러리화가 바람직하다고 하더라도 이것들이 저절로 문제를 해결주는 것은 아닙니다. 가장 핵심적이면서도 흥미 있는 부분은 실제로 누군가가 LLVM에서 제공되는 컴파일러 기술을 활용해서 무엇인가 다른 새로운 툴을 개발하려 할 때 이루어집니다.

어떤 개발자가 영상 처리 전용 언어를 위한 JIT 컴파일러를 개발하는 경우를 예로 들어보겠습니다. 이 개발자는 이미 해당 영상 처리 언어의 특성 및 제약 조건들을 파악해 두었을 것입니다. 해당 언어에서는 컴파일 타임 지연시간의 최소화가 매우 중요하다든가, 일부 관용적 패턴들은 실행 성능 향상을 위해 반드시 최적화 되어야 한다든가 하는 내용이 그것이죠.

이 개발자는 LLVM 옵티마이저의 라이브러리 기반 설계 덕분에 이미 제공되고 있는 다양한 최적화 패스들 중 어떤 것들이 영상 처리 분야에 적합한지, 그리고 그중 어떤 최적화 패스들을 어떤 순서로 적용할 것인지 등을 직접 판단할 수 있습니다. 예를 들어, 모든 기능이 커다란 함수 하나로만 정의된다면 굳이 인라이닝에 시간을 들일 필요는 없겠죠. 마찬가지로, 포인터가 거의 사용되지 않을

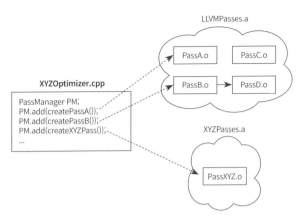

그림 2.4 LLVM을 사용하는 가상의 XYZ 시스템

경우 앨리어스 분석[15]이나 메모리 최적화 등은 수행하지 않아도 됩니다. 하지만, LLVM에서 제공해주는 기능들만으로 모든 최적화 문제가 마법처럼 해결되지는 않습니다. 이를 보완하기 위해 개발자들은 각자의 필요에 맞는 최적화 패스들을 얼마든지 직접 구현하여 적용할 수 있습니다. LLVM에서는 패스 서브시스템이 모듈화되어 있고, PassManager 역시 각 패스들의 내부에 대해 일절 관여하지 않기 때문입니다. 덕분에 LLVM 자체의 미흡함을 보완하거나 자신만의 언어에 맞는 전용 최적화 기능 등을 개발하여 사용하는 것이 가능합니다. 그림 2.4는 가상의 XYZ 영상 처리 시스템에 대한 간단한 예제입니다.

어떤 최적화 패스들을 적용할 것인지가(그리고 이후에 어떤 코드 생성 패스들을 거칠 것인지가) 결정되고 나면, 영상 처리 컴파일러는 실행 파일 혹은 동적 라이브러리 형태로 생성되게 됩니다. 최종 애플리케이션에는 LLVM 옵티마이저 전체가 아니라 실제로 사용된 기능들만이 링크됩니다. LLVM의 각 최적화 패스들에 대한 레퍼런스는 .o 파일들에 정의되어 있는 create 함수 하나씩밖에 없으며, 옵티마이저들은 .a 아카이브 형태로 제공되기 때문입니다. 앞서의 예제를 다시 살펴보면, 최종 애플리케이션이 참조하여 사용하는 PassA와 PassB는 바이너리 파일에 링크되게 됩니다. 또한, PassB가 일련의 분석을 위하여 활용하는 PassD 역시 링크되게 됩니다. 하지만, 애플리케이션에서 사용되지 않는 PassC를 비롯한 다른 수십 개의 최적화 패스들은 링크되지 않습니다.

---

15 (옮긴이) 서로 다른 변수들이 동일한 메모리 공간을 가리키는지 여부를 판별하는 작업으로서, 최적화 작업에 유용하게 활용될 수 있는 힌트를 제공합니다. http://en.wikipedia.org/wiki/Alias_analysis

바로 이 지점이 LLVM의 라이브러리 기반 설계가 제공하는 강점이 발휘되는 부분입니다. 이 명확한 설계 방식 덕분에 방대한 기능들이 성능 저하에 대한 부담 없이 LLVM에 포함될 수 있었습니다. 사용되지 않는 기능들은 클라이언트의 실행 성능에 영향을 미치지 못하기 때문에, LLVM 전체 규모가 증가하는 것은 크게 문제가 되지 않기 때문입니다. 덕분에 특정 상황하에서만 적용가능하긴 하지만 유용한 기능들이 LLVM에 상당수 포함될 수 있었습니다. 반면에, 기존 컴파일러들의 옵티마이저는 서로 뒤엉켜 있는 커다란 코드 덩어리 형태로 구현되어 있어 일부 기능만을 추려내어 적용하기가 어렵습니다. 이와는 대조적으로 LLVM에서는 전체 시스템이 어떻게 유기적으로 연결되는지를 이해하지 않고도 각각의 최적화 패스들이 어떻게 동작하는지를 개별적으로 이해하는 것이 가능합니다.

이러한 라이브러리 기반 설계 방식은 많은 사람이 LLVM이 어디에 사용되는지 오해하게 만드는 주요 이유이기도 합니다. LLVM 라이브러리에서 많은 기능을 제공해 주고 있지만, LLVM만으로는 독자적으로 아무것도 수행하지 않습니다. 어떤 기능들을 취사선택해서 최선의 결과를 이끌어낼 것인지는 (Clang C 컴파일러와 같은) 클라이언트 프로그램의 설계자들이 수행해야 하는 몫입니다. 예를 들어, LLVM에서 JIT 컴파일 기능이 제공된다고 해서 이 기능을 반드시 사용해야만 하는 것은 아닙니다. 이처럼 세심하게 설계된 레이어링과 개별 기능 단위의 취사선택에 초점이 맞춰진 기능 분할 덕분에 LLVM 옵티마이저가 오늘날과 같이 다양한 분야의 방대한 응용 분야에서 활용될 수 있었습니다.

2.5 이식이 용이한 LLVM 코드 생성기의 설계

LLVM 코드 생성기는 LLVM IR을 특정 타깃 머신 코드로 변경해 주는 역할을 담당합니다. 어떤 종류의 타깃이 주어지더라도 가능한 한 최고 성능의 머신 코드를 생성해 내는 것이 코드 생성기의 목표라고 볼 수 있습니다. 한편으로 생각해 보면, 각 대상 타깃들마다 완벽하게 특화된 코드 생성기들을 구현하는 것이 필요하겠지만, 다른 관점에서 보면 대상으로 하는 타깃이 바뀌더라도 해결해야 하는 문제들은 서로 유사합니다. 일례로, 레지스터 할당 문제의 경우, 레지스터 파일 구조는 각 타깃별로 모두 다르지만 이때 사용되는 알고리즘들은 최대한 공유되는 편이 바람직합니다.

옵티마이저에서의 접근방식과 마찬가지로, LLVM 코드 생성기는 코드 생성 문제를 명령어 선택, 레지스터 할당, 스케줄링, 코드 레이아웃 최적화, 어셈블리어 출력 등과 같은 개별적인 패스들로 분할합니다. 또한, 기본적으로 수행되는 다양한 코드 생성용 패스들을 자체 제공해 주고 있습니다. 타깃 개발자는 필요에 따라서 기본 제공되는 패스들 중 어떤 것을 골라서 사용할 것인지, 혹은 어떤 부분을 직접 구현할 것인지 등을 선택할 수 있게 됩니다. 예를 들자면, x86 환경에서는 레지스터 수가 적기 때문에 x86용 백엔드에서는 레지스터 감압 스케줄러를 사용합니다. 반면, 레지스터가 많은 PowerPC의 경우에는 지연시간 최소화형 스케줄러가 사용됩니다. x86 백엔드에서는 x87 부동소수점 연산 스택을 처리하기 위한 별도의 전용 스택을 사용하며, ARM 백엔드에서는 필요에 따라 함수 내부에 상수 풀을 배치하는 고유의 패스를 사용하고 있습니다. 이와 같은 유연성 덕분에 타깃 개발자는 완전히 처음부터 새로 코드 생성기를 작성하지 않고도 훌륭한 코드를 만들어 낼 수 있습니다.

2.5.1 LLVM 타깃 설명 파일

이와 같이 유연하게 짜맞출 수 있는 접근 방식 덕분에 타깃 개발자는 각자의 아키텍처에 부합되는 구성요소들을 직접 선택할 수 있습니다. 또한, 서로 다른 타깃들 사이에 방대한 양의 코드를 공유하는 것도 가능해집니다. 반면, 이로 인하여 발생하는 문제점도 존재합니다. 예를 들어, 각 타깃들만의 고유 특성을 파악할 수 있게 해주는 수단을 공용 컴포넌트들이 일관된 형태로 사용할 수 있도록 제공해 주는 것이 필요합니다. 일례로, 공유 레지스터 할당기는 대상으로 하는 타깃이 어떤 레지스터 파일들을 가지고 있는지, 명령어와 레지스터 피연산자들 사이에 존재하는 제약 조건들은 어떤 것이 있는지 등에 대해 파악할 수 있어야 합니다. LLVM에서는 각 타깃별 특성들을 기술하는 선언형 전용 DSL(Domain Specific Language)을 사용하는 접근 방식을 채택하고 있습니다. 이 언어로 쓰여진 내용들은 .td 파일에 기술되며, tblgen 툴에 의해서 처리됩니다. 그림 2.5는 x86 타깃용 빌드 프로세스를 단순화하여 표현하고 있습니다.

.td 파일은 다양한 서브시스템들에서 활용 가능하며, 이를 기반으로 타깃 개발자는 필요한 부분들을 따로따로 개발한 뒤 하나씩 서로 맞춰 나가는 방식으로 작업할 수 있습니다. 일례로, x86 백엔드에서는 모든 32비트 레지스터들을 포함하는 'GR32'라는 레지스터 클래스를 아래와 같이 정의합니다. (.td 파일에서는

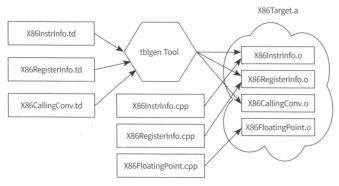

그림 2.5 단순화된 x86 타깃 정의

특정 타깃 전용 선언들은 모두 대문자로 표현됩니다.)

```
def GR32 : RegisterClass<[i32], 32,
  [EAX, ECX, EDX, ESI, EDI, EBX, EBP, ESP,
   R8D, R9D, R10D, R11D, R14D, R15D, R12D, R13D]> { … }
```

여기에서 설명하는 내용은 다음과 같습니다. 이 클래스에는 모두 16개의 레지스터들(EAX~R13D)이 포함되며, 각각에는 32비트 정수값을 저장할 수 있고, 가급적 32비트 단위로 정렬되는 것이 바람직하며, 어떤 방식의 레지스터 할당 순서를 사용하는 것이 바람직한지 등과 같은 기타 정보들이 표현되어 있습니다. 각인스트럭션은 피연산자로서 이 정보를 참조할 수 있습니다. 예를 들어 32비트 레지스터에 대한 보수(complement) 연산을 수행하는 명령어는 아래와 같이 정의될 수 있습니다.

```
let Constraints = "$src = $dst" in
def NOT32r : I<0xF7, MRM2r,
               (outs GR32:$dst), (ins GR32:$src),
               "not{l}\t$dst",
               [(set GR32:$dst, (not GR32:$src))]>;
```

이 선언에서는 다음과 같은 내용들이 설명됩니다.

· NOT32r은 (I tblgen 클래스를 사용하는) 명령어다.

· 인코딩 정보(0xF7, MRM2r)

· $dst라는 출력용 32비트 레지스터 한 개와 $src라고 하는 입력용 32비트 레지스터 한 개가 사용된다. 실제로 어떤 레지스터들이 사용가능한지 여부를 판단하는 데에는 앞서 정의한 GR32 레지스터 클래스 정보를 참조한다.

- 입력 레지스터와 출력 레지스터는 실제로 동일해야 한다(첫 줄의 let 제약 조건)
- 해당 연산을 구현하는 데 사용되는 어셈블리 명령어(AT&T와 인텔(Intel) 문법을 모두 지원하기 위해 {} 표현이 사용됨)
- 해당 연산의 적용 효과
- 해당 패턴이 적용되기 위한 조건

이상의 내용은 해당 명령어에 대해 매우 구체적으로 설명해 줍니다. LLVM 코드들은 여기에서 파생된 정보들을 활용하여 다양한 작업을 수행할 수 있습니다. 여기에 설명된 내용만으로 이 명령어를 생성하기 위해 입력 IR 코드에서 어떤 형태의 패턴을 찾아야 하는지를 결정할 수 있습니다. 또한 레지스터 할당기는 어떻게 동작해야 하는지, 머신 코드와의 상호변환은 어떻게 할지, 텍스트 형태로는 어떻게 입출력할 것인지 등에 대한 사항도 여기에 설명된 내용만으로 파악할 수 있습니다. 이런 일련의 정보들을 활용하면 x86 타깃에 대한 스탠드얼론 어셈블러(GNU의 gas assembler의 대용품)/디스어셈블러의 구현이나, JIT를 위한 인스트럭션 인코딩 등을 지원할 수 있게 됩니다.

이처럼 하나의 원본으로부터 다양한 부분적 정보들을 추출해 사용하는 방식에는 다른 장점들도 있습니다. 예를 들어, 어셈블러와 디스어셈블러 사이에서 어셈블리 언어 문법이나 바이너리 인코딩 방식에 대한 불일치가 발생할 가능성이 거의 원천적으로 봉쇄됩니다. 또한, 테스트 디스크립션을 테스트하는 것도 용이합니다. 코드 생성기 전체를 사용하지 않고도 인스트럭션 인코딩을 독자적으로 테스트할 수 있기 때문입니다.

.td 파일에는 최대한 많은 정보를 깔끔한 선언적 형태로 표현하는 것이 목표입니다. 하지만, 모든 정보가 여기에만 저장되는 것은 아닙니다. x87 부동소수점 연산 스택을 처리해주는 X86FloatingPoint.cpp의 경우에서 볼 수 있듯이, 특정 타깃에 특화된 일부 패스들이나 그 밖의 다양한 보조 루틴들의 경우 타깃 개발자가 직접 C++로 구현해야 합니다. 하지만, LLVM에서 지원되는 타깃들이 점점 증가함에 따라 .td 파일에 포함되어야 하는 정보의 규모도 같이 늘어나고 있으며, 이를 위해서 .td 파일의 표현력 역시 지속적으로 향상되고 있습니다. 덕분에 LLVM에서 새로운 타깃을 지원하는 것은 갈수록 용이해질 것입니다.

2.6 그 밖의 흥미로운 기능들

LLVM라이브러리의 모듈화 구조는 단지 설계상의 우아함을 제공해 주는 데에서 그치지 않습니다. 모듈화 구조는 그 밖에도 여러 가지 흥미로운 가능성들을 LLVM 클라이언트들에게 제공해 줍니다.

2.6.1 각 패스 실행 시점과 장소 선택하기

앞에서 기술한 바와 같이, LLVM IR은 LLVM 비트코드라는 바이너리 형태로 효과적으로 상호 변환이 가능합니다. LLVM IR은 그 자체만으로 필요한 모든 정보를 표현할 수 있고 입출력 과정에서 누락되는 정보도 없기 때문에, 컴파일 중간 결과를 디스크에 저장했다가 나중에 임의의 시점에 남은 작업을 이어서 진행하는 것이 가능합니다. 이를 활용하면 링크타임 최적화/설치시점 최적화 등과 같이 코드 생성을 '컴파일 시점' 이후로 연기하는 재미있는 기능들이 가능해집니다.

　기존의 컴파일러는 보통 한 번에 하나의 번역 단위(헤더들을 포함한 .c 파일 등)만을 보게 되기 때문에 여러 파일을 한번에 아우르는 최적화를 수행할 수 없었습니다. LTO(Link-Time Optimization)는 이러한 문제점을 해결해 줍니다. Clang 같은 LLVM 기반 컴파일러들에서는 -flto나 -O4 같은 명령행으로 이 기능을 사용할 수 있습니다. 이러한 옵션이 사용될 경우, 컴파일러는 그림 2.6에서와 같이 .o 파일을 생성할 때 네이티브 코드 대신 LLVM 비트코드를 출력하며, 실제 코드 생성을 링크 시점으로 연기합니다.

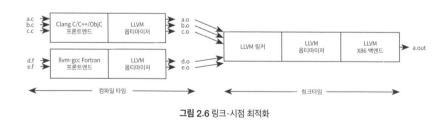

그림 2.6 링크-시점 최적화

비록 운영체제에 따라 세부사항은 다르지만, 링커가 .o 파일 안에 네이티브 코드 대신 LLVM 비트코드가 기록되어 있다는 점을 감지한다는 점이 핵심입니다. LLVM 비트코드가 감지되면, 링커는 모든 비트코드 파일들을 메모리에 적재하여 링크한 뒤 그 결과에 대해 LLVM 최적화를 수행합니다. 이 경우 훨씬 큰 규모의 코드를 대상으로 LLVM 옵티마이저가 실행되기 때문에, 인라이닝, 상수값 전파(propagation), 과감한 데드 코드 제거 작업 등을 파일 경계에 구애받지 않고 적용할 수 있습니다. GCC, Open64, Intel 컴파일러 등 상당수의 최신 컴파일러들에서도 LTO가 지원되기는 하지만, 대부분 별도의 직렬화 과정이 추가로 필요합니다. 게다가, 이 직렬화 작업들은 느리고 계산량이 많이 소요됩니다. 반면, LLVM에서는 시스템 설계로부터 링크타임 최적화가 자연스럽게 도출되며, 나아가 LLVM IR이 소스 언어에 완전히 중립적인 덕분에 다른 컴파일러들에서는 볼 수 없었던 다양한 소스 언어들에 대해 LTO를 적용하는 것이 가능합니다.

설치 시점 최적화는 그림 2.7에서와 같이 코드 생성 시점을 훨씬 더 뒤로 연기한다는 개념입니다. 소프트웨어가 모바일 디바이스에 다운로드 되어 설치되는 경우에서 볼 수 있듯이, 설치 시점에서는 코드가 실제로 어떤 디바이스에서 실행될지 결정되기 때문에 훨씬 흥미있는 선택이 가능해집니다. 예를 들어, X86 패밀리의 경우 매우 다양한 종류의 칩들이 존재하며 각각이 가지는 특성들 역시 제각각이기 때문에, 명령어 선택과 스케줄링, 머신 코드 생성 등의 작업을 설치 시점에 수행할 경우 실제 애플리케이션이 실행될 하드웨어에 대한 구체적인 정보를 참조하여 결정을 내릴 수 있게 됩니다.

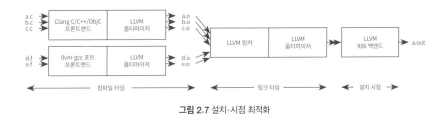

그림 2.7 설치-시점 최적화

2.6.2 최적화 모듈 단위 테스트

컴파일러 개발에서는 테스팅이 특히 중요합니다. 컴파일러의 구조는 매우 복잡한 데다가 그 품질 또한 중요하기 때문입니다. 예를 들어, 최적화 모듈을 크래시시키는 버그를 수정하고 나면 해당 오류 상황이 다시 발생하지 않는다는 것을 검증해주는 관련 회귀 테스트(regression test)가 추가되어야 합니다. GCC와 같은 기존 컴파일러들에서는 이런 경우 해당 오류를 재현하는 .c 파일을 작성한 뒤 컴파일하는 도중 컴파일러가 크래시하는지 여부를 감지하는 방식을 사용해 왔습니다.

하지만, 이 방식은 컴파일러를 구성하는 다양한 서브시스템 및 최적화 패스들 모두가 입력 코드를 변경할 수 있다는 문제가 발생합니다. 프론트엔드나 초기 최적화 패스가 변경되면, 그것이 아무리 사소하더라도 버그 발생 지점에 도달했을 때의 코드가 달라져서 의도했던 테스트 조건이 재현되지 않게 되는 경우가 빈번합니다.

이와는 대조적으로, LLVM 테스트 수트는 훨씬 정교하게 초점이 맞춰진 회귀 테스트를 제공합니다. LLVM 옵티마이저는 모듈화된 구조를 갖고 있는 데다가 텍스트 형태의 LLVM IR을 사용할 수 있기 때문입니다. 덕분에 오류 상황을 재현해 주는 LLVM IR을 디스크에서 읽어 들여 버그에 관련된 최적화 패스만을 실행한 뒤 실제 의도했던 결과가 얻어지는지를 검증할 수 있습니다. 보다 정교한 행위 기반 테스팅(behavioral testing)에서는 실제로 의도했던 최적화 결과가 얻어졌는지 검증하는 작업이 필요합니다. 아래 예제에서는 add 명령어에서 의도한 대로 상수 전파가 이루어지는지를 검증하는 간단한 테스트 케이스를 보여줍니다.

```
; RUN: opt < %s -constprop -S | FileCheck %s
define i32 @test() {
  %A = add i32 4, 5
  ret i32 %A
  ; CHECK: @test()
  ; CHECK: ret i32 9
}
```

RUN 라인에서는 어떤 명령어를 실행할지 지정합니다. 이 예제에서는 opt와 FileCheck 명령행 도구들이 사용됩니다. Opt 프로그램은 LLVM 패스 매니저에 대한 간단한 래퍼(wrapper)이며, 모든 기본 패스들(그 밖의 패스들도 플러그인을 통하여 동적으로 로드해 줄 수 있습니다)을 로드하여 명령행을 통해 제공해 주는 기능을 수행합니다. FileCheck 툴은 표준 입력을 통해 받아들인 내용이 일련의 CHECK 명령어들에 부합하는지를 검증해 줍니다. 이 예제에서는 constprop 패스가 4와 5를 add하는 명령어를 상수 9로 치환해주는지 여부를 테스트합니다.

언뜻 이 예제가 하찮을 정도로 단순해 보일 수 있지만, 이 테스트를 c 파일을 사용해서 수행하는 것은 매우 어렵습니다. 보통 프론트엔드에서 파싱 도중에 상수 폴딩을 함께 수행하기 때문에, 옵티마이저 내부의 상수 폴딩용 최적화 패스에 도달하고 난 후에도 적용가능한 코드가 남아 있도록 하는 C 프로그램을 작성하기란 매우 어렵습니다. 게다가, 약간의 미묘한 변화만으로도 이렇게 힘들게 작성한 예제 프로그램이 쓸모없어지게 되는 경우가 빈번합니다. 반면, LLVM에서는 회귀 테스트와 기능 테스트 모두에서 매우 명확하게 필요한 부분만을 테스트할 수 있습니다. 앞서 설명했듯이 테스트를 수행할 때 원하는 최적화 패스만을 로드하여 필요한 LLVM IR만을 전달하고 그 결과를 다시 텍스트 파일로 받아볼 수 있기 때문입니다.

2.6.3 버그포인트(BugPoint)를 이용한 테스트 케이스의 자동 감소

컴파일러나 그 밖의 다른 LLVM 클라이언트에서 버그가 발견되는 경우 가장 우선해서 수행해야 하는 작업은 해당 문제를 재현해 주는 테스트 케이스를 작성하는 것입니다. 일단 테스트 케이스가 작성되면, 구체적으로 어떤 부분에서 어떤 문제가 발생했는지를 최소한의 코드만으로 재현할 수 있도록 하는 것이 중요합니다. 시간이 지날수록 이런 작업을 어떻게 수행해야 하는지 점점 익숙해지기는 하지만, 이 과정은 지루한 수작업의 반복입니다. 게다가, 컴파일러에서 잘못된 코드가 생성되지만 크래시하지는 않을 경우 더욱 고통스럽습니다.

LLVM BugPoint 툴[16]은 이런 일련의 과정을 자동화해 줍니다. 예를 들어, 옵티마이저를 크래시시키는 .ll 파일이나 .bc 파일, 그리고 연관된 일련의 최적화 패스들의 목록을 제공하면, BugPoint는 버그가 발생한 최적화 패스를 추적하여 단순화된 테스트 케이스를 생성해 줍니다. 이 툴에서는 '델타 디버깅' 기법[17]과 유사한 방식을 통해 오류 재현에 필요한 입력과 관련 최적화 패스 리스트를 점진적으로 축소해 나갑니다. BugPoint 툴은 이미 LLVM IR의 구조를 이해하고 있기 때문에 일반적인 'delta' 명령행 툴과는 달리 오류 재현 전용 IR 생성을 위한 별도의 시간이 소요되지 않습니다.

잘못된 컴파일 결과가 생성되는 보다 까다로운 경우에도, 입력 코드와 코드 생성기 정보, 각 툴에 전달되어야 하는 명령행 옵션, 그리고 예제 출력 결과만을 지정해주면 충분합니다. BugPoint는 우선 해당 오류가 최적화 패스의 문제인지 코드 생성기의 문제인지부터 파악합니다. 그리고 나서, 테스트 케이스들을 정상 동작하는 그룹과 오동작하는 그룹으로 분류합니다. 이런 분류 작업을 반복 진행하면서 오동작 그룹에 속해 있는 코드들 중 정상 동작하는 부분들을 점진적으로

---

16 http://llvm.org/docs/Bugpoint.html
17 (옮긴이) 체계적인 과정을 통해 오류 재현에 필요한 최소한의 조건을 추려내주는 디버깅 자동화 기법 중 하나입니다.

추려나감으로써 테스트 케이스를 축소시킵니다.

BugPoint는 매우 단순한 툴이지만, LLVM 개발이 진행되는 동안 테스트 케이스 최소화에 따르는 수많은 시간을 절약해 주었습니다. LLVM IR이라는 잘 정의된 중간 표현 덕분에, BugPoint는 다른 오픈 소스 컴파일러들에서는 찾아볼 수 없는 강력한 기능을 제공합니다. 하지만, BugPoint 역시 완벽하지만은 않습니다. 처음부터 새로 다시 작성할 경우 개선될 수 있는 부분도 분명 존재합니다. 이 툴은 2002년에 처음 작성되었으며, 이후 누군가가 기존의 툴로는 처리하기 어려운 매우 까다로운 버그를 발견했을 경우에만 조금씩 개선이 이루어졌습니다. 따라서 일관된 설계나 담당자 없이 JIT 디버깅과 같은 많은 새로운 기능이 다소 산만하게 추가되어 왔습니다.

2.7 회고와 향후 방향

사실 LLVM이 모듈화 구조로 설계된 이유는 여기에서 설명한 목표들 때문은 아니었습니다. 오히려, 모든 것을 한번에 완벽하게 구현하는 게 불가능하다는 점을 염두에 둔 현실적 대비책의 성격이 강했습니다. 예를 들어 최적화 패스들을 모듈화된 형태로 설계한 것은 각 패스들을 나중에 더 잘 구현된 모듈로 쉽게 교체할 수 있도록 하기 위한 목적에서 비롯되었습니다.[18]

또한, LLVM이 군더더기 없이 유지될 수 있는 데에는 하위 호환성에 구애받지 않고 예전 설계를 적극적으로 재검토하면서 과감히 API를 변경해왔다는 점도 강조할 만 합니다. 물론, 라이브러리 클라이언트 관점에서 보면 이런 방식이 과연 바람직한가에 대해서는 논쟁의 소지가 있습니다. 예를 들어 LLVM IR에 대규모 변경이 발생하면 최적화 패스들 전부와 C++ API 중 상당 부분에 대한 변경이 불가피하기 때문입니다. 비록 라이브러리 클라이언트들 입장에서는 고통스러울 수 있지만, 기능 개선 속도를 빠르게 유지하기 위해서는 이 방식이 맞는 접근 방법입니다. 그동안 우리는 이런 대규모 변경을 여러 차례 수행해 왔습니다. 이에 따르는 고통을 경감하기 위해 빈번히 사용되는 주요 API들에 대해서는 훨씬 안정화된 C wrapper도 제공하고 있습니다. 이를 활용하면 다른 언어들에 대한 바인딩도 용이하게 지원할 수 있습니다. 또한 새로운 버전의 LLVM들에서는 가능

---

18 보통 LLVM 서브시스템이 쓸만해지려면 최소한 한 번 이상은 고쳐써야 한다고들 합니다.

한 한 기존의 .ll 파일 및 .bc 파일을 읽어 들일 수 있도록 노력하고 있습니다.

앞으로는 LLVM을 더욱 모듈화시키는 동시에 세부적인 기능들을 한층 더 쉽게 취사선택할 수 있도록 만들 계획입니다. 일례로, 코드 생성기는 아직도 너무 모놀리틱해서 기능별로 LLVM 서브셋을 추려내기가 어렵습니다. 예를 들어 JIT를 사용하고 싶지만 인라인 어셈블리, 예외 처리, 디버깅 정보 생성 기능은 필요 없다면, 이런 기능들을 링크하지 않고도 코드 생성기를 빌드할 수 있어야 합니다. 또한, 코드 생성기와 옵티마이저에서 생성되는 코드의 품질을 향상하고, 새로운 언어 및 타깃의 지원을 용이하게 해주는 새로운 IR 기능들을 추가하며, 고수준 언어 전용 최적화를 위한 관련 기능 지원을 지속적으로 수행하고 있습니다.

LLVM 프로젝트는 지속적으로 성장하고 있으며 다양한 방법으로 개선이 이루어지고 있습니다. 다채로운 프로젝트들에서 각자만의 방식으로 LLVM이 적용되는 것, 그리고 전혀 상상조차 하지 못했던 새로운 분야들에서 도입되는 사례가 꾸준히 이어지는 것을 지켜보는 것은 매우 짜릿한 경험이었습니다. 신형 LLVM 디버거가 대표적인 예입니다. 여기에서는 Clang의 C/C++/Objective-C 파서들을 사용하여 파싱을 수행하며, LLVM JIT를 사용하여 그 결과를 타깃 코드로 변환하고, LLVM 디스어셈블러를 사용하며, 호출 컨벤션을 처리하기 위해 LLVM 타깃을 활용하고 있습니다. 이처럼 기존 코드들을 재사용함으로써 디버거 개발자들은 (어설픈) C++ 파서를 새로 구현하는 대신 디버거 로직의 개발에만 집중할 수 있었습니다.

LLVM은 여태까지는 성공을 거두어 왔습니다. 하지만, 해야 할 일은 여전히 많이 남아 있습니다. 또한, 시간이 지남에 따라 LLVM이 현재의 민첩함을 잃어버리고 경직될 수 있는 위험도 상존하고 있습니다. 이에 대한 마법 같은 해결책은 없습니다. 하지만, 새로운 분야에 지속적으로 노출되어 계속 자극을 받는 동시에, 기존의 결정을 꾸준히 재검토하고 과감하게 교체하는 것을 두려워하지 않는 의지를 유지한다면 도움이 되지 않을까 생각합니다. 어쨌든, 완벽해지는 것이 목표가 아니니까요. 시간이 지날수록 점점 더 나아지고 좋아지는 것. 그것이 목표입니다.

옮긴이: 류성호
KAIST 인공지능 연구실에서 박사과정을 마쳤으며, 졸업 후 삼성전자와 NHN에서 근무했다. 네이버의 음성 비서 서비스인 '링크'의 음성인식 개발을 담당하였으며, 현재 아마존에서 Speech/Machine learning scientist로 재직 중이다.

3장

NoSQL 생태계

애덤 마커스(Adam Marcus) 지음
류성호, 설현준 옮김

이 책에서 언급되는 타 프로젝트들과 달리, NoSQL은 상호보완적이면서 동시에 경쟁관계에 있는 다양한 툴들의 생태계를 지칭합니다. NoSQL 범주에 속하는 툴들은 기존의 SQL 기반 관계형 데이터베이스에 대한 대안을 제공하는 것을 목표로 하고 있습니다. NoSQL을 이해하기 위해서는 어떤 툴들이 존재하는지, 그리고 각각에서 어떤 설계를 취하고 있는지를 알아보아야 합니다.

NoSQL 저장 시스템의 도입 여부를 검토하기 위해서는 우선 얼마나 다양한 선택지가 존재하는지부터 알아야 합니다. 또한, NoSQL 시스템들에서는 기존 관계형 DB에서 제공되던 다양한 편의 기능들이 거의 존재하지 않습니다. 이로 인하여 DB 시스템에 의해 추상화되었던 많은 이슈가 애플리케이션 디자이너의 몫으로 남게 됩니다. 따라서 NoSQL을 사용하고자 하는 개발자들은 시스템 아키텍트의 관점에서 이런 시스템들이 어떻게 구성되고 동작하는지에 대해 보다 깊이 있게 이해할 필요가 있습니다.

3.1 NoSQL이란?

우선 NoSQL이라는 이름이 무엇을 의미하는지부터 살펴보겠습니다. 글자 그대로 해석하자면 NoSQL은 'SQL이 아닌' 질의 인터페이스(query interface)를 제공해 주는 시스템이라고 볼 수 있습니다. 하지만 NoSQL 커뮤니티에서는 보다 포괄적인 관점이 통용되고 있습니다. 이 관점에 따르면, NoSQL 시스템들은 기존의 SQL 기반 시스템들에 대한 대안을 제공해 줌으로써 '단지 SQL 인터페이스만 사용하는 것은 아닌(Not Only SQL)' 시스템을 구축할 수 있게 해줍니다. 예를 들어, 기존의 SQL 시스템을 NoSQL 시스템으로 완전히 대체할 수도 있지만, 두 시스템을 적절히 혼합하여 사용하는 것 역시 가능합니다.

NoSQL에 대해 더 자세히 알아보기 전에, 먼저 기존의 SQL 및 관계형 데이터베이스가 어떤 분야에 적합한지, 그리고 NoSQL이 상대적으로 더 잘할 수 있는 분야는 어떤 것들이 있는지부터 알아보겠습니다.

3.1.1 SQL 및 관계형 데이터 모델

SQL은 데이터에 대한 질의를 수행하기 위해 만들어진 선언형 언어입니다.

선언형 언어란 '작업'을 '어떻게' 수행해야 하는지를 일일이 지정하는 대신, '결과'로 '무엇'을 얻고자 하는지에 초점을 맞춘 언어입니다. 몇 가지 예를 들자면 다음과 같습니다. "39번 직원의 기록을 찾아라", "전체 레코드에서 직원 이름과 전화번호만을 추출하라", "회계부서 직원들의 레코드들만 추출하라", "각 부서별로 직원 수를 구하라", "직원 테이블과 관리자 테이블을 합쳐라".

SQL은 각종 세부사항에 일일이 신경 쓰지 않고도 위와 같은 질의에 대한 결과를 받아볼 수 있도록 해 줍니다. 예를 들어 질의를 수행할 때 데이터가 디스크에 어떤 형식으로 배열되어 있는지, 데이터를 액세스할 때 어느 색인을 사용해야 하는지, 데이터를 처리할 때 어떤 알고리즘을 사용해야 하는지 등에 대해 전혀 신경 쓰지 않아도 됩니다. 따라서 이와 같은 이슈들을 알아서 처리해 주는 질의 최적화기(query optimizer)가 대부분의 SQL 기반 관계형 데이터베이스 시스템에서 핵심적인 지위를 차지하고 있습니다. 질의 최적화기는 특정 질의가 주어졌을 때 논리적으로 동일한 결과를 얻을 수 있는 다수의 실행 방안 중에서 가장 빠르게 결과를 얻을 수 있는 것이 무엇인지를 판단해 줍니다. 보통 이런 최적화기들은 일반 사용자들이 직접 세부 단계를 지정하는 것보다 효율적인 실행 방안을 선택해 주기는 하지만, 그 결과가 항상 완벽한 것은 아닙니다. 예를 들어 최적의 판단을 내리기에는 정보가 너무 부족하거나, 시스템을 너무 단순화시킨 모델을 사용하고 있을 수도 있습니다.

현재 가장 널리 사용되고 있는 SQL 기반 데이터베이스들은 관계형 데이터 모델(relational data model)을 사용하고 있으며, 이로 인해 관계형 데이터베이스(relational database)라고 불리기도 합니다. 관계형 데이터 모델에서는 테이블을 사용하여 실제 세계의 다양한 개체들을 표현합니다. 예를 들어 직원에 대한 정보는 직원 테이블에 저장하고 부서에 대한 정보는 부서 테이블에 저장하는 식입니다. 해당 개체가 가지는 다양한 속성은 테이블의 열(column)로 표현됩니다. 예를 들어 사번, 이름, 생일, 연봉 같은 속성들이 직원 테이블의 열을 구성하게 됩니다.

SQL은 관계형 데이터 모델과 매우 밀접한 관계를 가지고 있습니다. 'employeeid = 3인 직원은 누구인가?' 혹은 'salary 〉 $20000인 직원들은 누구인가?'와 같이 간단한 SQL 질의의 경우 한 테이블 내에서 특정 필드에 대해 지정된 조건을 만족하는 레코드들을 추려내기만 하면 됩니다. 'employeeid가 3인 직원이 소속된 부서의 이름은 무엇인가?'처럼 보다 복잡한 질의의 경우 여러 테이블을 조인(join)하는 등의 추가 작업들이 필요해질 수도 있습니다. 혹은 '전체 직원의 평균 연봉은 얼마인가?'와 같이 집계형 연산(aggregates)을 수행할 때에는 테이블을 처음부터 끝까지 전부 스캔해야 하기도 합니다.

관계형 데이터 모델에서는 구조화된 형태로 개체들과 그들 사이의 연관 관계를 정의하고 실제 데이터에 엄격하게 적용합니다. 이 모델하에서는 SQL만으로도 복잡한 질의들을 상대적으로 간단히 수행할 수 있습니다. 하지만, 이 모델이 완벽한 것은 아닙니다.

· SQL의 질의 표현력은 매우 풍부하지만 반면 이로 인해서 개별 질의들을 실행하는데 얼마만큼의 자원이 소모될지 정확하게 예측하기 어렵습니다. 대신 보다 단순한 질의 언어를 사용할 경우, 애플리케이션이 상대적으로 복잡해지기는 하지만 개별 질의들의 실행 비용을 예측하기가 용이해집니다. 덕분에 워크로드(workload)가 주어졌을 때 그에 상응하는 용량을 산정하고 확보하기가 더 쉽습니다.

· 문제를 모델링하는 방법에는 여러 종류가 있을 수 있습니다. 그 중 관계형 데이터 모델은 매우 엄격한 모델로서, 모든 레코드는 테이블 스키마에서 정의된 속성들을 전부 포함해야만 합니다. 하지만, 상대적으로 유연한 구조를 갖는 데이터를 저장해야 하거나, 각 레코드마다 각자 사용하는 속성들에 큰 차이가 있을 경우 이런 제약 조건은 오히려 거추장스러울 수 있습니다. 마찬가지로, 모든 자료구조가 관계형 데이터 모델로 자연스럽게 표현될 수 있는 것은 아닙니다. 예를 들어, 객체 지향 언어들에서 일반적으로 제공되는 리스트, 큐, 집합 등과 같은 고차원 자료구조들을 관계형 데이터 모델의 테이블 형태로 변환하는 작업은 상당히 번거롭습니다. 이 자료구조들이 퍼시스턴스 레이어(persistence layer)에서 직접 지원된다면 개발이 훨씬 용이해질 것입니다.

- 데이터의 규모가 서버 한 대에서 저장가능한 용량을 넘어서면, 데이터베이스 내의 테이블들을 여러 장비로 분산시켜야 합니다. 이렇게 분산된 테이블들 사이에 조인(Join) 연산이 필요한 질의를 수행할 경우 네트워크에 많은 부하가 걸리며 실행 성능 역시 저하됩니다. 따라서 이를 피하려면 해당 질의를 수행하는 데 필요한 속성들을 중복 저장함으로써 필요한 정보들을 한 테이블 내에서 찾아 볼 수 있도록 해주는 '디노멀라이즈(denormalize)' 작업을 수행해야 합니다. 하지만, 이 작업을 거치고 나면 데이터의 전반적인 구조가 키-룩업(key-lookup) 형태에 가까워지게 됩니다. 따라서 이런 경우 키-룩업 형태에 특화된 저장 시스템을 검토해 볼 가치가 충분히 있습니다.

오랜 세월을 거쳐 발전되어 온 설계 방식을 무턱대고 폐기하는 것은 현명한 선택이 아닙니다. 데이터베이스를 사용해야 할 경우 SQL 기반의 관계형 데이터베이스부터 고려해 보기를 권장합니다. 관계형 데이터베이스는 지난 수십 년에 걸쳐 활발하게 이루어진 연구 개발에 의해 탄탄히 뒷받침되고 있습니다. 또한, 관계형 데이터 모델은 풍부한 표현력을 자랑하며, 복잡한 작업들이 어떻게 실행될 것인지에 대해 이해하기 쉬운 설명을 제공해 줍니다. 반면 NoSQL은 대규모의 데이터나 워크로드를 처리해야 하거나, 관계형 데이터 모델을 통해 표현하기 까다로운 데이터 모델링 이슈가 뚜렷이 존재할 경우에 적합합니다.

3.1.2 NoSQL에 영향을 미친 연구들

NoSQL 운동은 학계의 연구 논문들로부터 많은 영감을 받았습니다. NoSQL의 핵심 설계에 영향을 끼친 논문은 많습니다만, 그중 특히 두 논문이 두드러집니다.

구글의 BigTable[CDG+06]은 흥미로운 데이터 모델을 제공합니다. 이 모델에서는 각 속성별로 값을 정렬하여 저장하는 SST(SortedStringTable)라는 기본 단위가 사용됩니다. 또한, 변경사항에 대한 타임스탬프를 사용함으로써 데이터의 변경 이력을 추적할 수도 있습니다. 데이터들을 다수의 서버들로 분산시키는 데에는 계층적 구간 기반 파티셔닝이라는 기법이 사용되며, 데이터의 일관성 보장에 관해서는 엄격한 일관성(strict consistency)이라는 방식이 사용됩니다. 데이터의 일관성 보장 방식에 대해서는 3.5에서 더 자세히 설명할 예정입니다.

아마존의 Dynamo[DHJ+07]는 이와는 다른 접근 방식을 채택하고 있는 분산형 키-밸류 데이터 저장소입니다. Dynamo에서는 각 키마다 그에 대응되는 임의의 바이트열을 저장해 주는 상대적으로 단순한 데이터 모델을 사용하고 있습니다. Dynamo에서 사용되는 데이터 파티션 모델은 장애에 보다 견고하게 대응할 수 있도록 해 주지만, 반면 데이터의 일관성을 보장하는 데 있어서 결과적 일관성(eventual consistency)이라고 불리는 상대적으로 느슨한 기법을 사용하고 있습니다.

각 개념에 대해서는 뒤에서 더욱 상세히 다룰 예정입니다만, 이 개념 중 상당수를 서로 섞어서 사용할 수 있다는 점을 이해하는 것이 중요합니다. 예를 들어 HBase[1] 같은 시스템들은 BigTable의 설계와 거의 동일하며, Voldemort[2]는 Dynamo의 많은 기능을 따라하고 있습니다. 반면 Cassandra[3] 같은 시스템에서는 BigTable의 데이터 모델과 Dynamo의 데이터 분할 및 일관성 보장 모델을 결합하여 제공하고 있습니다.

3.1.3 특성과 고려해야 할 사항들

NoSQL 시스템들에서는 무거운 SQL 표준을 지원하지 않습니다. 대신 저장 시스템을 구축하는 데 사용될 수 있는 단순하면서도 단편적인 솔루션들을 제공합니다. 이러한 접근 방식은, 데이터베이스에서 데이터를 다루는 방식을 단순화시키면 질의의 성능을 보다 잘 예측할 수 있게 될 것이라는 믿음을 바탕에 두고 있습니다. 다수의 NoSQL 시스템에서는 복잡한 질의 로직들을 애플리케이션이 직접 알아서 구현하도록 떠넘깁니다. 따라서 데이터 저장 시스템이 직접 실행하는 질의들에는 큰 변이가 없기 때문에 질의의 실행 성능을 예측하기가 보다 용이해집니다.

NoSQL 시스템들과 기존의 관계형 데이터베이스와 차이점은 SQL 같은 선언형 질의 언어가 제공되지 않는다는 점 이외에도 많이 있습니다. 은행과 같은 분야에서는 데이터베이스에서 트랜잭션, 일관성, 내구성 등과 같은 속성을 보장해 주기를 기대합니다. 트랜잭션이란 여러 작업을 하나의 그룹으로 묶어서, 해당 작업들이 전부 실행되거나 아니면 하나도 실행되지 않을 것임을 보장해 주는 것입니다. 예를 들어 은행에서 돈을 이체할 경우, 한 계좌에서 돈을 출금한 뒤 다른 계좌에 입금하는 두 작업을 하나의 트랜잭션으로 묶음으로써, 이체 도중 장애가 발생하더라도 한 계좌에서 출금만 되고 입금은 되지 않는 상황이 발생하

---

1   http://hbase.apache.org/
2   http://project-voldemort.com/
3   http://cassandra.apache.org/

는 것을 막을 수 있습니다. 일관성이란 어떤 값이 수정되고 나면 그 이후에 수행되는 질의들에서 변경된 값이 사용될 것임을 보장해 주는 것입니다. 내구성이란 값이 수정되고 나면 하드디스크 드라이브와 같은 안정적인 저장 매체에 해당 변경사항이 항상 기록될 것임을 보장해 주는 것입니다. 이로 인해 데이터베이스가 크래시하더라도 시스템을 복구하는 것이 가능해집니다.

NoSQL 시스템들은 이들 중 일부를 완화시킴으로써 실행 성능을 향상시키는 정책을 취하고 있습니다. 다수의 비금융권 애플리케이션들의 경우 이렇게 완화된 조건들로도 충분합니다. 이런 변화는 데이터 모델 및 질의 모델의 변화와 결합됨으로써 데이터의 규모가 커질 때 여러 대의 장비들로 데이터베이스를 보다 안전하게 파티셔닝할 수 있도록 도와줍니다.

NoSQL은 아직 태동기에 머무르고 있습니다. 이 장에서 설명되는 시스템들에서 채택하고 있는 구조적 결정사항들의 다양성은 사용자들의 다양한 요구사항들이 반영된 결과입니다. 이들 시스템의 구조적 특징들을 요약하면서 가장 어려웠던 부분은 각각이 지속적으로 변화하고 있다는 점이었습니다. 따라서 각 시스템의 세부적인 사항들은 앞으로도 계속 변경될 것임을 염두에 두는 것이 필요합니다. 이 장에서 설명되는 내용들은 일종의 가이드 정도로만 참조하는 편이 바람직하며, 어떤 NoSQL 시스템을 선택할 것인지 결정하기 위한 절대적인 기준으로 보기에는 무리가 있습니다.

NoSQL 시스템을 선택할 때에 고려해야 할 사항들은 다음과 같습니다.

· 데이터와 질의 모델: 테이블, 객체, 자료구조, 문서 등의 다양한 방식 중 어떤 형태로 데이터가 표현되는가? 데이터베이스상에서 합계나 평균 같은 집계 연산들이 제공되는가?

· 내구성(durability): 값이 변경될 때마다 해당 사항이 즉시 저장 매체에 기록되는가? 장비들 중 하나가 크래시될 경우에 대비해서 여러 장비로 중복 저장되는가?

· 확장성(scalability): 모든 데이터를 서버 한 대에 저장해야 하는가? 워크로드(workload)를 감당하려면 읽기나 쓰기 작업을 다수의 디스크들로 분산시켜야 하는가?

· 파티셔닝(partitioning): 확장성(scalability), 가용성(availability), 내구성(durability) 등의 이유로 인해 데이터를 여러 장비로 분산시켜야 하는가? 어느 레코드가 어느 장비에 있는지 어떻게 알 수 있는가?

- 일관성(consistency): 데이터가 여러 서버에 분산되어 중복 저장되어 있을 경우, 레코드가 변경될 때 서버들이 서로 어떻게 상호 작용하는가?
- 트랜잭션(transactional semantics): 성능 저하를 일부 감수면서도 ACID (Atomicity, Consistency, Isolation, Durability) 속성들 중 일부만이 보장되는 트랜잭션 기능을 필요로 하는가?
- 단독 서버 성능: 데이터를 디스크에 안전하게 저장하고자 할 경우, 대규모 읽기 작업 혹은 대규모 쓰기 작업에 적합한 온디스크 자료구조는 각각 무엇인가? 디스크에 쓰는 작업이 성능상의 병목이 되는가?
- 분석적 작업(analytic workloads): 현재 고려 중인 유스 케이스나 툴 체인에서 리포팅과 같은 데이터 세트 전체에 걸친 집계 및 분석 기능들을 필요로 하는가?

이제부터 이상의 항목들에 대해서 보다 자세히 알아보겠습니다. 단, 모두가 중요하긴 하지만 마지막 세 항목은 이번 장에서는 거의 다루지 않습니다.

3.2 NoSQL의 데이터와 질의 모델

데이터베이스의 데이터 모델은 데이터가 논리적으로 어떤 구조를 갖는지 정의하며, 질의 모델은 데이터가 어떻게 반환되고 갱신되는지 정의합니다. 대표적인 데이터 모델로는 관계형 모델, 키 기반 저장 모델, 다양한 종류의 그래프 모델 등이 있으며, 대표적 질의 언어들로는 SQL, 키 룩업, 맵리듀스(MapReduce) 등이 있습니다. NoSQL 시스템들에서는 다양한 데이터 모델과 질의 모델의 조합이 사용되고 있으며, 각 조합마다 아키텍처적 고려사항들이 달라집니다.

3.2.1 키 기반 NoSQL 데이터 모델

관계형 모델과는 달리 NoSQL 시스템들에서는 보통 특정 필드 하나만을 데이터 검색(lookup)에 사용할 수 있습니다. 예를 들어 직원에 대한 속성이 여럿 존재하더라도 검색에는 오직 직원 ID만 사용할 수 있습니다. 따라서 NoSQL 시스템에서는 키 룩업을 기반으로 하는 질의가 주로 사용됩니다. 프로그래머는 각 데이터를 구분하기 위해 어떤 키를 사용할 것인지 선택하게 되며, 대부분의 경우 그 키를 사용해서만 데이터를 반환받을 수 있습니다.

키 룩업 기반 시스템에서 동일한 데이터를 대상으로 다양한 키들을 검색에 사용하고자 하거나 복잡한 조인을 수행하고자 할 경우 키 이름을 창의적으로 작성해야 합니다. 만일 기본적으로 ID를 사용하여 직원 개개인을 검색하지만, 동시에 특정 부서에 소속된 직원들이 누구인지도 검색할 수 있게 하고자 할 경우 두 종류의 키를 사용하면 됩니다. 예를 들어 employee:30이라는 키는 직원 ID가 30인 직원의 정보를 검색하는데 사용하고, employee_departments:20이라는 키는 부서 20에 소속된 직원들의 ID를 얻는데 사용하는 식입니다. 이 두 정보를 조인하는 작업은 애플리케이션 로직에서 개발자가 직접 구현해야 합니다. 예를 들어 employee_departments:20이라는 키를 통해 해당 부서 직원들의 ID 목록을 먼저 받아온 뒤, 해당 목록 내의 employee:ID 키들을 사용해 각 직원의 실제 정보를 하나씩 받아오는 식입니다.

키 룩업 모델을 사용하는 데이터베이스는 질의가 일관된 패턴을 따른다는 장점이 있습니다. 워크로드 전체가 키 룩업으로만 구성되어 있고, 이 키 룩업 작업들은 실행 속도의 편차가 크지 않아 예측이 용이하기 때문입니다. 또한 대부분의 복잡한 작업이 애플리케이션으로 넘어간 덕분에, 프로파일링(profiling)을 통해 애플리케이션의 어느 부분이 느린지 찾아내는 것도 용이합니다. 반면 데이터 모델 로직과 비즈니스 로직이 서로 뒤엉키게 되기 때문에 추상화 관점에서는 바람직하지 않습니다.

다음으로는 어떤 형태의 데이터들이 키에 대응되는지 간략히 살펴보겠습니다. 이 부분은 NoSQL 시스템들마다 각자 다른 솔루션을 택하고 있습니다.

키-밸류 저장소

NoSQL에서 사용되는 가장 단순한 저장 형태는 키-밸류 저장소(KV 저장소)입니다. 이 경우 각 키에 대응되는 값들은 임의의 길이를 갖는 바이너리 데이터로만 간주됩니다. 데이터 저장소는 각 값이 내부적으로 어떤 구조를 갖고 있는지에 대해서는 일절 관여하지 않으며, 단순히 해당 값을 바이너리로 취급하여 애플리케이션에 전달해주기만 합니다. 따라서 구조적인 형태의 데이터를 저장하고자 할 경우 애플리케이션에서 JSON이나 ProtocolBuffer[4], Thrift[5], Avro[6] 같은 전용 포맷 등을 사용하여 데이터를 추가로 인코딩/디코딩 해야 합니다.

---

4 http://code.google.com/p/protobuf/
5 http://thrift.apache.org/
6 http://avro.apache.org/

이런 전용 포맷을 사용할 경우, 데이터의 특정 속성에 관련된 작업들은 모두 애플리케이션 단에서 수행되어야 합니다. 키-밸류 저장소에서는 해당 값들을 단순히 바이너리로만 취급하기 때문에, 내부적으로 저장된 값들이 어떤 구조 및 속성을 갖는지 모르기 때문입니다. 키-밸류 저장소는 대부분의 경우 get, set, delete 기능만이 제공되기 때문에 질의 모델의 단순성 측면에서는 단연 돋보입니다. 반면, 데이터의 내부 구조에 전혀 관여하지 않기 때문에 특정 속성에 기반한 필터링 같은 단순한 기능조차도 데이터베이스 단에서 제공되지 않습니다. 분산형 키-밸류 저장소의 대표적인 예로는 아마존의 Dynamo에 기반한 Voldemort를 들 수 있으며, BDB[7] 데이터베이스 라이브러리 역시 키-밸류 인터페이스를 제공하고 있습니다.

키-자료구조 저장소(Key-data structure repository)

키-자료구조 저장소에서는 각 값마다 특정 자료구조에 대응되는 타입을 지정할 수 있게 해 줍니다. 대표적인 사례인 Redis의 경우 정수, 문자열, 리스트, 집합, 정렬된 집합과 같은 타입을 사용할 수 있습니다. 또한, 기본적인 get/set/delete 기능 외에도 각 데이터 타입별 전용 기능들이 함께 제공됩니다. 예를 들어, 숫자 타입의 경우 더하기/빼기 등이 가능하며, 리스트 타입의 경우 푸시/팝 작업 등을 수행할 수 있습니다. 하지만, 이처럼 추가로 제공되는 기능들로 인해 전반적인 실행 성능이 저하되지는 않습니다. Redis[8]는 각 타입에 대한 단순한 전용 기능을 제공하는 대신 조인이나 집계 연산 같은 복잡한 기능은 배제함으로써 기능과 성능의 균형을 맞추고 있습니다.

키-문서 저장소(Key-document repository)

CouchDB[9], MongoDB[10], Riak[11]과 같은 키-문서 저장소에서는 각 키에 대응되는 값으로 JSON 같은 구조화된 문서를 사용합니다. 이런 포맷에서는 재귀적으로 구성된 리스트 및 딕셔너리 등을 사용할 수 있습니다.

MongoDB는 키스페이스를 컬렉션으로 분할함으로써 각 컬렉션 사이에 키가

---

7 http://www.oracle.com/technetwork/database/berkeleydb/overview/index.html
8 http://redis.io/
9 http://couchdb.apache.org/
10 http://www.mongodb.org/
11 http://www.basho.com/products_riak_overview.php

충돌하는 것을 방지할 수 있게 해줍니다. 반면 CouchDB와 Riak에서는 이런 작업을 개발자들에게 맡깁니다. 키-문서 저장소에서 제공해 주는 자유도와 복잡도는 일종의 양날의 검입니다. 애플리케이션 개발자 입장에서는 문서를 어떤 형태로 모델링할 것인지를 결정하면서 많은 자유를 누릴 수 있지만, 반면 애플리케이션의 질의 로직은 매우 복잡해질 수 있기 때문입니다.

빅테이블 칼럼 패밀리 저장소

HBase와 Cassandra는 구글의 BigTable의 데이터 모델을 기반으로 사용하고 있습니다. 이 모델상에서는 각 키마다 로우(row)가 하나씩 대응되며, 하나의 로우에는 하나 이상의 칼럼 패밀리(Column Family, CF)들이 포함됩니다. 각 칼럼 패밀리 내에서는 다시 각 로우별로 다수의 칼럼에 대한 값들을 지닐 수 있습니다. 각 칼럼에 대응되는 값들에는 타임스탬프가 부여되기 때문에, 동일한 칼럼 패밀리 내에서 하나의 로우-칼럼 조합에 대응되는 값의 여러 버전이 존재할 수 있습니다.

칼럼 패밀리의 키는 개념적으로 (로우, 칼럼 패밀리, 칼럼, 타임스탬프) 형태로 구성됩니다. 각 키에 대응되는 값들은 이 키를 기준으로 정렬되어 저장됩니다. 이런 설계에 기반한 데이터 모델에서는 다수의 기능을 키스페이스에서 담당하는 형태를 띄게 됩니다. 이런 설계는 시간이 지남에 따라 변화하는 데이터들을 타임스탬프를 통해 자연스럽게 모델링할 수 있게 해줍니다. 또한, 전체 데이터 중 극히 일부에서만 값이 존재하는 스파스 칼럼(sparse column)을 표현하는 데에도 적합합니다. 해당 값이 존재하지 않는 경우 일일이 NULL 값을 저장할 필요가 없기 때문입니다. 반면, NULL 값이 극히 드물게만 나타나거나 아예 존재하지 않는 칼럼을 저장할 경우, 각 로우마다 칼럼 식별자를 일일이 저장해야 하기 때문에 저장 공간 사용량이 증가합니다.

각 프로젝트에서 사용되는 데이터 모델들은 원래 BigTable의 데이터 모델과는 약간씩 차이가 존재합니다. 그 중에서 Cassandra에서 적용된 변경사항이 가장 주목할 만합니다. Cassandra는 각 칼럼 패밀리 내에서 다시 슈퍼 칼럼이라는 새로운 개념을 도입하여 사용하고 있습니다. 슈퍼 칼럼은 키 스페이스를 설계할 때 사용될 수 있는 추가적인 레이어를 제공하며, 데이터 매핑, 모델링, 색인 용도 등으로 활용될 수 있습니다. 또한, 원래 BigTable에서는 실행 성능 향상을 위해 다수의 칼럼 패밀리들을 물리적으로 한데 묶어 저장할 수 있게 해 주는 로컬리티 그룹(locality group)이라는 개념을 제공하고 있었지만, Cassandra에서는 이 개념을 사용하지 않고 있습니다.

3.2.2 그래프 저장소(Graph Repository)

NoSQL 저장소 중에는 그래프 저장소도 있습니다. 그래프는 컴퓨터 공학의 근본적 자료구조 중 하나지만, 관계형 데이터 모델이나 키 위주의 데이터 모델로 표현하기에는 적합하지 않습니다. HyperGraphDB[12]와 Neo4J[13]는 그래프형 데이터 저장에 특화된 대표적인 NoSQL 시스템입니다. 그래프 저장소는 지금까지 살펴본 다른 시스템들과 거의 모든 측면에서 판이하게 다릅니다. 그래프 저장소들은 데이터 모델, 질의 패턴, 디스크상에서의 물리적 데이터 레이아웃, 데이터의 분산 방식, 트랜잭션 수행 방식 등의 전반적인 부분에서 자신만의 기법을 적용하고 있습니다. 지면의 제약 관계로 그래프 저장소들이 갖는 고유 특성을 자세히 다루지는 못하지만, 어떤 종류의 데이터는 그래프 형태로 저장하고 질의하는 것이 가장 바람직하다는 점을 염두에 둘 필요가 있습니다.

3.2.3 복잡한 질의

NoSQL 시스템들에서 키 기반 룩업만 제공되는 것은 아닙니다. MongoDB의 경우 데이터를 색인할 때 어떤 속성들이든 개수에 제약 없이 사용할 수 있으며, 검색 대상을 지정하는 상대적으로 고수준의 질의 언어가 제공됩니다. 빅테이블 기반 시스템에서는 칼럼 패밀리용 스캐너가 제공됩니다. 이 스캐너에서는 지정된 칼럼 패밀리를 열람하면서 특정 칼럼을 대상으로 설정된 필터의 조건에 부합하는 아이템들을 걸러낼 수 있게 해줍니다. CouchDB는 동일한 데이터에 대한 다양한 뷰(view)를 생성할 수 있게 해주며, 보다 복잡한 룩업 및 갱신을 지원하기 위해서 테이블을 대상으로 맵리듀스 작업을 실행할 수 있게 해줍니다. 대부분의 시스템에서는 전체 데이터 세트 규모의 분석적 질의(analytical queries)를 수행할 수 있도록 하둡 등 맵리듀스 프레임워크에 대한 바인딩을 제공하고 있습니다.

3.2.4 트랜잭션

일반적으로 NoSQL 시스템에서는 트랜잭션을 정확히 구현하기보다는 실행 성

---

12 http://www.hypergraphdb.org/index
13 http://neo4j.org/

능을 더 우선합니다. SQL 기반 시스템들에서는 하나의 트랜잭션에 명령어들이 얼마든지 들어갈 수 있습니다. 예를 들어 프라이머리 키를 이용해 특정 레코드를 검색하는 단순한 질의에서부터, 여러 테이블을 조인한 뒤 다수의 필드를 대상으로 평균을 계산하는 것과 같은 복잡한 작업이 모두 하나의 트랜잭션으로 수행될 수 있습니다.

이런 SQL 데이터베이스들에서는 트랜잭션 간에 ACID 속성이 보장됩니다. 트랜잭션이 아토믹(Atomic:A) 하다는 점은 하나의 트랜잭션에 여러 작업이 포함되어 있는 경우, 해당 작업들이 전부 수행되거나 아니면 하나도 수행되지 않을 것임을 의미합니다. 일관성(Consistency:C)이란 트랜잭션이 종료되고 나면 그 성공 여부와 무관하게 데이터베이스는 항상 일관된 상태에 있을 것임을 보장해 주는 것을 의미합니다. 고립성(Isolation:I)이란 하나 이상의 트랜잭션들이 동일한 데이터를 다룰 경우에도 문제가 발생하지 않을 것임을 의미합니다. 마지막으로 내구성(Durability:D)은 트랜잭션이 종료되고 나면 그 결과가 안정적인 형태로 저장이 완료되었을 것임을 항상 보장해 주는 것을 의미합니다. 내구성에 관련해서는 다음 섹션에서 자세히 살펴볼 예정입니다.

트랜잭션에서 ACID 속성이 지원되는 경우, 개발자 입장에서 데이터의 상태를 유추하기가 훨씬 수월해집니다. 여러 단계로 구성된 트랜잭션들이 동시에 다수 수행되는 상황을 고려해 보도록 하죠. 예를 들어 특정 계좌를 조회한 뒤, 잔액에서 $60을 차감하고, 해당 금액을 반영하는 작업들로 구성되는 트랜잭션을 생각할 수 있습니다. ACID 지원 데이터베이스 시스템들에서는 모든 트랜잭션의 정확성이 어떤 경우에서라도 항상 보장됩니다. 하지만, 이로 인해서 각 트랜잭션의 세부 단계를 어떤 순서로 실행할 것인지 결정하는 데 종종 많은 제약이 따릅니다. 또한, 이 같은 정확성 우선주의로 인해 실행 성능 측면에서 종종 예상치 못한 결과들이 발견되기도 합니다. 예를 들어 단독으로는 빠르게 수행될 수 있는 질의가 느린 트랜잭션이 완료되기를 기다리느라 실행 시간이 현저히 지연되는 사례 등이 있습니다.

대부분의 NoSQL 시스템에서는 ACID 속성을 완벽히 제공하기보다는 실행 성능을 우선합니다. 하지만, 심각한 데이터 손상이 발생하는 것을 방지하기 위해 키 단위에서 다음과 같은 사항이 보장됩니다. 동일한 키에 대해서 동시에 여러 작업이 요청될 경우, 해당 작업들은 한 번에 하나씩 순차적으로 실행되게 됩니다. 대부분의 애플리케이션의 경우, 이러한 결정으로 인해 정확성 이슈가 발생할 여지는 거의 없습니다. 반면, 간단한 작업의 실행 시간들이 보다 일관성을 띠게 해줍니다. 하지만, 애플리케이션 개발자들 입장에서 설계와 정확성 보장에 대해 고민할 여지가 늘어나는 것은 사실입니다.

Redis는 이같은 트랜잭션 배제 트렌드에 있어서 예외적인 존재입니다. 단일 서버의 경우 MULTI 명령어를 사용함으로써 다수의 명령들이 아토믹하면서도 일관되게 실행될 수 있도록 지정할 수 있으며, 고립성(isolation)의 지원을 위해 WATCH 명령어를 별도로 제공합니다. 다른 시스템들의 경우 고립성 지원을 위해 저수준 테스트-앤드-셋 기능이 제공됩니다.

3.2.5 스키마 프리(schema-free) 저장소

많은 NoSQL 시스템들에서 공통적으로 나타나는 특징 중 하나는 사전에 정의된 스키마를 준수하도록 강요하지 않는다는 것입니다. 저장되는 데이터에 나름대로의 구조를 부여하는 문서형 혹은 칼럼 패밀리형 저장소들의 경우에도, 같은 종류의 개체라고 해서 반드시 동일한 속성을 가져야만 하는 것은 아닙니다.

이로 인해 상대적으로 구조화가 미흡한 데이터들을 지원할 수 있으며, 즉석에서 스키마를 변경하는데 따르는 성능적 부담 역시 경감됩니다. 하지만 상대적으로 애플리케이션 개발자의 부담이 늘어나게 되며, 프로그램도 더욱 방어적으로 작성해야 합니다. 예를 들어 직원 레코드에 성(last name) 항목이 없을 경우, 이것을 에러로 간주해야 할지, 아니면 스키마 변경사항이 시스템 전체로 파급되는 과정에서 일시적으로 나타나는 현상인지를 애플리케이션에서 판단해야 합니다. 스키마 제약이 엉성한 NoSQL 시스템을 사용하는 프로젝트들에서는 애플리케이션에서 데이터 및 스키마의 버전을 직접 관리하는 것을 종종 볼 수 있습니다.

3.3 데이터 내구성

저장 시스템에 변경이 가해졌을 때, 그 내용이 즉시 영구적 저장 매체에 기록됨과 동시에 데이터 손실 방지를 위해 다수의 위치로 복제될 수 있다면 이상적일 것입니다. 하지만, 데이터의 내구성(durability)을 보장하는 데는 실행 성능의 희생이 따르게 됩니다. 이로 인해 NoSQL 시스템들은 각자 다른 형태로 실행 성능과 데이터 내구성 사이의 균형을 모색하고 있으며, 각자가 제공해주는 데이터 내구성 관련 보장 수준 역시 제각각입니다. 시스템 장애는 다양한 형태로 발생하며 그 발생 빈도 역시 높습니다만, 모든 NoSQL 시스템이 이런 상황들로부터 데이터를 보호해 주지는 않습니다.

가장 단순하면서도 빈번한 장애 시나리오는 서버가 재시작하거나 전원이 차단되는 경우입니다. 이런 경우를 대비하려면 전원 없이도 데이터가 보존될 수 있도록 데이터를 메모리에서 하드디스크로 옮겨두어야 합니다. 하드디스크 자체가 손상되는 경우를 대비하기 위해서는 데이터를 2차 저장장치로 복제해야 합니다. 예를 들어 RAID 미러링을 통해 데이터를 동일한 장비의 다른 하드디스크로 복제하거나, 네트워크상의 다른 장비로 복제할 수 있습니다.

3.3.1 단일 서버 내구성

내구성에 대한 보장 중 가장 단순한 형태는 단일 서버 내구성 보장입니다. 이는 특정 장비의 전원이 갑자기 차단되거나 해당 장비가 재시작되는 경우에도 데이터 변경사항이 보존될 것임을 보장해 줍니다. 보통 이는 변경된 데이터를 디스크로 기록하는 작업을 의미하며, 이 지점이 성능상의 병목이 됩니다. 데이터를 디스크에 저장하도록 요청할 때마다 매번 즉시 기록되는 것은 아닙니다. 운영체제는 개별 쓰기 요청을 잠시 버퍼링 해두었다가 다수의 쓰기 요청을 한데 묶어 한꺼번에 실행합니다. fsync 시스템콜이 수행될 경우에만 운영체제는 현재 버퍼링되어 있는 쓰기 요청들이 즉시 디스크에 기록되도록 노력할 것입니다.

일반적인 하드디스크의 경우 초당 100~200번의 무작위 접근을 수행할 수 있으며, 순차적으로 데이터를 저장할 경우 초당 30~100MB를 기록할 수 있습니다. 메인 메모리의 경우 두 시나리오 모두에서 월등히 빠른 실행속도를 보여줍니다. 효율적으로 단일 서버 내구성을 보장하기 위해서는 시스템에서 발생하는 무작위적 쓰기를 최소화하는 동시에 순차적 쓰기 작업을 가급적 늘이는 것이 필요합니다. 이상적인 경우, 주기적으로 fsync를 실행하는 동안 그 사이사이에 수행되는 쓰기 작업을 가급적 최소화하며, 쓰기가 발생할 경우 가능한 순차적으로 데이터를 기록하는 것이 중요합니다. 또한 무엇보다도 fsync가 완료되어 데이터가 디스크에 확실히 저장되기 전까지는 사용자에게 데이터가 성공적으로 저장되었다고 통보해서는 안됩니다.

이제 단일 서버 내구성을 향상시키는 데 사용되는 몇 가지 기법을 살펴보겠습니다.

fsync 실행 빈도 조절

Memcached[14]에서 제공해주는 인메모리 작업들은 매우 빠르지만, 대신 디스크로 저장을 전혀 수행하지 않기 때문에 서버가 재시작될 때마다 기존에 저장되어 있던 데이터들이 사라집니다. 따라서 캐시로서는 유용하지만 항구적으로 데이터를 저장하기에는 바람직하지 않습니다.

Redis는 어느 시점에 fsync를 호출할 것인지 제어할 수 있는 다양한 선택지를 제공합니다. 가장 느리지만 가장 확실한 방법은 매번 갱신이 발생할 때마다 fsync가 호출되도록 하는 것입니다. 보다 실행 속도를 빠르게 하고자 할 경우 매 n초마다 fsync가 호출되도록 할 수도 있습니다. 이렇게 설정했을 때 최악의 경우 최신 n초 사이에 발생했던 모든 갱신사항이 손실될 수 있습니다만, 이 정도의 손실은 충분히 감내할 수 있는 적용 분야들도 있습니다. 마지막으로, 통계적 근사치를 집계한다거나 redis를 캐시로서 사용하는 경우들에서처럼 데이터 내구성이 크게 중요하지 않은 경우 아예 fsync 실행을 꺼둘 수도 있습니다. 이 경우 운영체제가 적절한 시점에 데이터들을 디스크에 기록해 주게 되지만, 그 시점이 정확히 언제가 될지는 알 수 없습니다.

로깅을 통한 순차적 쓰기 비중 확대

B+ 트리와 같은 자료구조들은 디스크로부터 데이터를 빠르게 가져오기에 적합합니다. 하지만, 이렇게 저장되어 있는 자료를 수정할 경우, 데이터가 저장되어 있는 파일의 여러 부분을 수정해야만 합니다. 이로 인해 랜덤 쓰기 작업 및 그에 상응하는 fsync들이 여러 번 발생하게 됩니다. 이 같은 랜덤 쓰기 횟수를 줄이기 위해서 Cassandra, HBase, Redis, Riak 같은 시스템들은 데이터 변경사항들을 로그(log)라고 불리는 파일에 순차적으로 이어서 기록합니다. 시스템에서 사용되는 다른 자료구조들은 주기적으로만 fsync가 수행되는 반면, 로그에 대해서는 매우 빈번하게 fsync가 수행됩니다. 이 로그에 기록된 정보들은 장애가 발생하고 난 뒤 데이터베이스의 최신 상태를 파악하기 위한 자료로 활용됩니다. 이로 인해 이들 시스템에서는 다수의 랜덤 쓰기 작업을 일련의 순차적 쓰기 작업으로 대체하는 효과를 얻을 수 있습니다.

MongoDB처럼 자료구조를 직접 수정하는 시스템도 있습니다만, 어떤 시스

---

14 http://memcached.org/

템에서는 로그를 훨씬 더 많이 활용하기도 합니다. Cassandra나 HBase 등에서는 로그 구조 머지 트리(log-structured merge tree)라는 기법을 사용합니다. 이 기법은 BigTable로부터 도입되었으며, 검색용 자료구조들을 로그와 한데 묶어서 사용할 수 있게 해줍니다. Riak에서는 로그 구조 해시 테이블(log-structured hash table)이라는 유사한 기법을 사용합니다. CouchDB는 기존의 B+ 트리를 수정하여, 모든 수정사항이 물리적 저장 장치상에 연속적으로 이어붙여 기록되도록 하고 있습니다. 이러한 기법들은 쓰기 대역폭을 향상시켜주지만, 로그가 무한정 커지지 않도록 하기 위해서 주기적으로 로그 컴팩션(log compaction)[15]을 수행시켜 주어야 합니다.

쓰기 그룹화를 통한 처리율 향상

Cassandra는 짧은 기간 동안 발생한 다수의 동시 업데이트들을 그룹으로 묶어 한 번의 fsync 호출을 통해 기록합니다. 그룹 커밋(group commit)이라고 불리는 이러한 기법을 적용할 경우, 사용자 입장에서는 동시에 수행되었던 다른 수정 사항들까지 반영되고 난 뒤에야 자신이 요청한 변경사항에 대한 완료 통보를 받을 수 있게 되기 때문에 지연 시간이 증가하게 됩니다. 하지만, 한 번의 fsync만으로 여러 갱신 사항을 한꺼번에 기록할 수 있기 때문에 쓰기 처리율은 향상되는 효과를 얻을 수 있습니다. HBase의 경우 모든 갱신 사항을 하둡 파일시스템(HDFS)[16]에 기록하며, HDFS에도 최근 그룹 커밋 관련 패치가 적용되었습니다.

3.3.2 멀티 서버 내구성

종종 하드 드라이브나 장비들은 복구가 불가능할 정도로 손상되기 때문에 중요한 데이터들은 여러 장비에 분산해서 복제해 두어야 합니다. 다수의 NoSQL 시스템에서는 이러한 멀티 서버 데이터 내구성을 제공하고 있습니다.

Redis에서는 전통적인 마스터-슬레이브 형태로 데이터를 복제합니다. 마스터 서버에 적용된 모든 작업은 로그 형태로 슬레이브 장비들에 전달되게 되며, 이 내용들은 각자의 장비에서 다시 동일하게 재현됩니다. 마스터에 장애가 발생하면, 슬레이브는 마스터로부터 전달받았던 내용들을 바탕으로 데이터를 대신 제

---

15 (옮긴이) 로그 컴팩션이란 로그에 저장된 내용을 정리하는 작업의 일종으로, 불필요해진 내용들을 정리하고 흩어져 있는 정보들을 한데 묶어 새로운 형태로 색인 및 저장하는 작업들이 수행됩니다.

16 http://hadoop.apache.org/hdfs/

공할 수 있습니다. 하지만 이 경우 데이터가 일부 손실될 여지는 있습니다. 마스터는 자신에 변경사항이 적용되고 나면 바로 사용자에게 결과를 전달하며, 슬레이브들에 해당 사항이 반영되기를 기다리지 않기 때문입니다. CouchDB에서도 유사한 형태의 지향성 복제 기능(directional replication)이 지원됩니다. CouchDB에서는 각 서버의 변경사항들이 다른 저장소의 문서로 복제되도록 설정할 수 있는 기능이 제공됩니다.

MongoDB는 레플리카 셋(replica set)이라는 개념을 제공합니다. 레플리카 셋은 각 문서가 어떤 장비들에서 중복 저장하고 있는지를 표현합니다. MongoDB에서는 수정 사항이 레플리카 셋 전체에 적용되고 난 뒤에야 사용자에게 갱신이 반영되었다고 통보할 것인지, 아니면 레플리카에 최신 변경사항들이 적용되었는지 여부와 무관하게 통보할 것인지를 설정할 수 있도록 해 줍니다. 다른 분산형 NoSQL 저장 시스템들에서도 다수의 서버에 데이터를 중복 저장하는 기능을 지원합니다. HBase의 경우 HDFS에 중복 저장 기능을 맡기고 있습니다. HDFS에서는 데이터 기록 사항이 최소 두 대 이상의 HDFS 노드들에 적용되고 난 뒤에야 사용자에게 해당 기록 요청이 반영되었다고 통보해 줍니다.

Riak, Cassandra, Voldemort에서는 보다 정교하게 복제 관련 설정을 제어할 수 있습니다. 세부적인 차이점이 있기는 하지만, 세 시스템 모두에서 N과 W라는 두 종류의 값을 설정할 수 있도록 해 줍니다. 데이터는 N개의 장비에 복제되어 저장되게 되며, N보다 작은 값인 W개의 장비에 수정 사항이 기록되고 나면 사용자에게 갱신 사항이 반영되었다고 통보하게 됩니다.

장애가 발생하거나 아니면 유지 보수 등으로 인하여 특정 데이터 센터 전체를 사용할 수 없게 되는 경우에 대비하려면, 데이터를 여러 데이터 센터로 분산시켜 복제해 두어야 합니다. Cassandra, HBase, Voldemort 등에서는 각 장비가 위치한 랙(rack)이나 데이터 센터 정보를 설정할 수 있게 해줍니다. 보통 다른 데이터 서버에 위치한 원격 장비에까지 변경이 반영되기를 기다리기에는 지연 시간이 너무 깁니다. 따라서 데이터 센터 사이의 백업이 이루어질 때는 갱신사항들을 수신 확인 없이 스트림 형태로 전송합니다.

3.4 스케일링을 통한 성능 향상

장애를 처리하는 기법들에 대해 알아보았으니, 이제 보다 바람직한 상황에 대해 살펴보겠습니다. 개발하는 시스템이 일정 수준의 성공 궤도에 오르고 나면 저장소에 부하가 걸리기 시작하는 것을 감지할 수 있습니다. 이런 상황에 가장 간단하게 대처하는 방법은 기존 장비를 스케일업(scale-up)하는 것입니다. 개별 장비에서 더 많은 작업을 처리할 수 있도록 램과 디스크를 증설하는 것이죠. 하지만 더 비싼 장비를 사용하는 방식은 금방 한계에 다다르게 됩니다. 이 시점부터는 다수의 장비로 데이터를 복제함으로써 부하를 분산시키는 접근 방식을 채택해야 합니다. 이 방식은 스케일 아웃(scale-out)이라고 불립니다. 수평적 확장성(horizontal scalability)이라는 개념은 시스템이 얼마나 효율적으로 스케일 아웃 가능한지에 대한 척도로 사용됩니다.

가장 이상적인 경우는 장비를 증설하는 규모에 정비례하여 처리 가능한 질의 규모가 선형적으로 증가하는 것입니다. 이때 데이터들을 장비들에 어떻게 분산시킬 것인지가 핵심적인 역할을 수행하게 됩니다. 샤딩(sharding)이란 다수의 장비로 읽기 및 쓰기 요청들을 분산시키는 작업입니다. 샤딩은 Cassandra, HBase, Voldemort, Riak, MongoDB, Redis 등 다양한 NoSQL시스템에서 핵심적인 설계 이슈입니다. CouchDB 같은 경우 단일 서버 성능에만 초점을 맞추고 샤딩에 대한 지원을 자체적으로 제공하지는 않습니다만, 관련 프로젝트들 중에서 작업량을 다수의 독립적인 시스템으로 분산시켜 주는 별도의 솔루션들이 존재합니다.

샤딩을 적용할 경우 데이터 세트에 대한 쓰기 작업들 전체가 한 대의 장비로 집중되지 않지만, 뒤집어 말하면 데이터 세트 전체를 대상으로 하는 질의가 장비 한 대만으로 처리될 수 없다는 한계도 존재합니다. 하지만, 이는 대부분의 NoSQL 시스템에서 크게 문제되지 않습니다. NoSQL 시스템들에서는 일반적으로 데이터 모델과 질의 모델 모두에서 키 위주의 접근 방식을 채택하고 있기에, 데이터 전체를 대상으로 하는 질의가 거의 발생하지 않기 때문입니다. 데이터 접근이 키 위주로 수행되므로, 샤딩 역시 키 값을 바탕으로 수행됩니다. 보통 키 값이 주어지면 해당 키에 상응하는 키-밸류 쌍이 어느 장비에 저장되어야 하는지 결정해주는 전용 함수가 사용됩니다. 이제부터 해시-파티셔닝(hash partitioning)과 구간 파티셔닝(range partitioning)이라는 두 가지 기법에 대해 살펴보겠습니다.

3.4.1 필요해지기 전에는 샤딩을 회피할 것

샤딩을 적용하게 되면 시스템의 복잡도가 증가하는 것이 불가피하기 때문에, 가능한 경우 샤딩을 적용하지 않는 편이 좋습니다. 샤딩을 적용하지 않고 시스템을

확장할 수 있는 기법으로, 읽기 작업용 레플리카(read replicas)와 캐싱(caching)
이라는 두 방식에 대해서 알아보겠습니다.

읽기 작업용 레플리카(read replicas)

대부분의 시스템에서 읽기 작업이 쓰기 작업보다 훨씬 많이 요청됩니다. 이런 경
우 가장 단순한 해결책은 데이터를 여러 장비로 복제해 두는 것입니다. 데이터의
수정은 마스터 노드 한 대로 집중되게 되지만, 읽기 요청들은 데이터의 복제본을
갖고 있는 레플리카 장비들에서 처리되게 됩니다. 보통 이들 레플리카에 저장된
데이터는 변경사항이 적용되는 지연시간으로 인해 마스터 노드에 저장되어있는
데이터보다 약간 오래된 값을 갖게 됩니다.

  Redis, CouchDB, MongoDB 등에서처럼 멀티서버 내구성을 위해 마스터-슬
레이브 형태로 데이터들을 이미 복제하고 있다면, 읽기 슬레이브들에서 읽기 요
청을 분담함으로써 마스터 노드에 가해지는 부하를 경감시킬 수 있습니다. 데이
터 세트 전체를 대상으로 집계하여 계산되는 통계적 연산들의 경우 계산 시간이
오래 걸리기는 하지만 반드시 가장 최신 데이터를 사용할 필요는 없는 경우가
많기 때문에, 이런 작업들도 읽기 슬레이브들에서 처리될 수 있습니다. 일반적
으로 최신 데이터를 사용해야 하는 필요성이 낮을수록 읽기 슬레이브들로 작업
요청들을 분산시킴으로써 읽기 전용 질의 처리 성능을 향상시키기가 보다 용이
해집니다.

캐시

자주 사용되는 콘텐츠들을 캐시해 두는 것은 매우 유용합니다. Memcached는
여러 서버의 메인 메모리에 데이터를 캐시해 줍니다. Memcached 클라이언트
에서는 Memcached 서버들에 작업량을 고르게 분산시키기 위해 다수의 수평적
확장성 관련 기법을 사용하고 있습니다. 덕분에, Memcached 호스트를 하나 더
추가하기만 하면 캐시 풀 전체의 메모리 용량을 확장시킬 수 있습니다.

  Memcached는 캐시 전용으로 설계되었기 때문에 영구적 데이터 저장소들에
비해 훨씬 단순한 구조를 갖고 있으며, 덕분에 상대적으로 시스템을 확장하기
용이합니다. 확장성에 관련된 문제가 있을 경우 우선 캐시를 사용해서 해결 가
능한지부터 알아보는 편이 좋습니다. 다른 복잡한 솔루션들은 그 다음에 고려
해도 충분합니다. 캐시를 단순한 미봉책으로만 생각해서는 곤란합니다. 일례로

Facebook의 경우 수십 테라바이트 규모로 Memcached를 사용하고 있습니다.

읽기 작업용 레플리카와 캐시를 사용하면 읽기 위주 워크로드를 대응할 수 있습니다. 하지만, 쓰기 및 갱신 작업 빈도가 늘어날수록 최신 데이터를 모두 관리하는 마스터 서버에 더 많은 부하가 걸리게 됩니다. 이제부터는 다수의 서버로 쓰기 워크로드를 분산시켜주는 샤딩 기법에 대해 알아보겠습니다.

3.4.2 코디네이터를 통한 샤딩

CouchDB는 단일 서버에서 작동하는 것에만 초점을 맞추고 있습니다. 하지만, Lounge와 BigCouch 등을 사용하면 일종의 외부 프락시를 통해 CouchDB를 샤딩함으로써 작업량을 분산시킬 수 있도록 해줍니다. 이 경우 각 CouchDB는 서로의 존재에 대해 알지 못합니다. 코디네이터는 키 값을 기준으로 질의 요청을 어느 서버에 전달할 것인지 결정합니다.

트위터는 샤딩 및 데이터 복제를 위해 Gizzard라는 프레임워크를 개발했습니다. Gizzard에서는 모든 종류의 스탠드얼론 데이터 저장소를 사용할 수 있습니다. SQL 기반인지 NoSQL 기반인지 여부에 무관하게 래퍼(wrapper)를 작성하여 사용할 수 있습니다. Gizzard는 트리 형태의 계층적 구조로 전체 키 영역을 다수의 키 레인지들로 분할해 줍니다. 장애에 대비하기 위해서 동일한 키 레인지가 다수의 서버로 중복 저장되도록 설정하는 것도 가능합니다.

3.4.3 일관적 해시 링(Consistent Hash Ring)

바람직한 해시 함수는 키를 고르게 분산시켜 주기 때문에 다수의 서버에 데이터를 분산시킬 때 매우 유용합니다. 학계에서는 일관적 해시(consistent hash)라는 기법에 관해 많은 연구가 진행되어 왔습니다. 이 개념은 DHT(Distributed Hash Table, 분산 해시 테이블)라는 시스템을 통해 데이터 저장 시스템에 처음 도입되었습니다. 이 같은 형태로 데이터를 분산시키는 기법은 아마존의 Dynamo의 설계 원칙에 기반한 NoSQL 시스템들에서 찾아볼 수 있습니다. Cassandra, Voldemort, Riak 등에서도 이 방식이 사용되고 있습니다.

예제를 통해 알아보는 해시 링

일관적 해시링은 다음과 같은 방식으로 동작합니다. 임의의 키를 큰 정수로 균일하게 대응시켜 주는 해시 함수 H가 있다고 가정해 보겠습니다. 이 함수의 값

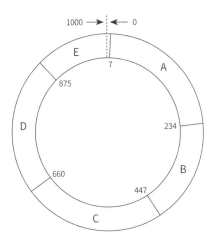

그림 3.1 분산 해시 테이블 링

H(key)를 임의의 큰 정수 L로 나눈 나머지를 취하면 [0, L)의 범위를 커버하는 링을 만들 수 있습니다. 이를 이용하면 임의의 키를 [0, L) 범위 내의 숫자로 대응시키는 것이 가능합니다. 예를 들어 서버의 IP와 같은 식별자에 H를 적용하면 서버들에 대한 일관적 해시링을 만들 수 있습니다. 그림 3.1은 다섯 대의 서버 A-E로 구성된 해시링을 보여주고 있습니다. 이를 참고하면 해시링이 어떻게 만들어지는지를 이해하는 데 도움이 될 것입니다.

이 예제에서, L=1000으로 설정하였습니다. 각 서버는 다음과 같은 해시 값을 가진다고 가정해 보겠습니다. H(A) mod L = 7, H(B) mod L = 234, H(C) mod L = 447, H(D) mod L = 660, H(E) mod L = 875. 이를 활용하면 어떤 키가 어떤 서버에 할당되어야 하는지 알 수 있습니다. 각 서버들은 해시 링 상에서의 자신의 위치에서부터 다음 서버의 위치까지에 걸친 범위를 담당하게 됩니다. 예를 들어, 서버 A는 [7, 234)의 범위에 대응되는 키들을 담당하며, 서버 E는 [875, 7)에 대응되는 키들을 담당하게 됩니다(나머지를 취하는 관계로 1000을 넘는 값들은 0에서부터 다시 시작하게 됩니다). 따라서 H('employee30') mod L = 899일 경우 해당 키는 서버 E에서 담당하게 되며, H('employee31') mod L = 234일 경우 해당 키는 서버 B에 저장되게 됩니다.

데이터 복제

멀티서버 내구성을 확보하기 위해서 데이터를 중복 저장하려면, 특정 키를 담당하는 서버를 찾은 뒤 해당 서버의 다음 서버들에 데이터를 복제하여 저장하면 됩니다. 예를 들어 세 벌씩 복제를 유지하고자 할 경우, [7, 234)의 범위에 대응되는 키들을 서버 A, B, C에 저장하면 됩니다. 만일 서버 A에 장애가 발생할 경우, 서버 B, C가 A의 워크로드를 대신 처리하게 됩니다.

혹은 반대로 특정 서버가 담당하는 범위를 다음 서버들이 담당하는 범위들까지 확장함으로써 동일한 효과를 얻을 수 있습니다. 예를 들어 서버 E가 담당하는 범위를 [875, 447)까지 확장하면, 서버 A에 장애가 발생했을 때 서버 E가 대신 워크로드를 처리할 수 있게 됩니다.

데이터를 보다 고르게 분포시키는 방법

통계적인 측면에서 해시 함수가 키를 고르게 분포시켜 주기는 하지만, 실질적으로 균등한 분포를 얻기 위해서는 서버가 여러 대 필요합니다. 하지만, 처음에는 소수의 서버만이 사용되기 마련이며, 해시 링 상에서 이들의 위치가 거의 동일한 간격으로 배치되기를 기대하기는 어렵습니다. 예를 들어, 앞서 살펴본 예제의 경우 A가 커버하는 범위는 227인 반면 E는 132만큼의 범위만을 커버합니다. 이로 인하여 워크로드가 서버들에 고르게 배포되지 못하게 됩니다. 또한, 장애가 발생할 경우 해당 노드의 워크로드를 다른 서버들이 대신 처리하기도 어려워집니다. 어느 순간 갑자기 다른 서버가 담당하던 키 범위 전체를 떠맡아야 하기 때문입니다.

이 문제를 완화하기 위해서, Riak을 포함한 많은 DHT들에서는 하나의 물리적 서버에 다수의 가상 노드를 할당하는 방법을 사용합니다. 예를 들어, 가상 노드를 4개씩 사용할 경우, 서버 A는 A_1, A_2, A_3, A_4의 네 대의 가상 서버를 담당하게 됩니다. 각 가상 노드는 각자 고유의 해시 값을 가지며, 덕분에 전체 키 스페이스의 다양한 부분을 담당할 수 있게 됩니다. Voldemort의 경우에도 유사한 방식을 사용합니다. 이 경우 전체 파티션 개수를 명시적으로 지정합니다. 보통 전체 서버 수보다 큰 수의 파티션을 사용하기 때문에, 각 서버가 다수의 파티션을 담당하는 효과를 얻을 수 있습니다.

Cassandra의 경우 하나의 서버에 다수의 파티션을 할당하지 않습니다. 이로 인해 보통 키의 분포가 몇몇 서버로 쏠리게 되기도 합니다. 대신 로드 밸런싱이 수행될 때, 이전의 로드 분포를 감안하여 각 서버 해시 링에서의 위치를 재조정하는 비동기적 알고리즘이 적용됩니다.

3.4.4 구간 파티셔닝(Range Partitioning)

샤딩을 위해서 구간 파티셔닝을 사용하는 시스템의 경우, 어떤 서버가 키 스페이스의 어느 구간을 담당하는지에 관한 메타데이터를 관리하는 전담 서버들이 존재합니다. 특정 키 혹은 특정 범위에 대한 검색 요청이 들어왔을 때, 해당 요청을 어느 서버로 전달해야 할 것인지를 파악하기 위한 용도로 이 메타데이터들이 사용됩니다. 일관적 해시 링 기법에서처럼 구간 파티셔닝에서도 전체 키 스페이스가 다수의 구간으로 분할됩니다. 각 구간마다 전담 서버가 하나씩 할당되며, 추가로 다른 서버들에도 해당 구간이 복제될 수 있습니다. 반면, 구간 파티셔닝을 사용할 경우 연속한 키들은 대부분 동일한 파티션에 속하게 됩니다. 덕분에 각 구간을 [시작, 끝]만으로 표현할 수 있게 됨으로써 라우팅에 필요한 메타데이터를 줄일 수 있습니다.

키 구간과 서버 사이의 매핑을 직접 관리하는 덕분에 구간 파티셔닝을 사용하는 경우 부하가 많이 걸리는 서버의 작업량을 다른 서버들로 보다 정교하게 분산시키는 것이 가능합니다. 예를 들어 특정 키 구간에 대한 요청이 다른 구간들에 비해 훨씬 많을 경우, 로드 매니저는 해당 구간을 담당하는 서버가 담당하는 구간의 크기를 줄여주거나 아니면 해당 서버가 담당하는 샤드 개수를 줄여줄 수 있습니다. 반면 이처럼 로드에 적극적으로 대응할 수 있게 되기 위해서는 샤드들에 대한 모니터링 및 관리를 위한 컴포넌트들이 추가로 필요하게 되는 부담이 있습니다.

빅테이블 방식

구글의 빅테이블 논문에서는 데이터를 태블릿이라는 단위로 분할하는 계층적 구간 파티셔닝 기법을 설명하고 있습니다. 태블릿에는 칼럼 패밀리 내 특정 구간에 속하는 키-밸류 쌍들이 저장됩니다. 태블릿에는 자신이 담당하는 키 구간에 대한 질의를 처리하는데 필요한 모든 로그 및 관련 자료구조들이 저장됩니다. 태블릿 서버는 여러 개의 태블릿을 담당하며, 각 태블릿에 대한 요청 규모에 따라 하나의 서버에서 몇 개의 태블릿을 담당할지가 달라집니다.

각 태블릿은 100MB~200MB의 크기를 갖도록 유지됩니다. 데이터의 추가 및 삭제로 인해 태블릿의 크기가 변경됨에 따라, 연속된 키 구간들을 담당하는 작은 태블릿 두 개가 하나로 합쳐질 수 있으며 큰 태블릿이 두 개로 분할될 수도 있습니다. 마스터 서버에서는 각 태블릿의 크기가 얼마인지, 로드는 얼마나 걸

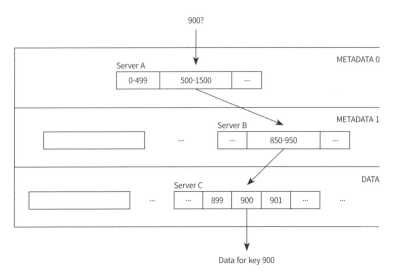

그림 3.2 빅테이블 기반 범위 파티셔닝

리는지, 태블릿 서버들이 살아있는지 등을 분석합니다. 마스터 서버는 한 대만 이 존재하며, 어떤 태블릿 서버에서 어떤 태블릿을 담당할 것인지를 언제든지 변경할 수 있습니다.

마스터 서버에서는 메타데이터 테이블 안에 태블릿 배치 정보를 유지합니다. 이 메타데이터 테이블 역시 여러 개의 태블릿으로 분할되어 분산됩니다. 따라서 클라이언트 관점에서 볼 때 어느 태블릿 서버에서 자신이 필요한 키에 대응되는 데이터를 얻을 수 있을지 알아내려면 그림 3.2에서와 같은 3단계 절차를 거치게 됩니다.

실제 예를 들어 설명해 보겠습니다. 키 900을 검색하고자 하는 클라이언트는 우선 레벨 0 메타데이터를 담당하는 서버 A에 질의를 전송합니다. 서버 A는 서버 B에 저장된 키 구간 500-1500에 대한 레벨 1 메타데이터를 담당하고 있다는 것을 알려줍니다. 클라이언트는 다시 서버 B로 질의를 전송하며, 해당 서버는 태블릿 서버 C가 키 구간 850-950에 대한 데이터를 담당한다는 점을 알려줍니다. 마지막으로 클라이언트는 서버 C에 질의를 전송하여 해당 키에 대한 로우 데이터를 얻어내게 됩니다. 클라이언트는 레벨 0/1 메타데이터들을 캐시해 둘 수 있습니다. 따라서 동일한 구간에 대한 질의가 반복될 때마다 매번 메타데이터 서버에 질의를 전송하지 않아도 됩니다. 빅테이블 논문에 따르면 128MB 크기의 태블릿을 사용할 경우 이런 3단계 구조에서 2^{61}바이트까지 처리할 수 있게 됩니다.

장애 대응

빅테이블형 설계에서 마스터 서버는 단일 장애점(single point of failure)이 됩니다. 하지만 잠깐 동안이라면 마스터 서버에 장애가 발생해도 태블릿 서버들이 질의를 처리하는 데에는 영향이 미치지 않을 수 있습니다. 태블릿 서버에 장애가 발생할 경우, 마스터 서버가 이를 감지해서 해당 서버에서 담당하던 태블릿들에 대한 요청을 다른 서버들로 재할당해 주어야 합니다.

이처럼 장애 발생 여부를 감지하기 위해서, 빅테이블에서는 Chubby라는 분산 로크 시스템을 사용합니다. Chubby는 서버 멤버십을 관리하고 각 서버가 살아있는지 여부를 파악하는 데 사용됩니다. Zookeeper[17]는 오픈 소스로 Chubby를 구현한 프로젝트입니다. Zookeeper는 다수의 하둡 기반 프로젝트에서 보조 마스터 서버 관리 및 태블릿 서버 재배치를 위해 사용되고 있습니다

구간 파티셔닝을 사용하는 NoSQL프로젝트들

HBase에서는 빅테이블의 계층적 구간 파티셔닝 기법을 사용합니다. 태블릿 데이터들은 HDFS에 저장됩니다. HDFS에서 데이터 중복 저장 및 복제본 사이의 일관성 보장 등을 처리해주기 때문에 태블릿 서버에서는 클라이언트 요청 처리 및 저장 구조 갱신, 태블릿 분할 및 병합 등 만을 담당합니다.

MongoDB 역시 빅테이블과 유사한 형태의 구간 파티셔닝 기법을 사용합니다. 어떤 키 구간을 어떤 서버에서 담당하는지에 대한 라우팅 정보를 다수의 컨피규레이션 노드에서 관리합니다. 이들 컨피규레이션 노드들은 2페이즈 커밋(2-phase commit)[18]라는 프로토콜을 통해 서로 동기화된 상태를 유지합니다. MongoDB의 컨피규레이션 노드들은 빅테이블에서의 마스터 서버와 Chubby가 혼합된 형태의 역할을 수행합니다. 실제 키 요청들을 적절한 담당 스토리지 노드로 전송해 주는 역할은 별도의 라우팅 전용 스테이트리스(stateless) 프로세스가 담당합니다. 이 라우팅 프로세스들은 라우팅 설정 변경사항들을 지속적으로 추적함으로써 최신 라우팅 설정을 항상 파악하고 있습니다. 각 스토리지 노드는 데이터의 중복 저장을 위해 레플리카 세트들로 엮여집니다.

---

17 http://hadoop.apache.org/zookeeper/

18 (옮긴이) 분산 환경에서 트랜잭션형 작업을 수행하는 데 사용되는 프로토콜로서, 커밋 요청 단계(commit-request phase)와 커밋 단계(commit phase)의 두 단계로 구성됩니다. 커밋 요청 단계에서는 모든 구성원에게 커밋이 가능한지를 문의하며, 모든 구성원이 커밋 가능하다고 응답한 경우 실제 커밋을 진행합니다. 만일 어느 하나라도 커밋이 불가능하다고 응답하거나, 커밋 실행 도중 오류가 발생할 경우 트랜잭션 자체를 중단(abort) 시킵니다.

Cassandra에서는 빠르게 구간 스캔을 수행하고자 하는 경우를 위해 순서 보존 파티셔너(order-preserving partitioner)를 제공합니다. 어떤 파티셔너를 사용하든 Cassandra의 노드들이 일관적 해시링 상에 배치된다는 점에는 변함이 없습니다. 하지만 순서 보전 파티셔너를 사용할 경우, 키들은 별도의 해시 계산 과정을 거치지 않고 직접 서버들에 배정되게 됩니다. 예를 들어 그림 13-1의 서버 A에서 연속된 키 20과 21을 모두 담당하게 됩니다. 만일 키에도 해시가 적용되었을 경우 이 두 키들은 랜덤하게 흩어졌을 것입니다.

트위터의 Gizzard[19] 프레임워크 역시 구간 파티셔닝을 사용합니다. Gizzard의 라우팅 서버들은 임의의 깊이를 갖는 계층 구조를 형성합니다. 라우팅 서버에는 각자 담당하는 키 구간이 존재하며, 이 구간들은 다시 해당 라우팅 서버의 하부 구조들로 분산됩니다. 하부 구조를 구성하는 서버들은 실제로 데이터를 저장하는 서버가 될 수도 있고, 아니면 키 구간을 더욱 세분화하여 다시 라우팅해주는 서버가 될 수도 있습니다. Gizzard에서는 동일한 데이터를 여러 서버에 중복 전달하는 방식으로 데이터들을 복제합니다. Gizzard의 라우팅 노드들은 여타 NoSQL 시스템과는 약간 다른 방식으로 장애를 처리합니다. Gizzard에서는 같은 업데이트를 여러 번 반복 실행해도 그 적용 결과가 달라지지 않는 멱등적(idempotent) 업데이트 작업만을 허용합니다. 덕분에 저장 노드에 장애가 발생할 경우, 라우팅 노드에서는 해당 업데이트가 반영될 때까지 계속 동일한 업데이트 요청을 반복 전송하기만 하면 충분합니다.

3.4.5 파티셔닝 기법 선정 기준

해시 기반 파티셔닝과 구간 기반 파티셔닝 중 어떤 방식이 바람직한지는 상황에 따라 달라질 수 있습니다. 특정 구간에 대한 키 스캔이 많이 사용되는 경우 구간 기반 파티셔닝이 적합하다는 점은 명백합니다. 해시 기반 파티셔닝을 사용할 경우 키를 순서대로 읽어 들이더라도 실제 읽기 요청들은 랜덤한 서버들로 분산되어 네트워크 오버헤드가 많이 발생하게 되기 때문입니다. 하지만 구간 스캔이 필요 없을 경우에는 추가로 감안할 사항들이 더 있습니다.

해시 기반 파티셔닝의 경우 데이터들을 대체로 고르게 각 노드로 분산시킬 수 있으며, 가상 노드를 사용함으로써 데이터가 특정 노드들로 쏠리는 현상을 경감

---

19 http://github.com/twitter/gizzard

시킬 수 있습니다. 또한 클라이언트가 직접 해시 값을 계산해서 적절한 서버를 찾을 수 있기 때문에 라우팅 역시 간단합니다. 단, 데이터 재분배 과정이 복잡한 경우 라우팅 역시 더 복잡해질 수 있습니다.

구간 기반 파티셔닝의 경우 라우팅 정보 및 각종 설정을 전담하는 추가 노드들이 필요합니다. 이 노드들에는 트래픽이 많이 몰리게 되며 시스템의 단일 장애점이 될 수 있습니다. 따라서 상대적으로 복잡한 장애 허용 기법(fault tolerance scheme)이 추가로 적용되어야 합니다. 하지만 적절히 구현될 경우 보다 세밀한 단위로 로드를 분산시키는 것이 가능합니다. 예를 들어 어느 한 노드에 장애가 발생할 경우, 해당 노드가 담당하던 구간을 세분화하여 여러 노드로 분산시키는 것이 가능합니다. 해시 기반 파티셔닝의 경우 이웃한 노드에서 장애가 발생한 노드의 전체 로드를 떠맡게 되기 때문에 상대적으로 부담이 큽니다.

3.5 일관성

데이터를 다수의 서버로 중복 저장함으로써 내구성을 향상시키고 로드를 분산시키는 등의 이점에 대해 충분히 살펴보았으니, 이제 중요한 비밀을 공유해도 될 듯합니다. 사실 다수의 서버에 저장된 복제본들을 일관되게 유지하는 것은 어렵습니다. 실제 환경에서는 다양한 상황이 발생합니다. 레플리카 서버가 크래시해서 동기화가 어긋나거나 아예 완전히 망가지기도 합니다. 네트워크 단절로 인해 레플리카 서버들이 여러 그룹으로 분할되어 버리기도 합니다. 때때로 서버 간의 메시지 전달이 늦어지거나 아예 메시지 자체가 사라져버리기도 합니다.

NoSQL 환경에서 데이터 일관성을 유지하기 위한 접근 방법에는 크게 두 종류의 모델이 존재합니다. 첫째는 강한 일관성(strong consistency)으로, 모든 레플리카가 항상 동기화된 상태를 유지합니다. 두 번째는 결과적 일관성(eventual consistency)으로, 일부 레플리카 사이의 동기화가 어긋날 수는 있지만 결국에는 서로 동기화된 상태로 다다르게 됩니다. 우선 분산 컴퓨팅 환경의 본질적 속성으로 인해 두 번째 옵션이 왜 보다 적합한지를 알아본 뒤, 각각에 대해서 자세히 알아보겠습니다.

3.5.1 CAP에 관하여
모든 데이터에 대해서 강한 일관성을 항상 보장해 줄 수 있다면 좋겠지만, 네트워크 장비들의 특성으로 인하여 분산 시스템에서는 일종의 트레이드오프가 불가피합니다. CAP 정리(CAP Theorem)라고 불리는 이 개념은 에릭 브루어(Eric Brewer)에 의해 처음 제안되었으며, 이후 길버트(Gilbert)와 린치(Lynch)[GL02]에 의해 증명되었습니다. CAP 정리는 분산 시스템에 대한 다음과 같은 세 가지 속성의 머리글자를 따서 명명되었습니다.

· 일관성(Consistency): 특정 데이터를 읽어 들이려고 할 경우, 해당 데이터를 복제해 두었던 모든 레플리카가 어떤 버전의 데이터를 제공해야 할 것인지 항상 의견의 일치를 볼 수 있는가? (ACID에서의 C와는 다른 개념입니다)
· 가용성(Availability): 아무리 많은 수의 레플리카에 장애가 발생하더라도, 남은 레플리카들이 읽기 및 쓰기 작업을 수행할 수 있는가?
· 파티션 톨러런스(Partition tolerance): 네트워크상에서 일부 레플리카들 사이의 통신이 일시적으로 서로 두절되더라도 시스템이 지속적으로 동작할 수 있는가?

CAP 정리에서는 분산 환경에서 동작하는 저장 시스템의 경우 이들 세 가지 속성 중 단지 두 가지만을 충족할 수 있다고 이야기 합니다. 또한, 어떤 경우에서든지 파티션 톨러런스는 지원되어야 합니다. 현재의 네트워크 장비와 메시지 프로토콜상에서는 패킷이 전송 도중 사라지거나 네트워크 스위치에 장애가 발생할 수 있으며, 네트워크에 장애가 발생한 것인지 아니면 데이터를 보내고자 하는 서버에 문제가 있는 것인지를 구분할 수 있는 방법도 없기 때문입니다. 따라서 일관성과 가용성 중 하나를 선택해야 합니다. 어떤 NoSQL 시스템도 이 두 가지를 함께 제공해주지 못합니다.

일관성을 선호할 경우, 레플리카들 사이에 동기화가 어긋나는 것이 허용되지 않습니다. 가장 간단한 형태로는 모든 데이터 갱신 사항이 관련된 레플리카 전체에 항상 반영되도록 하는 것입니다. 만일 어느 한 레플리카가 크래시하여 갱신 사항이 반영되지 못할 경우, 해당 쓰기 작업이 성공했다고 사용자에게 통보할 수 없게 됩니다. 따라서 해당 레플리카가 다시 복원되기 전에는 가용성이 일시적으로 저하되게 됩니다.

가용성을 선호할 경우, 각 레플리카는 다른 레플리카들의 상태와 무관하게 자신이 보유한 데이터를 기반으로 사용자가 요청한 작업을 처리하게 됩니다. 이 경우 레플리카들 사이에 데이터 동기화가 어긋남으로써 시간이 지남에 따라 데이터의 일관성이 저하되게 됩니다.

　CAP 정리는 NoSQL 시스템을 구축하는데 있어서 강력한 일관성 혹은 결과적 일관성 중 하나에 기반한 접근 방법을 사용해야 하는 근거를 제공해 주고 있습니다. 야후!의 PNUTS[CRS+08] 시스템처럼 완화된 일관성 및 완화된 가용성을 채택하는 다른 접근 방법도 존재하기는 하지만, 이번 장에서 언급된 시스템들에서는 이런 기법을 아직 채택하고 있지 않기 때문에 별도의 자세한 설명은 생략하겠습니다.

3.5.2 강한 일관성

강한 일관성을 제공하는 시스템들에서는 키가 주어졌을 때 언제나 레플리카들이 어떤 데이터가 맞는지에 대한 합의에 다다를 수 있다는 점을 보장해 줍니다. 즉, 특정 키가 요청되었을 때 시스템 내에 동기화가 어긋난 레플리카들이 존재하더라도 사용자에게 어떤 값을 제공해야 할 것인지를 항상 일관되게 결정할 수 있습니다. 어떻게 이런 과정이 이루어지는지를 예제를 통해 살펴보겠습니다.

　예를 들어 데이터가 N벌씩 중복 저장된다고 가정해 보겠습니다. 사용자로부터 요청이 들어오면 특정 서버가 코디네이터 역할을 수행합니다. 보통 중복 데이터를 저장하는 N대 중 한 대가 이 역할을 맡습니다. 이 코디네이터 서버는 사용자의 요청이 항상 전체 N대 중 지정된 수 이상의 서버들에서 처리될 것임을 보장해 줍니다. 예를 들어 쓰기 요청이 들어왔을 때 코디네이터는 N대 중 W대 이상의 서버에서 적용이 완료된 뒤에만 사용자에게 해당 요청이 성공적으로 수행되었다고 통보합니다. 마찬가지로 읽기 요청이 들어왔을 때 N대 중 R대 이상에서 동일한 값을 얻어야만 사용자에게 결과를 전송합니다. 강한 일관성을 보장하는 시스템에서는 R+W>N이라는 관계가 성립합니다.

　좀 더 구체적인 숫자를 사용해 설명해 보겠습니다. 일단 키들이 각각 3벌씩 복제되고(N=3) 이 복제본을 저장하는 서버를 A, B, C라고 지칭하겠습니다. employee30:salary라는 키에 대해 처음에 $20,000이라는 데이터가 저장되어 있고 이 값을 $30,000으로 인상하는 경우를 생각해 보겠습니다. W=2라는 값을 사용한다고 가정하면 A, B, C 중 최소 두 대 이상의 서버에서 변경사항이 반영되어야 합니다. 이 경우 A, B에서 (employee30:salary: $30,000)라는 갱신 요청이 완료되었다고 통보 받으면 코디네이터는 사용자에게 갱신 요청이 성공적으로 반영되었다고 알려줍니다. 만일 C가 이 변경 요청을 전달받지 못한다면 C는 계속 이전 값인 $20,000을 갖고 있게 됩니다. 이후에 사용자가 employee30:salary 키를 읽으려고 하면 코디네이터는 3대 모두에게 읽기 요청을 전송합니다.

- R=1로 설정되어 있고 C가 제일 먼저 코디네이터에게 결과를 반환할 경우, 사용자에게는 잘못된 값이 전달될 것입니다.
- 하지만 R=2로 설정되어 있을 경우, C가 제일 먼저 결과를 반환하더라도 두 번째로 A나 B에서 전달되는 결과 값과 일치하지 않을 것이기 때문에 나머지 한 대에서 결과가 도착할 때까지 기다리게 됩니다. 따라서 최종적으로는 $30,000라는 올바른 결과 값을 전달할 수 있게 됩니다.

따라서 강한 일관성을 보장하기 위해서는 R+W〉3이 될 수 있도록 R〉=2인 값을 사용해야 합니다.

쓰기 요청이나 읽기 요청에 대해 충분한 대수의 서버로부터 응답을 받지 못할 경우, 코디네이터 서버는 일정 시간이 초과하면 사용자에게 오류가 발생했다고 통보하거나 아니면 해당 조건이 충족될 때까지 계속 기다릴 수 있습니다. 두 경우 모두 일시적으로나마 시스템이 사용자의 요청을 처리하지 못하게 됩니다.

R과 W에 어떤 값을 사용하는지에 따라 얼마만큼의 장비에서 오류를 허용할 수 있는지가 결정됩니다. 예를 들어 W=N이라는 값을 사용할 경우, 레플리카 중 어느 한 대라도 장애가 발생하게 되면 쓰기 작업이 먹통이 되거나 실패하게 됩니다. 일반적으로 강한 일관성을 제공해 줄 수 있는 최소 값인 R+W=N+1이 많이 사용됩니다. R〉1인 경우 레플리카 사이에 일시적으로 동기화가 어긋나는 것이 허용됩니다만, 강한 일관성을 제공하는 많은 시스템에서는 W=N, R=1이라는 값을 선호합니다. 이 경우 각 레플리카 사이에 동기화가 어긋나는 경우를 별도로 고려하지 않아도 되기 때문입니다.

HBase에서는 데이터 저장을 HDFS에 일임하며, HDFS에서는 강한 일관성을 보장합니다. HDFS는 모든 레플리카에 데이터 갱신이 반영되어야만 쓰기 작업이 완료되었다고 통보하며(W=N), 그 대신 읽기 작업은 레플리카 중 한 대가 처리합니다(R=1). 일반적으로 HDFS에서 N은 2~3의 값을 갖습니다. 쓰기 작업의 경우 사용자에 대한 반응성을 향상시키기 위해서 데이터들은 비동기적으로 레플리카들에 동시에 전송됩니다. 모든 레플리카에 전송이 완료되고 나면 시스템에서 이전 데이터를 새로운 데이터로 교체하여 사용합니다. 이 교체 작업은 모든 레플리카에 일관되게 아토믹하게 적용됩니다.

3.5.3 결과적 일관성

Dynamo에 기반한 Voldemort, Cassandra, Riak 등에서는 사용자가 필요에 따라 R, W, N값을 직접 지정할 수 있습니다. 이때 R+W<=N인 조합도 선택 가능합니다. 따라서 어떤 조합을 고르는지에 따라 강한 일관성을 보장할 것인지 아니면 결과적 일관성만을 보장할 것인지를 결정할 수 있습니다. 만일 결과적 일관성 보장만을 선택했거나, 혹은 강한 일관성 보장을 선택했지만 W<N인 경우, 레플리카 사이의 데이터들이 일치하지 않는 현상이 일시적으로 발생할 수 있습니다. 이 경우 모든 레플리카를 최신 버전으로 업데이트하기 위한 다양한 기법이 사용됩니다. 우선 동기화가 어긋났는지 여부를 각 시스템이 어떻게 판단하는지부터 살펴본 뒤, 동기화가 실제로 어떻게 수행되는지를 알아보고, 마지막으로 Dynamo에서 유래된 동기화 시간 단축 기법을 몇 가지 살펴보겠습니다.

버전 관리와 충돌 감지

동일한 키에 대해서 서로 다른 레플리카가 각자 다른 데이터를 보유할 수 있기 때문에, 데이터 버전 관리와 충돌 감지는 매우 중요합니다. Dynamo 기반 시스템에서는 버전 관리를 위해 벡터 클럭(vector clock)이라고 불리는 기법을 사용합니다. 각 키마다 벡터 클럭이 하나씩 부여되며, 벡터 클럭에는 레플리카별로 숫자가 하나씩 할당됩니다. 예를 들어 특정 키에 대한 레플리카 A, B, C가 있다고 할 때, 해당 키에 상응하는 벡터 클럭은 (N_A, N_B, N_C)라는 세 개의 숫자로 구성됩니다. 이 값은 (0, 0, 0)으로 초기화 됩니다.

레플리카에서 데이터가 수정될 때마다, 벡터 클럭 내에서 해당 레플리카에 상응하는 값이 하나씩 증가됩니다. 예를 들어 (39, 1, 5)라는 버전을 갖고 있던 데이터를 레플리카 B가 갱신할 경우, 새 벡터 클럭은 (39, 2, 5)라는 값을 갖게 됩니다. B에서 갱신이 발생했다는 정보를 다른 레플리카 C가 전달받게 되면, C는 자신의 벡터 클럭을 갱신된 값의 벡터 클럭과 비교합니다. 벡터 클럭의 값들을 하나씩 서로 비교했을 때, C의 값들이 모두 B의 값들보다 작을 경우 C는 B보다 오래된 값을 갖고 있다고 판단할 수 있습니다. 반면, (39, 2, 5)와 (39, 1, 6)처럼 B, C 모두에서 상대보다 큰 값이 존재하는 경우 각 서버는 서로 해결될 수 없는 불일치가 존재한다는 것을 깨닫게 됩니다.

충돌 해결

어떻게 충돌을 해결할 것인지는 각 시스템마다 다릅니다. Dynamo 논문에서는 애플리케이션이 알아서 충돌을 처리하도록 합니다. 예를 들어 쇼핑카트의 경우 그냥 두 버전을 합쳐도 큰 무리가 없지만, 같은 문서를 동시에 여러 사람이 편집하고 있던 경우라면 사용자가 직접 검토를 해야 할 수도 있습니다. Voldemort 역시 이런 방식을 취하고 있습니다. 충돌이 발생할 경우, 해당 키에 대한 모든 버전을 클라이언트 애플리케이션에 제공하고 어떻게 해결해야 할지 판단하도록 합니다.

　Cassandra에서는 각 데이터마다 타임스탬프를 저장하며, 이를 활용하여 충돌이 발생할 경우 가장 최신 버전을 사용합니다. 덕분에 클라이언트로의 라운드 트립이 필요 없어지며, API도 단순해집니다. 반면, 앞서 살펴본 쇼핑카트 예제나 분산 카운터 등과 같이 시스템이 알아서 충돌한 데이터를 처리할 수 있는 경우에는 이처럼 단순하게 최신 버전을 고르는 방식은 문제가 있습니다. Riak 은 Voldemort와 Cassandra의 방식을 모두 제공합니다. CouchDB에서는 일종의 절충안을 제공합니다. CouchDB는 충돌이 발생했는지 여부를 감지하고, 사용자가 직접 데이터를 고칠 수 있도록 어떤 키들에서 충돌이 발생했는지 열람할 수 있도록 해 주지만, 충돌이 해결되기 전에는 그중 어떤 버전을 선택하여 사용자에게 제공할 것인지 일관된 기준을 통해 직접 결정합니다.

읽기 시점 수리

R대 이상의 레플리카에서 동일한 데이터를 전달받으면 코디네이터는 해당 데이터를 애플리케이션에 안심하고 전달할 수 있습니다. 하지만 이 경우에도 동기화가 어긋난 다른 레플리카들이 존재할 수 있습니다. Dynamo 논문에서는 이런 상황에 대해 읽기 시점 수리(read repair)라는 기법을 제안하고 있습니다. 이 기법은 Cassandra, Voldemort, Riak에서도 구현되어 있습니다. 읽기 요청을 처리하는 도중 데이터 버전 충돌이 감지되면, 코디네이터는 충돌 해결 프로토콜을 실행함으로써 주도적으로 문제를 해결합니다. 이미 각 레플리카의 데이터들은 코디네이터에 전송되어 있기 때문에 약간의 추가 작업만으로도 충돌을 해결할 수 있습니다. 충돌을 가능한 한 일찍 해결해 둘수록 시스템을 일관된 상태로 유지하기가 더 쉽습니다.

힌티드 핸드오프

Cassandra, Riak, Voldemort에서는 특정 노드에 일시적으로 장애가 발생했을 때 쓰기 작업 성능이 저하되는 걸 경감하기 위해서 힌티드 핸드오프(hinted handoff)라는 기법을 사용합니다. 특정 노드가 쓰기 작업 요청에 일정 시간이 지나도록 반응하지 않으면 다른 노드가 임시로 해당 쓰기 작업 요청을 대신 처리합니다. 이렇게 다른 노드 대신 처리한 쓰기 요청은 별도로 모아두었다가 나중에 해당 노드가 다시 살아난 것이 감지되면 한꺼번에 전달합니다. Dynamo 논문에서는 '슬로피 쿼오룸(sloppy quorum)'이라는 접근 방식을 사용하며, 이렇게 다른 서버에서 대신 처리한 경우들도 W 숫자를 채우는 데 사용합니다. 반면 Cassandra와 Voldemort에서는 힌티드 핸드오프를 통해 처리된 쓰기 요청들은 W를 계산하는 데 사용하지 않습니다. 이 시스템들에서는 원래 레플리카 중 W대 이상에서 데이터가 성공적으로 수정되었을 경우에만 쓰기 요청이 성공적으로 수행되었다고 간주합니다. 대신 힌티드 핸드오프는 장애가 발생했던 서버가 다시 살아났을 때 복구에 필요한 시간을 단축하는데 사용됩니다.

안티 엔트로피(anti-entropy)

만일 레플리카가 일정 시간 이상 다운되어 있거나 혹은 힌티드 핸드오프를 처리하던 서버에까지 장애가 발생하면 다른 서버들은 서로 데이터 동기화를 시작해야 합니다. Cassandra와 Riak에서는 Dynamo에서 유래된 안티 엔트로피(anti-entropy)라는 프로세스를 사용합니다. 안티 엔트로피 기법에서는 각 레플리카가 서로 중복하여 저장하고 있는 키 구간 중 어느 부분에서 불일치가 발생했는지를 파악하기 위해 머클 트리(merkle tree)라고 불리는 계층적으로 구성된 해시 기반의 데이터 검증용 자료구조를 서로 교환합니다. 두 레플리카 사이에서 데이터 구간 전체에 대한 해시 값들이 서로 일치하지 않을 경우, 두 서버는 실제로 동기화가 어긋난 키 값이 발견될 때까지 데이터 구간을 세분화하면서 해시 값들을 비교해 나갑니다. 이런 과정을 통해 대부분 동일한 데이터를 갖고 있는 서버들 사이에 불필요한 데이터 전송을 최소화 할 수 있습니다.

고십

분산시스템의 규모가 커짐에 따라, 각 노드의 상태를 모두 지속적으로 추적하기가 점점 더 어려워집니다. Dynamo 기반 시스템들에서는 각 노드의 상태를 파악하는 데 고십(Gossip) 프로토콜이라는 기법을 사용합니다. 고십 프로토콜에서는 각 노드가 주기적으로(예를 들면 매 초 한 번씩) 이전에 통신했던 노드 중하나를 무작위로 골라 시스템 내의 다른 서버들의 상태에 관한 정보를 교환합니다. 이 과정을 통해 각 노드는 어떤 노드가 현재 다운되어 있는지 그리고 어느키를 어느 서버로 전달해야 할 것인지 파악하게 됩니다.

3.6 마치며

NoSQL 시스템들은 아직 태동기에 있습니다. 이 장에서 언급되었던 시스템들의 구조, 설계, 인터페이스 들에는 앞으로도 많은 변화가 있을 것입니다. 따라서현재 각 시스템이 어떻게 동작하는가보다는 어떤 설계 과정을 거쳐 각 시스템이 현재의 기능을 갖추게 되었는지 살펴보는 것이 중요합니다. NoSQL 시스템을 사용할 때에는 애플리케이션에서 고려해야 하는 사항들이 훨씬 많아집니다.이들 시스템들이 어떤 구조로 구성되어 있는지를 이해하는 것은 새로운 NoSQL시스템을 개발할 때 뿐 아니라 현재 시스템들을 잘 사용하기 위한 용도로도 중요합니다.

옮긴이: 류성호
KAIST 인공지능 연구실에서 박사과정을 마쳤으며, 졸업 후 삼성전자와 NHN에서 근무했다. 네이버의 음성 비서 서비스인 '링크'의 음성인식 개발을 담당하였으며, 현재 아마존에서 Speech/Machine learning scientist로 재직 중이다.

옮긴이: 설현준
부산광역시 출생으로, 중학교 때 도미해 코넬 대학교에서 컴퓨터공학과를 졸업하고, 동 대학교 대학원에서 컴퓨터공학 전공으로 공학석사 학위를 취득했다. 2011년 이후로 NAVER에서 소프트웨어 개발과 음성합성/음성인식 연구를 맡았고 2014년부터 현재까지 Apple, Inc.에서 엔지니어로 근무하고 있다.

4장

VTK

버크 게베치(Berk Geveci), 윌 슈레더(Will Schroeder) 지음
김 마이클 옮김

VTK(Visualization Toolkit)는 데이터의 처리와 시각화를 위해 많이 사용되는 소프트웨어 시스템이며, 여러 가지 과학적인 계산, 의료 영상 분석, 전산 기하학 (Computational geometry), 렌더링, 이미지 처리 및 인포메틱스(Informatics) 등의 분야에서 사용되고 있습니다. 이번 장에서는 VTK가 성공적인 시스템이 되도록 했던 몇 가지 디자인 패턴을 포함한 기본적인 개념들을 살펴보겠습니다.

소프트웨어 시스템을 깊게 이해하기 위해서는 단지 그 소프트웨어가 해결할 수 있는 문제만이 아니라 그 소프트웨어가 사용되는 특정한 환경 문화적인 부분을 살펴보는 것도 중요합니다. VTK의 경우 표면적으로는 데이터의 3D 시각화를 위해 개발되었지만, 환경 문화적인 부분을 살펴본다면 여러 가지 중요한 의미가 내포된 것을 알 수 있으며, 그것들은 통해 소프트웨어가 왜 현재의 방식으로 설계 개발되었는지를 이해하는 데 도움이 될 것입니다.

VTK가 처음 구상되고 개발될 당시 최초의 개발자들(Will Schroeder, Ken Martin, Bill Lorensen)은 GE의 연구개발(R&D) 부서에 소속된 연구자들이었습니다. 그 당시 우리는 LYMB라는 시스템을 많이 사용하고 있었는데 그것은 C 언어로 개발되었고 스몰토크(Smalltalk)와 유사한 환경에서 구현되어 있었습니다. LYMB는 당시로서는 훌륭한 시스템이었으나 우리와 같은 연구자들 사이에서 더 많이 확산되기에는, 지적재산권과 비 표준적인 소프트웨어 구조라는 두 가지 중요한 문제점으로 인해 시종일관 성공하지 못하고 있었습니다. 지적재산권 문제로 인해 GE 외부에서 사용하기에는 법률적으로 거의 불가능했으며, GE 내부에서 사용할 때에도 사용자들은 LYMB가 비표준적인 소프트웨어라는 것과 업

무 지식 전달이 어렵다는 점, 그리고 각종 지원 도구가 부족하다는 이유 등으로 인해 배우기를 주저하고 있었습니다. 바로 이러한 이유들이 VTK를 오픈 표준을 따르고 사용자 협력을 통해 고객에게 기술 이전을 쉽게 가능하게 해 주는 플랫폼으로 개발하게 된 동기가 되었습니다. 마찬가지로 VTK가 오픈 소스 라이선스를 따르도록 한 것은, 아마도 우리가 소프트웨어 개발 과정 중 내렸던 가장 중요한 결정 중 하나일 것입니다.

비상호주의적(non-reciprocal), 퍼미시브 라이선스(GPL이 아닌 BSD)로 선택한 것은 향후 관련 서비스와 컨설팅 분야를 가능하게 만들어준 아주 훌륭한 선택이었고 나중에 Kitware라는 조직으로 발전되었습니다. 결정을 내릴 당시 우리는 학문적 협업이나 연구실 혹은 상업적 사용 분야에서 장벽을 낮추는 것에 주된 관심을 가지고 있었는데, 우리는 많은 조직이 상호주의적인 라이선스(reciprocal licenses)의 문제점 때문에 그러한 소프트웨어의 사용을 피한다는 것을 알게 되었습니다. 사실 반론의 여지는 있지만 상호주의 라이선스 때문에 오픈 소스 소프트웨어의 확산이 많이 늦어지고 있었고, 그에 대해선 별도로 얘기하겠습니다. 여기서 얘기하고자 하는 바는 관련된 어떤 소프트웨어를 만들더라도 저작권을 선택하는 문제는 주요한 설계 결정의 하나라는 점입니다. 소프트웨어 프로젝트의 최종 쓰임새를 고려할 때 지적재산권 문제를 적절하게 처리하는 것은 중요합니다.

4.1 VTK란 무엇인가?

VTK는 초기에는 과학 데이터의 시각화를 위한 시스템으로 구상되었습니다. 통상적으로 사람들은 시각화를 어떤 가상 오브젝트와의 상호작용을 통해 만들어지는 특정한 렌더링의 한 형태라고 인식하고 있습니다. 이는 일반적으로 데이터 시각화라는 것은 데이터를 이미지 같이 사람이 볼 수 있는 형태나 혹은 만지거나 들을 수 있는 형태 혹은 또 다른 어떤 형태로 변환해주는 전체 프로세스를 포함하는 의미를 가지고 있기 때문입니다.

데이터의 형태는 단지 어떤 메시(mesh) 구조나 복잡한 공간 분석의 추상화 같은 것들을 포함한 기하학적 위상학적 구조체의 구성요소뿐만 아니라 스칼라(예를 들면 온도나 압력 같은)적인 혹은 벡터적인(예를 들면 속도), 텐서적인(예를 들면 압력) 속성과 표면의 노멀(normal)이나 텍스처(textures)의 좌표와 같은 렌더링 속성까지도 포함하고 있습니다. 시공간적인 정보를 담고 있는 데이터를 일반적으로 과학적 시각화라 하지만, 그 이외에도 여러 가지 추상화된 데이터의 형태들이 있습니다. 예를 들어 마케팅 통계나, 웹 페이지 같은 것들 혹은 비구조적인 문서, 도표 정보, 그래프나 트리 구조와 같이 여러 다른 방식의 추상화를 통해서만 표현될 수 있는 문서들이 있습니다. 이러한 종류의 추상화된 데이터들은 통상적으로 인포메이션 시각화의 방법들을 사용해서 처리됩니다. VTK를 지원하는 커뮤니티의 도움으로 VTK는 이제 과학적 데이터의 시각화뿐만 아니라 위에 나열한 여러 가지 정보의 시각화를 동시에 처리할 수 있게 되었습니다.

시각화 시스템으로서의 VTK의 역할은 궁극적으로 위에 나열한 여러 가지 형태의 데이터를 가지고 인간의 감각기관이 이해할 수 있는 형태로 만들어 주는 것입니다. 그러므로 VTK 시스템에 요구되는 중요한 기능 중 하나는 데이터를 읽고, 처리하고, 표현해서 궁극적으로 렌더링 해주는 데이터 흐름의 파이프라인을 생성하는 것입니다. 그러므로 VTK 툴킷은 아주 유연한 구조로 만들어져야 하고 여러 부분에서 이러한 유연함을 유지해야 할 필요성이 있습니다. 그러한 노력의 한 예로 우리는 VTK의 여러 가지 컴포넌트를 교체할 수 있는 형태로 설계했고 컴포넌트의 교체를 통해 여러 다양한 종류의 데이터를 처리할 수 있는 방식의 툴킷으로 설계되도록 만들었습니다.

4.2 아키텍처

VTK의 여러 가지 설계에 대해 자세히 이야기하기 전에, 시스템 사용과 개발 측면에서 중요한 영향을 준 상위의 개념에 대해 이야기 해보겠습니다. 이 중 하나는 VTK의 하이브리드 래퍼(hybrid wrapper) 기능입니다. 이 기능은 VTK가 특정 언어, 예를 들면 파이썬, 자바 혹은 VTK의 C++ 버전인 Tcl 같은(기록 시점 이후에 다른 언어가 추가되었을 수 있습니다) 언어로 자동으로 바인딩(binding)할 수 있게 해주는 것입니다. 많은 시스템 레벨 프로그래머가 C++ 언어를 사용하겠지만 애플리케이션 개발자 중에는 C++ 언어보다 인터프리터(interpreter) 방식의 언어를 선호하는 개발자도 있을 것입니다. 이 컴파일 방식과 인터프리터 방식이 결합된 하이브리드 방식이란 양자의 좋은 점을 결합한 방식입니다. 즉, 고성능 계산 위주의 알고리즘과 애플리케이션을 개발할 때의 유연한 프로토타이핑을 결합했다고 할 수 있습니다. 사실 이러한 여러 가지 언어를 사용하는 방식의 접근 방법은 많은 과학적 컴퓨팅과 관련된 커뮤니티로부터 지지를 받고 있으며 다른 소프트웨어를 개발하는 방식에 영향을 주고 있습니다.

프로세스적인 관점에서 VTK는 빌드(build) 과정을 제어하기 위해 CMake를 사용했고, 테스트 과정을 제어하기 위해 CDash/CTest를 사용했으며, 크로스 플랫폼으로 배포(cross platform deployment)하기 위해 CPack을 사용했습니다. 실제로 VTK는 원시적인 개발환경으로 악명 높은 슈퍼컴퓨터를 포함한 대부분의 컴퓨터에서 컴파일이 가능합니다. 추가적으로 웹 페이지, 위키, 사용자나 개발자를 위한 메일링 리스트, 문서 생성 툴(예를 들면 Doxygen), 버그 트래킹 툴(예를 들면 Mantis)을 함께 사용하면 훌륭한 개발 환경을 구축할 수 있습니다.

4.2.1 핵심 기능

VTK는 객체 지향 시스템이므로 클래스나 인스턴스 데이터 멤버로의 접근은 내부적으로 정교히 통제됩니다. 일반적으로 데이터 멤버는 protected이거나 private으로 선언되며 그 데이터 멤버로의 접근은, 불리언(Boolean) 데이터나 모달(modal) 데이터, 스트링과 벡터 등의 여러 가지 경우를 포함한 Set과 Get 메서드를 통해서 허용됩니다. 이러한 메서드의 대부분은 클래스의 헤더 파일에 매크로를 삽입함으로써 생성할 수 있습니다.

예를 들어 아래와 같이 매크로를 삽입하면,

```
vtkSetMacro(Tolerance,double);
vtkGetMacro(Tolerance,double);
```

아래와 같은 Set/Get 메서드가 생성됩니다.

```
virtual void SetTolerance(double);
virtual double GetTolerance();
```

깨끗한 코드를 작성하는 것 이외에도 이러한 매크로를 사용하는 데에는 여러 가지 이유가 있습니다. VTK에는 디버깅을 제어하고, 오브젝트의 변경시간(MTime)을 갱신하고, 레퍼런스(reference)의 개수를 관리하는 중요한 데이터 멤버가 있습니다. 매크로는 이러한 데이터를 정확하게 유지할 수 있게 해주며, 이런 매크로를 적극 사용하길 추천합니다. 예를 들어 VTK 내부적으로 변경시간이 정확하게 관리되지 않으면 코드가 실행되어야 할 때 실행되지 않거나 혹은 반대로 너무 자주 실행되는 치명적인 버그가 발생할 수 있습니다.

VTK의 장점 중 하나는 데이터의 관리와 표현이 상대적으로 간단하다는 데 있습니다. 통상적으로 연속된 정보를 표현하기 위해서는 특정 타입(예를 들면 vtkFloatArray)의 다양한 데이터 어레이(array)가 사용됩니다. 예를 들어 세 개의 XYZ 포인트로 구성된 리스트는 9개의 엔트리(x,y,z, x,y,z, 등)로 된 vtkFloatArray로 표현될 것입니다. 이런 어레이에는 투플(Tuple)이라는 개념이 있는데, 하나의 3D 포인트는 3-tuple이며, 그런고로 대칭적인 3×3 텐서 매트릭스는 6-tuple(대칭적 공간의 절약이 가능)로 표현됩니다. 이런 방식의 설계는 특정한 목적을 가지고 채용되었습니다. 과학적 컴퓨팅에서 어레이를 사용하는 시스템(예를 들면 Fortran)과 인터페이스하는 것은 흔히 있는 일이며 이때 연속된 한 공간에 메모리를 할당하거나 제어하는 것이 훨씬 효율적입니다. 또한 통신을 하거나 시리얼라이제이션(Serialization)과 I/O를 수행함에 있어 일반적으로 연속된 데이터는 훨씬 효율적입니다. 이러한 (다양한 종류의) 데이터 어레이들은 VTK 내의 여러 데이터를 표현하는 데 사용되며, 빠르게 데이터에 접근하거나, 데이터의 양에 따라 필요한 만큼의 메모리를 자동으로 할당해주는 등의 정보의 삽입이나 접근을 위한 여러 가지 쉬운 방법들을 제공해 줍니다. 데이터 어레이는 vtkDataArray 추상화 클래스의 서브 클래스인데, 이것은 일반적인 virtual methods를 사용할 수 있어 코딩을 간단하게 해줍니다. 그러나 성능을 위해서는 타입에 따라 변경되며 연속된 데이터 어레이에 직접 접속하는 템플릿화된 스태틱 함수(static function)가 사용될 수도 있습니다.

일반적으로 C++ 템플릿은 성능적인 측면 때문에 널리 사용되지만 public class API상에서 보이지는 않습니다. 이것은 STL의 경우에도 마찬가지입니다. 우리는 PIMPL[1] 디자인 패턴을 사용해서 템플릿 구현상의 복잡함을 감추었습니다. 이런 방식은 앞에서 언급한 인터프리터 방식의 코드를 래핑(wrapping)할 경우 특히 유용합니다. Public API 사용 시 템플릿의 복잡함을 피한다는 것은 애플리케이션 개발자의 관점에서는 데이터 타입의 선택이라는 까다로운 일을 하지 않아도 된다는 것을 의미합니다. 물론 실제 코드가 실행되는 부분에서는 데이터 타입이 존재하며 데이터 타입은 통상 데이터 접근이 일어나는 런타임에서 정해집니다.

어떤 독자는 VTK에서 메모리 관리를 위해 좀 더 사용자에게 익숙한 가비지

---

1 http://en.wikipedia.org/wiki/Opaque_pointer

컬렉션(Garbage collection) 기법을 사용하지 않고 레퍼런스를 카운팅하는 방법을 사용하는지 의문을 가질 수 있습니다. 기본적으로 VTK는 데이터의 삭제에 대한 완전한 제어를 필요로 합니다. 왜냐하면 데이터의 크기가 굉장히 커질 수 있기 때문입니다. 예를 들어 1000×1000×1000바이트 데이터의 크기는 기가바이트에 이를 수 있으며, 그 정도 크기의 데이터가 차지하고 있는 메모리 공간을 필요할 때 사용할 수 없고, 무작위적인 가비지 컬렉션이 관리하게 하는 방식은 좋은 설계가 아닙니다. VTK에서 대부분의 클래스(vtkObject의 서브 클래스)들은 레퍼런스 카운팅하는 기능이 내재돼 있습니다.

```
vtkCamera *camera = vtkCamera::New(); // 레퍼런스의 갯수가 1
camera->Register(this); // 레퍼런스의 갯수가 2
camera->Unregister(this); // 레퍼런스의 갯수가 1
renderer->SetActiveCamera(camera); // 레퍼런스의 갯수가 2
renderer->Delete(); // 렌더러가 삭제되었으므로 레퍼런스의 갯수가 1
camera->Delete(); // 카메라가 삭제됨
```

레퍼런스 카운팅은 데이터를 복사할 때도 아주 중요한 역할을 합니다. 예를 들어 점, 다각형, 색깔, 스칼라, 텍스처(texture) 좌표 등과 같은 여러 개의 데이터 어레이로 구성된 데이터 오브젝트 D1에 벡터 데이터를 추가해서 새로운 오브젝트 D2를 만든다고 가정해 봅시다. 만약 D1을 완전히 복사(deep copy)한 후 추가적인 벡터 데이터 어레이를 더해서 D2를 만든다면 가장 비효율적인 방법이 될 것입니다. 또 다른 방법은 텅 빈 D2를 생성한 후 D1에서 현재 시점의 소유자를 추적하기 위한 레퍼런스 카운팅 기법을 이용해서 데이터 어레이들을 D2로 패스(shallow copy)한 후 마지막으로 새로 추가해야 할 벡터 어레이만 더하는 방법입니다. 후자의 방법으로 데이터를 복사하는 방법은 가상화 시스템에서 아주 중요한 역할을 합니다. 이 장의 뒷부분에서 보게 되겠지만 데이터 처리 파이프라인은 입력에서 출력으로 데이터를 복사하는 것 같은 종류의 연산을 늘 수행하게 되며, 이때 레퍼런스 카운팅은 VTK에게 아주 중요한 부분입니다.

물론 레퍼런스 카운팅 기법에는 문제점이 존재합니다. 때로는 여러 개의 오브젝트가 서로를 참조하는 순환 레퍼런스(reference cycles)가 발생합니다. 이러한 경우 지능적인 간섭이 필요하게 되는데 VTK의 경우 vtkGarbageCollector에 구현된 특별한 기능을 통해 순환 레퍼런스에 관련된 오브젝트들을 관리하게 됩니다. 그런 종류의 클래스들이 밝혀지게 되면(개발 과정에서 예상할 수 있습니다), 그 클래스를 가비지 컬렉터와 함께 등록하고 자체의 Register나 UnRegister

메서드를 오버로드 합니다. 그러면 이후 오브젝트가 삭제(혹은 UnRegister)될 때 레퍼런스 카운팅에 대한 분석과 외부 레퍼런스 없이 서로만을 레퍼런스하는, 따로 떨어져 있는 오브젝트에 대한 검색만 수행하게 되며, 이러한 오브젝트들은 가비지 컬렉터에 의해 삭제되게 됩니다.

VTK는 오브젝트를 생성할 때 static class로 구현된 오브젝트 팩터리를 사용합니다. 통상적인 선언문은 아래와 같습니다.

```
vtkLight *a = vtkLight::New();
```

여기서 중요하게 알아야 할 것은 실제로 생성되는 인스턴스가 vtkLight가 아닐 수 있으며, 그것은 vtkLight의 서브 클래스(vtkOpenGLLight)일 수도 있다는 것입니다. 오브젝트 팩터리를 사용하는 이유는 여러 가지가 있을 수 있지만 가장 중요한 것은 애플리케이션의 이식성(portability)과 디바이스로부터 독립성입니다. 위에서 예를 든다면 라이트(light)를 생성하는 것입니다. 특정 플랫폼의 특정 애플리케이션에서 vtkLight::New는 OpenGL 라이트를 생생할 수 있지만 다른 플랫폼에서는 그래픽 시스템상의 라이트를 생성할 수도 있을 것입니다. 정확히 어떤 클래스의 인스턴스가 생성되는가는 런타임 시스템에 달려 있는 것입니다.

초창기의 VTK에서는 gl, PHIGS, Starbase, XGL 그리고 OpenGL 등 많은 선택이 가능했지만 지금은 많은 것이 사라졌고 DirectX나 GPU에 기반을 둔 방법 등 새로운 기법들이 사용되고 있습니다. 시간이 흘러도 VTK로 개발된 애플리케이션들은 개발자들이 디바이스에 특정된 vtkLight의 새로운 서브 클래스나 신기술에 의한 렌더링 클래스를 사용할 때도 변경할 필요가 없습니다.

오브젝트 팩터리의 또 다른 중요한 용도는 성능 향상을 위해 런타임의 교체를 가능하게 하는 것입니다. 예를 들면 vtkImageFFT가 특정 용도의 하드웨어나 수치계산 라이브러리를 접근할 수 있는 다른 클래스로 교체될 수 있다는 것입니다.

4.2.2 데이터 표현

VTK의 장점 중 하나는 간단한 도표에서부터 유한 요소의 메시(finite element mesh)와 같은 복잡한 형태의 데이터까지 표현하는 능력입니다. 이러한 유형의 데이터는 모두 그림 4.1(이 다이어그램은 클래스 상속체계의 일부분입니다)에서 설명되는 vtkDataObject의 서브 클래스들입니다.

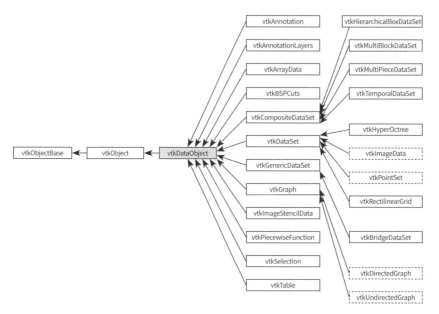

그림 4.1 데이터 오브젝트 클래스

vtkDataObject의 가장 중요한 특징 중 하나는 시각화 파이프라인을 통해 처리가 가능하다는 것입니다. 도표에서 나타난 많은 클래스들 중 실제 애플리케이션에서는 소수만이 사용됩니다. vtkDataSet과 vtkDataSet에서 파생된 클래스들은 그림 4.2에 나타난 과학적 시각화에 사용됩니다. 예를 들면 vtkPolyData는 다각형 메시(polygonal meshes)를 표현할 때 사용되며, vtkUnstructuredGrid는 메시를 표현할 때 사용되며, vtkImageData는 2D나 3D 픽셀(pixel)이나 복셀(voxel)을 표현할 때 사용됩니다.

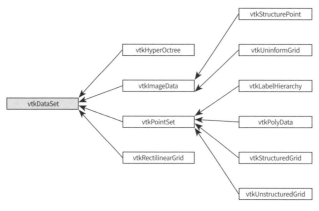

그림 4.2 데이터 세트 클래스

4.2.3 파이프라인 아키텍처

VTK는 몇 개의 중요한 서브시스템으로 구성되어 있습니다. 시각화와 가장 밀접한 서브시스템은 데이터 흐름과 파이프라인입니다. 개념적으로 파이프라인 구조는 세 개의 클래스로 구성되어 있습니다. 데이터를 표현하기 위한 데이터 오브젝트(위에서 언급된 vtkDataObjects), 데이터 오브젝트의 형태를 변환하기 위해 처리, 변경, 필터링, 맵핑 등을 수행하는 알고리즘 오브젝트(vtkAlgorithm), 인터리브(interleave)된 데이터에 연결된 그래프를 제어하고 처리하는 파이프라인을 실행하기 위한 실행자 오브젝트(vtkExecutive)입니다. 그림 4.3은 통상적인 파이프라인을 보여주고 있습니다.

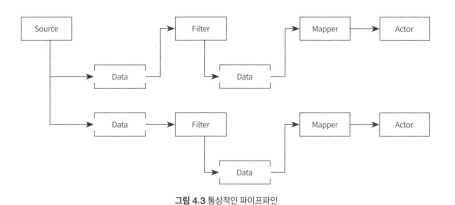

그림 4.3 통상적인 파이프파인

개념적으로는 간단하지만 실제 파이프라인 구조를 구현하는 것은 쉽지 않습니다. 데이터 표현의 어려움을 하나의 이유로 들 수 있습니다. 예를 들면 계층화 혹은 그룹으로 묶어진 데이터 세트를 처리할 때 결코 간단하지 않은 반복 구조의 작업이 필요합니다. 병렬 처리(공유 메모리나 스케일되는 혹은 분산 구조를 사용하는)를 할 때는 데이터를 쪼개는 파티셔닝(partitioning)이 필요하며, 디리버티브(derivatives)와 같은 테두리에 놓인 데이터를 일관되게 처리하기 위해서는 데이터의 중복이 필요합니다.

또한 알고리즘 오브젝트는 그 자체로 복잡도를 증가시킵니다. 어떤 알고리즘은 여러 가지 다른 종류의 입력과 여러 가지 다른 종류의 출력을 처리합니다. 어떤 알고리즘은, 예를 들어 히스토그램(histogram)을 처리하는 것과 같은 경우, 단일 셀 내부의 데이터를 처리하기도 하고, 반면 다른 알고리즘은 전체 데이터를 처리하는 것이 필요하기도 합니다. 어떠한 경우에도 알고리즘은 입력을 변경할 수 없는 값으로 생각하고 읽기 전용으로 취급합니다. 왜냐하면 입력 값이 다른 알고리즘의 입력으로 재사용될 수 있기에, 다른 알고리즘의 입력을 현재 알고리즘에서 변경시키는 것은 좋은 설계가 아니기 때문입니다.

마지막으로 실행 오브젝트는 어떤 실행전략을 선택하느냐에 따라 복잡함이 달라질 수 있습니다. 어떤 경우에는 필터링의 중간 과정에서 생성되는 결과를 캐시(cache)화 해야 할 필요가 있습니다. 이러한 캐시는 파이프라인상의 어떤 요소가 변경되었을 때 전체를 다시 계산해야 하는 필요성을 크게 줄여줍니다. 반면에 시각화 데이터 세트의 크기는 굉장히 커질 수 있으며, 그럴 경우 계산 도중에 더 이상 필요로 하지 않는 데이터는 삭제(release)해야 할 필요성이 생길 수도 있습니다. 마지막으로 데이터를 여러 가지 해상도로 처리해야 하는 등의 복잡한 실행 전략이 필요할 경우는 파이프라인을 반복적으로 실행하는 것이 필요합니다.

위에 설명한 개념과 파이프라인의 구조를 설명하는, 아래의 C++ 예제를 살펴보시기 바랍니다.

```
vtkPExodusIIReader *reader = vtkPExodusIIReader::New();
reader->SetFileName("exampleFile.exo");

vtkContourFilter *cont = vtkContourFilter::New();
cont->SetInputConnection(reader->GetOutputPort());
cont->SetNumberOfContours(1);
cont->SetValue(0, 200);

vtkQuadricDecimation *deci = vtkQuadricDecimation::New();
deci->SetInputConnection(cont->GetOutputPort());
deci->SetTargetReduction( 0.75 );

vtkXMLPolyDataWriter *writer = vtkXMLPolyDataWriter::New();
writer->SetInputConnection(deci->GetOuputPort());
writer->SetFileName("outputFile.vtp");
writer->Write();
```

위의 예시에서 보듯이 reader 오브젝트는 비구조적인 그리드 혹은 메시(mesh) 데이터 파일을 읽고, 다음 단계의 필터는 메시로부터 아이소서피스(isosurface)를 생성합니다. vtkQuadricDecimation 필터는 다각형 데이터 세트인 아이소서피스 내의 아이소컨투어(isocontour)를 구성하는 삼각형의 개수를 줄이는 등의 방식으로 그 크기를 작게 만들어줍니다. 마지막으로 크기가 작아진 새로운 데이터 파일은 디스크에 저장됩니다. 파이프라인의 실제 실행은 writer에 의해 Write 메서드가 호출될 때(데이터에 대한 요청이 발생할 때) 일어납니다.

위의 예시가 보여주는 것처럼 VTK의 파이프라인 실행 과정은 디멘드 주도 (demand-driven) 방식으로 실행됩니다. Writer나 Mapper(데이터 렌더링 오브 젝트)와 같은 Sink에서 데이터를 필요로 할 때 입력을 요청합니다. 만약 입력 필 터가 이미 '적절한 데이터'를 가지고 있으면 실행 제어를 Sink에 다시 넘기게 됩 니다. 하지만 적절한 데이터가 없는 경우는 연산을 하게 됩니다. 결과적으로 데 이터에 대한 입력을 먼저 요청해야 하는 것입니다. 이 프로세스는 필터나 데이 터 소스가 적절한 데이터를 가지거나 파이프라인의 시작점에 도달하게 될 때까 지 파이프라인을 통해 업스트림(upstream)되며, 일단 도달하게 되면 필터가 정 해진 순서대로 실행되거나 데이터가 파이프라인상의 요청된 지점으로 흘러 들 어가게 됩니다.

여기에서 우리는 '적절한 데이터'가 무엇을 의미하는지 유념할 필요가 있습 니다. 기본적으로 VTK의 소스나 필터가 실행되고 난 후, 그 출력은 미래의 불 필요한 중복 실행을 피하기 위해 파이프라인에 의해 캐시화됩니다. 이 과정은 계산 과정이나 메모리를 필요로 하는 I/O를 최소화 해주며 설정에 의해 변경 (configurable behavior)할 수 있습니다. 파이프라인은 데이터 오브젝트만 캐시 화하는 것은 아니고 데이터 오브젝트 자체가 생성되었을 때의 조건에 관련된 메 타 데이터도 캐시화 해줍니다. 이러한 메타 데이터는 데이터 오브젝트가 계산되 었던 시간에 대한 타임스탬프(예를 들어 ComputeTime)를 포함하고 있습니다. 그러므로 간단한 의미의 '적절한 데이터'라는 것은 수정된 시점으로부터 모든 파 이프라인 오브젝트 업스트림 이후에 계산된 것을 의미합니다. 아래 예제를 통해 이러한 개념을 볼 수 있습니다. 다음을 이전 VTK 프로그램의 마지막에 추가해 봅시다.

```
vtkXMLPolyDataWriter *writer2 = vtkXMLPolyDataWriter::New();
writer2->SetInputConnection(deci->GetOuputPort());
writer2->SetFileName("outputFile2.vtp");
writer2->Write();
```

앞에서 설명했듯이 writer->Write 문장은 전체 파이프라인을 실행하게 되며 Writer2->Write 문장이 호출될 때 파이프라인은 데시메이션(decimation) 필터, 컨투어(contour) 필터와 reader의 수정된 시간과 캐시의 타임스탬프를 비교해서 데시메이션 필터의 출력이 최신인지를 판단합니다. 그러므로 데이터 요청은 과거의 writer2를 전달(propagate)할 필요가 없습니다. 이제 다음과 같은 추가 수정을 고려해 봅니다.

```
cont->SetValue(0, 400);

vtkXMLPolyDataWriter *writer2 = vtkXMLPolyDataWriter::New();
writer2->SetInputConnection(deci->GetOuputPort());
writer2->SetFileName("outputFile2.vtp");
writer2->Write();
```

이때 파이프라인 실행자는, 컨투어 필터와 데시메이션 필터가 마지막으로 실행된 이후에 컨투어 필터가 수정되었는지 알 수 있게 되므로, 이 필터가 가지고 있는 캐시는 더 이상 최신이 아니므로 재실행되게 됩니다. 그러나 컨투어 필터 이전에 reader는 수정되지 않았기 때문에 그 캐시는 유효하며 reader는 재실행될 필요가 없습니다.

여기에 설명된 시나리오는 가장 간단한 형태의 디멘드 주도(demand-driven) 방식의 파이프라인의 한 예라 할 수 있습니다. VTK의 파이프라인은 이것보다 훨씬 정교합니다. 필터나 싱크가 데이터를 필요로 할 때, 특정 데이터 서브 세트를 요청할 수 있는 추가적인 정보를 제공합니다. 예를 들면 필터는 데이터의 일부분을 스트리밍 함으로써 아웃오브코어(out-of-core)[2] 분석을 할 수 있습니다. 이전 예제를 수정해 보겠습니다.

```
vtkXMLPolyDataWriter *writer = vtkXMLPolyDataWriter::New();
writer->SetInputConnection(deci->GetOuputPort());
writer->SetNumberOfPieces(2);

writer->SetWritePiece(0);
writer->SetFileName("outputFile0.vtp");
writer->Write();

writer->SetWritePiece(1);
writer->SetFileName("outputFile1.vtp");
writer->Write();
```

여기에서 writer는 업스트림 파이프라인이 데이터를 두 부분으로 로드해서 처리

---

2 (옮긴이) 통상적으로 지리 정보 데이터나 그래픽 데이터 처리에 있어 데이터 크기가 컴퓨터의 메인 메모리보다 클 경우 하드 디스크나 테이프 저장장치와 같은 곳으로 나누어 저장하고 처리하는 알고리즘. http://en.wikipedia.org/wiki/Out-of-core_algorithm

하기를 요청하는데, 두 부분의 각각은 독립적으로 스트림됩니다. 이전에 설명되었던 간단한 실행 로직은 여기에서 더 이상 작동되지 않습니다. Write 함수가 두 번째로 호출될 때 파이프라인은 업스트림의 변경이 없었으므로 재실행되면 안 됩니다. 그래서 이러한 조금 더 복잡한 경우를 처리하기 위해, 실행자는 부분적인 실행에 대한 요구를 처리하기 위한 추가적인 로직이 필요하게 됩니다. VTK 의 파이프라인의 실행은 실제로는 복수의 단계로 이루어져 있습니다. 데이터 오브젝트의 계산은 실질적으로는 마지막으로 실행되는 단계이며, 그 이전에 요청 단계가 존재하며 이 단계에서 싱크와 필터에서 다음 실행한 계산에 대해 업스트림에 전달할 수 있는 것입니다. 앞의 보기에서 writer는 입력 2부분 중 0번에 대한 요청을 전달합니다. 이 요청은 reader까지 전달되며 파이프라인이 실행될 때 reader는 데이터의 어떤 서브 세트를 읽어야 할지를 알 수 있게 됩니다. 또한 어떤 부분이 캐시에 존재하는지에 대한 정보 또한 오브젝트의 메타 데이터에 저장됩니다. 다음번 필터가 데이터를 요청할 때 이러한 메타 데이터가 그 요청과 비교되게 되며, 위의 예제에서 파이프라인은 다른 부분을 처리하기 위해 다시 실행될 것입니다.

필터가 생성할 수 있는 몇 가지 다른 요청의 형태가 존재합니다. 이러한 요청으로는 특정 시간 단계(time step)나 특정 구조화된 확장 혹은 고스트 레이어 (ghost layer, 이웃되는 정보를 연산하기 위한 테두리 부분) 등이 있습니다. 또한 요청 단계 동안에 각 필터는 다운스트림으로부터 요청을 수정할 수 있습니다. 예를 들면 스트림이 불가능한 필터(예를 들면 streamline 필터)는 부분에 대한 요청을 무시하고 데이터 전체를 요구하는 형태가 될 수 있습니다.

4.2.4 렌더링 서브시스템

대체적으로 VTK는 3차원 화면을 구성하는 각각의 컴포넌트에 대응되는 클래스를 가진 간단한 구조의 객체지향 렌더링 모델을 가지고 있습니다. 예를 들어, vtkRenderer는 vtkCamera와 함께 vtkActors를 렌더링하며 이때 vtkRenderWindow에는 여러 개의 vtkRenderers가 존재할 수 있습니다. 화면은 하나 혹은 그 이상의 vtkLights에 의해 빛이 조절됩니다. 개별 vtkActor는 하나의 vtkTransform에 의해 제어되며 개별 vtkActor의 모양은 vtkProperty에 의해 지정됩니다. 마지막으로 vtkActors의 기하학적인 표현은 vtkMapper에 의해 정의됩니다. vtkMapper는 VTK에서 중요한 역할을 하는데, 데이터 처리 파이프라인의 종료와 렌더링 시스템과의 인터페이스를 담당합니다. 데이터를 줄이고 결과를 파일에 기록하고, 매퍼를 사용해 결과를 시각화하는 과정이 하나의 예가 될 수 있습니다.

```
vtkOBJReader *reader = vtkOBJReader::New();
reader->SetFileName("exampleFile.obj");

vtkTriangleFilter *tri = vtkTriangleFilter::New();
tri->SetInputConnection(reader->GetOutputPort());

vtkQuadricDecimation *deci = vtkQuadricDecimation::New();
deci->SetInputConnection(tri->GetOutputPort());
deci->SetTargetReduction( 0.75 );

vtkPolyDataMapper *mapper = vtkPolyDataMapper::New();
mapper->SetInputConnection(deci->GetOutputPort());

vtkActor *actor = vtkActor::New();
actor->SetMapper(mapper);

vtkRenderer *renderer = vtkRenderer::New();
renderer->AddActor(actor);

vtkRenderWindow *renWin = vtkRenderWindow::New();
renWin->AddRenderer(renderer);

vtkRenderWindowInteractor *interactor = vtkRenderWindowInteractor::New();
interactor->SetRenderWindow(renWin);

renWin->Render();
```

여기에서 하나의 액터(vtkActor), 렌더러(vtkRenderer), 렌더러 윈도(vtkRender Window) 및 파이프라인을 렌더링 시스템에 연결하는 매퍼가 생성됩니다. 또한 추가적으로 생성된 vtkRenderWindowInteractor는 마우스와 키보드 이벤트를 인식하고 이 정보를 카메라 조작 등과 같은 액션으로 해석해 줍니다. 이러한 해석 프로세스는 tkInteractorStyle에 의해 정의됩니다. 기본적으로 드러나지 않는 곳에서 많은 인스턴스와 데이터 값들이 정의됩니다. 예를 들어 identity transform의 구성이나 기본(head) 라이트나 속성 같은 것들입니다.

오브젝트 모델은 점점 정교해져 가고 있는데, 많은 경우 렌더링 프로세스에 특화된 파생 클래스의 개발로 인해 복잡도가 더해지고 있습니다. vtkActors는 vtkProp의 특화된 모델이며 이러한 종류의 것들로는 2D 오버레이 그래픽/텍스트, 특정한 3D 오브젝트 혹은 볼륨 렌더링(volume rendering)이나 GPU에 대한 구현 같은 고급 렌더링 기법을 지원하는 것까지 다양합니다.

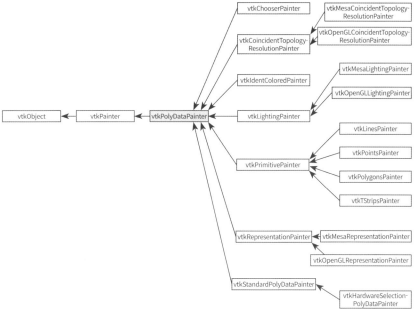

그림 4.4 디스플레이 클래스

비슷하게 VTK에서 지원하는 데이터 모델도 확장되고 있어 렌더링 시스템과 인터페이스가 가능한 다양한 매퍼들이 지원되고 있습니다. 발전되고 있는 또 다른 영역으로는 변환 계층(transformation hierarchy)을 들 수 있습니다. 이것은 처음에는 간단한 선형적(linear)인 4×4 변환 매트릭스였는데 지금은, TPS(thin-plate spline) 변환[3]과 같은 것을 지원하는 아주 고성능의 비선형적(non-linear) 구조로 발전되었습니다. 예를 들면 초기의 vtkPolyDataMapper는 디바이스에 특정된 서브 클래스(예를 들면 vtkOpenGLPolyDataMapper)를 가지고 있었는데, 최근에는 그림 4.4에 나타난 painter 파이프라인이라 불리는 정교한 그래픽 파이프라인으로 교체되었습니다.

Painter 구조는 다양한 렌더링 기법을 지원하는데, 이러한 것들은 서로 결합되어 다양한 특수 효과를 제공할 수 있습니다. 이 구조는 1994년에 처음으로 구현된 간단한 형태의 vtkPolyDataMapper보다 훨씬 많은 기능을 가지고 있습니다.

선택 서브시스템(selection subsystem)은 시각화 시스템의 또 다른 중요한 부

---

3 (옮긴이) 다차원을 표현하기 위한 면의 일반화 기법을 말한다. 더 자세한 사항은 다음 URL을 참고하기 바랍니다. http://en.wikipedia.org/wiki/Thin_plate_spline

분인데, VTK에는 pickers 구조가 존재합니다. 이것은 하드웨어에 기반한 메서드와 소프트웨어에 기반한 메서드(예를 들면 ray-casting)에 근거해서 vtkProps를 선택하는 오브젝트라고 분류할 수 있으며, 또한 선택 연산 후에 여러 다른 종류의 정보를 제공합니다. 예를 들며 어떤 pickers는 어떤 vtkProp를 선택했는가를 표시하지 않고 XYZ 공간에서 위치 정보만을 제공하며, 다른 것들은 선택된 vtkProp뿐만이 아니라, mesh를 구성하는 특정 포인트나 셀의 정보까지 제공합니다.

4.2.5 이벤트와 상호작용

데이터와 상호작용하는 것은 시각화의 핵심 부분인데, VTK에서는 이것이 여러 가지 다양한 방법으로 수행됩니다. 가장 간단한 방법으로는 사용자가 직접 이벤트에 따라 커맨드를 사용하여 적절한 응답(command/observer 패턴)을 하게 되는 방식입니다. vtkObject의 모든 서브 클래스들은 옵저버(observers)의 목록을 가지고 있으며, 이 목록은 옵저버가 스스로 오브젝트와 함께 등록합니다. 이러한 등록 과정에서 옵저버는 어떤 특정 이벤트와 또 그 이벤트가 발생했을 때 호출될 관련 명령을 함께 등록하게 됩니다. 이러한 과정이 어떻게 작동하는지 알기 위해 다음의 예제를 살펴보십시오. 여기에서 필터(polygon decimation filter)는 StartEvent, ProgressEvent 및 EndEvent를 관찰하는 옵저버를 가지고 있는데, 이 세 가지 이벤트는 필터가 실행되기 시작될 때, 실행하는 도중에 주기적으로, 그리고 실행이 완료되었을 때 호출됩니다. 그 다음의 vtkCommand 클래스의 Execute 메서드는, 알고리즘을 수행하는 데 걸리는 시간과 관련된 정보를 출력하게 됩니다.

```cpp
class vtkProgressCommand : public vtkCommand
{
  public:
    static vtkProgressCommand *New() { return new vtkProgressCommand; }
    virtual void Execute(vtkObject *caller, unsigned long, void *callData)
    {
      double progress = *(static_cast<double*>(callData));
      std::cout << "Progress at " << progress<< std::endl;
    }
};

vtkCommand* pobserver = vtkProgressCommand::New();

vtkDecimatePro *deci = vtkDecimatePro::New();
deci->SetInputConnection( byu->GetOutputPort() );
```

```
deci->SetTargetReduction( 0.75 );
deci->AddObserver( vtkCommand::ProgressEvent, pobserver );
```

위의 방법은 초보적인 수준의 상호작용이지만 VTK를 사용하는 많은 애플리케이션의 기본적인 요소입니다. 예를 들면 이 코드는 쉽게 GUI 프로그레스 바를 표시하고 관리하는 용도로 변환될 수 있습니다. 이 command/observer 서브시스템은 또한 VTK의 3D 위젯 핵심으로 데이터를 질의, 수정 변경하는 정교한 상호작용을 위한 오브젝트이고 아래에 설명하고 있습니다.

위의 예를 살펴보면 VTK의 이벤트는 미리 정의되지만 사용자 정의 이벤트를 위한 수정 방법이 있다는 것을 아는 것이 중요합니다. vtkCommand 클래스는 이뉴머레이트(enumeration) 이벤트(예를 들면 위의 예에서 vtkCommand::ProgressEvent)와 사용자 이벤트를 정의합니다. 사용자 이벤트인 UserEvent는 간단하기에 아주 중요한 값이라 할 수 있는데, 통상적으로 애플리케이션 사용자 이벤트의 세트에 대한 오프셋 값으로 사용됩니다. 예를 들면 vtkCommand::UserEvent+100는 VTK에서 정의된 이벤트 세트의 외부에 있는 특정 이벤트를 지칭하는 것입니다.

사용자의 관점에서 VTK 위젯은, 사용자가 핸들(handles)을 조작하거나 다른 기하학적 기능(핸들이나 기하학적 기능을 사용한 조작은 위에서 설명된 picking 기능에 기반을 두고 있습니다) 등을 이용하여 상호작용할 수 있다는 점을 제외하고는, Scene의 액터로 볼 수 있습니다. 위젯과의 상호작용은 상당히 직관적인데, 사용자가 구 모양의 핸들을 잡고 움직이거나 선을 잡고 움직이는 것입니다. 그러나 나타나지 않는 뒷부분에서는 이벤트(예를 들면 InteractionEvent)가 발생되고 애플리케이션은 이러한 이벤트를 관찰하고 적절한 액션을 취할 수 있습니다. 예를 들면 아래와 같은 vtkCommand::InteractionEvent 이벤트를 종종 실행시키게 됩니다.

```
vtkLW2Callback *myCallback = vtkLW2Callback::New();
  myCallback->PolyData = seeds; // Seed 점들의 스트림라인 및 갱신
  myCallback->Actor = streamline; // 액터의 스트림라인 및 가시화

vtkLineWidget2 *lineWidget = vtkLineWidget2::New();
  lineWidget->SetInteractor(iren);
  lineWidget->SetRepresentation(rep);
  lineWidget->AddObserver(vtkCommand::InteractionEvent,myCallback);
```

VTK 위젯은 vtkInteractorObserver의 서브 클래스와 vtkProp의 서브 클래스의

두 개의 오브젝트로 구성되어 있습니다. vtkInteractorObserver는 렌더러 윈도 (예를 들면 마우스나 키보드 이벤트) 내의 사용자 상호작용을 관찰하고 처리합니다. vtkProp 서브 클래스(예를 들면 액터)는 vtkInteractorObserver에 의해 조작됩니다. 통상적으로 이러한 조작은 vtkProp의 핸들을 하이라이트하거나, 커서의 모양을 바꾸고 데이터를 변환하는 등을 포함한 기하학적 요소의 수정을 통해 이루어집니다. 물론 위젯의 특정한 행동의 뉘앙스(nuances) 변화를 제어하기 위해서는 서브 클래스를 작성하는 것이 필요하며 현재 시스템에는 50여 개 이상의 다른 위젯이 존재합니다.

4.2.6 라이브러리 요약

VTK는 상당히 큰 소프트웨어 툴킷입니다. 현재 시스템은 대략 150만 라인(프로그램 주석은 포함, 자동 생성된 래퍼 소프트웨어는 제외) 정도의 코드로 구성되어 있으며 대략 1000개의 C++ 클래스로 구성되어 있습니다. 복잡도를 제어하고 빌드/링크에 걸리는 시간을 줄이기 위해 시스템은 수십 개의 서브 디렉터리로 나누어져 있습니다. 표 4.1은 서브 디렉터리와 기능에 대한 간단한 요약입니다.

Common	코어 VTK 클래스
Filtering	파이프라인의 데이터 흐름을 관리하는 데 사용하는 클래스
Rendering	렌더링, 픽킹, 이미지 뷰잉과 상호작용
VolumeRendering	볼륨 렌더링 기법
Graphics	3D 기하학 처리
GenericFiltering	비선형적 3D 기하학적 처리
Imaging	이미징 파이프라인
Hybrid	그래픽과 이미지 기능을 동시에 필요로 하는 클래스
Widgets	정교화된 상호작용
IO	VTK의 입력과 출력
Infovis	정보의 시각화
Parallel	병렬 처리(컨트롤러와 커뮤니케이터)
Wrapping	Tcl, 파이썬 및 자바 래핑(wrapping) 지원
Examples	확장적이고 잘 문서화된 예제

표 4.1 VTK 서브 디렉터리

4.3 회고와 앞으로의 기대

VTK는 상당히 성공한 시스템입니다. 1993년 첫 코드가 쓰이기 시작했는데 글을 쓰고 있는 현재 시점에서도 VTK는 여전히 확장되고 있으며 그 속도는 빨라지고 있습니다.[4] 이번 절에서는 우리가 배우게 된 몇 가지 교훈적인 부분과 미래에 대한 도전적인 부분에 대해 이야기해 보겠습니다.

4.3.1 변화의 관리

VTK 프로젝트에 관련해서 놀라운 점 하나는 프로젝트가 오래 지속되고 있다는 것입니다. 개발의 면면은 다음과 같은 주요한 몇몇 것에 영향을 받아 진행되고 있습니다.

· 새로운 알고리즘과 기능들이 계속적으로 추가되고 있습니다. 예를 들어 인포메틱스 서브시스템(Sandia national lab과 Kitware에서 주로 개발된 Titan)이 최근의 중요한 추가 개발이라 할 수 있습니다. 또한 차트나 렌더링 클래스들과 새로운 형태의 과학적 데이터 세트 타입의 추가도 이루어지고 있습니다. 다른 중요한 것들로는 3D 인터렉션 위젯을 들 수 있습니다. 마지막으로 GPU 기반의 렌더링과 데이터 처리 기능의 추가는 VTK의 계속적인 발전에 대한 예가 될 수 있습니다.

· VTK가 더 많이 사용되고 노출되면서, 커뮤니티로 더 많은 사용자와 개발자가 저절로 유입되고 있습니다. 예를 들면 ParaView는 VTK 기반으로 개발된 가장 유명한 과학적 시각화 애플리케이션이며 고성능 컴퓨팅 커뮤니티에서 아주 중요한 위치를 차지하고 있습니다. 3D Slicer는 중요한 바이오 메디컬 컴퓨팅 플랫폼으로 많은 부분이 VTK에 기반해서 개발되었으며 매년 수백만 달러의 펀딩이 이루어지고 있습니다.

· VTK의 개발 프로세스는 계속적으로 진화하고 있습니다. 최근 몇 년간에는 소프트웨어 프로세스 관련 툴들인 CMake, CDash, CTest, CPack 등이 VTK 빌드 환경으로 통합되었습니다. 또한 VTK 코드 저장소는 Git 및 더 정교한 워크플로 시스템으로 옮겨졌습니다. 이러한 개선은 VTK가 과학적 컴퓨팅 커

---

4 VTK 최신 코드 분석은 http://www.ohloh.net/p/vtk/analyses/latest을 참조하십시오.

뮤니티의 소프트웨어 개발에 있어 선도적 위치를 유지할 수 있게 해줍니다.

성장과 발전은 흥미롭지만 소프트웨어 시스템의 개발을 검증하고 VTK의 미래를 계속적으로 잘 유지 관리하는 것은 굉장히 어려운 일입니다. 따라서 VTK는 단기적으로 소프트웨어뿐 아니라 커뮤니티를 성장시키는 데도 더 관심을 기울여야 합니다. 이런 관점에서 몇 가지 작업이 시행되고 있습니다.

첫째로 공식적인 관리 체계가 만들어졌습니다. 아키텍처 리뷰 보드가 만들어져서 커뮤니티 내의 개발과 기술 부분에 대해 전략적 이슈를 중심으로 지침을 제공하게 되었습니다. 또한 VTK 커뮤니티는 부분별 리더로 구성된 팀을 만들어 특정한 VTK 서브시스템의 기술적인 개발을 안내하게 되었습니다.

다음으로 툴킷을 더욱 더 모듈화하기 위한 계획이 수립되었습니다. 부분적으로는 Git에 의해 도입된 워크플로 기능을 지원하기 위함이지만, 또한 전체 시스템 단위로 빌드/링크하지 않고 작은 서브시스템 단위로 일하는 사용자와 개발자들에 대한 지원도 포함하기 위함입니다. 더 나아가 확장되는 커뮤니티를 지원하기 위해 툴킷의 코어 부분이 아닌 서브시스템이나 새로운 기능이 지원되는 것은 중요합니다. 느슨하고(loose)하고 모듈화된 모듈 단위를 생성함으로써 코어 부분을 안정되게 관리하면서도 커뮤니티의 주변부에 관련된 수정을 수용할 수 있는 구조가 가능해지게 되었습니다.

4.3.2 기술적인 추가사항

소프트웨어 프로세스 이외에도 개발 파이프라인에서 많은 기술 혁신이 이루어지고 있습니다.

· 공동 프로세싱은 시각화 엔진이 시뮬레이션 코드로 통합하게 해주고 시각화를 위한 데이터 추출을 주기적으로 가능하게 하는 기능을 말합니다. 이 기술은 크기가 아주 큰 완전한 솔루션 데이터를 출력해야만 하는 필요성을 많이 없애줍니다.
· VTK의 데이터 프로세싱 파이프라인은 아직도 많이 복잡한 편인데, 서브시스템을 리팩터링해서 단순화하는 조치가 취해지고 있습니다.
· 데이터와의 직접 연동은 사용자들 사이에서 점점 선호되고 있습니다. VTK가 많은 위젯을 보유하고 있지만, 터치스크린이나 3D 기법과 같은 더 많은 연동 관련 기술들이 가능해지고 있습니다. 상호 연동 기술은 계속적으로 빠른 속

도로 발전할 것입니다.

- 계산화학(Computational chemistry)은 재료부분 설계자나 엔지니어에게 그 중요성이 점차 증대되고 있습니다. 화학 데이터와 연동해서 시각화하는 기능이 VTK에 추가되고 있습니다.

- VTK의 렌더링 시스템은 너무 복잡해서 새로운 클래스를 파생시키거나 새로운 렌더링 기술을 지원할 때 너무 어렵다는 비판을 받아왔습니다. 또한 VTK는 많은 사용자가 요청한 씬 그래프(scene graph)의 개념을 직접 지원하지 않습니다.

- 마지막으로 새로운 형태의 데이터가 지속적으로 등장하고 있습니다. 예를 들면 의학 분야에서 사용되는 다양한 해상도(예를 들면, 국부 확대 기능을 가진 공초점 현미경(confocal microscopy with local magnification))를 가진 계층적 볼륨(hierarchical volumetric) 데이터 세트가 있습니다.

4.3.3 오픈 사이언스

마지막으로 Kitware와 VTK 커뮤니티는 오픈 사이언스 부분에 헌신하고 있습니다. 이곳을 통해 우리는 재생산의 토대가 가능한 시스템을 만들기 위한 오픈 데이터, 오픈 출판 그리고 오픈 소스를 실질적으로 널리 알리고 있습니다. VTK가 오랫동안 오픈 소스/오픈 시스템으로 배포되어 오는 동안 문서화 과정이 부족했습니다. 몇 권의 훌륭한 책[Kit10, SML06]이 있기는 하지만 기술적인 정보를 찾기 위해서는 소스 코드를 포함해서 여러 가지 다른 방법에 의존해야만 했습니다. 우리는 문서, 소스 코드, 데이터 및 테스트 이미지와 같은 것들로 구성되는 VTK 저널(VTK Journal)[5]과 같은 새로운 문서화 과정을 통해 이를 개선해보려고 합니다. VTK 저널은 또한 사람에 의해 검토 이외에도 자동화된 코드 리뷰(VTK의 소프트웨어 테스트 프로세스를 사용해서)도 가능합니다.

4.3.4 교훈

VTK가 비록 성공적이었지만 우리가 제대로 하지 못한 것들도 있습니다.

- 모듈화된 설계: 우리는 클래스들의 모듈성을 아주 잘 선택했습니다. 예를 들어 픽셀당 오브젝트를 생성하는 것과 같은 종류의 잘못된 설계를 하지 않고,

---

5 http://www.midasjournal.org/?journal=35

그 대신 좀 더 하이 레벨의 vtkImageClass를 생성하여 픽셀 데이터의 데이터 어레이를 처리하도록 만들었습니다. 그러나 어떤 경우에는 하나의 클래스가 너무 많은 기능을 가지는 방식으로 구현되어 더 작은 클래스들로 리팩터링 해야만 했고, 이러한 종류의 개선 작업은 현재도 진행 중에 있습니다. 중요한 예로 데이터 처리 파이프라인을 들 수 있습니다. 처음에 파이프라인은 데이터와 알고리즘 오브젝트의 상호작용을 통해 내재적으로(implicitly) 구현되었습니다만, 결국은 데이터와 알고리즘 사이의 상호작용을 관리하고 다른 종류의 데이터 처리를 구현하기 위해서는 외재적(explicit)인 파이프라인 실행자 오브젝트를 만들어야만 한다는 것을 깨달았습니다.

- 놓쳐버린 중요한 개념: 가장 크게 후회하는 점은 C++ 이터레이터(iterators)를 많이 사용하지 않은 것입니다. 많은 경우 VTK에서 데이터 처리는 과학적 프로그래밍 언어인 포트란(Fortran)과 유사합니다. 만약 추가적으로 이터레이터를 사용하였다면 그 구조의 유연함은 시스템에서 아주 큰 장점이 될 수 있었을 것입니다. 로컬 영역의 데이터나 특정한 반복 조건만을 만족시키는 데이터를 처리하는 경우를 예로 들 수 있습니다.

- 설계 이슈들: 물론 최적이 아닌 설계상의 결정들이 많이 있습니다. 우리는 데이터 실행 파이프라인의 설계 시 많은 고민을 했으며 더 좋은 구조를 만들기 위해 여러 프로젝트에 걸쳐 노력했습니다. 렌더링 시스템 툴은 복잡해서 파생된 시스템을 만드는 것이 어렵습니다. 또 다른 이슈는 VTK의 초기 개념으로부터 발생된 것도 있습니다. 데이터를 시각화하는 것은 읽기 전용(read-only)이라고 생각했었지만, 현재의 사용자들은 데이터 수정이 가능하기를 원하는데 이것은 데이터 구조에 큰 변화가 필요한 것입니다.

VTK와 같은 오픈 소스 시스템의 가장 좋은 점 중 하나는 위에 열거한 잘못이 시간이 흐름에 따라 고쳐질 수 있다는 것입니다. 우리는 매일 시스템을 개선하고 있는 역량 있는 개발 커뮤니티가 있으며, 미래에도 계속적으로 그렇게 되리라고 기대하고 있습니다.

옮긴이: 김 마이클

소프트웨어 시스템 아키텍트. 서강대를 졸업했고 미국 실리콘 밸리에서 Deloitte Consulting, Agilent Technologies 및 Symantec Corp. 등 글로벌 포춘 상위 기업에서 시스템 아키텍트 및 컨설턴트로 20년 정도 근무했으며 대부분의 소프트웨어 분야에 경험을 가지고 있지만 DevOps를 통한 생산성 혁신이 최근의 관심 분야이다. 3자녀를 둔 아빠이며 1999년에 거듭난 그리스도인이다.

5장

그래파이트(Graphite)

크리스 데이비스(Chris Davis) 지음
조상민 옮김

그래파이트(Graphite)[1]의 기능은 딱 두 가지로 요약할 수 있습니다. 시간의 흐름에 따라 변하는 숫자들을 저장하고, 그 그래프를 그리는 것입니다. 그런 기능을 제공하는 소프트웨어는 매우 많지만, 그래파이트만의 고유한 특징은 네트워크 서비스로서 동작한다는 점입니다. 게다가 사용하기도 쉽고 확장성도 높습니다. 그래파이트에 데이터를 입력하는 프로토콜은 수작업으로도 몇 분 만에 뚝딱해낼 수 있을 만큼 단순합니다(정말 손으로 데이터를 쓰라는 말은 아니고, 쉬워도 너무 쉽다는 뜻입니다). 그래프를 그리거나 데이터 포인트를 읽는 것도 URL에 접근하는 것만큼이나 쉽습니다. 바로 이런 점으로 인해, 다른 소프트웨어들이 그래파이트와 자연스럽게 연동할 수 있고 그래파이트를 기반으로 더 강력한 애플리케이션이 나오기도 합니다. 그래파이트가 가장 많이 사용되는 분야는 웹 기반의 모니터링 또는 분석 대시보드(dashboard)입니다.

애초에 그래파이트가 태어난 환경이 대규모 전자상거래 시스템이기 때문에, 설계에도 그런 성격이 반영되어 있습니다. 높은 확장성과 데이터에 대한 실시간 접근성이 그래파이트의 주요 구현 목표입니다. 이 목표를 달성하기 위해 그래파이트에는 특화된 데이터베이스 라이브러리와 그에 걸맞은 파일 저장 형식, I/O 연산을 최적화하기 위한 캐싱 구조, 단순하지만 효과적인 서버 클러스터링 기법이 포함되어 있습니다. 단순히 그래파이트의 현재 모습을 설명하기보다, 초기에는 어떻게 구현했고 어떤 문제점들을 만났으며 어떻게 해결했는지를 설명하겠습니다.

---

[1] http://launchpad.net/graphite

5.1 데이터베이스 라이브러리: 시계열 데이터를 저장

그래파이트는 파이썬으로 구현되었고, 크게 3개의 컴포넌트로 구성되어 있습니다. whisper라는 이름의 데이터베이스 라이브러리와 carbon이라 부르는 백엔드 데몬, 그래프를 그리고 기초적인 사용자 인터페이스를 제공하는 프론트엔드 웹 애플리케이션입니다. whisper는 그래파이트에서 사용하려고 만든 라이브러리이기는 하지만 분리하여 독립적으로 사용할 수도 있는데, RRDtool에서 사용하는 순차 순환 대기 방식(round-robin)의 데이터베이스와 유사합니다. 그리고 시계열의 숫자형 데이터만 저장할 수 있습니다. 데이터베이스라 하면 보통 소켓을 통해 클라이언트 애플리케이션과 통신하는 서버 프로세스를 생각하지만, whisper는 특수한 형식의 파일에 데이터를 읽거나 쓰게 해주는 라이브러리입니다. whisper가 제공하는 기본적인 연산에는 whisper 파일을 새로 만드는 create, 어떤 파일에 데이터 포인트들을 추가하는 update, 저장된 데이터 포인트들을 읽어오는 fetch가 있습니다.

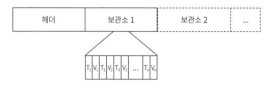

그림 5.1 whisper 파일의 기본 구조

whisper 파일은 그림 5.1에서와 같이 헤더 영역과 1개 이상의 보관소 영역으로 이루어집니다. 헤더 영역에는 여러 가지 메타 정보가 들어 있고, 각 보관소에는 연속적인 데이터 포인트의 배열이 저장됩니다. 각 데이터 포인트는 시간과 값의 쌍, 즉 (timestamp, value)입니다. update 또는 fetch 연산을 수행할 때에는 시간 정보(timestamp)와 해당 보관소의 설정에 근거하여 파일의 어느 지점에 데이터를 써넣을지 또는 어느 지점의 데이터를 읽어올지를 결정합니다.

5.2 백엔드: 그저 저장소 서비스일 뿐

그래파이드의 백엔드를 책임지는 데몬 컴포넌트의 이름은 원래 carbon-cache 인데, 줄여서 carbon이라고 합니다. carbon은 파이썬에서 사용하는 이벤트 반응형 입출력 프레임워크인 Twisted를 기반으로 구현되었습니다. 또한 Twisted 의 뛰어난 확장성 덕분에 수많은 클라이언트와의 대량 통신을 적은 자원으로 도 효율적으로 처리할 수 있습니다. 그림 5.2는 carbon과 whisper, 프론트엔 드 웹 애플리케이션 사이의 데이터 흐름을 표현한 것입니다. 클라이언트는 수집한 데이터를 그래파이트의 백엔드인 carbon에 보내고, carbon은 받은 데이터를 whisper를 통해 저장합니다. 이렇게 저장된 데이터는 그래파이트 웹 애플리케이션이 그래프를 생성하기 위해 읽어 갑니다.

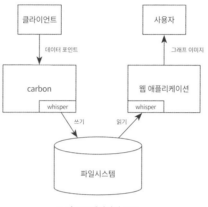

그림 5.2 데이터의 흐름

carbon의 핵심 기능은 클라이언트가 수집한 메트릭을 구성하는 데이터 포인트 들을 저장하는 것입니다. 메트릭이란, 그래파이트 식으로 정의하면, 특정 지표에 대한 시계열 데이터의 모음입니다. 서버의 CPU 사용율(utilization), 상품의 판매량 등을 예로 들 수 있습니다. 하나의 데이터 포인트는 특정 시각에 특정 메트릭의 측정값에 해당하는 (timestamp, value) 쌍으로 표현됩니다. 메트릭은 저마다 고유한 이름을 가지며, 그 이름은 데이터 포인트와 마찬가지로 클라이언트가 정의합니다. 대표적인 클라이언트로 생각해 볼 수 있는 것은 시스템 또는 애플리케이션의 메트릭을 수집하고 수집된 데이터 포인트들을 간편하게 저장하고 시각화하기 위해 carbon을 사용하는 모니터링 에이전트입니다. 그래파이트에서 메트릭들은 파일 시스템과 비슷한 계층구조를 갖습니다. 경로 구분자로 슬래시나 역슬래시 대신에 마침표를 사용한다는 점만 다릅니다. carbon은 메트릭의 이름으로서 적법한 값은 모두 받아들이고, 각 메트릭마다 그에 해당하는 데이터 포인트들을 저장할 whisper 파일을 생성합니다. whisper 파일은 carbon의 데이터 디렉터리 아래에서 해당 메트릭 이름 내의 계층구조가 그대로 반영된 하위 디렉터리에 위치합니다. 예를 들어, 이름이 servers.www01.cpuUsage인 메트릭은 .../servers/www01/cpuUsage.wsp 파일에 저장되는 식입니다.

클라이언트 애플리케이션은 TCP 연결을 통해 그래파이트에 데이터 포인트들을 보내는데, 디폴트 포트는 2003번[2]입니다. 이 TCP 연결에서는 클라이언트 애플리케이션만 송신을 하고, carbon은 어떤 대답도 하지 않습니다. 연결이 유지되는 한 클라이언트는 평문 형식으로 인코딩된 데이터 포인트들을 계속 보낼 수 있으며, 연결을 재활용하는 것도 가능합니다. 이때의 평문 형식이란 각 데이터 포인트를 메트릭 이름, 값, 유닉스 에포크 타임스탬프를 공백 문자로 구분하여 한 줄에 표시하는 것을 의미합니다. 예를 들어, 클라이언트는 다음과 같은 평문을 보냅니다.

```
servers.www01.cpuUsage 42 1286269200
products.snake-oil.salesPerMinute 123 1286269200
[1분 후]
servers.www01.cpuUsageUser 44 1286269260
products.snake-oil.salesPerMinute 119 1286269260
```

carbon의 주요 임무는 위 형식의 데이터를 기다리고 있다가, 도착하면 whisper를 이용하여 최대한 빠르게 저장하는 것입니다. 확장성을 높이고 보통의 하드디스크에서 뽑아낼 수 있는 최대한의 성능을 얻기 위해 Graphite가 사용한 기법은 나중에 살펴보겠습니다.

5.3 프론트엔드: 온디멘드 그래프

그래파이트 웹 애플리케이션은 간단한 URL 형식으로 노출된 API를 통해 맞춤형 그래프를 제공합니다. 맞춤형 그래프를 위한 설정값은 HTTP GET 요청의 쿼리 문자열(query-string)로 지정하고, 응답은 PNG 이미지가 됩니다. 예를 들어, 다음 URL은 servers.www01.cpuUsage라는 이름의 메트릭에 대해 최근 24시간의 데이터를 500×300 크기의 그래프로 그려내는 요청을 의미합니다. (target만이 필수 파라미터이고, 나머지는 모두 옵션으로서 명시하지 않으면 그래파이트가 정한 디폴트 값이 사용됩니다.)

---

2 직렬화 객체를 보내는 포트가 따로 있습니다. 이 방식을 이용하는 것이 평문 형식을 이용하는 것보다 훨씬 효율적인데, 송신량이 대규모일 때만 의미가 있을 것입니다.

```
http://graphite.example.com/render?target=servers.www01.cpuUsage&
width=500&height=300&from=-24h
```

그래파이트는 위와 같은 맞춤형 그래프를 위한 옵션뿐만 아니라, 데이터 처리 함수들도 풍부하게 제공합니다. 예를 들어, 다음은 어떤 메트릭의 10개 단위 이동 평균에 대한 그래프를 그리도록 target 파라미터를 설정하는 방법입니다.

```
target=movingAverage(servers.www01.cpuUsage,10)
```

함수는 중첩 호출할 수 있고, 복합 연산도 가능합니다. 예를 들어, 다음은 상품별 1분당 판매량 메트릭을 기반으로 오늘의 전체 판매량 추이 그래프를 요청하는 것입니다.

```
target=integral(sumSeries(products.*.salesPerMinute))&;from=midnight
```

모든 상품의 salesPerMinute 메트릭(products.*.salesPerMinute)의 합산값 시계열 데이터를 sumSeries 함수를 이용하여 구하고, integral 함수를 통해 그 누적값의 추이를 얻는 것입니다. 얘기가 이 정도까지 진행되었으니, 그래파이트의 그래프를 조작하기 위한 사용자 인터페이스를 어떻게 만들어야 할지에 대해 대충 감이 올 것입니다. 물론, 그래파이트가 자체적으로 제공하는 저작 도구가 있습니다(그림 5.3). 자바스크립트를 통해 사용자가 메뉴에서 선택한 설정값을

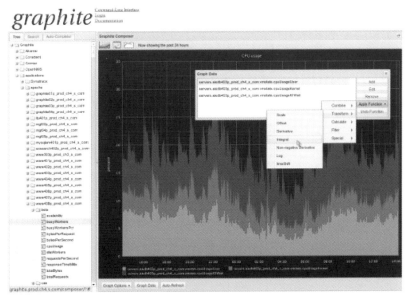

그림 5.3 그래파이트가 제공하는 저작 도구의 사용자 인터페이스

URL 쿼리 문자열에 반영하는 웹 인터페이스입니다.

5.4 대시보드

그래파이트(Graphite)는 그 태생에 어울리게도 웹 기반 대시보드를 구현하는 도
구로 많이 사용되어 왔습니다. API가 단순한 URL 형식으로 제공되는 덕분에 그
런 애플리케이션들과 자연스럽게 통합될 수 있습니다. 그래파이트를 이용하면
대시보드를 만드는 일은 그저 다음과 같은 태그들로 가득 찬 HTML 페이지를 구
성하는 작업일 뿐입니다.

```
<img src="../http://graphite.example.com/render?parameters-for-my-awesome-
graph">
```

그러나 URL을 다루는 일이 모든 사람에게 쉽지는 않을 것입니다. 그래서 그래
파이트는 마우스 조작 몇 번으로 원하는 모양의 그래프를 만들고 그에 해당하는
URL을 클립보드에 복사할 수 있는 저작 도구를 제공한 것입니다. 이 도구를 위
키와 같은 일반 웹 페이지 저작 도구와 결합시키면, 기술을 잘 모르는 일반 사용
자도 대시보드를 뚝딱 만들어 낼 수 있습니다.

5.5 뻔했던 병목지점

그래파이트를 이용하여 대시보드를 만드는 사용자들이 늘어감에 따라 우리는
성능 저하 문제를 겪기 시작했습니다. 웹 서버 로그를 검토했더니 그 원인은, 뻔
하게도 그래프 렌더링 요청이 너무 많은 것이었습니다. CPU가 그래프를 그리는
작업을 하느라고 쉴 틈이 없었던 것입니다. 동일한 그래프를 반복해서 요청하는
사례도 많이 발견했기에 우리 사용자들 탓도 있었습니다.

　한 화면에 10개의 그래프가 표시되고 1분마다 자동 갱신되는 대시보드를 상
상해봅시다. 한 사용자가 브라우저에서 이 대시보드를 열면, 그래파이트는 1분
마다 10개의 그래프 요청을 더 받게 됩니다. 그래프 렌더링 요청은 이런 식으로
엄청나게 늘어났고, 그래파이트 서버의 성능은 갈수록 떨어졌습니다.

　해결책은 간단했습니다. 그래프는 한 번만 그리고, 나머지 요청에는 그 복사
본으로 답하는 것입니다. 그래파이트 프론트엔드의 기반인 Django 웹 프레임워
크는 훌륭한 캐싱 구조를 제공하고, 더구나 그 저장소로서 memcached와 같은

네트워크 서비스도 지원합니다. memcached[3]를 간단히 정의하면, 네트워크 서비스로서 동작하는 해시 테이블이라 할 수 있습니다. 보통의 해시 테이블과 같이 키-값 쌍을 저장하거나 읽을 수 있는 것입니다. memcached를 이용하여 그래프 렌더링 등의 값비싼 계산 결과를 빠르게 저장하였다가 이후의 동일 요청에 대한 응답을 위해 재사용하도록 구현할 수 있었습니다. 그리고 memcached의 만료 시간을 짧게 설정하여 그래프가 너무 오랫동안 갱신되지 않는 문제도 피할 수 있었습니다. 캐시된 그래프가 단 몇 초만 재사용될 뿐이더라도 그래파이트 서버가 덜 수 있는 짐의 크기는 엄청난 것이었습니다. 그만큼 반복되는 동일한 요청이 많았습니다.

그래프 렌더링 요청을 양산하는 또 다른 주범은 그래파이트 저작 도구에서 그래프 옵션을 이리저리 바꾸거나 이 함수 저 함수를 적용해보는 사용자들이었습니다. 사용자는 요청을 약간 바꾸었을 뿐이지만 그래프는 매번 새로 그려져야 합니다. 그러나 사용되는 데이터는 동일하므로, 어떤 그래프의 입력 데이터도 memcached에 캐시하여 재사용하는 것이 가능했습니다. 데이터를 읽어 들이는 단계가 생략되자 저작 도구의 사용자는 더 빠른 반응을 얻게 되었습니다.

5.6 입출력 최적화

어떤 사용자가 그래파이트에 6만 개의 메트릭을 저장하는데, 각 메트릭에는 1분마다 데이터 포인트 1개씩이 추가된다고 해봅시다. 앞서 설명했듯이, 모든 메트릭은 각자의 whisper 파일을 갖습니다. 따라서 carbon은 1분마다 6만 개의 서로 다른 파일에 쓰기 명령을 실행하게 됩니다. carbon이 한 개의 파일에 데이터를 추가하는 데 1밀리초 이내로 시간이 소요된다면, 이 정도 부하는 견딜 수 있습니다. 그러나 1분마다 데이터 포인트가 추가되는 메트릭이 60만 개나 된다면 어떨까요? 또는 6만 개의 메트릭이 1초마다 갱신 된다면요? 아마도 저장 장치의 쓰기 속도가 따라오지 못할 것입니다. 구체적 상황이야 어떻든 새로 수신된 단위시간당 데이터 포인트의 개수가 그래파이트 서버의 저장 장치가 지원하는 단위시간당 쓰기 용량을 넘는다면, 성능이 떨어질 수밖에 없습니다. 이를 어떻게 해결할까요?

---

3 http://memcached.org

오늘날의 하드 디스크는 대체로 탐색(seek)에 상대적으로 많은 시간이 소요됩니다.[4] 탐색이란 디스크의 어떤 지점에서 데이터를 읽거나 쓴 후에 다른 지점의 데이터에 접근하기 위해 디스크 헤드를 이동시키는 것을 말하는데, 이에 시간이 많이 든다는 것은 디스크의 한 지점에 많은 데이터를 쓰는 것보다, 총합으로는 같은 양이더라도 여러 지점에 나눠 쓰는 것이 느림을 의미합니다. 수천 개의 whisper 파일이 자주 갱신된다면, 한 번의 쓰기 명령으로 써지는 데이터의 양은 작지만(whisper 데이터 포인트는 12바이트를 차지합니다) 수천 번의 탐색이 필요하기 때문에 느릴 수밖에 없습니다.

쓰기 용량이 데이터 포인트가 새로 수신되는 비율을 감당할 수 없다면, 한 번의 쓰기 명령으로 데이터 포인트 여러 개를 처리하는 식으로 데이터 포인트 처리량을 늘릴 수 있습니다. whisper는 연속적인 데이터 포인트들을 그 순서대로 디스크에 저장하므로, 이런 최적화가 가능합니다. 그래서 whisper에 update_many 함수를 구현해 넣었는데, 동일한 메트릭에 대한 데이터 포인트들의 배열을 한 번의 쓰기 명령으로 저장합니다. 데이터 포인트 배열의 크기가 커서 한 번에 써지는 데이터의 양이 많으면 성능에 또 다른 문제가 발생할까요? 데이터 포인트 10개(120바이트)와 1개(12바이트)에 대한 쓰기 명령의 실행 속도에는 큰 차이가 없습니다. 물론 훨씬 더 많은 데이터 포인트라면 문제가 될 수도 있습니다.

update_many 함수가 제 역할을 하려면, 그 앞 단에 버퍼링(buffering)이 필요합니다. 그래서 carbon에 다음과 같은 버퍼링 구조를 구현했습니다. carbon에 새 데이터 포인트가 도착하면, 해당 메트릭에 할당된 대기행렬(queue)에 그 데이터 포인트를 추가합니다. 그리고 별도 스레드가 계속 살아있으면서 모든 대기행렬에 쌓인 데이터 포인트들을 각각 모아 해당 whisper 파일에 대한 update_many 함수에 전달합니다. 앞선 가정으로 돌아가서 60만 개의 메트릭이 1분마다 갱신되고 디스크의 쓰기 용량이 1밀리초당 1번이라면, 각 대기행렬에는 평균적으로 10개의 데이터 포인트가 쌓일 것입니다. 이제 문제가 되는 것은 메모리 용량입니다. 그러나 데이터 포인트 1개가 12바이트 밖에 되지 않으므로, 메모리 용량은 디스크 쓰기 용량에 비해 훨씬 풍족합니다.

정리하면, 데이터 포인트 수신량이 저장 장치의 최대 쓰기 용량을 초과하는

4　솔리드 스테이트 디스크(solid-state drive)는 하드 디스크에 비해 탐색이 빠릅니다.

상황을 견디기 위해 버퍼링 기법을 도입했습니다. 이 방식을 채용한 덕분에 꼭 데이터 포인트의 수신량이 많을 때뿐만 아니라, 시스템의 입출력 성능이 일시적으로 떨어지는 경우에도 대처할 수 있게 됐습니다. 시스템의 입출력은 그래파이트 서버만 독차지하는 게 아니므로, 우리의 구현과 상관없는 입출력이 일어날 수 있습니다. 만약 그로 인해 whisper의 데이터 쓰기가 지연된다면, 버퍼가 좀 더 커지고 한꺼번에 써지는 데이터 포인트의 양이 늘어나게 됩니다. 데이터 포인트의 전체 처리량은 쓰기 명령의 실행 비율과 평균 데이터양의 곱이기 때문에, carbon의 성능은 꾸준하게 유지됩니다. 대기행렬을 유지할 메모리가 충분한 상황에서라면 말입니다. 그림 5.4는 carbon의 버퍼링 구조를 나타낸 것입니다.

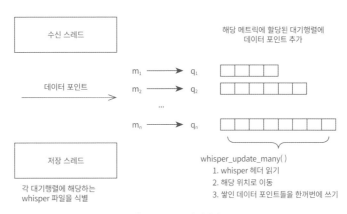

해당 메트릭에 할당된 대기행렬에
데이터 포인트 추가

수신 스레드

데이터 포인트

$m_1 \rightarrow q_1$

$m_2 \rightarrow q_2$

...

$m_n \rightarrow q_n$

저장 스레드

각 대기행렬에 해당하는
whisper 파일을 식별

whisper_update_many( )
1. whisper 헤더 읽기
2. 해당 위치로 이동
3. 쌓인 데이터 포인트들을 한꺼번에 쓰기

그림 5.4 carbon의 버퍼링 구조

실시간성 회복

포인트 쓰기 버퍼를 도입하여 carbon의 입출력 성능을 높였는데, 곧바로 │ 보고되었습니다. 앞에서 예로 든 상황으로 돌아가 봅시다. 1분마다 갱 │메트릭이 60만 개나 있고, 그래파이트 서버의 저장 장치는 1분에 최대 6 │기 명령을 실행할 수 있습니다. 이는 평균적으로 약 10분간의 수신 데 │bon의 대기행렬에 쌓여 있다는 뜻입니다. 그리고 이는 사용자가 그 │프론트엔드를 통해 얻을 그래프에는 최근 10분간의 데이터가 누락된 │니다. 우리가 바라는 바가 전혀 아닌 것입니다. │ 해 직접적인 방식으로 해결할 수 있었습니다. carbon에 소켓을 열고 버퍼링 중인 데이터 포인트에 대해 접근하고 질의할 수 있는 인터페이스를 심었습니다. 그리고 그래파이트 프론트엔드가 그 인터페이스도 이용하여 데이터 포인트를 얻도록 했습니다. 즉, carbon을 통해 저장 장치에서 읽은 데이터와 소켓으로부터 얻은 버퍼링 데이터를 결합하여 그래프를 그린 것입니다. 그렇게 그래프의 실시간성을 회복할 수 있었습니다.

5.8 커널과 캐시 그리고 대재앙

지금까지는 그래파이트 자체의 입출력 성능에 의해 전체 시스템의 성능이 좌우되는 듯 설명했습니다. 시스템의 입출력 지연시간이 1번의 쓰기 명령에 대해 1밀리초 이하로 유지된다고 가정한 것입니다. 그러나 사실 이런 가정을 그렇게 쉽게 하면 안 됩니다. 더 신중한 분석이 필요합니다. 대부분의 하드디스크는 그 정도로 빠르지 않습니다. 수십 개의 디스크를 RAID 방식으로 묶더라도 임의 접근에 대해 1밀리초 이하의 지연시간이 보장되지는 않습니다. 그러나 구형 노트북에서도 디스크에 1킬로바이트를 쓰는 시스템 호출을 해보면 1밀리초도 안 되는 시간에 응답을 줍니다. 무슨 조화일까요?

소프트웨어가 불규칙적이거나 기대하지 않은 성능 특성을 보인다면, 버퍼링이나 캐싱을 의심해봄 직합니다. 우리의 문제는 버퍼링과 캐싱 둘 다와 관련이 있습니다. 쓰기 시스템 호출이 실제로는 디스크에 데이터를 써넣지 않습니다. 그 함수는 버퍼에 데이터를 밀어 넣을 뿐이고, 디스크에 실제로 쓰는 작업은 커널이 담당합니다. 그래서 쓰기 시스템 호출이 그렇게 빨리 응답할 수 있는 것입니다. 그리고 디스크에 쓰여진 후에도 데이터가 버퍼에 그대로 남아있기도 합니다. 그 데이터에 대한 읽기 시스템 호출에 대비하여 말입니다. 정리하자면, 데이터를 디스크에 쓰는 과정에는 버퍼링과 캐싱이 존재하고, 이를 위한 메모리가 필요합니다.

커널을 개발한 사람들은, 명성만큼 실제로도 똑똑한지, 커널에 메모리가 필요할 때마다 새롭게 할당하는 것보다 현재 주인이 없는 사용자 공간의 메모리를 사용하는 기법을 도입했습니다. 그 덕분에 엄청난 성능 향상이 가능해졌습니다. 반면에, 많은 입출력을 행하고 나면 아무리 많은 메모리가 달려 있는 시스템이더라도 남은 메모리가 안 보이게 되는 이유도 그것입니다. 사용자 공간의 애플리케이션이 메모리를 사용하는 게 아니라면, 아마도 커널이 차지하고 있을 것입니다. 이 기법의 단점은 커널이 빌려 쓴 메모리 공간은 사용자 애플리케이션에 메모리가 추가적으로 필요하게 되면 언제든 뺏길 수 있다는 사실입니다. 커널은 두 눈 멀쩡히 뜨고도 뺏길 수밖에 없으며, 뺏긴 메모리에 어떤 데이터가 담겨 있든 잃어버리게 됩니다.

이와 같은 커널의 특성이 그래파이트에 의미하는 바는 무엇일까요? carbon의 성능은 입출력 속도에 달려 있고, 쓰기 시스템 호출은 데이터를 그저 버퍼에 밀어 넣을 뿐이므로 빨라 보입니다. 그런데 커널의 버퍼를 유지할 메모리가 부족하다면 어떤 일이 벌어질까요? 쓰기 시스템 호출이 동기적으로 동작하여 끔찍하게 느려질 것입니다. 그러면 carbon의 단위시간당 쓰기 실행 횟수가 급격하게 줄어들고, 따라서 carbon에 대기행렬이 길어집니다. 따라서 더 많은 메모리가 사용되고, 결과적으로 커널이 사용할 수 있는 메모리는 더욱 줄어드는 악순환의 고리가 완성됩니다. 이런 상황이 계속되면 결국, carbon은 제 기능을 못하게 되거나 화가 난 시스템 관리자에 의해 강제로 종료될 것입니다.

그런 대재앙을 피하기 위해, carbon에 데이터 포인트 버퍼의 최대 크기와 whisper가 제공하는 각종 기능의 실행 비율에 대한 제한을 설정하는 기능을 추가했습니다. 이로써 데이터 포인트를 가끔은 잃어버릴 수 있고 수신을 아예 거부할 수도 있게 되었지만, 어쨌든 파멸만은 하지 않는다는 보장을 얻었습니다. 그 설정값들은 실제 시스템에 따라 꽤 다를 수 있습니다. 주어진 시스템 상황에서 최적의 설정값들을 찾으려면 많은 테스트가 필요할 것입니다. 물론 이런 방법으로 문제가 근본적으로 해결된 것은 아닙니다. 근본적인 해결? 그것은 더 많은 하드웨어뿐입니다.

5.9 클러스터링

그래파이트 서버를 클러스터링하는 초기의 방식은 비교적 단순했습니다. 그래파이트 프론트엔드가 주로 실행하는 명령은 find(메트릭을 식별합니다)와 fetch(데이터 포인트를 읽어 옵니다) 두 가지입니다. 프론트엔드 코드의 find/fetch 함수 구현을 추상화하고, 원격에서도 쉽게 호출할 수 있도록 HTTP URL로 노출시켰습니다.

find 함수는 로컬 파일시스템의 whisper 파일 중에서 사용자가 지정한 규칙에 해당하는 것들만을 찾아냅니다. whisper 파일들 사이에는 트리 구조가 존재하므로, find 함수의 반환값은 Node 객체의 컬렉션이 됩니다. Node는 추상 클래스이고, 실제로는 그 서브클래스인 Branch 또는 Leaf 객체입니다. 디렉터리는 Branch에 해당하고, whisper 파일은 Leaf에 해당합니다. 이런 추상화 계층을 도입함으로써, RRD 파일[5]이나 압축된 whisper 파일과 같은 다양한 저장 형식을 수용할 수 있었습니다.

Leaf 인터페이스에는 fetch 함수가 정의되어 있는데, 이 함수의 실제 구현은 Leaf 객체의 종류에 따라 달라집니다. whisper 파일의 경우에는 whisper 라이브러리 자체의 fetch 함수가 그대로 사용됩니다. 클러스터링 기능이 추가되면서, find 함수는 HTTP 통신을 통해 다른 그래파이트 서버(프론트엔드의 설정값으로 지정되어 있는)의 find 함수를 원격으로 호출하는 경우도 생겼습니다. 원격 find 명령의 반환값은 RemoteNode 객체가 되었는데, 이는 기존의 Node/Branch/Leaf 인터페이스에 부합합니다. 따라서 클러스터링 기능은 그래파이트 프론트엔드의 나머지 코드 기반과 독립적으로 투명하게 동작할 수 있습니다. RemoteNode 객체의 fetch 함수는 또 다른 HTTP 통신을 통해 해당 그래파이트 서버로부터 데이터 포인트를 읽어 옵니다.

그래파이트 프론트엔드가 서로를 호출하는 방법은 클라이언트가 그래파이트 프론트엔드를 호출하는 방법과 완전히 동일합니다. 해당 호출을 클러스터로 전파하지 말고 수신자 로컬에서 소화해야 함을 의미하는 추가 파라미터만 제외하고 말입니다. 그래파이트 프론트엔드에 그래프 렌더링 요청이 들어오면, find 함수를 통해 대상 메트릭들을 식별하고 각 메트릭의 fetch 함수를 통해 지정된 데이터 포인트들을 얻습니다. 이는 대상 메트릭이 로컬에 있든, 다른 원격 서버에 있든, 또는 로컬에 있는 메트릭과 원격에 있는 메트릭이 섞여 있든 마찬가지입니다. 어떤 원격 서버가 동작하지 않고 있다면, 그 서버에 대한 호출은 바로 실패할 것이고 해당 서버를 잠시 동안 불능 상태로 취급하여 원격 호출을 보내지 않게 됩니다. 사용자는 정상 동작하지 않는 서버에 저장된 데이터를 그래프에서 볼 수 없습니다.

---

5 RRD 파일은 사실 Branch 객체입니다. 하나의 RRD 파일 내에 여러 개의 데이터 소스를 담을 수 있기 때문입니다. 즉, RRD 데이터 소스 각각이 Leaf 객체입니다.

5.9.1 클러스터링의 효과

그래프 렌더링 과정 중에서 가장 비싼 부분은 그래프 렌더링 자체입니다. 각각의 렌더링은 하나의 서버 내에서 일어나므로, 서버를 증설하면 그에 비례하여 그래프 렌더링 처리량도 함께 늘어나야 정상입니다. 그러나 우리가 채택한 클러스터링 기법은 프론트엔드의 부하(load)를 분산시키는 게 아니라 오히려 확대/재생산하는 단점이 있었습니다. 하나의 그래프 요청이 다른 그래파이트 서버에 대한 여러 개의 원격 find 호출을 초래할 수 있기 때문입니다. 그러나 각 carbon 인스턴스는 독립적으로 동작하기 때문에 백엔드의 부하는 효과적으로 분산시키고 있음이 확실했습니다. 대부분의 프로젝트에서 프론트엔드보다는 백엔드가 먼저 성능의 발목을 잡는 경우가 많으므로, 우리가 구현한 초기 클러스터링 방식은 나쁘지 않은 셈이었습니다. 그러나 프론트엔드의 확장성은 얻지 못했습니다.

프론트엔드의 확장성을 높이기 위해서는 find 함수가 원격으로 호출되는 빈도를 줄여야 했습니다. 그래서 다시 한 번 손쉬운 방법인 캐싱을 동원했습니다. memcached에 find 호출의 결과도 저장하도록 한 것입니다. 메트릭의 위치는 거의 변하는 경우가 없으므로, find 호출의 결과값은 캐시에 넣어두고 오랫동안 재사용할 만한 데이터입니다. 그러나 무한정 재사용할 수는 없습니다. 캐시 유효 시간을 너무 크게 잡으면, 해당 계층구조에 새로 추가된 메트릭을 그동안에는 얻을 수 없게 되기 때문입니다.

5.9.2 메트릭의 분산

그래파이트 웹 애플리케이션들은 모두 동일한 역할을 한다는 점에서 동질적이라고 볼 수 있습니다. 반면에, carbon 인스턴스는 어떤 데이터를 받느냐에 따라 다른 역할을 하게 됩니다. carbon에 데이터를 보내는 클라이언트의 종류는 매우 많습니다. 따라서 그래파이트 클러스터의 구조를 기술한 설정값을 모든 클라이언트에 하나하나 반영하는 일은 상당히 귀찮은 작업이었습니다.

그래서 carbon-relay라는 또 다른 컴포넌트를 도입했습니다. 그 역할은 간단합니다. 기존의 carbon(원래 이름은 carbon-cache라고 앞에서 언급했었습니다)과 똑같은 방식으로 클라이언트로부터 메트릭 데이터를 수신하는데, 직접 저장하는 게 아니라 해당 메트릭을 책임지는 carbon-cache 서버로 전달하는 것입니다. 어떤 서버가 어떤 메트릭을 담당할지는 정규표현식으로 기술된 규칙들에 의해 결정됩니다. 데이터 포인트가 수신되면, 해당 메트릭 이름에 대하여 정규표현식들을 차례로 적용하여 처음으로 맞는 규칙에 해당하는 서버로 보내는 것입니다. 이제 클라이언트들은 carbon-relay 서버의 위치만 알면 되게 되었습니다.

참고로, carbon-relay는 데이터를 실제로 받을 carbon-cache 서버가 정상 동작 중인지 아닌지에 대한 고려를 직접적으로 하지 않습니다. 해당 carbon-cache 서버가 어떤 이유에서든 데이터를 수신하고 저장할 상태가 아니라면, 그 동안에 carbon-relay가 받은 데이터 포인트들은 유실됩니다. 단, 이렇게 유실된 데이터 포인트를 복구하기 위한 관리자용 스크립트가 따로 있습니다.

5.10 회고

나는 확장성이 저수준 코드의 성능보다는 소프트웨어의 전체적인 설계와 더 밀접하게 연관되어 있다고 믿어 왔습니다. 그리고 그 믿음은 그래파이트 프로젝트를 진행하면서 더욱 확고해졌습니다. 성능 문제를 겪을 때마다, 어떤 연산의 속도를 어떻게 높일까를 고민하는 게 아니라 전체 구조를 개선하는 방식을 우선적으로 고민했습니다. 왜 그래파이트를 자바나 C++가 아니고 파이썬으로 구현했는가라는 질문도 많이 받았습니다. 내 대답은 한결같이 언어 자체의 효율성이 문제가 될 만한 상황을 아직 못 만났기 때문이라는 것이었습니다. 도널드 커누쓰(Donald Knuth) 교수의 말처럼, 앞선 최적화는 모든 악의 근원입니다([Knu74])[6]. 우리의 코드가 의미 있는 진화를 계속 해나간다고 가정하면, 모든 최적화가 어떤 의미에서는 쓸데없이 앞선 것들입니다.

그래파이트의 가장 큰 장점 중 하나는 전통적인 의미의 '설계'가 거의 없었다는 점입니다. 그래파이트는 새로 만난 문제들을 하나씩 해결하기 위해 점진적으로 진화해왔습니다. 솔직히 말해서, 어떤 문제들은 뻔히 예상할 수 있는 것들이었습니다. 그런 경우라면 미리 해결책을 구현해 넣을 법도 했습니다. 그러나 아직 일어나지 않은 문제는 미리 해결할 필요가 없습니다. 심지어 바로 직후에 발생할 문제더라도 말입니다. 왜냐하면, 실제로 발생한 문제를 분석하는 과정에서 얻고 배우게 되는 것이 이론이나 피상적인 사고로부터 알 수 있는 것보다 훨씬

---

6 커누쓰 교수가 말한 것은 코드 수준의 최적화를 얘기한 것입니다. 설계 개선과 같은 고수준의 최적화를 나쁘다고 한 것은 아닙니다.

많을 것이기 때문입니다. 문제 해결에는 경험과 지식, 직관 모두가 필요하지만, 자신의 직관에 대한 믿음은 조금 접어두고 경험에 더 집중하는 것이 좋습니다.

예를 들어, whisper의 초기 구현 작업을 하면서 나는 속도 문제 때문에 금방 C로 다시 구현하게 될 것이라 생각했습니다. 파이썬 코드는 프로토타입으로 여겨졌습니다. 만약 당시에 시간 여유가 조금만 더 있었어도, 파이썬 구현은 생략했을지도 모르겠습니다. 그러나 CPU보다 저장 장치의 입출력 병목이 훨씬 더 빨리 찾아왔습니다. 따라서 파이썬이라는 언어가 가진 성능의 한계가 실제로는 전혀 문제되지 않았습니다.

그러나 이러한 그래파이트의 점진적 진화 방식은 큰 약점이기도 합니다. API가 시스템의 점진적인 진화에 발맞춰 발전하지 못했기 때문입니다. 좋은 API라면, 일관성과 나름의 규칙이 있어야 합니다. 그래야 사용자가 쓰기 쉽습니다. 이런 기준에서 보자면, 그래파이트가 현재 제공하는 URL API는 뭐라 말할 수 없는 수준입니다. 수많은 옵션과 함수가 하나둘씩 추가되다보니, 일관성을 유지하기 힘들었습니다. 이 문제를 해결하려면, API를 완전히 새롭게 설계하는 수밖에 없습니다. 그러나 그것도 완벽한 해결책은 아닌 것이, 그렇다고 기존의 API를 버릴 수는 없기 때문입니다. 시간을 돌려 그래파이트 프로젝트의 초기로 돌아가 딱 한 가지만 바꿀 수 있다면, 사용자용 API를 더 공들여 설계하는 것을 선택하겠습니다. 외부에 공개되는 API를 점진적으로 발전시킨다는 것은 어려운 말 같습니다.

그래파이트의 또 다른 단점은 메트릭 이름의 계층구조 모델입니다. 대부분의 경우에 간단하고 편리한 모델이지만, 표현이 어렵거나 아예 불가능한 경우가 있습니다. 그래파이트의 착상 단계부터 나는 그래프를 위한 URL API가 사람이 육안으로 편집 가능한 형태이기를 원했습니다.[7] 지금도 그래파이트에 그런 기능을 추가하기를 원하지만, API의 문법이 과도하게 복잡해지지는 않을까 걱정됩니다. 메트릭 이름의 계층구조는 트리 내의 각 노드에 대한 식별키로서의 역할을 한다는 장점이 있습니다. 그러나 컬럼 이름과 같은 메타 정보를 편리하게 표현할 방법이 없습니다. 그 역시 계층구조에 포함시켜야 하여 꽤 불편합니다. 계층구조 모델과 별도로 존재하는 메타 정보 데이터베이스를 도입하는 것이 해결책

---

7 그렇게 되면, 그래프 자체가 오픈 소스일 수 있습니다. 누구든 어떤 그래프의 URL을 보고 쉽게 이해하고 수정할 수 있다는 점에서 말입니다.

이 될 수 있겠다는 생각을 하는 중입니다. 그렇게 하면 메트릭 내의 데이터 포인 트를 좀 더 선택적으로 활용할 수 있지 않을까요?

5.11 오픈 소스

그래파이트 프로젝트의 역사를 돌이켜 보면, 프로젝트의 성장과 나 자신의 프로그래머로서의 성장이란 측면에서 꽤 놀라운 경험을 했습니다. 처음에 그래파이트는 수백 줄의 코드로 이뤄진 장난감 같은 프로젝트였습니다. 그래프 렌더링 엔진은 그저 내가 구현할 수 있나 확인하는 차원에서 실험적으로 만들어 본 것일 뿐이고, whisper는 약속된 공개 날짜를 코앞에 두고 맞닥뜨린 큰 장애를 해결하기 위해 주말 동안 급하게 구상하여 추가한 것입니다. carbon은 기억하기 어려울 정도로 여러 번 수정을 거듭했습니다. 2008년에 오픈 소스 라이선스하에 그래파이트는 공개할 수 있게 되었을 때, 커다란 반응을 기대했던 건 아닙니다. 몇 달 후에 CNET에 그래파이트가 언급되었고 그 기사가 슬래시닷(Slashdot)에 소개되자, 그래파이트에 대한 관심이 폭증했습니다. 현재에는 십여 개의 크고 작은 업체가 그래파이트를 사용하고 있고, 매우 활성화된 커뮤니티가 존재하며 참여자는 계속 늘고 있습니다. 아직 갈 길이 멀지만 흥미롭고 실험적인 시도들도 여럿 이뤄지고 있기 때문에, 그래파이트의 성장 잠재력은 아직도 충분히 남아 있다 하겠습니다.

옮긴이: 조상민
씽크프리(주)에서 워드프로세서를 개발했고, (주)와이더댄 리서치센터와 (주)NHN 기술혁신센터, (주)생각제곱을 거쳤으며, 현재는 (주)SK플래닛에서 개발자로 일하고 있다. 『Java 세상을 덮친 이클립스』『생각하는 프로그래밍』『프로그래밍 심리학』『패턴을 활용한 리팩터링』을 함께 짓거나 옮겼다.

6장

리악(Riak)과 얼랭/OTP(Erlang/OTP)

프란체스코 체사리니(Francesco Cesarini), 앤디 그로스(Andy Gross), 저스틴 쉬히(Justin Sheehy) 지음
류성호, 설현준 옮김

리악은 얼랭/OTP를 이용해서 어떻게 대규모 시스템을 개발할 수 있는지를 잘 보여주는 오픈 소스 고장허용(fault tolerant) 분산 데이터베이스입니다. 얼랭에서는 대규모로 확장가능한 분산 시스템의 개발을 위한 기능을 다수 지원합니다. 덕분에 리악은 통상적인 데이터베이스들에서 쉽게 찾아보기 어려웠던 특징들, 예를 들자면 고가용성(high availability)이라든가 저장 용량(capacity) 및 처리 용량(throughput)의 선형 확장성(linear scalability) 등과 같은 이점들을 제공해 줍니다.

얼랭/OTP는 리악 같은 시스템을 개발하기에 이상적인 환경을 제공합니다. 플랫폼 자체에서 노드 간 통신, 메시지 큐, 오류 감지, 클라이언트-서버 추상화 등 다양한 기능을 기본 제공해 주기 때문입니다. 나아가, 얼랭에서 빈번히 사용되는 패턴들은 통칭 OTP 비헤이비어(behavior)라고 불리는 라이브러리 모듈 형태로 구현되어 있습니다. 여기에서는 동시성 처리 및 에러 처리를 위한 포괄적인 코드 프레임워크를 제공해 줌으로써, 병렬 프로그래밍 작업을 간단하게 해주는 동시에 프로그램 작성 시 쉽게 빠질 수 있는 오류들을 피할 수 있게 해 줍니다. 각 비헤이비어들은 관리자(supervisor)라고 불리는 다른 비헤이비어들에 의해 감시 받게 됩니다. 이들을 한데 묶어서 관리 트리(supervision tree)라고 표현합니다. 이들 관리 트리들은 애플리케이션 안에 패키징 되게 되며, 이 애플리케이션들이 얼랭 프로그램을 이루는 기본 구성요소가 됩니다.

리악처럼 순수 얼랭으로만 작성된 시스템은 느슨하게 연결된 다수의 애플리케이션들로 구성되어 있습니다. 보통 이들 중 일부는 개발자가 직접 작성한 모듈들

이며, 다른 일부는 얼랭/OTP 표준 배포판의 일부이고, 또 다른 일부들은 오픈 소스 애플리케이션들로 구성되어 있습니다. 이들은 애플리케이션 및 버전 목록으로부터 생성된 부트 스크립트를 사용하여 하나씩 차례대로 실행되게 됩니다.

얼랭 시스템들은 '릴리스(release)'라는 형태로 패키징되며, 각 시스템별로 시작 시점에 각각 다른 애플리케이션들이 시작되게 됩니다. 예를 들어, 표준 얼랭 배포판의 경우 부트 파일을 통해 Kernel과 StdLib(표준 라이브러리) 애플리케이션들이 시작됩니다. 다른 배포폰의 경우 SASL(System architecture support library) 애플리케이션이 함께 시작되기도 합니다. SASL은 릴리스 관리 및 업그레이드 기능 및 로깅 기능 등을 제공해 줍니다. 리악의 경우에도 마찬가지입니다. 리악이 부팅될 때, 각종 리악 전용 애플리케이션들과 함께 Kernel, StdLib, SASL 등과 같은 런타임 디펜던시 등도 함께 시작됩니다. 독자적으로 실행 가능한 리악 빌드 패키지에는 이 같은 얼랭/OTP 배포판의 표준 구성요소들이 모두 포함되어 있으며, riak_start 함수가 실행될 때 모두 동시에 시작됩니다.

리악은 다수의 복잡한 애플리케이션들로 구성되어 있기 때문에, 이 장에서 설명될 내용들을 리악 전체에 대한 가이드로 보기에는 무리가 있습니다. 오히려 리악 코드들 일부를 예제로 사용하는 OTP 소개에 가깝다고 보아주시는 편이 타당합니다. 이 장에서 사용된 그림과 예제들은 모두 이해를 돕기 위해 실제보다 훨씬 단순화 되었습니다.

6.1 간략한 얼랭 소개

얼랭은 병렬성을 지원하는 함수형 프로그래밍 언어이며 가상 머신에서 작동하는 바이트 코드로 컴파일됩니다. 프로그램들은 서로를 호출하는 함수들로 이뤄져 있기 때문에, 프로세스 간의 메시지 전달이나 I/O, 데이터베이스 작업과 같은 함수 절차의 부작용들이 발생할 수 있습니다. 얼랭의 변수들은 한 번씩만 할당될 수 있어 값을 가지게 된 이후로는 그 변수의 값을 바꿀 수 없습니다. 그 외에 아래의 예처럼 언어 내에서 패턴 매칭을 활발하게 사용합니다.

```
-module(factorial).
-export([fac/1]).
fac(0) -> 1;
fac(N) when N>0 ->
   Prev = fac(N-1),
   N*Prev.
```

위 예에서 첫 번째 절(clause)은 0의 차례곱(factorial)을 정의하고 두 번째 절은 양수의 차례곱을 정의합니다. 각 절은 일련의 표현식(expression)으로 이루어져 있으며 마지막 표현식의 값이 해당 절의 결과를 나타냅니다. 음수를 인자로 함수를 호출할 경우 이를 다룰 수 있는 코드가 없기 때문에 런타임 에러가 발생합니다. 이런 사태를 방지하지 않는 것은 비방어적 프로그래밍이라고 볼 수 있는데, 얼랭에서는 오히려 이런 방식을 권장합니다.

모듈 내부에서 함수의 호출은 다른 언어들과 동일한 방식으로 이루어집니다. 모듈 밖에서는 factorial:fac(3)과 같이 함수 이름 앞에 모듈 이름을 붙여주어야 합니다. 동일한 이름을 갖는 함수들이 여러 개 존재할 수 있는데, 이 경우에는 받아들이는 인자의 개수가 달라야 합니다. 이 인자 개수들은 아리티(arity)라고 불립니다. factorial 모듈의 export 부분을 보면 아리티가 1인 fac 함수가 [fac/1]이라고 선언되어 있는 것을 볼 수 있습니다.

얼랭은 튜플(tuples, 프로덕트 타입이라고도 부릅니다)과 리스트를 지원합니다. 튜플들은 중괄호로 감싸져 {ok,37}의 형태를 띠고 튜플 내의 항목에 접근할 때에는 인덱스로 접근해야 합니다. 레코드라는 데이터 타입도 있는데, 레코드 안에는 정해진 숫자의 항목들을 집어넣을 수 있고 이름으로 접근 및 수정이 가능합니다. 레코드는 -record(state, {id, msg_list=[]})의 형식으로 정의합니다. 인스턴스를 생성하기 위해선 Var = #state{id=1}의 형태로 생성하고 그 안의 내용은 Var#state.id로 접근할 수 있습니다. 정해지지 않은 가변 길이의 항목들을 넣고 싶으면 리스트를 사용하면 됩니다. 리스트는 대괄호를 사용해 {[]23,34[]}의 형식으로 정의합니다. {[]X|Xs[]}와 같은 형식의 리스트는 내용이 있는 리스트와 매칭할 수 있으며 X가 리스트의 머리, Xs가 리스트의 꼬리가 됩니다. 소문자로 시작하는 식별자는 아톰(atoms)이라고 불리는 기본 단위를 의미합니다. 예를 들어 {ok, 37}의 튜플 안의 ok가 아톰입니다. 이런 식으로 사용되는 아톰들은 보통 함수에서 서로 다른 결과 값들을 구분해주는 용도로 사용됩니다. 함수가 ok라는 결과도 반환할 수 있지만 {error, "Error String"}과 같은 결과도 반환할 수 있으니까요.

얼랭 시스템의 프로세스들은 별도의 메모리를 가지고 동시에 실행되어 메시지 패싱을 통해 서로 소통합니다. 프로세스들은 데이터베이스의 게이트웨이, 프로토콜 스택의 핸들러, 로깅 등 다양한 용도로 사용될 수 있습니다. 이런 프로세스들은 각각 다른 리퀘스트에 응답하지만 리퀘스트가 다뤄지는 방법에 비슷한 면이 분명 있습니다.

이 프로세스들은 가상머신 안에서만 존재하기 때문에 하나의 가상머신에서 동시에 수백만 개의 프로세스들을 실행시킬 수 있습니다. 리악은 이 점을 매우 유용하게 활용합니다. 일례로 데이터베이스로 가는 모든 읽기, 쓰기, 삭제 리퀘스트들은 별도의 프로세스로 모델링되는데, 다른 OS 레벨 쓰레딩 구현체로는 이런 방식이 불가능합니다.

프로세스들은 PID라는 프로세스 식별자로 구분됩니다. PID 외에도 기억하기 쉬운 별칭(alias)을 따로 부여할 수도 있습니다. 하지만, 별칭은 장기적으로 사용할 정적 프로세스들에만 붙여주는 편이 좋습니다. 프로세스에 별칭을 붙여주면 다른 프로세스들이 PID를 몰라도 이름을 사용해서 메시지를 보낼 수 있게 됩니다. 프로세스들은 spawn(Module, Function, Arguments)이라는 기본 내장 함수(built-in function, BIF)로 생성할 수 있습니다. BIF는 가상머신에 내재돼 있는 함수들로서 순수 얼랭으로는 너무 느리거나 아예 구현이 불가능한 작업들을 수행하는데 사용됩니다. spawn/3 BIF의 주 목적은 Module, Function 그리고 Arguments의 리스트를 인자로 받으며, 그 목적은 새로 생성된 프로세스의 PID를 반환하는 것입니다. 하지만 이와 더불어 spawn은 함수 절차의 부작용 때문에 앞서 사용한 인자 모듈 내의 함수를 실행시키는 프로세스 역시 생성합니다.

Msg라는 메시지를 Pid라는 PID를 가진 프로세스에 보내고 싶으면 Pid ! Msg 처럼 작성하면 됩니다. 프로세스 내에서 자신의 PID를 알고 싶다면 self라는 BIF를 호출하면 되고, 이 PID를 다른 프로세스로 보내 자신과의 소통을 허락할 수 있습니다. 한 프로세스가 {ok, N} 혹은 {error, Reason}이라는 형식의 메시지를 받고 싶다고 가정해 봅시다. 이를 위해선 다음처럼 하면 됩니다.

```
receive
  {ok, N} ->
    N+1;
  {error, _} ->
    0
end
```

이 결과는 패턴 매칭 절에서 결정되는 숫자입니다. 변수의 값이 패턴 매칭 내에서 필요 없다면 위처럼 밑줄을 사용하면 됩니다.

프로세스들 간의 메시지 소통은 비동기 형식이고 프로세스가 받는 메시지들은 프로세스의 메일박스에 순서대로 쌓이게 됩니다. 위의 receive 표현이 실행된다면 메일박스 내의 첫째 항목은 {ok, N}이거나 {error, Reason}일 것이며 이에 해당하는 결과가 반환될 것입니다. 첫째 메시지가 이 형식이 아니라면 메일박스에 그대로 보관되며 두 번째 메시지를 처리합니다. 어느 메시지도 매칭되지 않는다면 receive는 매칭되는 메시지가 올 때까지 기다릴 것입니다.

프로세스가 종료되는 방식은 두 가지가 있습니다. 첫째는 더 이상 실행할 코드가 없을 때이며 이때는 normal이라는 이유를 제공하고 종료됩니다. 두 번째는 런타임 에러가 발생했을 때인데 이때는 non-normal이라는 이유를 제공합니다. 한 프로세스의 종료는 해당 프로세스가 다른 프로세스와 직접 링크돼 있지 않은 이상 환경에 아무런 영향을 끼치지 않습니다. 프로세스들은 link(Pid)라는 BIF 혹은 spawn_link(Module, Function, Arguments)를 통해 다른 프로세스들과 링크할 수 있습니다. 프로세스가 종료되면 링크 집합에 EXIT이라는 신호를 보냅니다. 종료 이유가 non-normal이라면 프로세스가 자신을 종료시키며 EXIT 신호를 더 멀리 전파합니다. 이때 바로 종료하고 싶지 않고 메시지로 타 프로세스의 종료상황을 알고 싶다면 process_flag(trap_exit, true) BIF를 호출하면 됩니다.

리악은 프로세스의 상태 확인을 위해 EXIT 신호를 활용할 수도 있습니다. 내부적으로 리퀘스트들을 주도하는 유한 상태 기계들이 비주요 작업들을 시작시킬 때, 이 작업을 실제로 수행하는 도우미 프로세스들이 있습니다. 이런 비주요 프로세스들이 비정상적으로 종료되었을 때 EXIT 신호를 사용하면 부모 프로세스가 비정상 종료를 무시하거나 프로세스를 재시작할 수 있습니다. 이 도우미 프로세스들이 비정상적으로 종료할 시 EXIT 신호를 통해 부모 프로세스가 오류를 무시하거나 프로세스를 재시작할 수 있습니다.

6.2 프로세스 뼈대

앞서서 각 프로세스들은 어떤 이유로 생성되었는지에 무관하게 동일한 패턴을 따른다고 언급한 적이 있습니다. 우선 프로세스가 생성(spawn)되어야 하며, 이때 선택적으로 별칭을 등록할 수 있습니다. 새로 생성된 프로세스는 프로세스 루프 데이터 초기화부터 수행하기 시작합니다. 이 루프 데이터는 보통 프로세스 시작 시 spawn BIF에 인자로 넘겨진 값으로 초기화됩니다. 이 정보는 프로세스 상태라고 불리는 변수에 저장되는데, 보통 레코드형 데이터 타입이 사용됩니다. 이 프로세스 상태 정보는 수신-평가(receive-evaluate) 함수로 전달됩니다. 수신-평가 함수는 메시지를 받아 처리하고 프로세스 상태를 갱신하는 메시지 처리 루프를 꼬리-재귀 호출(tail-recursive call) 형태[1]로 구현하고 있습니다. 전달받은 메시지가 stop 메시지일 경우 수신 프로세스는 마무리 작업을 수행한 뒤 종료됩니다.

이상의 패턴은 프로세스가 어떤 작업을 할당받든 그와 무관하게 동일하게 반복됩니다. 이를 염두에 두고 이 패턴을 따르는 프로세스들 간의 차이를 알아보겠습니다.

- spawn BIF 호출 때에 전달해주는 인자들은 프로세스마다 다릅니다.
- 프로세스에 별칭을 부여할 것인지, 만일 그렇다면 무엇을 별칭으로 지정할 것인지는 개발자가 결정해야 합니다.
- 프로세스 상태를 초기화하는 함수에서 행해지는 작업들은 프로세스의 용도에 따라 달라집니다.
- 시스템의 상태는 언제나 루프 데이터로 표현되지만, 실제 루프 데이터의 내용은 프로세스마다 다릅니다.
- 수신-평가 루프에서 어떤 메시지들이 어떻게 처리될 것인지도 각 프로세스마다 다릅니다.
- 마지막으로 프로세스가 종료될 때 어떻게 마무리할 것인지도 프로세스마다 다릅니다.

따라서 비록 일반적인 행동양식이라는 뼈대가 있지만, 이 행동양식은 실제로 프로세스에 따라 진행되는 구체적인 행동양식과 공존합니다. 뼈대는 하나의 템플릿으로 봐야 하며 이를 이용해 프로그래머들은 서버, 유한 상태 기계, 이벤트 핸들러, 슈퍼바이저 등의 역할을 하는 얼랭 프로세스들을 만들어낼 수 있습니다. 대신 이런 패턴들을 매번 새로 구현하지 않아도 되고 비헤이비어이라고 하는 라이브러리 모듈에서 사용할 수 있습니다. 비헤이비어들은 OTP 미들웨어와 함께 제공됩니다.

---

1 (옮긴이) 꼬리 재귀 호출(tail-recursive call) - 호출 스택(call stack)의 크기에 구애받지 않고 무한히 재귀 호출을 수행할 수 있게 해주는 재귀 함수의 구현 기법입니다. 재귀 함수의 맨 마지막 표현식이 자신을 다시 호출하는 형태를 띠기 때문에 꼬리 재귀 호출이라는 이름을 얻게 되었습니다.

6.3 OTP 비헤이비어

리악의 핵심 개발자들은 세계 곳곳에 흩어져있습니다. 꼼꼼한 작업 조율과 잘 짜인 템플릿이 없었더라면 특수한 경계 케이스나 동기화 관련 이슈들을 제대로 처리해 주지 못하는 클라이언트/서버들이 중구난방으로 난립했을 것입니다. 아마도 클라이언트나 서버의 크래시가 일관된 형태로 처리되지도, 수신된 리스폰스가 앞서 요청했던 리퀘스트에 상응하는 리스폰스가 맞는지 아니면 단지 내부 프로토콜을 준수하는 임의의 메시지일 뿐인지를 식별할 수도 없었을 것입니다.

OTP는 견고한 시스템을 개발할 때 바로 가져다 사용할 수 있는 얼랭 라이브러리와 디자인 원칙을 모아놓은 집합체입니다. 이들 대부분은 '비헤이비어'라는 형태로 제공됩니다.

OTP 비헤이비어들은 가장 흔히 사용되는 병렬 디자인 패턴들이 구현된 라이브러리 모듈들을 제공합니다. 라이브러리 모듈들은 개발자가 굳이 개입하지 않아도 오류 및 특별 케이스들이 이면에서 일관된 형태로 처리되도록 보장해줍니다. 덕분에 OTP 비헤이비어들은 실제 기업 환경 수준의 시스템들을 설계하고 구축할 때 사용되는 표준화된 기본 빌딩 블록 역할을 수행할 수 있습니다.

6.3.1 개요

OTP 비헤이비어들은 기본 얼랭/OTP 배포본에 포함되어 있는 stdlib 애플리케이션의 라이브러리 모듈 형태로 제공됩니다. 프로그래머가 직접 작성한 코드는 별도의 모듈에 위치하게 되며, 각 비헤이비어에 맞게 표준화된 사전에 정의된 콜백 함수들을 통해 호출됩니다. 이 콜백 모듈에는 필요한 기능을 제공하는데 필요한 모든 코드가 포함되게 됩니다.

OTP 비헤이비어에는 실제 작업을 수행하는 작업자 프로세스들과 다른 작업자 프로세스나 관리자 프로세스들을 감시하는 관리자 프로세스들이 포함되어 있습니다. 작업자 비헤이비어에는 서버, 이벤트 핸들러, 유한 상태 기계 등이 포함되며, 보통 그림에서 동그라미로 표시됩니다. 관리자 비헤이비어는 자신이 담당하는 작업자 및 관리자 비헤이비어들을 관리하며, 보통 네모로 표시됩니다.

이 같은 관리 담당 관계는 관리 트리라는 형태를 구성하게 되며, 애플리케이션이라고 불리는 비헤이비어로 패키징됩니다. OTP 애플리케이션은 얼랭 시스템의 빌딩 블록일 뿐만 아니라 재사용 가능한 컴포넌트들의 포장 방식으로도 볼

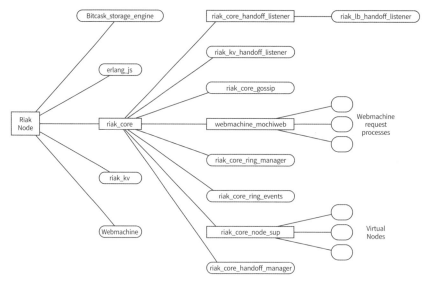

그림 6.1 OTP Riak 관리 트리

수 있습니다. 리악과 같은 기업 환경 수준의 시스템은 여러 개의 느슨하게 커플 링되고 분산될 수 있는 애플리케이션들의 집합입니다. 이들 중 일부는 표준 얼랭 배포본의 일부이며 다른 일부는 리악만의 고유 기능을 구현합니다.

OTP 애플리케이션의 예로 Corba ORB나 Simple Network Management Protocol(SNMP) 에이전트 등을 들 수 있습니다. OTP 애플리케이션은 관리자/ 작업자 프로세스들을 라이브러리와 함께 묶은 재사용 가능한 컴포넌트입니다. 이제부터는 편의상 OTP 애플리케이션들을 단순히 애플리케이션이라고 지칭하 도록 하겠습니다.

비헤이비어 모듈은 각 비헤이비어 종류에 따른 모든 일반적인 코드를 보유 하고 있습니다. 물론 자신만의 비헤이비어 모듈을 개발할 수도 있겠지만 얼랭/ OTP 배포본에 있는 모듈들이 보통 개발에 사용되는 디자인 패턴을 모두 다루기 때문에 그럴 일은 드물 것입니다. 비헤이비어 모듈에서 제공되는 일반 기능들은 다음과 같습니다.

· 프로세스 생성/등록
· 클라이언트 메시지 발신/수신, 동기화/비동기화 지원, 메시지 프로토콜 정의
· 루프 데이터 저장, 프로세스 루프 관리
· 프로세스 정지

루프 데이터는 호출이 수행되는 사이에 비헤이비어가 저장해야 하는 데이터를
보유하고 있는 변수입니다. 호출이 수행되고 나면 갱신된 새로운 루프 데이터가
반환되며, 다음 호출이 수행될 때 인자로 전달됩니다. 루프 데이터는 비헤이비
어 상태라고도 부릅니다.

일반 서버 애플리케이션의 콜백 모듈에서 구현되어야 하는 고유 기능들은 다
음과 같습니다.

- 프로세스 루프 데이터 초기화, 프로세스가 등록돼 있다면 프로세스 이름 초
  기화
- 클라이언트의 리퀘스트 처리, 동기화 호출이라면 클라이언트에게로 답변
  제공
- 프로세스 리퀘스트들 사이의 프로세스 루프 데이터 처리/갱신
- 프로세스 종료 시 프로세스 루프 데이터 정리

6.3.2 일반 서버(Generic Server)

기본 클라이언트/서버 역할을 해주는 일반 서버(Generic Servers)는 표준 라이
브러리 애플리케이션에 내재되어 있는 gen_server 비헤이비어에 정의되어 있
습니다. 일반 서버를 설명하기 위해 riak_core 애플리케이션에 있는 riak_core_
node_watcher.erl 모듈을 참조하도록 하겠습니다. 이 모듈은 리악 클러스터 내
에서 어떤 서브 서비스와 노드 들이 존재하는지 감시하고 통보해 줍니다. 모듈
헤더와 디렉티브는 다음과 같습니다.

```
-module(riak_core_node_watcher).
-behavior(gen_server).
%% API
-export([start_link/0,service_up/2,service_down/1,node_up/0,
        node_down/0,services/0,services/1,nodes/1,avsn/0]).
%% gen_server callbacks
-export([init/1,handle_call/3,handle_cast/2,handle_info/2,terminate/2,
        code_change/3]).
-record(state, {status=up, services=[], peers=[], avsn=0, bcast_tref,
                bcast_mod={gen_server, abcast}}).
```

-behavior(gen_server) 디렉티브를 통해 일반 서버를 쉽게 알아볼 수 있습니다.
컴파일러는 이 디렉티브를 사용해 모든 콜백 함수들이 올바르게 전달되었는지
확인합니다. 스테이트 레코드는 서버 루프 데이터에서 사용됩니다.

6.3.3 서버 시작하기

gen_server 비헤이비어에서는 spawn/spawn_link BIF 대신 gen_server:start와 gen_server:start_link 함수를 사용해야 합니다. Spawn과 start의 가장 큰 차이는 동기성에 있습니다. spawn 대신 start를 사용하면 작업자 프로세스들이 완전히 초기화되기 전에는 PID를 반환하지 않기 때문에 미리 예측하기 어려운 레이스 컨디션을 방지해주고 프로세스 시작 과정 전체를 보다 예측하기 쉽게 만들어 줍니다. 이 함수는 다음 중 하나를 이용해 호출할 수 있습니다.

```
gen_server:start_link(ServerName, CallbackModule, Arguments, Options)
gen_server:start_link(CallbackModule, Arguments, Options)
```

ServerName은 {local, Name} 혹은 {global, Name}의 형식을 따르는 튜플이며, 프로세스의 별칭을 지정합니다. 별칭을 글로벌하게 지정할 경우 해당 이름을 사용해서 분산된 얼랭 노드 클러스터 내의 서버들에 쉽게 접근할 수 있습니다. 프로세스의 별칭을 등록하지 않고 PID만을 사용해서 참조하고 싶다면 start_link/3이나 start/3과 같은 형태로 호출하면 됩니다. CallbackModule은 전용 기능들이 구현되어 있는 콜백 함수들이 위치하는 모듈의 이름이며, Arguments는 init/1 콜백 함수에 전달되는 얼랭 텀(term)들이고, Options는 fullsweep_after, heapsize 같은 메모리 관리 플래그들이나 다른 디버깅 관련 플래그들을 설정할 수 있게 해주는 리스트입니다.

우리가 살펴볼 예에선 start_link/4를 사용합니다. 이때 ?MODULE 매크로를 사용해서 프로세스의 별칭을 콜백 모듈의 이름과 동일하게 등록합니다. 이 매크로는 코드가 컴파일 될 때 전처리기를 통해 모듈의 이름으로 치환됩니다. 비헤이비어들에게 콜백 모듈 이름과 동일한 별칭을 지정해 주는 것은 바람직한 관행입니다. 별도의 인자는 지정하지 않기 때문에 Arguments로는 빈 리스트를 전달하며, 마찬가지로 Options에도 빈 리스트를 전달합니다.

```
start_link() ->
    gen_server:start_link({local, ?MODULE}, ?MODULE, [], []).
```

start_link와 start 간의 두드러지는 차이점은 start_link가 자신의 부모(대부분의 경우 관리자)와 링크되는 반면 start는 그렇지 않다는 점입니다. 이 점은 OTP 비헤이비어기 관리자와의 링크를 남낭하기 때문에 주의 깊게 살펴볼 필요가 있습니다. Start 함수들은 셸에서 비헤이비어 테스트를 수행할 때에 흔히 사용됩니다. 오타를 내어 셸의 프로세스가 깨지더라도 비헤이비어에 영향을 미치지 않기 때문입니다. start와 start_link 계열의 함수들은 모두 {ok, Pid}를 반환합니다.

　start와 start_link 함수들은 CallbackModule에 있는 init(Arguments) 콜백 함수를 호출하는 프로세스를 새로 생성하고 Arguments도 전달해 줍니다. init 함수는 서버의 LoopData를 초기화해야 하며 {ok, LoopData}와 같은 튜플을 반환해야 합니다. LoopData는 루프 데이터의 첫 번째 인스턴스를 보유하고 있고, 이는 콜백 함수들 사이에서 서로 전달될 것입니다. init 함수에 전달한 인자를 저장하고 싶다면 LoopData 변수 내에서 지정할 수 있습니다. 리악 노드 워처 서버의 LoopData는 theschedule_broadcast/1을 state 타입의 레코드로, 필드들은 기본 값으로 호출한 경우의 결과입니다.

```
init([]) ->

    %% Watch for node up/down events
    net_kernel:monitor_nodes(true),

    %% Setup ETS table to track node status
    ets:new(?MODULE, [protected, named_table]),

    {ok, schedule_broadcast(#state{})}.
```

관리자 프로세스가 start_link/4 함수를 호출할 수도 있습니다만, 대신 방금 생성된 프로세스가 init/1 콜백을 호출합니다. 이 서버의 역할은 리악 내의 서브 서비스들의 사용 가능 여부를 감시하고 기록하고 통보해주는 것이기 때문에, 이 초기화 루틴에서는 얼랭 런타임에게 관련 이벤트들을 알려달라고 요청하며, 관련 정보들을 저장하기 위한 테이블을 준비합니다. 초기화 단계에서 이 작업을 수행해 두지 않을 경우, 나중에 서버로 호출이 들어왔을 때 관련 데이터 구조가 미처 생성되어 있지 않아 오류가 발생할 수 있습니다. init 함수 내에는 꼭 필요한 작업만 수행하는 것이 좋습니다. init에 대한 호출은 동기화되어 실행되기 때문에, 해당 함수가 종료되기 전에는 다른 프로세스들의 초기화 작업이 실행될 수 없기 때문입니다.

6.3.4 메시지 전달
서버에게 동기화된 메시지를 전달하고자 할 경우 gen_server:call/2 함수가 사용됩니다. 비동기 메시지는 gen_server:cast/2로 전달할 수 있습니다. 우선 이 두 API 함수들부터 살펴보도록 하겠습니다. 이 함수들은 클라이언트 프로세스로부터 호출되며 콜백 모듈과 동일한 이름으로 등록된 서버 프로세스에 동기화된 메시지를 전달합니다. 참고로 서버에게 전달하는 데이터를 검증하는 일은 클라이언트 측에서 책임져야 합니다. 클라이언트가 잘못된 정보를 보낼 경우 서버는 종료되어야 합니다.

```erlang
service_up(Id, Pid) ->
    gen_server:call(?MODULE, {service_up, Id, Pid}).

service_down(Id) ->
    gen_server:call(?MODULE, {service_down, Id}).
```

메시지를 받으면 gen_server 프로세스가 handle_call/3 콜백 함수를 호출해 메시지를 보내진 순서대로 처리합니다.

```erlang
handle_call({service_up, Id, Pid}, _From, State) ->
    %% Update the set of active services locally
    Services = ordsets:add_element(Id, State#state.services),
    S2 = State#state { services = Services },

    %% Remove any existing mrefs for this service
    delete_service_mref(Id),

    %% Setup a monitor for the Pid representing this service
    Mref = erlang:monitor(process, Pid),
    erlang:put(Mref, Id),
    erlang:put(Id, Mref),

    %% Update our local ETS table and broadcast
    S3 = local_update(S2),
    {reply, ok, update_avsn(S3)};

handle_call({service_down, Id}, _From, State) ->
    %% Update the set of active services locally
    Services = ordsets:del_element(Id, State#state.services),
    S2 = State#state { services = Services },

    %% Remove any existing mrefs for this service
    delete_service_mref(Id),

    %% Update local ETS table and broadcast
    S3 = local_update(S2),
    {reply, ok, update_avsn(S3)};
```

여기서 콜백 함수의 리턴 값을 주의 깊게 볼 필요가 있습니다. 반환된 튜플 안의 컨트롤 아톰인 reply는 gen_server의 코드에게 튜플의 두 번째 항목(ok 아톰)이 클라이언드에게 반환되는 답신이라는 것을 알려줍니다. 튜플의 세 번째 항목은 새로운 State인데 이는 새롭게 갱신된 유효한 서비스들의 목록을 보유하고 있으며 서버의 새 버전이 생길 경우 handle_call/3 함수의 세 번째 인자로 사용됩니다. _From 인자는 클라이언트의 PID와 고유 메시지 레퍼런스를 저장하고 있는 튜플입니다. 이 튜플은 이 챕터에서 크게 언급하지 않는 라이브러리 함수들에 의해 활발하게 사용됩니다. 대부분 경우 굳이 자세히 알 필요는 없습니다.

gen_server 라이브러리 모듈은 여러 가지 내부 구조와 안전장치들을 가지고 있습니다. 클라이언트가 서버에게 동기화된 메시지를 전달했는데 답변을 5초 내로 받지 못한다면 call/2 함수를 수행하는 프로세스는 종료됩니다. 이런 기본 동작을 바꾸고자 할 때에는 gen_server:call(Name, Message, Timeout)을 사용할 수 있습니다. Timeout 인자에는 밀리초 단위의 시간이나 infinity 아톰을 지정할 수 있습니다.

타임아웃 메커니즘은 원래 데드락을 방지하기 위해 도입되었으며 서버들이 실수로 서로를 기다릴 경우 기본 타임아웃 시간 내에 종료될 것임을 보장해 줍니다. 이 경우 크래시 기록을 남기게 되어 버그를 수정하는데 도움을 줄 수 있습니다. 대부분의 경우 5초의 타임아웃으로 충분하지만 작업량이 매우 많은 경우 타임아웃을 조정하거나 심지어 infinity를 지정해야 할 수도 있습니다. 어떤 타임아웃 값을 선택하느냐는 애플리케이션에 따라 다를 것입니다. 얼랭/OTP의 매우 중요한 코드들은 infinity를 사용합니다. 리악의 여러 부분은 각각 다른 타임아웃들을 사용하지만 내부의 커플링된 부분에서는 infinity를 흔히 볼 수 있고 클라이언트 코드가 리악과 통신하려고 하는 부분에서는 대부분 클라이언트가 Timeout 셋을 제공하도록 되어 있습니다.

gen_server:call/2 함수의 다른 안전장치들로는 존재하지 않는 서버에게 메시지를 보내는 경우, 혹은 서버가 답신을 보내기 전에 크래시하는 경우를 다루는 것들이 존재합니다. 두 경우 모두 호출 프로세스가 종료됩니다. 수신자 측에서 패턴 매칭되지 않는 메시지를 보내는 것은 얼랭에서 메모리 누수를 초래할 수 있는 버그입니다. 리악에선 이를 완화하기 위해 두 가지 전략을 사용합니다. 이때 두 경우 모두 'catchall' 매치 절이 사용됩니다. 메시지가 사용자에게서 온 경우 매칭되지 않은 메시지는 조용히 폐기됩니다. 리악 내부에서 전달된 경우 이는 버그임이 분명하므로 오류를 설명하는 내부 크래시 리포트를 생성한 뒤 메시지를 받은 작업자 프로세스를 재시작합니다.

비동기형 메시지 전송 역시 비슷한 방식으로 동작합니다. 이 경우 비동기 형태로 서버에 메시지가 전달되며, handle_cast/2 콜백 함수에서 메시지 처리를 담당합니다. 이 콜백 함수는 {reply, NewState} 튜플 형태로 결과 값을 반환해야 합니다. 비동기형 호출은 서버가 반환하는 결과에 관심이 없거나 서버가 감당할 수 없을 만큼 메시지가 생성될 가능성에 대해 신경 쓰지 않아도 될 경우 유용합니다.

만약 서버에서 반환하는 결과 자체는 궁금하지 않더라도 다음 리퀘스트를 보내기 전에 이전 리퀘스트가 처리되었는지를 알고 싶다면 gen_server:call/2를 사용해 답신의 ok 아톰을 기다리면 됩니다. 일례로 프로세스 하나가 리악이 처리할 수 있는 속도보다 더 빠르게 데이터베이스 레코드들을 생성하는 경우를 생각해 보도록 하겠습니다. 만일 비동기화 호출을 사용하면 프로세스 메일박스가 가득 차서 노드의 메모리가 소진될 수 있습니다. 리악은 작업량의 부하 조절을 위해서 동기화형 gen_server 호출 시 메시지들이 직렬화되는 특성을 활용합니다. 이 경우 이전 리퀘스트 처리가 완료되어야만 그다음 리퀘스트가 처리되기 시작하기 때문입니다. 이 방식을 사용함으로써 굳이 복잡한 부하 조절용 코드를 작성하지 않아도 되었습니다.

6.3.5 서버 멈추기

서버를 멈추려면 어떻게 해야 할까요? handle_call/3과 handle_cast/2 콜백 함수에서 {reply, Reply, NewState}나 {noreply, NewState}를 반환하는 대신 {stop, Reason, Reply, NewState} 혹은 {stop, Reason, NewState}를 반환하면 됩니다. 보통 서버에 전달된 stop 메시지와 같은 외부 요인으로 인해 이런 값들이 반환되게 됩니다. Reason과 State가 포함된 stop 튜플이 수신되면, 일반 서버 코드에서 terminate(Reason, State) 콜백을 실행시킵니다.

terminate 콜백 함수에서는 서버의 State 정보 및 다른 시스템에서 사용되는 영구 저장용 데이터들을 어떻게 정리할 것인지가 주로 정의됩니다. 우리의 예에선 클러스터에게 마지막 메시지를 보냄으로써 이 노드 감시자가 더 이상 존재하지 않는다는 것을 통보합니다. 이때 State 변수에는 status와 peers라는 항목을 가진 레코드가 저장됩니다.

```erlang
terminate(_Reason, State) ->
    %% Let our peers know that we are shutting down
    broadcast(State#state.peers, State#state { status = down }).
```

비헤이비어 콜백을 프로그램의 다른 부분에서 마치 라이브러리 함수처럼 호

126

출하는 것은 매우 좋지 않은 방식입니다. 예를 들어 다른 모듈에서 riak_core_node_watcher:init(Args)를 사용해 초기 루프 데이터를 얻으려 해서는 안 됩니다. 초기 루프 데이터는 반드시 서버에게 보내는 동기화 호출을 통해서만 이뤄져야 합니다. 비헤이비어 콜백 함수의 호출은 시스템 내부에서 발생하는 이벤트들에 대응해서 비헤이비어 모듈에 의해서만 수행되어야 하며, 절대로 사용자가 직접 호출해서는 안 됩니다.

6.4 다른 작업자 비헤이비어들

다양한 다른 작업자 비헤이비어들 역시 비슷한 개념으로 구현되어 있습니다.

6.4.1 유한 상태 기계

gen_fsm 비헤이비어 모듈에 구현된 유한 상태 기계는 텔레콤 시스템의 프로토콜 스택을 구현하는데 필수인 컴포넌트입니다(원래 얼랭은 이 용도로 개발되었습니다). 각 상태(state)들은 동일한 이름을 갖는 콜백 함수들로 정의되어 있습니다. 이 콜백 함수들은 다음에 이동할 상태와 갱신된 루프 데이터로 이루어진 튜플을 반환합니다. 이 상태들에는 이벤트를 동기적/비동기적으로 보낼 수 있습니다. FSM 콜백 모듈에서는 표준 콜백 함수인 init, terminate, handle_info 등이 제공되어야만 합니다.

물론 FSM들이 텔레콤 분야에서만 사용되는 것은 아닙니다. 리악에서는 리퀘스트 핸들러로써 활용됩니다. 클라이언트가 get, put, delete와 같은 리퀘스트를 시도할 때 해당 리퀘스트에 반응하는 프로세스는 그에 맞는 gen_fsm 비헤이비어를 구현한 프로세스를 생성할 것입니다. 예로 riak_kv_get_fsm은 get 리퀘스트 처리를 책임지며 데이터를 받고 클라이언트 프로세스에게 반환해 줍니다. FSM 프로세스는 여러 개의 상태를 거쳐 어떤 노드에게 데이터를 요구할 것인지 알아내고 노드들에게 메시지를 전달해 답변으로 데이터, 에러, 혹은 타임아웃을 받습니다.

6.4.2 이벤트 핸들러

이벤트 핸들러들과 관리자들 역시 gen_event 라이브러리 모듈에 구현되어 있습니다. 기본적으로 이벤트 관리자는 특정 종류의 이벤트들을 한 곳으로 모아 받는 역할을 수행합니다. 이벤트 관리자는 이벤트를 수신하면 그 내용에 따라 미리 정의해 두었던 작업을 수행합니다. 이벤트의 처리 예로는 파일에 로그를 기록한다거나, SMS를 통해 알람을 전송한다거나, 통계 자료를 수집하는 작업 등을 들 수 있습니다. 이런 작업들은 모두 고유의 루프 데이터를 갖는 별도의 콜백 모듈에 정의되어 있습니다. 각 이벤트 관리자들은 각자 개별적으로 핸들러를 추가/제거/갱신할 수 있습니다. 따라서 실제 실행 시점에는 각 이벤트 관리자들이 여러 개의 콜백 모듈들을 보유하게 되며, 동일한 콜백 모듈의 다른 인스턴스들이 서로 다른 이벤트 관리자에 등록되어 실행되기도 합니다. 이벤트 핸들러에는 알람 수신, 실시간 데이터 추적, 로그 등을 수행하는 프로세스들이 포함되어 있습니다.

리악에서 gen_event 비헤이비어의 주 용도 중 하나는 '링 이벤트'의 구독 관리입니다. 링 이벤트는 리악 클러스터의 멤버십이나 파티션 할당 정보의 변경사항을 알려줍니다. 리악 노드의 프로세스들은 gen_event 비헤이비어를 구현하는 함수를 riak_core_ring_events 인스턴스에 등록할 수 있습니다. 클러스터의 멤버십 정보가 변경될 때마다 링을 관리하는 중앙 프로세스가 이벤트를 발생시키며, 각 노드는 이에 반응하여 각자 콜백에 등록된 함수를 실행하게 됩니다. 이런 방식을 사용하면 별도의 전용 중앙 집중형 관리 서버 없이도 리악의 다양한 구성 요소들이 핵심 데이터가 변경될 때 간단하게 반응할 수 있게 됩니다.

대부분의 병렬성/통신 패턴은 앞서 언급된 세 가지 gen_server, gen_fsm, gen_event 비헤이비어들로 처리할 수 있습니다. 하지만 대규모 시스템의 경우 시간이 흐름에 따라 전용 비헤이비어를 만들기에 충분할 만큼 새로운 패턴이 나타나기도 합니다. 리악에서 가상 노드가 어떻게 구현되는지를 정의하는 riak_core_vnode가 이런 비헤이비어 중 하나입니다. 가상 노드는 리악의 FSM들에 대해 일관된 키/밸류 저장소를 제공해 줍니다. 콜백 모듈의 인터페이스는 behavior_info/1 함수를 통해 다음과 같이 정의됩니다.

```
behavior_info(callbacks) ->
    [{init,1},
     {handle_command,3},
     {handoff_starting,2},
     {handoff_cancelled,1},
     {handoff_finished,2},
     {handle_handoff_command,3},
     {handle_handoff_data,2},
     {encode_handoff_item,2},
```

```
{is_empty,1},
{terminate,2},
{delete,1}];
```

위의 예는 riak_core_vnode의 behavior_info/1 함수를 보여줍니다.
{CallbackFunction, Arity} 튜플의 리스트는 콜백 모듈들이 따라야 하는 '계약서'
를 정의합니다. 가상 함수의 구현체들은 이 함수들을 반드시 구현해야 합니다.
만일 일부가 누락되어 있을 경우 컴파일러가 경고를 표시합니다. 자신만의 OTP
비헤이비어를 구현하는 일은 그리 어렵지 않습니다. 자신만의 콜백 함수들을 정
의하고, proc_lib과 sys 모듈을 이용해 비헤이비어를 시작하고, 시스템 메시지를
처리하며 부모 비헤이비어가 종료될 경우 등을 처리하면 됩니다.

6.5 관리자

관리자 비헤이비어의 역할은 자녀를 감시하고 자녀 프로세스가 종료될 경우 미
리 정의해 두었던 행동을 취하는 것입니다. 자녀 프로세스는 작업자 프로세스일
수도 있고 관리자 프로세스일 수도 있습니다. 이런 접근 방식 덕분에 리악 코드
베이스는 올바른 경우를 처리하는 데에만 집중할 수 있으며, 소프트웨어 버그,
손상된 데이터, 시스템 오류 등은 관리자 비헤이비어들이 시스템에 전체에 걸
쳐 일관성 있는 형태로 처리할 수 있게 됩니다. 얼랭 세계에서는 이런 비방어적
프로그래밍 방식을 '크래시를 허용하라(let it crash)' 전략이라고 부릅니다. 관리
트리를 구성하는 자녀들 역시 관리자/작업자 프로세스들인데, 작업자 프로세스
들은 gen_fsm, gen_server, gen_event를 포함한 OTP 비헤이비어들입니다. 리
악 팀은 보더라인 오류(borderline error)[2] 경우를 일일이 처리하지 않아도 되었
기 때문에 적은 규모의 코드 베이스를 대상으로 작업할 수 있었습니다. 이 코드
베이스는 비헤이비어를 사용한 덕분에 애당초 코드 규모 자체가 작았습니다. 리
악에는 다른 얼랭 애플리케이션들처럼 최고 단계의 관리자가 하나 존재하며, 그
밑에 리악의 가상 노드, TCP 소켓 리스너, 질의-응답 관리자 등 서로 연관된 프
로세스 그룹들을 담당하는 부 관리자들이 있습니다.

---

2 (옮긴이) 관리자 프로세스와 작업자 프로세스가 둘 다 처리할 수 있거나 둘 다 처리할 수 없는 경우와 같은
   프로세스 사이의 경계에서 생길 수 있는 오류.

6.5.1 관리자 콜백 함수

관리자 비헤이비어가 어떻게 구현되는지를 알아보기 위해 riak_core_sup.erl 모듈을 예로 살펴보겠습니다. 리악 core 관리자는 리악 core 애플리케이션의 최고 단계 관리자입니다. 이 관리자는 일련의 정적 작업자 및 관리자들, 그리고 RESTful API의 HTTP/HTTPS 바인딩을 처리하는 동적 작업자들을 애플리케이션 설정에 기록된 숫자만큼 시작합니다. 모든 관리자 콜백 모듈들은 gen_servers처럼 -behavior(supervisor) 선언을 포함해야 합니다. 이들은 모두 start/start_link 함수를 통해 시작되며, 선택적으로 ServerName, CallBackModule, init/1 콜백에 전달할 Argument 등을 지정할 수 있습니다.

riak_core_sup.erl 모듈의 첫 몇 줄을 보면 비헤이비어 선언, 그리고 후에 설명할 매크로와 start_link/3 함수를 볼 수 있습니다.

```
-module(riak_core_sup).
-behavior(supervisor).
%% API
-export([start_link/0]).
%% Supervisor callbacks
-export([init/1]).
-define(CHILD(I, Type), {I, {I, start_link, []}, permanent, 5000, Type,
[I]}).
start_link() ->
    supervisor:start_link({local, ?MODULE}, ?MODULE, []).
```

관리자를 시작하면 새로운 프로세스가 생성되며 riak_core_sup.erl 콜백 모듈의 init/1 함수가 실행됩니다. ServerName은 {local, Name} 혹은 {global, Name} 형식의 튜플이며, 여기서 Name은 관리자의 등록된 이름입니다. 사용된 예에선 등록된 이름과 콜백 모듈 둘 다 riak_core_sup 아톰이며 이는 ?MODULE 매크로를 사용하여 획득합니다. init/1에는 일종의 null 값으로서 비어있는 리스트를 하나 전달합니다. init 함수가 관리자의 유일한 콜백 함수이며 다음 형식의 튜플을 반환해야 합니다.

```
{ok, {SupervisorSpecification, ChildSpecificationList}}
```

이때 SupervisorSpecification은 {RestartStrategy, AllowedRestarts, MaxSeconds} 의 3-튜플이며 프로세스 실패와 재시작을 어떻게 처리해야 할지에 대한 정보를 가지고 있습니다. RestartStrategy는 설정 매개변수 세 가지 중 하나이며 비헤이비어의 자매들이 비정상적 종료 시 어떻게 대처해야 할지 지정합니다.

- one_for_one: 다른 프로세스들이 영향을 받지 않는다.
- rest_for_one: 종료되는 프로세스 후에 시작한 프로세스들 역시 종료되며 재시작된다.
- one_for_all: 모든 프로세스들이 종료되고 재시작된다.

AllowedRestarts는 관리자가 자신과 자녀들을 종료시키기 전 MaxSeconds 내에 자녀들이 몇 번이나 종료될 수 있는지를 지정합니다. 프로세스 중 하나가 종료되면 자신의 관리자에게 EXIT 신호를 보내는데, 이때 관리자는 재시작 전략에 따라 올바르게 종료를 처리합니다. 사전에 설정된 재시작 횟수에 도달하면 더 이상 재시작을 시도하지 않고 상위 관리자로 문제를 이관함으로써 현재 레벨에서 해결될 수 없는 문제들이 확실히 위로 전파된다는 점을 보장합니다. 예를 들어, 임의의 서브트리 1에서 문제가 발생했는데 그 문제의 근원이 다른 임의의 서브트리 2일 경우 계속 서브트리 1만을 재시작 한다면 문제를 해결할 수 없을 것입니다. 문제가 위의 관리자 단계로 이관되어야 서브트리 총 관리자가 상황을 파악한 후 서브트리 2를 종료시키고 재시작할 수 있습니다.

riak_core_sup.erl 모듈의 init/1 콜백 함수의 마지막 라인을 살펴보면 이 관리자는 one-for-one 전략을 사용함을 알 수 있습니다. 따라서 프로세스들은 상호 독립적이지 않으며 관리자는 자신을 재시작하기 전 10번까지 재시작을 시도합니다.

자녀 명세 리스트(ChildSpecificationList)는 관리자가 어떤 자녀를 시작시키고 감시해야 할지와 그들을 어떻게 종료시키고 재시작 시킬 수 있는지를 명시합니다. 이는 다음 형식의 튜플 리스트입니다.

```
{Id, {Module, Function, Arguments}, Restart, Shutdown, Type, ModuleList}
```

Id는 특정 관리자의 고유 식별자입니다. Module, Function, Arguments는 전달된 함수이며 start_link 함수를 실행시키고 {ok, Pid} 튜플을 반환시킵니다. Restart 전략은 프로세스의 종료 종류에 따른 행동을 지정합니다. 가능한 행동은 다음과 같습니다.

- transient 재시작되지 않는다.
- temporary 비정상적 종료 시에만 재시작한다.
- permanent 종료의 정상 여부와 상관없이 무조건 재시작한다.

Shutdown은 밀리초 단위의 값이며 종료/재시작 시 terminate 함수 내에서 허락된 시간입니다. Infinity 아톰도 사용될 수 있지만 관리자 외의 비헤이비어에서는 절대 권장하지 않습니다. Type은 worker 아톰이거나 supervisor 아톰인데전자는 보편적 서버, 이벤트 핸들러, FSM을 의미합니다. 이들은 런타임 소프트웨어 업그레이드 시 모듈들의 리스트인 ModuleList와 함께 프로세스를 제어하고 정지시키는데 사용됩니다. 기존 비헤이비어와 사용자 구현 비헤이비어만이자녀 명세 리스트에 포함될 수 있습니다. 이 자녀 명세 리스트는 다시 관리자 트리에 포함됩니다.

이상의 내용을 염두에 두면 공통 아키텍처를 기반으로 프로세스들 간의 의존성 정의, 장애 감내성 한계(fault tolerance threshold) 설정, 장애 처리의 단계적전파 절차 등을 정의하는 재시작 전략에 대해 이해할 수 있을 것입니다. 또한 이제 riak_core_sup.erl 모듈 내의 init/1에서 어떤 일이 진행되는지에 대해서도 설명할 수 있게 됩니다. 우선 CHILD 매크로부터 살펴보겠습니다. CHILD 매크로는 하나의 자녀를 위한 명세서를 생성하고 Id를 콜백 모듈 이름으로 사용해 영구적으로 만들고 셧다운 시간을 5초로 지정합니다. 다른 자녀들은 작업자 혹은관리자일 수 있습니다. 예를 보고 이해할 수 있는지 살펴봅시다.

```erlang
-define(CHILD(I, Type), {I, {I, start_link, []}, permanent, 5000, Type, [I]}).
init([]) ->
    RiakWebs = case lists:flatten(riak_core_web:bindings(http),
                                  riak_core_web:bindings(https)) of
                   [] ->
                       %% check for old settings, in case app.config
                       %% was not updated
                       riak_core_web:old_binding();
                   Binding ->
                       Binding
               end,

    Children =
                [?CHILD(riak_core_vnode_sup, supervisor),
                 ?CHILD(riak_core_handoff_manager, worker),
                 ?CHILD(riak_core_handoff_listener, worker),
                 ?CHILD(riak_core_ring_events, worker),
                 ?CHILD(riak_core_ring_manager, worker),
                 ?CHILD(riak_core_node_watcher_events, worker),
                 ?CHILD(riak_core_node_watcher, worker),
                 ?CHILD(riak_core_gossip, worker) |
                 RiakWebs
                ],
    {ok, {{one_for_one, 10, 10}, Children}}.
```

이 관리자가 시작한 대부분의 Children은 정적 작업자(vnode_sup은 관리자이지만)입니다. RiakWebs 부분은 예외인데, 이는 리악의 설정 파일 중 HTTP 부분에 따라 동적으로 정의됩니다.

라이브러리 애플리케이션을 제외하면 리악을 포함한 모든 OTP 애플리케이션은 자신만의 관리 트리를 가지게 됩니다. 리악에서는 분산 시스템 알고리즘을 위한 riak_core, 키-밸류 저장을 위한 riak_kv, HTTP를 위한 webmachine 등 여러 상위 단계 애플리케이션이 얼랭 노드에서 실행되고 있습니다. 우리는 관리 작업이 어떻게 다단계로 수행되는지를 알아보기 위해 riak_core 관리 트리를 상세히 살펴보았습니다. 이 구조의 여러 이점 중 하나는 서브시스템 중 하나가 버그나 환경 설정 문제로 인해, 혹은 의도적으로 크래시되더라도 해당 서브트리만이 바로 종료된다는 점입니다.

이 경우 관리자가 필요한 프로세스들을 재시작시킬 것이며 시스템 전반적으로는 영향이 미치지 않을 것입니다. 리악에서는 실제 사용 시 이런 방식이 잘 작동한다는 것을 경험했습니다. 사용자가 가상 노드 하나를 크래시 시키더라도 riak_core_vnode_sup이 해당 노드를 재시작 시킬 것입니다. 혹시라도 riak_core_vnode_sup 역시 크래시된다면 종료 신호가 점진적으로 최상위 관리자까지 전파되게 되어 결국 riak_core 관리자가 문제 있는 부분들을 재시작 시킬 것입니다. 이 같은 장애 격리 및 복구 처리 방식들은 리악(그리고 얼랭) 개발자들이 견고한 시스템을 간단히 개발할 수 있도록 해줍니다.

이런 관리 모델은 한 대기업에서 다수의 데이터베이스 시스템들이 어떤 조건 하에서 장애가 발생하는지를 파악하고 비교하기 위해 매우 가혹한 테스트를 작성해서 적용했을 때에 빛났습니다. 이 테스트 환경에서는 대규모의 트래픽 및 다양한 실패 조건들을 무작위로 집중해서 발생시켰는데, 도무지 리악이 크래시하지 않자 당혹해하기 시작했습니다. 사실 내부적으로는 일부 프로세스들이나 서브시스템들이 크래시되기는 했었습니다. 하지만 관리자들이 올바르게 해당 서스시스템들을 정리한 후 재시작시킨 덕분에 매번 시스템이 올바른 상태로 복구될 수 있었습니다.

6.5.2 애플리케이션들

애플리케이션 비헤이비어는 얼랭 모듈과 자원들을 재사용 가능한 컴포넌트로 패키징하기 위해 사용됩니다. OTP엔 두 가지 종류의 애플리케이션이 있습니다.

가장 흔한 형태인 노멀 애플리케이션은 관리 트리와 그에 연관된 정적 작업자(static workers)들을 모두 실행시킵니다. 반면 라이브러리 애플리케이션은 라이브러리 모듈들을 포함하고 있지만 자체적으로 관리 트리를 시작하지는 않습니다. 하지만, 라이브러리 애플리케이션에 프로세스나 관리 트리들이 포함될 수 없는 것은 아닙니다. 단지, 이들은 다른 애플리케이션 소유의 관리 트리의 일부로서 시작될 뿐입니다. 라이브러리 애플리케이션의 예로는 얼랭 배포본에 포함된 표준 라이브러리 등을 들 수 있습니다.

얼랭 시스템은 느슨하게 연결된 애플리케이션들로 구성되게 됩니다. 이들 중 일부는 개발자가 직접 작성한 것이며, 일부는 오픈 소스 시스템이고, 다른 일부는 얼랭/OTP 배포판의 일부일 것입니다. 하지만 얼랭 런타임 시스템과 관련 툴들은 모든 애플리케이션을 동등하게 취급하며, 표준 얼랭 배포판의 일부라고 해서 특별 취급을 받지는 않습니다.

6.6 리악에서의 복사와 통신

리악은 대규모 환경에서 극단적인 안정성과 가용성을 위해 디자인되었으며 아마존의 Dynamo 저장소[DHJ+07]를 기반으로 개발되었습니다. Dynamo와 리악의 아키텍처에는 DHT(Distributed Hash Tables)와 전통적 데이터베이스의 면모들이 혼합되어 있습니다. Dynamo와 리악에서 사용되는 핵심 기법 두 가지는 일관적 해싱(consistent hashing)을 통한 복사본의 배치와 가십(gossip) 프로토콜을 통한 상태 공유입니다. 이들에 대해서는 이제부터 상세히 설명하도록 하겠습니다.

일관적 해싱을 사용하려면 시스템의 모든 노드가 서로의 존재 여부와 어떤 파티션이 어떤 노드에 배치되어 있는지를 알고 있어야 합니다. 이 배치 데이터를 공통 설정 파일에 기록할 수도 있지만 대규모 환경에서는 현실적으로 어렵습니다. 대신 중앙 설정 서버를 사용할 수도 있지만 이는 단일 고장점이 될 수 있습니다. 대신 리악은 가십 프로토콜을 통해 클러스터 멤버십과 파티션 소유권에 대한 정보를 시스템 전체에 전파합니다.

가십 프로토콜은 전염성 프로토콜(epidemic protocol)로도 불리며 이름이 의미하는 그대로 행동합니다. 시스템의 노드가 공유된 데이터를 바꾸고자 할 경우 로컬 사본을 먼저 수정한 뒤 임의의 동료 노드를 선택하여 변경된 데이터를 전파합니다. 수신 노드는 받은 데이터와 자신의 로컬 사본을 비교하고 수정한 뒤 다시 다른 임의의 동료 노드에게 전파합니다.

리악 클러스터가 시작될 때, 전체 노드들은 모두 동일한 파티션 수를 갖도록 설정됩니다. 그 다음 일관적 해시 링(consistent hash ring)을 파티션 수로 나눈 뒤, 각 구간을 {HashRange, Owner} 튜플의 형태로 로컬에 저장합니다. 클러스터의 첫 번째 노드는 시작과 함께 모든 파티션을 접수합니다. 새 노드가 클러스터에 가입하면 기존 노드에게 {HashRange, Owner} 튜플을 요청해 (파티션 수)/ (노드 수) 만큼의 튜플을 접수한 후, 새로 수정된 소유권 정보를 자신의 로컬 저장장치에 기록합니다. 이후 앞서 설명한 가십 프로토콜을 통해 갱신 사항을 클러스터 전체에 전달하게 됩니다.

리악은 가십 프로토콜을 사용해 단일 고장점을 근본적으로 제거했습니다. 중앙 설정 서버가 없기 때문에 시스템 운영자들이 클러스터 설정 데이터를 별도로 관리하지 않아도 됩니다. 모든 노드는 가십 프로토콜을 사용해서 전파되는 파티션 배치 데이터를 기반으로 리퀘스트들을 전달할 수 있습니다. 가십 프로토콜과 일관적 해싱을 함께 사용함으로써 리악은 진정한 분산 시스템(decentralized system)을 구현할 수 있었습니다. 이 점은 대규모 시스템을 배포하거나 운영할 때 두각을 나타냅니다.

6.7 결론과 교훈

대부분의 프로그래머들은 단순하고 작은 코드 베이스가 관리하기도 쉬울 뿐더러 버그의 발생 가능성 역시 낮춰준다고 믿습니다. 클러스터상에서의 통신을 위해 얼랭에서 제공하는 기본 기능들을 활용함으로써, 리악은 초기부터 내부 구현에 크게 신경 쓰지 않고도 안정적인 비동기형 메시징 레이어와 고유 프로토콜을 갖출 수 있었습니다. 리악이 성장하는 과정에서 네트워크 통신 관련 일부분이 TCP 소켓을 직접 다루는 형태로 교체되기는 했지만, 대부분의 경우 얼랭에서 제공되는 기본 기능들로도 충분했습니다. 초기 단계부터 얼랭의 기본 메시지 패싱을 모든 곳에 적용한 덕분에 리악 팀은 시스템 전체를 상당히 빠르게 개발할 수 있었습니다. 이런 얼랭의 기본 기능들은 깔끔하면서도 명확히 정의되어 있어서, 이후에 프로덕션 환경에 적합하지 않다고 판명된 부분들을 교체하기도 매우 쉬웠습니다.

또한 얼랭의 메시징 특성과 얼랭 VM 자체의 경량성 덕분에 하나의 장비에서 12개의 노드를 실행시키는 것과 12개의 장비에 12개의 노드를 실행시키는 것이 거의 차이가 없습니다. 덕분에 다른 무거운 메시징/클러스터링 시스템들과 비교할 때 개발 및 테스팅이 매우 용이합니다. 이 점은 리악과 같이 본질적으로 분산 환경에서 동작하는 시스템을 개발할 때 특히 유용했습니다. 대부분의 기존 분산 시스템들은 개발자의 개인 노트북에서 '개발 모드'로 실행하기가 매우 힘들었습니다. 따라서 개발자들은 전체 시스템의 일부분만이 갖춰진 환경에서 테스트를 수행할 수밖에 없었습니다. 하지만, 이런 환경들은 종종 실제 프로덕션 환경과는 전혀 다른 특성을 보이곤 했습니다. 반면 리악은 하나의 노트북에서 별도의 복잡한 설정 없이도 노드 여러 개를 간단히 실행할 수 있습니다. 덕분에 상대적으로 더 빠른 시간 안에 실제 프로덕션 환경에 배포할 수 있을 만한 코드를 개발할 수 있었습니다.

얼랭/OTP의 관리자 패턴은 리악의 서브 컴포넌트가 크래시할 경우에 대한 내구성을 크게 향상시켜 줍니다. 리악은 여기에서 한 발 더 나아가 노드들이 통째로 크래시하거나 아예 시스템에서 사라질 때조차도 클러스터가 지속적으로 동작할 수 있게 해 줍니다. 이는 때때론 놀라울 정도의 안정성이라고 느껴지고는 합니다. 앞서 언급한 대로 한 대기업에서 여러 종류의 데이터베이스들에 스트레스 테스트를 감행했었는데 아무리 극단적인 상황에서도 리악 클러스터는 절대 크래시하지 않았습니다. 운영체제 단계에서 오류를 발생시키고 IPC에서 오류를 내 리악의 서브시스템을 크래시 시키기도 해봤지만 리악은 그럴 때마다 성능이 잠시 저하됐을 뿐 바로 다시 복구되었습니다. 이는 '크래시를 허용하라(let it crash)'라는 전략을 적용했기 때문에 가능했습니다. 리악은 필요에 따라 서브시스템들을 깔끔하게 정리하고 재시작시켰으며, 덕분에 시스템이 지속적으로 동작할 수 있었습니다. 이런 사례들은 얼랭/OTP의 방식으로 프로그램 작성할 때 프로그램이 얼마나 안정적일 수 있는지를 보여줍니다.

6.7.1 감사의 말

이 장은 프란체스코 세자리니(Francesco Cesarini)와 사이먼 톰슨(Simon Thompson)이 2009년 부다페스트와 코마르노에서 개최된 Central European Functional Programming School에서 한 강의의 노트를 기반으로 작성되었습니다. 더불어 영국 캔터베리에 있는 켄트 대학의 사이먼 톰슨이 많은 부분 기여해 주었습니다. 이 장을 작성하는 기간 동안 여러 시점에 가치 있는 피드백을 제공해준 리뷰어 모두에게도 특별한 감사를 전합니다.

옮긴이: 류성호
KAIST 인공지능 연구실에서 박사과정을 마쳤으며, 졸업 후 삼성전자와 NHN에서 근무했다. 네이버의 음성 비서 서비스인 '링크'의 음성인식 개발을 담당하였으며, 현재 아마존에서 Speech/Machine learning scientist로 재직 중이다.

옮긴이: 설현준
부산광역시 출생으로, 중학교 때 도미해 코넬 대학교에서 컴퓨터공학과를 졸업하고, 동 대학교 대학원에서 컴퓨터공학 전공으로 공학석사 학위를 취득했다. 2011년 이후로 NAVER에서 소프트웨어 개발과 음성합성/음성인식 연구를 맡았고 2014년부터 현재까지 Apple, Inc.에서 엔지니어로 근무하고 있다.

7장

머큐리얼(Mercurial)

딜키얀 오흐트만(Dirkjan Ochtman) 지음
박성철 옮김

머큐리얼(Mercurial)은 최신 분산 버전 관리 시스템으로서, 성능 때문에 일부는 C 언어로 나머지 대부분은 파이썬으로 작성됐습니다. 7장에서는 머큐리얼의 알고리즘과 데이터 구조를 설계하면서 어떤 결정을 했는지 다루려 합니다. 우선, 기본적인 이해를 갖추도록 버전 관리 시스템의 역사를 간략하게 정리해 보겠습니다.

7.1 버전 관리의 간략사

이 장이 주로 머큐리얼의 아키텍처를 다루기는 하지만 머큐리얼은 다른 버전 관리 시스템과 개념이 상당히 비슷합니다. 머큐리얼을 충실히 설명하려면 다른 버전 관리 시스템의 몇 가지 개념과 기능을 설명하면서 시작하는 편이 좋을 듯합니다. 전체적으로 조망할 수 있도록, 버전 관리 시스템 분야의 역사도 짧게 정리하려 합니다.

버전 관리 시스템은 여러 개발자가 소스 코드 전체를 주고받거나 일일이 변경 사항을 확인하지 않고도 동시에 소프트웨어 시스템을 개발하는 데 도움이 되고자 창안됐습니다.

소프트웨어 소스 코드를 파일이 트리 구조로 저장된 형태로 일반화해 봅시다. 버전 관리의 주 기능 중 하나는 이 트리에 변경사항을 넣고 빼는 기능입니다. 기본적으로 다음과 같은 절차를 반복합니다.

1. 다른 사람이 작업한 최신 파일 트리를 얻습니다.
2. 얻어 온 버전의 파일 트리에 한 단위 작업 분량의 변경을 수행합니다.
3. 다른 사람들이 작업 결과를 얻을 수 있도록 변경사항을 게시(publish)합니다.

첫 번째 작업은 저장소에서 파일을 읽어와 로컬에 저장하는 작업으로, 체크아웃 (checkout)이라 부릅니다. 변경한 내용을 얻어 오거나 게시하는 원격지를 저장 소(repository)라고 하며, 체크아웃의 결과로 생긴 로컬 사본을 작업 디렉터리 혹 은 작업 트리, 작업 사본이라고 합니다. 작업 사본을 저장소의 최신 파일로 교체 하는 작업은 그냥 갱신(update)이라고 부르는데, 갱신을 하다 보면 종종 파일 하 나에 다른 사람이 수정한 내용을 합치는 등의 병합(merge) 작업이 필요할 때도 있습니다. diff 명령으로 두 개정본의 파일이나 트리를 비교해서 달라진 점이 무 엇인지 검토할 수 있으며, 이 명령은 아직 저장소로 보내지 않은 작업 사본의 변 경 내용을 확인하는 데 주로 사용합니다. commit 명령을 내리면 변경된 내용이 게시되어 공개되며 이때 작업 디렉터리의 변경된 부분이 저장소에 저장됩니다.

7.1.1 중앙 집중 버전 관리

첫 버전 관리 시스템은 SCCS(Source Code Control System)로 1975년에 처음 발표되었습니다. SCCS는 원본에서 수정본의 증분을 파일 하나에 저장하는 방편 에 가까웠으며, 여기저기에 복사본을 만들어 보관하는 방법보다는 효율적이었 지만, 이 변경사항을 게시해서 다른 사람에게 공개하는 데는 도움이 안 됐습니 다. 1982년에 RCS(Revision Control System)가 SCCS의 뒤를 이었습니다. RCS 는 SCCS의 무료 대체품이며 한층 진보했습니다(RCS는 아직도 GNU 프로젝트 가 관리 중입니다).

RCS 다음에는 CVS(Concurrent Versioning System)가 등장했는데, 1986년에 RCS 개정 파일(revision file)을 묶음으로 관리하는 스크립트의 모음으로 발표됐 습니다. CVS는 수정 작업 후에 변경사항들을 병합(merge)함으로써 여러 사용 자가 동시에 파일을 수정할 수 있다는 점에서 큰 혁신을 이루었습니다.

동시에 작업하려면 버전 충돌이란 개념도 필요합니다. 개발자가 작업한 파일 이 저장소에 있는 최신 버전의 변경본이라면 새 버전이 커밋(commit)됩니다. 저장소와 내 작업 디렉터리가 모두 변경됐다면, 개발자는 동일한 부분을 양쪽에 서 동시에 수정함으로써 발생한 충돌을 해소해야 합니다.

CVS는 브랜치(branch)라는 개념도 개척했습니다. 개발자는 브랜치 덕에 서로 다른 작업을 동시에 진행할 수 있습니다. 태그(tag)도 CVS가 처음 만들었습니다. 태그를 쓰면 특정 시점의 상태에 이름을 지어 표시함으로써 나중에 쉽게 참조할 수 있습니다. 초기에는 개발자들이 CVS 증분을 공유 파일 시스템상의 저장소를 통해 주고받았지만, 언제부턴가 CVS에도 (인터넷 같은) 대규모 네트워크 건너편에서 사용할 수 있는 클라이언트-서버 아키텍처가 도입됐습니다.

2000년 CVS의 큰 단점 몇 가지를 극복할 목적으로 세 명의 개발자가 서브버전(Subversion)이라는 이름의 새로운 버전 관리 시스템을 만들었습니다. 서브버전은 전체 트리를 개별 파일로 분리하지 않고 한 단위로 관리하는데, 이는 한 개정본의 변경사항이 원자적이고, 일관성 있고, 격리되며, 지속된다는 뜻입니다. 서브버전의 작업 사본은 체크아웃한 개정본의 원본도 작업 디렉터리에 보관하기 때문에 자주 수행하는 (체크아웃한 개정본과 로컬 트리를 비교하는) diff 작업이 로컬에서 일어나며 그만큼 빠릅니다.

서브버전의 흥미로운 개념 중 하나는 태그와 브랜치(branch)가 프로젝트 트리의 일부라는 점입니다. 보통, 서브버전 프로젝트는 태그가 저장되는 tags, 브랜치가 저장되는 branches, 중심인 trunk란 세 영역으로 나뉩니다. 다른 시스템에서는 태그와 브랜치가 더 구조적인 형태이기 때문에, 태생적으로 유연한 이러한 설계가 변환 도구에 많은 문제를 불러일으킴에도, 버전 관리 시스템에 익숙하지 않은 사용자에게는 이 설계가 매우 직관적임이 증명됐습니다.

지금까지 살펴본 시스템은 모두 중앙 집중 방식입니다. (CVS로 시작된) 중앙 집중식 시스템은 저장소의 이력 관리뿐 아니라 변경사항을 교환하는 방법까지도 별도의 한 컴퓨터에 의존합니다. 반면에 분산 버전 관리 시스템은 저장소 이력의 전부 또는 대부분을 그 저장소의 작업 디렉터리가 있는 개별 컴퓨터에 보관합니다.

7.1.2 분산 버전 관리

서브버전이 확실히 CVS보다 개선되기는 했지만, 여전히 여러 가지 결점이 남아 있었습니다. 첫째로 중앙 집중식 시스템은 모두 저장소의 변경 기록이 한곳에 집중되기 때문에, 변경 내용 커밋과 게시(publish)는 사실상 같은 의미입니다. 이는 네트워크에 연결하지 않고는 커밋하지 못한다는 뜻입니다. 둘째로 중앙 집중식 시스템에서는 저장소에 접근하려면 항상 네트워크로 한두 번 오가야 하는

데 이는 분산 시스템의 로컬 접근에 비해 상대적으로 느립니다. 셋째로 위에서 거론한 시스템들은 (개선된 시스템도 있지만) 병합 이력을 그리 잘 추적하지 못합니다. 대규모 인원이 동시에 일을 할 때, 버전 관리 시스템은 어떤 새 개정본에 포함된 변경사항이 무엇인지 기록해야 합니다. 그래야 정보 손실 없이, 이어지는 병합 작업에서 이 정보를 사용할 수 있습니다. 넷째로 전통적인 버전 관리 시스템이 추구하는 중앙 집중화는 때로 억지스러워 보이고, 통합을 단일 지점에서 하도록 조장합니다. 분산 버전 관리 시스템을 옹호하는 주장에 따르면 시스템을 분산시킬수록 조직이 유기적으로 움직인다고 합니다. 개발자가 가까운 곳에 소스를 올리면, 매 시점, 프로젝트 필요에 따라 변경사항을 통합할 수 있기 때문입니다.

몇 가지 새로운 도구가 이런 필요를 해결하려고 개발되었습니다. 제가 속한 진영(오픈 소스 세계)에서 2011년에 가장 주목할 만한 세 가지는 깃(Git), 머큐리얼 그리고 바자(Bazzaar)입니다. 깃과 머큐리얼은 둘 다 리눅스 커널 개발자들이 상용인 비트키퍼(BitKeeper)를 그만 쓰기로 결정한 2005년에 시작됐습니다. 두 프로젝트는 각기 리눅스 커널 개발자(깃은 리누스 토르발스(Linus Torvalds), 머큐리얼은 맷 맥콜(Matt Mackall))가 파일 수만 개와 그에 속한 변경 묶음 수십만 가지를 관리하는 버전 관리 시스템을 만들려 하면서 시작됐습니다. 맷과 리누스 모두 모노톤(Monotone) 버전 관리 시스템의 영향을 많이 받았습니다. 바자는 별도로 개발됐지만 비슷한 시기에 우분투의 스폰서인 캐노니컬(Canonical)이 자사의 모든 프로젝트에 바자를 도입하면서 폭넓게 보급됐습니다.

분산 버전 관리 시스템을 구축하다 보면 몇 가지 난관에 직면하게 되며, 대부분은 어느 분산 시스템에도 내제된 문제입니다. 예를 하나 들면, 중앙 집중식 시스템에서 소스 관리 서버는 언제나 기준 변경 이력을 보여주지만, 병렬로 커밋이 가능한 분산된 변경 묶음에는 기준이란 개념 자체가 없기에, 어떤 저장소 안에서 시간순으로 개정본의 순서를 정하는 일은 불가능합니다.

분산 버전 관리 시스템은 변경 묶음을 선형으로 나열하는 대신 거의 예외 없이 방향성 비순환 그래프(Directed Acyclic Graph, DAG)를 사용합니다. DAG에서 새로 커밋된 변경 묶음은 기반으로 삼았던 개정본의 하위 개정본이며, 어떤 개정본도 자기 자신이나 후손 개정본을 가리키지 못합니다. 이 방식에서는 세 가지 특수한 유형의 개정본이 있습니다. 뿌리(root) 개정본은 부모가 없으며 (저장소는 여러 뿌리 개정본을 가질 수 있습니다), 병합(merge) 개정본은 부모가 하나 이상이고, 선두(head) 개정본은 자식이 없습니다. 각 저장소는 내용 없는 뿌리 개정본에서 시작해서 잇달아 연결된 변경 묶음을 따라 진행하다가 하나 이상의 선두 개정본에서 끝납니다. 두 사용자가 각각 커밋을 했고 둘 중 한 사람이 다른 사람이 변경한 내용을 끌어오고 싶다면, 그 사람은 다른 사람이 변경한 부분을 새 개정본에 명시적으로 병합해야 하며 이 개정본이 커밋되면 병합 개정본이 됩니다.

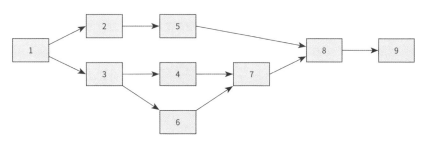

그림 7.1 개정본의 방향성 비순환 그래프(DAG)

DAG 모델이 중앙 집중식 버전 관리 시스템이 해결하기 어려운 문제를 해결하는데 도움이 된다는 점을 주목해야 합니다. 병합 개정본이 새로 병합된 DAG의 브랜치에 관한 정보를 기록합니다. 이 결과 그래프는 여러 브랜치가 병렬로 진행되는 대규모 그룹에서 작은 그룹들로 병합되다가 종국에는 기준이 되는 하나의 특별한 브랜치로 병합되는 모습을 나타내는 데도 유용합니다.

이런 접근 방식에서 변경 묶음 데이터를 활발히 교환하게 하려면, 시스템이 변경 묶음 간의 조상과 후손 관계를 계속 추적할 수 있어야 하는데, 보통은 변경 묶음이 자기 부모를 한 세대씩 찾아 올라가는 방식으로 처리합니다. 이렇게 하려면 변경 묶음에도 식별자 같은 것이 분명히 필요합니다. 몇몇 시스템에서는 범용 고유식별자(UUID)나 그 비슷한 방식을 사용하지만 깃이나 머큐리얼은 변경 묶음 내용의 SHA1 해시값을 사용하기로 했습니다. 이 결과, 변경 묶음 ID를 변경 묶음 내용을 검증하는 용도로도 사용할 수 있는 부가적인 이점이 있습니다. 사실, 부모가 그 해시 데이터 안에 포함되어 있기 때문에 특정 개정본에 이르는 모든 이력은 이 해시값으로 점검이 가능합니다. 작성자 이름, 커밋 메시지, 시간, 기타 변경 묶음 메타 데이터도 새 개정본의 실제 파일 내용과 같이 해시 계산에 포함되므로 이 정보도 검증이 됩니다. 시간 정보가 커밋 시점에 기록되는 이상, 식별자가 특정 저장소 내에서 선형으로 증가될 필요도 없습니다.

개정본 고유 명칭이 전역적으로 사용되는 깔끔한 정수 대신 40자 16진수 문자열이라, 이전에 중앙 집중식 버전 관리 시스템만 사용해 본 사람이라면 익숙해지기 어려울 수도 있습니다. 더구나 전체적인 순서란 없으며 지역적인 순서만 있을 뿐이고, 유일하게 있는 전체 순서는 선형이 아닌 DAG라는 그래프입니다. 선두 개정본을 수정해서 개발 프로젝트의 최신 개정본을 만들려고 커밋하는데, 개정본에 그동안 또 다른 자식 변경 묶음이 생겼다면, 이런 종류의 일이 일어날 때 버전 관리 시스템에서 언제 경고를 받게 될 것인지 혼란스러울 수 있습니다.

다행히 트리의 순서를 시각적으로 표현하는 데 도움이 되는 도구들이 있고, 머큐리얼은 식별에 도움이 되는 명료한 짧은 형태의 변경 묶음 해시값과 로컬 저장소 전용 순번을 제공합니다. 순번이란 단순하게 증가하는 정수로, 복제된 로컬 저장소로 들어가는 변경 묶음의 순서를 나타냅니다. 복제된 저장소마다 이 순서가 달라지므로 특정 저장소에서 지역적으로 이뤄지는 작업에만 이용 가능합니다.

7.2 데이터 구조

이제 DAG는 대충 이해가 될 테니 DAG들이 저장되는 방식을 한번 알아봅시다. DAG 모델은 머큐리얼의 내부 작동 방식의 핵심이며, (코드가 메모리에 보관하는 구조는 물론) 디스크상에 저장소를 기록하는 데 몇 가지 다른 종류의 DAG를 사용합니다. 이번 절에서는 어떤 DAG가 있고 여러 DAG가 어떻게 서로 연관되는지 설명하겠습니다.

7.2.1 도전 과제

실제 데이터 구조를 본격적으로 다루기 전에, 머큐리얼이 관여된 주변 상황에 대해 몇 가지 공유하고 싶습니다. 맷 맥콜은 2005년 4월 20일 리눅스 커널 메일링 리스트에 보낸 메일에서 머큐리얼에 대한 생각을 처음 밝혔습니다. 이때는 커널 개발에 비트키퍼(BitKeeper)를 쓰지 않기로 결정한 얼마 후였죠. 맷은 메일에서 몇 가지 목표를 약술했는데, 단순하고 확장 가능하며 효과적이어야 한다는 내용이었습니다.

맷은 2006 오타와 리눅스 심포지엄에서 〈더 나은 소스 코드 관리를 목표로: Revlog와 머큐리얼(Towards a Better SCM: Revlog and Mercurial)〉이란 글을 통해, 현대적 버전 관리 시스템이라면 수백만 개의 파일이 있는 트리와 수백만 개의 변경 묶음과 10년이 넘도록 동시에 병렬로 새 개정본을 생성하는 수천수만에 이르는 사용자를 처리할 수 있어야 한다고 주장하였습니다. 목표를 설정하고 나서 맷은 기술적 한계 요소를 개관했습니다.

- 속도: CPU
- 용량: 디스크와 메모리
- 대역폭: 메모리, LAN, 디스크, WAN
- 디스크 탐색 속도

최근엔 디스크 탐색 속도와 WAN의 대역폭이 제약 요인이므로 최적화해야 함을 얘기하고, 논문은 이어서 통상의 시나리오나 이런 시스템의 성능을 평가하는 항목을 파일 수준에서 살펴봅니다.

- 데이터 압축: 파일 변경 기록을 디스크에 저장하는 데 어떤 압축 방식이 최선일까요? 효율성 면에서 어떤 알고리즘이 CPU가 병목이 되지 않도록 하면서 가장 높은 I/O 성능을 낼까요?
- 특정 파일의 개정본 취득: 몇몇 버전 관리 시스템은 특정 개정본을 저장할 때, 새 버전을 읽으려면 수많은 과거 버전을 다 읽어 재구성해야 하는 방식으로 저장합니다. 매 개정본에는 이전 개정본과의 증분만 저장되기 때문입니다. 우리는 예전 버전을 읽는 속도도 최근 개정본을 읽는 속도큼 빠르게 개선해야 합니다.
- 파일 개정본 추가: 우리는 끊임없이 새 개정본을 추가합니다. 새 개정본을 더할 때마다 이전 개정본을 다 수정한다면, 개정본이 많을 때 너무 느려질 수 있으니 이런 일이 없어야 합니다.
- 파일 변경 기록 표시: 사람들은 전체 변경 묶음 중 특정 파일을 건드린 변경 묶음 내역만 골라 보고 싶어 합니다. 구현할 버전 관리 시스템은 파일의 변경 이력을 한 줄씩 출력해 보는 주석 조회 기능(annotation) 역시 있어야 한다고 얘기합니다(SVN에서는 "책임 소재 파악(blame)"이라고 했지만 부정적인 느낌 때문에 그 후 시스템에서는 "주석을 단다(annotate)"라고 바꿔 부릅니다).

논문은 비슷한 시나리오를 프로젝트 수준에서 살펴보는 단계로 넘어갑니다. 이 수준에서 수행할 기본 동작은 개정본 체크아웃, 새 개정본 커밋, 작업 디렉터리

내 차이점 조회입니다. 특히, 마지막 기능은 (모질라, 넷빈즈(NetBeans) 같이 버전 관리에 머큐리얼을 사용하는 프로젝트의) 대규모 소스 트리에서 느려지는 경향이 있습니다.

7.2.2 고속 개정본 저장공간: revlog

맷은 revlog라고 부르는 해법을 머큐리얼용으로 제시했습니다. revlog는 파일 내용의 여러 개정본을 효과적으로 저장하는 방편입니다. 앞에서 언급한 일반적인 시나리오에 따르면 (요컨대 디스크 탐색 최적화로) 접근 시간뿐 아니라 저장 공간도 효율적이어야 합니다. 이 때문에 revlog는 색인과 데이터용으로 파일을 두 개 만듭니다.

6 bytes	데이터 위치(hunk offset)
2 bytes	플래그(flags)
4 bytes	압축 데이터 길이(hunk length)
4 bytes	비압축 데이터 길이(uncompressed length)
4 bytes	기반 개정본(base revision)
4 bytes	연결 개정본(link revision)
4 bytes	부모1 개정본(parent 1 revision)
4 bytes	부모2 개정본(parent 2 revision)
32 bytes	해시값(hash)

표 7.1 머큐리얼 색인 레코드 구성

색인은 표 7.1에 자세히 설명된 대로 길이가 일정한 여러 레코드로 구성돼 있습니다. 레코드 길이가 일정하게 정해져 있어서 로컬 개정 번호로 그 개정본에 바로 (즉, 일정한 처리 시간) 접근할 수 있어서 좋습니다. 데이터가 저장된 위치를 알려면 색인 파일의 정해진 위치(색인 길이×개정 번호)를 읽기만 하면 됩니다. 색인을 데이터와 분리한 것도 성능에 도움이 됩니다. 파일의 데이터를 전부 뒤지느라 디스크를 탐색할 일 없이 즉각 색인 데이터를 읽을 수 있기 때문입니다.

색인의 데이터 위치와 데이터 길이는 해당 개정본의 압축된 데이터를 얻기 위해 읽어야 할 데이터 덩어리의 정보입니다. 원본을 얻으려면 기반 개정본을 먼저 읽기 시작해서 각 개정본 간의 차이점을 해당 개정본까지 계속 적용해야 합니다. 이때 새 기반 개정본을 저장하는 시점을 결정하는 방법이 기교라 할 만한 부분입니다. 이 시점은 변경된 증분의 누적 크기와 압축하지 않은 개정본의 길이를 비교해서 결정합니다. 연속해서 증분만 저장되는 상황을 일정하게 제한함으로써, 특정 개정본의 데이터를 재구성하는데 너무 많은 증분을 읽고 적용할 필요가 없도록 예방합니다.

연결 개정본은 여러 유형의 revlog가 의존하는 (잠시 후 다룸) 최상위 revlog을 가리키는 데 사용됩니다. 두 부모 개정본은 로컬 정수 개정 번호를 사용해 저장됩니다. 이런 구조 덕분에 관련 revlog 속 데이터를 복잡한 과정 없이 빠르게 찾을 수 있습니다. 해시값은 변경 내역을 나타내는 고유 식별자로 사용됩니다. 원래 SHA1은 20바이트만 차지하지만 앞으로를 대비해 32바이트를 사용합니다.

7.2.3 세 가지 revlog

revlog가 변경 이력 데이터에 필요한 일반적인 구조를 제공하므로, 이 구조 위에 파일 트리용 데이터 모델을 배치할 수 있습니다. 이 데이터 모델에는 변경이력(changelog), 내역(manifests), 파일이력(filelogs) 등 세 가지 유형의 revlog가 있습니다. 변경이력은 개별 개정본의 메타 데이터를 담고 있습니다. 메타 데이터에는 내역 revlog를 가리키는 포인터(내역 revlog 속 한 개정본의 노드 ID)도 있습니다. 내역은 파일 이름 목록에 각 파일의 노드 ID를 내용을 담고 있는 파일입니다. 노드 ID는 파일의 파일이력 속 개정본을 가리킵니다. 머큐리얼 코드에서 변경이력, 내역, 파일이력에 쓰이는 클래스는 공통 revlog 클래스의 서브클래스며 이렇게 해서 두 개념을 분명한 계층으로 나눕니다.

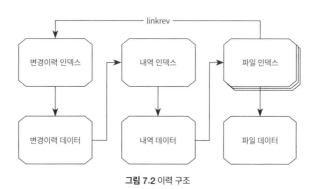

그림 7.2 이력 구조

변경이력 개정본은 이런 식으로 보인다.

```
0a773e3480fe58d62dcc67bd9f7380d6403e26fa
Dirkjan Ochtman <dirkjan@ochtman.nl>
1276097267 -7200
mercurial/discovery.py
discovery: fix description line
```

이 값은 revlog 계층에서 얻습니다. 변경이력 계층은 변경이력 자료를 값의 단순한 나열로 바꿉니다. 첫 줄은 내역 해시값이며, 이어서 작성자 이름, 날짜와 시간(유닉스 타임스탬프 형식과 시간대 보정값), 수정된 파일 목록, 작업 설명이 이어집니다. 이 예시에는 한 가지가 생략됐는데, 변경이력에는 임의의 메타 데이터를 둘 수 있고, 이 데이터는 하위 호환성을 유지하도록 타임스탬프 뒤에 오도록 했습니다.

다음은 내역 파일입니다.

```
.hgignore\x006d2dc16e96ab48b2fcca44f7e9f4b8c3289cb701
.hgsigs\x00de81f258b33189c609d299fd605e6c72182d7359
.hgtags\x00b174a4a4813ddd89c1d2f88878e05acc58263efa
CONTRIBUTORS\x007c8afb9501740a450c549b4b1f002c803c45193a
COPYING\x005ac863e17c7035f1d11828d848fb2ca450d89794
...
```

이 파일은 변경 묶음 0a773e(머큐리얼의 UI는 모호하지 않을 정도로 식별자의 앞자리를 잘라 쓰도록 허용함)가 가리키는 내역(manifest) 개정본입니다. 내역은 트리 속 모든 파일의 목록으로, 한 줄에 한 파일씩 등록돼 있고, 각 줄은 파일이름에 이어 NULL 바이트가 오고 그다음에 파일의 파일이력을 가리키는 노드 ID가 16진수로 인코딩되어 따라옵니다. 트리의 디렉터리를 따로 나타내지는 않지만, 파일 경로에 포함된 슬래시 문자로 간단히 구분됩니다. 모든 revlog가 그렇듯이 내역도 이전 개정본에 바뀐 부분만 저장이 된다는 점을 기억합시다. 이런 구조 덕에 특정 개정본에서 변경된 파일과 그 파일의 새 해시값만 골라 저장하기 쉬워졌습니다. 머큐리얼의 파이썬 코드에서 내역은 키가 파일 이름이고 값이 노드인 해시 테이블 식의 구조로 표현되곤 합니다.

세 번째 유형의 revlog는 파일이력(filelog)입니다. 파일이력은 머큐리얼의 내부 저장 디렉터리에 저장되며 저장되는 이름은 파일이력이 관리하는 파일과 거의 비슷합니다. 이 이름은 모든 주요 운영체제에서 호환되도록 조금 인코딩됩니다. 예를 들어 윈도우와 Mac OS X 같은 대소문자를 가리지 않는 파일 시스템,

윈도우에서 사용할 수 없는 특정 파일명, 다양한 파일 시스템에서 사용되는 서로 다른 문자 인코딩 등을 고려해서 처리해야 합니다. 상상이 되겠지만, 운영체제를 가리지 않고 이런 작업을 신뢰성 있게 처리하려면 힘든 일이 많습니다. 반면에, 파일이력 개정본의 내용은 별 흥미로울 부분이 없습니다. 단지 파일 내용이나 몇 가지 메타 데이터 접두사가 필요하면 추가됩니다. 이 접두사는 파일 복사, 이름 변경, 기타 소소한 작업을 추적하는 데 사용됩니다.

이 데이터 모델을 알면 머큐리얼 저장소에 저장된 모든 데이터에 접근할 수 있지만, 일이란 게 늘 쉽지만은 않습니다. 실제로 기초가 되는 모델은 (파일당 파일이력을 하나씩 두는 식으로) 수직적이지만, 머큐리얼 개발자는 단일 개정본에서 세부 정보를 모두 다뤄야 할 일이 종종 있음을 알게 되었습니다. 변경이력의 한 변경 묶음에서 시작해서 해당 개정본의 내역과 파일이력에 쉽게 접근하고 싶은 것이죠. 머큐리얼 개발팀은 후에 또 다른 클래스들을 고안했습니다. 이 클래스들은 revlog 상위계층으로서 방금 논의한 일을 수행합니다. 이 클래스들을 컨텍스트(contexts)라고 합니다.

이런 분할 방식에서 한 가지 멋진 부분은 revlog에 추가하는 순서가 정해 있다는 점입니다. 순서에 따라서 가장 먼저는 파일이력에 추가 작업이 이뤄지고 그 다음엔 내역에, 마지막으로 변경이력에 데이터가 추가되며, 이로서 저장소는 일관된 상태로 언제나 유지됩니다. 변경이력을 읽기 시작하는 어떤 작업 절차도 다른 revlog를 가리키는 포인터가 모두 올바르다고 확신할 수 있습니다. 이렇게 함으로써 이 영역에 제기된 여러 문제가 해결됩니다. 그럼에도, 머큐리얼에는 하나 이상의 프로세스가 동시에 revlog에 개정본을 추가하지 못하게 하는 명시적 락(locks)이 있습니다.

7.2.4 작업 디렉터리

마지막으로 중요한 데이터 구조는 머큐리얼 개발자들이 dirstate라고 부릅니다. dirstate는 특정 시점에 작업 디렉터리에 무엇이 있는지 나타냅니다. 무엇보다도 dirstate가 어떤 개정본이 체크아웃 됐는지 추적한다는 점이 중요합니다. 이 개정본은 status나 diff 명령으로 수행되는 모든 비교 작업의 기준이 됩니다. merge 명령이 내려지는 상황에는 dirstate에 부모가 두 개 있게 되는데, 머큐리얼은 한쪽의 변경 내역을 다른 쪽에 병합하려고 시도하게 됩니다.

state나 diff가 (지난 개정본에서 작업이 얼마나 진척됐는지 확인하는 데 도움이 되는) 무척 자주 실행되는 명령이기에 dirstate에는 작업 디렉터리의 상태를 캐시한 정보도 포함돼 있는데, 캐시에는 마지막으로 머큐리얼에 의해 오고간 최종 상태가 담깁니다. 최신 수정 시간과 파일 크기를 기록해 두면 파일 트리를 탐색하는 속도를 높일 수 있습니다. 작업 디렉터리에 새로 추가된 파일인지, 삭제됐는지, 병합됐는지 같은 파일의 상태도 파악해 둘 필요가 있습니다. 상태를 미리 알면 작업 디렉터리를 탐색하는 속도를 높이는 데 도움이 되며 커밋할 때에 이런 정보를 쉽게 얻을 수 있습니다.

7.3 버전 관리 구조

이제 머큐리얼의 근거가 되는 데이터 모델과 하부 코드 구조는 파악이 됐으니, 조금 더 나아가 머큐리얼이 버전 관리라는 개념을 지금까지 설명한 기반 위에 어떻게 구현했는지 살펴보겠습니다.

7.3.1 브랜치

브랜치는 나눠서 따로 진행되다가 나중에 통합될 개발에 주로 사용됩니다. 브랜치를 나누는 이유는, 누군가 주 개발 흐름을 출시 가능 상태로 계속 유지하면서 위험하고도 새로운 시도를 하려고 한다거나(기능 추가 브랜치), 과거에 발표한 버전의 버그 수정본을 빨리 내놓고 싶다거나(유지보수 브랜치) 하는 정도일 것입니다. 두 방식 모두 일반적인 사용 방법이며 모든 최신 버전 관리 시스템에서 지원합니다. DAG 기반 버전 관리에서는 암묵적 브랜치가 일반적인 반면에, (변경 묶음 메타 데이터에 브랜치 이름이 저장되는) 명명된 브랜치는 특별한 경우에만 사용됩니다.

원래 머큐리얼에서는 브랜치에 이름을 지정할 수 없었습니다. 다른 복제본을 만들어 따로 게시하는 식으로 브랜치가 처리됐습니다. 이 방식은 효과적이면서 이해하기도 쉬웠고, 새 기능을 추가하려고 브랜치를 만드는 경우에 특히 유용했습니다. 그렇지만 대규모 프로젝트에서 복제본을 만드는 작업은 무척 오래 걸립니다. 대부분의 파일 시스템에서 저장소 저장 공간이 하드 링크되기에 별도의 작업 트리를 만드는 일은 느리고 디스크 공간을 무척 많이 사용할 수 있습니다.

이런 단점 때문에 머큐리얼에는 브랜치를 만드는 또 다른 방법으로 변경 묶음 메타 데이터에 브랜치 이름을 포함시키는 방법이 추가됐습니다. branch 명령이 현재 작업 디렉터리에 브랜치 이름을 지정하는 용도로 추가됐으며, 이후 커밋에서 그 이름이 사용됩니다. 일반 update 명령은 한 브랜치 이름에 대해 갱신 작업을 하는데 사용되고 한 브랜치에 커밋된 변경 묶음은 항상 해당 브랜치에 속합니다. 이 방식을 명명된 브랜치라고 부릅니다. 그렇지만, 머큐리얼에 브랜치를 닫는 방법(브랜치를 닫으면 브랜치가 브랜치 목록에서 사라져 보이지 않음)이 생긴 시점은 몇 번 출시를 더 거친 뒤였습니다. 브랜치를 닫는 기능은 변경 묶음 메타 데이터에 브랜치가 닫혔다는 표시를 할 별도 필드를 추가해서 구현됐습니다. 브랜치에 선두가 하나 이상이라면, 브랜치가 저장소의 브랜치 목록에서 사라지기 전에 모두 종료해야 합니다.

물론 명명 브랜치를 구현하는 방법은 여러 가지입니다. 깃(Git)의 명명 브랜치 구현 방식은 머큐리얼과 달리 참조정보(reference)를 사용합니다. 참조정보란 깃 기록 속의 다른 대상(보통은 변경 묶음)을 가리키는 명칭인데, 이는 깃의 브랜치가 단명한다는 사실을 의미합니다. 참조정보를 일단 삭제하고 나면, 기존의 브랜치를 추적할 만한 정보가 남지 않습니다. 머큐리얼에서 별도의 복제본(clone)을 사용하다가 또 다른 복제본에 병합했을 때와 비슷합니다. 참조정보는 로컬에서 브랜치를 조작하기 쉽고 가볍게 돌아갑니다. 그리고 브랜치 목록이 난장판이 되지 않게 방지합니다.

이 방식의 브랜치는 매우 인기를 끌었고, 머큐리얼의 명명된 브랜치나 브랜치 복제본보다 훨씬 인기입니다. 이로 인해 북마크 확장 모듈(bookmarks Extension)이 만들어졌고, 언젠가는 머큐리얼에 통합될 것입니다. 북마크 확장 모듈은 버전 관리가 안 되는 단순한 파일에 참조 정보를 보관합니다. 머큐리얼 데이터를 교환하는 데 사용되는 통신 프로토콜은 북마크를 통신하도록 확장되어, 북마크 정보를 곳곳에 보낼 수 있게 되었습니다.

7.3.2 태그

언뜻 머큐리얼이 태그를 구현한 방식이 약간 혼란스러워 보일 수도 있습니다. 처음 (tag 명령을 써서) 태그를 추가할 때 .hgtags라는 파일이 저장소에 추가된 다음 커밋이 됩니다. 이 파일에는 한 줄에 하나씩 변경 묶음의 노드 ID와 해당 변경 묶음 노드의 태그 이름이 저장됩니다. 따라서 이 태그 파일은 저장소의 여느 파일과 같은 방식으로 취급됩니다.

처리 방식이 이렇게 된 몇 가지 중요한 이유가 있습니다. 첫째, 태그를 변경할 수 있어야 합니다. 실수를 했을 때 수정하거나 잘못한 부분을 삭제할 수 있어야 하기 때문이죠. 둘째로 태그는 변경 묶음 기록의 일부여야 합니다. 태그가 언제, 누가, 어떤 이유로 만들었는지, 또는 심지어 변경되었는지 확인하는 기능은 중요합니다. 셋째, 소급해서 변경 묶음에 태그를 달아야 할 수도 있습니다. 출시 전에 버전 관리 시스템에서 뽑아낸 출시 결과물로 광범위한 시범 운용을 하는 프로젝트를 예로 들 수 있습니다.

이런 특성이 모두 .hgtags의 설계를 벗어나면 사라지고 맙니다. 어떤 사용자는 작업 디렉터리에 .hgtags 파일이 있다고 당황하는데, 이 파일 덕에 (다른 저장소 복사본과 동기화하는 기능 같은) 머큐리얼의 다른 부분과 태그 기능이 간단히 통합됩니다. 태그가 (깃(Git)이 하듯이) 소스 트리 밖에 있었다면, 구조가 태그의 원천을 확인하는 부분과 중복된 태그 때문에 생긴 충돌을 처리하는 부분으로 분리되어야 했을 것입니다. 태그 중복으로 충돌이 생기는 경우가 거의 없다고 하더라도, 문제조차 되지 않도록 설계된다면 이는 멋진 일입니다.

이런 이유로, 머큐리얼은 .hgtags 파일에 새 정보를 한 줄씩 추가하기만 합니다. 이렇게 하면 다른 복제본에 병행해서 태그가 만들어졌을 때 .hgtags 파일끼리 병합하기도 쉽습니다. 특정 태그에 지정한 최신 노드 ID는 언제나 우선권이 있으며, 널 노드 ID(빈 루트 개정본을 나타내며 공통으로 모든 저장소에 있음)를 추가하면 태그를 삭제하는 효과가 납니다. 머큐리얼은 저장소 속 모든 브랜치에 있는 태그를 검토하는데, 최신 계산법을 사용해서 가장 우선되는 태그를 판명합니다.

7.4 일반 구조

머큐리얼은 거의 전부 파이썬으로 작성됐고, 애플리케이션 전체 성능에 크게 영향을 미치는 일부분만 C로 되어 있습니다. 파이썬 같은 동적 언어는 높은 수준의 개념을 표현하기 쉽기 때문에 대부분의 코드를 파이썬으로 작성하는 편이 더 적합한 선택이었습니다. 코드의 상당량이 성능과 별 상관없는 이상, 대부분의 코드를 쉽게 작성할 수 있다면 파이썬을 쓴다고 받는 비난 따윈 개의치 않습니다.

파이썬 모듈은 코드 파일 하나에 해당합니다. 모듈에는 코드를 필요한 만큼 담아 둘 수 있어서 코드를 체계화하는 중요한 방편이 됩니다. 모듈은 다른 모듈을 명시적으로 불러들인(import) 다음 그 모듈의 자료형(type)을 사용하거나 함수를 호출할 수 있습니다. 디렉터리에 __init__.py 모듈이 들어 있으면 패키지라는 의미이며, 보유한 모듈 전부와 패키지를 파이썬 임포터(importer)에게 노출합니다.

머큐리얼은 기본적으로 파이썬 경로에 mercurial과 hgext라는 두 패키지를 설치합니다. mercurial 패키지에는 머큐리얼을 돌리는 데 필요한 핵심 코드가 들어 있으며, hgext에는 머큐리얼 핵심 코드와 함께 배포할 만큼 유용하다고 생각되는 여러 확장 모듈이 들어 있습니다. 하지만, 이 확장 모듈들은 여전히 필요할 때 수작업으로 설정 파일을 고쳐 활성화해야 합니다(밑에서 다시 얘기하겠습니다).

분명히 말하지만, 머큐리얼은 명령행 애플리케이션입니다. 이는 인터페이스가 단순하다는 뜻으로 사용자는 실행할 명령을 지정하면서 hg 스크립트를 호출합니다. hg 스크립트에 지정하는 (log, diff, commit 같은) 명령에는 여러 가지 옵션과 인자를 줄 수 있으며, 몇 가지 옵션은 모든 명령에 공통적으로 사용됩니다. 이 인터페이스에서 일어날 수 있는 동작은 세 가지입니다.

· hg는 종종 사용자가 요청한 뭔가를 출력하거나 상태를 표시합니다.
· hg는 명령행 프롬프트를 통해 추가 입력을 요구할 수 있습니다.
· hg는 (커밋 메시지를 작성하거나 충돌 난 코드를 병합하는 데 유용한 문서 편집기 같은) 외부 프로그램을 실행시킬 수 있습니다.

이 절차의 시작 지점은 모듈 의존 그래프가 잘 정리된 그림 7.3을 보면 한눈에 파악할 수 있습니다. 모든 명령행 인자는 dispatch 모듈의 함수에 전달됩니다. 가장 먼저 일어나는 일은 ui 객체의 생성입니다. ui 클래스는 먼저 이미 알고 있는 (사용자의 홈 디렉터리 같은) 장소에서 설정 파일들을 찾고 설정 옵션을 ui 객체에 저장합니다. 설정 파일에는 확장 모듈이 저장된 경로도 정의돼 있는데, 확장 모듈도 이 시점에 메모리로 올라와야 합니다. 명령행으로 전달된 옵션 역시 이때 ui 객체에 저장됩니다.

준비 작업이 끝나면, 저장소 객체를 만들지 말지 결정해야 합니다. 대부분의 명령이 (localrepo 모듈의 localrepo 클래스로 표현되는) 로컬 저장소를 필요로 하지만, 어떤 명령은 (HTTP나 SSH 혹은 다른 형태의) 원격 저장소를 대상으로 작업을 하고, 어떤 명령은 저장소와 아무 상관없이 움직입니다. 후자의 예로 init를 들 수 있는데 이 명령은 새 저장소를 초기화합니다.

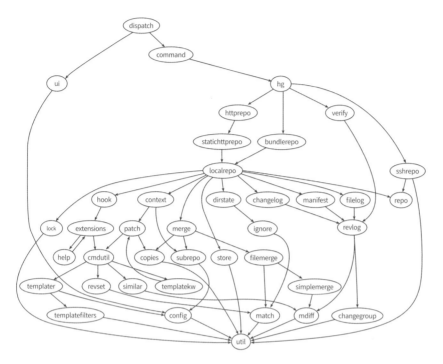

그림 7.3 모듈 의존 그래프

모든 핵심 명령은 commands 모듈의 함수 하나에 해당합니다. 그래서 어떤 특정 명령의 코드도 아주 쉽게 찾을 수 있습니다. commands 모듈에는 명령의 이름과 함수를 매핑하고 명령에 사용할 수 있는 옵션을 정의하는 해시테이블(hash-table)도 있습니다. 옵션을 정의할 때 여러 공통 옵션(예를 들어, 많은 명령이 log 명령이 사용하는 옵션을 동일하게 사용한다)은 공유하도록 처리됩니다. 옵션을 처리하는 모듈은 주어진 옵션이 특정 명령에 맞게 쓰이는지 점검하고 전달된 값을 명령을 처리할 함수에 적합한 형태로 변환합니다. 거의 모든 함수는 ui 객체와 저장소 객체를 전달받아 움직입니다.

7.5 부가기능

머큐리얼을 강력하게 만드는 요인 중 하나는 부가기능을 작성할 수 있는 능력입니다. 파이썬은 상대적으로 배워서 쓰기 쉬운 언어인 데다, 머큐리얼의 API는 (여기저기 문서화가 부족한 부분이 있기는 해도) 대부분 설계가 아주 잘된 편이라, 많은 이들이 실제 파이썬을 먼저 배우기도 합니다. 머큐리얼을 확장해 쓰고 싶기 때문입니다.

7.5.1 부가기능 제작

부가기능은 머큐리얼이 처음 구동될 때 읽는 설정 파일 중 하나에 설정을 한 줄 추가해서 활성화해야 합니다. 이는 키에 파이썬 모듈의 경로명을 지정하는 식으로 설정합니다. 기능을 추가하는 방법엔 여러 가지가 있습니다.

· 새 명령 추가
· 기존 명령을 감싸서 확장
· 사용하는 저장소를 감싸서 확장
· 머큐리얼의 함수를 감싸서 확장
· 새로운 유형의 저장소 추가

cmdtable이라는 해시테이블을 부가기능 모듈에 더하기만 하면 새 명령어가 추가됩니다. 부가기능 로더는 이 해시테이블을 가지고 가서 명령 테이블에 추가하는데, 이 테이블은 명령 처리를 위임받을 함수를 찾을 때 참조됩니다. 마찬가지로, 부가기능에 uisetup과 reposetup 함수를 정의해 두면, 위임 작업을 하는 코드가 UI와 저장소를 생성한 후에 호출합니다. reposetup 함수는 일반적으로 부가기능이 제공하는 저장소의 하부클래스로 저장소를 감싸는 작업을 합니다. 이렇게 하부클래스로 감싸면 부가기능이 저장소의 모든 작동 방식을 변경할 수 있게 됩니다. 예를 들어, 한 부가기능은 uisetup의 작동을 가로채서 환경 변수의 SSH 인증 정보를 기반으로 ui.username 설정 속성의 값을 지정합니다.

새 저장소 유형을 추가하는 큰 규모의 부가기능을 작성할 수도 있습니다. 예를 들어 (머큐리얼의 일부가 아닌) hgsubversion 프로젝트는 서브버전 저장소를 저장소 유형으로 등록합니다. 이렇게 함으로써 서브버전 저장소를 거의 머큐리얼 저장소처럼 복제(clone)하는 일이 가능하게 됩니다. 비록 두 시스템 사이의 불일치 때문에 몇몇 경계값 문제가 생기기도 하나, 서브버전 저장소로 되밀어 넣는 작업까지도 가능합니다. 반면에 사용자 인터페이스는 완벽하게 변환됩니다.

이렇게 근본적으로 머큐리얼을 바꾸는 행위를 동적 언어 쪽에서는 보통 '몽키 패칭'이라고 부릅니다. 부가기능 코드가 머큐리얼과 같은 주소 영역에서 동작하고, 파이썬이 폭넓은 리플렉션 기능을 가진 유연한 언어이기 때문에, 머큐리얼에 정의된 어떤 함수나 클래스도 수정 가능합니다(심지어 무척 쉽습니다). 이 때문에 엉터리로 마구 파헤치는 일이 일어나기도 하지만, 반면에 아주 강력한 구조이기도 합니다. 예를 들어, hgext에 있는 highlight 부가기능은 내장 웹 서버를 조작해서 파일 내용을 확인할 수 있는 저장소 탐색기의 페이지에 문법 강조 기능을 추가합니다.

머큐리얼을 확장하는 방법은 하나 더 있으며 훨씬 간단합니다. 바로 별칭 (aliases) 기능입니다. 어떤 설정 파일에도 기존의 명령과 특정한 옵션을 조합해 새로운 이름의 별칭을 정의할 수 있습니다. 별칭으로 어떤 명령의 축약형을 만들 수도 있습니다. 최신 버전의 머큐리얼은 별칭으로 셸 명령을 호출할 수도 있으니, 셸 스크립트만으로도 복잡한 명령을 설계할 수 있습니다.

7.5.2 후크

버전 관리 시스템은 오래전부터 외부 프로그램과 연동하도록 버전 관리 시스템 이벤트를 가로채는 기능을 제공했습니다. 이는 흔히 지속적 통합 시스템에 통지를 보내거나 웹 서버의 작업 디렉터리에 변경된 내용을 갱신해서 공개적으로 조회할 수 있도록 하는 용도로 사용합니다. 물론 머큐리얼 역시 이런 후크를 호출하는 서브시스템을 포함하고 있습니다.

사실, 이 서브시스템도 두 가지가 있습니다. 하나는 다른 버전 관리 시스템에서 사용하는 기존의 후크로 셸의 스크립트를 실행하는 방식입니다. 다른 하나는 더 흥미로운데, 사용자가 파이썬 모듈과 해당 모듈 속 함수 이름을 지정하여 파이썬으로 작성된 후크가 호출되도록 할 수 있습니다. 이 방식이 같은 프로세스에서 작동하므로 더 빠를 뿐 아니라, repo와 ui 객체를 넘겨받을 수도 있어, 버전 관리 시스템 내부와 더 복잡한 상호 작용을 하기 편합니다.

머큐리얼의 후크는 명령 실행 전, 명령 실행 후, 제어, 기타 후크로 나뉩니다. 처음 둘은 그냥 설정 파일의 후크 설정 구역에 pre-command와 post-command 키를 지정하여 정의합니다. 다른 두 가지는 미리 정의된 이벤트가 있어 이를 사용합니다. 제어 후크는 어떤 일이 일어나기 바로 전에 실행된다는 점에서 다른 후크와 다릅니다. 먼저 실행된 제어 후크는 이 이벤트가 계속 실행되지 못하도록 할 수 있습니다. 제어 후크는 보통 중앙 서버의 변경 묶음을 확인하는 데 사용합니다. 머큐리얼의 분산 특징 때문에 이런 확인 작업을 커밋 시점에 강제할 수 없습니다. 예를 들어, 파이썬 프로젝트는 특정 유형의 코딩 스타일이 코드 전체에 적용되도록 확인하는데 후크를 사용합니다. 이 후크 때문에 추가 되려는 어떤 변경 묶음에 허용되지 않는 스타일의 코드가 포함돼 있으면, 중앙 저장소에서 거부됩니다.

후크의 흥미 있는 또 다른 사용 사례는 푸시로그(pushlog)입니다. 푸시로그는 모질라와 여타의 여러 기업에서 쓰입니다. 푸시로그는 매번 푸시되는 내용(푸시는 다수의 변경 묶음을 포함)을 기록하고 푸시를 요구한 사람과 시각을 기록하므로써 일종의 저장소에 대한 감리 근거 자료를 제공합니다.

7.6 교훈

맷이 머큐리얼을 개발하기 시작하면서 처음 내린 결정 중 하나는 개발 언어로 파이썬을 쓰기로 한 것입니다. 파이썬은 (부가기능과 후크 모두에) 확장성이 뛰어나고 코드 작성이 아주 쉽습니다. 파이썬이 여러 다른 플랫폼 사이의 호환성 문제를 상당 부분 해결해주기 때문에, 머큐리얼은 상대적으로 세 가지 주요 OS 모두 문제없이 작동하도록 만들기 쉽습니다. 반면에, 파이썬은 다른 컴파일 언어에 비해서 느립니다. 특히 인터프리터 언어는 구동 속도가 상대적으로 느려서 오래 돌아가는 프로세스에 비해 작동 시간이 짧은 (버전 관리 시스템 같은) 도구에는 불리합니다.

초기에는 커밋 후에 변경 묶음을 수정하기 힘들게 하자고 결정을 했습니다. 식별자인 해시를 바꾸지 않고서 개정본을 변경하기란 불가능하기 때문에, 공공 인터넷에 공개된 후에 변경 묶음을 다시 불러들이는 작업은 너무 복잡하고 해결하기 힘듭니다. 그래서 머큐리얼은 커밋 후에 수정하기 어렵게 만들었습니다. 그러나 공개하지 않은 개정본은 수정해도 문제가 되지 않아, 커뮤니티는 머큐리얼이 발표되자마자 곧 비공개 개정본을 쉽게 수정할 수 있도록 만들려고 시도했습니다. 이 문제를 해결하려고 만든 부가기능이 여러 가지 있는데, 이미 기본 머큐리얼을 사용해 본 사용자에게는 그다지 직관적이지 않아 학습 과정이 필요합니다.

revlog는 디스크 탐색을 줄이는 데 좋고, 변경이력, 내역, 파일이력의 계층형 아키텍처는 잘 작동합니다. 커밋이 빠르게 처리되고 개정본이 차지하는 디스크 공간이 상대적으로 적습니다. 하지만, 파일 이름을 변경하는 등의 몇몇 경우에는 개별 파일의 개정본 저장 공간이 분리되어 있어 그다지 효율적이라고 할 수 없습니다. 언젠가는 결국 해결되겠지만, 계층 분리를 위반하고 말 것입니다. 이와 비슷하게, 파일별 DAG가 파일이력 저장 공간이 실제로 과용되지 않게 하는 데 도움이 되지만, 일부 코드는 과부하를 대비해서 이 데이터를 관리합니다.

머큐리얼이 중점을 두는 또 한 가지는 배우기 쉬워야 한다는 점입니다. 머큐리얼 개발자들은 핵심 명령의 수를 줄이고 여러 명령에 사용되는 옵션이 일관성을 갖도록 하는 가운데 사용에 필요한 대부분의 기능을 제공하도록 노력했습니다. 머큐리얼은 조금씩 배워가면서 사용하도록 만들었으며, 특히 다른 버전 관리 시스템을 사용해 본 사용자라면 금방 배울 수 있습니다. 이런 철학은 머큐리얼을 특정한 쓰임새에 맞게 바꾸는 용도로 부가기능을 사용할 수 있다는 아이디어로 이어집니다. 이런 이유로, 머큐리얼 개발자는 다른 버전 관리 시스템, 특히 서브버전과 사용자 인터페이스가 일치하도록 노력했습니다. 같은 맥락에서 개발팀은 좋은 문서를 제공하려고 했는데, 이는 애플리케이션에 내장돼 있으며, 다른 도움말 주제나 명령과 교차 참조되어 있습니다. 우리는 유용한 오류 메시지를 제공하려고 힘썼기에 정상적으로 처리되지 못한 명령 대신에 시도할 만한 대안도 메시지에 포함됩니다.

몇 가지 사소한 결정 사항이 새로운 사용자에게 당혹스러운 면이 될 수도 있습니다. 예를 들어, (앞에서 다룬) 태그를 처리하면서 작업 디렉터리의 별도 파일에 태그 정보를 넣는 방식은 많은 사용자가 처음엔 그리 좋아하지 않는 부분이었습니다. 하지만 이 구조에는 (확실히 결점이 있음에도 불구하고) 매우 매력적인 특징이 있습니다. 유사하게, 다른 버전 관리 시스템은 기본적으로 체크아웃한 변경 묶음과 이전 변경 묶음들만 원격 호스트에 전송하도록 결정한 반면 머큐리얼은 원격에 없는 모든 커밋된 변경 묶음을 전송합니다. 두 방식 모두 어느 정도 타당하며, 사용자의 개발 스타일에 따라 어느 쪽이 더 나은지 판단하게 될 것입니다.

소프트웨어 프로젝트에는 언제나 한쪽을 선택하면 다른 쪽을 포기해야 하는 일이 생깁니다. 내 생각에 머큐리얼은 좋은 선택을 했습니다. 물론 나중에 되돌아보니 다른 편이 더 적합해 보이는 부분도 있지만 말이죠. 역사적으로, 머큐리얼은 범용으로 사용 가능할 만큼 성숙한 분산 버전 관리 시스템의 1세대에 포함될 것입니다. 나는 개인적으로 다음 세대가 어떤 모습일지 기다려집니다.

옮긴이: 박성철

8bit 애플 2 호환기로 시작해 지금까지 30년 넘게 SW 개발 주변을 겉도는 경도 히키코모리이다. 평생 혼자 살 운명이었으나 천사를 만나 가장 역할을 부여받고 서울 근교에서 아들 하나와 함께 행복한 가정을 꾸리고 있다. 별생각 없이 시작한 회사를 10년 만에 말아 먹은 흑역사를 뒤로하고 지금은 SK플래닛에서 멋진 개발자들과 즐거운 퀘스트를 수행 중이다. 소프트웨어 개발 현장을 개선하는 데 관심이 많다.

8장

바이올렛(Violet)

케이 호르스트만(Cay Horstmann) 지음
류성호 옮김

2002년, 저는 학부생을 위한 객체 지향 설계와 패턴에 관한 교과서를 집필했습니다[Hor05]. 다른 많은 책처럼 기존 정규 교과과정에 대한 좌절감이 이 책을 집필하는 동기가 되었습니다. 보통 전산 전공 학생들은 '기초 프로그래밍' 과목에서 클래스 하나를 설계하는 법을 배우고 나면, 소프트웨어 엔지니어링 과목을 수강하게 될 때까지 객체 지향 설계를 다시 접할 기회가 없습니다. 단 몇 주 만에 UML과 디자인 패턴을 겉핥기식으로 서둘러 배우고 나면, 학생들에게는 막연히 뭔가 이해한 것 같다는 느낌만 남게 됩니다.

제 책은 자바 프로그래밍 경험과 기본적인 데이터 구조 관련 지식이 있는 학생들을 대상으로 한 학기 분량의 과목을 상정하여 작성되었습니다. 제 책에서는 익숙한 예제들 위주로 객체 지향 설계 원칙과 디자인 패턴을 소개하고 있습니다. 예를 들어 Decorator 패턴을 설명할 때, 종래 사용되던 자바 스트림을 예로 드는 대신 스윙(Swing)의 JScrollPane을 이용하여 설명합니다. 이 편이 보다 친숙하고 기억하기 쉬울 것이라고 생각하기 때문입니다.

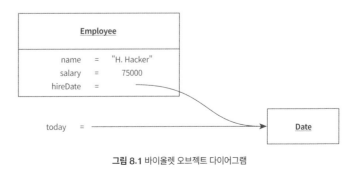

그림 8.1 바이올렛 오브젝트 다이어그램

제 책에서는 UML 중 일부만을 추려내어 단순화시킨 표기법을 사용했습니다. 여기에는 클래스 다이어그램, 시퀀스 다이어그램, 그리고 자바 오브젝트 레퍼런스를 보여줄 수 있는 오브젝트 다이어그램의 변형된 형태 등이 포함되었습니다. 나아가 학생들이 직접 이 다이어그램들을 그려볼 수 있게 하고 싶었습니다. 하지만, 래셔널 로즈(Rational Rose)와 같은 상업용 제품들은 비싼 데다가 배우고 사용하기도 어려웠습니다[Shu05]. 반면, 당시의 오픈 소스 기반 대안들은 GUI를 아예 사용할 수 없거나 기능이 너무 빈약하고 버그도 많아서 사용하기 불가능할 정도였습니다.[1] 특히, ArgoUML에서의 시퀀스 다이어그램의 문제는 심각했습니다.

이런 이유로 학생들에게 유용하면서도, 학생들이 이해하고 수정할 수 있는 확장가능한 프레임워크 예제가 될 수 있는 간단한 에디터를 작성해 보기로 마음먹었습니다. 그리하여 바이올렛이 태어나게 된 것입니다.

8.1 바이올렛 소개

바이올렛은 학생, 교사, 작가 등이 간단한 UML 다이어그램을 빨리 그릴 수 있도록 해주는 것을 목표로 개발된 경량 UML 편집기입니다. 사용법은 매우 간단하고 배우기 쉽습니다. 클래스 다이어그램, 시퀀스 다이어그램, 스테이트 다이어그램, 오브젝트 다이어그램, 유스 케이스 다이어그램 등을 그릴 수 있으며, 기타 다이어그램들에 대한 지원도 이후 외부 개발자들에 의해 제공되었습니다. 바이올렛은 오픈 소스 크로스 플랫폼 소프트웨어이며, Java 2D 그래픽스 API에 기반한 간단하면서도 유연한 그래픽 프레임워크를 내부적으로 사용합니다.

바이올렛의 사용자 인터페이스는 의도적으로 단순하게 설계되었습니다. 속성이나 메서드를 지정하려면 직접 텍스트 필드에 입력하는 것으로 충분합니다. 번잡하게 대화상자 여러 개를 열었다가 닫지 않아도 됩니다. 덕분에, 마우스 클릭 몇 번만 하면 근사하고 유용한 다이어그램들을 빠르게 그릴 수 있습니다.

하지만, 바이올렛을 상용 수준의 UML 프로그램과 같은 수준으로 개발하고자 한 것은 아니었습니다. 바이올렛에 누락되어 있는 기능 중 몇 개를 들자면 다음과 같습니다.

---

[1] 당시에는 디오미디스 스피넬리스의 훌륭한 UMLGraph 프로그램에 대해 알지 못했습니다[Spi03].

- 바이올렛은 UML 다이어그램으로부터 소스 코드를 생성하거나, 반대로 소스 코드로부터 UML 다이어그램을 생성하지도 않습니다.
- 바이올렛은 작성된 모델이 의미상으로 올바른지 여부를 검증하지 않습니다. 즉, 바이올렛에서는 같은 모델을 설명하는 서로 모순된 다이어그램을 그릴 수 있습니다.
- 바이올렛은 다른 UML 툴에서 작성된 파일을 임포트하거나, 다른 툴에서 사용할 수 있도록 모델을 출력하지 못합니다.
- 바이올렛은 단순한 '그리드에 정렬하기' 기능을 제외하고는 다이어그램 자동 배치 기능을 전혀 제공하지 않습니다.

(이들 중 일부를 해결하는 것은 학생들을 위한 과제로 사용하기 적합합니다.)

바이올렛은 상용 제품들 같은 복잡한 기능은 필요 없지만 단순한 장난감 수준 이상의 기능을 제공해 줄 수 있는 UML 툴에 목말라 있던 디자이너들로부터 열렬한 지지를 받았으며, 그 결과 바이올렛의 코드는 GPL 라이선스로 소스포지에 공개되었습니다. 2005년부터는 알렉산더 드 펠레그린(Alexandre de Pellegrin) 이 이클립스 플러그인과 한층 더 깔끔해진 사용자 인터페이스들을 개발하면서 프로젝트에 참여하기 시작했습니다. 이후 그는 다수의 구조적 변경을 수행하면 서, 이제는 바이올렛 프로젝트의 주 메인터이너 역할을 수행하고 있습니다.

여기에서는 바이올렛의 구조에 대한 초기 설계 결정사항들과 그 진화 과정에 대해 설명하겠습니다. 그래프 편집에 대한 설명 외에도 JavaBeans, Persistence, Java Webstart, 플러그인 구조 등 같은 보다 일반적인 주제도 다루도록 하겠습 니다.

8.2 그래프 프레임워크

바이올렛은 임의의 모양을 갖는 노드와 에지로 구성된 도형을 그려주는 범용 그 래프 편집 프레임워크를 기반으로 하고 있습니다. 바이올렛 UML 편집기에서 노 드는 클래스, 오브젝트, 시퀀스 다이어그램에서의 활성 바 등을 표현하는 데 사 용되며, 에지는 UML 다이어그램에서 사용되는 다양한 에지 모양을 표현하는 데 사용됩니다. 이 그래프 프레임워크는 UML 외에도 다양한 다른 그래프들을 그리

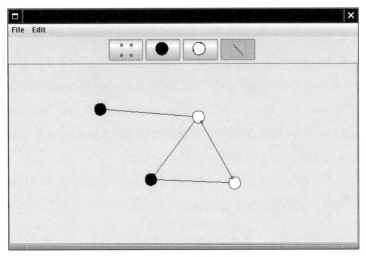

그림 8.2 간단한 그래프 편집기 프레임워크

는데 사용될 수 있습니다. 예를 들어, ER 다이어그램[2]이나 레일로드(railroad) 다이어그램[3]을 그리는 데에도 사용될 수 있습니다.

이해를 돕기 위해서 그림 8.2에서 보이는 것과 같이 검은색/하얀색 원형 노드들과 직선만으로 구성된 간단한 그래프 에디터를 예로 들어보겠습니다. SimpleGraph 클래스는 프로토타입 디자인 패턴이 적용되었으며, 노드와 에지 타입의 객체들에 대한 프로토타입 객체들을 제공합니다.

```java
public class SimpleGraph extends AbstractGraph
{
  public Node[] getNodePrototypes()
  {
    return new Node[]
    {
      new CircleNode(Color.BLACK),
      new CircleNode(Color.WHITE)
    };
  }
  public Edge[] getEdgePrototypes()
  {
    return new Edge[]
    {
```

---

2 (옮긴이) Entity-Relation diagram의 약자로, 관계형 데이터베이스 등에서 사용되는 데이터모델을 추상적인 형태로 표현하는 데 사용되는 다이어그램입니다. http://en.wikipedia.org/wiki/Entity%E2%80%93 relationship_model/

3 (옮긴이) Syntax diagram이라고도 불리며, 문맥 자유 문법(context-free grammer)라고 불리는 문법을 표현하는 데 사용되는 기법 중 하나입니다. http://en.wikipedia.org/wiki/Syntax_diagram/

```
        new LineEdge()
    };
  }
}
```

이 프로토타입 객체들은 그림 8.2에서 보이는 노드와 에지 버튼을 그리는 데 사용되며, 사용자가 그래프에 새로운 노드나 에지를 추가할 때마다 복제됩니다. 노드와 에지 인터페이스에는 다음과 같은 핵심 메서드들이 포함됩니다.

· 노드와 에지 인터페이스 모두 Java2D Shape 객체를 반환해 주는 getShape 메서드를 제공합니다.

· Edge 인터페이스는 에지의 시작과 끝점 노드들을 제공해주는 메서드를 제공합니다.

· Node 인터페이스의 getConnectionPoint 메서드는 그림 8.3에서와 같이 노드 경계 부분에 최적의 연결 포인트(attachment point)를 계산해 줍니다.

· Edge 인터페이스의 getConnectionPoints 메서드는 현재 선택된 에지의 양쪽 끝점들을 반환해 줍니다. 이 메서드는 현재 선택되어 있는 에지의 양 끝에 사용자가 이동시킬 수 있는 굵은 점들을 표시해 주는데 사용될 수 있습니다.

· 노드는 부모 객체와 함께 움직일 수 있는 자식 객체들을 가질 수 있으며, 자식 객체를 열람하고 관리하기 위한 다수의 메서드들도 함께 제공합니다.

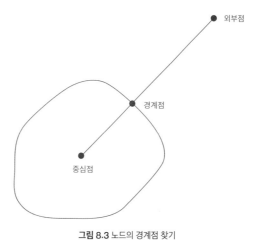

그림 8.3 노드의 경계점 찾기

AbstractNode나 AbstractEdge 등 추상 클래스들은 이 메서드들 중 일부를 구현함으로써 실제 해당 인터페이스를 구현하는 것을 도와줍니다. 일반 클래스에서는 인터페이스의 함수들이 모두 완전히 구현됩니다. 제목을 붙일 수 있는 직사각형 노드를 제공하는 RectangularNode나 여러 개의 선분으로 이루어진 에지를 표현하는 SegmentedLineEdge 등이 대표적인 예입니다.

앞서 살펴본 예제 같은 단순한 그래프 편집기에서는 CircleNode와 LineEdge 클래스들이 필요합니다. 이 클래스들에서는 draw 메서드, contains 메서드, 경계선의 모양을 설명해주는 getConnectionPoint 메서드들이 제공되어야 합니다. 관련 코드는 아래 예제와 그림 8.4의 클래스 다이어그램에서 설명되어 있습니다. 물론, 이 클래스 다이어그램은 바이올렛으로 작성되었습니다.

```java
public class CircleNode extends AbstractNode
{
  public CircleNode(Color aColor)
  {
    size = DEFAULT_SIZE;
    x = 0;
    y = 0;
    color = aColor;
  }

  public void draw(Graphics2D g2)
  {
    Ellipse2D circle = new Ellipse2D.Double(x, y, size, size);
    Color oldColor = g2.getColor();
    g2.setColor(color);
    g2.fill(circle);
    g2.setColor(oldColor);
    g2.draw(circle);
  }

  public boolean contains(Point2D p)
  {
    Ellipse2D circle = new Ellipse2D.Double(x, y, size, size);
    return circle.contains(p);
  }

  public Point2D getConnectionPoint(Point2D other)
  {
    double centerX = x + size / 2;
    double centerY = y + size / 2;
    double dx = other.getX() - centerX;
    double dy = other.getY() - centerY;
    double distance = Math.sqrt(dx * dx + dy * dy);
    if (distance == 0) return other;
    else return new Point2D.Double(
      centerX + dx * (size / 2) / distance,
      centerY + dy * (size / 2) / distance);
  }
```

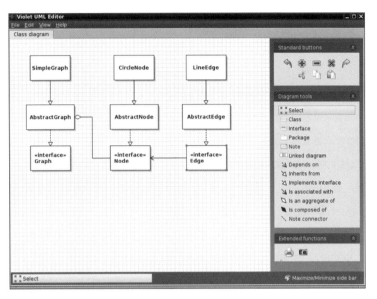

그림 8.4 SimpleGraph에 대한 클래스 다이어그램

```
  private double x, y, size, color;
  private static final int DEFAULT_SIZE = 20;
}

public class LineEdge extends AbstractEdge
{
  public void draw(Graphics2D g2)
  { g2.draw(getConnectionPoints()); }

  public boolean contains(Point2D aPoint)
  {
    final double MAX_DIST = 2;
    return getConnectionPoints().ptSegDist(aPoint) < MAX_DIST;
  }
}
```

요약하면, 바이올렛은 임의의 그래프 편집기를 만들 수 있게 해주는 간단한 범용 프레임워크를 제공합니다. 자신만의 목적에 맞는 편집기를 구현하려면 노드와 에지 클래스를 정의하고 그래프 클래스에 해당 객체들의 프로토타입을 제공해 주는 메서드들을 제공하기만 하면 충분합니다.

물론, 바이올렛의 자체 프레임워크 외에도 JGraph[Ald02]나 JUNG[4]처럼 다른 그래프 프레임워크들도 있습니다. 하지만, 이 프레임워크들은 더 복잡할 뿐 아

---

4 http://jung.sourceforge.net

니라, 그래프 작성 애플리케이션을 만들기 위한 프레임워크라기보다는 그래프를 그리는 작업 자체를 위한 프레임워크들입니다.

8.3 JavaBeans 프로퍼티의 사용

JavaBeans 표준안은 클라이언트 사이드 자바의 전성기에 비주얼 GUI 빌더 환경에서 GUI 컴포넌트를 편집할 수 있는 이식성 높은 메커니즘을 제공하기 위하여 개발되었습니다.

자바는 자체적으로 프로퍼티를 제공하지 않습니다. 대신, JavaBeans에서는 getter/setter 메서드 쌍이나 별도의 연관 BeanInfo 클래스 등을 통해 발견될 수 있는 프로퍼티를 제공합니다. 또한, 프로퍼티 값에 대한 비주얼 편집 기능을 제공하기 위한 프로퍼티 편집기를 지정하는 것도 가능합니다. JDK에는 java.awt.Color처럼 기본적으로 제공되는 프로퍼티 편집기들이 몇 종류 포함되어 있습니다.

바이올렛 프레임워크는 JavaBeans 표준안을 전적으로 활용하고 있습니다. 예를 들어, 아래와 같은 두 개의 메서드만 제공하면 CircleNode 클래스에서 컬러 프로퍼티를 외부로 노출시킬 수 있으며, 다른 어떤 추가 작업 없이도 그림 8.5에서처럼 노드의 색상을 GUI 인터페이스를 통해 수정할 수 있게 됩니다.

```
public void setColor(Color newValue)
public Color getColor()
```

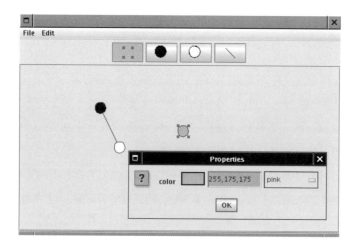

그림 8.5 기본 JavaBeans 색상 편집기를 사용하여 원의 색상을 변경하기

8.4 장기 저장

다른 편집기 프로그램들처럼 바이올렛도 작업 결과를 파일에 저장했다가 나중에 다시 읽어 들이는 기능을 제공해야 합니다. 이를 위해서 UML 모델 교환용 XMI(XML Metadata Interchange, XML 메타데이터 교환 방식) 표준안[5]을 사용하는 것을 검토해 본 적이 있었습니다만, 너무 거추장스럽고 이해하기 어려웠습니다. 이건 단순한 개인만의 의견은 아니라고 생각합니다. 단순한 모델에 대해서조차 XMI의 호환성이 낮다는 점은 이미 널리 알려져 있습니다[PGL+05].

　Java Serialization도 검토해보았습니다만, 객체의 구현이 변경되면 이전에 저장된 객체를 읽어 들이기 어렵다는 문제가 있었습니다. JavaBeans 아키텍트들은 이미 이런 문제점을 예상하고 장기간 저장(long term persistence)을 위한 표준 XML을 정의했습니다.[6] 이 경우, 바이올렛의 UML 다이어그램과 같은 자바 객체들은 해당 객체를 생성하고 수정하는 명령문(statement)들의 형태로 저장됩니다. 예제는 아래와 같습니다.

```
<?xml version="1.0" encoding="UTF-8"?>
<java version="1.0" class="java.beans.XMLDecoder">
 <object class="com.horstmann.violet.ClassDiagramGraph">
  <void method="addNode">
   <object id="ClassNode0" class="com.horstmann.violet.ClassNode">
    <void property="name">…</void>
   </object>
   <object class="java.awt.geom.Point2D$Double">
    <double>200.0</double>
    <double>60.0</double>
   </object>
  </void>
  <void method="addNode">
   <object id="ClassNode1" class="com.horstmann.violet.ClassNode">
    <void property="name">…</void>
   </object>
   <object class="java.awt.geom.Point2D$Double">
    <double>200.0</double>
    <double>210.0</double>
   </object>
  </void>
  <void method="connect">
   <object class="com.horstmann.violet.ClassRelationshipEdge">
    <void property="endArrowHead">
```

5　http://www.omg.org/technology/documents/formal/xmi.htm
6　http://jcp.org/en/jsr/detail?id=57

```
    <object class="com.horstmann.violet.ArrowHead" field="TRIANGLE"/>
   </void>
  </object>
  <object idref="ClassNode0"/>
  <object idref="ClassNode1"/>
 </void>
</object>
</java>
```

XMLDecoder 클래스는 이 파일을 읽어 들여 아래의 명령문을 순서대로 실행합니다(패키지 명은 편의를 위해서 생략했습니다).

```
ClassDiagramGraph obj1 = new ClassDiagramGraph();
ClassNode ClassNode0 = new ClassNode();
ClassNode0.setName(…);
obj1.addNode(ClassNode0, new Point2D.Double(200, 60));
ClassNode ClassNode1 = new ClassNode();
ClassNode1.setName(…);
obj1.addNode(ClassNode1, new Point2D.Double(200, 60));
ClassRelationShipEdge obj2 = new ClassRelationShipEdge();
obj2.setEndArrowHead(ArrowHead.TRIANGLE);
obj1.connect(obj2, ClassNode0, ClassNode1);
```

따라서 새 버전의 프로그램들은 각 클래스의 생성자, 속성, 메서드 내부 구현이 달라지더라도 그 의미상의 동작만 바뀌지 않는다면 이전 버전에서 생성된 파일을 문제없이 읽어 들일 수 있습니다.

이런 XML 파일 생성하는 방법은 매우 명확합니다. 인코더는 각 객체의 모든 속성을 나열하면서 기본 값과 그 밖의 속성값들에 대한 setter 명령문을 기록합니다. 대부분의 기본 데이터 타입은 자바 플랫폼이 자동으로 처리해 줍니다. 하지만 Point2D, Line2D, Rectangle2D에 대해서는 직접 전용 핸들러를 구현해야 했습니다. 가장 중요한 점은 일련의 addNode와 connect 메서드들을 호출하는 것만으로 그래프를 저장할 수 있다는 점을 아래와 같이 인코더에게 알려주어야 한다는 것입니다.

```
encoder.setPersistenceDelegate(Graph.class, new DefaultPersistenceDelegate()
{
  protected void initialize(Class<?> type, Object oldInstance,
    Object newInstance, Encoder out)
  {
    super.initialize(type, oldInstance, newInstance, out);
    AbstractGraph g = (AbstractGraph) oldInstance;
    for (Node n : g.getNodes())
      out.writeStatement(new Statement(oldInstance, "addNode", new Object[]
      {
        n,
```

```
      n.getLocation()
   }));
 for (Edge e : g.getEdges())
   out.writeStatement(new Statement(oldInstance, "connect", new Object[]
   {
     e, e.getStart(), e.getEnd()
   }));
 }
});
```

일단 인코더가 설정되고 나면, 다음과 같이 간단하게 그래프를 저장할 수 있습니다.

```
encoder.writeObject(graph);
```

디코더는 단순히 읽어 들인 명령문들을 순서대로 실행할 뿐이기 때문에, 별도의 설정 작업조차 전혀 필요 없습니다. 그래프를 읽어 들이는 작업은 아래와 같이 간단합니다.

```
Graph graph = (Graph) decoder.readObject();
```

이 접근 방법은 바이올렛이 꾸준히 개선되는 동안 잘 동작해왔습니다. 하지만, 최근 리팩터링으로 인하여 일부 패키지 명이 변경되면서 하위 호환성이 깨진 경우가 한 번 있었습니다. 이 문제는 파일을 읽어 들일 때 이전 패키지 이름들을 새로 변경된 패키지 이름으로 바꿔 써 주는 XML transformer를 적용함으로써 해결했습니다.

8.5 Java WebStart

Java WebStart는 웹브라우저를 이용해서 애플리케이션 배포하고 실행하는 수단을 제공해주는 기술입니다. 프로그램을 배포하는 사람은 JNLP(Java Network Launch Protocol) 파일을 웹에 올려두며, 사용자가 이를 클릭할 경우 웹브라우저가 별도의 도우미 애플리케이션을 실행하여 프로그램을 다운로드하고 실행해 줍니다. 애플리케이션이 디지털 서명되어 배포되는 경우, 사용자는 반드시 실행 전에 서명에 사용된 인증서(certificate)를 확인하고 승낙해야 합니다. 반면, 애플리케이션이 아무런 서명 없이 배포된 경우 일반 애플릿 샌드박스 환경보다 제약이 덜 가해지는 환경에서 실행됩니다.

개인적으로는, 보안 관련 이슈에 대한 판단을 일반 사용자에게 떠넘겨서는 안 된다고 봅니다. 보통 사용자가 디지털 서명이 유효한지 여부를 스스로 판단할 수 있다거나, 보안에 어떤 영향이 발생하는지를 이해하면서 인증서를 승낙한다고 기대하기는 어렵습니다. 보다 적합한 방법은 자바의 대표적 강점 중 하나인 보안 기능을 십분 활용하는 것이라고 생각합니다.

Java WebStart의 샌드박스에서는 파일 입출력이나 프린팅 등 유용한 작업들을 수행하는 데 충분한 기능들이 제공됩니다. 이런 작업들은 사용자 측면에서는 간편하면서도 안전하게 처리됩니다. 예를 들어, 애플리케이션이 로컬 파일 시스템에 접근하려고 하면 사용자에게 알림 대화상자가 제시됩니다. 사용자는 이 대화상자를 통해 사용하고자 하는 파일을 직접 선택할 수 있습니다. 애플리케이션은 사용자가 어떤 파일을 선택했는지를 전혀 알 수 없으며, 단지 입출력을 위한 스트림 객체만 전달받게 됩니다.

반면, 애플리케이션을 WebStart를 통해 실행하려면 직접 FileOpenService와 FileSaveService 관련 코드를 작성해야 한다는 점은 개발자 입장에서는 번거로운 부분입니다. 특히, 애플리케이션이 WebStart를 통해 실행되었는지 여부를 알아낼 수 있는 API가 없다는 점은 더더욱 성가신 부분입니다.

마찬가지로 사용자 설정을 저장하는 기능도 두 종류로 구현되어야 합니다. 즉, 애플리케이션이 일반적으로 실행될 때에는 자바 preferences API를, WebStart에서 실행될 때에는 WebStart preferences 서비스를 이용해야 합니다. 반면 프린팅은 애플리케이션 프로그래머 입장에서는 완전히 투명하게 동작합니다.

바이올렛은 애플리케이션 프로그래머의 부담을 덜어주기 위해서 간단한 추상화 레이어를 제공합니다. 예를 들자면 파일을 열고자 할 경우, 아래와 같이 FileService.Open 인터페이스를 사용하면 됩니다.

```
FileService service = FileService.getInstance(initialDirectory);
    // 현재 WebStart를 사용하여 실행 중인지 여부를 판단합니다.
FileService.Open open = fileService.open(defaultDirectory, defaultName,
    extensionFilter);
InputStream in = open.getInputStream();
String title = open.getName();
```

FileService.Open 인터페이스를 구현하는 클래스는 두 종류가 있습니다. 하나는 일반적인 Java 애플리케이션 형태로 실행되었을 때 사용되는 JFileChooser에 대한 wrapper 클래스이며, 다른 하나는 Java WebStart를 통해 실행되었을 때 사용되는 JNLP FileOpenService 기반 클래스입니다.

공식 JNLP API에서는 이런 편의 기능이 제공되지 않습니다. 개발자들은 아예 JNLP API 자체를 그리 선호하지 않았으며, 대부분의 경우 단순히 무시하고 말았습니다. 덕분에 대부분의 WebStart 애플리케이션은 자체적으로 서명한 증명서를 사용합니다. 하지만, 이 방식은 사용자들에게 보안 환경을 전혀 제공하지 못합니다. 이것은 부끄러운 일입니다. 오픈 소스 개발자들은 보안 이슈에 대한 부담 없이 프로젝트를 시험해보기 위한 수단으로써 JNLP 샌드박스 환경을 도입해야 한다고 봅니다.

8.6 Java2D

바이올렛은 Java2D 라이브러리를 광범위하게 사용합니다. Java2D 라이브러리는 유명하진 않지만, Java API에서 제공되는 유용한 기능 중 하나입니다. 모든 노드와 에지 들은 getShape 메서드를 갖고 있으며, 이 메서드에서는 Java2D에서 도형을 표현하기 위해 사용하는 공통 인터페이스인 java.awt.Shape 객체를 반환합니다. 이 인터페이스는 직사각형, 원, 경로(path)와 같은 기본 도형들과, 이 기본 도형들의 합집합, 교집합, 차집합을 통해 도형을 표현합니다. GeneralPath 클래스는 직선/곡선 화살표 등 같이 임의의 라인과 2차/3차 곡선들로 구성된 도형을 표현하는데 유용합니다.

실제 Java2D API의 유연성을 체감하기 위해서 아래의 AbstractNode.draw 메서드에서 그림자를 그려주는 코드를 살펴보도록 하겠습니다.

```
Shape shape = getShape();
if (shape == null) return;
g2.translate(SHADOW_GAP, SHADOW_GAP);
g2.setColor(SHADOW_COLOR);
g2.fill(shape);
g2.translate(-SHADOW_GAP, -SHADOW_GAP);
g2.setColor(BACKGROUND_COLOR);
g2.fill(shape);
```

이처럼 단지 몇 줄의 코드만으로 어떤 도형에 대해서든 그림자를 그려줄 수 있습니다. 이는 심지어 미래에 추가하게 될 도형들에 대해서도 수정 없이 적용가능합니다.

바이올렛은 GIF, PNG, JPEG처럼 java.imageio 패키지에서 지원하는 다양한 종류의 포맷을 사용하여 다이어그램을 비트맵 이미지로 저장할 수 있습니다. 하지만 출판사의 요청으로 인해서 벡터 이미지로의 저장 기능이 필요했을 때, Java2D 라이브러리의 다른 이점을 활용할 수 있었습니다. Java2D 명령들은 포스트스크립트 프린터로 출력될 때 포스트스크립트의 벡터 그리기 명령으로 변환됩니다. 따라서 출력 대상을 파일로 지정한 뒤 프린트를 수행하면, 해당 결과를 ps2eps 등으로 변환하여 어도비 일러스트레이터(Adobe Illustrator)나 잉크스케이프(Inkscape) 같은 전문 프로그램에서 임포트할 수 있습니다. 아래에 관련된 코드가 있습니다. 여기에서 comp는 paintComponent 메서드에서 그래프를 그려주는 스윙(Swing) 컴포넌트입니다:

```
DocFlavor flavor = DocFlavor.SERVICE_FORMATTED.PRINTABLE;
String mimeType = "application/postscript";
StreamPrintServiceFactory[] factories;
StreamPrintServiceFactory.lookupStreamPrintServiceFactories(flavor,
mimeType);
FileOutputStream out = new FileOutputStream(fileName);
PrintService service = factories[0].getPrintService(out);
SimpleDoc doc = new SimpleDoc(new Printable() {
  public int print(Graphics g, PageFormat pf, int page) {
      if (page >= 1) return Printable.NO_SUCH_PAGE;
      else {
        double sf1 = pf.getImageableWidth() / (comp.getWidth() + 1);
        double sf2 = pf.getImageableHeight() / (comp.getHeight() + 1);
        double s = Math.min(sf1, sf2);
        Graphics2D g2 = (Graphics2D) g;
        g2.translate((pf.getWidth() - pf.getImageableWidth()) / 2,
            (pf.getHeight() - pf.getImageableHeight()) / 2);
        g2.scale(s, s);
        comp.paint(g);
        return Printable.PAGE_EXISTS;
      }
  }
}, flavor, null);
DocPrintJob job = service.createPrintJob();
PrintRequestAttributeSet attributes = new HashPrintRequestAttributeSet();
job.print(doc, attributes);
```

처음에 이 방식을 적용해 봤을 때, 임의의 복잡한 모양을 가지는 도형을 그릴 때 성능 저하가 발생하지 않을까 우려했었습니다. 하지만, 클리핑 덕분에 현재 뷰포트 갱신에 필요한 부분만 출력되기 때문에 실제로는 실행 속도의 차이를 거의 느낄 수 없었습니다.

8.7 자체 구현한 스윙 프레임워크

대부분의 GUI 프레임워크들은 다수의 도큐먼트들을 관리해주고 메뉴, 툴바, 상태바 등을 처리해 주는 기능을 제공합니다. 하지만, 이런 기능들은 자바 API에 공식적으로 포함된 적이 없습니다. JSR296[7]이 스윙 애플리케이션에 대한 기본적인 프레임워크를 제공하려고 했지만, 현재는 활동이 정지된 상태입니다. 따라서 스윙 애플리케이션 개발자들은 모든 것을 직접 만들거나 서드파티 프레임워크를 사용하는 두 가지 접근 방식 중에 하나를 골라야만 했습니다. 바이올렛 개발 당시 이클립스(Eclipse)와 넷빈즈(NetBeans)가 주로 사용되는 프레임워크였습니다. 하지만, 둘 다 너무 무거워 보였기 때문에, 바이올렛에서는 메뉴와 내부 프레임을 관리하는 메커니즘을 직접 구현하기로 결정했습니다(최근에는 JSR296에서 파생된 GUTS[8]와 같은 경량 프레임워크들도 검토 가능합니다).

바이올렛에서 메뉴 아이템은 아래와 같이 프로퍼티 파일에 지정됩니다.

```
file.save.text=Save
file.save.mnemonic=S
file.save.accelerator=ctrl S
file.save.icon=/icons/16x16/save.png
```

별도의 전용 유틸리티 메서드가 각 프로퍼티의 접두사(이 예제에서는 file.save)를 기반으로 메뉴 아이템들을 생성해 줍니다. .text, .mnemonic 등과 같은 가장 마지막 단어들은 해당 메뉴의 속성을 설명하고 있으며, 이는 요즈음 "설정보다 관례(convention over configuration)"[9]라 불리는 기법과 유사합니다. 이처럼 리소스 파일을 기반으로 하는 방식은 API 호출을 통해 메뉴를 생성하는 방법에 비해 지역화(localization)에서도 훨씬 용이합니다. 개인적으로 고등학교 컴퓨터 교육을 위한 그리드월드(GridWorld)라는 다른 오픈 소스 프로젝트에서도 이 메커니즘을 활용했습니다.[10]

바이올렛과 같은 애플리케이션에서는 동시에 여러 그래프 도큐먼트를 열

---

7 http://jcp.org/en/jsr/detail?id=296

8 http://kenai.com/projects/guts

9 (옮긴이) 모든 항목에 대해 일일이 설정을 지정하는 대신, 상식적인 기본 값을 일관적으로 사용하면서, 예외가 있을 때에만 명시적으로 설정을 지정하는 접근 방식입니다. RubyOnRails 등에 사용되면서 널리 알려지게 되었습니다. http://en.wikipedia.org/wiki/Convention_over_configuration

10 http://horstmann.com/gridworld

수 있습니다. 바이올렛이 처음 작성될 당시에는 MDI(Multiple Document Interface)가 널리 사용되고 있었습니다. MDI에서는 메뉴 바가 메인프레임에 위치하고, 각 도큐먼트들은 메뉴가 없는 별도의 고유의 내부 프레임에 그려졌습니다. 각 내부 프레임들은 메인프레임 안에 들어 있었으며, 개별적으로 크기를 조정하거나 최소화시킬 수 있었습니다. 또한 내부 프레임 윈도들을 계단 형태나 타일 형태로 배치하는 기능들도 있었습니다.

하나 많은 개발자들이 MDI를 싫어했기 때문에 최근에는 거의 사용되지 않습니다. 그 대신 한동안 애플리케이션에서 여러 개의 톱 레벨 프레임을 띄울 수 있는 SDI(Single Document Interface) 방식이 더 우월한 인터페이스로 간주되기도 했습니다. 하지만 이후 다수의 톱 레벨 윈도를 사용하는 것도 별로라는 점이 명백해지고 난 뒤, 탭 방식의 인터페이스가 등장하기 시작했습니다. 이 방식에서는 하나의 프레임 안에 여러 도큐먼트들을 열 수 있습니다만, 현재 활성화된 도큐먼트만이 최대화된 형태로 보여집니다. 다른 도큐먼트들은 별도의 탭으로 표현되며, 해당 탭을 선택함으로써 활성화된 도큐먼트를 변경할 수 있습니다. 비록 두 도큐먼트를 나란히 놓고 서로 비교하는 것이 불가능하다는 단점이 있기는 하지만, 결국 최근에는 이 탭 방식이 가장 보편적으로 사용되고 있습니다.

바이올렛 초기 버전에서는 MDI 인터페이스를 사용했습니다. 자바 API에서 내부 프레임 윈도 기능을 제공해 주기는 했지만, 해당 내부 프레임 윈도들을 계단 형태나 타일 형태로 배치하는 기능은 직접 구현해야 했습니다. 새로운 메인 테이너인 알렉산더는 탭 기반 인터페이스를 도입했습니다. Java API에서도 탭 기반 인터페이스에 관련된 기능들을 보다 충실하게 제공해주고 있습니다. 이상적인 경우라면, 애플리케이션 프레임워크는 도큐먼트를 보여주는 방식에 무관하게 애플리케이션 프레임워크가 동작 가능할 수 있어야 할 것입니다. 사용자가 원하는 방식을 고를 수 있게 해준다면 더 바람직하겠지요.

알렉산더는 사이드바, 상태바, 웰컴 패널, 스플래시 스크린 기능들도 추가했습니다. 이들은 Swing 프레임워크의 이상적인 구성요소가 될 수 있었습니다.

8.8 Undo/Redo

다단계 undo/redo 기능을 직접 구현한다는 것은 상당히 벅차게 느껴질 수 있습니다. 하지만, Swing undo 패키지([Top00], 20장)에서 바람직한 구조를 제시하고 있습니다. 이 경우 UndoManager가 UndoableEdit 객체의 스택을 관리합니다. 각 UndoableEdit 객체들은 특정 편집 작업을 취소해 주는 undo 메서드와 undo의 효과를 취소해 주는 redo 메서드를 가지고 있습니다. CompoundEdit는 일련의 UndoableEdit 작업을 한데 묶어 마치 하나의 작업처럼 undo/redo 해야 하는 경우를 표현합니다. Undo/redo용 기본 작업들은 에지를 하나씩 추가하거나 제거하는 것처럼 가급적 단순한 기본 작업들 위주로 설계하는 것이 바람직하며, CompoundEdit는 꼭 필요한 경우에만 정의하여 사용하는 것이 좋습니다.

가장 까다로운 부분은 어떤 것들을 기본 작업으로 사용할 것인지를 정의하는 작업입니다. 개별적으로 각 작업들은 취소가 용이하면서도, 전체적으로 기본 작업의 개수가 너무 많지 않도록 최소화시키는 것이 바람직합니다. 바이올렛에서는 사용하는 기본 작업들은 아래와 같습니다.

· 노드나 에지를 추가하거나 삭제하는 것
· 노드에 자식을 추가하거나 제거하는 것
· 노드를 이동하는 것
· 노드나 에지의 속성을 수정하는 것

각 작업에는 그에 상응하는 명확한 undo 작업이 존재합니다. 예를 들어, 새로운 노드를 추가하는 작업에 대한 undo는 해당 노드를 제거하는 작업이 된다거나, 어떤 노드를 이동하는 작업에 대한 undo는 해당 노드를 반대 벡터로 다시 이동하는 작업이 된다거나 하는 식입니다.

하지만, 이 undo용 기본 작업들은 사용자 인터페이스에서의 기본 작업이나 Graph 인터페이스의 메서드들과는 다릅니다. 예를 들어 그림 8.6 시퀀스 다이어그램의 경우, 사용자가 마우스로 액티베이션 바를 오른쪽의 라인으로 드래그한 뒤 놓게 되면 아래 메서드가 호출됩니다.

```
public boolean addEdgeAtPoints(Edge e, Point2D p1, Point2D p2)
```

해당 메서드는 단순히 에지를 추가하는 것 외에도, 오른쪽 라인에 새로운 활성 바(activation bar)를 추가하는 것처럼 연관된 Edge 및 Node 서브클래스들에 정의되어 있는 추가 작업들도 수행합니다. 따라서 이 작업을 취소할 때에는 에지 외에 새로 추가된 액티베이션 바도 제거되어야 하겠지요. 이로 인하여, 단순히 컨트롤러에서 어떤 작업들이 수행되었는지를 아는 것만으로는 불충분하며, 이

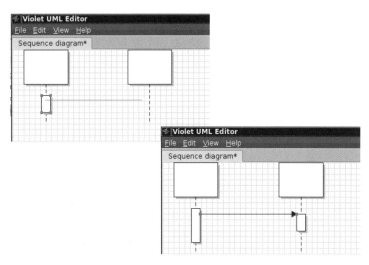

그림 8.6 구조적 변경 사항에 기반한 Undo 작업

예제에서의 그래프처럼 모델 단위에서 어떤 구조적 변경이 이루어졌는지를 기록해 두어야합니다.

　스윙(Swing) undo 패키지 설계의 영향으로, 그래프, 노드, 에지 클래스 들은 구조적 변경이 발생할 때마다 UndoManager에 UndoableEditEvent를 통지하도록 되어있습니다. 바이올렛은 보다 일반적인 설계를 채택하여, 그래프 자체가 다음 인터페이스에 대한 리스너들을 관리하도록 하고 있습니다.

```
public interface GraphModificationListener
{
  void nodeAdded(Graph g, Node n);
  void nodeRemoved(Graph g, Node n);
  void nodeMoved(Graph g, Node n, double dx, double dy);
  void childAttached(Graph g, int index, Node p, Node c);
  void childDetached(Graph g, int index, Node p, Node c);
  void edgeAdded(Graph g, Edge e);
  void edgeRemoved(Graph g, Edge e);
  void propertyChangedOnNodeOrEdge(Graph g, PropertyChangeEvent event);
}
```

바이올렛의 프레임워크는 각 그래프마다 UndoManager의 브릿지 역할을 수행하는 리스너를 등록해 줍니다. 단지 Undo만을 위해 일반적인 listener 인터페이스를 추가하는 것은 좀 과도한 측면이 있기는 합니다. 그래프를 대상으로 수행되는 작업들이 직접 UndoManager와 직접 통신할 수도 있기 때문입니다. 하지만, Undo 외에도 다수의 사용자들이 동시에 협업하는 기능도 시험적으로 적용해 보려고 했기 때문에, 그래프 변경사항에 대한 interface를 사용하는 방식을 채택했습니다.

애플리케이션에서 undo/redo 기능을 지원하고자 할 때에는, 어떤 작업들을 undo/redo용 기본 단위로 선정할 것인지를 모델 단위에서 잘 생각해 보는 것이 중요합니다. 앞서 설명했던 바와 같이 인터페이스 작업의 기본 단위를 사용하는 것은 그리 적합하지 않기 때문입니다. 모델에 구조적인 변경사항이 발생할 때마다 이벤트를 발생시키는 동시에, 스윙 UndoManager가 이들 이벤트를 수집하고 그룹화 할 수 있도록 해 주어야 합니다.

8.9 플러그인 구조

2D 그래픽에 익숙한 개발자라면 바이올렛에서 새로운 종류의 다이어그램을 추가하는 게 어렵지 않습니다. 예를 들어, 액티비티 다이어그램은 서드파티에 의해서 제공되었습니다. 개인적으로 레일로드 다이어그램이나 ER 다이어그램이 필요해졌을 때, 비지오(Visio)나 디아(Dia)와 씨름하는 대신 바이올렛 확장 모듈(extension)을 작성하는 것이 더 빨랐습니다. 각 다이어그램에 대한 지원 기능을 하루 만에 구현할 수 있었기 때문입니다.

새로운 기능을 직접 개발하려면 바이올렛 프레임워크 전체를 이해하고 있지 않아도 충분합니다. 단지 그래프, 노드, 엣지 인터페이스 들과 몇몇 편의 클래스만 알면 충분합니다. 외부 컨트리뷰터들이 프레임워크의 발전에 무관하게 작업할 수 있도록 하기 위해서, 바이올렛에서는 간단한 플러그인 구조를 사용하고 있습니다.

물론, 기존의 많은 프로그램에서 사용되는 정교한 플러그인 아키텍처들도 다수 있었습니다. 누군가는 바이올렛에서 OSGi를 지원해 달라는 섬뜩한 제안을 하기도 했었습니다. 하지만, 바이올렛에서는 가장 간단한 형태로 구현하는 방식을 채택했습니다.

외부 개발자는 자신이 직접 구현한 그래프, 노드, 에지 들을 jar 파일로 묶어서 plugins 디렉터리에 넣어두기만 하면 됩니다. 이 플러그인들은 바이올렛이 시작될 때 Java ServiceLoader 클래스를 사용하여 로드됩니다. 원래 ServiceLoader

클래스는 JDBC 드라이버와 같은 서비스들을 로드하기 위해 설계되었으며, 임의의 인터페이스를 입력받아 해당 인터페이스를 구현하는 클래스가 포함되어 있는 JAR 파일을 로드해 줍니다. 바이올렛의 경우에는 Graph 인터페이스가 사용됩니다.

각각의 JAR 파일은 META-INF/services라는 서브디렉터리에 com.horstmann.violet.Graph와 같이 특정 인터페이스의 전체 클래스 이름(fully qualified classname)을 파일 이름으로 갖는 파일을 가지고 있어야 하며, 해당 파일 안에는 그 인터페이스를 구현한 모든 클래스의 이름이 한 줄에 하나씩 포함되어 있어야 합니다. ServiceLoader는 해당 플러그인 디렉터리를 위한 클래스 로더를 생성한 뒤 모든 플러그인을 로드합니다.

```
ServiceLoader<Graph> graphLoader = ServiceLoader.load(Graph.class,
classLoader);
for (Graph g : graphLoader)
// ServiceLoader<Graph>는
// Iterable<Graph>를 구현합니다.
for (Graph g: graphLoader)
    registerGraph(g);
```

이 기능은 다른 프로젝트들에서도 유용하게 사용될 수 있는, 표준 자바(Java)에서 제공되는 단순한 기본 기능입니다.

8.10 결론

바이올렛은 간단한 UML 다이어그램을 최소한의 노력만으로 그릴 수 있도록 하기 위해 개발되었습니다. 다른 많은 오픈 소스 프로젝트처럼, 꼭 필요하지만 없었던 무엇인가가 개발의 계기가 되었습니다. 바이올렛은 자바 SE 플랫폼에서 제공되는 다양한 기술들을 활용한 덕분에 개발할 수 있었습니다. 이번 장에서는 바이올렛에서 JavaBeans, Long-Term persistence, Java WebStart, Java2D, Swing undo/redo, ServiceLoader와 같은 기능들을 어떻게 사용하고 있는지 살펴보았습니다. 비록 이 기술들이 잘 알려져 있지는 않지만 잘만 활용하면 데스크톱 애플리케이션의 구조를 단순화 하는데 큰 도움이 될 수 있습니다. 덕분에 혼자서 단 몇 달 동안 짬짬이 시간을 내는 것만으로도 성공적으로 애플리케이션을 개발할 수 있었습니다. 또한, 이처럼 표준 기술을 활용한 덕분에 다른 사람

들이 바이올렛의 개선 작업에 직접 참여하거나, 바이올렛의 구성요소 중 일부를
자신 프로젝트에서 쉽게 활용할 수도 있었습니다.

옮긴이: 류성호
KAIST 인공지능 연구실에서 박사과정을 마쳤으며, 졸업 후 삼성전자와 NHN에서 근무했다. 네이버의 음성 비서 서비스인 '링크'의 음성인식 개발을 담당하였으며, 현재 아마존에서 Speech/Machine learning scientist로 재직 중이다.

9장

The Architecture of Open Source Applications

배시(Bourne-Again Shell, Bash)

챗 래미(Chet Ramey) 지음
서지혁 옮김

9.1 서론

유닉스 셸은 사용자가 운영체제와 상호작용하기 위한 명령 실행 인터페이스를 제공합니다. 하지만 셸은 기능이 풍부한 프로그래밍 언어이기도 합니다. 셸은 흐름 제어, 변형, 반복문, 조건문, 기본적인 연산, 기명 함수, 문자열 변수를 위한 구문 그리고 셸과 셸이 실행한 명령 간의 쌍방향 통신을 위한 구조를 제공합니다.

셸은 xterm 같은 터미널 에뮬레이터를 통해 대화식으로 사용하거나, 파일을 통해 명령을 읽는 비대화식으로 사용할 수 있습니다. 배시(bash)를 포함한 대부분의 현대적인 셸은 커맨드 라인을 입력하는 동시에 emacs나 vi의 키 바인딩을 사용해서 명령을 편집할 수 있으며, 실행하였던 명령들의 기록을 저장하여 다양한 형태로 제공합니다.

배시의 데이터 처리 방식은 셸 파이프라인과 비슷합니다. 데이터는 터미널이나 스크립트를 통해 읽힌 후, 셸이 명령을 실행하고 반환 값을 받아오게 될 때까지, 여러 단계의 변형 과정을 거칩니다.

이번 장에서는 배시의 입력 처리, 구문 분석, 단어 확장 그리고 명령 실행까지의 구성요소를 파이프라인의 관점에서 살펴볼 것입니다. 이러한 구성요소들은 키보드나 파일로부터 데이터를 읽어 명령을 실행하기 위한 파이프라인의 역할을 합니다.

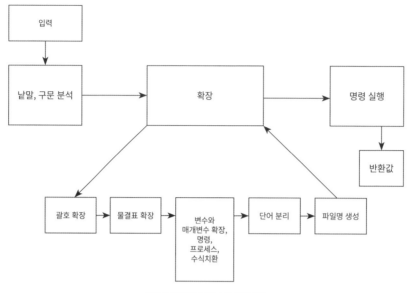

그림 9.1 배시 구성요소의 아키텍처

9.1.1 배시

배시는 리눅스 커널 기반으로 구현된 GNU 운영체제와 OS X 등 몇몇 다른 통상적인 운영체제에 탑재된 셸입니다. 배시는 대화식 사용은 물론 프로그래밍 용도에서도 sh에 비해 개선된 사항들을 제공합니다.

배시(bash)라는 이름은 스티븐 본(현 유닉스 셸인 /bin/sh의 개발자. /bin/sh은 벨연구소(Bell Labs) 유닉스 7판의 연구용 버전에서 처음 등장한 직속 조상 프로그램)의 이름과 재구현을 통한 재탄생의 개념을 합친 말장난인 Bourne-Again SHell의 두문자어입니다. 배시의 원저작자는 자유 소프트웨어 재단의 직원인 브라이언 폭스(Brian Fox)이며, 지금은 오하이오 클리블랜드에 있는 베이스 웨스턴 리저브 대학에서 자원봉사를 하는 제가 개발과 유지를 맡고 있습니다.

다른 GNU 소프트웨어처럼, 배시는 꽤 이식성이 높습니다. 현재 거의 모든 버전의 유닉스에서 작동하며, Cygwin이나 MinGW처럼 Windows 호스트 환경에서 자체적으로 이식한 버전이 존재하며, QNX와 Minix 같은 유닉스 계열 운영체제를 위해 이식된 버전도 함께 배포합니다. Microsoft's Services for Unix(SFU)에서 제공하는 환경처럼 Posix 환경만 있으면 빌드하고 실행할 수 있습니다.

9.2 구문 단위와 기본형

9.2.1 기본형

배시에는 예약어, 단어, 연산자라는 세 종류의 토큰이 있습니다. 예약어는 셸과 셸 프로그래밍 언어에서 특별한 의미를 가지는 단어들로 if나 while 같이 흐름 제어 구문을 제공합니다. 연산자는 |와 >처럼 셸에서 독립적으로 의미를 가지는 문자들이며, 하나 이상의 메타 문자로 이루어져 있습니다. 셸의 나머지 입력은 일상적인 단어들로 이루어져 있으며, 그중 몇몇 단어는 커맨드 라인에서 나타나는 위치에 따라 특별한 의미를 갖는 특별한 대입문이나 숫자들입니다.

9.2.2 변수와 매개변수

다른 프로그래밍 언어들과 마찬가지로, 셸 역시 저장된 자료를 가리키고 관리하기 위한 변수를 제공합니다. 셸은 사용자가 설정 가능한 기본적인 변수와 매개변수라고 불리는 내장 변수를 제공합니다. 매개변수는 대부분의 경우 셸의 내부 상태 일부를 반영하며, 자동으로 설정되거나 다른 작업의 작용으로 설정됩니다.

변수의 값은 문자열입니다. 몇몇 값은 문맥에 따라 특별하게 다뤄지는데, 이러한 값들에 대해서는 나중에 설명합니다. 변수들은 name=value의 형태로 지정됩니다. value는 선택적이며, 생략할 경우 name에 빈 문자열이 지정됩니다. 값이 지정된 경우 셸은 값을 확장해 name에 지정합니다. 셸은 변수의 설정 여부에 따라 다른 작업을 할 수 있지만, 변수를 설정하는 방법은 값을 지정하는 방법이 유일합니다. 값이 지정되지 않은 변수들은 선언되고 속성이 지정되어도 설정되지 않았다고 봅니다.

달러 기호로 시작하는 단어는 변수 또는 매개변수 참조를 도입합니다. 달러 기호를 포함해서 그 단어는 기명 변수의 값으로 교체됩니다. 셸은 단순한 값 치환부터, 변수 값의 형식에 따라 변수 일부를 바꾸거나 변형시킬 수도 있는 풍부한 확장 연산자들을 제공합니다.

전역 변수와 지역 변수를 규정하는 방법들이 있고, 기본적으로 모든 변수는 전역 변수입니다. 어떠한 단순한 명령(익숙한 명령 종류를 예로 들자면, 명령의 이름과 선택적인 매개변수와 리다이렉션)도 대입문들을 접두어로 붙여 해당 변수들을 그 명령 안에서만 존재하도록 할 수 있습니다. 셸은 함수에 대해 지역적인 변수를 가질 수 있는 저장된 프로시저, 즉 셸 함수를 구현합니다.

변수는 최소한의 타입을 가질 수 있습니다. 문자열 값을 가진 단순한 변수 외에도, 정수와 배열을 지정할 수 있습니다. 정수 타입의 변수들은 숫자로 취급됩니다. 이러한 변수에 문자열이 지정될 때 문자열은 수식으로 확장되어, 해당 수식의 결과가 변수의 값으로 지정됩니다. 배열은 첨자를 사용할 수도 있고 연관관계를 사용할 수도 있습니다. 첨자 배열은 숫자를, 연관 배열은 문자열을 첨자로 사용합니다. 배열의 원소는 문자열이며, 필요한 경우 정수로 취급할 수도 있습니다. 배열의 원소는 또 다른 배열이 될 수 없습니다.

배시는 셸 변수를 저장하기 위해 해시 테이블을, 변수 영역 구분을 위해 이 해시 테이블들의 연결 리스트를 사용합니다. 배시에는 셸 함수 호출들을 위한 각각의 변수 영역과, 명령 이전에 오는 대입문들을 위한 임시 변수 영역들이 있습니다. 예를 들어, 이러한 대입문들이 셸에 내장된 명령 이전에 오는 경우 셸은 변수 참조를 해석하는 올바른 순서를 기억하고 있어야 하며, 이때 연결된 리스트의 영역을 사용하게 됩니다. 실행 깊이에 따라 놀라울 정도로 많은 변수 영역들을 탐색해야 할 수도 있습니다.

9.2.3 셸 프로그래밍 언어

대부분의 독자가 알 만한 간단한 셸 명령은, echo나 ed와 같은 명령 이름, 그리고 0개 이상의 매개변수와 리다이렉션으로 이루어져 있습니다. 리다이렉션은 명령으로 주어지는 입력과 명령의 출력을 셸 사용자가 제어할 수 있도록 합니다. 위에서 언급했던 것처럼, 사용자들은 이러한 간단한 명령에 지역 변수를 설정할 수 있습니다.

예약어는 조금 더 복잡한 셸 명령을 도입합니다. 배시에는 여느 다른 고수준 프로그래밍 언어처럼 if-then-else, while, 값의 목록을 탐색하는 for 반복문, 그리고 C와 유사한 for 루프 연산자 등의 구문이 있습니다. 이러한 명령들은 셸이 명령을 실행하거나, 조건의 만족 여부를 확인하여 그 결과에 따라 다른 작업을 하거나, 명령을 여러 번 실행할 수 있게 합니다.

유닉스가 컴퓨팅 세계에 가져온 선물 중 하나는 파이프라인입니다. 파이프라인은, 목록 내의 한 명령의 출력이 그다음 명령의 입력이 되는, 명령의 선형 목록입니다. 모든 셸 구문은 파이프라인에서 사용될 수 있으며, 명령이 반복문에 데이터를 제공하는 것은 흔히 볼 수 있는 일입니다.

배시는 어떤 명령의 표준 입력, 출력 그리고 표준 에러 스트림을, 명령이 실행되었을 때 다른 파일이나 프로세스로 리다이렉트시킬 수 있는 기능을 갖추고 있습니다. 또한, 셸 프로그래머들은 리다이렉션을 이용하여 현재 셸 환경에서 파일을 열거나 닫을 수 있습니다.

배시는 셸 프로그램을 저장하여 여러 번 사용할 수 있게 합니다. 셸 함수와 스크립트들은 모두 명령의 집합에 이름을 붙여 다른 여느 명령처럼 실행하는 방법입니다. 셸 함수는 특별한 구문으로 정의되며, 저장하여 같은 셸 문맥에서 실행됩니다. 셸 스크립트는 파일 내에 명령을 쓰고, 그 파일을 해석할 새로운 셸 인스턴스를 실행시킴으로써 생성됩니다. 셸 함수들은 대부분의 실행 문맥을 자신을 호출한 셸과 공유하지만, 셸 스크립트들은 새로운 셸을 호출하여 해석되기 때문에 환경 간 프로세스끼리 전달된 것들만 공유합니다.

9.2.4 더 읽기 전에

앞으로 이 장을 읽어 나가는 동안, 셸의 기능은 배열, 트리, 연결 리스트 그리고 해시 테이블 등 몇 가지 자료구조만을 사용하여 구현된다는 사실을 염두에 두길 바랍니다. 거의 모든 셸의 구문들은 이러한 기본형들로 구현되어 있습니다.

셸은 정보를 단계 간 옮기고, 각 단계에서 데이터 단위를 다루기 위해 WORD_DESC라는 자료구조를 사용합니다.

```
typedef struct word_desc {
  char *word;              /* 널 종료 문자열. */
  int flags;               /* 이 단어와 연관된 플래그들. */
} WORD_DESC;
```

매개변수 목록과 같은 단어들은 간단한 연결 리스트로 합쳐집니다.

```
typedef struct word_list {
  struct word_list *next;
  WORD_DESC *word;
} WORD_LIST;
```

WORD_LIST는 셸 어디에서나 찾아볼 수 있을 정도로 많이 사용됩니다. 간단한 명령도 word list이며, 확장의 결과도 word list이며, 내장 명령어들도 매개변수로 word list를 받습니다.

9.3 입력 처리

배시 처리 파이프라인의 첫 번째 단계는 파일이나 터미널로부터 문자열을 가져와 줄 단위로 분리하고, 명령으로 변환시키기 위해 셸 구문 분석기에 넘겨주는 입력 처리입니다. 예상하셨듯이, 이 줄들은 개행문자로 끝나는 문자열들입니다.

9.3.1 Readline과 커맨드 라인 편집

배시는 대화식으로 작동할 땐 터미널로부터 입력을 받고, 그 외의 경우 매개변수에 지정된 스크립트 파일을 입력으로 받습니다. 대화식으로 작동할 때 배시는 사용자가 커맨드 라인을 조작할 수 있게 하며, 사용자들에게 익숙한 유닉스 emacs나 vi 편집기와 비슷한 단축키와 편집 명령을 지원합니다.

배시는 커맨드 라인 편집을 구현하기 위해 readline 라이브러리를 사용합니다. Readline은 커맨드 라인의 편집, 저장, 불러오기 그리고 csh와 유사한 방식의 히스토리 확장을 위한 함수들을 제공합니다. 배시는 readline의 주 사용자이며 함께 개발되지만, readline에 배시만을 위한 특화된 코드가 있는 건 아닙니다. 다른 수많은 프로젝트도 터미널 기반 편집 인터페이스를 구현하기 위해 readline을 사용합니다.

Readline은 사용자들이 단축키를 길이 제한 없이 다양한 readline 명령에 바인딩할 수 있게 해주기도 합니다. 줄 위에서 커서를 옮기고, 문자를 입력하고 삭제하고, 이전 줄을 가져오고, 일부만 입력된 단어를 완성할 수 있는 명령도 제공합니다. 이뿐 아니라 사용자들은 키 바인딩과 같은 구문을 사용해서, 단축키에 반응하여 입력되는 문자열인, 매크로를 정의할 수도 있습니다. 매크로는 readline 사용자들이 간편한 문자열 치환 및 약칭을 정의할 수 있게 도와줍니다.

Readline의 구조

Readline은 간단한 읽기, 디스패치(dispatch), 실행, 화면 갱신의 반복 구조로 되어 있습니다. Readline은 read나 비슷한 기능의 함수를 사용하여 키보드로부터 문자열을 읽거나 매크로로부터의 입력을 받습니다. 각 문자열은 키맵이나 디스패치 테이블의 첨자로 사용됩니다. 키맵의 첨자는 하나의 8비트 문자열이지만, 키맵의 각 원소는 여러 가지가 될 수도 있습니다. 문자열들은 추가적인 키맵을 참조할 수 있으며, 다중 문자열 단축키가 가능한 이유입니다. beginning-of-line 같은 readline 명령으로 해석된 입력은 해당 명령을 실행시킵니다. self-insert 명령에 묶인 문자는 편집 버퍼에 추가됩니다. 문자열을 명령에 묶는 동시에 부분 문자열을 다른 명령에 묶을 수도 있습니다(최근에 추가된 기능입니다). 즉, 이러한 동작을 할 것이라고 표시하는 키맵에 대응하는 특수한 인덱스가 있기 때문입니다.

문자열을 매크로에 바인딩하면 매우 유연하게 됩니다. 임의의 문자열을 명령줄에 추가하는 것부터, 복잡한 편집 수열을 생성하기 위한 단축키를 생성하는 것까지 가능하게 해주기 때문입니다. Readline은 self-insert에 묶인 각 문자열을 편집 버퍼에 저장하며, 이 버퍼는 화면에 표시되었을 때 한 줄 이상의 공간을 차지할 수 있습니다.

Readline은 C char 버퍼와 문자열만 다루고, 필요하면 같은 타입을 사용하여 멀티바이트 문자열을 만듭니다. 성능과 저장 문제, 그리고 멀티바이트 문자열 지원이 널리 퍼지기 전에 편집 기능을 구현하는 코드가 있었기 때문에, 내부적으로 wchar_t를 사용하지 않습니다. 멀티바이트 문자열을 지원하는 로케일에서는 자동으로 멀티바이트 문자열을 그대로 편집 버퍼에 삽입합니다. 멀티바이트 문자열을 편집 명령에 바인딩할 수도 있지만, 단축키로 바인딩해야 합니다. 그러나 이런 방식은 어렵고, 보통 원하는 결과를 가져오지 않습니다. 예를 들어, emacs와 vi 명령 집합에서도 멀티바이트 문자열은 사용하지 않습니다.

단축키가 일단 편집 명령으로 해석되면, readline은 그 결과를 반영하도록 터미널 화면을 새로 고칩니다. 이 작업은 편집 명령이 문자열들을 버퍼에 삽입하거나, 편집 위치를 바꾸거나, 명령줄을 부분적이거나 전체적으로 바꾸는 것과 관계없이 실행됩니다. 히스토리 파일을 편집하는 명령 등 어떤 바인딩 가능한 편집 명령들은 편집 버퍼의 내용에 아무런 변화를 만들지 않습니다.

터미널 화면을 새로 고치는 일은 단순해 보이지만, 사실은 꽤 복잡한 작업입니다. Readline은 지금 화면에 표시된 문자열들의 버퍼, 업데이트된 해당 버퍼의 내용 그리고 실제로 화면에 표시되는 문자열이라는 세 가지의 상태를 따라가야 합니다. 멀티바이트 문자열이 존재하는 경우 화면 갱신 엔진은 화면에 표시된 문자열들이 버퍼와 완벽히 일치하지 않는다는 점을 고려해야 합니다. 화면을 새로 고칠 때 readline은 현재 화면 버퍼의 내용과 업데이트된 버퍼의 차이점을 비교하여, 화면이 업데이트된 버퍼를 반영할 수 있는 가장 효율적인 편집 방법을 계산해야 합니다. 이 문제는 수년간 상당한 수의 연구 주제(문자열 대 문자열 교정(string-to-string correction) 문제)로 다루어졌습니다. 이 문제에 대해

readline은, 버퍼 간 차이가 발생하는 영역의 처음과 끝을 확인하고, 커서를 앞 뒤로 옮기는 비용을 고려하여(문자열들을 삭제하는 명령을 호출하고 새로 쓰는 것과 화면의 내용을 덮어쓰는 것 중 어느 쪽이 더 싸게 먹힐까?) 해당 영역만을 갱신하는 비용을 계산하고, 최저 비용으로 화면을 갱신한 후, 필요한 경우 줄 끝 에 남은 문자열들을 삭제하고 커서를 올바른 위치로 옮겨 마무리하는 접근 방식 을 취합니다.

화면 갱신 엔진은 readline의 구성요소 중 가장 자주 수정되는 부분 중 하나일 것입니다. 대부분의 변경점은 기능을 추가하기 위함이며, 특히 표시되지 않는 문자열들을 명령줄에 포함하는 기능(예를 들어, 색을 바꾸는 기능)과 멀티바이 트 문자열을 처리하기 위한 기능이 상당수를 차지합니다.

Readline은 편집 버퍼를 자신을 호출한 프로그램에 전달하며, 변경되었을 수 도 있는 버퍼의 이력을 기록하는 것은 해당 프로그램의 몫입니다.

Readline을 확장하는 프로그램

Readline이 사용자들에게 readline의 기본 작동 방식을 사용자별로 확장할 수 있는 다양한 수단을 제공하는 것처럼, 응용 프로그램들에도 readline의 기본적 인 기능 집합을 확장할 수 있는 몇 가지 방법을 제공합니다. 첫 번째로, 바인딩 가능한 readline 함수들은 표준 매개변수 집합을 받아 특정 결과를 반환합니다. 이를 통해 응용 프로그램들은 해당 프로그램에 특화된 함수로 readline을 쉽게 확장할 수 있습니다. 예를 들어, 배시는 배시에 특화된 단어 완성부터, 셸 내장 명령 인터페이스까지, 30가지 이상의 바인딩 가능한 함수를 추가합니다.

응용 프로그램이 readline의 작동 방식을 변경할 수 있게 해주는 두 번째 방법 은, 포인터를 구석구석 사용하여, 함수를 잘 알려진 이름과 호출 인터페이스에 후킹할 수 있게 하는 것입니다. 응용 프로그램들은 readline의 일부를 교체하고, readline 앞에 기능을 끼워 넣거나, 응용 프로그램에 특화된 변형을 가할 수 있 습니다.

9.3.2 비대화식 입력 처리

Readline을 사용하지 않을 때 셸은 stdio나 셸 자체의 버퍼링 된 입력 루틴을 사 용하여 입력을 받습니다. 셸이 비대화식으로 동작할 때는 배시의 버퍼링 된 입 력 패키지가 stdio에 비해 선호됩니다. 셸이 명령을 구문 분석하는 데 필요한 입력만 소비하고 나머지는 실행되는 프로그램을 위해 남기게 하는 Posix의 까다로운 제한 때문입니다. 이것은 셸이 표준 입력으로부터 스크립트를 읽을 때 특히 중요합니다. 셸은 구문 분석기가 마지막으로 읽은 문자열 바로 앞으로 파일 오프셋을 되돌릴 수 있는 이상 원하는 만큼 입력을 버퍼링할 수 있습니다. 실용적인 관점에서 볼 때, 이는 셸이 파이프 등 탐색 불가능한 장치로부터 읽을 때엔 스크립트들을 한 번에 문자열 하나씩만을 읽어야만 하지만, 파일을 읽을 때엔 원하는 만큼 문자열 버퍼링을 할 수 있다는 의미입니다.

이런 별스러운 점을 제쳐놓는다면, 셸의 비대화식 입력 처리의 결과물은 개행 문자로 끝나는 문자열 버퍼라는 점에서 readline과 같습니다.

9.3.3 멀티바이트 문자열

셸의 초기 구현이 생긴 지 한참 후에, 기존 코드에 미치는 영향을 최소화시키는 방향으로 멀티바이트 문자열 처리 기능이 추가되었습니다. 멀티바이트 문자열을 지원하는 로케일에서 셸은 입력을 바이트 버퍼(C char)에 저장하지만, 이 바이트 열이 멀티바이트 문자열일 수도 있다고 가정합니다. Readline은 멀티바이트 문자열을 화면에 표시하는 방법 그리고 줄 위에서 바이트 단위가 아니라 문자 단위로 왔다 갔다 하는 방법 등을 알고 있습니다. 멀티바이트 문자열 표시의 핵심은 멀티바이트 문자열이 화면 영역을 얼마나 차지하고 있는지, 문자를 화면에 표시할 때 버퍼에서 읽어야 할 바이트 수를 알고 있다는 점입니다. 그것 말고는 셸의 입력 처리에서 멀티바이트 문자열은 별다른 영향을 미치지 않습니다. 이후에 다룰 셸의 다른 영역들은 멀티바이트 문자열을 인식하고 입력으로 들어왔을 때 처리할 수 있어야 합니다.

9.4 구문 분석

구문 분석 엔진의 첫 번째 일은, 문자열 스트림을 단어로 나누고 결과에 의미를 부여하는 낱말 분석 작업입니다. 낱말은 구문 분석기가 인식하는 가장 기본적인 단위입니다. 낱말은 메타 문자로 분리된 문자열이며, 메타 문자에는 공백이나 탭 등 단순한 구분자, 세미콜론, 앰퍼샌드 등 셸에서 특별한 의미를 지니는 문자들이 있습니다.

셸의 고질적인 문제는, 톰 더프(Tom Duff)가 Plan 9의 셸인 rc에 대한 논문에서 언급했던 것처럼, 아무도 Bourne 셸의 문법을 자세히 모른다는 것입니다. Posix 셸 위원회는, 비록 문맥 의존성이 많지만, 유닉스 셸의 결정적인 문법을 발표했다는 점에서 공을 인정받을 필요가 있습니다. 이 문법은 고전 Bourne 셸의 구문 분석기가 오류 없이 지원하던 구조를 지원하지 않는 등 완벽하지는 않지만, 우리가 가진 가장 최선의 문법입니다.

배시 구문 분석기는 초기 버전의 Posix 문법에서 기인하였으며, 제가 알기로 Yacc나 Bison으로 구현된 유일한 Bourne 식의 구문 분석기입니다. 배시 구문 분석기에는 배시 구문 분석기만의 문제점들이 있습니다. 즉, 셸 문법은 yacc 스타일의 구문 분석엔 적합하지 않으며, 몇몇 복잡한 낱말 분석이 필요할 뿐 아니라, 구문 분석기와 낱말 분석기 간 많은 협력이 이루어져야 합니다.

어쨌거나, 낱말 분석기는 readline이나 다른 곳으로부터 여러 줄의 입력을 받아, 메타 문자를 기준으로 토큰들로 분리하고, 토큰을 문맥에 따라 식별하여 구문 분석기가 선언문과 명령들로 구성할 수 있도록 전달합니다. 이 작업에는 여러 문맥이 관여합니다. 예를 들어, 단어 for는 예약어, 식별자, 대입문의 일부, 또는 다른 단어일 수도 있습니다. 다음은 for를 표시하는 완벽히 유효한 명령입니다.

```
for for in for; do for=for; done; echo $for
```

이 시점에서, 별칭에 대한 이야기를 잠깐 할까 합니다. 배시는 단순한 명령의 첫 번째 단어를 별칭을 사용하여 임의의 문자열로 교체할 수 있게 합니다. 별칭은 완전한 단어이므로 셸의 문법을 바꾸기 위해 사용(혹은 남용)될 수 있습니다. 별칭을 사용해 배시가 제공하지 않는 컴파운드 명령을 구현하는 것도 가능합니다. 구문 분석기가 언제 별칭을 확장할 수 있는지 낱말 분석기에 알려줘야 하지만, 배시 구문 분석기는 낱말 분석 단계에서의 별칭을 완벽히 구현합니다.

수많은 다른 프로그래밍 언어들처럼, 셸은 문자열의 특수한 의미를 없애기 위한 예외 문자를 사용할 수 있도록 하고 있으므로, & 같은 메타문자를 명령에 사용할 수 있습니다. 이러한 예외 문자에는 인용된 문자열의 해석이 조금씩 달라지는 세 종류의 인용이 있습니다. 역슬래시는 다음에 오는 문자를 탈출시키며, 작은따옴표는 감싸는 모든 문자열의 해석을 방지하고, 큰따옴표는 몇 종류의 해석을 방지하지만 (역슬래시를 다르게 다루는 동시에) 특정 단어의 확장을 허용합니다. 낱말 분석기는 인용된 문자들과 문자열을 해석하고 구문 분석기가 예약어나 메타문자열로 해석하는 것을 방지합니다. 또, 두 가지 특수한 경우인 $'…'과 $"…"이 있습니다. 이 인용들은 역슬래시로 탈출된 문자열이 ANSI C 문자열과 같은 방식으로 확장되고, 표준 국제화 함수에 의해 번역될 수 있게 합니다. 전자는 널리 사용되지만, 후자는 용례가 별로 없어서 덜 사용됩니다.

구문 분석기와 낱말 분석기 간의 나머지 인터페이스는 간단합니다. 구문 분석기는 문법이 요구하는 상태 종속적인 분석을 위해 상태를 인코딩하여 낱말 분석기와 공유합니다. 예를 들어, 낱말 분석기는 토큰 타입에 따라, (적절한 문맥에서) 예약어, 단어, 대입문 등으로 단어를 분류합니다. 이를 위해 구문 분석기는 명령을 얼마나 분석하였는지, ("here-document"로도 불리는) 여러 줄로 이루어진 문자열을 분석하고 있는지, case 문이나 조건문을 분석하고 있는지, 아니면 확장된 셸 형태나 컴파운드 대입문을 분석하고 있는지에 대해 알려주어야 합니다.

구문 분석 단계에서, 명령어 치환의 끝을 알기 위한 작업 대부분은 하나의 함수(parse_comsub) 안에 있습니다. 이 함수는 셸 구문에 대해 불편할 정도로 많이 알고 있으며, 토큰을 읽어 들이는 코드의 많은 부분을 중복하여 가집니다. 이 함수는 here document, 셸 주석, 메타 문자열, 단어 경계, 인용, 그리고 (case 문에 있을 때 그 사실을 알기 위해) 예약어를 언제 허용할지에 대한 정보를 알아야 합니다. 이 함수가 올바른 동작을 하게 만드는 데에는 굉장히 오랜 시간이 걸렸습니다.

단어 확장 도중에 명령어 치환이 일어날 경우, 배시는 구조체의 정확한 끝을 알아내기 위해 구문 분석기를 사용합니다. 이것은 문자열을 eval을 위한 명령어로 바꾸는 작업과 비슷하지만, 명령이 문자열의 끝으로 끊기지는 않습니다. 이를 위해 구문 분석기는 오른쪽 괄호를 유효한 명령 종결자로 인식해야 합니다. 이것은 낱말 분석기가 (올바른 문맥에서) 오른쪽 괄호를 EOF를 뜻하는 것으로 표시하기를 요구하며, 몇몇 생성 문법의 특이 상황을 만듭니다. 구문 분석기는 yyparse를 재귀적으로 호출하기 이전에 구문 분석기의 상태를 저장하고 복원시켜야 합니다. 명령을 읽는 중 프롬프트 문자열 확장의 일환으로 명령어 치환이 구문 분석되거나 실행될 수 있기 때문입니다. 입력 함수들은 미리 읽기를 구현하기 때문에, 최종적으로 배시 입력 포인터를 올바른 곳으로 되돌려 놓아야 합니다. 배시가 입력을 문자열, 파일, readline을 통한 터미널 등 어디서 읽든 말이지요. 이것은 입력을 보존하기 위해서뿐만 아니라, 명령 치환 확장 함수가 실행할 정확한 문자열을 구성하기 위해서이기도 합니다.

비슷한 문제가 프로그래밍 가능한 단어 자동 완성 기능으로 인해 야기됩니다. 명령을 구문 분석하는 도중 임의의 명령이 실행될 수 있기 때문입니다. 이 문제는 호출 주변에서 구문 분석기의 상태를 저장하고 복원시킴으로써 해결할 수 있습니다.

인용 역시 상반되는 동작과 논쟁의 이유가 됩니다. 첫 Posix 셸 표준이 발행된 20년 후, 표준 심의회원들은 아직도 모호한 인용에 대한 적절한 처리 방식에 대해 논쟁하고 있습니다. 전과 같이, Bourne 셸은 작동 방식을 관찰할 수 있는 레퍼런스 구현체로서의 가치만을 지닙니다.

구문 분석기는 명령을 의미하는 하나의 C 구조체를 반환하여(반복문 같은 컴파운드 명령의 경우엔 다른 명령들을 차례로 포함할 수 있습니다) 셸의 다음 작업 단계인 단어 확장을 위해 넘겨줍니다. 명령 구조는 명령 객체들과 단어의 목록들로 이루어져 있습니다. 대부분의 단어 목록은 문맥에 따라, 다음 장에서 설명될 변환의 대상이 됩니다.

9.5 단어 확장

구문 분석 단계에서 생성된 여러 단어는, 실행 단계 이전에 한 번 이상의 단어 확장 단계를 거칩니다. 예를 들어, $OSTYPE은 "linux-gnu"로 치환됩니다.

9.5.1 매개변수와 변수 확장

변수 확장은 사용자들에게 가장 익숙한 확장입니다. 셸 변수들은 극소량의 타입을 사용하며, 몇 가지 예외를 제외하고는 문자열로 다뤄집니다. 확장은 이러한 문자열들을 새로운 단어와 단어 목록으로 변환시킵니다.

변수의 값 자체에 대해 작용하는 확장들이 있습니다. 프로그래머들은 이러한 확장을 이용해 변수의 부분 문자열이나 길이를 만들거나, 특정한 형태에 맞는 부분을 제거, 교체하거나, 변수 내의 알파벳들의 대소문자 간 변환을 할 수 있습니다.

변수의 상태에 따라 다르게 동작하는 확장들도 있습니다. 변수의 할당 여부에 따라 서로 다른 확장이나 대입이 일어나게 할 수 있습니다. 예를 들어, ${parameter:-word}는 변수 parameter에 값이 할당되어 있는 경우 parameter로 확장되며, 지정되지 않았거나 빈 문자열이 지정되었을 땐 word로 확장됩니다.

9.5.2 또 다른 확장들

배시에는 다른 확장도 많이 있으며, 그 각각은 까다로운 규칙을 갖고 있습니다. 처리 순서에서 가장 먼저 오는 확장은 중괄호 확장입니다. 중괄호 확장은,

```
pre{one,two,three}post
```

를

```
preonepost pretwopost prethreepost
```

로 확장합니다.

명령어 치환은 셸의 명령어 실행 기능과 변수 조작 기능의 혼합입니다. 명령어 치환을 사용해 셸은 명령의 출력을 확장의 값으로 사용할 수 있습니다.

명령어 치환의 문제점 중 하나는, 감싼 명령어를 즉시 실행시키고 명령이 끝날 때까지 기다린다는 점이며, 셸이 명령에 입력을 보낼 수 있는 쉬운 방법이 없습니다. 배시는 이러한 결점을 보완하기 위해, 명령어 치환과 셸 파이프라인의 혼합인 프로세스 치환이라는 기능을 사용합니다. 명령어 치환처럼 배시는 명령어를 실행시키지만, 명령을 백그라운드에서 실행시키므로 명령이 끝날 때까지 기다릴 필요가 없습니다. 프로세스 치환의 핵심은 배시가 명령에 대한 입출력 파이프를 만들고, 파이프를 확장의 결과가 될 파일명으로 노출하는 것입니다.

다음은 물결표 확장입니다. 기존 물결표 확장의 의도는 ~alan을 앨런의 홈 디렉터리에 대한 참조로 변환시키려는 것이었지만, 몇 년간 수많은 다른 디렉터리들에 대한 참조로도 사용할 수 있도록 발전했습니다.

마지막으로 수식 확장이 있습니다. $((expression))은 expression이 C 언어의 표현식과 같은 방식으로 해석되게 합니다. 수식 확장의 결과물은 표현식의 결과물입니다.

변수 확장은 작은따옴표와 큰따옴표의 차이가 명백히 드러나는 곳입니다. 작은따옴표로 싸인 문자열들은 아무런 편집이 가해지지 않은 채로 확장 과정을 거치는 반면, 큰따옴표는 일부 확장을 허용합니다. 큰따옴표가 허용하는 확장에는 단어 확장과 명령, 수식 그리고 프로세스 치환이 있습니다. 큰따옴표는 결과물이 다뤄지는 방식에만 영향을 미치지만, 중괄호와 물결표는 그렇지 않습니다.

9.5.3 단어 분리

단어 확장의 결과물은 셸 변수 IFS에 있는 문자들을 구분자로 사용하여 분리됩니다. 이것은 셸이 하나의 단어를 그 이상의 단어들로 변환시키는 방식입니다. $IFS[1]에 있는 문자들 중 하나가 결과물에 나타날 때마다, 배시는 해당 단어를 두 개의 단어로 분리합니다. 작은따옴표나 큰따옴표는 단어 분리를 방지합니다.

9.5.4 글로빙

결과물들이 분리된 후 셸은 이전 확장 결과물의 각 단어들을 잠재적인 글롭 (glob) 패턴으로 봅니다. 그리고 각 단어들을, 앞에 붙은 디렉터리 경로를 포함하여, 존재하는 파일들의 이름과 비교합니다.

9.5.5 구현

셸의 기본적인 설계가 파이프라인에 대응된다면, 단어 확장은 그 자체로 작은 파이프라인입니다. 단어 확장의 각 단계는 단어를 받아, 필요한 변환을 가한 후, 다음 확장 단계에 전달합니다. 모든 단어 확장들이 수행되면 명령이 실행됩니다.

배시의 단어 확장 구현은 위에서 설명된 기초 자료 구조를 기반으로 만들어졌습니다. 구문 분석기가 출력한 단어들은 개별적으로 확장되어, 각 입력 단어당 하나 이상의 단어를 만듭니다. WORD_DESC 자료 구조는 단어의 확장에 대한 정보를 포함하기에 충분히 유연한 것으로 확인되었습니다. 플래그들은 단어 확장 단계에서 사용되는 정보를 인코딩하고, 단계 간 정보 전달을 위해 사용됩니다. 예를 들어, 구문 분석기는 플래그를 사용하여 확장과 명령 실행 단계에 특정 단어가 셸 대입문이라는 것을 알려줍니다. 또, 단어 확장 코드는 단어 분리를 방지하거나 인용된 널 문자열($x가 지정되지 않았거나 널 값을 가질 때의 "$x")의 존재를 참고하기 위해 내부적으로 플래그를 사용합니다. 확장되는 단어마다 추가적인 정보를 나타내기 위해 특정 인코딩을 사용하는 문자를 사용했다면 구현이 훨씬 더 힘들었을 것입니다.

구문 분석기와 마찬가지로, 단어 확장 코드 역시 1바이트 이상을 필요로 하는 문자열들을 다룹니다. 예를 들어, 변수 길이 확장(${#variable})은 길이를 바이트

---

[1] 대부분의 경우, 이 중 한 문자의 서열.

가 아니라 문자 단위로 셉니다. 해당 작업을 위한 코드는, 멀티바이트 문자열이 존재하는 상태에서도, 확장이나 확장에 있어 특별한 의미를 가지는 문자열들의 끝을 정확히 판단할 수 있습니다.

9.6 명령 실행

실질적인 동작은 배시 내부 파이프라인의 명령 실행 단계에서 일어납니다. 대부분의 경우, 확장된 단어들은 명령의 이름과 매개변수들로 분해됩니다. 그리고 argv를 이루게 되는 나머지 단어들과 함께 읽고 실행할 수 있는 파일로서 운영체제에 전달됩니다.

지금까지는 일부러 Posix에서 단순한 명령으로 불리는, 명령 이름과 매개변수의 집합을 가진 명령에 대한 설명에 초점을 맞췄습니다. 이 명령들은 가장 흔한 종류의 명령이지만, 배시는 그 이상을 제공합니다.

명령 실행 단계의 입력은 구문 분석기가 만든 명령 구조와, 확장되었을 수도 있는 단어의 집합입니다. 이 단계는 배시 프로그래밍 언어가 빛을 발하는 곳입니다. 배시 프로그래밍 언어는 위에서 언급된 변수와 확장을 사용하여 고수준 언어에서 볼 수 있는 반복문, 변형, 그룹, 패턴 매칭을 기반으로 한 조건 실행문, 표현식 평가 그리고 몇 가지 셸 종속적인 고수준 구문 등의 구문들을 구현합니다.

9.6.1 리다이렉션

운영체제의 인터페이스로서 셸의 역할 중 한 측면은 실행하는 명령의 입력과 출력을 리다이렉트하는 기능입니다. 리다이렉션 구문은 초기 셸 사용자들의 정교함을 보여줍니다. 아주 최근까지 사용자들이 파일 서술자들을 직접 관리하고, 표준 입출력, 에러 등을 숫자로 명시적으로 지정할 것을 요구했습니다.

리다이렉션 문법에 최근 추가된 기능은, 사용자가 아니라 셸이 직접 적합한 파일 서술자를 고르고 지정된 변수에 할당하는 기능입니다. 이것은 프로그래머가 파일 서술자들을 관리하는 부담을 덜어주지만, 다음과 같은 작업들을 추가로 처리해야 합니다. 셸은 파일 서술자를 올바른 곳에 복사해야 하며, 파일 서술자가 특정 변수에 할당되어 있다는 것을 보장할 수 있어야 합니다. 이것은 낱말 분석기에서 구문 분석기 그리고 명령 실행으로 정보가 전달되는 또 다른 예시입니다. 분석기는 단어를 변수 할당을 포함하는 리다이렉션으로 분류합니다. 그리고 구문 분석기는 적절한 생성 문법의 문맥에서 변수 할당이 필요하다는 것을 알리는 플래그를 가진 리다이렉션 객체를 만듭니다. 마지막으로, 리다이렉션 코드는 플래그를 해석하여 파일 서술자 번호가 올바른 변수에 할당되어 있는지 확인하게 됩니다.

리다이렉션을 구현하는 데에서 가장 어려운 부분은 리다이렉션을 취소하는 방법을 기억하는 것입니다. 셸은 파일시스템에서 실행되는 새로운 프로세스를 생성하는 명령들과, 셸 자체적으로 실행하는 프로세스(빌트인)의 구분을 의도적으로 모호하게 합니다. 하지만 명령이 어떻게 구현되었든 간에, 리다이렉션의 효과는 명령이 끝난 이후에 남아있어선 안됩니다.[2] 따라서 셸은 각 리다이렉션의 영향을 되돌리는 방법을 알고 있어야 하며, 그러지 못할 경우 셸 빌트인의 출력을 리다이렉트하면 셸의 표준 출력을 변경시키게 될 것입니다. 배시는 리다이렉션이 할당한 파일 서술자를 닫거나, 복사되는 파일 서술자를 저장하고 나중에 dup2을 사용하여 복원하는 등 각 종류의 리다이렉션을 되돌릴 수 있습니다. 이 작업들은 구문 분석기가 생성하는 것과 같은 리다이렉션 객체를 사용하며, 같은 함수들을 사용하여 처리됩니다.

다중 리다이렉션이 단순히 객체의 목록으로 구현되어 있기 때문에, 되돌리기를 위한 리다이렉션들은 별도의 목록에 저장하게 됩니다. 이 목록은 명령이 종료되었을 때 처리되지만, 셸 함수나 "." 빌트인에 연결된 리다이렉션들은 해당 함수나 빌트인이 끝날 때까지 유효해야 하므로, 셸은 이 처리 시점에 대해 주의해야 합니다. 되돌리기를 위한 리다이렉션들이 명령을 실행시키지 않으면, exec 와 연관된 리다이렉션들은 셸 환경에 보존되어 있기 때문에 exec 빌트인은 되돌리기 목록을 폐기합니다.

또 다른 복잡함은 배시 스스로 짊어진 부담입니다. 고전 Bourne 셸은 사용자가 0번부터 9번까지의 파일 서술자만을 조작할 수 있게 했으며, 10번 이상의 파일 서술자들은 셸 내부에서 사용할 수 있도록 예약하였습니다. 배시는 이 제한을 풀었으며, 사용자가 프로세스가 열 수 있는 파일의 한계치만큼의 서술자를 조작할 수 있게 하였습니다. 이것은 배시가 직접 열지 않은, 외부 라이브러리들이 연 파일 서술자들을 관리하고, 요청에 따라 서술자들을 이동시킬 수 있어야

---

2 exec 빌트인은 이 규직에 대한 예외입니다.

한다는 의미를 가집니다. 이것은 close-on-exec 플래그가 관련되는 일부 휴리스틱, 명령이 실행되는 동안 관리되고 명령이 끝나면 폐기하거나 처리할 또 다른 리다이렉션의 목록 등, 관리 대상이 많아지는 요인입니다.

9.6.2 빌트인 명령

배시는 몇 가지 명령을 셸 일부로 가집니다. 이 명령들은 새로운 프로세스를 만들지 않고 셸에 의해 실행됩니다.

명령을 빌트인으로 만드는 가장 흔한 이유는 셸의 내부 상태를 유지하거나 조작하기 위해서입니다. cd는 유닉스 입문 수업에서 cd가 외부 명령으로 구현될 수 없는 이유를 설명하기 위한 빌트인의 좋은 예시입니다.

배시 빌트인들은 셸의 다른 부분과 같은 내부 기본형을 사용합니다. 각 빌트인은 단어의 목록을 매개변수로 가지는 C 함수로 구현되어 있습니다. 이 단어들은 단어 확장 단계의 단어들이며, 빌트인들은 이 단어들을 명령 이름과 매개변수로 취급합니다. 대부분의 경우, 빌트인들은 두 개의 예외를 제외하고는 다른 명령들에 적용되는 것과 같은 표준 확장 규칙이 적용됩니다. 대입문을 매개변수로 받는 배시 빌트인들(declare, export 등)은 셸이 변수 할당에 사용하는 것과 같은 확장 규칙을 사용합니다. 이곳은 WORD_DESC 구조체의 flags 멤버가 셸의 내부 파이프라인의 단계 간 정보를 전달하기 위해 사용되는 곳입니다.

9.6.3 단순한 명령의 실행

단순한 명령들은 가장 흔히 마주치게 되는 명령입니다. 파일 시스템으로부터 읽은 명령들의 검색과 실행, 그리고 반환값의 수집의 구현은, 셸의 나머지 기능들의 큰부분을 이룹니다.

셸 변수 할당(var=value 형태의 단어)은 그 자체로 단순한 명령입니다. 대입문들은 커맨드 라인에서 명령 앞에 오거나 단독으로 존재할 수 있습니다. 대입문이 명령 앞에 올 때, 변수들은 각자의 환경 내에서(빌트인 명령이나 셸 명령 앞에 올 땐, 몇 가지 예외를 제외하고는 빌트인이나 함수가 실행되는 동안에는 영속됩니다) 실행된 명령에 전달됩니다. 그렇지 않을 때엔 대입문은 셸의 상태를 변경시킵니다.

셸 함수나 빌트인이 아닌 명령이 주어졌을 때, 배시는 파일 시스템에서 그 명령의 이름을 가진 실행 파일을 검색합니다. PATH 변수 안에는 쌍점으로 구분된 디렉터리 목록이 있는데, 배시는 이 디렉터리들에서 실행 파일을 찾는 구조입니다. 사선(또는 다른 디렉터리 구분자)이 들어가 있는 명령들은 검색하지 않고 바로 실행됩니다.

명령이 PATH 검색을 통해 발견되면, 배시는 명령 이름과 해당하는 절대 경로를 해시 테이블에 저장하고, 다음 PATH 검색에 참고합니다. 명령을 찾을 수 없는 경우, 특정 이름을 가진 함수가 정의되어 있으면 명령 이름과 매개변수들을 이 함수의 매개변수로 넘겨 실행합니다. 일부 리눅스 배포판들은 찾을 수 없는 명령의 설치를 제안하기 위해 이 기능을 사용합니다.

배시가 실행할 파일을 찾은 경우, 포크 후 새로운 실행 환경을 만들어 명령을 이 환경에서 실행시킵니다. 이 실행 환경은 시그널 처리와 리다이렉션에 의해 열리거나 닫힌 파일에 대한 사소한 수정 사항을 제외하고는 셸 환경의 완벽한 사본입니다.

9.6.4 작업 제어

셸은 명령이 끝날 때까지 기다리다가 반환값을 수집하는 포그라운드 실행과 바로 다음 명령을 읽는 백그라운드 실행을 다룰 수 있습니다. 작업 제어는 프로세스들(실행되는 명령들)을 포그라운드와 백그라운드 간 전환하고, 프로세스들의 실행을 보류하고 재개할 수 있는 기능입니다. 배시는, 이것을 구현하기 위해, 본질적으로 하나 이상의 프로세스들로 실행되는 명령인, 작업이라는 개념을 도입합니다. 예를 들어, 파이프라인은 파이프라인의 각 요소당 하나의 프로세스를 사용합니다. 프로세스 그룹은 개별 프로세스들을 하나의 작업으로 합칠 수 있는 방식입니다. 터미널은 터미널에 연관된 프로세스 그룹 ID를 가지므로, 포그라운드 프로세스 그룹은 터미널과 같은 프로세스 그룹 ID를 가진 그룹입니다.

셸은 작업 제어를 구현하기 위해 몇 가지 간단한 자료 구조를 사용합니다. 그중 하나는 프로세스의 ID, 상태 그리고 반환값을 포함하는, 자식 프로세스를 나타내는 구조체입니다. 파이프라인은 이러한 프로세스 구조들의 단순한 연결 리스트입니다. 작업은 이것과 비슷합니다. 작업을 나타내는 자료 구조도 이것과 비슷합니다. 이 자료 구조는 프로세스 목록, 몇 가지 작업 상태(실행 중, 보류됨, 끝남 등), 그리고 작업의 프로세스 그룹 ID로 이루어져 있습니다. 프로세스 목록은 주로 하나의 프로세스로만 이루어져 있습니다. 오직 파이프라인들 만이 하나의 작업에 둘 이상의 프로세스가 연관되게 됩니다. 각 작업은 고유한 프로세스 그룹 ID를 가지며, 작업의 프로세스 그룹 ID와 같은 프로세스 ID를 가지는 프로세스는 프로세스 그룹 리더라고 불립니다. 현재 작업들의 집합은 배열에 저장되어 있으며, 사용자들에게 보이는 것과 개념적으로 매우 비슷합니다. 작업의 상태와 종료 상태 값들은, 작업을 이루는 프로세스들의 상태와 반환값들을 모아 만들어집니다.

작업 제어의 구현에 있어 복잡한 부분은, 셸의 다른 부분과 마찬가지로 부기 코드(bookkeeping code)입니다. 셸은 프로세스들을 올바른 프로세스 그룹에 할당하고, 자식 프로세스 생성과 프로세스 그룹 할당이 동기적으로 일어나게 해야 합니다. 또, 터미널의 프로세스 그룹이 포그라운드 작업을 결정하기 때문에 (셸의 프로세스 그룹으로 재설정되지 않으면, 셸은 터미널 입력을 읽을 수 없게 됩니다), 터미널의 프로세스 그룹이 올바르게 설정되어 있는지 확인해야 합니다. 작업 제어는 매우 프로세스 지향적이기 때문에, 반복문 통째로 하나의 단위로서 멈추고 재개시킬 수 있도록 while이나 for 반복문 같은 컴파운드 명령을 구현하는 것은 간단하지 않습니다. 그래서 이것을 구현하는 셸이 별로 없습니다.

9.6.5 컴파운드 명령

컴파운드 명령은 하나 이상의 단순한 명령들로 이루어져 있으며, if나 while 같은 키워드로 도입됩니다. 컴파운드 명령은 셸 프로그래밍의 강력함이 가장 잘 나타나고 효과를 보이는 부분입니다.

컴파운드 명령의 구현은 단순합니다. 구문 분석기는 컴파운드 명령에 대응하는 객체들을 만들고, 객체를 탐색하여 해석합니다. 각 컴파운드 명령은, 적절한 확장과 지정된 명령의 실행 그리고 명령의 반환값에 따라 실행 흐름의 조작을 담당하는 C 함수에 의해 구현됩니다. for 명령을 구현하는 함수를 예로 들어 보겠습니다. 이 함수는 먼저 예약어인 in 다음에 오는 단어들을 확장합니다. 그리고 확장된 단어들을 각각 적절한 변수에 할당하고, for 명령 안의 명령들을 실행합니다. for 명령은 명령의 반환값에 따른 실행 조작을 하지 않아도 되지만, break와 continue 빌트인의 효과에 대해서는 주의해야 합니다. 목록에 있는 모든 단어가 사용되면 for 명령은 반환됩니다. 이 예가 보여주는 것처럼, 대부분의 경우 구현은 설명과 매우 비슷하게 작동합니다.

9.7 교훈

9.7.1 알아두어야 할 중요한 내용

저는 배시에 대한 작업을 20년 이상 해 왔으며, 몇 가지 사실을 발견했다고 생각합니다. 아무리 강조해도 충분하지 않은 제일 중요한 것은, 자세한 체인지로그가 꼭 필요하다는 것입니다. 체인지로그를 확인해 특정 변경사항이 왜 일어났는지 상기할 수 있다는 것이 아주 좋았다고 할 수 있습니다. 해당 변경사항을, 재현 가능한 테스트 케이스나 제안과 함께 있는 특정 버그 리포트에 연결할 수 있을 때 더욱더 좋습니다.

가능하다면, 프로젝트의 시작부터 포괄적인 회귀 테스트를 넣는 것을 추천하고 싶습니다. 배시에는 사실상 모든 비대화적인 기능에 대한 수천 개의 테스트 케이스가 있습니다. 대화적인 기능에 대한 테스트 작성은 고려해 보았지만 (Posix에는 셸의 대화적인 기능에 대한 Posix 부합 테스트 모음이 있습니다), 이 테스트 모음이 필요로 할 프레임워크를 배시와 함께 배포하기 싫었습니다.

표준은 중요합니다. 배시는 표준 구현체로서의 혜택을 받았습니다. 현재 구현하고 있는 소프트웨어의 표준화에 참여하는 것은 중요합니다. 소프트웨어의 기능과 동작에 대한 토론은 물론, 중재인으로서의 표준을 가지고 있는 것도 도움이 될 수 있습니다. 물론 표준에 따라, 형편없을 수도 있습니다.

외부 표준도 중요하지만, 내부 표준을 가지는 것 역시 좋습니다. 설계와 구현에 대한 충분한 양의 훌륭하고 실용적인 조언을 받을 수 있는, GNU 프로젝트의 표준에 들어갔기에 운이 좋았습니다.

좋은 문서는 또 다른 필수 요소입니다. 어떤 프로그램을 다른 사용자가 사용하리라 생각한다면, 포괄적이고 명확한 문서는 그만큼의 가치를 지닙니다. 소프트웨어가 성공적이면 많은 문서가 생겨날 것이며, 해당 소프트웨어의 개발자가 권위 있는 문서를 작성하는 것이 중요합니다.

세상에는 수많은 좋은 소프트웨어들이 있습니다. 쓸 수 있는 것을 쓰십시오. 예를 들어, gnulib엔 수많은 편리한 라이브러리 함수가 담겨 있습니다(gnulib에서 해당 함수들을 꺼내 쓸 수 있다는 전제하에). BSD와 Mac OS X도 마찬가지입니다. 피카소가 "위대한 예술가들은 훔친다."라는 말을 괜히 한 것이 아닙니다.

사용자 커뮤니티와 소통하는 동시에, 종종 있는 비난을 각오해야 합니다. 일부는 난감한 내용일 것입니다. 활성화된 사용자 커뮤니티는 매우 큰 도움이 될 수 있지만, 사용자들이 격하게 반응하기도 합니다. 그것들을 사적 감정으로 받아들이지 마십시오.

9.7.2 다르게 하고 싶었던 것들

배시는 수백만 명의 사용자층을 가지고 있습니다. 저는 하위 호환성의 중요성에 대해서는 잘 알고 있습니다. 어떤 관점에서는, 하위 호환성은 미안해야 할 일이 없다는 것을 의미하기도 합니다. 하지만 세상은 그렇게 단순하지 않습니다. 종종 호환되지 않는 수정을 가해야 할 때가 있으며, 이런 변경점들의 대부분은 일부 사용자의 불만을 일으킵니다. 하지만 저는 나쁜 결정을 바로잡기 위해서였든, 설계 실수를 고치기 위해서였든, 셸의 영역 간 호환되지 않는 부분을 고치기 위해서였든, 항상 이러한 결정을 한 타당한 이유가 있었다고 생각합니다. 좀 더 일찍 정식 배시 호환성 단계 비슷한 걸 만들어 놓았으면 좋았을 걸 하고 생각합니다.

배시의 개발 과정은 딱히 투명하진 않았습니다. 저는 마일스톤 릴리스(bash 4.2 등)와, 개인이 릴리스하는 패치의 개념에 익숙해 있었습니다. 이렇게 한 이유가 있습니다. 자유 소프트웨어와 오픈 소스 세상보다 긴 릴리스 타임라인을 가진 제조사들의 사정에도 맞춰 줘야 했으며, 과거 원하던 것 이상으로 베타 버전의 소프트웨어가 광범위하게 확산되어 문제를 겪었던 적이 많았기 때문입니다. 하지만 새로 시작할 수 있다면, 공개 저장소를 사용하여 릴리스를 좀 더 자주 하였을 것입니다.

다르게 하고 싶었던 내용에, 구현에 대한 고려 사항을 다루지 않는다면 허전할 것입니다. 여러 번 고려만 하고 실제로 하지 못했던 것 중 하나는, 배시 구문 분석기를 bison 대신, 알기 쉬운 되부름 하향(recursive descent) 구문 분석 방식으로 다시 작성하는 것이었습니다. 한때는 명령 치환 기능을 Posix 표준에 맞추기 위해선 이런 작업이 필요할 줄 알았지만, 이렇게 큰 변경사항을 만들지 않고서도 해낼 수 있었습니다. 배시를 처음부터 구현한다면, 직접 손으로 구문 분석기를 짰을 것입니다. 그랬다면 분명히 많은 것이 쉬워졌을 것입니다.

9.8 마치며

배시는 크고 복잡한 자유 소프트웨어의 좋은 예입니다. 배시는 20년 이상 개발되는 특혜를 받았으며, 성숙하고 강력합니다. 거의 모든 환경에서 작동하며, 배시를 사용한다는 것을 인식하지 못하는 다수를 포함해, 매일 수백만 명의 사람들이 사용합니다.

배시는 스티븐 본이 작성한 유닉스 7판의 셸을 비롯해, 많은 기존 프로젝트들의 영향을 받았습니다. 배시에 가장 큰 영향은 미친 건 배시의 동작의 상당한 부분을 정의한 Posix 표준이었습니다. 이러한 하위 호환성 유지와 표준 준수라는 제약은 그 나름의 도전을 가져왔습니다.

배시는 GNU 프로젝트의 일부가 되는 특전을 언어 존재의 기틀을 얻었습니다. GNU 없인 배시도 없었을 것입니다. 또, 배시는 적극적인 사용자 커뮤니티의 혜택도 얻었습니다. 사용자들의 의견은 지금까지의 배시를 만들어 왔으며, 이는 자유 소프트웨어로서의 장점을 입증합니다.

옮긴이: 서지혁

건국대학교에서 생명과학을 공부하며, 스마트스터디에서 소프트웨어 엔지니어로 일하고 있다. 참여한 주요 프로젝트로는 Earth Reader, Crosspop 등이 있다.

10장

버클리 DB(Berkeley DB)

마고 셀저(Margo Seltzer), 키이스 보스틱(Keith Bostic) 지음
류성호, 설현준 옮김

콘웨이의 법칙(Conway's Law)에 따르면 제품의 설계에는 그 제품을 만든 조직의 구조가 드러난다고 합니다. 이 법칙에서 약간 더 나아가 생각한다면, 두 사람이 만든 소프트웨어에는 단순히 둘의 협업 구조뿐만 아니라 각자가 지닌 성향이나 철학까지도 드러난다고 할 수 있을 것입니다. 마고 셀저는 경력의 대부분을 파일 시스템 및 데이터베이스 관리 시스템과 함께 보냈습니다. 누군가가 물어본다면 그녀는 그 둘이 본질적으론 같은 것이며, 더 나아가 운영체제와 데이터베이스 관리 시스템은 둘 다 편리한 추상화를 제공해주는 자원 관리자에 지나지 않는다고 말할 것입니다. 단지 세부 구현 사항의 차이점밖에 없다는 것이지요. 키이스 보스틱은 툴 기반 접근 방식을 통해 소프트웨어 공학적 이슈들을 해결하고 단순한 기본 구성요소들을 바탕으로 컴포넌트들을 구성해나가는 방식이 옳다고 믿습니다. 이런 형태가 모놀리틱(monolithic) 아키텍처[1]들과 비교할 때 이해가능성, 확장성, 유지보수 편의성, 테스트 편의성, 유연성 등 여러모로 우월하기 때문입니다.

이 두 관점을 함께 놓고 보면 우리가 지난 20년 동안 함께 빠르고, 유연하고, 안정적이고, 확장 가능한 데이터 관리를 가능하게 해주는 소프트웨어 라이브러리인 버클리 DB를 만들었다는 사실이 별로 놀랍지 않을 것입니다. 버클리 DB는 기존의 관계형 데이터베이스 시스템에서 찾아볼 수 있는 기능 대부분을 제공

---

1 (옮긴이) 한 가지 목적을 수행하는 여러 부분들로 이루어진 시스템의 반대 개념. 시스템 하나 안에 모든 기능을 수행하는 코드가 다 합쳐져 있는 형태.

합니다. 예를 들어 Key 기반/순차형 엑세스 기능이라든가, 트랜잭션 기능, 오류 발생 시 자가 복구 수행 기능 등이 지원됩니다. 하지만, 이들 기능을 제공해 주는데 있어서 독특한 접근 방식을 취하고 있습니다. 다른 데이터베이스들이 보통 독립적인 서버 애플리케이션 형태로 제공되는 반면, 버클리 DB는 사용자 애플리케이션에 링크될 수 있는 라이브러리 형태로 제공됩니다.

이번 장에서는 버클리 DB에 대해 더 자세히 알아보고, 이 DB가 유닉스의 "한 가지 일을 똑바로 한다"는 철학을 계승하는 여러 모듈로 구성되어 있다는 점을 살펴볼 것입니다. 이들 내부 컴포넌트들은 보통 get, put, delete 등 익숙한 데이터베이스 작업들을 통해 간접적으로 사용되지만, 필요할 경우 버클리 DB를 사용하는 애플리케이션들이 직접 사용하는 것도 가능합니다. 또, 이 장은 특히 아키텍처의 관점에서 버클리 DB가 어떻게 시작되었으며, 초기에 설계하고자 했던 것이 무엇이었는지, 그리고 어떤 이유들로 인해 현재의 구조에 어떻게 다다르게 되었는지에 대해 설명합니다. 소프트웨어의 설계는 시간이 지남에 따라 새로운 환경에 맞춰 계속 변경될 수밖에 없습니다. 따라서 기본 원칙과 일관된 비전을 세워두고 꾸준하게 고수하는 것이 무엇보다 중요합니다. 또한 장기간 개발되는 소프트웨어 프로젝트에서 코드가 어떤 진화과정을 거치게 되는지에 대해서도 간단히 서술할 예정입니다. 버클리 DB는 20년이 넘게 개발되어 왔으며, 그 세월을 거치는 과정에서 바람직했던 설계에 변형이 발생하는 것을 피할 수 없었습니다.

10.1 버클리 DB의 시작

버클리 DB는 유닉스가 아직 AT&T의 전유물이었으며, 수많은 유틸리티와 라이브러리 들이 엄격한 라이선싱 정책에 제약받고 있던 시절에 시작되었습니다. 마고 셀저는 UC 버클리의 대학원생이었고 키이스 보스틱은 버클리의 Computer Systems Research Group의 일원이었습니다. 당시 키이스는 AT&T에 독점되어 있는 소프트웨어들을 Berkeley Software Distribution에서 제거하는 작업을 수행하고 있었습니다.

버클리 DB 프로젝트는 기존의 인메모리 해시(hash) 패키지인 hsearch와 온디스크 해시 패키지인 dbm/ndbm을 교체하려는 소박한 목표를 가지고 시작되었습니다. 새롭게 도입될 해시 패키지는 인메모리-온디스크 작업이 둘 다 가능하면서도 라이센스상의 제약 없이 자유롭게 재배포할 수 있어야 했습니다. 마고 셀저가 작성했던 hash 라이브러리[SY91]는 리트윈(Litwin)의 '확장 가능한 선형 해싱(Extensible Linear Hashing)' 연구를 바탕으로 만들어졌습니다. 이 연구는 상수 시간에 해시값과 페이지 주소를 매핑해주며[2], 규모가 큰 데이터를 쉽게 다룰 수 있게 해 주는 기발한 방식을 제공했습니다. 당시 기준으로 볼 때, 보통 해시 버킷이나 파일 시스템 페이지 크기보다 클 경우 데이터가 크다고 간주되었으며, 이 크기는 4~8킬로바이트 정도였습니다.

나아가, 해시 테이블과 함께 Btree도 제공해 주는 편이 더욱 바람직했습니다. 마고 셀저와 버클리 대학원을 같이 다니던 마이크 올슨(Mike Olson)은 Btree 를 이미 여러 번 구현해 본 경험이 있었고 버클리 DB를 위해 새롭게 한 번 더 구현하기로 동의합니다. 이렇게 세 명이서 마고의 hash 라이브러리와 마이크의 Btree 라이브러리를 통합하여 데이터 저장 방식에 독립적인 API를 갖는 새로운 라이브러리를 만들었습니다. 이 라이브러리에서는 '데이터베이스 핸들'을 통해서 내부적으로 해시 테이블과 Btree 중 무엇이 사용되는지 여부와 무관하게 애플리케이션이 데이터를 읽고 수정할 수 있도록 해 주었습니다.

이를 기반으로 마이크 올슨과 마고 셀저는 LIBTP라는 애플리케이션 주소 공간에서 동작하는 트랜잭션 라이브러리에 대한 연구논문을 썼습니다.[SO92]

이 hash와 Btree 라이브러리들은 Berkeley DB 1.85라는 이름으로 4BSD 최종 배포판에 포함되었습니다. 기술적으로 보면 Btree 라이브러리는 실제로는 B+link 트리를 사용하여 구현되었지만, 이 장에서는 편의상 Btree라고 부르도록 하겠습니다. 리눅스 혹은 BSD 기반의 시스템을 사용해본 사람이라면 Berkeley DB 1.85의 구조와 API들이 친숙하게 느껴질 것입니다.

Berkeley DB 1.85 라이브러리는 이 이후 한동안 개발이 중단되었습니다. 하지만, 1996년에 넷스케이프(Netscape)가 LIBTP에서 제시된 트랜잭션 형 디자인을 기반으로 상용화 수준의 데이터베이스 라이브러리를 개발하도록 마고 셀저와 키이스 보스틱과 계약을 체결하면서 버클리 DB의 개발이 재개되었습니다. 이 결과물이 첫 번째 완전 트랜잭션 형 DB인 Berkeley DB 2.0입니다.

이 이후의 역사는 보편적이며 단순한 타임라인을 가지고 있습니다. 1997년의 Berkeley DB 2.0은 트랜잭션의 개념을 처음 도입했습니다. 1999년의 Berkeley DB 3.0은 지속적으로 늘어나는 기능들을 지원하기 위해 새로운 추상화 및 인다

2 　(옮긴이) 데이터의 규모가 증가하더라도 작업을 수행하는 시간이 따라서 늘어나지 않는다는 의미입니다.

이력선을 추가한 리디자인된 버전이었습니다. 2001년의 Berkeley DB 4.0은 레플리케이션(replication)과 고수준 가용성(high availability)을 도입했으며 2010년의 오라클 Berkeley DB 5.0은 SQL을 지원하기 시작했습니다.

이 책의 집필 시점에 버클리 DB는 세계에서 가장 널리 사용되는 데이터베이스 툴킷이며, 라우터나 브라우저, 메일 시스템이나 운영체제 등 방대한 영역에 걸쳐 사용되고 있습니다. 비록 개발된 지 20년이 넘었지만 버클리 DB는 툴 기반/객체 지향 접근방식을 바탕으로 자신을 사용하는 소프트웨어들의 기술적 요구조건에 맞춰 꾸준히 발전해올 수 있었습니다.

디자인 레슨 1

소프트웨어는 그 규모와 무관하게 뚜렷한 API 경계선으로 구분된 모듈들의 집합으로 디자인되어야 합니다. 이는 테스팅과 유지보수에 필수적입니다. 이 경계선이 필요에 따라 지속적으로 변할 수는 있지만, 이 경계가 아예 없으면 소프트웨어가 유지보수가 불가능한 커다란 스파게티 더미가 되어버립니다. 버틀러 램프슨(Butler Lampson)은 1993년 튜링상 수상 강연에서 "과학의 모든 문제는 인다이렉션을 한 단계 더 추가하면 해결될 수 있다"고 언급했었습니다. 그에게 '객체 지향적이다'라는 말이 무엇을 의미하는지에 대해 물어봤을 때, API의 경계 안에서 여러 개의 구현체를 가질 수 있는 것이라고 대답해주었습니다. 버클리 DB에서는 이 철학을 그대로 계승해, 동일한 인터페이스하에서 여러 가지 구현 방식이 사용될 수 있도록 설계되었습니다. 덕분에 라이브러리 전체가 C로 작성돼 있기는 하지만 객체 지향 프로그래밍의 느낌을 그대로 제공해 주고 있습니다.

10.2 아키텍처 살펴보기

이번 절에서는 버클리 DB 라이브러리의 아키텍처를 LIBTP부터 살펴보고 각 진화 단계에서 어떤 점이 중요했는지 짚어보도록 하겠습니다.

그림 10.1은 마고 셸처와 마이크 올슨의 논문에서 발췌한 LIBTP의 원래 아키텍처를, 그림 10.2는 Berkeley DB 2.0의 초기 아키텍처 설계안을 보여줍니다.

당초 LIBTP와 Berkeley DB 2.0의 초기 설계안 사이에서 두드러진 차이는 프로세스 매니저가 제거되었다는 점뿐이었습니다. LIBTP는 서브시스템 단위에서

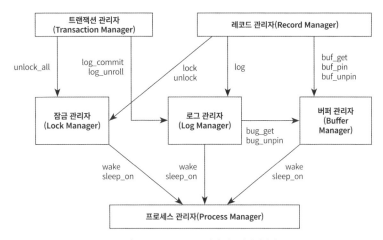

그림 10.1 LIBTP 프로토타입 시스템 아키텍처

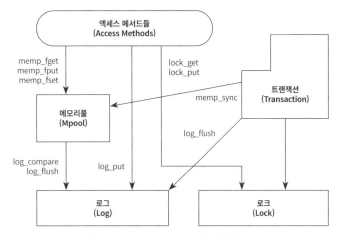

그림 10.2 Berkeley DB-2.0 초기 아키텍처

동기화를 수행하는 대신 각 컨트롤 스레드들을 라이브러리에 등록한 뒤 개별 스레드/프로세스들 단위에서 동기화를 수행했었습니다. 10.4절에서 다시 언급하겠지만, 이런 원래의 디자인이 더 나았을 수도 있습니다.

하지만, 견고한 복구 매니저 구현의 어려움으로 인해 그림 10.3에 표시된 것처럼 초기 설계안과 실제 출시된 db-2.0.6의 아키텍처 사이에는 큰 차이가 있었습니다. 이 그림에서 회색으로 표시된 부분이 복구 서브시스템입니다. 복구 서브시스템은 크게 두 가지 구성요소로 이루어져 있습니다. 드라이버 인프라스트럭처는 'recovery'라는 이름의 상자로 표시되어 있으며, 액세스 메서드들에 의해 수행된 작업들을 복구하는데 사용되는 언두(undo)/리두(redo) 기능들은 '액세

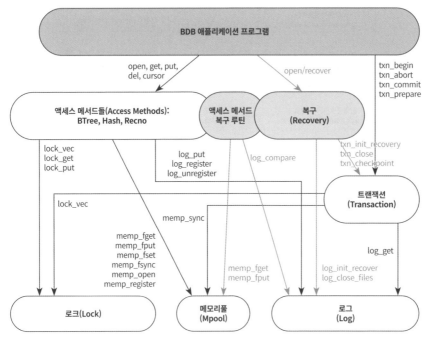

그림 10.3 실제 Berkeley DB 2.0.6 아키텍처

스 메서드 복구 기능들'이라는 원으로 표현되어 있습니다. LIBTP에서는 개별 액세스 메서드별로 전용 복구 및 로깅 루틴들이 하드 코딩되어 있었습니다만, 버클리 DB 2.0에서는 일관적인 방식으로 복구가 수행될 수 있도록 설계되어 있습니다. 나아가, 이런 범용성 있는 설계 덕분에 다양한 모듈들 사이에 훨씬 풍부한 인터페이스들이 구현될 수 있었습니다.

그림 10.4는 Berkeley DB-5.0.21 아키텍처를 보여줍니다. 그림 안의 숫자들은 표 10.1에 있는 API들을 가리킵니다. 비록 예전 아키텍처를 알아볼 수는 있지만, 새로운 모듈이 다수 추가된 점이나, 예전의 모듈이 새로운 모듈들로 분할된 점이나(log 모듈은 이제 log 모듈과 dbreg 모듈로 나뉘어졌습니다), 모듈 간 API의 수가 비약적으로 증가한 점 등을 보면 현재 아키텍처로 진화하는 동안 상당한 시간이 흘렀다는 점을 알 수 있습니다.

십 년에 걸친 진화 과정, 수십 번의 상용 출시, 그리고 수백 개의 신기능 추가를 거치는 동안 현재의 아키텍처는 과거에 비해 훨씬 복잡해졌습니다. 그 중 주목할 만한 점은 다음과 같습니다. 첫째, 레플리케이션으로 인해 시스템에 아예 새로운 레이어가 추가되었습니다. 하지만, 예전 코드들과 동일하게 API를 통해 시스템의 다른 부분들과 통신하는 등 깔끔한 형태를 유지하고 있습니다. 둘째,

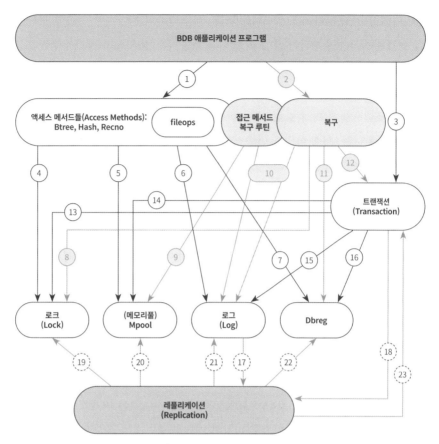

그림 10.4 Berkeley DB 5.0.21 아키텍처

log 모듈은 이제 log와 dbreg(데이터베이스 등록(database registration))으로 나뉘었습니다. 이에 관해서는 10.8절에서 조금 더 상세히 알아보겠습니다. 셋째, 모듈 간 호출들을 모두 언더스코어로 시작하게 함으로써 일종의 전용 네임스페이스를 부여했습니다. 이 덕분에 애플리케이션 함수들이 버클리 DB의 내부 함수들과 충돌하지 않습니다. 이에 관해서는 디자인 레슨 6에서 보다 자세히 설명할 예정입니다.

넷째, 로깅 서브시스템의 API는 이제 커서 기반으로 구현되어 있습니다(즉, log_get API는 없으며 log_cursor API만이 사용됩니다). 원래 버클리 DB에선 하나 이상의 컨트롤 스레드에서 동시에 로그를 읽거나 쓰는 일이 없었기 때문에 라이브러리 내부에 현재 로그에 대한 일종의 시크포인터(seek pointer)[3]가 존재

---

3 (옮긴이) 현재 로그가 작성되어야 하는 위치를 알려주는 포인터.

했었습니다. 애초부터 이런 추상화 방식은 바람직하지 않았지만, 레플리케이션이 도입된 시점 이후부터는 아예 이 방식을 사용하는 것 자체가 불가능해졌습니다. 이제는 로그 모듈 역시 애플리케이션들처럼 커서를 통해 로그에 대한 이터레이션을 지원합니다. 마지막으로, 액세스 메서드 내부에서 사용되는 fileop 모듈에서 트랜잭션에 의해 보호되는 데이터베이스의 생성, 삭제, 이름 변경 기능들이 제공됩니다. 사실 아직도 만족스러울 만큼 깔끔하지는 않습니다만, 다양한 시도와 수많은 재작업들을 거친 끝에 결국 이 기능들을 독립적인 모듈 형태로 구현하게 되었습니다.

디자인 레슨 2

문제 풀기를 시도하기 전에 그 문제에 대해 처음부터 끝까지 생각해보도록 하는 방법에는 여러 가지가 있습니다. 소프트웨어 설계는 단지 그들 중 하나입니다. 노련한 프로그래머들이 사용하는 방법들은 다양합니다. 어떤 프로그래머는 초기 버전을 작성해보았다가 폐기하고, 어떤 사람들은 설계 문서나 매뉴얼 페이지를 꼼꼼히 작성해 보고, 또 어떤 사람들은 모든 요구 사항이 함수나 주석에 명시된 코드 템플릿을 작성하여 뼈대로 삼기도 합니다. 버클리 DB의 경우, 코드를 작성하기 전에 모든 액세스 메서드들과 컴포넌트들에 대해 유닉스 스타일의 매뉴얼 페이지를 작성했습니다. 어떤 기법을 사용하건 일단 디버깅을 시작하고 나면 전체 아키텍처를 계속 염두에 두기 어려워집니다. 게다가, 아키텍처를 대규모로 변경하기라도 하면 많은 시간을 들였던 예전 디버깅 작업들이 상당 부분 수포로 돌아갑니다. 코드 디버깅 시에는 소프트웨어 아키텍처를 설계할 때와는 다른 사고 방식이 필요합니다. 보통 디버깅을 착수하는 시점의 아키텍처는 곧 출시를 앞둔 아키텍처일 것입니다.

애플리케이션 API들		
1. DBP handle operations	2. DB_ENV Recovery	3. Transaction APIs
open	open(⋯ DB_RECOVER ⋯)	DB_ENV-〉txn_begin
get		DB_TXN-〉abort
put		DB_TXN-〉commit
del		DB_TXN-〉prepare
cursor		

액세스 메서드가 사용하는 API들			
4. Into Lock	5. Into Mpool	6. Into Log	7. Into Dbreg
__lock_downgrade	__memp_nameop	__log_print_record	__dbreg_setup
__lock_vec	__memp_fget		__dbreg_net_id
__lock_get	__memp_fput		__dbreg_revoke
__lock_put	__memp_fset		__dbreg_teardown
	__memp_fsync		__dbreg_close_id
	__memp_fopen		__dbreg_log_id
	__memp_fclose		
	__memp_ftruncate		
	__memp_extend_freelist		

복구 API들				
8. Into Lock	9. Into Mpool	10. Into Log	11. Into Dbreg	12. Into Txn
__lock_getlocker	__memp_fget	__log_compare	__dbreg_close_files	__txn_getckp
__lock_get_list	__memp_fput	__log_open	__dbreg_mark_restored	__txn_checkpoint
	__memp_fset	__log_earliest	__dbreg_init_recover	__txn_reset
	__memp_nameop	__log_backup		__txn_recycle_id
		__log_cursor		__txn_findlastckp
		__log_vtruncate		__txn_ckp_read

트랜잭션 모듈이 사용하는 API들			
13. Into Lock	14. Into Mpool	15. Into Log	16. Into Dbreg
__lock_vec	__memp_sync	__log_cursor	__dbreg_invalidate_files
__lock_downgrade	__memp_nameop	__log_current_lsn	__dbreg_close_files
			__dbreg_log_files

레플리케이션 시스템 진입용 API	
17. From Log	18. From Txn
__rep_send_message	__rep_lease_check
__rep_bulk_message	__rep_txn_applied
	__rep_send_message

레플리케이션 시스템으로부터의 API				
19. Into Lock	20. Into Mpool	21. Into Log	22. Into Dbreg	23. Into Txn
__lock_vec	__memp_fclose	__log_get_stable_lsn	__dbreg_mark_restored	__txn_recycle_id
__lock_get	__memp_fget	__log_cursor	__dbreg_invalidate_files	__txn_begin
__lock_id	__memp_fput	__log_newfile	__dbreg_close_files	__txn_recover
	__memp_fsync	__log_flush		__txn_getckp
		__log_rep_put		__txn_updateckp
		__log_zero		
		__log_vtruncate		

표 10.1 Berkeley DB 5.0.21 API들

트랜잭션 라이브러리를 굳이 별도의 컴포넌트로 만든 이유는 세 가지입니다. 첫째, 이 설계 방식이 보다 단정하기(disciplined) 때문입니다. 둘째, 코드 경계선을 뚜렷이 해두지 않을 경우, 복잡한 소프트웨어 패키지가 유지보수 불가능한 코드 더미로 전락하는 것은 시간 문제이기 때문입니다. 그리고 셋째, 해당 기능을 어떻게 사용될 것인지를 사전에 모두 예측하기란 불가능하기 때문입니다. 자유롭게 사용할 수 있도록 컴포넌트 형태로 정리해서 제공해 주었을 때, 해당 기능이 전혀 예상치 못했던 방식으로 사용되는 사례가 종종 발생하곤 합니다.

이후의 절들에서는 버클리 DB의 컴포넌트들을 하나씩 살펴보면서 각 컴포넌트가 무엇을 하는지 그리고 전체 패키지와 어떻게 연결되는지를 살펴보도록 하겠습니다.

10.3 액세스 메서드들: Btree, Hash, Recno, Queue

버클리 DB의 액세스 메서드들은 고정 길이 및 가변 길이 문자열을 대상으로 키 기반 룩업 및 이터레이션 기능을 모두 지원합니다. Btree와 hash는 가변 길이의 키/밸류 조합을 지원하며 Recno와 Queue는 레코드 번호와 밸류의 조합을 지원합니다(Recno의 경우 밸류가 가변 길이를 가질 수 있는 반면, Queue는 고정 길이만을 지원합니다).

Btree와 hash의 가장 두드러진 차이점은, btree는 레퍼런스의 로컬리티를 제공하지만 hash는 그렇지 않다는 점입니다. 따라서 대부분의 경우 Btree를 사용하는 것이 바람직합니다. 반면, Hash는 데이터 규모가 너무 커서 Btree의 인덱스 구조조차 메모리에 들어가지 않을 경우에 유용합니다. 이 경우 차라리 별도의 인덱싱 없이 메모리를 데이터 저장용으로만 쓰는 편이 낫습니다. 메인 메모리가 지금보다 훨씬 적었던 1990년대 당시에는 이런 트레이드오프가 더욱 유용했습니다.

Recno와 Queue의 차이는, Queue는 레코드 단위의 locking을 지원하는 대신 고정 밸류만을 지원한다는 점입니다. Recno는 가변 길이 밸류를 지원하는 대신 Btree나 Hash처럼 페이지 단위의 locking만을 지원합니다.

초창기에는 키 기반의 CRUD 기능(create, read, update 그리고 delete)들이 애플리케이션의 주 인터페이스가 되도록 설계했으며, 이후에 이터레이션을 지원하기 위해 커서가 추가되었습니다. 이로 인해 라이브러리 내부에 중복된 코드들이 많이 생겨났으며, 시간이 지남에 따라 이 코드들을 보수하기가 점점 더 어려워졌습니다. 결국에는 모든 기능을 커서 기반으로 통일하게 되었습니다(키 기반의 기능들은 이제 캐시된 커서를 하나 할당하고 기능을 수행한 다음 커서를 다시 커서 풀로 반환하는 형태로 구현되어 있습니다). 이는 소프트웨어 개발에서 꾸준히 언급되는 "정말 필요해지기 전까지는 절대로 단순함과 명확성을 희생하면서 최적화를 수행하지 말라"는 규칙에 관한 좋은 사례입니다.

디자인 레슨 3

소프트웨어 아키텍처는 곱게 늙는 법이 없습니다. 소프트웨어에 변경이 가해질수록 해당 아키텍처는 그에 비례하여 변형되고 악화됩니다. 예를 들어, 버그 수정이 점점 추가되면서 레이어링이 약화된다거나, 새로운 기능들이 추가되면서 기존의 설계를 유지하는데 무리가 간다거나 하는 등입니다. 아키텍처가 너무 변형된 나머지 설계나 구현을 새로 해야 하는 시점이 언제인지를 판단하기는 쉽지 않습니다. 아키텍처의 변형을 방치하면 유지보수와 개발이 어려워지며, 결국에는 대규모 전담 테스트 조직이 없이는 릴리스가 불가능한 지경에 이르게 됩니다. 아무도 해당 소프트웨어가 어떻게 동작하는지 모르기 때문이죠. 반면에, 아키텍처를 다시 다듬는 과정에서 근본적인 변경이 발생하게 되면, 사용자들은 그로 인한 불안정성이나 호환성 문제에 격렬하게 항의할 것입니다. 오직 한 가지 확실한 사실은, 소프트웨어 아키텍트로서 어떤 선택을 하든 누군가는 항상 화를 낼 것이라는 점입니다.

액세스 메서드들의 내부 구현에 대해서는 별도로 설명하지 않도록 하겠습니다. Btree와 hash의 경우 이미 잘 알려진 알고리즘들이 구현에 사용되었고, Recno는 Btree의 코드에 레이어 하나를 더 추가했을 뿐입니다. Queue는 파일 블록 단위 룩업 함수를 기반으로 레코드 단위 locking을 지원하는데 필요한 기능들이 추가되어 있습니다.

10.4 라이브러리 인터페이스 레이어

버클리 DB에서 지원하는 기능이 점점 늘어나면서, 애플리케이션과 내부 코드

양쪽 모두에서 필요로 하는 기능들이 도출되었습니다. 예를 들어, 테이블 join 시 여러 개의 커서가 필요해지는데, 이때 사용되는 커서는 애플리케이션에서 사용되는 커서와 동일합니다.

디자인 레슨 4

변수나 함수, 메서드 이름을 어떻게 정하고 주석이나 코드의 스타일을 어떻게 하는지는 크게 중요하지 않습니다. '괜찮은' 스타일이나 형식들이 세상에 많이 존재하기 때문이죠. 무엇보다도 중요한 것은 이름을 정하는 방식과 스타일이 항상 일관적이어야 한다는 점입니다. 노련한 프로그래머들은 코드 포맷과 객체 이름을 통해 상당한 정보를 얻습니다. 변수 이름 짓기와 스타일링에 일관성이 없으면 시간과 노력을 투자해가면서 다른 프로그래머들에게 거짓말을 하는 것과 같습니다. 이 때문에 해고를 당한다고 해도 할 말이 없을 것입니다.

이런 이유로 우리는 액세스 메서드 API들을 꼼꼼하게 정의된 레이어들로 분리했습니다. 이 인터페이스 루틴 레이어들은 일반적인 오류 검사, 함수 단위 오류 검사, 스레드 관리, 자동 트랜잭션 관리 등 필수적인 기능을 모두 제공합니다. 애플리케이션에서 버클리 DB를 호출할 때 접하게 되는 최상단 인터페이스들은 객체 핸들에 기반한 메서드들로 구성되어 있습니다. 일례로, 데이터를 갱신할 때 사용되는 __dbc_put_pp 인터페이스 함수는 버클리 DB 커서의 "put" 메서드에 해당합니다. 여기서 _pp 접미사는 애플리케이션에서 호출할 수 있는 함수들을 식별하기 위해 사용됩니다.

버클리 DB가 인터페이스 레이어에서 수행하는 작업 중 하나는 어떤 스레드들이 버클리 DB 내에서 작동하고 있는지를 추적하는 것입니다. 버클리 DB의 일부 기능 중에는 라이브러리 내에서 다른 스레드가 전혀 없을 때에만 실행되어야 하는 것들이 있기 때문에 이 기능은 꼭 필요합니다. 라이브러리 API는 실행되기 시작하는 시점에 스레드가 내부적으로 사용된다는 점을 기록해 두었다가, 완료되는 시점에 해당 플래그를 다시 초기화합니다. 호출의 시작/끝 확인과 레플리케이트(replicate)된 환경에서의 호출 실행 확인은 항상 인터페이스 레이어에서 이뤄집니다.

물론 스레드 식별자를 라이브러리에 전달하는 편이 훨씬 쉬웠을 것이며, 애초에 그렇게 했었어야 한다고 생각합니다. 하지만, 이제 와서 변경을 시도할 경우 기존의 버클리 DB를 사용하는 모든 애플리케이션들이 변경되어야 합니다. 애플리케이션에서 사용하던 API 호출들이 거의 모두 변경되어야 하고, 상당수의 경우 애플리케이션 구조 자체도 수정이 필요해집니다.

> ### 디자인 레슨 5
>
> 소프트웨어 아키텍트들은 업그레이드 전략을 조심스럽게 세울 필요가 있습니다. 사용자들은 소규모 업그레이드라면 기꺼이 받아들입니다(업그레이드로 인한 오류가 컴파일할 때 발생해야 한다는 것을 잊으면 안 됩니다. 업그레이드로 인한 오류는 절대 몰래 발생해선 안 됩니다). 하지만 대규모 변경사항이 있는 업그레이드라면 새로운 코드베이스임을 사용자들에게 알리고 포팅을 요구해야 합니다. 물론 새 코드베이스와 애플리케이션 포팅은 시간이나 비용 면에서 저렴하지 않지만, 업그레이드 규모를 숨기는 거짓말로 사용자들을 화나게 하는 비용 역시 저렴하지 않지요.

트랜잭션 생성 역시 인터페이스 레이어에서 처리됩니다. 버클리 DB는 모든 작업마다 트랜잭션을 자동으로 생성해 주는 모드를 지원합니다. 이 경우 애플리케이션이 일일이 트랜잭션을 생성하고 커밋할 필요가 없습니다. 이 기능을 지원하기 위해서, API를 호출할 때 트랜잭션이 명시되지 않았을 경우 버클리 DB가 대신 트랜잭션을 자동으로 생성하여 사용합니다.

버클리 DB API들은 모두 인자 검사를 수행합니다. 에러 검사를 위해 사용되는 방식에는 두 종류가 있습니다. 첫 번째는 데이터베이스가 예전 작업 수행 도중 손상되지는 않았는지, 혹은 현재 레플리케이션 상태 변화가 진행 중인지 여부를 확인하는 등의 일반적인 검사입니다. 두 번째는 API 단위에서 플래그나 파라미터가 올바르게 사용되고 있는지, 옵션 조합에서 문제는 없는지 등과 같이 실제 작업을 수행하기 전에 확인할 수 있는 오류들을 걸러냅니다. 이처럼 API 단위에서 수행되는 검사 기능은 모두 _arg라는 접미사를 가집니다. 즉, 앞서 설명했던 커서의 put 메서드인 __dbc_put_pp에서 사용되는 오류 확인 함수는 __dbc_put_arg라는 이름을 갖습니다.

트랜잭션이 준비되고 모든 에러 검사가 끝나고 나면 실제로 해당 기능을 수행하는 워커 메서드(worker method)가 실행되게 됩니다. 앞서 계속 사용해온 예제에서는 __dbc_put이라는 이름의 함수입니다. 내부적으로 커서의 put 기능이 필요할 때에도 바로 이 동일한 워커 메서드가 사용됩니다.

이 같은 기능 분할이 모양을 갖춰나가던 시기는 레플리케이션 환경에서 어떤 작업들이 수행되어야 하는지에 대해 치열하게 고민하던 때였습니다. 코드 베이스를 여러 번 수정해보고 난 뒤 지금과 같은 사전 검사 기능이 자리를 잡게 되었습니다. 이로 인하여 코드가 수정될 때 문제점이 쉽게 발견될 수 있게 되었습니다.

10.5 내부 컴포넌트

액세스 메서드 내부에는 버퍼 관리자, 록(lock) 관리자, 로그 관리자, 트랜잭션 관리자라는 네 개의 컴포넌트가 있습니다. 이들 모두 공통적인 구조적 특징이 있습니다.

우선, 서브시스템은 각자의 API를 가지고 있습니다. 초창기에는 각 서브시스템마다 고유의 객체 핸들도 있었습니다. 이 핸들을 사용하면 해당 서브시스템에서 제공되는 모든 메서드들을 사용할 수 있었으며, 덕분에 해당 서브시스템을 독립적으로 사용하는 것이 가능했습니다. 예를 들어, 자신의 록(lock)을 관리하거나 리모트 잠금 관리자를 작성하는데 버클리 DB의 록(lock) 관리자를 사용한다거나, 공유 메모리에서 자신만의 파일 페이지를 다루는데 버클리 DB의 버퍼 관리자를 사용하는 것 등이 가능했습니다. 하지만 시간이 지남에 따라 애플리케이션을 단순화시키기 위해 서브시스템 단위 핸들은 API에서 제거되었습니다. 대신, 모든 서브시스템들에서 공유되는 공통 '환경' 객체인 DB_ENV에 대한 핸들이 사용됩니다. 물론 각 서브시스템들은 여전히 다른 서브시스템들과 무관하게 독립적으로 동작할 수 있습니다. 이 같은 구조적 특징들이 레이어링 및 일반화를 향상시키는 데 도움이 되었습니다. 때에 따라 레이어의 세부적인 위치는 바뀌기도 하고, 다른 서브시스템의 경계가 침범되는 사례들도 몇몇 존재하기는 합니다. 하지만, 시스템의 구성요소들을 각각 별도의 시스템으로 간주하는 게 바람직한 프로그래밍 방식입니다.

또한, 모든 서브시스템, 사실상 버클리 DB의 모든 함수는 호출 스택을 통해 오류 코드를 반환합니다. 버클리 DB는 라이브러리이기 때문에 errno 같은 오류 코드 전용 글로벌 변수를 사용함으로써 애플리케이션의 네임스페이스를 침범해서는 안 됩니다. 나아가, 오류가 전달되는 과정을 호출 스택이라는 일관된 경로로 통일하는 것 역시 바람직한 프로그래밍 습관을 장려해주는 방식입니다.

> ### 디자인 레슨 6
>
> 라이브러리를 디자인할 때엔 네임스페이스를 꼭 염두에 둬야 합니다. 사용하는 프로그래머들이 자신이 작성한 코드와의 충돌을 피하기 위해 수십 개의 함수, 상수, 구조, 글로벌 변수 이름을 외우게 만들어서는 안 됩니다.

마지막으로, 모든 서브시스템들은 공유 메모리를 지원합니다. 버클리 DB는 동시에 여러 프로세스들이 데이터베이스를 공유할 수 있도록 지원하기 때문에 주요 데이터 구조들은 모두 공유 메모리에 존재해야 합니다. 이에 따라 발생하는 가장 중요한 영향은, 다수의 프로세스 사이에서 공유되는 포인터 기반의 데이터 구조를 다룰 때, 인메모리 데이터 구조들이 포인터 대신 베이스 주소와 오프셋의 조합을 사용해야 한다는 점입니다. 바꾸어 말하면, 일반적인 포인터 대신 공유 메모리 세그먼트의 시작 위치를 가리키는 베이스 주소와 해당 세그먼트 내에서 원하는 데이터 구조가 위치하는 부분을 가리키는 오프셋을 조합해서 포인터를 직접 만들어서 사용해야 합니다.[4] 이 기능을 지원하기 위해 우리는 BSD(Berkeley Software Distribution)의 queue 인터페이스를 바탕으로 하는 다양한 종류의 링크드 리스트들을 패키지로 구현하여 사용했습니다.

> ### 디자인 레슨 7
>
> 공유 메모리용 링크드 리스트 패키지를 작성하기 전에는 다양한 종류의 데이터 구조들을 직접 구현해서 사용하곤 했습니다. 하지만, 이 구조들은 충분히 안정적이지 못했으며 디버깅하기도 힘들었습니다. 결국 BSD 리스트 패키지(queue.h)를 따라 만든 공유 메모리용 리스트 패키지로 모든 것을 교체했습니다. 일단 디버깅이 완료되고 난 뒤부터는 더 이상 공유 메모리의 링크드 리스트 관련 문제가 발생하지 않았습니다. 여기서 중요한 디

---

4 (옮긴이) 공유 메모리 세그먼트들은 각 프로세스마다 서로 다른 주소로 매핑될 수 있기 때문입니다. 따라서 각 데이터 구조들은 공유 메모리 세그먼트 내부에서는 동일한 위치에 있지만, 해당 세그먼트의 기준 주소는 프로세스별로 달라지기 때문에, 각 데이터 구조의 주소도 프로세스별로 다르게 됩니다.

자인 원칙을 세 가지를 얻을 수 있습니다. 첫째, 어떤 기능이 한 번 이상 사용된다면 그에 상응하는 공용 함수를 작성해서 사용하는 편이 좋습니다. 똑같은 작업을 수행하는 코드가 두 벌 있다면 그중 하나는 분명히 잘못 작성돼 있을 것이기 때문입니다. 둘째, 범용 기능들을 작성 중인 경우 별도의 전용 테스트 수트를 함께 작성해서 독자적으로 테스트 가능하도록 만들어야 합니다. 마지막으로 작성하기 까다로운 코드일수록 해당 코드를 최대한 독립적인 형태로 만들어 관리하는 편이 좋습니다. 그렇지 않을 경우 주위 코드의 변화로 인해 계속 영향을 받게 되기 때문입니다.

10.6 버퍼 관리자: Mpool

버클리 DB의 Mpool 서브시스템은 파일 페이지들에 대한 인메모리 버퍼 풀입니다. 이는 메인 메모리보다 큰 데이터베이스를 다룰 때, 데이터베이스 페이지들을 적절히 디스크에서 메인 메모리로 읽어 들이거나 혹은 반대로 당분간 필요 없어진 페이지를 디스크로 기록해 줌으로써 메인 메모리가 유한하다는 사실을 감춰주는 역할을 수행합니다. 이 같은 데이터베이스 페이지 캐싱이 초창기의 hash 라이브러리가 hsearch나 ndbm보다 훨씬 뛰어난 성능을 얻을 수 있었던 비결이었습니다.

버클리 DB의 Btree 액세스 메서드들은 전형적인 B+tree의 구현에 기반하고 있습니다. 하지만, 디스크 저장 포맷을 인메모리 포맷으로도 그대로 사용하기 때문에 트리 노드 간 포인터들은 실제 인메모리 포인터대신 페이지 번호로 표현됩니다. 이 방식의 장점은 페이지가 캐시에서 디스크로 플러시될 때 포맷을 변경할 필요가 없다는 점입니다. 반면 단점은 인덱스 구조 열람 시 간단한 포인터 연산을 사용하지 못하고 상대적으로 비용이 높은 메모리 풀 룩업(memory pool look up)을 사용해야 한다는 점입니다.

이로 인해 야기되는 다른 성능상의 측면들도 있습니다. 예를 들어, 버클리 DB는 캐시된 페이지를 접근할 때마다 해당 페이지를 메모리에 고정시켜 둡니다. 이렇게 함으로써 해당 페이지가 다른 스레드나 프로세스들로 인해 버퍼 풀에서 삭제되는 것을 방지합니다. 이 같은 메모리 고정 작업은 인덱스 전체를 올려둘 수 있을 만큼 메인 메모리가 충분해서 디스크 플러시가 전혀 필요 없는 경우라도 항상 수행됩니다. MPool이 기반으로 삼는 모델은 영속적 저장장치(persistent storage)가 아니라 캐시이기 때문입니다.

10.6.1 파일 추상화

Mpool은 자신이 파일 시스템상에 존재한다고 가정하고 파일 추상화를 API로 추출합니다. 예를 들어 DB_MPOOLFILE 핸들은 디스크상의 파일을 표현하며, 파일에서부터 페이지를 가져오거나 페이지를 파일로 저장해주는 메서드들을 제공합니다. 임시 데이터베이스나 순수 인메모리 데이터베이스들도 버클리 DB에서 지원되기는 하지만, 근간에 깔려있는 Mpool 추상화로 인해 이들 역시 DB_MPOOLFILE 핸들을 통해 표현됩니다. Mpool의 주 API는 get과 put 메서드 들입니다. Get은 페이지가 캐시에 존재하는지 확인한 뒤, 만일 없으면 해당 페이지를 캐시에 적재하고, 페이지를 고정시킨 다음 해당 페이지에 대한 포인터를 반환합니다. 라이브러리에서 해당 페이지에 대한 작업을 모두 마치고 나면, put 메서드를 통해 고정을 해제함으로써 해당 페이지가 캐시에서 제거될 수 있도록 합니다. 버클리 DB의 초기 버전들에서는 읽기용 페이지 고정과 쓰기용 페이지 고정을 구분하지 않았습니다. 하지만 이후 동시성 향상을 위해서 사용자가 해당 페이지를 갱신할 것인지 여부를 표시할 수 있도록 Mpool API를 확장했습니다. 이처럼 읽기용 접근과 쓰기용 접근을 구분할 수 있게 한 점이 다중 버전 동시성 제어(multi-version concurrency control)[5] 기능을 제공하는데 핵심적인 역할을 수행했습니다. 읽기 용도로 고정된 페이지에 변경사항이 있을 경우 해당 페이지를 디스크로 저장할 수 있습니다. 하지만 쓰기 용도로 고정된 페이지의 경우, 쓰기 작업이 진행되고 있는 중에는 데이터의 일관성이 손상되어 있을 수 있기 때문에 쓰기가 완료되어 메모리의 고정이 해제되기 전까지는 해당 변경사항을 저장할 수 없습니다.

10.6.2 로그 선행 기입

버클리 DB는 오동작 후 복구를 위한 트랜잭션 기법으로 선행 기입 로그(write-ahead logging, WAL)를 사용합니다. 선행 기입 로그란 어떤 종류의 변경사항이 디스크에 적용되어야 하는지를 항상 별도의 로그에 먼저 기입하고 난 다음 해당 변경사항을 디스크에 적용하는 기법을 의미합니다. 선행 기입 로그의 사용은

---

5 (옮긴이) 다중 버전 동시성 제어(multi-version concurrency control, MVCC): 특정 데이터에 대한 다수의 읽기/쓰기 요청이 존재할 때, 해당 데이터의 갱신 이력에 상응하는 여러 버전을 유지함으로써 동시성을 향상시키는 기법입니다. 데이터의 수정이 발생할 때 원본 데이터를 직접 덮어쓰는 대신, 수정이 반영된 데이터를 별도의 버전으로 새로 생성하고, 저장이 완료되는 시점에 어떤 버전이 최신인지를 아토믹하게 갱신합니다. 동일한 데이터에 대한 접근을 록(lock)을 통해 매번 제어하지 않아도 되며, 읽어 들이는 데이터들이 최신 데이터가 아닐 수는 있지만 데이터의 일관성은 항상 유지될 수 있습니다.

Mpool에도 중요한 영향을 미쳤습니다. Mpool은 범용 캐시로서의 본질적인 기능과 선행 기입 로그의 지원에 따르는 요구사항들을 균형 있게 지원해야 합니다.

버클리 DB는 모든 데이터 페이지마다 로그 시퀀스 번호(Log sequence number, LSN)를 기록해 둡니다. 이 로그 시퀀스 번호를 이용하면 해당 페이지에 대해 가장 최근에 적용된 수정사항이 어떤 것인지를 로그에서 찾아낼 수 있습니다. 선행 기입 로그를 올바르게 적용하려면, Mpool에서 새로운 데이터 변경사항을 저장하고자 할 때마다 대상 디스크 페이지의 로그 시퀀스 번호에 상응하는 로그 엔트리가 이미 디스크에 안전하게 저장되어 있다는 점을 매번 확인해야 합니다. 이 경우, 다른 클라이언트들이 버클리 DB에서 사용되는 페이지 포맷을 사용하지 않고도 MPool을 사용할 수 있도록 하는 점이 설계상에서 까다로운 부분입니다. Mpool은 관련 사항들을 제어할 수 있게 해주는 일련의 set/get 메서드들을 제공함으로써 이 문제를 해결하고 있습니다. DB_MPOOLFILE 메서드인 set_lsn_offset은 Mpool이 로그 시퀀스 번호를 페이지상에서 어느 위치에 저장해야 하는지를 지정할 수 있게 해줍니다. 이 메서드가 호출되지 않으면 Mpool은 선행 기입 로그를 적용하지 않습니다. 마찬가지로 set_clearlen 메서드는 새로 페이지를 캐시에 생성할 때, 메타데이터를 저장하기 위해서 얼마만큼을 초기화해야 하는지를 지정하는 데 사용됩니다. 이 API들은 버클리 DB의 트랜잭션 관련 요구사항을 충족하는 데 필요한 기능을 제공해 주는 동시에, 사용자들이 이 요구사항들을 군이 준수하지 않고도 Mpool을 사용할 수 있도록 해 줍니다.

디자인 레슨 8

선행 기입 로그는 소프트웨어의 다른 부분들에 거의 영향을 미치지 않는 기능들조차도 캡슐화(encapsulation) 및 레이어링을 통해 정리한 또 다른 사례입니다. 일례로, 프로그래머들이 캐시의 LSN에 대해 신경 쓰는 경우는 극히 드물겠지만, 그럼에도 이 방식이 소프트웨어의 유지보수, 테스트, 디버깅, 확장을 쉽게 해준다는 점은 명백합니다.

10.7 로크(lock) 관리자

로크(lock) 관리자 역시 Mpool처럼 범용 컴포넌트로 설계되었습니다. 버클리 DB에서 사용되는 로크(lock) 관리자는 계층형 로크 관리자(hierarchical lock manager)[GLPT76]로서 계층 구조를 갖는 개별 데이터 아이템, 해당 데이터 아이템이 저장되어 있는 페이지나 파일 등을 로크하는 데 사용될 수 있으며, 나아가 파일 여러 개를 한꺼번에 로크(lock)하는 것도 가능합니다. 이 섹션에서는 로크(lock) 관리자의 기능을 설명하면서 동시에 버클리 DB에서 어떻게 사용되고 있는지에 관해 설명하도록 하겠습니다. 로크 관리자 역시 Mpool처럼 다양한 애플리케이션들에서 전혀 다른 방식들로 사용될 수 있다는 점을 유념해야 합니다. 다행히 로크 관리자는 다양한 형태로 활용될 수 있도록 유연하게 설계되었기 때문에 특별한 문제는 없습니다.

로크 관리자는 크게 세 종류의 추상화가 사용됩니다. 어떤 프로세스를 위해 로크가 호출되는지를 알려주는 '로커(locker)', 실제로 로크가 적용되는 대상을 나타내는 '록 오브젝트(lock object)', 그리고 '컨플릭트 매트릭스'입니다.

로커들은 32비트의 무부호 정수입니다. 버클리 DB는 이 32비트의 네임스페이스를 트랜잭션 형 로커와 비(非)트랜잭션 형 로커로 나눕니다(로크 관리자에겐 이 구분이 크게 중요하지 않습니다). 버클리 DB는 로크 관리자를 사용할 때에 0부터 0x7fffffff는 비트랜잭션 형 로커에게 할당하고 0x8000000부터 0xffffffff까지는 트랜잭션 형 로커에게 할당합니다. 예를 들어, 버클리 DB는 애플리케이션이 데이터베이스를 사용하려고 불러올 때 다른 스레드들이 해당 데이터베이스의 이름을 바꾸거나 삭제하는 것을 방지하기 위해 장기적 읽기 로크(long-term read lock)를 활성화합니다. 이 로크는 장기적 로크이기 때문에 어느 트랜잭션에도 속하지 않으며, 따라서 이 로크가 소속된 로커는 비트랜잭션 형 로커로 볼 수 있습니다.

로크 관리자를 사용하는 모든 애플리케이션은 로커 아이디를 할당해야 합니다. 이를 위하여 로크 관리자 API는 로커를 할당하고 해제할 수 있도록 해주는 DB_ENV-〉lock_id와 DB_ENV-〉lock_id_free 함수들을 제공합니다. 덕분에, 애플리케이션에서 직접 로커 아이디를 일일이 부여하고 관리하지 않아도 됩니다. 물론 필요할 경우 애플리케이션들이 고유의 로커 아이디 관리 기능을 구현하여 사용할 수도 있습니다.

10.7.1 로크 오브젝트

로크 오브젝트는 실제로 잠겨지는 대상을 지칭하는데 사용되는 임의의 길이의 바이트열입니다. 두 개의 다른 로커가 동일한 객체를 잠그려고 할 경우, 모두 같은 바이트 열을 사용하여 해당 개체를 지칭합니다. 로크 관리자는 로크 오브젝트를 단순한 바이트열로써만 취급하기 때문에, 로크 오브젝트의 내부 구조를 어떻게 구성할 것인지는 애플리케이션이 결정해야 합니다.

버클리 DB에서는 데이터베이스 로크를 표현하기 위해 DB_LOCK_ILOCK 구조체를 이용합니다. 이 구조체는 파일 식별자, 페이지 번호, 타입의 세 가지 항목으로 구성되어 있습니다.

대부분의 경우 파일과 페이지만 지칭하면 잠그려고 하는 대상을 표현하기에 충분합니다. 버클리 DB는 데이터베이스가 생성될 때 고유의 32비트 숫자를 부여합니다. 이 숫자는 데이터베이스의 메타데이터 페이지에 기록되며, MPool, 로크, 로그 서브시스템 등에서 데이터베이스의 식별자 역할을 수행합니다. DB_LOCK_ILOCK 구조체에서 fileid 필드는 이 식별자를 지칭합니다. 페이지 번호는 데이터베이스에서 잠그려고 하는 페이지를 지칭하는데 사용됩니다. 페이지 단위 로크가 사용될 때에는 DB_LOCK_ILOCK 구조체의 타입 필드가 DB_PAGE_LOCK으로 설정됩니다. 하지만, 필요에 따라 다른 종류의 객체들을 잠그는 것도 가능합니다. 앞서 언급했던 것처럼 데이터베이스 핸들을 잠그려고 할 때에는 DB_HANDLE_LOCK 타입이 사용되며, 큐 엑세스 메서드에서 레코드 단위 로킹을 사용할 때에는 DB_RECORD_LOCK 타입이, 데이터베이스 전체를 잠그려고 할 때에는 DB_DATABASE_LOCK 타입이 사용됩니다.

디자인 레슨 9

버클리 DB는 나름대로 타당한 이유들을 바탕으로 페이지 단위 로킹을 선택했습니다만 이 방식이 완벽하기만 한 것은 아닙니다. 페이지 단위의 로킹은 레코드를 수정하고 있는 스레드가 있을 경우, 동일한 페이지에 기록되어 있는 다른 레코드들까지 제약을 받게 되기 때문에 애플리케이션의 동시성이 낮아집니다. 반면 레코드 단위 로킹은 동시에 같은 레코드를 수정하지만 않는다면 여러 스레드가 각자 다른 레코드들을 참조할 수 있도록 해 주기 때문에 동시성이 좋습니다. 반면 페이지 단위 로킹은 복구에서 고려해야 하는 경우의 수가 제한되어 있기 때문에 상대적으로 안정성이 높습니다. 페이지 단위 로킹이 적용된 경우 복구 시점에 페이지가 가질 수 있는 상태는 두 가지밖에 없는 반면, 레코드 단위 로킹이 적용된 경우에는 무한한 종류의 조합이 가능하기 때문입니다. 버클리 DB는 임베디드 환경을 주로 염두에 두었으며, 이 경우 별도의 데이터베이스 관리자가 상주하면서 장애가 발생할 때마다 문제를 해결해 줄 것이라고 기대할 수 없기 때문에 동시성보단 안정성을 택했습니다.

10.7.2 컨플릭트 매트릭스

로크 서브시스템에서 마지막으로 살펴볼 추상화는 컨플릭트 매트릭스입니다. 컨플릭트 매트릭스는 시스템에 어떤 종류의 로크들이 존재하며 어떻게 서로 연관되는지를 표현합니다. 컨플릭트 매트릭스는 로크를 요청하는 리퀘스터와 로크를 보유하고 있는 홀더의 두 축으로 구성됩니다. (리퀘스터와 홀더는 서로 다른 로커 아이디를 가지고 있다고 가정하겠습니다.) 만일 홀더가 보유하고 있는 로크와 리퀘스터가 요청하는 로크가 서로 충돌하여 요청이 실행될 수 없을 경우 매트릭스의 해당 칸은 1의 값을 가지며, 그렇지 않을 경우 0의 값을 갖게 됩니다.

로크 관리자에서는 버클리 DB에서 사용되는 컨플릭트 매트릭스가 기본으로 제공되고 있습니다. 하지만, 애플리케이션이 자신의 용도에 맞는 전용 컨플릭트 매트릭스를 구현하는 것도 가능합니다. 이 경우 매트릭스의 행과 열의 숫자가 동일하고, 그 값들이 0으로 시작되는 정수이기만 하면 충분합니다. 표 10.2는 버클리 DB의 컨플릭트 매트릭스를 보여줍니다.

Requester	No-Lock	Read	Write	Wait	iWrite	iRead	iRW	uRead	wasWrite
No-Lock									
Read			√		√		√		√
Write		√	√	√	√	√	√	√	√
Wait									
iWrite		√	√					√	√
iRead			√						√
iRW		√	√					√	√
uRead			√		√		√		
iwasWrite		√	√		√	√	√		√

표 10.2 읽기/쓰기 컨플릭트 매트릭스

10.7.3 계층구조 로크 지원

버클리 DB의 컨플릭트 매트릭스에 정의된 다양한 로크들에 대해 살펴보기 전에, 먼저 로크 서브시스템에서 계층구조 로크를 어떻게 지원하는지부터 설명하도록 하겠습니다. 계층 구조 로크란 계층적인 포함 구조를 갖는 다양한 대상들을 잠글 수 있게 해주는 기능입니다. 예를 들어 파일은 페이지들로 구성되며, 페이지는 다시 여러 항목으로 구성되어 있습니다. 만일 특정 항목 하나만을 수정하고자 한다면 해당 항목에 대한 로크만 획득하면 됩니다. 특정 페이지에 있는 모든 항목을 수정해야 할 경우 해당 페이지 자체에 대한 로크만 획득하는 편이 훨씬 단순합니다. 마찬가지로 특정 파일에 있는 모든 페이지를 수정해야 할 때에는 파일 전체에 대한 로크를 획득하는 편이 바람직합니다. 또한, 계층구조 로크는 각 구성요소 사이의 포함 관계에 대해서도 이해하고 있어야 합니다. 어떤 페이지를 수정한다는 것은 해당 페이지가 포함된 파일도 수정된다는 것을 의미하기 때문입니다.

가장 핵심적인 부분은 혼란을 야기하지 않으면서도 다양한 종류의 로커들이 다양한 단위의 계층 구조들을 잠글 수 있도록 해 주는 것입니다. 인텐션 로크(intention lock)라는 구조가 이 문제에 대한 해결책을 제공해 줍니다. 어떤 컨테이너 객체에 인텐션 로크를 거는 것은 '이 안에 있는 무엇인가를 잠그겠다'라는 의사를 표현하는 것입니다. 즉, 페이지에 대한 읽기 로크를 획득하려면 페이지가 속한 파일에 대한 읽기 의도 로크(intention-to-read lock)도 함께 확보되어야 합니다. 마찬가지로, 어떤 레코드를 수정하려면 해당 레코드가 속한 페이지와 파일들에 대한 쓰기 의도 로크(intention-to-write lock)들도 함께 획득해야 합니다. 앞서 살펴보았던 컨플릭트 매트릭스의 iRead, iWrite, iWR 로크들은 각각 읽기, 쓰기, 읽고 쓰기에 대한 인텐션 로크들을 의미합니다.

따라서 계층구조 로크를 사용할 때에는 한꺼번에 여러 개의 로크를 동시에 요청할 수 있어야 합니다. 실제 잠그려고 하는 대상에 대한 로크뿐만 아니라 그것이 포함되는 상위 구조 개체들에 대한 인텐션 로크들까지 동시에 필요하기 때문입니다. 이를 위해서 버클리 DB에서는 DB_ENV->lock_vec 인터페이스를 제공합니다. 이 인터페이스에서는 어레이 형태의 로크 요청을 입력받아, 요청 전체를 통째로 승인하거나 아니면 모두 거부합니다.

버클리 DB 내부에서는 계층구조 잠금을 사용하지는 않습니다. 하지만, 동시에 로크 여러 개를 한꺼번에 요청하는 기능이나, 여러 컨플릭트 매트릭스를 바뛰가며 지정할 수 있게 해주는 기능들은 활용되고 있습니다. 예를 들어 트랜잭션 기능을 제공할 때에는 기본 컨플릭트 매트릭스가 사용되지만, 트랜잭션 기능이나 복구 기능이 필요 없는 단순한 동시 접근만이 필요한 경우에는 다른 컨플릭트 매트릭스가 사용됩니다. 이 경우 BTree의 동시 열람 성능을 향상시켜 주는 로크 커플링[Com97]이라는 기법을 적용하기 위해 DB_ENV->lock_vec 기능을 사용합니다. 로크 커플링을 사용할 때에는 다음 로크를 얻을 수 있게 될 때까지만 로크를 보유합니다. 즉, BTree를 열람하는 과정에서 어떤 내부 페이지를 읽어 들였을 경우, 다음 레벨에서 어떤 페이지를 선택해야 할지를 파악하고 나면 바로 로크를 해제합니다.

> **디자인 레슨 10**
>
> 버클리 DB의 범용성 있는 설계는 동시 데이터 저장 기능을 확장할 때 특히 큰 도움이 되었습니다. 초기 버클리 DB에는 단 두 가지 모드밖에 없었습니다. 동시성 관련 지원이 전혀 제공되지 않거나, 아니면 트랜잭션 기능 전체가 활성화되어야 했습니다. 하지만 어떤 애플리케이션들은 트랜잭션을 사용하는 오버헤드 없이 단지 향상된 동시성 지원 기능만을 사용하기를 원했습니다. 이를 위해서 동시 접근을 가능하게 해주는 API 단위의 로킹 기능을 추가했으며, 이 기능들을 사용할 때 데드락이 발생하지 않는다는 것을 보장했습니다. 이로 인해 커서 사용 시 필요한 새로운 종류의 로크 모드들이 추가되었습니다만, 이에 대응되는 전용 코드들을 로크 매니저에 따로 추가하지 않아도 되었습니다. 대신, 새로운 형태의 API 단위 로킹에 필요한 모드들만을 지원하는 전용 로크 매트릭스만 추가하기만 하면 충분했습니다. 따라서 로크 매니저의 설정을 변경해 주는 것만으로도 원하는 효과를 얻을 수 있었습니다. (안타깝게도, 액세스 메서드들을 변경하는 작업은 이처럼 간단하지 않았습니다. 새로 추가된 동시성 모드로 인해 상당한 액세스 메서드들이 영향을 받았기 때문입니다).

10.8 로그 관리자

로그 관리자는 정해진 구조를 갖는 레코드들로 구성되어 있으며 이어 붙이기만이 가능한 파일 형태의 추상화를 제공합니다. 다른 모듈들과 마찬가지로 최대한 범용성을 갖추도록 하려고 했지만 안타깝게도 로깅 서브시스템은 가장 범용성이 떨어집니다.

> **디자인 레슨 11**
>
> 무언가 구조적 문제점을 찾아냈지만 지금 당장 수정할 엄두가 쉽게 나지 않을 때에는 오리 떼 수만 마리에 밟혀 죽으나 코끼리 한 마리에 밟혀 죽으나 어차피 죽는 것은 똑같다는 점을 기억하시기 바랍니다. 소프트웨어의 구조를 개선하기 위해서라면 프레임워크 전체를 수정하는 것도 주저하지 마십시오. 그리고 일단 변경을 시작했으면 '나중에 정리해야지' 하는 생각으로 도중에 그만두지 말고 끝까지 밀어붙이세요. 흔히 얘기하듯이, "지금 당장 할 시간이 없다면 나중에도 시간은 여전히 없을 것입니다." 그리고 프레임워크를 수정할 때 테스트 구조도 함께 작성하는 것을 잊지 않아야 합니다.

로그는 개념적으로 매우 단순합니다. 임의의 바이트 문자열을 받아 파일에 순서대로 적고 로그 시퀀스 번호(Log sequence number, LSN)라고 하는 고유 식별자를 부여하는 게 전부입니다. 로그는 처음부터 혹은 역순으로 순서대로 읽기 및 LSN을 지정해서 읽기를 효율적으로 수행할 수 있어야 합니다. 로그의 설계에 있어서 까다로운 점이 두 가지 있습니다. 첫째는, 어떤 장애가 발생하는 경우에도 로그가 일관된 상태 유지를 보장해야 한다는 점입니다. 로그가 일관된 상태에 있다는 표현은, 손상되지 않은 로그 항목들이 연속해서 존재해야 한다는 것을 의미합니다. 두 번째로, 트랜잭션이 커밋되려면 먼저 로그가 디스크에 저장되어야 하기 때문에 로그의 성능이 곧 트랜잭션 전체의 성능을 좌우한다는 점입니다.

로그는 이어 붙이기만 가능한 자료 구조이기 때문에 끝없이 길이가 늘어날 수 있습니다. 버클리 DB에서는 로그는 1,2,3..처럼 차례대로 숫자가 부여되는 다수의 파일로 구성되어 있습니다. 덕분에 공간이 모자랄 때에는 오래된 로그 파일들을 제거하면 됩니다. 이렇게 여러 개의 파일이 사용되기 때문에, LSN은 로그 파일 번호와 해당 파일 안에서의 오프셋의 조합으로 구성되어 있습니다. 따라서 LSN이 주어졌을 때 그에 상응하는 로그를 읽어 들이는 작업은 매우 간단합니다. 지정된 파일의 지정된 위치에서 로그 항목을 읽어 들이면 되니까요. 그런데 얼마만큼을 읽어 들여야 할지는 어떻게 알 수 있을까요?

10.8.1 로그 레코드 포맷

LSN이 주어졌을 때 로그 매니저가 얼마만큼의 데이터를 읽어 들여야 할지 알 수 있도록 하려면 각 레코드마다 메타데이터를 기록해두어야 합니다. 버클리 DB에서는 각 로그 레코드의 실제 내용 바로 앞에 메타데이터들을 먼저 저장합니다. 이 메타데이터에는 해당 로그 레코드의 길이, 해당 레코드의 손상 여부를 판별할 수 있게 해주는 체크섬, 그리고 로그를 역순으로 읽어 들일 때 사용되는 직전 로그 레코드의 위치에 대한 오프셋들이 포함됩니다. 따라서 이 메타데이터들만 있으면 로그 파일로부터 일련의 로그 레코드들을 열람하거나 특정 로그 레코드를 읽어 들일 수 있습니다. 하지만 메타데이터만으로는 데이터를 복구할 수 없습니다. 데이터가 실제로 복구되는 과정을 알아보려면 각 로그 레코드들에 실제로 어떤 내용들이 저장되는지 그리고 버클리 DB가 해당 내용을 어떻게 활용하는지를 살펴보아야 합니다.

버클리 DB는 데이터가 수정될 때 로그 관리자를 이용해 수정 전과 후의 내용을 기록해 둡니다[HR83]. 이 내용들만 있으면 해당 수정 작업을 취소(undo)하거나 재수행(redo)하기에 충분합니다. 버클리 DB는 트랜잭션을 취소할 때 여태까지의 중간 진행 상황을 되돌리거나, 애플리케이션이나 시스템 장애가 발생하고 난 뒤 데이터를 복구할 때 이 정보들을 사용합니다.

단순히 로그를 읽거나 쓰기 위한 API 외에도 버클리 DB에서는 로그의 내용들이 디스크에 확실히 저장되도록 해주는 플러시(flush) 기능도 있습니다(DB_ENV->log_flush). 선행 기입 로그는 이 기능을 활용하여 구현되어 있습니다. 예를 들어 Mpool에서 어떤 페이지를 제거하려고 할 때, 버클리 DB는 우선 해당 페이지의 LSN에 상응하는 로그 레코드를 먼저 디스크에 확실하게 저장합니다. 그리고 나서 제거될 페이지의 내용이 디스크에 기록됩니다.

> **디자인 레슨 12**
>
> Mpool과 로그에서는 선행 기입 로그 기능의 구현을 원활하게 하기 위해 별도의 내부 메서드들을 사용하고 있습니다. 이들 중 어떤 경우는 메서드 선언이 실제 코드 내용보다 긴 경우도 있습니다. 예를 들어 정수 두 개를 서로 비교하는 게 전부인 경우도 있기 때문입니다. 단지 레이어링의 일관성만 위해서 이런 자질구레한 메서드들까지 일일이 선언해가면서 번거롭게 신경 쓰는 이유는 무엇일까요? 객체 지향을 진정으로 추구하려면 철두

철미하게 해야 하기 때문입니다. 예를 들어, 각각의 코드는 단순한 기능들을 구현하며, 작은 기능들을 조합해서 더 큰 기능들을 구현해나가는 것을 장려해 주는 전반적인 하이레벨 디자인이 존재해야 합니다. 지난 수십 년간 소프트웨어를 개발해오면서 얻은 교훈이 있다면, 사람이 의미 있는 소프트웨어를 작성하고 유지하는 능력은 상당히 취약하다는 점을 깨달은 것입니다. 의미 있는 소프트웨어를 작성하고 유지하는 작업은 어려우며 실수하기는 쉽습니다. 따라서 소프트웨어 아키텍트는 소프트웨어 구조 자체로부터 최대한 많은 정보를 전달할 수 있도록 항상 가능한 일찍, 그리고 최대한 자주 모든 노력을 기울여야 합니다.

복구 작업을 용이하게 만들어 주기 위해 버클리 DB의 로그 레코드들은 어느 정도 정해진 구조를 따르도록 설계되었습니다. 실제 로그를 살펴보면, 대부분이 트랜잭션 형 레코드 갱신 작업의 결과로 생성되었음을 알 수 있습니다. 바꾸어 말하면, 로그의 대부분은 트랜잭션 진행 중에 수행된 페이지 수정 작업들에 상응하는 레코드들로 이루어져 있습니다.

이 점이 버클리 DB가 데이터베이스, 트랜잭션 아이디, 로그 레코드 타입 정보들을 메타데이터로 저장하는 근거를 제공해 줍니다. 이 중 트랜잭션 아이디와 레코드 타입 정보가 기록되어 있는 위치는 모든 레코드에서 동일합니다. 따라서 복구 시스템은 미리 지정된 위치에서 로그 레코드의 타입 정보를 읽어 들여 해당 레코드를 적절한 핸들러에 전달해 줄 수 있습니다. 또한, 트랜잭션 아이디는 해당 로그 레코드가 어떤 트랜잭션에 속하는지를 알려줌으로써, 복구를 위해 여러 단계를 거치는 동안 각 단계가 해당 레코드를 무시해도 되는지 아니면 처리해야 하는지를 판단할 수 있게 해 줍니다.

10.8.2 추상화 파괴

그 밖에 특수 로그 레코드들도 일부 있습니다. 이 중 가장 흔한 것은 체크포인트 레코드입니다. 체크포인팅이란 특정 시점에 디스크에 저장된 데이터베이스의 상태를 일관성 있는 상태로 정리하는 작업을 의미합니다. 버클리 DB는 성능을 위해 데이터베이스 페이지들을 MPool에 적극적으로 캐싱해 둡니다. 하지만, 이 페이지들은 언젠가는 디스크에 다시 저장되어야 하며, 저장을 빨리 해둘수록 언젠가 장애가 발생할 때 복구를 더욱 빠르게 수행할 수 있습니다. 즉, 체크포인트 저장 빈도와 복구에 걸리는 시간은 서로 반비례 관계에 있습니다. 체크포인팅은 트랜잭션 함수로서 이에 관해서는 다음 절에서 자세히 설명하도록 하겠습니다. 여기에서는 체크포인트 로그 레코드에만 초점을 맞춰, 버클리 DB 로그 관리자를 범용 모듈로 설계하는 것과 버클리 DB 전용 컴포넌트로 설계하는 것 사이에 발생하는 갈등을 살펴보도록 하겠습니다.

일반적으로는 로그 관리자에 레코드 타입이란 개념은 존재하지 않습니다. 즉, 이론상으로는 로그 관리자의 역할은 전달된 로그 레코드들을 단지 일련의 바이트 문자열로 취급하여 저장할 뿐입니다. 하지만, 실제로는 로그 관리자가 일련의 메타데이터를 활용함으로써 체크포인트 레코드 같은 특정 레코드들을 특별히 취급하고 있습니다.

일례로 로그 관리자가 시작될 때 수행되는 과정들을 들어보겠습니다. 로그 관리자는 우선 로그 파일들 중 가장 최근에 작성된 것을 찾습니다. 그 다음, 나머지 파일들은 손상되지 않았다고 가정하고, 가장 최신 로그 파일 안에서 온전한 로그 레코드들이 얼마나 있는지를 살펴봅니다. 이를 위해서 로그 파일의 맨 첫 부분부터 읽어나가면서, 로그 레코드 헤더에 기록된 체크섬 값과 실제 내용을 기반으로 계산한 체크섬 값이 일치하지 않는 지점을 찾습니다. 만일 체크섬이 일치하지 않는다면 로그 레코드가 기록되다 중단되었거나, 해당 로그 레코드가 손상되었기 때문이라고 볼 수 있습니다. 둘 중의 어떤 경우든지 바로 직전 레코드까지가 로그의 논리적 종료 지점으로 간주됩니다.

이렇게 로그를 처음부터 하나씩 읽어나가는 동안, 로그 관리자는 버클리 DB 전용 레코드 타입을 참조해가며 체크포인트 레코드를 찾습니다. 이렇게 찾은 체크포인트 레코드들 중 가장 최신에 작성된 것을 트랜잭션 시스템이 사용할 수 있도록 제공해 줍니다. 다음 절에서 다시 설명하겠지만, 트랜잭션 시스템도 가장 최신에 작성된 체크포인트의 위치를 알아야 합니다. 하지만, 로그 관리자와 트랜잭션 시스템이 각자 따로따로 로그 전체를 훑어가면서 최신 체크포인트 위치를 찾도록 하는 대신, 해당 기능을 트랜잭션 시스템이 로그 관리자에게 일임하도록 하고 있습니다. 이런 접근 방법은 성능 향상을 위해 추상화 경계를 희생하는 대표적인 사례입니다.

이런 트레이드오프의 영향에는 어떤 것들이 있을까요? 예를 들어 버클리 DB가 아닌 다른 시스템에서 이 로그 관리자를 사용한다고 가정해 보겠습니다. 만일 해당 시스템이 로그를 기록했는데, 하필이면 버클리 DB의 레코드 타입 식별자가 저장되는 위치에 체크포인트 레코드의 타입과 동일한 값이 저장되어 버렸다면, 로그 관리자는 해당 로그 레코드를 버클리 DB의 체크포인트 레코드라고 간주할 것입니다. 반면, 애플리케이션이 (로그 메타데이터의 cached_ckp_lsn이라는 필드를 직접 액세스함으로써) 해당 정보를 활용하지만 않는다면 실질적으로는 아무런 영향이 없을 것입니다. 정리하자면, 이 경우는 보기에 따라 위험한 추상화 위반이라고도, 혹은 영리한 성능 최적화라고도 생각할 수 있습니다.

파일 관리자 역시 추상화 경계가 모호해지는 또 다른 부분입니다. 앞서 언급한 바와 같이, 대부분의 버클리 DB 로그 레코드들은 어느 데이터베이스에 속하는지를 표시해 두어야 합니다. 데이터베이스 파일 이름 전체를 저장할 수도 있겠지만, 이 방식은 로그 저장공간이 많이 소모되는 데다가 복구를 하려면 일일이 해당 파일 이름들을 일종의 핸들로 변환해야 하기 때문에 번거롭기까지 합니다. 대신 버클리 DB는 로그 파일 아이디라고 불리는 정수 식별자를 사용해서 소속 데이터베이스를 표현하고, dbreg이라고 불리는(데이터베이스 등록(database registration)의 약자입니다.) 일련의 메서드들을 통해 파일 이름과 로그 파일 아이디 간의 관계를 관리할 수 있게 해주는 기능을 제공합니다. 이 매핑 정보는 데이터베이스가 오픈되는 시점에 DBREG_REGISTER라는 로그 레코드로 기록되게 됩니다. 하지만, 트랜잭션을 취소하거나 복구하려면 동일한 정보를 메모리 내에도 가지고 있어야 합니다. 이 매핑 정보는 어느 서브시스템에서 관리해야 할까요?

이론상으로는, 이 같은 로그파일 아이디와 파일명 사이의 매핑 관리는 버클리 DB 자체의 하이레벨 기능이라고 보는 편이 타당합니다. 각 서브시스템들은 의도적으로 전체 큰 그림과 무관하게 동작하도록 설계되었기 때문에, 이런 기능을 특정 서브시스템에 종속시키기란 상당히 애매합니다. 초창기 설계에서는 이 기능을 로깅 시스템의 데이터 구조로 두었었습니다. 당시에는 해당 위치가 가장 자연스러워 보였기 때문입니다. 하지만 버그를 계속 고쳐나가면서, 이 매핑 기능은 자신만의 전용 데이터 구조들과 객체 지향적 인터페이스를 갖춘 작은 서브시스템으로 자연스럽게 독립하게 되었습니다. (돌이켜 생각해 보면, 이 기능은 어떤 서브시스템에도 속하지 않도록 DB 환경정보에 두는 편이 가장 좋았을 것 같습니다.)

디자인 레슨 13

중요하지 않은 버그란 없습니다. 가끔 오탈자와 같은 사소한 버그도 있지만, 버그란 결국 누군가가 자신이 무엇을 하고 있는지를 정확히 이해하지 못한 상태에서 엉뚱한 것을 구현해 버렸기 때문에 발생합니다. 따라서 버그를 수정할 때에는 단순히 눈에 보이는 증상을 해결하는 데 그치지 말고, 근본적으로 무엇을 잘못 이해했기 때문에 이런 문제가 발생하게 됐는지까지 살펴보는 것이 중요합니다. 이는 프로그램의 구조를 더 잘 이해하는데 도움을 줄 뿐 아니라, 설계 자체에 어떤 결함이 있는지도 드러내 보여주기 때문입니다.

10.9 트랜잭션 관리자

마지막으로 살펴볼 모듈은 트랜잭션 관리자입니다. 트랜잭션 관리자는 개별 컴포넌트들을 서로 연결해서 트랜잭션의 ACID 속성인 원자성(Atomicity), 일관성(Consistency), 고립성(Isolation), 지속성(Durability)을 제공해 줍니다. 트랜잭션 관리자는 트랜잭션의 시작과 마무리를 담당하며, 로그 관리자 및 버퍼 관리자들을 조율하여 트랜잭션 체크포인트를 생성하고, 복구 과정 전체를 조율하는 역할들을 맡고 있습니다. 이들 각각에 대해서는 차례대로 살펴보도록 하겠습니다.

짐 그레이(Jim Gray)는 트랜잭션이 갖추어야할 핵심 속성들을 설명하기 위해서 ACID라는 약어를 고안했습니다[Gra81]. 원자성(Atomicity)은 트랜잭션 내에서 수행되는 작업들이 데이터베이스 내에서 하나의 단위로 취급된다는 것을 의미합니다. 즉, 트랜잭션에 포함되어 있는 작업들은 모두 데이터베이스에 반영되거나, 아니면 하나도 반영되지 않게 됩니다. 일관성(Consistency)이란 트랜잭션의 수행 전과 후에 데이터베이스가 논리적으로 일관된 상태를 유지한다는 의미입니다. 예를 들어 어떤 애플리케이션에서 모든 직원이 각자 특정 부서에 소속되어 있어야 한다면, 제대로 된 트랜잭션이 수행되고 난 뒤에 소속된 부서가 없는 직원이 발생해서는 안 된다는 점을 의미합니다. 고립성(Isolation)이란 트랜잭션의 관점에서 볼 때 마치 동시에 수행되는 다른 트랜잭션들이 없이 순차적으로 실행되는 것처럼 보여야 한다는 것을 의미합니다. 마지막으로 내구성(Durability)은 트랜잭션이 일단 커밋되고 나면 어떤 장애가 발생하더라도 커밋된 결과에 변동이 발생해서는 안 된다는 점을 의미합니다.

트랜잭션 서브시스템은 다른 서브시스템들의 도움을 받아 데이터베이스의 ACID 속성을 유지해줍니다. 트랜잭션 관리자는 트랜잭션의 시작과 끝을 표시하기 위해 전통적인 트랜잭션 시작, 커밋, 취소 기능들을 사용합니다. 또한, 트랜잭션 관리자는 2단계 커밋을 지원하기 위한 트랜잭션 준비(prepare) 기능도 제공합니다. 2단계 커밋은 분산 데이터베이스 환경에서 트랜잭션 속성이 지켜지도록 해주는 기능으로서, 이에 대해서는 자세히 설명하지 않도록 하겠습니다. '트랜잭션 시작' 기능은 새로운 트랜잭션 아이디를 할당한 뒤 그에 상응하는 DB_TXN 핸들을 애플리케이션에 반환해 줍니다. '트랜잭션 커밋' 기능은 커밋 로그 레코드를 작성한 뒤 로그를 확실하게 디스크에 저장합니다. 이 덕분에 만에 하나 장애가 발생하더라도 해당 트랜잭션이 커밋될 것임을 보장할 수 있게 됩니다. 단, 애플리케이션이 내구성을 희생해서라도 트랜잭션 처리 속도를 향상시키겠다고 선택한 경우에는 이 같은 디스크로의 플러시 작업이 생략될 수 있습니다. '트랜잭션 취소' 기능은 로그를 거꾸로 읽어나가면서 해당 트랜잭션 아이디를 갖는 작업들을 하나씩 취소(undo)시켜 나갑니다. 이를 통해서 데이터베이스를 트랜잭션 시작 이전 상태로 복원합니다.

10.9.1 체크포인트 처리

트랜잭션 관리자는 체크포인트 작성 작업도 담당합니다. 체크포인트를 작성하는 방식에는 여러 가지가 존재합니다[HR83]. 버클리 DB는 이 중에서 퍼지 체크포인팅 기법의 일종을 사용합니다. 근본적으로, 체크포인팅은 Mpool의 버퍼를 디스크에 기록하는 작업들로 구성됩니다. 체크포인팅에 따르는 실행 비용은 상당히 높을 수 있기 때문에, 체크포인팅이 수행되는 동안 다른 새로운 트랜잭션들이 지속적으로 수행될 수 있도록 하는 것이 중요합니다. 체크포인트 작성을 시작할 때, 버클리 DB는 현재 활성화되어 있는 트랜잭션들에 의해 기록된 로그 레코드 중 가장 낮은 LSN을 찾습니다. 이 LSN이 곧 체크포인트 LSN이 됩니다.[6] 그리고 나서, 트랜잭션 관리자는 Mpool에 수정이 발생한 버퍼들을 디스크로 플러시하도록 요청합니다. 이 과정에서 로그 플러시 작업이 추가로 발생할 수도 있습니다. 버퍼들이 모두 디스크에 안전하게 기록되고 나면, 트랜잭션 관리자는 해당 체크포인트 LSN을 체크포인트 레코드를 기록합니다. 체크포인트 레코드

---

6 (옮긴이) 체크포인트 레코드 자체의 LSN과는 별도의, 체크포인트의 실제 위치를 알려주는 LSN입니다.

는 해당 체크포인트 LSN 이전의 로그 레코드들에 해당하는 모든 작업은 안전하게 디스크에 기록되었다는 점을 보장합니다. 따라서 체크포인트 LSN 이전의 로그 레코드들은 복구를 수행하는데 필요 없게 됩니다. 이로 인하여, 시스템은 체크포인트 LSN 이전의 로그 파일들을 폐기함으로써 저장공간을 확보할 수 있으며, 체크포인트 LSN 이전의 작업 내용들이 모두 디스크에 저장되어 있기 때문에 체크포인트 LSN 이후의 로그 레코드들만으로 복구 작업을 충분히 수행할 수 있게 됩니다.

체크포인트 LSN이 가리키는 로그 레코드와 실제 체크포인트 레코드 사이에는 다른 로그 레코드들이 다수 존재할 수 있습니다. 하지만 그렇다고 해서 문제가 되지는 않습니다. 이들 레코드들은 체크포인트 이후 어떤 작업들이 추가로 실행되었는지를 알려주며, 장애가 발생할 경우 복구를 위해 사용되기 때문입니다.

10.9.2 복구

트랜잭션을 이루는 마지막 퍼즐 조각은 복구입니다. 복구란 혹시 손상되어 있을지 모르는 데이터베이스의 디스크 기록 상태를 일관성 있는 상태로 만들어주는 작업입니다. 버클리 DB는 꽤 흔히 볼 수 있는 두 단계 방식을 사용합니다. 간단히 말하자면 "마지막 체크포인트 LSN 이후에 수행된 트랜잭션들 중, 커밋되지 않은 것들은 모두 취소하고 커밋된 것들은 모두 다시 실행한다"라고 설명할 수 있습니다. 하지만 물론 실제 구현 내용은 이보다 복잡합니다.

버클리 DB가 복구를 수행하려면 로그 파일 식별자와 실제 데이터베이스 사이의 매핑을 우선 재구축해야 합니다. 이를 위하여 로그에는 DBREG_REGISTER 로그 레코드들의 변경이력들이 모두 저장됩니다. 하지만 이 정보들의 수집을 위해 데이터베이스가 오픈되어 있는 기간 내내 로그 파일들 전체를 유지하기란 상당히 부담스럽습니다. 데이터베이스는 한번 오픈되면 상당 기간 동안 계속 열려 있게 되기 때문입니다. 때문에, 보다 효율적인 방법이 사용되고 있습니다. 트랜잭션 매니저는 체크포인트 레코드를 기록하기 전에 현재 시점의 로그 파일 아이디와 실제 데이터베이스의 연관 관계 전체를 기술하는 일련의 DBREG_REGISTER 레코드들을 우선 저장합니다. 이 정보들은 이후 복구가 진행될 때 활용됩니다.

복구가 시작되면 트랜잭션 관리자는 로그 관리자의 cached_ckp_lsn 값을 참조하여 마지막으로 생성된 체크포인트 레코드의 위치를 찾습니다. 이 레코드로부터 체크포인트 LSN을 알아낼 수 있습니다. 버클리 DB는 바로 이 체크포인트 LSN 지점부터 복구 작업을 시작하게 됩니다. 하지만, 실제 복구를 수행하려면 해당 지점에서 어떤 로그 파일 식별자 매핑이 사용되고 있었는지를 알아내야 하는데, 이 정보들은 해당 체크포인트 LSN을 기준으로 바로 직전의 체크포인트 레코드에 저장되어 있습니다. 이 직전 체크포인트를 보다 원활히 찾아낼 수 있도록 하기 위해서, 각 체크포인트 레코드들은 체크포인트 LSN 외에도 바로 이전 체크포인트 레코드의 LSN을 저장하는 prev_lsn 필드 역시 저장하고 있습니다. 이 필드를 따라나감으로써 복구에 사용될 체크포인트 LSN 바로 직전에 저장된 체크포인트 레코드의 위치를 찾아낼 수 있게 됩니다. 이 과정을 알고리즘으로 표현하자면 다음과 같습니다.

```
ckp_record = read (cached_ckp_lsn)
ckp_lsn = ckp_record.checkpoint_lsn
cur_lsn = ckp_record.my_lsn
while (cur_lsn > ckp_lsn) {
    ckp_record = read (ckp_record.prev_ckp)
    cur_lsn = ckp_record.my_lsn
}
```

방금 설명한 알고리즘에 따라 매핑 복원용 기준 체크포인트 레코드를 찾고 나면, 우선 그 위치부터 로그의 끝에 다다를 때까지 레코드들을 읽어나가면서 로그 파일 아이디와 데이터베이스 사이의 매핑을 복원합니다. 이 과정을 거치고 나면 시스템이 정지한 시점과 동일한 매핑 정보를 얻을 수 있게 됩니다. 또한, 이렇게 스캔해나가는 과정에서 트랜잭션 커밋 로그들도 살펴보면서 완료된 트랜잭션들의 아이디들도 수집해 나갑니다. 로그의 끝부분에 도달하고 나면, 이번에는 방향을 바꾸어 복구용 기준 체크포인트 LSN에 도달할 때까지 다시 레코드들을 읽어 들입니다. 이렇게 읽어 들인 레코드가 소속된 트랜잭션의 아이디가 완료된 트랜잭션 아이디 집합에 속하지 않을 경우, 레코드 타입을 추출해서 그 타입에 상응하는 취소 루틴을 찾아 작업을 취소(undo)합니다. 해당 트랜잭션은 중단된 것이거나 아니면 미처 완료되기 전에 정지된 것이기 때문에, 트랜잭션 전체를 취소해야 하기 때문입니다. 완료된 트랜잭션에 속하는 레코드들은 이번 단계에서는 무시하고 계속 진행합니다. 복구용 기준 체크포인트 LSN에 도착하면, 다시 한 번 더 방향을 바꾸어 로그의 끝으로 진행해 나가면서 이번에는 완료된 트랜잭션에 속하는 작업들을 재실행(redo)해 줍니다. 모든 작업이 마무리되면 새로운 체크포인트가 생성됩니다. 이 과정이 모두 완료되고 나면 데이터베이스는 완전히 일관적인 상태로 돌아오게 되며, 다시 애플리케이션을 실행할 수 있게 됩니다.

전반적인 복구 과정을 요약하면 아래와 같습니다.

1. 가장 최근에 저장된 체크포인트 레코드를 찾아 체크포인트 LSN을 읽어 들인 뒤 복구용 기준 LSN으로 삼는다.
2. 복구용 기준 LSN의 바로 직전에 저장된 체크포인트 레코드를 찾아 로그 파일 아이디와 데이터베이스 매핑 복원용 기준 위치로 삼는다.
3. 매핑 복원용 기준 위치부터 로그의 끝까지 읽어나가면서 로그 파일 아이디 매핑을 재구성한다. 동시에 커밋이 완료된 트랜잭션 아이디들도 함께 수집한다.
4. 끝에 도달하고 나면, 방향을 바꾸어 복구용 기준 LSN에 도달할 때까지 로그 레코드들을 읽어나가며 완료되지 않은 트랜잭션에 속하는 작업들을 모두 취소한다.
5. 복구용 기준 LSN에 도달하고 나면, 다시 한 번 방향을 바꾸어 로그의 끝까지 레코드들을 읽어나가며 완료된 트랜잭션에 속하는 작업들을 모두 재실행한다.
6. 새로운 체크포인트를 만든다.

사실 마지막 체크포인트가 꼭 필요한 것은 아닙니다. 하지만 실제에서는 이후에 다시 발생할지 모르는 복구 시간을 단축시켜주며, 동시에 데이터베이스가 일관된 상태에 놓이게 된다는 점도 보장해주는 효과를 얻을 수 있게 됩니다.

디자인 레슨 14

데이터베이스 복구는 복잡한 주제라 설명하기 어렵고 디버깅하기는 더 어렵습니다. 복구는 애초에 자주 발생하면 안 되는 일이니까요. 데이크스트라(Edsger Dijkstra)는 튜링상 수상 강의 때 프로그래밍은 원래 어려운 것이며 지혜의 시작은 우리가 한없이 모자람을 인정할 때라고 말했습니다. 따라서 아키텍트나 프로그래머로서 주어진 도구를 잘 활용하는 것이 중요합니다. 설계, 문제 분할, 코드 리뷰, 테스팅, 일관된 네이밍/스타일 컨벤션의 적용, 그리고 그 밖의 다른 바람직한 도구들을 동원해서 주어진 프로그래밍 문제를 실제로 풀 수 있는 문제들로 다듬어 나가야 합니다.

10.10 마무리

버클리 DB는 이제 스무 살을 넘겼습니다. 버클리 DB는 최초의 범용 트랜잭션 기반 키/밸류 저장 시스템이라고 볼 수 있으며 최근 NoSQL 운동의 시조이기도 합니다. 현재 버클리 DB는 수백 개의 상용 제품과 SQL, XML, NoSQL 엔진들을 포함하는 수천 개의 오픈 소스 애플리케이션에서 기반 저장 시스템으로 활용되고 있으며, 전 세계에 걸쳐 수백만 건 이상이 운용되고 있습니다. 개발 과정을 거치면서 얻은 교훈들은 코드에 담겨있으며, 앞서 나열해둔 디자인 팁들에도 요약해 두었습니다. 다른 소프트웨어 디자이너들과 아키텍트들에게도 유용한 정보가 될 수 있길 희망합니다.

옮긴이: 류성호
KAIST 인공지능 연구실에서 박사과정을 마쳤으며, 졸업 후 삼성전자와 NHN에서 근무했다. 네이버의 음성 비서 서비스인 '링크'의 음성인식 개발을 담당하였으며, 현재 아마존에서 Speech/Machine learning scientist로 재직 중이다.

옮긴이: 설현준
부산광역시 출생으로, 중학교 때 도미해 코넬 대학교에서 컴퓨터공학과를 졸업하고, 동 대학교 대학원에서 컴퓨터공학 전공으로 공학석사 학위를 취득했다. 2011년 이후로 NAVER에서 소프트웨어 개발과 음성합성/음성인식 연구를 맡았고 2014년부터 현재까지 Apple, Inc.에서 엔지니어로 근무하고 있다.

11장

비스트레일스(VisTrails)

줄리아나 프레어리(Juliana Freire), 데이비드 쿱(David Koop), 에마뉴엘레 산도스(Emanuele Santos),
카를로스 샤이데거(Carlos Scheidegger), 클라우디오 실바(Claudio Silva), 후이 T. 보(Huy T. Vo) 지음
서지혁 옮김

비스트레일스(VisTrails)[1]는 데이터 탐구와 시각화를 위한 오픈 소스 시스템입니다. 이 시스템은 과학적 작업 흐름 시각화 시스템의 실용적인 기능들을 상당한 수준으로 확장합니다. 비스트레일스는 Kepler나 Taverna 같은 과학적 작업 흐름 시스템들처럼 기존의 애플리케이션, 느슨하게 연결된 자원, 그리고 라이브러리들을 정해진 규칙에 따라 접목해 계산적 프로세스를 만드는 것을 가능하게 만듭니다.

비스트레일스는 AVS나 ParaView 같은 시각화 시스템들처럼 높은 수준의 과학적 정보 시각화 기법을 제공하여, 사용자들의 데이터를 다양한 시각적 표현을 통해 탐구하고 비교할 수 있게 합니다. 결과적으로, 사용자들은 자료 수집부터, 가공, 복잡한 분석, 그리고 시각화까지, 과학적 발견의 중요한 과정을 포괄하는 복잡한 작업의 흐름을 통합된 하나의 시스템에서 만들어낼 수 있습니다.

비스트레일스의 특징은 출처 기반 구조라는 데 있습니다[FSC+06]. 비스트레일스는 탐구 작업의 과정과 파생된 데이터에 대한 자세한 이력을 추적하고 보존합니다. 통상적으로 작업 흐름은 반복적인 작업을 자동화하기 위해 사용됐지만, 데이터 분석과 시각화 등 탐구적인 작업이 기반이 되는 응용 분야에서는 반복이 아니라 변화가 주가 됩니다. 사용자가 데이터에 대한 가설의 수립, 평가 그리고 조정을 반복하는 동안 서로 다르지만 관련된 일련의 작업 흐름이 생성됩니다.

비스트레일스는 이런 빠르게 바뀌는 작업 흐름들을 관리할 수 있도록 설계되

---

1 http://www.vistrails.org/index.php/Main_Page

었습니다. 즉, 데이터 산출물(시각화, 도표 등)의 출처, 산출물들을 끌어낸 작업 흐름, 그리고 실행사항들을 유지합니다. 이 시스템은 또한 주석 기능을 제공하여, 사용자들이 자동으로 포착하는 출처의 가치를 높일 수 있도록 합니다.

비스트레일스는 재현 가능한 결과물을 만드는 것뿐만 아니라, 출처에 대한 정보를 이용하여 사용자들이 일련의 작업과 직관적인 인터페이스를 통해 공동으로 데이터를 분석할 수 있도록 도와줍니다. 특히, 비스트레일스는 임시 결과물들을 저장하여, 사용자들이 결과물에 이르게 한 행동들을 되돌아보며 논리의 과정을 반성할 수 있도록 도와줍니다. 사용자들은 작업 흐름 버전들을 직관적인 방식으로 탐색하고, 결과물을 잃지 않으면서 변경사항을 되돌리거나, 여러 작업 흐름을 시각적으로 비교하고, 작업 흐름의 결과물들을 시각화된 스프레드시트에 나란히 두고 비교할 수 있습니다.

비스트레일스는 작업 흐름과 시각화 시스템의 확산을 방해하는 중요한 사용성 문제를 개선하였습니다. 프로그래밍 경험이 없는 다수의 사용자를 포함한 넓은 사용자층을 지원하기 위해, 유사(analogy)를 통해 작업 흐름을 만들고 가다듬을 수 있고, 예제를 통해 작업 흐름을 조회하고, 사용자들이 작업 흐름을 대화식으로 구성할 수 있게 합니다. 또, 추천 시스템을 통해 작업 흐름 자동 완성을 제안하는 시스템[SVK+07]으로 작업 흐름 설계와 사용을 단순화시킬 수 있는 일련의 작업과 사용자 인터페이스[FSC+06]를 제공합니다. 한편 우리는 (비전문가) 최종 사용자들에게 더욱 쉽게 배포할 수 있는 맞춤형 애플리케이션을 만드는 것을 도와주는 새로운 틀을 개발하기도 하였습니다.

비스트레일스의 확장성은 사용자들이 도구와 라이브러리 들을 간단히 접목할 수 있게 함은 물론, 새로운 기능들의 원형을 빠르게 구현할 수 있게 하는 기반구조(infrastructure)에서 옵니다. 이러한 확장성은 비스트레일스가 환경과학, 정신의학, 천문학, 우주론, 고에너지 물리, 양자물리, 분자 모델링 등의 넓은 활용 영역을 가질 수 있게 하는 데에 주된 역할을 하였습니다.

비스트레일스를 오픈 소스로 유지하고 모두에게 무료로 제공하기 위해, 우리는 비스트레일스를 자유, 오픈 소스 패키지만을 이용하여 개발하였습니다. 비스트레일스는 파이썬으로 작성되었으며, GUI 툴킷으로 (PyQt 파이썬 바인딩을 통해) Qt를 사용합니다. 넓은 응용 영역과 사용자층을 생각하여, 우리는 비스트레일스를 이식성을 고려해 설계하였습니다. 비스트레일스는 윈도우, 맥, 리눅스에서 사용 가능합니다.

11.1 시스템 개요

데이터 탐구의 본질은 사용자들이 관련 있는 데이터를 찾고, 찾은 데이터를 접목, 시각화하고, 또 다른 해답을 탐구함과 동시에 동료와 협업하며 결과를 알리기를 요구하는 창의적인 과정입니다. 과학적 탐구에서 흔히 볼 수 있는 데이터의 크기와 분석의 복잡성을 생각해 본다면, 창의성을 뒷받침하기 위한 도구가 필요함을 알 수 있습니다.

이러한 도구들에는 빠질 수 없는 두 가지의 기본적인 요구사항이 있습니다. 첫 번째로, 탐구 과정을 형식적으로 기록할 수 있어야 하며, 이것은 이상적으로, 실행 가능해야 합니다. 두 번째로, 이러한 과정의 결과를 재현하고 문제를 푸는 과정을 증명할 수 있어야 하므로 체계적으로 출처를 추적할 수 있는 기능을 반드시 갖추어야 합니다. 비스트레일스는 이러한 요구사항들을 고려하여 설계되었습니다.

11.1.1 작업 흐름과 작업 흐름 기반 시스템

작업 흐름 시스템들은 여러 도구를 통합하는 파이프라인(작업 흐름)의 제작을 도와주며, 이를 통해 반복적인 작업과 결과 재현의 자동화를 가능하게 합니다. 작업 흐름은 다양한 작업에서 원시적인 셸 스크립트를 빠르게 대체하고 있으며, 이 추세는 상업적인 영역(애플의 Mac OS X Automator, Yahoo! Pipes 등)은 물론 학문적인 영역(NiPype, Kepler, Taverna 등)에서도 확인할 수 있습니다.

작업 흐름은 스크립트나 고수준 언어로 작성된 프로그램들에 비해 몇 가지 이점을 가지고 있습니다. 작업 흐름은 하나의 작업 결과물을 다른 작업의 입력으로 연결함으로써 일련의 작업을 작성할 수 있는 간단한 프로그래밍 모델을 제공합니다. 그림 11.1은 기상 관측 데이터가 들어 있는 CSV 파일을 읽어 산점도를 만드는 작업 흐름을 보여줍니다.

이런 간단한 프로그래밍 모델을 제공함으로써 작업 흐름 시스템은 프로그래밍에 대한 전문 지식이 없는 사용자들에게 적합한, 직관적인 시각적 프로그래밍 인터페이스를 제공할 수 있습니다. 또, 작업 흐름은 명시적인 구조를 가집니다. 즉, 작업 흐름의 구조를 매개변수와 함께 프로세스(또는 모듈)를 나타내는 꼭짓점과 프로세스 사이의 데이터 흐름의 추적을 나타내는 변을 가지는 그래프로 볼 수 있습니다. 그림 11.1의 예시에서 CSVReader 모듈은 매개변수로 파일 이

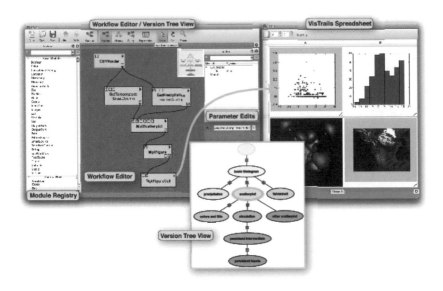

그림 11.1 VisTrails 사용자 인터페이스의 구성요소들

름(/weather/temp_precip.dat)을 받아, 해당 파일을 읽어 GetTemperature와 GetPrecipitation 모듈에 전달하며, 이 모듈들은 다시 온도와 습도 값의 산점도를 생성하는 matplotlib 함수에 보냅니다.

대부분 작업 흐름 시스템들은 특정 응용 영역을 위해 설계됩니다. 예를 들어 Taverna는 생물정보학 작업 흐름을, NiPype는 뇌 영상 작업 흐름의 생성을 대상으로 합니다. 비스트레일스는 다른 작업 흐름 시스템들이 제공하는 기능 대부분을 지원함과 동시에, 여러 도구, 라이브러리, 서비스들을 접목해 넓은 영역의 일반적인 탐구 작업을 지원하도록 설계되었습니다.

11.1.2 데이터와 작업 흐름 출처

과학계는 결과물(그리고 데이터 생산물)의 출처 정보 보존이 왜 중요한지 잘 인식하고 있습니다. (추적 기록, 계통, 계도로도 알려진) 데이터 생산물의 출처는 그 생산물을 유도하는 데 사용된 과정과 데이터를 담고 있기 때문입니다. 출처는 데이터의 보존, 데이터의 품질과 출처의 결정, 그리고 결과물의 재현과 검증을 위한 중요한 단서를 제공합니다[FKSS08].

인과 관계에 대한 정보는 출처의 중요한 구성요소입니다. 예컨대, 데이터 산출물을 만든 근거인, 과정(일련의 단계)이 입력된 데이터, 매개변수와 함께 설명되어야 합니다. 따라서 출처의 구조는 주어진 결과물을 얻기 위해 사용된 작업 흐름의 구조를 반영합니다.

실제로, 학계에 작업 흐름 시스템 사용이 확산되도록 촉매 역할을 한 것은 작업 흐름 시스템이 출처를 자동으로 추적하는 데 쉽게 사용될 수 있다는 사실이었습니다. 초기 작업 흐름 시스템들은 출처를 추적할 수 있도록 하는 확장 모듈이 필요했지만, 비스트레일스는 출처 추적을 염두에 두고 설계되었습니다.

11.1.3 사용자 인터페이스와 기본 기능

그림 11.1과 그림 11.2에 비스트레일스 사용자 인터페이스의 구성요소들이 나타나 있습니다. 사용자들은 작업 흐름 편집기를 통해 작업 흐름을 만들고 편집합니다.

작업 흐름 그래프를 만들기 위해 사용자들은 모듈 저장소에서 모듈을 끌어 작업 흐름 편집 캔버스에 넣을 수 있습니다. 비스트레일스는 몇 가지 내장 모듈을 제공하며, 사용자들이 자신의 모듈을 추가할 수도 있습니다(11.3에서 자세히 설명합니다). 모듈이 선택되면, 비스트레일스는 사용자가 모듈의 매개변수들을 설정하고 편집할 수 있도록 모듈의 매개변수들을 매개변수 편집 영역에 표시해 줍니다.

작업 흐름의 규칙이 다듬어짐과 동시에 비스트레일스는 변경사항을 추적하여 버전 트리 뷰를 통해 변경사항들을 사용자에게 보여줍니다. 사용자들은 비스트레일스 스프레드시트에서 작업 흐름과 작업 흐름의 결과물들과 상호작용할 수 있습니다. 스프레드시트의 각 셀은 작업 흐름의 인스턴스에 대응합니다. 그림 11.1에서, 작업 흐름 편집기에 나타나 있는 작업 흐름의 결과물들은 스프레드시트 왼쪽 위에 표시되어 있습니다. 사용자들은 작업 흐름의 매개변수들을 직접 편집할 수 있으며, 스프레드시트 위의 여러 셀에 있는 매개변수들을 동기화시킬 수도 있습니다.

버전 트리 뷰는 사용자들이 작업 흐름의 버전들을 탐색할 수 있게 도와줍니다. 그림 11.2처럼, 사용자들은 버전 트리의 노드를 클릭하여, 작업 흐름, 연관된 결과물(시각화 미리 보기) 그리고 메타데이터를 볼 수 있습니다. 특정 작업 흐름을 생성한 사용자의 id와 생성 날짜 등 몇몇 메타데이터는 자동으로 추적되며, 작업 흐름을 식별하기 위한 태그나 설명 등 추가적인 메타데이터를 사용자가 직접 제공할 수도 있습니다.

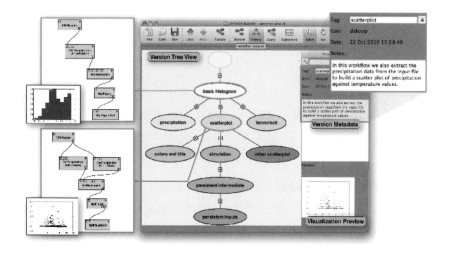

그림 11.2 주석으로 강화된 출처 탐색

11.2 프로젝트의 역사

비스트레일스의 초기 버전은 자바와 C++로 작성되었습니다[BCC+05]. 비스트레일스의 C++ 버전은 소수의 얼리어답터들에게 배포되었으며, 이를 통해 얻은 피드백은 비스트레일스의 모습을 정하는 데에 주된 역할을 하였습니다.

여러 과학 커뮤니티 내에서 파이썬 기반 라이브러리와 도구 들이 늘어나는 추세를 주시하여, 비스트레일스의 기반을 파이썬으로 작성하기로 하였습니다. 파이썬은 과학 소프트웨어를 위한 보편적이며 현대적인 보조 언어로 빠르게 거듭나고 있습니다. 포트란, C, C++ 등 다른 언어로 작성된 여러 라이브러리가 스크립팅 기능을 제공하기 위해 파이썬 바인딩을 사용합니다. 비스트레일스는 작업 흐름에 다양한 소프트웨어 라이브러리를 접목해 사용할 수 있게 하는 것을 목표로 하는데, 순수 파이썬 구현체는 이것을 매우 수월하게 합니다. 특히, 파이썬에는 리스프 환경에서 볼 수 있는 것들과 비슷한, 동적으로 코드를 불러오는 기능과 함께, 리스프보다 훨씬 큰 개발자 커뮤니티와 풍부한 표준 라이브러리가 있습니다. 2005년 말, 우리는 파이썬/PyQt/Qt로 현재의 시스템을 개발하기 시작했습니다. 이 선택으로 인해 비스트레일스를 확장하는 작업, 특히 새로운 모듈과 패키지를 추가하는 작업을 매우 간단히 할 수 있게 되었습니다.

비스트레일스의 베타 버전은 2007년 1월에 처음 공개되었습니다. 그 이래, 비스트레일스는 2만 5천 번 이상 다운로드되었습니다.

11.3 비스트레일스의 내부

위에서 설명된 사용자 인터페이스 기능을 구현하는 내부 구성요소들은 그림 11.3, 비스트레일스의 고수준 설계에 나타나 있습니다. 작업 흐름의 실행은, 실행된 명령과 명령의 매개변수, 그리고 작업 흐름 실행의 출처(Execution Provenance)를 추적하는 실행 엔진에 의해 관리됩니다. 비스트레일스는 중간 결과물을 메모리와 디스크에 캐싱하는 것도 실행의 일부로 가능하게 합니다. 이번 절에서 설명되겠지만, 새로운 모듈과 매개변수의 조합만이 재실행되며, 이들은 내재한 라이브러리(matplotlib 등)로부터 함수를 호출함으로써 실행됩니다. 작업 흐름의 결과물들은 출처와 연결된 후에 전자 문서에 포함될 수 있습니다(11.4).

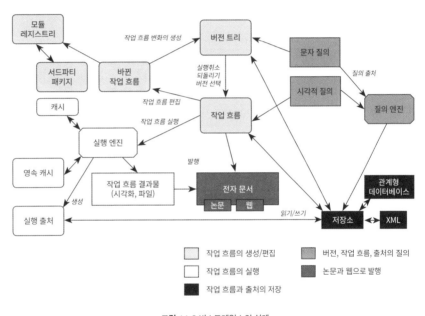

그림 11.3 비스트레일스의 설계

작업 흐름에 대한 변경사항 정보는 버전 트리로 추적되며, 로컬 디렉터리의 XML 파일, 관계형 데이터베이스 등 여러 스토리지 뒷단을 사용하여 영속시킬 수 있습니다. 비스트레일스는 사용자들이 출처 정보를 탐색할 수 있도록 질의 엔진도 제공합니다.

비스트레일스는 대화식 도구로 설계되었지만, 서버 모드로도 사용할 수 있습니다. 작업 흐름이 일단 생성되면 비스트레일스 서버에 의해 실행될 수 있습니다. 이 기능은 웹 기반 인터페이스를 만들어 이를 통해 사용자들이 작업 흐름과 상호작용하거나, 고성능 컴퓨팅 환경에서 작업 흐름을 실행하는 등 몇몇 상황에서 유용하게 사용될 수 있습니다.

11.3.1 버전 트리: 변경점 기반 출처

우리는 비스트레일스에서 작업 흐름 변화의 출처[FSC+06]라는 개념을 새롭게 도입하였습니다. 파생된 데이터에 대한 출처만 보존하는 이전 작업 흐름이나 작업 흐름 기반의 시각화 시스템과 대비하여, 비스트레일스는 작업 흐름 역시 1순위 데이터 항목으로 취급하며, 이에 대한 출처 역시 추적합니다. 작업 흐름 변화에 대한 출처 정보는 반성적 사고를 할 수 있게 합니다. 사용자들은 결과물을 잃지 않으면서 여러 논리 구조를 탐색할 수 있으며, 비스트레일스가 중간 결과물을 저장하기 때문에, 이러한 정보를 이용해서 증명, 추론할 수 있습니다. 이는 탐구 과정을 단순화시킬 수 있는 작업들을 가능하게 하기도 합니다. 예를 들어, 사용자들은 주어진 작업에 대해 생성된 작업 흐름 공간의 탐색, 작업 흐름과 그 결과를 시각적으로 비교(그림 11.4), 매개변수 영역을 탐색하는 등의 작업들을 쉽게 할 수 있습니다. 또, 출처 정보를 조회하여 예시를 통해 학습할 수도 있습니다.

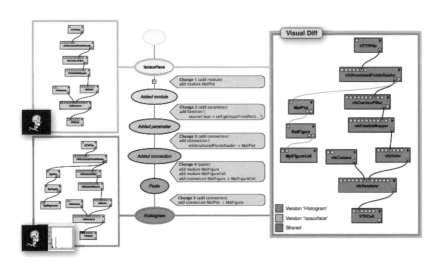

그림 11.4 변경점 기반 출처 모델

작업 흐름의 변화는 변경점 기반의 출처 모델을 사용하여 추적됩니다. 그림 11.4에서 보여주는 것처럼, 비스트레일스는 작업 흐름에 적용된 작업들이나 변경점(모듈의 추가, 매개변수의 수정 등)들을 데이터베이스 트랜잭션 기록과 유사하게 저장합니다. 이 정보는 각 작업 흐름의 버전에 대응되는 노드, 자식을 얻기 위해 부모에 반영된 변경점이 변에 대응되는 트리 구조로 모델링됩니다. 우리는 이 트리를 버전 트리 또는 vistrail(visual trail의 줄임말)이라고 부릅니다. 변경점 기반의 모델이 매개변수들의 값과 작업 흐름의 정의를 균일하게 추적한다는 점을 보면, 이 일련의 변경점들이 데이터 결과물의 출처를 알아내기에 충분하고, 작업 흐름이 시간이 지나며 어떻게 변해왔는지에 대한 정보 역시 추적한다는 것을 알 수 있습니다. 이 모델은 간단하면서도 효율적입니다. 즉, 여러 버전의 작업 흐름을 저장하는 것에 비해 상당히 적은 공간을 사용합니다.

이 모델을 사용함으로써 얻는 몇 가지 이점이 있습니다. 그림 11.4는 비스트레일스가 두 작업 흐름을 비교하기 위해 제공하는 시각적 변경점 기능을 보여줍니다. 작업 흐름이 그래프로 표현되어 있지만, 변경점 기반 모델을 사용하기 때문에 두 작업 흐름의 비교가 매우 쉬워집니다. 버전 트리를 탐색하며 하나의 작업 흐름이 다른 작업 흐름으로 변환되는 데 필요한 일련의 작업들을 확인하는 것으로 충분합니다.

변경점 기반 모델의 또 다른 중요한 이점은, 모델의 기반이 되는 버전 트리가 협업을 위한 체계로 사용될 수 있다는 것입니다. 작업 흐름을 설계하는 일은 어려운 작업으로 악명이 높아 여러 사용자의 협업이 필요합니다. 버전 트리가 서로 다른 사용자들의 기여를 직관적으로 시각화하는 방식을 제공할 뿐만 아니라(해당 작업 흐름을 작성한 사용자에 따라 노드에 색을 칠하는 등), 모델이 단조롭기 때문에 단순한 알고리즘만으로도 변경점을 여러 사용자가 동기화할 수 있습니다.

출처 정보는 작업 흐름이 실행되는 중에 쉽게 추적될 수 있습니다. 실행이 완료된 후에도 데이터 결과물과 그 출처 사이에 확실한 관계가 유지되는 것 역시 중요합니다. 즉 작업 흐름, 매개변수 그리고 데이터 산출물을 끌어내는 데 사용된 입력 파일의 관계가 확실히 유지되는 게 중요하다는 것입니다. 데이터 파일이나 출처가 옮겨졌거나 편집되었을 경우, 그 출처와 연관된 데이터, 데이터와 연관된 출처를 찾기가 어려워질 수도 있습니다. 비스트레일스는 입력, 중간 데이터, 그리고 출력 데이터 파일을 영속적으로 저장하는 체계를 제공하여 출처와 데이터가 긴밀한 결합 관계를 유지할 수 있게 합니다. 이 체계는 출처 정보에 언급된 데이터를 쉽고 정확하게 찾을 수 있게 하므로 재현성을 강화합니다. 이러한 관리 방식은, 중간 데이터를 캐싱하여 다른 사용자들과 공유할 수 있게 해준다는 점에서도 중요한 이점을 가집니다.

11.3.2 작업 흐름의 실행과 캐싱

비스트레일스의 실행 엔진은 기존 및 새로운 도구와 라이브러리 들과 접목될 수 있게 설계되었습니다. 우리는 서드 파티가 만든 과학적 시각화 및 계산 소프트웨어를 래핑하는 보편적인 방식들을 수용하려고 노력하였습니다. 비스트레일스는 특히, 입력과 출력을 파일로 받는 컴파일된 바이너리는 물론 내부 객체로 받는 C++/자바/파이썬 클래스 형태의 애플리케이션 라이브러리와도 접목될 수 있습니다.

비스트레일스는 데이터 흐름 실행 모델을 도입하였습니다. 즉, 각 모듈이 계산한 데이터는 모듈 간 연결을 통해 흐릅니다. 여기서, 모듈들은 상향식으로 실행됩니다. 각 입력은 필요할 때마다 업스트림 모듈을 재귀적으로 실행하여(모듈 A에서 B로 가는 일련의 연결이 있을 때 모듈 A가 모듈 B의 업스트림이라고 부릅니다) 생성됩니다. 중간 데이터는 (파이썬 객체의 형태로) 메모리 또는 (데이터에 접근하기 위한 정보를 포함한 파이썬 객체로 감싼 형태로) 디스크에 임시로 저장됩니다.

사용자들이 비스트레일스에 직접 기능을 추가할 수 있도록 우리는 확장 가능한 패키지 시스템(11.3에서 자세히 설명합니다)을 만들었습니다. 패키지는 사용자들이 사용자의 모듈이나 서드 파티 모듈을 비스트레일스 작업 흐름에 추가할 수 있게 합니다. 패키지 개발자는, 계산 모듈과 계산, 그리고 각 모듈에 대한 입력과 출력 포트를 명시해야 합니다. 기존 라이브러리들은 입력 포트로부터 기존 함수의 매개변수로 번역과 결괏값으로부터 출력 포트로의 매핑을 명시해야 합니다.

탐구 작업에서 공통의 하부구조를 가지는 비슷한 작업 흐름들은 주로 잇달아 실행됩니다. 작업 흐름 실행의 효율성을 높이기 위해 비스트레일스는 중간 결과를 캐싱하여 재계산을 최소화합니다. 우리는 이전 실행 결과를 재활용하기 때문에, 캐시 가능한 모듈은 함수적, 즉 같은 입력이 주어지면 같은 출력을 생성한다고 암묵적으로 가정합니다. 이 요구사항은 클래스에 확정적인 동작이라는 제한을 걸지만, 우리는 이것이 합리적이라고 생각합니다.

하지만 이런 동작을 요구할 수 없는 상황들도 있습니다. 예를 들어, 파일을 원격 서버로 올리거나 디스크에 저장하는 모듈의 경우, 모듈의 출력은 비교적 중요하지 않음에도 불구하고, 이러한 모듈은 큰 부작용을 가져올 수 있습니다. 어떤 모듈들은 난수를 사용하며 불확정성이 바람직한 동작일 수 있습니다. 이러한 모듈들은 캐시 불가능한 것으로 표시될 수 있습니다. 하지만 몇몇 함수적이지 않은 모듈들은 함수적이게 변환될 수 있습니다. 예를 들어, 두 파일에 데이터를 쓰는 함수는 파일들의 내용을 반환하도록 래핑될 수 있습니다.

11.3.3 데이터 직렬화와 저장

출처를 지원하는 시스템의 핵심 구성요소 중 하나는 데이터의 직렬화와 저장입니다. 기존 비스트레일스는 데이터를 단순히 내부 객체(버전 트리, 모듈 등)에 정의된 fromXML과 toXML 메서드를 통해 XML로 저장하였습니다. 이런 객체들의 스키마가 변하는 것을 지원하기 위해, 이 함수들은 스키마 버전 간의 번역도 직렬화했습니다. 프로젝트가 발전하며 사용자층이 성장하였고, 우리는 관계형 저장소 등 다른 직렬화 방식도 지원할 필요가 생겼습니다. 또, 스키마 객체가 변하면서, 스키마 버전 관리, 버전 간의 번역, 개체 간 관계의 지원 같은 공통 데이터 관리 문제를 개선해야 했으며, 이를 위해 데이터베이스(db) 층을 추가하였습니다.

데이터베이스 층은 도메인 객체, 서비스 로직, 그리고 영속 메서드라는 세 가지 핵심 구성요소로 이루어져 있습니다. 도메인과 영속성 구성요소는 각 스키마 버전이 각각의 클래스를 가질 수 있도록 버전 관리되어 있습니다. 이 방식을 통해 서로 다른 버전의 스키마를 읽기 위한 코드를 유지할 수 있습니다. 하나의 스키마 버전에서 다른 버전의 스키마로의 번역을 제공하는 메서드를 정의하는 클래스도 있습니다. 서비스 클래스는 데이터를 다루고 스키마 버전이 바뀌는 것을 탐지하고 버전 간 번역을 위한 메서드를 제공합니다.

이런 코드를 작성하는 일은 장황하고 반복적이기 때문에, (메모리 첨자도 포함하는) 객체 레이아웃과 직렬화 코드를 정의하는 템플릿과 메타 스키마를 사용합니다. 메타 스키마는 XML로 작성되어 있으며, 기본 XML 직렬화나 비스트레일스에 의해 정의된 관계형 매핑 외 다른 직렬화 방식을 추가하여 확장할 수 있습니다. 이 방식은 Hibernate[2]나 SQLObject[3]같은 객체 관계형 매핑이나 프레임 워크와 비슷하지만, 식별자 재할당이나 객체 버전 간 번역을 위한 루틴들을 더 합니다. 또, 같은 메타 스키마를 사용해 여러 언어에 대한 직렬화 코드를 생성할 수 있습니다. 초기에는 메타 스키마로부터 가져온 변수로 파이썬 코드를 실행하 여 도메인과 영속성 코드를 생성했던 메타-파이썬으로 작성을 하였지만, 최근에 는 Mako 템플릿[4]으로 이전하였습니다.

자동 번역은 데이터를 새로운 버전의 비스트레일스로 이전해야 하는 사용자 들에게 꼭 필요합니다. 우리 설계는 개발자들이 이러한 번역을 쉽게 구현할 수 있도록 몇 가지 훅을 제공합니다. 각 버전에 대한 코드를 보존하기 때문에, 번역 코드는 버전 간의 매핑만 하면 됩니다. 최하위 단에서, 어떤 한 버전을 다른 버 전으로 변화시킬 수 있는 매핑을 정의합니다. 거리가 먼 버전 간에는 다수의 중 간 버전을 거칩니다. 초기에 이 매핑은 정방향, 즉 새로운 버전이 이전 버전으로 는 번역될 수 없는 매핑이었지만, 최근의 스키마 매핑에서는 역방향 매핑도 추 가되었습니다.

각 객체는 서로 다른 버전의 객체를 받아 현재 버전을 반환하는 update_ version 메서드를 가지고 있습니다. 기본값으로, 각 객체가 이전 객체의 필드를 새로운 버전의 객체로 매핑하는 방식으로 업그레이드되는 재귀적 번역을 합니 다. 이 매핑은 기본값으로, 같은 이름을 가진 필드는 복사하지만, 이러한 동작을 오버라이드하는 메서드를 정의할 수도 있습니다. 오버라이드는 이전 객체를 받 아 새로운 객체를 반환하는 메서드입니다. 스키마에 대한 대부분의 변경점은 소 수의 필드에만 영향을 미치기 때문에 기본 매핑이 대부분 상황을 처리할 수 있 지만, 오버라이드는 국소적인 변경사항을 정의할 수 있는 유연한 방식을 제공합 니다.

11.3.4 파이썬과 패키지를 통한 확장

비스트레일스(VisTrails)의 첫 프로토타입은 고정된 집합의 모듈들을 가지고 있 었습니다. 이 환경은 비스트레일스 버전 트리와 다수의 실행을 캐싱하는 것에 대한 기본적인 아이디어를 구현하기에는 이상적이었지만, 장기적 효용성을 심

---

2 http://hibernate.org/
3 http://www.sqlobject.org/
4 http://www.makotemplates.org/

각하게 제한하였습니다.

우리는 비스트레일스를 계산과학을 위한 기반으로 보며, 이것은 말 그대로 비스트레일스가 다른 도구나 절차의 개발을 위한 발판을 제공해야 한다는 의미입니다. 이런 전개를 위한 필수조건은 확장성입니다. 확장성을 달성하기 위한 전형적인 방식은, 대상 언어를 정하고 적절한 인터프리터를 작성하는 일을 수반합니다. 이것은 코드 실행에 비해 세밀한 통제를 할 수 있게 해주므로 매력적이지만, 충분한 기능을 가진 프로그래밍 언어를 구현하는 것은 매우 큰 작업이며, 우리의 주목적은 아니었습니다. 무엇보다도 사용자들이 비스트레일스를 쓰기 위해서 새로운 언어를 배워야 한다는 것은 생각도 할 수 없는 일이었습니다.

우리는 비스트레일스가 사용자들이 쉽게 기능을 추가할 수 있게 하는 동시에, 충분히 복잡한 소프트웨어를 다룰 수 있을 만큼 강력하기를 원했습니다. 예를 들어, 비스트레일스는 VTK 시각화 라이브러리[5]를 지원합니다. VTK는 컴파일, 환경설정, 운영체제에 따라 달라지는 1,000여 개의 클래스를 포함합니다. 이 모든 경우에 대한 코드 경로를 작성하는 일이 비생산적이고 실현 가능성이 없다고 판단하였기 때문에, 특정 패키지가 제공하는 비스트레일스 모듈 집합을 동적으로 판단할 필요가 있다고 생각했으며, 자연스럽게 VTK가 복잡한 패키지의 모델이 되었습니다.

계산과학은 우리가 초기에 지원해야 하는 대상이었으며, 비스트레일스를 설계하는 시점에서 파이썬은 계산과학자들 사이에서 보조 언어로써 인기를 끌고 있었습니다. 파이썬을 비스트레일스 모듈의 동작을 명시하는 언어로 사용하는 것은 큰 도입 장벽 하나를 걷을 수 있다는 의미를 가졌습니다. 파이썬은 동적으로 정의된 클래스와 리플렉션을 위한 좋은 기반 구조를 가진 것으로 드러났습니다. 파이썬의 거의 모든 정의는 1급 함수(first-class function)로 나타낼 수 있습니다. 비스트레일스 패키지 시스템에 필수적인 파이썬의 리플렉션 기능은 다음과 같습니다.

· 파이썬 클래스는 type 함수 호출을 통해 동적으로 정의할 수 있습니다. 반환 값은 클래스의 표현형이며, 전형적으로 정의된 파이썬 클래스와 같은 방식으로 사용할 수 있습니다.

---

5 http://www.vtk.org/

- 파이썬 모듈은 __import__ 함수 호출로 들여올 수 있으며, 그 반환값은 표준 import 선언문의 식별자와 같은 방식으로 작동합니다. 모듈을 찾을 위치 또한 실행시간에서 정의할 수 있습니다.

물론, 파이썬을 선택하여 생긴 몇 가지 단점도 있었습니다. 먼저, 파이썬의 동적인 성질은 비스트레일스 패키지의 타입 안정성을 보장할 수 없다는 것을 의미합니다. 더욱 중요하게는 파이썬을 사용하였을 때 비스트레일스 모듈에 대한 요구사항, 특히 (이후에 자세히 설명될) 참조 투명성에 대한 요구사항을 강제할 수 없다는 것입니다. 그래도 우리는 언어 자체에서 허용하는 구조를 사용하는 것을 문화적 체계를 통해 제한할 수 있다고 생각하며, 이 체계에만 유의한다면 파이썬은 소프트웨어 확장에 아주 매력적인 언어라고 생각합니다.

11.3.5 비스트레일스 패키지와 번들

비스트레일스 패키지는 모듈들을 감쌉니다. 디스크 위의 비스트레일스 패키지의 가장 흔한 형태는 (때로는 안타깝게도 이름이 겹치는) 파이썬 패키지의 형태와 같습니다. 파이썬 패키지는 함수나 클래스 등을 정의하는 파이썬 파일들로 이루어져 있으며, 비스트레일스 패키지는 특정 함수와 변수를 정의하는 파일을 포함하고 있는, 특정한 인터페이스를 따르는 파이썬 패키지입니다. 가장 단순한 비스트레일스 패키지는 __init__.py 파일과 init.py를 포함하는 폴더입니다.

첫 번째 파일인 __init__.py는 파이썬 패키지의 요구사항으로, 적은 수의 정적 정의만 해야 합니다. 정적 정의만 한다는 보장을 할 수는 없지만, 이를 따르지 않는 비스트레일스 패키지는 버그가 있는 것으로 간주합니다. 이 파일에는 패키지에 대한 고유 식별자와 패키지 버전(작업 흐름과 패키지 업그레이드를 다룰 때 버전은 중요한 정보입니다. 11.4에서 자세히 설명됩니다)이 정의되어 있습니다. 이 파일은 package_dependencies와 package_requirements 함수를 포함할 수도 있습니다. 비스트레일스 모듈은 기본 Module 클래스 외에도 다른 비스트레일스 모듈을 상속받을 수 있으므로, 비스트레일스 패키지가 다른 패키지의 기능을 확장하는 것도 있을 수 있는 일이며, 따라서 패키지가 초기화되는 순서가 필요하게 됩니다. 이러한 패키지 간 의존성은 package_dependencies에 정의됩니다. 반면, package_requirements 함수는 시스템 레벨 라이브러리의 종속성을 정의하며, 비스트레일스는 이러한 종속성들을 번들 추상화를 통해 자동으로 충족시킬 수도 있습니다.

번들은 레드햇(RedHat)의 RPM이나 우분투(Ubuntu)의 APT처럼 시스템 종속적인 도구를 통해 관리하는 시스템 레벨 패키지입니다. 이러한 속성들을 만족할 때, 비스트레일스는 파이썬 모듈을 직접 임포트하여 필요한 변수들에 접근함으로써 패키지의 속성을 판단할 수 있습니다.

두 번째 파일인 init.py는 실제 비스트레일스 모듈 정의의 진입점을 포함합니다. 이 파일의 가장 중요한 특징은 initialize와 finalize 함수의 정의입니다. Initialize 함수는 패키지가 활성화될 때, 의존 패키지들이 모두 활성화된 후 호출되며, 패키지 안의 모든 모듈에 대한 구성 작업을 실행합니다. Finalize 함수는 실행시간 자원(패키지가 생성한 임시 파일 등)의 할당 해제를 위해 사용됩니다.

각 비스트레일스 모듈은 패키지 안의 하나의 파이썬 클래스에 의해 표현됩니다. 이 클래스를 비스트레일스에 등록하기 위해서 패키지 개발자는 비스트레일스 모듈마다 add_module 함수를 호출합니다. 이 비스트레일스 모듈들은 임의의 파이썬 클래스이지만, 몇 가지 요구사항을 충족해야 합니다. 첫 번째 요구사항은, 비스트레일스가 정의하는, 재미없을지도 모르겠지만, Module이라고 불리는 기초적인 파이썬 클래스를 상속해야 한다는 것입니다. 비스트레일스 모듈은 다중 상속될 수 있지만, 상속하는 하나의 클래스만이 비스트레일스 모듈이어야 합니다. 비스트레일스 모듈 트리에서는 다중 상속을 허용하지 않습니다. 다중 상속은, 단순한 동작을 가지는 부모 클래스들을 구성하여 복잡한 작업을 만드는, 클래스 믹스인을 정의할 때 유용합니다.

사용 가능한 포트들은 비스트레일스 모듈의 인터페이스를 정의하며, 모듈의 표시뿐만 아니라 다른 모듈로의 연결성에도 영향을 미치게 됩니다. 이 포트들은 비스트레일스에 명시적으로 등록되어야 합니다. 포트들은 initialize를 호출하는 중에 add_input_port와 add_output_port를 호출하거나, 각 비스트레일스 모듈마다 클래스에 _input_ports와 _output_ports 목록을 정의함으로써 등록할 수 있습니다.

각 모듈이 수행할 계산은 compute 메서드를 오버라이딩하여 정의합니다. 데이터는 포트를 통해 모듈 간 전달되며, get_input_from_port와 set_result 메서드를 통해 접근됩니다. 전통적인 데이터 흐름 환경에서, 실행 순서는 데이터 필요에 따라 그때그때 결정되지만, 비스트레일스의 경우 작업 흐름 모듈의 위상 순서에 따라 결정됩니다. 캐싱 알고리즘이 비순환적 그래프를 요구하므로, 우리는 함수 호출이 업스트림 모듈을 실행하지 않도록 실행 순서를 역위상순으로 정렬하여 스케줄링합니다. 이런 결정을 내림으로서, 각 모듈의 동작을 단독으로 고려하기 간편하게 하고, 캐싱 전략을 간단하고 견고하게 만들 수 있었습니다.

일반적인 지침을 따르면, 비스트레일스 모듈은 compute 메서드에서 부작용이 있는 함수를 사용하는 것을 삼가야 합니다. 11.3에서 언급했던 것처럼, 이 요구사항은 부분적인 작업 흐름의 실행을 캐싱할 수 있게 합니다. 모듈이 이 지침을 존중한다면, 해당 모듈의 동작은 업스트림 모듈의 결과물에 대해 함수적(같은 입력에 대해 항상 일정한 출력을 함)이게 됩니다. 따라서 모든 비순환식 부분 그래프들은 한 번만 계산되면 되며, 결과물을 재사용할 수 있게 됩니다.

11.3.6 데이터를 모듈 형태로 전달하기

비스트레일스 모듈 간 통신의 특이한 점은, 모듈 간 전달되는 데이터도 비스트레일스 모듈이라는 것입니다. 즉, 모듈과 데이터 클래스는 하나의 계층입니다. 예를 들어, 모듈은 계산의 결과 데이터로 자기 자신을 제공할 수 있습니다(사실, 모든 모듈은 기본값으로 "self" 출력 포트를 제공합니다). 이 방식의 가장 큰 단점은, 데이터 흐름 기반 설계에서 가끔 보이는, 계산과 데이터 간의 개념적인 분리가 없어진다는 점입니다. 하지만 두 가지 큰 장점을 얻을 수 있습니다. 첫 번째 장점은 이것이 자바와 C++ 객체 타입 시스템과 유사하다는 점이며, VTK 같이 큰 클래스 라이브러리는 자동 래핑이 중요하므로 이는 매우 유용합니다. 이러한 라이브러리들은 객체가 계산의 결과로 다른 객체를 생성하는 것을 지원하며, 계산과 데이터를 구분시키는 래퍼 작성을 더 어렵게 합니다.

이 결정으로 인한 두 번째 장점은, 작업 흐름에서 사용자 설정이 가능한 매개변수와 상수를 더 쉽게 정의할 수 있고, 시스템의 다른 부분과도 균일하게 통합된다는 점입니다. 상수로 정의된 URL로부터 파일을 불러오는 작업 흐름을 예로 들면, URL은 GUI를 통해 매개변수로 지정될 수 있습니다(그림 11.1의 매개변수 편집 영역). 이 작업 흐름은 다른 부분의 변경을 최소한으로 하여, URL을 업스트림에서 계산하여 가져오도록 조금 더 자연스럽게 바꿀 수 있습니다. 모듈들이 자기 자신을 결과물로써 제공할 수 있다고 가정하면 파라미터에 해당하는 포트에 문자열을 연결하기만 하면 됩니다. 상수의 출력은 자기 자신이기 때문에 매개변수가 상수로 지정되었을 때와 똑같이 작동합니다.

상수 설계를 위해 고려해야 할 다른 점들도 있습니다. 상수형들은 값을 설정하기 위한 각각의 이상적 GUI 인터페이스를 가집니다. 예를 늘어 파일 상수 모듈은 파일 선택 대화창을 제공하고, 불린 값은 체크박스로 표현되며, 색 값은 운영체제에 따른 색 선택 창을 가집니다. 이러한 일반성을 위해 개발자는 Constant 기반 클래스를 상속하고, 적절한 GUI 위젯을 정의하는 오버라이드를 제공해야 하며, (임의의 상수들이 디스크에 직렬화될 수 있도록) 문자열 표현형을 정의해야 합니다.

비스트레일스는 간단한 프로토타이핑 작업을 위해 PythonSource 모듈을 제공합니다. PythonSource 모듈은 작업 흐름에 스크립트를 직접 삽입하는 데 쓰일 수 있습니다. PythonSource(그림 11.5)의 설정 창은 다수의 입출력 포트와 실행될 파이썬 코드의 입력을 지원합니다.

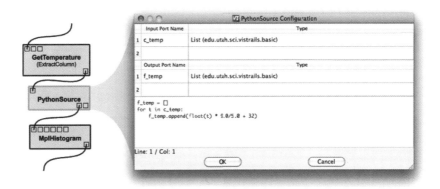

그림 11.5 PythonSource 모듈로 새로운 기능 프로토타이핑 하기

11.4 구성요소와 기능

위에서 설명된 것처럼, 비스트레일스는 탐구적 계산 작업의 제작과 실행을 간편하게 해주는, 기능들과 사용자 인터페이스를 제공합니다. 아래에서 이에 관해 설명하며, 비스트레일스가 어떻게 출처 정보가 풍부한 발행물을 만드는 기반으로 사용되는지에 대해서도 짧게 설명합니다. 비스트레일스에 대한 더욱 자세한 기능과 설명은 온라인 문서[6]에 있습니다.

---

6 http://www.vistrails.org/index.php/Users_Guide

11.4.1 시각화 스프레드시트

비스트레일스는 시각화 스프레드시트을 통해 사용자들이 여러 작업 흐름에서 결과물을 탐색하고 비교할 수 있게 합니다(그림 11.6). 이 스프레드시트는 시트 와 셀로 이루어진 인터페이스를 가진 비스트레일스 패키지입니다. 각 시트는 셀 의 집합으로 구성되어 있고, 사용자가 변경 가능한 레이아웃을 가집니다. 하나 의 셀은 작업 흐름이 만들어낸 결과물의 시각적 표현을 포함하고, 다양한 종류 의 데이터를 표현할 수 있게 사용자가 변경할 수 있습니다.

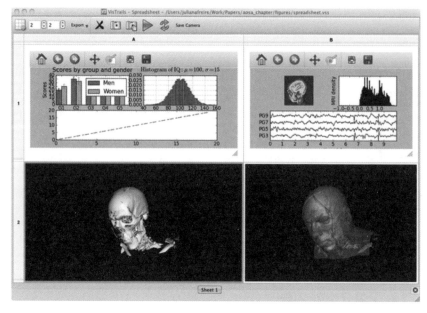

그림 11.6 시각화 스프레드시트

스프레드시트에 셀을 표시하기 위해서, 작업 흐름은 SpreadsheetCell을 상속 하는 모듈을 가지고 있어야 합니다. 각 SpreadsheetCell 모듈은 스프레드시 트 셀에 대응되어 하나의 작업 흐름이 여러 셀을 생성할 수 있습니다. Spread sheetCell의 compute 모듈은 실행 엔진(그림 11.3)과 스프레드시트 사이의 통 신을 제어합니다. 스프레드시트는 실행 중 파이썬의 동적 클래스 초기화 기능을 활용하여 셀을 생성합니다. 따라서 맞춤형 시각화를 위해서는 SpreadsheetCell 을 상속받는 클래스를 생성하여, 해당 클래스의 compute 메서드가 스프레드시 트에 맞춰진 셀 타입을 보낼 수 있습니다. 예를 들어, 그림 11.1에 나와 있는 작업 흐름에서, MplFigureCell은 matplotlib에서 생성된 이미지를 표시하도록 만들어진 SpreadsheetCell 모듈입니다.

스프레드시트의 GUI의 뒷단으로 PyQt를 사용하기 때문에, 맞춤형 셀 위젯들은 PyQt의 QWidget을 상속해야 하며, 새로운 데이터가 들어올 때 위젯을 갱신하기 위해 스프레드시트가 호출하는 updateContents 메서드를 구현해야 합니다. 각 셀 위젯은 선택적으로 toolbar 메서드를 구현함으로써 맞춤형 툴바를 정의할 수 있으며, 이 경우 셀이 선택되었을 때 스프레드시트 툴바 영역에 정의된 툴바가 표시됩니다.

그림 11.6은 VTK 셀이 선택되었을 때의 스프레드시트를 보여주며, 이 경우에 툴바는 PDF 이미지를 내보내거나, 카메라의 위치를 작업 흐름에 저장하고, 애니메이션을 생성하는 위젯들을 제공합니다. 스프레드시트 패키지는 이력 재생(애니메이션)과 멀티 터치 이벤트의 포워딩 등 공통 기능을 제공하는 맞춤 가능한 QCellWidget을 정의하며, 새로운 셀 타입의 빠른 개발을 위해 QWidget 대신 사용될 수 있습니다.

스프레드시트가 PyQt 위젯만을 셀 타입으로 허용하긴 하지만, 다른 GUI 툴킷으로 작성된 위젯을 사용할 수도 있습니다. 이를 위해 해당 위젯은 위젯의 구성요소들을 PyQt를 사용하여 다시 가져올 수 있도록 네이티브 플랫폼으로 내보내야 합니다. 우리는 VTKCell 위젯이 실제로는 C++로 작성되어 있기 때문에 이러한 접근 방식을 사용합니다. VTKCell은 실행시간에 시스템에 따라 창 식별자, Win32, X11, 또는 Cocoa/Carbon 핸들을 가져와 스프레드시트 캔버스에 대응시킵니다.

셀처럼 시트 역시 사용자가 변경할 수 있습니다. 각 시트는 기본적으로 탭 뷰를 통해 접근할 수 있으며 표 형태의 레이아웃을 가집니다. 하지만 모든 시트는 스프레드시트 창에서 꺼내 여러 개를 동시에 볼 수 있도록 하기도 합니다. 역시 PyQt 위젯인 StandardWidgetSheet를 상속함으로써 다른 시트 레이아웃을 만들 수 있습니다. StandardWidgetSheet는 셀 레이아웃뿐만 아니라 편집 상태 스프레드시트와의 상호 작용도 관리합니다. 편집 상태에서, 사용자들은 셀의 내용은 편집하지 않고, 셀 레이아웃과 셀에 대한 고급 작업을 할 수 있습니다. 이러한 고급 작업에는 유사(analogies)의 적용과(11.4.2) 매개변수 탐색으로부터 새로운 작업 흐름을 생성하는 작업이 있습니다.

11.4.2 시각적 차이와 유사

우리는 비스트레일스를 설계하며 출처 정보를 추적하는 것만이 아니라 직접 사용할 수도 있게 하고 싶었습니다. 처음에는 사용자들이 버전 간의 정확한 차이점을 볼 수 있게 하고 싶었지만, 이러한 차이점을 다른 작업 흐름에 반영하는 기능이 더 유용하다는 것을 깨달았습니다. 이런 작업들은 비스트레일스가 작업 흐름의 변경 이력을 추적하기 때문에 가능합니다.

버전 트리는 모든 변경점을 추적하고, 우리는 각 동작을 되돌릴 수 있기 때문에, 우리는 하나의 버전을 다른 버전으로 변화시키는 동작의 완전한 순서 (sequence)를 찾을 수 있습니다. 서로의 변경점을 상쇄하는 변경점들도 있으므로 이 순서를 좀 더 압축시킬 수도 있습니다. 예를 들어, 나중에 삭제된 모듈을 추가하는 작업은 변경점을 계산할 때 고려할 필요가 없습니다. 최종적으로, 이 순서를 더 단순화시킬 수 있는 휴리스틱이 있습니다. 즉, 같은 모듈이 두 개의 작업 흐름 모두에 존재하지만, 따로 추가되었을 경우 추가와 삭제 작업을 상쇄할 수 있습니다.

우리는 변경점의 순서로부터 모듈, 연결, 그리고 매개변수의 공통점과 차이점들을 그림 11.4처럼 시각화할 수 있습니다. 두 작업 흐름 모두에 존재하는 모듈과 연결들은 회색으로, 하나의 작업 흐름에만 존재하면 해당 작업 흐름의 색으로 표시합니다. 같은 모듈이지만 다른 매개변수를 가진 모듈들은 밝은 회색으로 표시하며, 사용자는 각 작업 흐름의 표에서 특정 모듈에 대한 매개변수의 차이점을 살펴볼 수 있습니다.

유사 작업은 사용자들이 이런 변경점들을 다른 작업 흐름에 적용할 수 있게 합니다. 사용자가 작업 흐름을 변경하였다면(출력 이미지의 해상도와 파일 포맷을 바꾸는 등), 유사를 통해 다른 작업 흐름에도 같은 변경점을 적용할 수 있습니다. 이를 위해 사용자는 원본 작업 흐름과 대상 작업 흐름을 선택하여 원하는 변경점들을 지정하고, 유사를 적용할 작업 흐름을 선택하게 됩니다. 비스트레일스는 원본과 대상 작업 흐름을 원형으로 변경점을 계산하며, 이 변경점을 유사를 적용할 작업 흐름에 어떻게 반영할지 판단합니다. 시작점이 되는 작업 흐름과 정확히 매칭되지 않는 작업 흐름에 변경점을 적용할 수도 있기 때문에, 비슷한 모듈 간의 느슨한 매칭이 필요합니다. 이러한 매칭을 통해 선택된 작업 흐름에 일련의 변경점이 적용될 수 있도록 변경점들을 재배치할 수 있습니다 [SVK+07]. 이 과정은 절대 간단하지 않으며, 원했던 것과는 다른 작업 흐름을 만들어낼 수도 있습니다. 이럴 땐 사용자가 직접 유사 작업의 실수들을 고치거나 이전 버전으로 되돌아가 변경점들을 수동으로 고칠 수 있습니다.

유사에 사용되는 느슨한 매칭을 계산하기 위해 지역적인 유사도(같거나 매우 비슷한 모듈)를 작업 흐름의 전체적인 구조와 균형을 맞춥니다. 부분 그래프 동형(subgraph isomorphism) 문제의 난해성 때문에 동일성 계산마저도 비효율적이라는 점을 보면, 휴리스틱을 도입해야 함을 알 수 있습니다. 간단히 말하면, 두 개의 작업 흐름에 포함된 두 개의 약간 비슷한 모듈이 비슷한 이웃을 공유한다면, 이 두 모듈은 비슷한 동작을 하며, 매칭할 수 있다고 결론 내릴 수도 있는 것입니다. 좀 더 형식적으로 표현하자면, 우리는 원본 작업 흐름에 있는 페어링 가능한 모듈의 짝이 꼭짓점에 대응되고, 노드 간 공유하는 연결이 변에 대응되는 곱집합 그래프를 만듭니다. 그리고 각 꼭짓점의 점수를 변을 건너 이웃 노드에 발산하는 단계를 거칩니다. 이 작업은 구글(Google)의 페이지랭크(PageRank)와 비슷한 마르코프 연쇄이며, 언젠가는 전역적인 정보를 포함하는 점수들의 집합으로 수렴하게 됩니다. 우리는 이 점수들을 통해 최선의 매칭을 결정하고, 기준점을 사용해 닮지 않은 모듈들을 페어링하지 않을 수 있습니다.

11.4.3 출처 질의

비스트레일스에 의해 추적된 출처에는 작업 흐름 각각의 구조, 메타데이터, 그리고 실행 로그가 포함됩니다. 이러한 출처 정보에 접근하고 탐색할 수 있는 것은 중요하므로, 비스트레일스는 텍스트 기반 그리고 시각적(WYSIWYG) 출처 질의 인터페이스를 모두 제공합니다. 태그, 주석, 날짜 같은 정보에 대해서 사용자는 키워드 검색을, 선택적인 마크업을 포함해 사용할 수 있습니다. 예를 들어, 키워드 plot을 포함하는 사용자 user:~dakoop의 모든 작업 흐름을 검색할 수 있습니다. 하지만 작업 흐름의 특정한 부분 그래프에 대한 질의는 예시를 통한 시각적 인터페이스로 더 쉽게 표현할 수 있습니다. 이를 통해 사용자들은 질의문을 처음부터 작성하거나 존재하는 파이프라인을 복사하거나 편집하여 질의할 수 있습니다.

우리는 예시를 통한 질의 인터페이스를 설계하며 매개변수 조합에 대한 몇 가지 변경사항을 제외하고는 작업 흐름 에디터의 코드 대부분을 재사용하였습니다. 매개변수는 정확한 값보다는 구간이나 키워드로 검색하는 것이 유용합니다. 따라서 우리는 사용자가 매개변수의 값을 추가하거나 편집하면, 기본적으로 정확한 값을 검색하지만, 제공되는 수식문을 사용할 수도 있게 했습니다. 질의문 작성은 물론 질의 결과도 시각적으로 보입니다. 매칭된 버전들은 버전 트리에서 강조되며, 선택된 작업 흐름도 매칭된 부분과 함께 강조되어 보입니다. 사용자는 새로운 질의를 시작하거나 초기화 버튼을 눌러 질의 결과 모드에서 나갈 수 있습니다.

11.4.4 영속 데이터

비스트레일스는 결과물이 나오게 한 각 단계에 대한 출처와 명세를 저장합니다. 하지만 작업 흐름이 필요로 하는 데이터를 찾을 수 없게 되면 작업 흐름을 재현하기 힘들어질 수 있습니다. 또, 오랜 시간 동안 실행되는 작업 흐름의 경우엔 재계산을 피하고자 중간 데이터를 세션 간 영속 캐시로 저장하는 게 유용할 수 있습니다.

많은 작업 흐름 시스템들이 데이터에 대한 출처로 파일 시스템 경로를 저장하지만, 이러한 접근 방식에는 문제가 있습니다. 사용자가 파일의 이름을 바꾸거나 데이터를 빼놓고 작업 흐름만 다른 컴퓨터로 옮길 수도 있으며, 데이터의 내용을 바꿀 수도 있습니다. 어떤 상황에서든 경로만 출처로 저장하는 것은 충분하지 않습니다. 데이터의 해시를 출처 정보로 저장하여 데이터가 바뀌었는지 확인할 수는 있지만, 데이터가 다른 곳으로 옮겨졌을 경우에 해시는 도움이 되지 않습니다. 이 문제를 해결하기 위해, 우리는 출처 정보로 참고할 수 있는 데이터를 저장하기 위해 버전 관리 시스템을 기반으로 하는 비스트레일스 패키지인 영속성 패키지를 만들었습니다. 현재 데이터 관리를 위해 Git을 사용하고 있지만, 다른 시스템 역시 쉽게 채택할 수 있습니다.

우리는 데이터를 식별하기 위해 범용 고유 식별자(universally unique identifiers, UUID)를 사용하고, 버전을 식별하기 위해 git 커밋 해시를 사용합니다. 데이터가 작업 흐름 실행 사이에 변경되면 저장소에 새로운 버전이 등록됩니다. 따라서 (uuid, version) 튜플은 어떠한 상태에서도 데이터를 가져올 수 있는 컴파운드 식별자입니다. 또, 데이터의 해시뿐만 아니라 (입력 데이터가 아닐 경우) 데이터를 생성한 작업 흐름의 업스트림 부분의 시그너처도 저장합니다. 이를 통해, 다르게 식별될 수도 있는 데이터를 연결하거나, 같은 계산이 다시 실행될 때 데이터를 재사용할 수 있게 됩니다.

이 패키지를 설계하면서 가장 우려되었던 점은 사용자들이 데이터를 선택하고 찾도록 하는 방식이었습니다. 또, 데이터가 입력, 출력 또는 중간 데이터인지와 관계없이(작업 흐름의 출력이 다른 작업 흐름의 입력으로 사용될 수도 있기 때문에) 하나의 저장소에 보관하고 싶었습니다. 사용자가 데이터를 식별하기 위해 사용하는 두 가지의 주 모드가 있는데, 새로운 참조를 만들거나, 기존의 참조를 사용하는 것입니다. 첫 실행이 끝난 후, 새 참조는 실행되는 동안 존속하였기 때문에 기존 참조로 변한다는 점을 알 수 있습니다. 사용자는 나중에 또 다른 새 참조를 만들 수도 있지만, 이는 그다지 흔치 않습니다. 사용자는 대부분의 경우 가장 최신의 데이터를 원하기 때문에, 특정 버전을 가리키지 않는 참조는 최신 버전이 기본값이 될 것입니다.

우리는 모듈이 실행되기 전에 모듈의 입력들을 재귀적으로 갱신시키지만, 영속 데이터 모듈은 업스트림 계산이 이미 실행되었을 경우 입력을 갱신하지 않을 것입니다. 이것을 판단하기 위해 우리는 업스트림의 부분 작업 흐름의 시그너처를 영속 저장소에 질의하여, 해당 시그너처가 존재할 경우 영속 저장소로부터 미리 계산된 데이터를 가져옵니다. 또, 우리는 데이터의 식별자와 버전들을 출처 정보로 저장하여 특정 실행이 재현될 수 있게 합니다.

11.4.5 업그레이드

출처는 비스트레일스의 핵심이므로, 옛 작업 흐름을 새로운 버전의 패키지와 호환되도록 업그레이드할 수 있는 기능은 비스트레일스의 주요 고려 사항입니다. 패키지는 서드 파티들에 의해서 만들어질 수 있으므로, 패키지 개발자들이 업그레이드 경로를 정의하기 위한 혹을 제공하는 기반(infra)뿐 아니라, 작업 흐름을 업그레이드하기 위한 기반도 필요합니다. 작업 흐름 업그레이드의 핵심은 모듈을 새로운 버전으로 바꾸는 것입니다. 이것은 옛 모듈의 연결과 매개변수를 모두 교체하는 복잡한 작업입니다. 게다가 업그레이드 작업에는 모듈에 대한 매개변수와 연결들을 재설정, 재할당, 혹은 이름을 바꾸는 작업을 포함할 수도 있습니다(모듈 인터페이스가 바뀌는 등).

각 패키지는 (관련된 모듈들과 함께) 버전으로 태그되어 있으며, 버전이 바뀐다면 패키지가 포함하는 모듈들도 바뀌었을 것이라고 가정합니다. 물론 일부, 혹은 대부분 모듈이 바뀌지 않았을 수도 있지만, 직접 코드 분석을 하지 않는 이상 이것은 알 수 없습니다. 하지만 인터페이스가 변경되지 않은 모듈들에 대해서는 자동 업그레이드를 시도합니다. 이를 위해 모듈을 새로운 버전으로 교체해 보고, 작동하지 않으면 예외를 던집니다. 개발자들이 모듈의 인터페이스나 이름을 바꿀 경우, 개발자들이 이러한 변경사항들을 명시적으로 정의할 수 있도록 합니다. 이 작업을 조금 더 수월하게 할 수 있도록 개발자들이 기본 업그레이드 동작이 적용될 수 없는 부분에 대해서만 명시하면 되도록 우리는 remap_module 메서드를 만들었습니다. 예를 들어, 개발자가 입력 포트 file의 이름을 value로 바꾸었다면, 새 모듈이 생성될 때 해당 사항이 반영될 수 있도록 매핑을 정의할 수 있습니다. 다음은 비스트레일스 내장 모듈 업그레이드 경로의 예시입니다.

```
def handle_module_upgrade_request(controller, module_id, pipeline):
    module_remap = {'GetItemsFromDirectory':
                        [(None, '1.6', 'Directory',
                          {'dst_port_remap':
                              {'dir': 'value'},
                           'src_port_remap':
                              {'itemlist': 'itemList'},
                          })],
                   }
    return UpgradeWorkflowHandler.remap_module(controller, module_id,
                                               pipeline, module_remap)
```

이 코드는 GetItemsFromDirect 모듈을 사용하던 예전(1.6까지의 버전들) 작업 흐름이 Directory 모듈을 대신 사용하도록 업그레이드하며, 옛 모듈의 dir 포트를 value로, itemlist 포트를 itemList로 매핑합니다.

　모든 업그레이드는 업그레이드 전후의 실행들을 구별하고 비교할 수 있도록 버전 트리에 새로운 버전을 등록합니다. 업그레이드가 작업 흐름의 동작을 바꿀 수도 있기 때문에(패키지 개발자가 버그를 고치는 등), 출처 정보로서 추적되어야 합니다. 이전 버전의 비스트레일스에서는 트리 안의 모든 버전을 업그레이드해야 할 필요가 있다는 점에 유의해야 합니다. 잡동사니들을 줄이기 위해 사용자가 탐색한 적이 있는 버전들만 업그레이드하며, 덧붙여 사용자가 작업 흐름이 편집되거나 실행될 때까지 얼마든지 업그레이드를 미룰 수 있도록 합니다. 사용자가 해당 버전을 열람만 한다면, 업그레이드를 계속할 필요가 없기 때문입니다.

11.4.6 출처 정보를 포함한 결과물의 공유와 발행

재현성은 과학적 방법론의 토대이지만, 계산적 실험들을 포함하는 최근의 발행물들은 결과물을 재현하거나 일반화하는 데 필요한 충분한 정보를 제공하지 못합니다. 최근 재현 가능한 결과를 발행하는 데 대한 관심이 다시 높아지고 있습니다. 이러한 관습이 생기면서 만난 가장 큰 장벽은 결과물을 재현하고 검증하는 데 필요한 모든 구성요소(데이터, 코드, 매개변수 설정 등)를 포함한 꾸러미를 만들기가 힘들다는 점입니다.

비스트레일스는 자세한 출처를 추적하고 위에 설명한 다양한 기능들을 통해 비스트레일스 안에서 이루어지는 계산적 실험 수행의 과정을 단순화시킵니다. 하지만 문서들을 연결하고 출처 정보를 공유하기 위해서는 그것을 위한 체계가 필요합니다.

우리는 깊은 캡션(deep caption)처럼 논문 안의 결과물을 출처와 연결하는 비스트레일스 패키지를 개발하였습니다. 이 LaTeX 패키지를 통해, 사용자들은 비스트레일스 작업 흐름에 연결되는 그림들을 삽입할 수 있습니다. 다음 LaTeX 코드는 작업 흐름의 결과를 포함하는 그림을 생성합니다.

```
\begin{figure}[t]
{
\vistrail[wfid=119,buildalways=false]{width=0.9\linewidth}
}
\caption{Visualizing a binary star system simulation. This is an image
  that was generated by embedding a workflow directly in the text.}
\label{fig:astrophysics}
\end{figure}
```

위 문서를 pdflatex를 통해 컴파일했을 때 \vistrails 명령은 비스트레일스 서버에 id 119를 가진 작업 흐름을 실행시키는 XML-RPC 요청을 보내는 파이썬 스크립트를 실행시킵니다. 이 파이썬 스크립트는 다시, 해당 작업 흐름의 결과를 받아 지정된 레이아웃 옵션(width=0.9\linewidth)이 적용되어 링크된 LaTeX \includegraphics 명령들을 생성하여 PDF 문서에 포함합니다.

비스트레일스의 결과물을 웹 페이지, 위키, 워드 문서, 파워포인트 프레젠테이션에 포함하는 것 역시 가능합니다. 마이크로소프트 파워포인트와 비스트레일스 간의 연결은 컴포넌트 객체 모델(Component Object Model, COM)과 객체 연결 삽입(Object Linking and Embeeding, OLE) 인터페이스를 통해 이루어집니다. 객체가 파워포인트와 상호작용하기 위해서는 최소한 IOleObject, IDataObject, 그리고 IPersistentStorage COM 인터페이스가 구현되어야 합니다. COM 인터페이스는 Qt의 QAxAggregated 추상화 클래스를 통해 구현되므로, OLE 객체를 만드는 데 필요한 IDataObject와 IPersistentStorage는 Qt에 의해 자동으로 관리됩니다. 따라서 우리는 IOleObject 인터페이스만 구현하면 됩니다. 이 인터페이스의 가장 중요한 메서드는 DoVerb입니다. 이 메서드는 객체 활성화 등 파워포인트의 특정 동작에 비스트레일스가 반응할 수 있도록 합니다. 우리는 비스트레일스 객체가 활성화되었을 때 비스트레일스를 실행시켜 사용자들이 삽입하고 싶은 파이프라인과 상호작용하거나 선택할 수 있도록 구현하였습니다. 사용자가 비스트레일스를 종료하면 파이프라인 결과가 파워포인트에 보이며, 파이프라인 정보는 OLE 객체와도 함께 저장됩니다.

우리는 사용자들이 출처 정보와 함께 결과물을 자유롭게 공유할 수 있도록 crowdLabs[7]를 만들었습니다. crowdLabs는 과학자들이 데이터를 공동으로 분석하고 시각화하는 데 필요한 도구들과 확장 가능한 인프라를 제공하는 소셜 웹사이트입니다. crowdLabs는 비스트레일스와 깊이 접목되어 있습니다. 사용자가 비스트레일스에서 얻은 데이터를 공유하고 싶다면, 비스트레일스에서 바로 crowdLabs 서버에 접속하여 데이터를 올릴 수 있습니다. 데이터가 올라가면, 사용자들은 웹브라우저를 통해 작업 흐름과 상호작용 하거나 실행시킬 수 있습니다. 이 작업 흐름은 crowdLabs를 구동하는 비스트레일스 서버에 의해 실행됩니다. 재현 가능한 발행물을 만들기 위해 비스트레일스가 쓰이는 자세한 방법에 대해 알고 싶다면, http://www.vistrails.org를 보세요.

11.5 교훈

운이 좋게도, 출처를 지원하는 데이터 탐색과 시각화 시스템을 만드는 것에 대해 생각하고 있었던 2004년도에는 이 일이 이렇게 도전적이거나, 지금 상태까지 오는 데 이렇게 오래 걸릴 줄 상상하지 못했습니다. 만약 그걸 알았다면 시작조차 하지 않았을 것입니다.

초기에는, 새로운 기능들을 빠르게 프로토타이핑하고 선택된 일부 사용자들에게 보여주는 전략이 잘 작동했습니다. 초기에 받은 피드백과 격려는 프로젝트를 진행하는 데 큰 도움이 되었습니다. 사용자 피드백이 없었다면 비스트레일스를 설계하기 불가능했을 것입니다. 비스트레일스 프로젝트에서 한 측면만 강조한다면, 그것은 비스트레일스 기능 대부분은 사용자 피드백의 직접적인 영향으

---

7 http://www.crowdlabs.org/

로 설계되었다는 점입니다. 하지만 사용자들이 자주 요구하는 기능을 우선 처리하는 게 가장 좋은 해결책은 아니라는 것을 알 필요가 있습니다. 즉, 사용자들의 요구를 잘 맞춰주는 게 사용자들이 원하는 게 아니라는 것입니다. 우리는 비스트레일스에 들어가는 기능들이 유용하고 시스템에 잘 통합될 수 있도록 설계 재설계했습니다.

사용자를 중심에 놓고 접근했기에, 우리가 개발한 모든 기능이 비중 있게 사용될 것으로 생각할 수도 있습니다. 하나 안타깝게도, 그렇지는 않습니다. 때론 그 이유가 비스트레일스의 기능들이 매우 독특해서 다른 도구에서는 찾아볼 수 없기 때문입니다. 예를 들어, 유사와 버전 트리조차 대부분의 사용자에게는 생소한 개념이며, 익숙해지는 데 오래 걸립니다. 다른 중요한 문제는 문서의 부족입니다. 다른 오픈 소스 프로젝트들과 마찬가지로, 우리는 새로운 기능 개발을 이미 존재하는 기능을 문서화하는 것보다 잘합니다. 문서화가 뒤처짐으로 인해 유용한 기능들이 충분히 이용되지 않을 뿐만이 아니라, 메일링 리스트에 질문이 많이 올라오는 이유가 되기도 합니다.

비스트레일스 같은 종류의 시스템을 사용하는 데에 있는 큰 장벽 중 하나는 비스트레일스가 매우 범용적인 시스템이라는 점입니다. 비스트레일스의 사용성을 개선하기 위한 노력에도 불구하고, 비스트레일스는 일부 사용자들에게 급격한 학습 곡선을 가진 복잡한 도구로 남아 있습니다. 우리는 시간이 지나고 문서가 개선되며, 시스템이 다듬어지고, 좀 더 많은 응용 분야와 분야별 예제가 생긴다면, 어떤 분야에서든 비스트레일스를 도입하기 쉬워질 거라 믿습니다. 또, 출처에 대한 개념이 널리 퍼지면, 사용자들이 비스트레일스 개발에 들어간 철학을 좀 더 쉽게 이해할 수 있게 될 것입니다.

11.5.1 감사의 말

비스트레일스에 이바지한 모든 개발자에게 감사의 말을 전하고 싶습니다. Erik Anderson, Louis Bavoil, Clifton Brooks, Jason Callahan, Steve Callahan, Lorena Carlo, Lauro Lins, Tommy Ellkvist, Phillip Mates, Daniel Rees, 그리고 Nathan Smith. 특히 프로젝트의 비전을 만드는 데 도움을 준 Antonio Baptista에게 감사드립니다. 그리고 Matthias Troyer와의 공동 작업은 시스템을 개선하는 데 도움이 되었습니다. 특히 출처 정보가 풍부한 발행 기능을 개발하고 발표하는 데 큰 자극이 되었습니다. 특별한 감사의 말을 전하고 싶습니다. 비스트레일스(Vistrails)의 개발과 연구에는 허가 IIS 1050422, IIS-0905385, IIS 0844572, ATM-0835821, IIS-0844546, IIS-0746500, CNS-0751152, IIS-0713637, OCE-0424602, IIS-0534628, CNS-0514485, IIS-0513692, CNS-0524096, CCF-0401498, OISE-0405402, CCF-0528201, CNS-0551724, Department of Energy SciDAC (VACET과 SDM 센터들), 그리고 IBM Faculty Awards 아래 National Science Foundation의 지원이 있었습니다.

옮긴이: 서지혁

건국대학교에서 생명과학을 공부하며, 스마트스터디에서 소프트웨어 엔지니어로 일하고 있다. 참여한 주요 프로젝트로는 Earth Reader, Crosspop 등이 있다.

12장

T h e   A r c h i t e c t u r e   o f   O p e n   S o u r c e   A p p l i c a t i o n s

센드메일(Sendmail)

에릭 알만(Eric Allman) 지음
허태명 옮김

대부분의 사람들은 전자 메일을 메일 클라이언트와 상호작용하는 프로그램으로 생각합니다. 이러한 메일 클라이언트를 기술적으로 메일 사용자 에이전트라고 합니다. 그러나 전자 메일의 또 다른 중요한 부분은 발신자로부터 수신자에게 실제로 메일을 전송하는 소프트웨어라는 것입니다. 이러한 소프트웨어를 메일 전송 에이전트라고 하며, 인터넷상의 최초의 메일 전송 에이전트이자 아직도 가장 널리 퍼져있는 소프트웨어는 센드메일(sendmail)입니다.

센드메일은 인터넷이 공식적으로 존재하기 전에 먼저 만들어졌고, 1981년부터 성장하여 이례적으로 큰 성공을 거두어 왔습니다. 1981년엔 인터넷이 고작 몇백 개의 호스트를 가지고 있는 학술적인 실험물에 불과했고, 2011년 1월[1] 8억 개의 인터넷 호스트를 가지고 있게 될 거라고는 아무도 예상할 수 없었던 때입니다. 그리고 센드메일은 여전히 인터넷상에서 가장 많이 사용하는 SMTP 구현체입니다.

12.1 옛날 옛적에…

센드메일로 알려지게 된 프로그램의 최초 버전은 1980년에 작성되었습니다. 처음에는 서로 다른 네트워크 사이에 메시지를 전달하기 위한 해킹으로 시작되었습니다. 1980년에 인터넷이 개발되긴 했지만 제대로 동작하지는 않았습니다.

---

[1] http://ftp.isc.org/www/survey/reports/2011/01/

사실 수많은 다양한 네트워크를 상호 합의 없이 무분별하게 제안하던 시기였습니다. 알파넷(Arpanet)을 미국에서 사용하고 업그레이드하여 인터넷을 설계했지만, 유럽은 OSI(Open Systems Interconnect, 개방형 시스템 상호 접속)에 힘을 실어주고 있어서 당시에는 OSI가 승리하는 것처럼 보였습니다. 양쪽 모두 전화회사의 전용 회선을 사용했고, 미국의 경우 속도는 56Kbps였습니다.

그때 수많은 컴퓨터와 사람들이 접속해서 사용했다는 측면에서 가장 성공적인 네트워크는 UUCP 네트워크일 것입니다. 그러나 UUCP 네트워크는 중앙 통제가 없었다는 면에서 다른 네트워크와 달리 이례적이었습니다. UUCP 네트워크는 한때 가장 빠른 속도인 9600bps의 전화 회선을 통해 실행된, 어떤 의미에서는 일대일 직접 접속(peer-to-peer) 네트워크라고 할 수 있습니다. 가장 빠른 네트워크(3Mbps)는 제록스의 이더넷(Ethernet)을 기반으로 한 네트워크지만 로컬에서만 사용가능하고 외부에서는 동작하지 않았습니다.

당시의 환경은 오늘날의 그것과는 사뭇 달랐습니다. 컴퓨터는 8비트를 바이트로 사용하는 것조차도 서로 합의가 이루어지지 않았을 정도로 통일되지 않은 시기였습니다. 예를 들어 머신들은 PDP-10(36비트를 워드로, 9비트를 바이트로)과 PDP-11(16비트를 워드로, 8비트를 바이트로), CDC 6000 계열(60비트를 워드로, 6비트를 캐릭터로)과 IBM 360(32비트를 워드로, 8비트를 바이트로), XDS 940, ICL 470, 시그마 7이 있었습니다. 이때 새롭게 떠오르는 플랫폼은 벨 연구소에서 개발한 유닉스였습니다. 대부분의 유닉스 기반의 머신은 16비트 주소 공간을 가지고 있었습니다. PDP-11이 주로 사용되는 유닉스 머신이었고, 데이터 제너럴 8/32와 VAX-11/780이 막 나오던 시기였습니다. 스레드는 존재하지도 않았고, 사실 동적 프로세스의 개념도 상당히 새로운 것이었습니다(유닉스는 동적 프로세스 기능을 가지고 있었지만 IBM의 OS/360과 같은 중요한 시스템은 가지고 있지 않았습니다). 파일 잠금은 유닉스 커널에서도 지원하지 않았습니다(그러나 파일시스템 링크를 사용한 트릭은 가능했습니다).

이러한 것이 존재했다고 해도, 네트워크는 대개 속도가 느렸습니다(많은 수가 9600보드의 TTY 회선에 의존했습니다. 아마도 진짜 부자는 이더넷을 사용했을 수도 있지만 그마저도 로컬에서만 사용 가능했습니다). 전통적인 소켓 인터페이스는 수년 후에나 발명되었고, 공개 키 암호화도 없어서 대부분의 네트워크 보안은 오늘날 우리가 아는 것만큼 안전하지도 않았습니다.

네트워크 메일은 이미 유닉스에 존재했지만 해킹을 사용해 만들었습니다. 주요 사용자 에이전트는 /bin/mail 명령어(지금은 때로 binmail 또는 v7mail로 언급됨)였습니다. 그러나 어떤 사이트는 버클리(Berkeley)의 Mail과 같은 다른 사용자 에이전트를 가지고 있었는데, 이 에이전트는 실제로 메일 메시지를 각 개별 아이템으로 다루는 법을 알고 있었습니다. 다른 대부분의 에이전트는 메일 메시지를 좀 더 꾸며서 보여주는 단순한 유닉스 cat 프로그램에 불과했습니다. 모든 사용자 에이전트는 /usr/spool/mail에서 직접 메일을 읽었습니다.(그리고 보통 쓰는 것도 했습니다!) 메일 메시지가 실제 어떻게 저장되는지에 대한 추상화는 없었습니다.

메일 메시지가 네트워크 이메일인지 로컬 이메일인지 라우팅하는 로직은 주소에 느낌표(UUCP의 경우)가 있는지 콜론(BerkNET의 경우)이 있는지 확인하는 것뿐이었습니다. 알파넷에 접속하는 사람은 완전히 다른 별도의 메일 프로그램을 사용해야 했는데, 다른 네트워크와 호환되지 않았고 로컬 메일을 다른 장소, 다른 포맷으로 저장했기 때문입니다.

상황을 더 흥미롭게 만드는 것은 메일 메시지 자체에 대한 포맷의 표준화가 거의 없었다는 것입니다. 메일 메시지의 가장 위에 헤더 필드의 블록이 있어야 하고, 각 헤더 필드는 새로운 라인으로 구분되어야 하며, 각 헤더 필드의 이름과 값은 콜론으로 구분되어야 한다는 일반적인 합의만 있는 정도였습니다. 더욱이 헤더 필드 이름의 선택이나 각 필드의 문법에 대한 표준화는 거의 없었습니다. 예를 들어 어떤 시스템은 메일 제목을 Subject가 아닌 Subj로 사용했고 날짜(Date) 필드는 문법이 서로 달랐으며 어떤 시스템은 발신인(From) 필드에 이름 전체(First name, Last name)를 쓸 수가 없었습니다. 그러나 더욱 문제인 것은 문서화된 내용조차 종종 모호하거나 어떻게 사용해야 할지 알 수 없었다는 것입니다. 특히 RFC 733(알파넷 메일 메시지의 포맷을 기술하기 위한 취지로 만들어진)의 경우 실제로 사용하는 것과 미묘하게 때로는 중요한 부분에서 달랐습니다. 그리고 실제 메일 메시지를 전송하는 방법에 대해 공식적으로 전혀 문서화되어 있지 않았습니다(몇몇 RFC가 전송 메커니즘에 대해 참조했지만, 어떤 것도 정의하지는 않았습니다). 그 결과 메일 메시지 시스템에는 아무도 건드릴 수 없는 어떤 신성한 권위가 있는 것 같았습니다.

1979년에 INGRES 관계형 데이터베이스 관리 프로젝트는 DARPA(국방 고등 연구 기획청) 승인을 얻어 우리의 PDP-11 머신을 알파넷에 9600bps의 속도로 연결할 수 있었습니다. 당시 이것은 컴퓨터 공학과에서 유일하게 알파넷에 접속 가능한 머신이어서 누구나 이 머신에 접속해서 알파넷을 사용하기를 원했습니다. 그러나 머신은 이미 사용자가 가득 차서 컴퓨터 공학과의 사람들이 공유하여 사용할 로그인 포트를 단지 두 개만 추가로 만들 수 있었습니다. 이것은 자주 경합과 충돌 문제를 일으켰는데, 이때 사람들이 가장 원하는 것은 원격 로그인이나 파일 전송이 아니라 이메일이라는 것을 알았습니다.

본론으로 들어와서, 센드메일(초기에는 delivermail로 불렸습니다)은 이러한 혼란을 하나로 통합하려는 시도에서 나왔습니다. 모든 MUA(메일 사용자 에이전트나 메일 클라이언트)는 임시방편의 방법(자주 호환되지 않는)으로 메일을 전송하기보다는 단지 delivermail을 호출하기만 하면 메일을 전송할 수 있었습니다. delivermail/sendmail은 로컬 메일이 어떻게 저장되거나 전송돼야 하는지 강제하려고 하지 않았습니다. 그것은 다른 프로그램들 사이에 메일을 전송하는 것 외에는 아무것도 하지 않았습니다(이것은 SMTP가 나온 이후에 변경되는데, 곧 살펴보겠습니다). 어떤 의미에서 센드메일은 자기 자신이 메일 시스템이 되는 것보다는 다양한 메일 시스템을 하나로 묶어주는 연결 고리 역할을 하는 애플리케이션이 되었습니다.

센드메일을 개발하는 동안, 알파넷은 인터넷으로 변경됐습니다. 유선의 저수준의 패킷부터 애플리케이션 프로토콜까지 변화는 대규모였고, 즉각적으로 일어나지 않았습니다. 센드메일은 말 그대로 표준과 동시에 개발되었고, 어떤 경우에는 표준에 영향을 주기도 했습니다. 또한 센드메일이 살아남고 오히려 수백 개의 호스트에서 수억 개의 호스트로 확장된 '네트워크'로서(오늘날 우리가 생각하는 네트워크로) 번창했다는 것은 주목할 만한 일입니다.

또 다른 네트워크

X.400이라고 하는 완전히 별개의 또 다른 메일 표준이 제안됐었다는 것은 언급할 가치가 있습니다. X.400은 ISO/OSI(International Standards Organization, 국제 표준 기구) 중 하나였습니다. X.400은 바이너리 프로토콜로 메시지를 ASN.1(Abstract Syntax Notation 1: 추상 구문 표기법)을 사용해서 인코딩했고, 현재 LDAP과 같은 시스템에 여전히 사용되고 있습니다. LDAP은 X.500 프로토콜의 간소화 버전으로 X.400에서 사용되는 디렉터리 서비스였습니다. 센드메일은 X.400과 직접 호환되도록 어떤 시

도도 하지 않았지만 연결을 해주는 게이트웨이 서비스들은 몇몇 있었습니다. X.400 프로토콜은 초기에 많은 상용 소프트웨어 벤더들이 채택했지만, 인터넷 메일과 SMTP가 결국에는 시장에서 승자가 되었습니다.

12.2 설계 원칙

센드메일을 개발하는 동안, 몇 가지 설계 원칙을 고수했습니다. 이런 설계 원칙들은 어떤 의미에서는 결국 하나로 귀결됐습니다. 가능한 최소한의 것만 하라. 이러한 원칙은 더 큰 목표를 가지고 그에 따라 방대한 양의 코드를 구현하던 당시의 상황과 명백히 대조됩니다.

12.2.1 프로그래머 한 명이 할 수 있는 일은 제한적임을 인정하기

U.C 버클리에서 일할 때 센드메일 프로그램은 파트타임, 무보수로 작성했습니다. 그렇게 했던 것은 U.C 버클리에서 알파넷 메일 프로그램을 사람들이 더욱 잘 사용할 수 있도록 빠르게 만들려는 의도였습니다. 핵심은 기존의 네트워크 사이에서 메일을 포워딩하는 것이었습니다. 모든 네트워크는 독립 프로그램으로 구현되었고, 각 네트워크는 다른 네트워크가 존재하는지도 몰랐습니다. 한 명의 파트타임 프로그래머가 기존의 소프트웨어를 변경하면서 할 수 있는 작업은 아주 작을 수밖에 없습니다. 그래서 설계 원칙은 수정해야 할 기존 코드를 최소화 하고 새로 작성해야 할 코드도 최소화 하는 것이었습니다. 이러한 원칙이 설계 원칙의 나머지 대부분을 주도했습니다. 이 방식이 올바른 선택인 경우가 많았고, 심지어 더 큰 대규모의 팀에서도 유용한 원칙이었습니다.

12.2.2 사용자 에이전트를 재설계하지 않는다

대부분의 일반 사용자들이 '메일 시스템'이라고 생각하는 것은 메일 사용자 에이전트입니다. 메일 사용자 에이전트는 메일을 읽고, 쓰고, 답장할 때 사용하는 프로그램으로 이메일을 발신자에서 수신자로 라우팅하는 메일 전송 에이전트와는 사뭇 다릅니다. 센드메일이 작성되던 때에 적어도 두 개의 기능을 일부분씩은 결합하고 있는 많은 구현체가 있었습니다. 그래서 그러한 프로그램들은 종종 같이 개발되었습니다. 동시에 두 가지 일을 하는 것은 너무 많은 일을 하는 것이기 때문에 센드메일은 사용자 인터페이스 문제는 완전히 배제했습니다. 메일 사용자 에이전트에서 유일하게 변경된 사항은 그 자신이 메일 라우팅을 하는 대신 센드메일을 호출하도록 하는 것이었습니다. 특히 이미 몇 개의 사용자 에이전트 프로그램이 있었고 사람들은 종종 메일과 상호작용하는 방법에 대해 매우 민감하기 때문에 사용자 에이전트의 수정은 최소화 했습니다. 메일 사용자 에이전트와 메일 전송 에이전트의 분리는 지금은 현명한 선택으로 받아들여지지만, 그때의 일반적인 관습과는 매우 거리가 멀었습니다.

12.2.3 로컬 메일 저장소를 재설계하지 않는다

로컬 메일 저장소(수신자가 메일을 읽을 때까지 메일 메시지가 저장되는 곳)는 공식적으로 표준화되지 않았습니다. 어떤 사이트는 /usr/mail, /var/mail, /var/spool/mail과 같은 하나의 중앙 디렉터리에 저장을 했고, 어떤 사이트는 수신자의 홈 디렉터리(예를 들어 .mail 같은 파일)에 저장했습니다. 대부분의 사이트는 각 메시지를 'From'으로 시작하고 하나의 공백 문자를 붙이는(매우 나쁜 결정이었지만, 그때는 이게 관습이었습니다.) 라인으로 시작했지만, 알파넷 기반의 사이트는 보통 메시지를 네 개의 컨트롤-A 캐릭터를 포함하는 라인으로 시작했습니다. 어떤 사이트는 충돌을 막기 위해 메일박스에 락을 걸려고 시도했지만, 서로 다른 락 방식을 사용했습니다(기본적인 파일 락 기능도 아직 제공되지 않던 때였습니다). 요약하면 로컬 메일 저장소를 처리하기 위해 유일하게 할 만한 타당한 결정은 로컬 메일 저장소를 블랙박스로 취급하는 것이었습니다.

대부분의 사이트에서 로컬 메일박스를 저장하는 실제 메커니즘은 /bin/mail 프로그램에 포함되어 있었습니다. 이 프로그램은 아주 기초적인 사용자 인터페이스와 라우팅, 저장소 기능을 하나의 프로그램에 내장하여 가지고 있었습니다. /bin/mail 프로그램을 센드메일과 연동하기 위해 라우팅 부분을 없애고 센드메일을 호출하도록 바꿨습니다. 최종 전송을 강제로 하기 위해, 예를 들어 /bin/mail이 라우팅을 하기 위해 센드메일을 호출하는 것을 막도록 -d 플래그를 추가했습니다. 수년 후 물리적인 메일박스로 메시지를 전송하기 위해 사용한 코드를 mail.local이라는 또 다른 프로그램으로 뽑아냈습니다. /bin/mail 프로그램은 지금도 존재하지만 스크립트가 메일을 전송하기 위한 최소한의 공통부분만 포함하고 있습니다.

12.2.4 세상을 센드메일에 적응시키는 게 아니라 센드메일을 세상에 적응시킨다

UUCP나 BerkNet 같은 프로토콜은 자신만의 방식과 때로는 독특한 커맨드 라인 구조를 가지고 있는 별도의 프로그램으로 이미 구현되어 있었습니다. 이 프로그램들은 센드메일과 같은 시기에 활발하게 개발되었습니다. 이 프로그램들을 재구현(예를 들어 이 프로그램들을 표준 호출 방식으로 변환하는 작업) 하는 작업이 어렵다는 것은 명백했습니다. 이것은 나머지 세상이 센드메일에 적응하는 게 아니라 센드메일이 나머지 세상에 적응해야 한다는 원칙을 만들었습니다.

12.2.5 변경을 최소화 한다

센드메일의 개발 기간 동안 수정할 필요가 없는 코드는 최대한 건드리지 않았습니다. 그렇게 할 시간도 없었을 뿐더러, 이때 버클리에는 "마지막으로 코드를 수정한 사람이 그 프로그램을 책임진다"(또는 더욱 단순하게 얘기하면 "당신이 건드렸으면, 당신이 책임진다")는 방침 때문에 공식적인 코드의 소유권을 가지는 것을 꺼리는 문화가 있었습니다. 오늘날의 기준으로 보면 매우 혼란스럽게 들릴지 모르겠지만, 버클리에서 유닉스 작업에 풀타임으로 일하는 사람이 아무도 없는 때에는 꽤 잘 들어맞았습니다. 각 개인은 자기가 관심이 있고 헌신할 수 있는 시스템의 일부만 맡아서 일했고 꼭 수정해야 하는 끔찍한 상황을 제외하고는 코드의 다른 부분은 건드리지 않았습니다.

12.2.6 처음부터 신뢰성을 고려하라

센드메일 이전의 메일 시스템(대부분의 전송 시스템을 포함하여)은 신뢰성에 대해 거의 고려를 하지 않았습니다. 예를 들어 4.2BSD 이전 버전의 유닉스는 임시 파일을 생성하고 그걸 락을 걸 파일에 링크하는 방식으로 파일 락 기능을 흉내 냈지만(만약 락을 걸 파일이 이미 존재하면 링크를 거는 작업은 실패했을 것입니다) 자체적으로 파일 락 기능을 가지고 있지 않았습니다. 어쨌든 때때로 같은 데이터 파일에 쓰기를 하는 서로 다른 여러 프로그램 사이에 어떻게 락을 해야 하는지 합의된 방법은 없었습니다(예를 들어 프로그램들은 다른 락 파일 이름을 사용할 수도 있고, 심지어 락을 걸려고 하지 않을 수도 있습니다). 그래서 메일을 분실하는 게 드문 일은 아니었습니다. 센드메일은 메일을 분실하지 않도록 하는 접근법을 선택했습니다(아마도 제가 데이터베이스 분야에서 일했기에,

데이터를 분실하는 것은 도덕적으로 큰 죄다 라고 생각했기 때문일 겁니다).

12.2.7 남아 있는 작업

초기 버전에 하지 못한 것들이 많이 있었습니다. 메일 시스템의 아키텍처를 다시 만들려고 하지 않았고 완전한 범용 솔루션으로 구축하려고 하지도 않았습니다. 기능은 요구사항이 생기면 추가할 수 있었습니다. 아주 초기 버전은 소스 코드와 컴파일러 없이는 설정을 바꿀 수도 없었습니다(물론 이것은 비교적 빨리 설정 가능하도록 변경했습니다). 대개 센드메일은 빠르게 작동하는 기능을 구현하고 이후에 필요하거나 문제가 더 잘 이해될 때 작동하는 코드를 개선하는 방식을 취했습니다.

12.3 개발 단계

오랫동안 생존한 대부분의 소프트웨어처럼, 센드메일도 단계별로 개발되었으며 각 단계는 자신만의 기본 테마와 느낌이 있었습니다.

12.3.1 단계 1: delivermail

센드메일의 최초 버전은 delivermail로 알려져 있습니다. 그것은 극도로 단순한 프로그램이었습니다. 유일하게 하는 일은 하나의 프로그램에서 다른 프로그램으로 메일을 전달하는 것이었습니다. 그리고 특히 SMTP 프로토콜을 지원하지도 않았기 때문에 직접적인 네트워크 연결을 하지 않았습니다. 각 네트워크가 이미 자신의 큐를 가지고 있기 때문에 큐도 필요 없었습니다. 그래서 delivermail 프로그램은 단지 메일을 전달하는 전화교환기 역할만 했습니다. delivermail은 네트워크 프로토콜을 직접 지원하지 않았기 때문에 데몬으로 프로그램을 실행해야 할 이유가 없었습니다. 각 단계마다 메일을 처리할 프로그램이 다음 프로그램으로 메일 메시지를 라우팅 할 수 있도록 delivermail을 호출하는 형식으로 실행했습니다. 또한 어떤 메시지가 어떤 네트워크로 전송돼야 하는지 알기 위해 헤더를 재작성 하려는 시도를 하지 않았습니다. 그래서 헤더에 전송할 네트워크에 대한 정보가 잘못되어 있는 경우, 이것은 주로 전달된 메일을 회신할 수 없도록 만들었습니다. 상황이 너무 좋지 않아서 메일 주소만을 다루는 책(A Directory of Electronic Mail Addressing & Networks[AF94])도 나왔습니다.

delivermail의 모든 설정은 컴파일해서 코드 안에 들어 있었고, 설정은 각 메일 주소의 특수 문자열에만 의존했습니다. 문자열은 우선순위가 있었습니다. 예를 들어 호스트 설정은 먼저 '@' 문자를 찾고 찾으면 전체 주소를 지정된 알파넷 릴레이 호스트로 보냈습니다. 찾지 못하면 콜론 문자를 찾고 콜론(:) 문자를 찾으면 BerkNET의 지정된 호스트로 메시지를 보냈습니다. 그리고 메시지를 지정된 UUCP 릴레이로 전달하라는 표시인 느낌표(!) 문자를 확인했습니다. 여기에 모두 해당되지 않으면 로컬 전송을 시도했습니다. 이러한 설정은 다음과 같습니다.

```
입력전송      {네트워크, 호스트, 사용자}
foo@bar      {Arpanet, bar, foo}
foo:bar      {Berknet, foo, bar}
foo!bar!baz{Uucp, foo, bar!baz}
foo!bar@baz{Arpanet, baz, foo!bar}
```

메일 주소 구분자가 결합 관계에 따라 달라질 수 있는 모호성으로 인해 오직 경험적인 추론으로만 메일 주소를 알 수 있었습니다. 예를 들어 마지막 예제는 {Uucp, foo, bar@baz} 라고 전혀 다른 주소로 해석할 수도 있습니다.

설정을 컴파일해서 코드에 포함시킨 몇 가지 이유가 있습니다. 첫째, 16비트 주소 공간과 제한된 메모리에서 런타임 설정을 파싱하는 것은 너무 비용이 컸습니다. 두 번째로, 이때의 시스템은 커스터마이징하는 일이 매우 흔해서 필요에 따라 코드를 수정하여 다시 컴파일하는 방식이 나쁘지 않은 생각이었고, 라이브러리의 로컬 버전(유닉스 여섯 번째 버전에서 공유 라이브러리는 없었습니다)이 있는지 확인만 하면 됐습니다.

delivermail은 BSD 4.0과 4.1 버전에 배포됐고 예상했던 것보다 더 성공적이었습니다. 하지만 버클리는 유일하게 하이브리드 네트워크 아키텍처를 가지고 있는 사이트여서 더 많은 작업이 필요한 건 명백했습니다.

12.3.2 단계 2: 센드메일 3, 4, 5

버전 1, 2는 delivermail이라는 이름으로 배포됐습니다. 1981년 3월 버전 3 작업을 시작했고, 이때부터 센드메일(sendmail)이라는 이름으로 배포됐습니다. 이때에도 16비트 PDP-11은 여전히 많이 사용되고 있었지만 32비트 VAX-11을 점점 많이 사용하게 되면서 부족한 주소 공간으로 인한 초기의 제한사항 중 많은 부분이 해소되기 시작했습니다.

센드메일의 초기 목표는 런타임 설정을 변환해서 전달되는 메일이 여러 네트워크를 거치더라도 호환성을 보장하도록 메시지 변경을 허용하는 것이었습니다. 그리고 라우팅을 판단할 수 있는 더 풍부한 문법을 가지는 것이었습니다. 텍스트 메일 주소를 재작성하기 위해, 문자열 캐릭터보다는 토큰에 기반한 기술은 필수였고, 이때 전문적인 시스템에 사용되는 메커니즘도 사용했습니다. 괄호 안에 있는 주석 문자열을 추출하고 저장하는 임시 코드가 있었고, 프로그램을 통한 재작성이 완료된 후 문자열을 다시 넣는 코드 또한 있었습니다. 헤더 필드를 추가하고 변형하는 것 또한 중요했습니다(예를 들어 Date 헤더 필드를 추가하거나 From 헤더에 발신자의 전체 이름을 포함하는 것).

SMTP 개발은 1981년 11월에 시작했습니다. U.C 버클리의 컴퓨터 과학 연구 그룹(Computer Science Research Group, CSRG)은 DARPA(국방 고등 연구 기획청)와 DARPA가 투자한 연구를 지원하기 위한 유닉스 기반의 플랫폼을 만드는 계약을 했었습니다. 이 계약의 목적은 프로젝트 간의 공유를 더 쉽게 하려는 것이었습니다. 소켓 인터페이스의 세부사항이 계속 변경되고 있긴 했지만, 초기 작업은 TCP/IP 스택 위에서 이루어졌습니다. Telnet과 FTP 같은 기본 애플리케이션 프로토콜이 완성됐습니다. 하지만 SMTP는 아직 구현되지 않았습니다. 사실 SMTP 프로토콜 표준은 그때 완료되지도 않았습니다. 이 즈음에 메일 전송 프로토콜(Mail Transfer Protocol, MTP)이라는 프로토콜을 사용하여 메일을 보내는 방법에 대한 대규모의 토론이 계속되고 있었습니다. 토론이 격화되면서 MTP는 점점 복잡해졌습니다. 이러한 논쟁에 지쳐 마치 누군가 지시한 것처럼 SMTP(Simple Mail Transfer Protocol)의 초안이 작성됐습니다(그러나 1982년 8월까지 공식적으로 발표되지는 않았습니다). 공식적으로 나는 INGRES 관계형 데이터베이스 시스템 일을 하고 있었는데, 이 당시 버클리에 있는 그 누구보다도 메일 시스템에 대해 잘 알고 있었기 때문에 사람들은 나에게 SMTP를 구현하도록 설득했습니다.

초기 구상은 독자적인 큐와 데몬을 가지고 있는 별도의 SMTP 메일러를 만드는 것이었습니다. 그리고 서브시스템이 센드메일에 붙어서 라우팅을 실행하는 것이었습니다. 그러나 SMTP의 몇 가지 기능이 이렇게 만드는 것을 어렵게 했습니다. 예를 들어 EXPN[2]와 VRFY[3] 명령어는 파싱, 엘리어싱, 로컬 주소 검증 모듈에

---

2 (옮긴이) EXPN : 메일링 리스트를 확장합니다.
3 (옮긴이) VRFY : 받는 사람의 메일 주소가 유효한지 확인 요청합니다.

274

대한 접근을 필요로 했습니다. 또한 이때 RCPT[4] 명령어가 메일 주소를 알 수 없다면 메시지를 받아들이고 실패 메시지를 나중에 보내는 것보다 즉각적으로 리턴하는 것이 중요하다고 생각했습니다. 이것은 나중에 선견지명이 있는 결정으로 밝혀졌습니다. 아이러니하게도 이후의 메일 전송 에이전트들은 종종 EXPN, VRFY, RCPT 명령어를 잘못 처리해서 스팸 메일 문제를 더 악화시켰습니다. 이러한 이슈는 SMTP를 센드메일에 포함시키도록 하는 결정을 하게 했습니다.

센드메일 3은 BSD(베타 버전) 4.1a와 4.1c에 배포됐습니다. 센드메일 4는 BSD 4.2에 배포됐고, 센드메일 5는 BSD 4.3에 배포됐습니다.

12.3.3 단계 3: 혼란의 시기

버클리를 떠나서 스타트업으로 간 이후에는 센드메일에 대해 작업할 시간이 급격하게 줄어들었습니다. 그러나 인터넷은 엄청나게 확산되기 시작했고 센드메일은 다양하고 새로운(그리고 더 거대한) 환경에서 사용되고 있었습니다. 대부분의 유닉스 시스템 벤더는 독자적인 센드메일 버전을 만들었고, 이것들은 서로 호환이 되지 않았습니다. 또한 오픈 소스 버전을 구축하려는 시도도 있었습니다. 그 중에는 IDA sendmail과 KJS가 주목할 만 했습니다.

IDA sendmail은 Linköping 대학에서 만들어졌습니다. IDA에는 대규모 환경에서 설치와 관리를 한결 쉽게 하고 설정 시스템을 완전히 새롭게 하는 확장이 포함되었습니다. 주요한 새로운 기능 중 하나는 매우 동적인 사이트를 지원하기 위한 dbm(3) 데이터베이스 맵을 포함하는 것이었습니다. 이러한 기능은 설정 파일에 담긴 새로운 문법을 통해 사용할 수 있었습니다. 그리고 수신, 발신 주소를 외부 문법과 매핑시키고(예를 들어 johnd@example.com 대신에 john_doe@example.com 주소로 메일을 보내는 것) 라우팅하는 것을 포함한 많은 기능에 사용됐습니다.

King James Sendmail(KJS, Paul Vixie가 만든)은 여기저기 퍼진 다양한 센드메일의 버전을 하나로 통합하려는 시도였습니다. 불행히 이러한 시도는 원하는 결과를 얻을 만큼의 충분한 힘을 받지 못했습니다. 이 시대는 또한 메일 시스템에 반영되는, 넘쳐나는 새로운 기술이 주도하고 있었습니다. 예를 들어 Sun에서 만든 디스크가 없는 클러스터는 YP(추후에 NIS) 디렉터리 서비스와 네트워

---

4   (옮긴이) RCPT : 받는 사람의 메일주소를 서버에 알립니다.

크 파일 시스템인 NFS에 영향을 주었습니다. 특히 엘리어스를 로컬 파일보다는 YP에 저장했기 때문에 YP는 센드메일에 직접적인 영향을 주었습니다.

12.3.4 단계 4: 센드메일 8

몇 년 후 나는 버클리의 스텝 직원으로 돌아왔고, 내 일은 컴퓨터 과학과의 연구를 위한 공유 자원(infrastructure)을 설치하고 지원하는 그룹을 관리하는 일이었습니다. 이러한 작업을 성공시키기 위해 개별 연구 그룹의 많은 임시 환경을 합리적인 방식으로 통합해야만 했습니다. 인터넷 초기 시절과 마찬가지로 다양한 연구 그룹이 근본적으로 다른 플랫폼에서 돌아가고 있었고, 그중 일부는 매우 오래된 것이었습니다. 대개 모든 연구 그룹은 그 자신의 시스템을 운영하고 있었습니다. 그 중 몇몇은 잘 관리되고 있었지만 대부분은 늦어지는 유지보수로 인해 어려움을 겪고 있었습니다.

이메일 주소의 구조는 대개 비슷했습니다. 각 개인의 이메일 주소는 person@host.berkeley.edu 같은 식이었고, 주소에서 host는 사무실의 워크스테이션 이름이거나 공유 서버(캠퍼스는 내부 서브 도메인을 가지고 있지 않았습니다)의 이름이었습니다. 그러나 예외적으로 @berkeley.edu 주소를 가지고 있는 몇몇 특별한 사람도 있었습니다. 목표는 내부 서브 도메인(그래서 모든 개별 호스트는 cs.berkeley.edu 서브 도메인이 될 것입니다)으로 바꾸고 통합된 메일 시스템(그래서 각 개인은 @cs.berkeley.edu를 메일 주소로 사용하게 될 것입니다)을 확보하는 것이었습니다. 이 목표는 과 전체에서 사용한 센드메일의 새로운 버전을 만들어서 쉽게 이룰 수 있었습니다.

이러한 일을 하면서 나는 사람들에게 인기를 끌었던 센드메일의 수많은 변형 버전을 연구하기 시작했습니다. 그렇게 한 의도는 새로운 코드 베이스에서 시작하는 것보다, 다른 변형들에서 유용하다고 확인된 기능을 이해하는 게 더 낫다고 생각했기 때문입니다. 변형들에서 찾은 많은 아이디어는, 연관된 아이디어를 합쳐 수정하거나 좀 더 범용적이 되도록 만들어 센드메일 8에 넣었습니다. 예를 들어 몇 개 버전의 센드메일은 dbm(3)나 NIS 같은 외부 데이터베이스에 접근할 수 있는 기능이 있었습니다. 센드메일 8은 이러한 기능을 복수 개의 데이터베이스(그리고 심지어는 임의의 데이터베이스가 아닌 저장소의 변형)를 다룰 수 있는 하나의 매핑 메커니즘으로 합쳤습니다. 유사하게 IDA sendmail의 범용 데이터베이스도 포함했습니다.

센드메일 8은 또한 m4(1) 매크로 프로세서를 사용하는 새로운 설정 패키지를 포함했습니다. 이것은 대체로 절차적 방식이었던 센드메일 5 설정 패키지보다 설정을 좀 더 분명히 할 목적이었습니다. 센드메일 5의 설정 패키지는 m4의 'include' 기능만 사용하여 설정 파일을 자동 생성하고 나머지는 관리자가 손으로 직접 전체 설정 파일을 작성해야 했습니다. 그러나 센드메일 8 설정 파일은 관리자가 단지 필요로 하는 기능, 메일러 등을 선언하기만 하면 되도록 했습니다. 그렇게 하면 m4가 최종 설정 파일을 만들었습니다.

12.7절의 많은 부분을 할애해서 센드메일 8의 개선점을 다룹니다.

12.3.5 단계 5: 상용화 시기

인터넷이 성장하고 센드메일 사이트의 수가 많아지면서 훨씬 더 많은 사용자를 지원해야 하는 것이 점점 문제가 됐습니다. 잠시 동안은 자발적으로 도와줄 사람들의 그룹(비공식적으로 'Sendmail 컨소시움'이라 불렸고, sendmail.org에서 활동)을 만들어서 계속 지원할 수 있었습니다. 이들은 이메일이나 뉴스그룹을 통해 무료로 지원했습니다. 그러나 1990년대 후반 센드메일이 설치된 사이트가 급격히 증가하면서 이들 만으로 하는 지원은 거의 불가능해졌습니다. 그래서 코드를 작성할 새로운 리소스를 얻을 수 있을 것이라는 기대를 하며 비즈니스를 잘 아는 사람들과 함께 Sendmail, Inc.[5]를 설립했습니다.

상용화 제품은 원래 설정과 관리 툴에 대한 부분이 많았지만, 상용화 세계의 요구를 지원하기 위해 오픈 소스 메일 전송 에이전트에 새로운 기능도 많이 추가됐습니다. 주목할 만한 기능은 TLS(커넥션 암호화)의 지원과 SMTP 인증, 서비스 거부(Denial of Service, DoS) 공격에 대한 보호와 같은 사이트 보안 강화, 그리고 가장 중요한 메일 필터링 플러그인(아래의 Milter 인터페이스에서 다룹니다)이었습니다.

이 글을 쓰는 시점에 상용화 제품은 수많은 이메일 기반 애플리케이션에 포함되도록 확장되었고, 거의 모든 회사의 애플리케이션이 초기 몇 년 동안 센드메일에 추가한 확장 기능 기반으로 구축되었습니다.

---

5 http://www.sendmail.com

12.3.6 센드메일 6과 7에선 무슨 일이 있었나?

센드메일 6은 사실 센드메일 8의 베타 버전이었습니다. 센드메일 6는 공식적으로 릴리스되지 않았지만 비교적 널리 배포되었습니다. 센드메일 7은 아예 있지도 않았고, 버전 8로 바로 건너뛰었습니다. 왜냐하면 1993년 6월 4.4 BSD가 릴리스될 때, BSD 배포판의 다른 모든 소스 파일이 버전 8로 올랐기 때문입니다.

12.4 설계 결정

어떤 설계 결정은 옳았습니다. 또 어떤 결정은 처음에는 옳았지만 세상이 변함에 따라 잘못된 판단으로 귀결된 것도 있습니다. 어떤 결정은 모호했고 아직도 그러한 것들도 있습니다.

12.4.1 설정 파일 문법

설정 파일 문법은 몇 가지 이슈에 의해 주도됐습니다. 먼저, 전체 애플리케이션은 16비트 주소 공간에 들어가야 해서 파서 프로그램의 크기는 작아야만 했습니다. 두 번째, 초기의 설정 파일은 매우 작아서(한 페이지 이내) 문법이 다소 모호하더라도 동작하는데 문제가 없었습니다. 그러나 시간이 지나면서 점점 운영적인 판단이 C 코드에서 설정 파일로 옮겨갔고 설정 파일이 커지기 시작했습니다. 설정 파일은 어렵고 알아보기 힘든 걸로 사람들에게 유명해졌습니다. 특히 많은 사람에게 어려움을 줬던 내용은 활성 문법 항목(active syntax item)으로 탭 문자를 선택한 것입니다. 이것은 그 당시 다른 시스템에서 많이 사용하던 방법(make가 그랬습니다)을 그대로 따랐던 것인데 잘못된 판단이었습니다. 이 문제는 윈도우 시스템(일반적으로 잘라 붙이기(cut-and-paste)가 탭 문자열을 유지시키지 않았습니다)에서는 더욱 심각한 문제가 됐습니다.

돌이켜보면 설정 파일이 점점 커지고 32비트 머신의 시대로 넘어옴에 따라, 설정 파일 문법을 다시 고려했으면 좋았을 것입니다. 이런 방식을 한때 생각한 적이 있지만, 그렇게 하지 않기로 결정했었습니다. 왜냐하면 이미 많이 설치된 기존 프로그램(아마도 수백 개의 머신에 설치됐을 것입니다)을 깨고 싶지 않았기 때문입니다. 회고해보면 이것은 실수였습니다. 이후에 설치된 프로그램이 얼마나 더 많아질지 고려하지 못했고, 문법을 초기에 변경했다면 얼마나 많은 시간을 아낄 수 있을지 몰랐습니다. 또한 표준이 정착되면서 꽤 많은 부분이 C 코드에 반영됐고 설정을 단순화하는 게 가능해졌기 때문이기도 합니다.

특히 흥미로운 부분은 얼마나 많은 기능이 설정 파일로 옮겨졌나 하는 점입니다. 센드메일을 개발하고 있을 당시, SMTP 표준도 동시에 발전하고 있었습니다. 운영적인 판단을 설정 파일로 옮김으로써 더욱 빨리 설계 변경에 대응할 수 있었고, 대개 24시간 이내에 가능했습니다. 이러한 것이 SMTP 표준을 향상시켰다고 믿습니다. 왜냐하면 제시된 설계 변경을 빨리 반영해서 운영에 필요한 경험을 얻는 게 가능했기 때문입니다. 다만 유일한 문제는 설정 파일을 이해하기 어렵게 만드는 희생이 따랐던 점입니다.

12.4.2 룰 재작성

센드메일을 작성할 때 어려운 결정 중 하나는 수신하는 네트워크의 표준을 어기지 않으면서 네트워크 사이의 포워딩을 허용하기 위해 필요한 룰을 어떻게 재작성 하느냐였습니다. 이러한 변환은 메타 문자열의 변경(예를 들어 BerkNET은 콜론을 구분자로 사용했는데, 콜론은 SMTP 주소 체계에서는 잘못된 주소였습니다), 주소 컴포넌트의 재배치, 컴포넌트의 추가나 삭제 등을 필요로 했습니다. 예를 들어 어떤 상황에서는 다음과 같은 주소 재작성이 필요했습니다.

발신	수신
a:foo	a.foo@berkeley.edu
a!b!c	b!c@a.uucp
<@a.net,@b.org:user@c.com>	<@b.org:user@c.com>

정규 표현식은 단어의 경계나 인용 등을 잘 지원하지 않았기 때문에 현명한 선택이 아니었습니다. 정확하고 더군다나 쉽게 이해할 수 있는 정규 표현식 작성은 거의 불가능하다는 것이 곧 명백해졌습니다. 특히 정규 표현식은 ".", "*", "{[}", "{]}"과 같은 몇 개의 메타 문자열을 예약어로 가지고 있는데, 이 문자열들은 이 메일의 주소로 쓰이는 것들이었습니다. 이러한 메타 문자열을 설정 파일에 확장 문자로 표시할 수도 있었지만, 그 방식이 복잡하고, 혼란스러우며 보기 좋지 않다고 생각했습니다(이러한 방식은 유닉스 여덟 번째 버전에서 벨연구소의 UPAS에 의해 시도됐지만 전혀 인기를 얻지 못했습니다[6]). 대신 정규 표현식의 문자열을 조작하는 것과 비슷한 토큰을 생성하기 위한 스캐닝 단계가 필요했습

---

6 http://doc.cat-v.org/bell_labs/upas_mail_system/upas.pdf

니다. 그 자체가 토큰이자 토큰 구분자인 조작 문자열을 기술하는 파라미터 하나면 충분했습니다. 공백 문자는 토큰 구분자지만 토큰은 아니었습니다. 룰을 재작성하는 작업은 패턴 매칭이나 쌍으로 이루어진 단어를 바꾸는 일일 뿐이었습니다. 그리고 이것은 기본적으로 서브 루틴으로 되어 있었습니다.

많은 수의 확장 문자열을 처리해야 하는(정규 표현식에서 사용되는 것처럼) 다수의 메타 문자열 대신에 일반 문자열과 결합되는 하나의 확장 문자를 사용해서 와일드카드 패턴을 표현했습니다(예를 들어, 임의의 단어를 매칭하기 위해). 전통적인 유닉스의 접근 방식은 역슬래시를 사용하는 것이었지만, 역슬래시는 어떤 주소 문법에서는 인용 문자로 이미 사용되고 있었습니다. 그래서 대부분의 이메일 문법에서 거의 사용되고 있지 않은 '$' 문자를 확장 문자로 사용했습니다.

초기의 잘못된 결정 중 하나는 아이러니하게도 공백 문자를 사용하는 방식의 문제였습니다. 공백 문자는 대부분의 스캐닝 입력에서 그런 것처럼 구분자였고, 그래서 패턴의 토큰 사이에서 자유롭게 사용할 수 있었습니다. 그러나 초기에 배포된 설정 파일은 공백 문자를 포함하고 있지 않았고, 결과적으로 패턴 이해를 필요 이상으로 훨씬 힘들게 만들었습니다. 다음 두 패턴(의미상으로는 동일한)의 차이점을 자세히 보시기 바랍니다.

```
$+ + $* @ $+ . ${mydomain}
$++$*@$+.${mydomain}
```

12.4.3 룰 재작성을 통한 파싱

어떤 사람들은 센드메일은 메일 주소를 파싱하기 위해 룰을 재작성 하고 메일 주소를 변경하는 것보다는 관습적인 문법 기반의 파싱 기법을 사용해야 한다고 제안했습니다. 표준이 문법을 사용해서 주소를 정의하는 것임을 고려하면 얼핏 문법 기반의 파싱 기법 사용은 합당해 보였습니다. 재작성된 룰을 재사용하는 주요 이유는 어떤 경우에는 헤더 필드 주소(예를 들어 정식 체계를 가지고 있지 않은 네트워크에서 수신한 메일의 발신자 정보에서 헤더를 추출하기 위해)를 파싱해야 할 필요가 있기 때문입니다. 그러한 주소는 소위 말하는 YACC와 같은 LALR(1) 파서나 전통적인 스캐너를 사용해서 파싱하기 쉽지 않았습니다. 상당한 양의 미리보기(lookahead)를 필요로 했기 때문입니다. 예를 들어 allman@foo.bar.baz.com 〈eric@example.com〉 주소는 스캐너나 파서를 통한 미리보기가 필요합니다. 뒤의 "〈" 문자를 보기 전까지 앞에 나오는 "allman@..."만 보고는 이것이 주소가 아니라는 것을 알 수 없습니다. LALR(1) 파서는 오직 하나의 미리보기 토큰만 가지고 있기 때문에 스캐너에서 미리보기를 해야 했습니다. 그리고 이는 상황을 상당히 복잡하게 만들었습니다. 룰 재작성은 이미 임의의 백트래킹이(예를 들어 원하는 대로 임의의 수만큼 미리보기가 가능했습니다) 가능했기 때문에 충분했습니다.

두 번째 이유는 패턴을 인식하고 잘못된 입력을 수정하는 게 비교적 쉬웠기 때문입니다. 마지막으로 룰 재작성은 원하는 일을 할 만큼 충분히 강력했고 이러한 코드를 재사용하는 것은 현명한 선택이었습니다.

룰 재작성 관련한 특이사항 하나는 패턴 매칭을 할 때 입력과 패턴을 모두 토큰화 하는 것이 유용하다는 것입니다. 그래서 입력 주소와 패턴 자체에 같은 스캐너를 사용했습니다. 이것은 상이한 입력에 대해 다양한 문자열 형식 테이블로 스캐너를 호출하도록 했습니다.

12.4.4 센드메일에 SMTP와 큐 내장

메일 발송(클라이언트) SMTP를 구현하는 '너무 뻔한' 방법은 UUCP와 비슷하게 외부 메일러로 구축하는 것입니다. 그러나 이 방식은 몇 가지 다른 문제를 불러일으켰습니다. 예를 들어 큐가 센드메일에서 처리돼야 하는지? 아니면 SMTP 클라이언트 모듈에서 처리돼야 하는지? 만약 센드메일에서 큐를 처리한다면 메일 메시지의 복제본을 각 수신자로 보내거나, 또는 수신자 상태별로 필요한 정보를 전달하기 위해 단순한 유닉스 종료 코드로 처리하면 되는 것을, 훨씬 더 복잡한 통신 경로 되돌아가기 방식을 써서 처리해야 합니다. 예를 들어 메일 메시지 복제본을 수신자로 보내는 경우 하나의 커넥션이 열리고 복수 개의 RCPT 명령어가 전송될 수 있는 점에서 '업어가기(piggybacking)[7]'는 없습니다. 만약 큐가 클라이언트 모듈에서 처리된다면 대량의 복제를 처리해야 할 가능성이 있습니다. 특히 XNS 같은 네트워크가 그럴 가능성이 있는 후보였습니다. 그리고 부수적으로 센드메일에 큐를 포함하는 것은 리소스 고갈과 같은 일시적인 문제 등, 몇 가지 오류를 처리하는 더욱 우아한 방식을 제공했습니다.

---

7 (옮긴이) 데이터 통신시에 송신하려는 측에서 보낸 데이터를 받을 경우 수신 측에서 Ack 응답 메시지를 보내는데 piggybacking 방식에서는 따로 Ack을 보내지 않고 수신 측에서 송신 측에 전송할 메시지가 있는 경우에만 그 프레임에 Ack을 붙여서 보내는 방식.

메일 수신(서버) SMTP에는 메일 발송(클라이언트) SMTP와는 다른 종류의 결정이 요구됐습니다. 이 당시에는 엘리어스 메커니즘에 접근하기 위해 필요한 VRFY와 EXPN SMTP 명령어를 신뢰성 있게 구현하는 것이 중요하다고 생각했습니다. 이것은 다시 SMTP 서버 모듈과 센드메일 사이에 커맨드 라인과 종료 코드를 사용해서 가능했던 것보다 더욱 풍부한 프로토콜 교환을 요구했습니다. 사실 프로토콜은 SMTP 자체와 유사했습니다.

지금 다시 작성한다면 큐를 다른 프로세스인 SMTP 구현체 양쪽으로 옮기는 게 아니라 센드메일의 핵심 모듈로 남겨뒀을 겁니다. 한 가지 이유는 보안을 위해서입니다. 일단 서버 쪽이 25번 포트를 열면 더 이상 루트 권한의 접근은 필요 없습니다. 클라이언트 쪽(권한이 없는 사용자는 개인 키에 접근할 수 없어야 하기 때문)에 복잡한 서명을 하는 TLS나 DKIM가 같은 현대의 확장판도 엄격하게 말하면 루트 권한이 필요 없습니다. 비록 보안 문제는 여전히 이슈이지만, SMTP 클라이언트가 개인 키를 읽을 수 있는 루트 사용자가 아닌 사용자로 실행되고 있다면 그 사용자는 특별 권한을 가지고 있고, 그러므로 다른 사이트와 직접 통신을 하면 안 됩니다. 이러한 몇 가지 보안 이슈는 약간의 노력으로 모두 처리할 수 있습니다.

12.4.5 큐 구현

센드메일은 큐 파일을 저장하는 당시의 관례를 따랐습니다. 사실 사용된 포맷은 lpr 서브 시스템과 거의 비슷했습니다. 각 태스크는 두 개의 파일을 가지고 있는데 하나는 제어 정보이고 다른 하나는 데이터입니다. 제어 파일은 각 라인의 첫 번째 문자가 그 라인의 의미를 나타내도록 하는 일반 텍스트 파일이었습니다.

센드메일이 큐를 처리할 때 모든 제어 파일을 읽고 관련된 정보를 메모리에 저장하고 목록을 정렬해야 했습니다. 이러한 방식은 큐에 메시지가 비교적 적을 때는 잘 동작했습니다. 그러나 큐에 대략 10,000개의 메시지가 넘어가자 문제가 발생하기 시작했습니다. 특히 디렉터리가 파일시스템의 간접 블록을 매우 많이 필요로 할 때, 그만큼 성능이 저하되는 심각한 문제가 있었습니다. 센드메일이 복수 개의 큐 디렉터리를 처리하게 함으로써 이 문제를 개선하는 게 가능했습니다. 그러나 그것은 잘해봐야 해킹에 불과했습니다.

다른 대안은 모든 제어 파일을 하나의 데이터베이스 파일에 저장하는 것이었습니다. 그러나 센드메일을 코딩하기 시작했을 때 범용적으로 쓸 수 있는 데이터베이스 패키지가 없었기 때문에 이 방식을 쓰지는 않았습니다. 그리고 dbm(3)이 사용가능하게 되었을 때, 여기에는 저장 공간을 되돌려 받지 못하거나 해시된 모든 키가 한 페이지(512바이트)에 들어가야 하고, 락 기능이 부족한 것과 같은 몇 가지 결함이 있었습니다. 견고한 데이터베이스 패키지는 꽤 오랫동안 나타나지 않았습니다.

또 다른 대안은 메모리에 큐의 상태를 저장하고 복구를 허용하기 위해 로그를 생성하는 별도의 데몬을 작성하는 것이었습니다. 당시의 비교적 낮은 이메일 트래픽량과 대부분 머신의 메모리 부족, 백그라운드 프로세스의 높은 비용, 그러한 프로세스를 구현하는 작업의 복잡성을 고려해보면 이것은 좋은 대안은 아니었습니다.

또 다른 설계 결정은 메시지 헤더를 데이터 파일에 저장하기보다는 큐 제어 파일에 저장하는 것이었습니다. 대부분의 헤더가 다양한 출발지에서 목적지(메시지는 하나 이상의 목적지가 있을 수 있고 여러 번 커스터마이징 될 수 있기 때문에)로 가기 때문에 상당한 양의 재작성이 필요했고, 헤더를 파싱하는 비용이 커서 헤더를 미리 파싱한 포맷에 저장하는 것은 합리적으로 보였습니다. 그러나 회고해보면 이것은 메시지를 수신한 형식(개행문자(newline)와 라인복귀문자 (carriage-return/line feed)가 혼합돼서 사용될 수 있는)으로 저장하기보다는 메시지 몸체를 유닉스 표준 포맷(개행문자와 함께)에 저장했기 때문에 좋은 결정이 아니었습니다. 이메일이 발달하고 표준이 개선되면서 재작성을 할 필요가 줄어들었고, 심지어 겉으로 보기에는 문제없는 재작성이 에러의 위험도 가지게 됐습니다.

12.4.6 가짜 입력의 수용과 수정

센드메일은 다양한 프로토콜 세계와 불안하게 만들어진 몇몇 표준에서 만들어졌기 때문에, 잘못된 형식의 메시지는 가능하면 정리하기로 결정했습니다. 이것은 RFC 793에 나온 '견고함의 원칙'(포스텔(Postel)의 법칙[8]으로 알려진)과 부합됩니다. 이러한 변경 중 일부는 명백했고 필요했습니다. UUCP 메일 메시지를 알파넷으로 보낼 때 UUCP 메일 주소를 알파넷 주소로 변경할 필요가 있었습니다. 만약 '회신' 명령어만 올바르게 작동하게 하려면, 다양한 플랫폼 사이에서 관

---

8 포스텔의 법칙: 당신이 한 것에는 보수적이고, 남의 것을 받아들이는 데에는 관대하라.

습적으로 사용된 라인 종료 문자가 변경될 필요가 있었습니다. 어떤 것들은 그다지 명백하지 않았습니다. 만약 수신한 메시지가 인터넷 명세에서 필요로 하는 'From:' 헤더 필드를 포함하고 있지 않다면, 'From:' 헤더 필드를 추가해야 하는지, 아니면 'From:' 헤더 필드 없이 메시지를 보내야 하는지, 아니면 메시지를 거부해야 하는지 명백하지 않았습니다. 이때 주요 고려사항은 상호 운용성이었습니다. 그래서 센드메일은 예를 들어 필요하다면 'From:' 헤더 필드를 추가하는 등의 메시지에 덧붙이는 기능을 했습니다. 그러나 이렇게 한 것이 잘못된 메일 시스템이 수정되거나 사장되는 것을 오랫동안 막아왔다고 주장하는 사람들도 있습니다.

당시에 했던 결정이 옳다고 믿지만 지금은 문제가 될 수 있습니다. 높은 수준의 상호 운용성은 메일의 흐름이 방해 받지 않게 하는데 있어서 중요했습니다. 만약 잘못된 형식의 메일 메시지를 거부했다면, 대부분의 메시지가 거부 됐을 것입니다. 만약 잘못된 메시지를 수정하지 않고 그냥 전달했다면 수신자는 회신할 수 없고 심지어 어떤 경우에는 누가 보낸 메일인지도 판단할 수 없는 메시지를 받았을 것입니다. 그래서 다른 메일러에게서 그 메시지들은 거부당했을 것입니다.

오늘날 표준은 작성되었고 대부분의 표준은 정확하고 완성되었습니다. 이제 메시지가 거부당하는 경우는 더 이상 거의 없습니다. 그러나 그럼에도 불구하고 아직도 엉망인 메시지를 보내는 메일 소프트웨어가 있습니다. 이런 소프트웨어로 인해 인터넷상 여타 소프트웨어에 불필요한 수많은 문제가 생기고 있습니다.

12.4.7 설정과 M4의 사용

한동안 센드메일 설정 파일을 정기적으로 수정하는 작업과 함께, 개인적으로 운용하는 많은 머신을 지원하는 일을 같이 하고 있었습니다. 설정 파일의 상당 부분이 다양한 머신들에서 동일했기 때문에 설정 파일을 구축하는 툴을 사용하는 것은 바람직했습니다. m4 매크로 프로세서는 유닉스에 포함되어 있었습니다. m4는 프로그래밍 언어의 전처리를 위해 설계됐습니다(특히 ratfor[9]. 가장 중요한 것은 m4는 C 언어의 '#include' 문처럼 'include' 기능을 가지고 있었다는 것입니다. 원래 설정 파일은 이런 기능을 거의 사용하지 않았고 약간의 매크로 확장 기능만 있었습니다.

---

9 (옮긴이) Rational Fortran: 포트란 66 전처리기로 구현된 프로그래밍 언어

IDA 센드메일 또한 m4를 사용했지만 완전히 다른 방식으로 사용했습니다. 돌이켜보면 이런 프로토타입을 더욱 자세히 연구했어야만 했습니다. 이들은 특히 인용 부분을 처리하는데 필요한 영리한 아이디어를 많이 포함하고 있었습니다.

센드메일 6부터 m4 설정 파일은 더욱 선언적이고 훨씬 크기가 작아지도록 완전히 새로 작성됐습니다. 이것은 상당히 많은 부분에 m4 프로세서의 기능을 사용했는데, GNU m4가 소개되고 미묘한 방식으로 의미를 변경하면서 문제가 됐습니다.

원래 계획은 m4 설정이 80/20 법칙을 따르는 것이었습니다. 설정은 단순하고 (그래서 20%의 작업만 필요한), 80%의 케이스를 커버할 수 있도록 하는 것이었습니다. 이것은 두 가지 이유로 금세 맞지 않게 됐습니다. 상대적으로 덜 중요한 이유이긴 하나, 적어도 초기에는 거의 대부분의 사례가 다루기 쉬운 것이었기 때문입니다. 하나 이는 센드메일과 세상이 발전함에 따라 훨씬 어려워졌습니다. 특히 TLS 암호화와 SMTP 인증과 같은 기능이 포함되면서 그러했지만, 이런 기능은 한참 후에 나왔습니다.

중요한 원인은 설정 파일이 대부분의 사람들에게 관리하기 너무 어려웠다는 것입니다. '.cf' 포맷은 어셈블리 코드처럼 됐습니다. 원칙적으로 편집 가능하지만 사실 너무 이해하기 힘들었습니다. 소스 코드는 '.mc' 파일에 저장된 m4 스크립트였습니다.

또 다른 중요한 특징은 원래 포맷의 설정 파일은 진짜 프로그래밍 언어였다는 것입니다. 그것은 절차적인 코드(룰셋)와 서브루틴 호출, 파라미터 확장, 루프 (그러나 goto 문은 없었습니다)를 가지고 있었습니다. 문법은 모호했지만 여러 모로 sed와 awk 명령어와 적어도 개념적으로는 비슷했습니다. 그러나 m4 포맷은 선언적이었습니다. 비록 저수준의 언어처럼 되기 쉬웠지만, 실제적으로 이러한 세부적인 사항은 사용자에게 숨겨졌습니다.

이 결정이 옳았는지 잘못된 것인지 분명하지 않았습니다. 당시에 그리고 지금도 여전히 복잡한 시스템은 시스템의 일정 부분을 구축하는데 도메인 특정 언어 (Domain Specific Language, DSL)을 사용하여 구현하는 것이 유용하다고 느꼈습니다. 어쨌든 DSL을 최종 사용자에게 설정을 위한 방법으로 노출시키는 것은 필연적으로 시스템을 설정하는 모든 시도를 프로그래밍의 문제로 만들었습니다. 이러한 것은 강력한 설정 기능의 요인이 됐지만 적지 않은 비용을 필요로 했습니다.

12.5 다른 고려사항

아키텍처와 개발상의 몇 가지 언급할 만한 가치가 있는 것들이 있습니다.

12.5.1 인터넷 규모 시스템의 최적화에 대한 이야기

대부분의 네트워크 기반의 시스템에는 클라이언트와 서버 사이에 긴장감이 있습니다. 클라이언트를 위한 좋은 전략이 서버에는 아마도 나쁜 것일 수도 있고, 그 반대의 경우도 있습니다. 예를 들어 서버는 가능한 한 클라이언트에게 처리하도록 함으로써 서버의 프로세싱 비용을 최소화하려고 할 수 있고, 반대로 클라이언트도 역시 마찬가지일 겁니다. 예를 들어 서버는 메시지를 거부하는 비용을 낮출 수 있기 때문에(요즈음 이것은 흔히 있는 경우입니다.) 스팸 프로세싱을 하는 동안 커넥션을 계속 열어 두기를 원할 것입니다. 그러나 클라이언트는 가능한 한 빨리 커넥션을 닫길 원할 것입니다. 전체 시스템의 관점에서 보면, 다시 말해 인터넷 전체로 보면 최적의 해결책은 이러한 두 가지 요구사항의 균형을 맞추는 것일 겁니다.

메일 전송 에이전트가 명시적으로 클라이언트나 서버 어느 한쪽에 치우친 전략을 사용하는 경우가 있었습니다. 이러한 경우는 비교적 적은 수의 에이전트가 설치됐을 경우에 통할 수 있습니다. 여러분의 시스템이 인터넷의 중요한 부분에서 사용될 때 어느 한쪽 면만 보는 것이 아닌 인터넷 전체를 보고 최적화할 수 있도록 서버와 클라이언트 양쪽 사이에서 균형을 맞춰 설계해야만 합니다. 메일 전송 에이전트는 보통 어느 한쪽으로만 치우쳐서 만들어지기 때문에 이렇게 하는 것은 쉽지 않습니다. 예를 들면 대량 메일 전송 시스템은 메일을 보내는 쪽의 최적화만 신경 씁니다.

커넥션의 양쪽과 협업하는 시스템을 설계할 때, 어느 한쪽에 치우치지 않도록 하는 것은 중요합니다. 일반적으로 어느 한쪽만 개발하는 클라이언트, 서버와는 뚜렷한 차이가 있다는 것을 알아둬야 합니다. 예를 들어 웹 서버와 웹 클라이언트는 일반적으로 같은 그룹에서 개발되지 않습니다.

12.5.2 Milter

센드메일의 가장 중요한 추가 기능은 milter(mail filter) 인터페이스였습니다. milter는 메일 처리를 위해 별도의 플러그인(예를 들어 이 플러그인들은 별도의 프로세스로 실행됐습니다)의 사용을 허용했습니다. 이것은 원래 안티 스팸 프로세싱을 위해 설계됐습니다. milter 프로토콜은 서버의 SMTP 프로토콜과 동기화하여 실행됐습니다. 각각의 새로운 SMTP 명령어를 클라이언트로부터 수신 할 때 센드메일은 명령어에서 받은 정보와 함께 milter를 호출합니다. milter는 명령어를 받아들이거나 거부할 기회가 있습니다. 그럴 경우 SMTP 명령어의 적절한 프로토콜 단계에서 거절합니다. milter는 콜백으로 모델링되고 그래서 SMTP 명령어가 왔을 때 적절한 milter 서브루틴이 호출됩니다. milter는 전달 상태를 허용할 각 루틴에게 전달되는 커넥션당 컨텍스트 포인터를 가지고 있는 스레드입니다.

이론적으로 milter는 센드메일 주소 공간에 적재 가능한 모듈로 동작할 수 있습니다. 그러나 세 가지 이유로 인해 이렇게 하지 않았습니다. 첫째, 보안 이슈가 너무나 중요하기 때문입니다. 센드메일이 유일한 루트 사용자가 아닌 계정으로 실행된다고 해도 해당 사용자는 다른 메시지의 모든 상태에 대한 접근 권한을 가지고 있습니다. 비슷하게 어떤 milter 기능은 센드메일의 내부 상태에 접근하려고 시도하는 것을 피할 수 없었습니다.

두 번째, 센드메일과 milter 사이에 방화벽을 만들고 싶었습니다. 만약 milter가 비정상적으로 종료된다면 그게 어느 쪽의 문제인지 명백하게 하고 싶었고 메일이 (가능하다면) 계속 처리될 수 있기를 원했습니다. 세 번째, milter를 센드메일에 포함시키는 것보다 별개의 프로세스로 실행하는 게 디버깅하기 훨씬 쉬웠기 때문입니다.

milter가 안티 스팸 프로세싱보다 훨씬 유용하다는 것이 곧 분명해졌습니다. milter.org[10] 웹 사이트에 가보면 상용 회사나 오픈 소스 프로젝트에 의해 만들어진 안티 스팸, 안티 바이러스, 메일 보관, 콘텐츠 모니터링, 로깅, 트래픽 셰이핑 등, 그 외의 많은 종류의 milter의 목록을 볼 수 있습니다. postfix 메일러[11]도 milter를 동일한 인터페이스로 사용할 수 있도록 하는 지원을 추가했습니다. milter는 센드메일에서 가장 성공한 기능 중 하나입니다.

12.5.3 릴리스 일정
"빨리, 자주 릴리스 하라"와 "안정적인 시스템을 릴리스 하라"라는 두 가지 명제

---

10 http://milter.org
11 http://postfix.org

사이의 유명한 논쟁이 있습니다. 센드메일은 시기에 따라 두 가지 방식을 모두 사용했습니다. 변경이 많았던 시절에 때로 하루에 한 번 이상 릴리스 하기도 했습니다만, 대체로 내 방침은 각각의 변경이 일어난 후 릴리스 하라는 것이었습니다. 이것은 소스 관리 시스템 트리의 공용 접근을 제공하는 것과 비슷합니다. 적어도 부분적으로 지금은 허용되지 않은 방식으로 소스를 관리했기 때문에, 개인적으로 공용 소스 트리를 제공해서 릴리스 하는 것을 선호했습니다. 큰 변경을 위해 코드를 작성하는 동안 비기능 스냅숏을 체크인 했습니다. 트리가 공유되면 이런 스냅숏을 위해 브렌치를 사용했습니다. 그러나 어느 경우에도 소스는 누구나 볼 수 있었고 이것은 상당한 혼란을 불러일으킬 수 있었습니다. 또한 릴리스를 생성하는 것은 버전 번호를 붙이는 것을 의미합니다. 이것은 무언가 잘못됐을 때 변경을 추적하기 쉽게 해줍니다. 물론 이렇게 하려면 릴리스를 만드는 것이 쉬워야 했지만 사실 항상 그렇지는 못했습니다.

센드메일이 더욱 중요한 상용 환경에서 사용됨에 따라 이것은 문제가 되기 시작했습니다. 실제로 상용 환경에서 사용되기를 바랐던 변경사항을 사람들이 테스트할 수 있도록, 릴리스 버전 간의 차이를 명확하게 하는 것이 쉽지는 않았습니다. 릴리스에 'alpha', 'beta'라고 명명해 문제를 완화시켜 주긴 했지만 근본적으로 해결되지는 못했습니다. 그러한 결과로 센드메일이 성숙해감에 따라 덜 자주 그러나 더 대규모의 릴리스를 하게 되었습니다. 이것은 센드메일이 상용 회사에서 사용될 때 특히 더욱 심각한 문제가 됐습니다. 고객은 최신이면서 뛰어나고 또한 안정적인 버전을 원했고 두 버전이 호환되지 않는 상황을 받아들이지 않았기 때문입니다.

오픈 소스 개발자의 요구사항과 상용 제품 요구사항 사이의 이러한 긴장감은 결코 사라지지 않았습니다. 빨리 자주 릴리스 하는 방식은 특히 표준 개발 시스템에서 재현될 거라고 거의 기대하기 힘든 다양한 방법으로 시스템에 스트레스를 줄 수 있는 용감한(때로는 바보 같은) 수많은 테스터들이 있는 상황에서 여러 가지 장점이 있습니다. 그러나 프로젝트가 성공하면서 센드메일은 제품(설령 제품이 오픈 소스고 무료라도)이 되어야만 했습니다. 제품은 프로젝트보다 더 다양한 요구사항을 가지고 있습니다.

12.6 보안

센드메일은 보안 측면에서는 거친 삶을 살아왔습니다. 그 중에 어떤 것은 그럴 만한 자격이 있고, 보안의 개념이 변해왔기 때문에 어떤 것은 그렇지 않습니다. 인터넷은 대부분 학술이나 연구 목적인 수천 명의 사용자를 기반으로 시작했습니다. 여러 면에서 인터넷은 지금 우리가 알고 있는 것보다 더 친절하고, 온화했습니다. 네트워크는 공유를 격려하기 위해 만들어졌지, 방화벽을 구축하기 위해 만들어진 게 아닙니다(방화벽은 인터넷 초기엔 있지도 않았던 개념입니다). 인터넷은 이제 위험하고 적대적인 장소이며 스패머와 크래커로 가득 차 있습니다. 인터넷은 점점 더 전쟁터와 민간 사상자가 발생하는 전쟁터로 묘사되고 있습니다.

특히 프로토콜이 너무 단순한 상태에서 안전한 네트워크 서버를 작성하는 것은 어렵습니다. 거의 모든 프로그램은 사소한 문제라도 조금씩은 가지고 있습니다. 심지어 TCP/IP 구현도 치명적 공격에 노출되어 있습니다. 더 고수준의 구현 언어도 만병통치약이 아니라는 것이 입증됐고, 그 언어 자체가 취약점을 만들기도 했습니다. 그게 어디서 오든 "모든 입력을 믿지 마라"는 경구는 당연합니다. 입력을 믿지 않는 것은 예를 들어 DNS 서버와 milter로부터의 두 번째 입력도 포함됩니다. 대부분의 초기 네트워크 소프트웨어가 그랬듯이 센드메일은 초기 버전에서 지나치게 입력 데이터를 신뢰했습니다.

그러나 센드메일의 초기 버전의 가장 큰 문제는 루트 권한에서 실행된다는 것이었습니다. 루트 권한은 SMTP 리스닝 소켓을 열고, 개인 사용자의 전달 정보를 읽고, 개인 사용자의 메일박스와 홈 디렉터리로 전달하기 위해 필요했습니다. 그러나 현재 대부분의 시스템에서 메일박스 이름의 개념은 시스템 사용자의 개념에서 분리됐습니다. 이것은 사실상 SMTP 리스닝 소켓을 열 때를 빼고는 루트 권한이 필요 없도록 했습니다. 지금의 센드메일은 커넥션을 처리하기 전에 루트 권한을 포기할 수 있습니다. 그래서 지원하는 환경에 대한 걱정을 없앴습니다. 추가적인 권한 분리를 허용하면서 사용자 루트 디렉터리를 변경할 수 있고, 직접 사용자의 메일박스로 전송하지 않는 시스템에서 센드메일이 실행될 수 있다는 것도 주목할 만 합니다.

불행히 센드메일은 보안에 취약하다는 악명을 얻으면서 센드메일과 관계없는 문제에 대해서도 비난 받기 시작했습니다. 예를 들어 한 시스템 관리자는 그의 /etc 디렉터리를 전체 쓰기 가능하게 만들고 누군가 /etc/passwd 파일을 교체했을 때 센드메일의 탓으로 비난했습니다. 그것은 명시적으로 소유권을 확인하고 센드메일이 접근하는 파일과 디렉터리의 모드를 확인하는 것을 포함해 보안에 대해 너무 엄격하게 다루도록 해서 발생했던 사고였습니다. 이러한 확인이 너무 엄격했기에 우리는 (선택적으로) 이러한 확인 과정을 끌 수 있도록 DontBlameSendmail 옵션을 포함시켰습니다.

프로그램 자체의 주소 공간을 보호하는 것과 관련이 없는 다른 보안 측면도 있습니다. 예를 들어 스팸 메일의 증가는 또한 스팸 메일을 보낼 메일 주소 수집을 증가시켰습니다. SMTP의 VRFY와 EXPN 명령어는 각각 개인 메일 주소를 검증하고 메일링 리스트의 내용을 확장하기 위해 명세대로 설계됐습니다. 이 명령어들이 스패머들에 의해 너무나 심하게 악용돼서 대부분의 사이트는 이 명령어를 완전히 막아놨습니다. 이것은 때로 다른 안티 스팸 에이전트에 의해 발송 주소를 검증하기 위해 사용됐기 때문에 적어도 VRFY 명령어에겐 불행한 일이었습니다.

유사하게 안티 바이러스 방지는 한때 데스크톱의 문제로 여겨졌지만, 상용 수준의 메일 전송 에이전트는 안티 바이러스 확인 기능을 제공해야 할 정도로 중요성이 늘어났습니다. 현대의 설정에서 다른 보안 관련된 요구사항은 민감한 데이터의 의무적인 암호화, 데이터 유실 방지, 규제 요구사항의 강제, 예를 들어 HIPPA 같은 것을 포함합니다.

센드메일이 초기부터 중요하게 여겼던 원칙은 신뢰성입니다. 모든 메시지는 전송되거나 그렇지 않을 경우 발신자에게 보고돼야 합니다. 그러나 사소한 문제 (공격자가 메시지의 회신 주소를 위조하거나 보안 이슈로 다수의 사용자에게 노출되는 것)가 많은 사이트들이 메시지를 되돌려 보내는 기능을 막아버리게 했습니다. 그래서 만약 SMTP 커넥션이 여전히 열려 있는 상태에서 문제가 발생되면 서버는 명령어가 실패했음을 보고할 수 있습니다. 그러나 SMTP 커넥션이 닫힌 후에 잘못된 주소의 메시지는 조용히 사라집니다. 공정하게 말하면 오늘날 대부분의 정상적인 메일은 하나의 네트워크만 경유하기 때문에 문제가 보고될 수 있습니다. 그러나 적어도 원칙상으로 세상은 보안이 신뢰성보다 더 중요하다고 결정했습니다.

12.7 센드메일의 진화

급격하게 변화하는 환경에서 변화하는 환경에 적응하도록 진화하지 않으면 소프트웨어는 살아남지 못합니다. 새로운 하드웨어 기술이 나타나면서 운영체제에 변화를 요구하고, 라이브러리나 프레임워크에 변화를 요구하며 애플리케이션에 변화를 요구합니다. 애플리케이션이 성공하면 더욱 문제가 되는 환경에서 사용됩니다. 변화는 피할 수 없습니다. 성공하기 위해 여러분은 변화를 수용하고 받아들여야 합니다. 이번 절은 센드메일이 진화하면서 일어났던 중요한 변화에 대해 설명합니다.

12.7.1 설정을 더욱 상세히 하기

센드메일의 초기 설정은 매우 간결했습니다. 예를 들어 옵션과 매크로의 이름은 모두 하나의 문자였습니다. 이렇게 한 이유는 세 가지입니다. 첫째, 파싱이 매우 단순하게 되도록 했습니다(16비트 환경에서는 중요한). 두 번째, 이때는 옵션이 별로 많지 않아서 약칭으로 해도 문제가 없었습니다. 세 번째, 단일 문자 관례는 이미 커맨드 라인의 플래그로 확립되어 있었습니다.

이와 유사하게 룰셋은 처음에는 문자가 아닌 숫자로 재작성 되어 있었습니다. 아마도 룰셋이 얼마 되지 않는 상태에서는 견딜 만했기 때문일 것입니다. 하지만 숫자가 늘어남에 따라 약칭 기호를 갖는 게 중요해졌습니다.

센드메일이 운용되는 환경이 더욱 복잡해지고 16비트 환경이 사라지면서 더욱 풍부한 설정 언어의 필요성이 분명해졌습니다. 다행히 하위 호환성을 유지하면서 이러한 변경을 하는 것이 가능했습니다. 이러한 변경은 급격하게 설정 파일의 이해도를 향상시켰습니다.

12.7.2 다른 서브시스템과의 더 많은 연결: 더 많은 연동

센드메일이 작성됐을 때 메일 시스템은 대개 운영체제의 나머지와 분리되어 있었습니다. 연동을 필요로 하는 몇 가지 서비스가 있었는데, 예를 들면 /etc/passwd와 /etc/hosts 파일입니다. 이때 서비스 스위치는 발명되지 않았고, 디렉터리 서비스는 존재하지 않았으며, 설정 파일은 작고 손으로 관리했습니다.

이러한 상황은 금방 변했습니다. 최초로 추가된 것 중의 하나는 DNS였습니다. 시스템 호스트 검색 추상화(gethostbyname)가 IP 주소를 검색하도록 동작했지만, 이메일은 MX와 같은 다른 질의도 사용해야 했습니다. 나중에 IDA 센드메일은 dbm(3) 파일을 사용한 외부 데이터베이스 검색 기능도 포함했습니다. 센드메일 8은 외부 데이터베이스나 재작성(예를 들어 주소의 인용부호 없애기)을 사용해서 할 수 없었던 내부 변환을 포함한 다른 데이터베이스 유형도 허용하는 범용적인 매핑 서비스를 업데이트 했습니다.

오늘날 이메일 시스템은 일반적으로 이메일만 사용하도록 설계되지 않은 많은 외부 서비스에 의존합니다. 이러한 것은 센드메일이 더욱 코드를 추상화하는 방향으로 가도록 했습니다. 이것은 또한 동적인 부분이 추가되면서 메일 시스템을 유지하는 것을 더욱 어렵게 만들었습니다.

12.7.3 적대적인 세상에 적응하기

센드메일은 오늘날의 표준에 따르면 완전히 이방인처럼 보이는 세상에서 개발됐습니다. 초기의 네트워크 사용자 층은 때로는 학문적인 면에서는 매우 공격적이기도 하지만 대부분 비교적 온화한 연구자였습니다. 센드메일은 심지어 사용자 에러에 직면해도 가능한한 신뢰성 있게 메일이 전송되는 것을 매우 강조하면서 센드메일이 창조된 세상을 반영했습니다.

오늘날 세상은 훨씬 더 적대적입니다. 이메일의 대다수가 악성 메일입니다. 메일 전송 에이전트의 목표는 메일을 전송하는 것에서 밖에서 오는 악성 메일을 막는 것으로 변화했습니다. 필터링은 아마도 오늘날 메일 전송 에이전트의 첫 번째 우선순위 기능일 것입니다. 이러한 것은 센드메일에도 많은 변화를 요구했습니다.

예를 들어 가능한한 초기에 문제를 발견할 수 있도록 수신되는 SMTP 명령어 파라미터 확인을 허용하는 많은 룰셋이 추가됐습니다. 전체 메시지를 읽고 나서 메시지를 거부하는 것보다 메시지 표지만 읽고 거부하는 것이 훨씬 비용이 쌉니다. 그리고 메시지 전송을 받아들이고 난 후에 메시지를 거부하는 것은 훨씬 비용이 높습니다. 초창기에 필터링은 일반적으로 메시지를 받아들이고 받아들인 메시지를 필터 프로그램에 전달함으로써 실행됐습니다. 그리고 메시지가 통과하면(소위 말하는 '샌드위치'[12] 설정) 또 다른 센드메일의 인스턴스로 전송했습니다. 이렇게 하는 것은 오늘날의 세계에서는 너무나 비용이 많이 듭니다.

---

12 (옮긴이) 두 개의 센드메일 프로그램 인스턴스 사이에 샌드위치처럼 필터 프로그램을 끼워서 실행하는 설정

비슷하게 센드메일은 예전에는 비교적 단순하게 TCP/IP 커넥션을 사용하다가 이제는 이전 명령어를 받았다는 통보를 보내기 전에 발신자가 명령어를 전송하는지 알기 위해 네트워크 입력을 미리 살펴보는 일을 하는 등 훨씬 복잡하게 사용하고 있습니다. 이러한 것은 센드메일이 복수 개의 네트워크 유형에 적응할 수 있게 설계했던 이전의 추상화를 깨버렸습니다. TCP/IP 지식이 코드에 매우 많이 내장되어 있기 때문에 오늘날 센드메일을 XNS나 DECnet 네트워크에 연결하려면 상당한 작업이 필요합니다.

적대적인 세상을 다루기 위해 접근 테이블을 지원하고 실시간 블랙리스트를 관리하며, 주소 수집 완화, 서비스 거부 방어, 스팸을 필터링하는 많은 설정 기능이 추가됐습니다. 이것은 메일 시스템을 설정하는 작업을 매우 복잡하게 만들었지만 오늘날의 세상에 적응하기 위해 반드시 필요했습니다.

12.7.4 새로운 기술의 설립

많은 새로운 표준이 수년간 함께 해왔고 센드메일에 중요한 변화를 요구했습니다. 예를 들어 TLS(암호화)의 추가는 코드의 상당히 많은 부분에 중요한 변경을 필요로 했습니다. SMTP 파이프라인 기능은 데드락을 피하기 위해 저수준의 TCP/IP 스트림을 자세히 들여다보는 것을 필요로 했습니다. 서브미션 포트(587)의 추가는 도착하는 포트에 따라 다양한 행동을 하도록 하는 것을 포함해 여러 개의 수신 포트를 리스닝하는 기능을 필요로 했습니다.

표준보다는 주변 상황에 의한 다른 압력도 가해졌습니다. 예를 들어 milter 인터페이스를 추가한 이유는 직접 스팸을 대응하기 위해서였습니다. milter는 공식적으로 발표된 표준은 아니었지만, 중요한 새로운 기술이었습니다.

이러한 변화는 모두 보안을 강화하거나 성능을 향상시키거나 새로운 기능을 추가하는 등 어떤 방향으로든 메일 시스템을 개선시켰습니다. 어쨌든 이러한 모든 작업에는 희생이 따랐고, 거의 모두 코드와 설정 파일을 복잡하게 만들었습니다.

12.8 지금이라면 어떻게 했을까?

돌이켜보면 20/20입니다. 지금이라면 다르게 했을 것이 많이 있습니다. 어떤 것들은 그 당시에 예측불가능 했습니다(예를 들어 스팸이 이메일에 대한 인식을 어떻게 바꿀지, 현대의 툴들이 어떻게 될지 등). 그리고 어떤 것들은 명백히 예측가능 했습니다. 어떤 것들은 이메일과 TCP/IP, 프로그래밍 자체에 대해 많은 것을 배우게 한 센드메일을 작성하는 과정에 일어났습니다. 누구나 코딩을 하면서 성장합니다.

그러나 또한 어떤 면에서는 일반적인 생각에 상충되더라도 동일하게 했을 많은 것이 있습니다.

12.8.1 다르게 할 것들

아마도 센드메일이 얼마나 중요한 소프트웨어가 될지 빨리 알아채지 못한 것이 가장 큰 실수일 것입니다. 세상을 올바른 방향으로 가게 할 몇 번의 기회가 있었지만 그러한 기회를 놓쳤습니다. 사실 어떤 경우에 있어서는 오히려 피해를 줬습니다. 예를 들어 센드메일이 잘못된 입력에 대해 적절히 처리할 수 있을 때 더 엄격하게 처리하지 않았던 것이 실수였고, 이와 유사하게 아마도 수백 개의 센드메일이 설치됐을 때인 비교적 초기에 설정 파일 문법이 개선될 필요가 있다고 인식했지만, 그렇게 하지 않기로 결정했던 것 역시 실수라 할 수 있을 것입니다. 그렇게 하지 않았던 것은 기존에 설치한 사용자에게 과도한 어려움을 주고 싶지 않았기 때문입니다. 돌이켜보면 장기적으로 더 좋은 결과를 만들기 위해 초기에 개선을 하고 잠시 동안 고통스러운 것이 더 좋았을 거라고 생각합니다.

버전 7 메일박스 문법

이러한 예 중의 하나는 버전 7의 메일박스가 메시지를 나누는 방식입니다. 메일박스는 메시지를 나누기 위해 "From_"("_" 문자는 ASCII의 공백 문자, 0x20을 나타냅니다.)으로 시작하는 라인을 사용했습니다. 만약 메시지가 "From_"으로 라인을 시작했다면, 로컬 메일박스 소프트웨어는 ">From_"으로 변경했습니다. 어떤 면에서는 이것이 개선점이었지만 모든 시스템에 선행 공백 라인이 필요한 건 아니라서 신뢰할 수 없었습니다. 오늘날 ">From" 문자는 명백히 이메일과는 상관이 없는(그러나 예전에는 분명히 이메일에 의해 처리됐습니다) 전혀 예측할 수 없는 곳에서 나타납니다. 회고해보면 아마도 BSD 메일 시스템이 새로운 문법을 사용하도록 바꿨을 것입니다. 그 당시 충분히 저주받았지만 그렇게 했다면 세상을 곤란한 상황에서 구할 수 있었을 것입니다.

설정 파일의 문법과 내용

아마도 교체할 때 패턴을 나누는 룰을 재작성하면서 탭(0x09) 문자를 사용했던 게 가장 큰 실수일 것입니다. 이때 make 툴을 흉내 내서 탭 문자를 사용했습니다. 그러나 수년 후 make의 저자인 Stuart Feldman도 탭을 사용한 것은 그의 가장 큰 실수라고 했습니다. 설정 파일을 눈으로 봤을 때 탭(0x09)과 스페이스 (0x20)를 구분하기 힘들 뿐만 아니라, 대부분의 윈도우 시스템에서 화면에서 설정 파일을 잘라 붙이기(cut-and-paste) 하면 탭 문자가 사라졌습니다.

룰을 재작성한 작업은 여전히 올바른 아이디어라고 믿지만(아래를 참고하시기 바랍니다), 설정 파일의 일반적인 구조는 바꿨을 것입니다. 예를 들어 설정 파일에서 계층 구조의 필요성(예를 들어 옵션은 다른 SMTP 리스닝 포트에 대해 다르게 설정될 수 있을 것입니다.)을 생각하지 못했습니다. 이때 설정 파일은 표준 포맷 없이 설계됐습니다. 지금이라면 아파치 스타일의 설정 파일을 사용했을 것입니다. 그것은 깔끔하고 적절한 표현력을 갖고 있습니다. 또는 아마도 Lua 같은 언어를 내장했을 수도 있습니다.

센드메일이 개발됐을 때, 주소 공간은 작았고, 프로토콜은 여전히 변하고 있었습니다. 그래서 설정 파일에 가능한한 많은 정보를 넣는 것이 좋은 생각처럼 보였습니다. 지금에 와서는 이게 실수처럼 보입니다. 이제 충분한 주소 공간(메일 전송 에이전트를 위한)을 가지고 있고 표준은 충분히 정착이 됐습니다. 더욱이 설정 파일의 일부는 새로운 릴리스마다 업데이트 될 필요가 있는 코드입니다. '.mc' 설정 파일이 이러한 것을 바로 잡아주지만 소프트웨어를 업데이트할 때마다 설정을 재구성해야 하는 것은 고통스러운 일입니다. 이러한 문제에 대한 간단한 해결책은 두 개의 설정 파일을 센드메일이 읽도록 하는 것입니다. 하나는 사용자에게 노출되지 않으면서 새로운 소프트웨어의 릴리스와 함께 설치되는 설정 파일이고, 다른 하나는 사용자에게 노출돼서 사용되는 로컬 설정 파일로 하는 것입니다.

툴의 사용

오늘날에는 많은 새로운 툴을 사용할 수 있습니다. 예컨대 소프트웨어를 설정하고 구축하는 데 사용하는 툴이 그것입니다. 툴은 필요한 상황에 쓰인다면 좋은 영향력을 발휘할 수 있습니다. 그러나 지나치면 필요 이상으로 시스템을 이해하기 어렵게 만들기에 오히려 독이 될 수도 있습니다. 예를 들어 필요한 게

strtok(3)뿐이라면 yacc(1) 문법은 결코 사용하지 말아야 합니다. 그러나 바퀴를 다시 만드는 것(reinventing the wheel) 역시 좋은 생각은 아닙니다. 특히 일부 다른 좋은 툴들이 있지만 지금도 분명히 autoconf[13]를 다시 사용할 것입니다.

하위 호환성

나중에야 센드메일이 어디에서나 쓰일 거라고 알게 되었기에, 개발 초기에는 기존 설치된 프로그램의 호환성을 깨는 것에 대해 그다지 걱정하지 않았습니다. 기존의 것이 심각하게 잘못된 것이 있다면 그것을 수용하는 게 아니라 바로 잡아야 합니다. 센드메일은 여전히 모든 메시지 포맷에 대해 엄격하게 검사하지 않습니다. 왜냐하면 어떤 문제는 쉽고 안전하게 무시되거나 수정될 수 있기 때문입니다. 예를 들어 여전히 'Message-Id:' 헤더 필드가 없다면 메시지에 추가할 것입니다. 그러나 'From:' 헤더 필드가 없는 메시지를 생성하기보다는 거부하는 쪽을 택할 것입니다.

내부 추상화

센드메일을 새로 만든다면 다시는 시도하지 않을 내부 추상화가 있는 반면, 추가하고 싶은 내부 추상화도 있습니다. 예를 들어 많은 표준 C 라이브러리를 사용하지 못하게 되더라도 null로 종료되는 문자열 대신 길이/값의 짝을 사용할 것입니다. 이것은 보안 측면에서만 봐도 그럴 만한 가치가 있습니다. 반대로 C에서 예외 처리를 구축하려는 시도를 하지 않을 것입니다. 그러나 에러를 표시하기 위해 함수 루틴이 null, false나 음수를 리턴하는 대신 일관된 상태 코드 시스템을 만들 것입니다.

12.8.2 동일하게 할 것들

물론, 어떤 것들은 잘 동작했습니다…

Syslog

센드메일의 가장 성공적인 부가 프로젝트 중의 하나는 syslog입니다. 센드메일이 작성되던 당시에는 로그를 남길 필요가 있는 프로그램의 경우엔 로그를 쓸

---

13 (옮긴이) configure 쉘 스그립드를 생성하는 유털리터

수 있는 특정 파일이 있었습니다. 이런 파일들은 파일 시스템 여기저기 흩어져 있었습니다. syslog는 이 당시(UDP는 아직 나오지도 않았고 그래서 mpx 파일 이라는 것을 사용했습니다.) 작성하기 힘들었지만, 그럴 만한 충분한 가치가 있었습니다. 어쨌든 가능하다면 syslog에서 하나를 바꾸었을 것입니다. 즉, 로깅 되는 메시지의 형식이 파싱하기 쉽도록 더욱 신경을 쓸 것입니다. 로그 모니터 링이 생길 거라고까지는 미처 예측하지 못했기 때문입니다.

룰 재작성

룰 재작성은 아주 많이 비난을 받았지만 다시 사용할 것입니다(아마도 지금 사용하는 것만큼은 아니겠지만). 탭 문자의 사용은 명백한 실수였습니다. 그러나 ASCII의 제한과 이메일 주소의 문법이 그러한 상황에서 아마도 확장 문자가 필요했을 것입니다.[14] 일반적으로 패턴-교체 패러다임을 사용하는 개념은 잘 동작했고 매우 유연했습니다.

불필요한 툴의 사용 피하기

툴을 더 사용했을 거라고 위에서 쓴 글에도 불구하고, 오늘날 이용 가능한 많은 런타임 라이브러리를 사용하는 것을 꺼려합니다. 그들 중 많은 것이 너무 부풀려져서 위험하다고 생각합니다. 라이브러리는 조심스럽게 선택해야 하고, 간단한 문제를 해결하기 위해 너무 강력한 툴을 사용하는 문제와 재사용의 장점 사이에 균형을 맞춰야 합니다. 적어도 설정 언어를 위해 특히 사용하지 않을 툴은 XML입니다. 대부분의 XML 문법이 너무 괴상하게 사용되고 있다고 생각합니다. XML은 분명히 그 나름의 쓰임새가 있지만 오늘날 너무 과도하게 많이 사용되고 있습니다.

C 코드

어떤 사람들은 자바나 C++가 구현 언어로 더욱 자연스럽다고 얘기합니다. C의 잘 알려진 문제에도 불구하고 센드메일에서는 여전히 C를 구현 언어로 사용합니다. 부분적으로 이는 개인의 기호 문제입니다. 즉 내가 자바나 C++보다 C를 훨씬 더 잘 알기 때문입니다. 그러나 또한 대부분의 객체 지향 언어가 메모리 할

---

14 왠지 설정 파일에 유니코드를 사용하는 것이 인기 있다는 게 믿어도 될지 의심스럽습니다.

당에 대해 신경 쓰지 않는 것에 대해 실망했기 때문이기도 합니다. 메모리를 할당하는 작업은 성능과 관련해 특성화 하기 어려운 많은 문제가 있습니다. 센드메일에선 적절한 곳에서 객체 지향 개념을 내부적으로 사용(예를 들어 맵 클래스의 구현)하기도 하나, 전체를 객체 지향 언어로 만드는 것은 낭비이고 지나치게 제한이 많다고 생각합니다.

12.9 결론

센드메일 메일 전송 에이전트는 이메일이 임기응변적이고 현재의 메일 표준은 아직 공식화되지도 않았던 때인 일종의 거친 서부시대 같은 엄청난 격변의 시기에 태어났습니다. 31년 사이에 이메일 문제는 단지 신뢰성 있게 동작하기만 하면 되는 것에서 시작하여 대량의 메시지를 처리하고 스팸과 바이러스로부터 사이트를 보호하고, 오늘날에는 수많은 이메일 기반의 애플리케이션의 플랫폼으로까지 사용되고 있습니다. 센드메일은 심지어는 위험을 감수하지 않는 대부분의 회사에서도 제 몫을 다하면서 진화해 왔고, 또한 이메일이 사람 대 사람의 순수 텍스트 통신에서 멀티미디어 기반의 중요한 핵심 인프라로 진화할 때에도 제 몫을 다하면서 진화해 왔습니다.

이러한 성공의 요인이 항상 명확하지는 않습니다. 틀에 박힌 소프트웨어 개발 방법론으론 급격하게 변하는 세상에서 몇몇의 파트타임 개발자만으로 생존하고, 심지어 널리 쓰이는 프로그램을 만드는 게 불가능합니다. 이 글을 통해 센드메일이 어떻게 성공했는지 조금이나마 통찰력을 제공했기를 바랍니다.

옮긴이: 허태명
평생 코딩하며 사는 것을 꿈꾸는 개발자이다. 현재 삼성전자에서 서버 개발 업무를 하고 있다. 그동안 주로 웹 서비스와 서버 개발 업무를 했지만 Fullstack Developer가 되기를 꿈꾸며 개발 관련한 모든 분야에 관심으로 꾸준히 공부하고 있다. 새로운 기술이 나오면 공부해서 실무에 성공적으로 적용했을 때 큰 행복을 느끼는 천생 개발자이지만 집에서는 사랑하는 아내의 남편이자 장난꾸러기 아들 둘의 아빠이다.

13장

셀레늄 웹드라이버(Selenium WebDriver)

사이먼 스튜어트(Simon Stewart) 지음
조상민, 최용호 옮김

셀레늄은 브라우저 자동화 도구의 일종으로서, 웹 애플리케이션의 테스트 자동화를 위해 주로 사용됩니다. 브라우저 자동화 도구란, 이름 그대로의 것입니다. 프로그램으로 브라우저를 제어할 수 있게 하여 반복적인 작업을 자동화할 수 있도록 해주지요. 브라우저를 제어하는 게 별것 아닌 문제로 보일지도 모르겠지만, 실제로는 매우 복잡한 일입니다.

　셀레늄의 설계를 설명하기에 앞서, 프로젝트를 이루는 하위 요소들 사이의 관계를 살펴보는 것이 도움이 될 듯합니다. 크게 보면, 셀레늄은 세 가지 도구의 모음입니다. 첫 번째, 파이어폭스(Firefox) 브라우저의 확장 프로그램인 Selenium IDE(Integrated Development Environment, 통합개발환경)이 있습니다. 이 도구를 통해 테스트를 기록하고 재생시킬 수 있습니다. 그런데 어떤 경우에는 기록/재생 방식이 적합하지 않을 수 있습니다. 그런 경우를 위해 두 번째 도구인 셀레늄 웹드라이버(Selenium WebDriver)가 존재합니다. 웹드라이버를 이용하면, 여러 가지 언어와 연동되는 API를 통해 브라우저를 좀 더 세밀하게 제어할 수 있습니다. 마지막으로, 네트워크상에 분산된 여러 머신의 브라우저 인스턴스들을 원격으로 제어하여 많은 테스트를 병렬로 실행시킬 수 있게 해주는 도구인 셀레늄 그리드(Grid)가 있습니다. 이 글에서는 셀레늄 웹드라이버의 구조를 알려드리려 합니다.

　이 글은 2010년 후반, 셀레늄 2.0의 베타 버전을 개발하는 기간 중에 쓴 것입니다. 이 글을 읽는 시점이 셀레늄 2.0이 정식으로 발표된 후라면, 다음에 적혀 있는 내용이 어떻게 실현되었는지를 확인할 수 있을 테죠. 그 전이라면, 축하합니다! 타임머신을 타셨군요. 로또 번호라도 알려드릴까요?

13.1 역사

셀레늄은 2004년에 쏘트웍스(ThoughtWorks)의 제이슨 허긴스(Jason Huggins)가 사내용 시간 및 비용 관리(Time and Expenses, T&E) 시스템을 개발하던 중 그 관련 작업으로 시작한 프로젝트입니다. 당시에 가장 널리 사용되던 브라우저로 인터넷 익스플로러(Internet Explorer, IE)가 있었지만, 쏘트웍스 사람들은 여러 가지 대안 브라우저(특히, 모질라 기반의)도 많이 쓰고 있었습니다. 따라서 T&E 시스템을 여러 브라우저에서 테스트해야 했고, 그 종류가 많다 보니 테스트 자동화가 필요했습니다. 당시에 오픈 소스로 공개된 테스트 도구들은 특정 브라우저(대부분이 IE)만을 지원하거나 시뮬레이터(예를 들면, HttpUnit)였습니다. 상용 소프트웨어는 내부 프로젝트의 제한된 예산에 비해 라이선스 비용이 너무 커서 사용할 수 없었습니다.

자동화가 안 되면, 손으로 할 수밖에 없습니다. 그러나 테스트 인력이 충분하지 않거나 릴리스가 잦으면, 수작업으로는 일정을 맞출 수 없을 것이 뻔했습니다. 게다가 사람들에게 매번 똑같은 반복작업을 시키는 것도 못할 짓이었습니다. 그리고 단순 반복작업에 대해서는 사람이 기계보다 능률적이지 못합니다. 그래서 제이슨은 테스트 자동화를 꼭 달성하기로 했습니다.

다행스럽게도 대상으로 삼은 브라우저들은 모두 자바스크립트(Javascript)를 지원했습니다. 그래서 자체적인 테스트 도구를 자바스크립트로만 구현하면 됐습니다. FIT[1]을 보고 영감을 얻어 표 기반의 문법을 도입했습니다. 덕분에 HTML 문법에 익숙하지 못한 사람도 테스트를 작성할 수 있었습니다. 이 도구가 바로 '셀레늄'이고(나중에는 '셀레늄 코어(Core)'로 명칭이 바뀌었습니다), 2004년에 아파치2 라이선스로 공개했습니다.

셀레늄의 표 문법은 FIT의 실행형 구문(ActionFixture)과 비슷합니다. 각 행은 실행할 명령어와 요소 식별자, 옵션 값(선택사항)의 3개 열로 기술합니다. 예를 들어 이름이 'q'인 요소에 'Selenium WebDriver'라는 문자열을 입력하려면, 다음과 같이 작성합니다.

---

[1] http://fit.c2.com

```
type      name=q      Selenium WebDriver
```

그런데 셀레늄을 순수 자바스크립트로 구현한 탓에 큰 단점이 생겼습니다. 셀레늄 코어와 테스트 코드를 대상 애플리케이션과 동일한 서버에 배포해야만 했습니다. 그렇지 않으면 브라우저의 보안 정책에 위배되어 제대로 동작하지 않기 때문이었죠. 이런 방식의 테스트는 실용적이지 않거니와 가능하지도 않았습니다. 또, 개발자들이 사용하는 IDE 중에는 대규모 코드를 잘 관리해 주는 것도 있긴 했지만, HTML은 해당 사항이 없었습니다. 그러다 보니 테스트 코드가 일정 규모를 넘어가면 관리하기가 어려울 것이 뻔했습니다.[2]

이 문제를 해결하기 위해 HTTP 프락시(proxy) 기능을 구현해 넣었습니다. 즉, 모든 HTTP 요청을 셀레늄이 가로채도록 한 것입니다. HTPT 프락시를 통해, 셀레늄 코어와 테스트 코드가 애플리케이션과 동일한 서버에 있는 것처럼 브라우저를 속여 보안 정책을 위반하지 않을 수 있었습니다. 그런데 이런 구조를 도입한 덕분에 새로운 가능성이 열렸습니다. 테스트 코드를 꼭 자바스크립트가 아니라 다른 언어로도 작성할 수 있게 된 것입니다. 무슨 언어로든 특정 URL로 HTTP 요청만 보낼 수 있으면 되었으니까요. 그래서 그 중간 형식도 개발하게 됐는데, 셀레늄 코어의 표 기반 문법과 유사하며 'Selenese'라고 부릅니다. 결과적으로 이 도구를 사용하면 원격의 브라우저를 제어할 수 있으므로, 'Selenium RC(Remote Control, 원격제어)'라고 이름 붙였습니다.

셀레늄이 개발되는 동안에 쏘트웍스에서는 웹드라이버라는 이름의 또 다른 브라우저 자동화 프레임워크가 탄생했는데, 그 첫 버전은 2007년 초에 공개되었습니다. 웹드라이버 프로젝트는 어떤 프로젝트에서 테스트 코드와 테스트 도구를 분리하려고 시도하다가 그 작업 자체를 독립시켜 만든 결과였고, 어댑터(Adapter) 패턴을 활용한 것이었습니다. 초기의 웹드라이버는 HtmlUnit[3]만을 지원했지만, 여러 프로젝트의 테스트 도구로 사용되면서 IE와 파이어폭스(Firefox)도 지원하게 됐습니다.

웹드라이버와 Selenium RC는 둘 다 브라우저 자동화 프레임워크였지만, 여러 가지 중요한 차이점이 있었습니다. 가장 큰 차이점은 API를 제공하는 방식이었

---

2 이와 같은 상황에 대한 자세한 설명은 FIT 개발자 중 한 명인 제임스 쇼어(James Shore)의 글을 참고하세요. http://jamesshore.com/Blog/The-Problems-With-Acceptance-Testing.html

3 (옮긴이) GUI가 없는 브라우저, http://htmlunit.sourceforge.net 참조

습니다. Selenium RC는 한 개의 클래스에서 모든 메서드를 제공하는 반면에, 웹드라이버의 API는 훨씬 객체 지향적이었습니다. 또, 웹드라이버는 자바를 통해서만 사용할 수 있었지만, Selenium RC는 다양한 언어 바인딩(binding)을 지원했습니다. 기술적인 차이도 컸습니다. 셀레늄 코어(Selenium Core)는 기본적으로 브라우저의 보안 샌드박스(sandbox) 내에서 실행되는 자바스크립트 애플리케이션인 반면에, 웹드라이버는 브라우저를 직접 제어하는 방식이었습니다.

두 프로젝트는 2009년 8월에 통합되었고, 그렇게 탄생한 것이 셀레늄 웹드라이버입니다. 이 글을 쓰는 현재, 셀레늄 웹드라이버는 자바(Java)와 C#, 파이썬(Python), 루비(Ruby)로의 언어 바인딩을 제공하고, 크롬(Chrome)과 파이어폭스, IE, 오페라(Opera)뿐만 아니라 안드로이드와 아이폰의 모바일 브라우저도 지원합니다. 또, 자매 프로젝트들이 있어서, 펄(Perl) 바인딩을 사용하거나 블랙베리(BlackBerry) 브라우저와 헤드리스 웹킷(headless WebKit)에도 적용할 수 있습니다. 웹드라이버가 지원하지 않는 브라우저는 Selenium RC의 원래 방식을 통해 제어할 수도 있습니다.

13.2 용어 정리

셀레늄 프로젝트와 관련된 용어들은 꽤 복잡합니다. 그래서 짧게나마 정리하고 넘어갈 필요가 있습니다.

- 셀레늄 코어: 셀레늄 구현의 핵심으로, 브라우저를 제어하기 위한 자바스크립트 코드의 모음입니다. 그냥 'Selenium'이라거나 'Core'라고 지칭하기도 했습니다.
- Selenium RC: 셀레늄 코어에 대한 언어 바인딩을 이르는 용어입니다. 줄여서 'RC'라고 부르기도 합니다. 그런데 가끔은 '셀레늄'이라는 말이 셀레늄 RC를 가리키기도 했기 때문에 혼란스러울 수 있습니다. 현재에는 셀레늄 웹드라이버의 일부가 되었습니다. 그래서 RC가 제공하던 원래의 API는 'Selenium 1.x API'로 불립니다.
- 셀레늄 웹드라이버: 기존 RC의 역할을 물려받은 도구이며, RC의 API를 1.x 버전으로 고스란히 제공합니다. 셀레늄 웹드라이버는 언어 바인딩과 개별적인 브라우저에 대한 제어 기능을 모두 포함하고 있습니다. 그냥 'WebDriver' 또는 'Selenium 2'라 부르기도 합니다.

미래에는 '셀레늄'이라고 말하면 이 도구를 의미하게 될 것입니다. 앞에서 언급했듯이, 셀레늄이라는 용어는 여러 가지 의미로 쓰여 왔습니다. 그러나 문맥을 보면 그 말이 지칭하는 바가 명확한 편이므로, 셀레늄에 관계된 사람들에게는 큰 문제가 되지 않았습니다.

끝으로, '드라이버(driver)'라는 용어를 알려 드리겠습니다. 이 글에서 사용하지만, 따로 설명할 곳이 적당하지 않은 용어입니다. '드라이버'는 특정 브라우저에 대한 웹드라이버 API 구현을 지칭합니다. '파이어폭스 드라이버', 'IE 드라이버' 이런 식으로 쓰입니다.

13.3 프로젝트의 원칙들

개별적인 요소의 세부 사항을 설명하기에 앞서, 셀레늄의 설계와 구현에 관해 우리가 지키려 했던 원칙들을 먼저 이해하는 것이 좋을 것 같습니다.

· 비용을 낮추자.
· 애플리케이션 사용자의 행동을 최대한 비슷하게 에뮬레이션하자.
· 드라이버가 동작하지 않는 일은 없어야 한다.
· 모든 개발자가 프로젝트의 모든 것을 알 필요는 없어야 한다.
· 버스 팩터를 낮추자.
· 모든 API는 자바스크립트 구현과 상통해야 한다.
· 모든 API는 RPC 호출로 이어짐을 명심하라.
· 이 프로젝트는 오픈 소스 프로젝트다.

13.3.1 비용을 낮추자

X 플랫폼에서 Y 브라우저를 지원하려면, 개발은 물론 유지하는 데도 많은 비용이 듭니다. 그래서 우리는 제품의 질을 크게 저해하지 않는다면 비용이 가장 낮은 방식을 채택했습니다. 가능하다면 자바스크립트로 구현한 것도 같은 이유입니다. 그렇다고 비용을 낮추는 것이 최우선의 원칙은 아닙니다. 다른 원칙들을 너무 많이 위배하지 않는 선에서 그런다는 말입니다.

13.3.2 애플리케이션 사용자의 행동을 최대한 비슷하게 에뮬레이션하자

웹드라이버는 사용자가 웹 애플리케이션을 사용하는 방식을 정확히 시뮬레이션해야 합니다. 보통은 자바스크립트를 통해 사용자 입력에 해당하는 이벤트를 인위적으로 발생시키는 방식으로 시뮬레이션합니다. 그러나 이러한 '인위적 이벤트'를 실제로 구현하는 데에는 어려움이 많았습니다. 브라우저마다 또는 같은 브라우저라도 버전마다, 동일 종류의 이벤트라도 세부 정보가 조금씩 다르기 때문입니다. 게다가 폼의 파일 입력 이벤트 같은 경우에는 보안을 이유로 인위적으로 발생시킬 수 없는 브라우저가 대부분입니다.

그래서 웹드라이버는 가능한 한 OS 레벨의 이벤트를 발생시켜 사용자의 행동을 시뮬레이션 했습니다. 그렇게 하면 브라우저의 보안 정책은 전혀 관계가 없어집니다. 게다가 어떤 플랫폼에서 어떤 이벤트를 발생시키는 데 성공했다면, 그 플랫폼의 다른 브라우저에서 같은 이벤트를 구현하는 것이 훨씬 쉬웠습니다. 그러나 모든 경우에 이 방식을 적용할 수는 없었습니다. 브라우저 창에 포커스를 두지 않은 상태에서도 이벤트를 보낼 수 있어야 하기 때문입니다. 그렇지 않고 포커스를 테스트를 실행 중인 창에 항상 둬야 한다면, 대용량 테스트를 하기가 너무 불편해지기 때문입니다. 지금 시점의 셀레늄은 리눅스와 윈도우에서는 OS 레벨 이벤트 방식을 사용하지만, 맥 OS X에서는 그렇지 않습니다.

이벤트를 어느 방식으로 발생시키든, 우리는 사용자의 행동을 최대한 비슷하게 에뮬레이션(emulation)하려고 노력했습니다.

13.3.3 드라이버가 동작하지 않는 일은 없어야 한다

너무 당연한 얘기인가요? 제대로 동작하지 않는 코드를 짜서 뭐에 쓴다고 말이죠. 그러나 셀레늄에게는 드라이버가 너무 중요한 요소이기 때문에, 더 강조하지 않을 수 없습니다. 그래서 우리는 광범위하고 자동화된 테스트 코드를 작성했습니다. 전체를 다시 빌드해야만 수행할 수 있는 '통합 테스트'가 대부분이었지만, '단위 테스트'도 가능한 한 많이 만들었습니다. 이 글을 쓰는 현재, 500여 개의 통합 테스트 케이스와 250여 개의 단위 테스트 케이스가 존재합니다. 버그를 수정하거나 새 기능을 추가할 때마다 테스트 케이스도 함께 작성합니다. 그리고 요즘에는 단위 테스트에 더 집중하고 있습니다.

모든 테스트 케이스를 모든 브라우저에 대해 적용하는 것은 아닙니다. 특정 브라우저가 지원하지 않는 기능에 대한 테스트는 하지 않습니다. 또, 브라우저마다 구현 방식이 다른 기능에 대해서는 서로 다른 테스트 케이스를 적용합니다. 예를 들어, HTML5에서 새로 정의된 기능들은 지원하지 않는 브라우저가 있지요. 어쨌든, 주요 데스크톱 브라우저에는 각각 중요한 테스트 케이스가 500개 이상 있습니다. 이런 규모의 테스트를 여러 플랫폼에서 실행하는 것도 여간 어려운 일은 아니더군요. 우리는 여전히 더 효율적으로 테스트를 진행하기 위해 씨름하고 있습니다.

13.3.4 모든 개발자가 프로젝트의 모든 것을 알 필요는 없어야 한다

이 프로젝트에서 사용되는 여러 가지 언어와 기술에 모두 정통한 개발자는 당연히 별로 없습니다. 따라서 각 개발자가 자신이 보유하고 있는 기술과 지식만을 가지고도 충분한 결과를 낼 수 있는 구조를 설계하고자 했습니다.

13.3.5 버스 팩터를 낮추자

소프트웨어 세계에는 '버스 팩터(bus factor)'라는 개념이 있습니다. 약간 농담스러운 용어인데요. 어떤 멤버가, 예를 들어 버스에 치이는 사고를 당해서, 갑자기 프로젝트를 떠나게 되었고 그로부터 어떤 정보도 얻을 수 없다고 합시다. 그럼에도 그 프로젝트는 계속될 수 있는가 없는가에 대한 얘기입니다. 버스 팩터란, 프로젝트의 진행에 필수불가결한 멤버의 수 또는 비율을 말합니다. 버스 팩터가 높을수록 위험한 프로젝트라고 할 수 있습니다. 빠지면 프로젝트를 중단시켜야 할 멤버가 많으니까요.

브라우저 자동화와 같이 복잡한 프로젝트는 버스 팩터가 어쩔 수 없이 높아지는 경우가 많습니다. 그래도 최대한 낮추기 위해 구조 설계에 많은 신경을 썼습니다.

13.3.6 모든 API는 자바스크립트 구현과 상통해야 한다

웹드라이버는 브라우저를 제어할 다른 방법이 없는 경우에는 항상 자바스크립트 구현을 통합니다. 따라서 모든 API는 자바스크립트 구현과 상통해야 했습니다. 예를 들어, HTML5에는 클라이언트 측에 구조화된 데이터를 저장할 수 있도록 해주는 로컬스토리지(LocalStorage) API가 존재하는데, 일반적으로는 이를 구현하기 위해 브라우저에 SQLite가 탑재됩니다. 브라우저의 이 기능을 제어하려면 JDBC 등을 통해 데이터베이스 연결을 직접 제공하는 게 가장 자연스러운 방법일 것입니다. 그러나 우리는 해당 자바스크립트 구현에 상응하는 API를 제공하기로 했습니다. 특정 데이터베이스에 맞춘 API는 자바스크립트 구현과 상통하지 않을 것이었기 때문입니다.

13.3.7 모든 API는 RPC 호출로 이어짐을 명심하라

웹드라이버는 다른 프로세스에서 실행되는 브라우저를 제어합니다. 즉, 모든 제어 API는 결국 RPC(Remote Procedure Call, 원격 프로시저 호출) 호출로 이어집니다. 따라서 이 프레임워크의 성능은 네트워크 지연시간에 큰 영향을 받습니다. 물론 네트워크 지연시간이 큰 문제가 되는 경우는 거의 없습니다. 대부분의 플랫폼에서 로컬 호스트 통신에 대해 최적화된 성능을 제공하기 때문이죠. 그러나 API 실행이 많아지면 네트워크 성능을 장담하기 어려울 수밖에 없습니다.

이런 특성으로 인해 몇몇 API는 중첩 함수로 설계되기도 했습니다. 원래는 별도의 API로 존재하면서 여러 번의 RPC 호출로 이어졌을 기능을 하나의 API로 통합시킨 것이죠. 즉, 여러 번의 RPC 호출로 수행할 일을 한 번의 호출로 중첩시킵니다. 예를 들어, 웹 페이지의 어떤 요소가 사용자에게 보이는지의 여부를 알아 보려면 여러 가지 검사를 해야 합니다. 해당 요소의 CSS 속성(부모 요소로부터 물려받은 속성도 포함해서)은 물론이고, 요소의 크기도 간과할 수 없는 것입니다. 원래는 모두 별도의 API를 호출해야겠지만, 웹드라이버는 관련 값들을 한 방에 검사할 수 있는 isDisplay 함수를 제공합니다.

13.3.8 마지막으로, 이 프로젝트는 오픈 소스 프로젝트다

군이 설계 원칙은 아니지만, 셀레늄은 오픈 소스 프로젝트입니다. 따라서 새로운 개발자가 될수록 쉽게 프로젝트에 공헌할 수 있기를 바랐기 때문에 강조하지 않을 수 없는 명제였습니다. 사실, 앞선 원칙들에도 그런 바람이 어느 정도 녹아 있습니다. 프로젝트에 필요한 지식의 깊이를 최대한 낮게 유지하고, 정말 필요한 경우에만 새 언어를 채용했으며, 되도록 많은 테스트 케이스를 자동화했습니다.

셀레늄 프로젝트는 원래 여러 개의 모듈로 구성되어 있었고, 각 모듈은 특정 브라우저에 대한 구현 또는 공통 기능을 담당했습니다. 그리고 언어 바인딩에 대한 코드도 각 모듈 아래에 있었습니다. 이런 구조는 자바나 C# 개발자에게는 익숙한 모양이었지만, 루비나 파이썬 개발자에게는 그렇지 않았습니다. 그 차이는 셀레늄에 공헌하는 오픈 소스 개발자의 수에 영향을 미쳤습니다. 루비/파이썬 바인딩에 공헌하는 오픈 소스 개발자가 상대적으로 적었습니다. 그래서 2010년 10~11월에 프로젝트의 소스 트리 구조를 조정하여 루비와 파이썬 코드를 각각 최상위 디렉터리로 옮겼습니다. 그랬더니 더 많은 루비/파이썬 개발자가 참여하더군요.

13.4 복잡성과 상대하기

소프트웨어는 표면이 울퉁불퉁합니다. 바로, 복잡성(complexity) 때문이죠. API를 설계하는 입장에서 우리는 복잡성에 관해서 모종의 선택을 해야 했습니다. 복잡성을 가능한 한 고르게 흩뿌려서 API의 모든 사용자가 공평하게 어렵도록 할 것인가, 복잡한 것들을 한군데에 몰아넣고 최대한 다른 곳과 단절시킬 것인가의 문제였습니다.

웹드라이버는 복잡성을 한두 곳에 집중시키는 방향으로 개발됐습니다. 그런 선택을 한 가장 큰 이유는 바로 우리의 사용자들이었습니다. 우리 사용자들은 오류와 이슈를 찾아내는 데 탁월하지만(우리의 이슈 목록을 본다면, 부정할 수 없을 겁니다), 개발자처럼 복잡한 API를 잘 사용하지는 못합니다. 따라서 API가 단순할수록 좋다고 판단했습니다. 예를 들어, 〈input〉 요소에 값을 입력하는 메서드를 봅시다. 원래의 셀레늄 API에는 그런 역할을 하는 메서드가 아래와 같이 여러 개가 존재했습니다.

- type
- typeKeys
- typeKeysNative
- keydown
- keypress
- keyup
- keydownNative
- keypressNative
- keyupNative
- attachFile

반면에 웹드라이버 API는 그런 메서드가 1개밖에 없습니다.

· sendKeys

앞에서도 언급했지만, 이는 RC와 웹드라이버의 철학이 근본적으로 다르기 때문에 생긴 차이입니다. 웹드라이버는 사용자를 에뮬레이션하기 위해 노력하는 반면에, RC는 훨씬 하위 수준의 API를 제공합니다. RC는 typeKeys 메서드와 typeKeysNative 메서드를 각각 종류가 다른 인위적 이벤트를 통해 구현했습니다. 그러나 웹드라이버는 AWT(Abstract Window Toolkit) 로봇(Robot)을 통해 사용자가 키를 입력하는 듯한 효과를 얻지요. 그런데 AWT 로봇이 제대로 동작하려면 대상 브라우저 창이 항상 포커스를 가지고 있어야 하는 문제가 있습니다. 그래서 윈도우 핸들과 직접적으로 통신하여 네이티브 이벤트를 발생시키는 방식도 지원합니다. 그렇게 하면 브라우저 창의 포커스 여부와 상관이 없어집니다.

13.4.1 웹드라이버의 설계

웹드라이버의 API는 객체 지향적입니다. 각 인터페이스는 그 정의가 명확하고, 하나의 역할(role) 또는 책임(responsibility)만을 가지도록 되어 있습니다. 그런데 HTML 모델링에 대해서는 다르게 접근했습니다. HTML 태그 하나하나를 별도의 클래스로 만들지 않고 WebElement 인터페이스 하나로 아우른 것입니다. 덕분에 개발자는 IDE가 제공하는 코드 자동완성 기능의 혜택을 볼 수 있습니다. 자바로 코딩하는 과정을 예로 들면 다음과 같습니다.

```
WebDriver driver = new FirefoxDriver();
driver.<자동완성 기능 동작>
```

이 시점에서 IDE가 메서드 13개의 목록을 제시하고, 개발자는 그중 하나를 선택합니다.

```
driver.findElement(<자동완성 기능 동작>)
```

이번엔 findElement 메서드의 인자로 넘길 수 있는 타입의 목록이 표시될 것입니다. 그 중에서 'By' 타입을 선택하면, By 클래스의 정적 메서드들이 표시되고 (팩터리 메서드들입니다) 개발자는 그 중에서 또 하나를 선택하기만 하면 됩니다. 참 쉽죠?

```
driver.findElement(By.id("some_id"));
```

역할 기반(Role-based)의 인터페이스

예를 들어, Shop(상점) 클래스를 설계해 봅시다. 상점에는 매일 물건 (StockItem)이 입고되는데 이를 위해 Stockist(입고담당자) 클래스와 연동하고, Accoutant(회계담당자) 클래스와 연동하여 매달 직원 급여와 세금을 처리해야 한다고 가정합시다. 단순하게는 Shop 인터페이스를 다음과 같이 설계할 수 있습니다.

```
public interface Shop {
    void addStock(StockItem item, int quantity);
    Money getSalesTotal(Date startDate, Date endDate);
}
```

그런데, Shop과 Accountant, Stockist 사이의 연동 방식을 정할 때, 그 경계를 어디에 두는가에 따라 또 다른 설계가 가능합니다. 일단, 위와 같은 인터페이스 설계에서의 경계는 그림 13.1과 같이 표현할 수 있습니다.

이 설계에서는 Accountant와 Stockist 클래스의 주요 메서드가 Shop 객체를 인자로 받게 되는데, 원칙적으로 쓸데없는 정보도 항상 함께 넘겨진다는 단점이 있습니다. 회계담당자가 재고 상태를 알거나 입고담당자가 세금에 신경 쓸 필요는 없으니까요. 그래서 그림 13.2와 같이 경계를 그리는 게 더 좋은 설계라 할 수 있습니다.

Accountant와 Stockist의 역할을 별도의 인터페이스들(HasBalance와 Stockable)로 정의하고, Shop은 그 인터페이스들을 구현하도록 할 수 있습니다. 이때, HasBalance와 Stockable를 역할 기반의 인터페이스라 합니다.

```
public interface HasBalance {
    Money getSalesTotal(Date startDate, Date endDate);
}

publicinterfaceStockable{
    void addStock(StockItem item, int quantity);
}

publicinterfaceShopextendsHasBalance,Stockable{
}
```

인터페이스들을 역할 기반으로 정의했기 때문에, UnsupportedOperation Exceptions 예외 같은 것이 필요가 없었습니다. 어떤 기능이 제공되는지의 여부는 특정 인터페이스를 상속했는지 만으로도 알 수 있기 때문입니다. 예를 들어, JavascriptExecutor 인터페이스는 임의의 자바스크립트 코드를 현재 페이지의 컨텍스트(context)에서 실행시키는 기능을 제공하는데, 어떤 웹드라이버 인스턴스를 JavascriptExecutor 타입으로 변환(cast)할 수 있다면, 그 기능을 실행시킬 수 있다는 뜻이 됩니다.

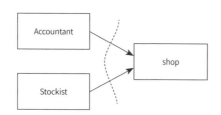

그림 13·1 Accountant/Stockist가 Shop에 의존하는 경우

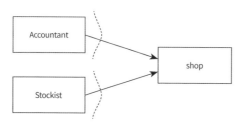

그림 13.2 HasBalance/Stockable 인터페이스를 도입하는 경우

13.4.2 조합의 폭발적인 증가에 대처하기

여러 가지 브라우저와 다양한 언어 바인딩을 지원하는 것이 목표였으니, 유지보수 비용이 감당할 수 없을 정도로 커질 우려가 있었습니다. X개의 브라우저와 Y개의 언어를 지원하려면? 잘못하면, X×Y개의 구현을 유지보수해야 하는 함정에 빠질지도 모를 일이었습니다.

그래서 웹드라이버가 지원할 언어의 개수를 줄일까도 생각했습니다. 그러나 두 가지 이유로 그러지 않았습니다. 첫째, 테스트하려는 제품의 개발에 쓰인 언어로 테스트도 작성할 수 있기를 바랐습니다. 어떤 언어에서 다른 언어로 사고를 전환하는 데는 인식론적인 어려움이 따르니까요. 둘째, 한 프로젝트를 개발하는 데 여러 개의 언어가 동시에 쓰이는 것은 바람직하지 않다고 판단했습니다. 코딩 원칙이나 요구사항을 정의하려면 실행 기술의 통일성이 필요하기도 하니까요(그런데 요즘은 이 두 번째 이유가 점점 약해지고 있는 것 같아 기쁩니다).

지원하는 브라우저의 개수를 줄이는 것은 애초부터 대안이 아니었습니다. 웹 드라이버에서 파이어폭스 2에 대한 지원을 중단하자 여기저기서 불만의 소리가 터져 나왔던 경험도 있기 때문이죠. 당시에 그 브라우저의 시장점유율은 1%도 안 되었는데 말입니다.

결국 우리가 선택할 수 있는 길은 모든 브라우저의 인터페이스를 단일화하는 것뿐이었습니다. 그렇게 하면 각 언어 바인딩의 구현을 좀 더 쉽게 할 수 있습니다. 브라우저가 한 종류 밖에 없는 셈이니까요. 이와 더불어, 로직을 최대한 드라이버에 포함시켜 언어 바인딩마다 따로 구현해야 하는 경우를 줄였습니다.

어쩔 수 없이 드라이버에 넣지 못한 기능도 있습니다. 예를 들어, IE의 경우는 브라우저 인스턴스를 생성하는 로직이 드라이버에 포함되어 있습니다. 그래서 각 언어 바인딩에서는 메서드 호출 하나로 IE를 실행시킵니다. 반면에, 파이어 폭스는 그렇지 못한 경우에 해당합니다. 그래서 파이어폭스 인스턴스를 생성하는 1300여 줄의 코드가 각 언어 바인딩마다 별도로 들어 있습니다. 덕분에 파이 어폭스는 IE에 비해 유지보수 하기가 훨씬 어렵습니다.

13.4.3 웹드라이버의 설계상 단점

웹드라이버의 세부 기능을 이런 방식으로 제공하다보니, 사용자가 필요한 기능을 찾는 것이 쉽지 않게 되었습니다. 수많은 인터페이스의 목록에서 어떤 기능에 해당하는 인터페이스를 찾아야 하니까요. 웹드라이버를 공개한 후 한동안은 사용자에게 이런저런 인터페이스들이 있음을 알려주느라고 꽤 많은 시간을 소비하기도 했습니다. 지금은 API 문서를 비교적 잘 만들어 놓아서 조금 나은 상황입니다. 게다가 사용자가 매우 많아져서 인터넷에서 관련 정보를 검색하기도 쉬워졌습니다.

우리가 제공하는 API 중 제 마음에 가장 안 드는 것으로 RenderedElement 인터페이스가 있습니다. 이 인터페이스는 크게 세 종류의 기능을 제공합니다. 첫째, 어떤 요소의 렌더링 상태를 확인할 수 있습니다(isDisplayed, getSize, getLocation 메서드). 둘째, 어떤 요소에 대해 일련의 기능을 실행시킬 수 있습니다(hover 메서드 및 드래그-앤-드롭 관련). 셋째, 어떤 요소에 적용된 CSS 속성을 확인할 수 있습니다. 그런데 처음에는 첫 번째 메서드들만 존재했습니다. 나머지는 나중에 추가된 것입니다. 문제는 인터페이스의 기존 기능과 다른 종류의 메서드를 추가하면서 멀리 보지 못했다는 것입니다. 전체 API가 어떤 식으로 진화해 갈지를 전혀 고려하지 않았습니다. 그래서 지금의 RenderedElement 인터페이스는 여러 종류의 메서드들이 엉망으로 뒤섞인 모양새가 되었습니다. 개발자로서 하루 빨리 없애 버리고 싶은 인터페이스입니다. 하지만 이 인터페이스를 애용하는 사용자가 너무 많은 탓에 남겨 둘 수밖에 없을지도 모릅니다. 어쨌든 셀레늄 2.0을 출시할 때까지는 해결해야 할 문제입니다.

각 브라우저를 최대한 제어할 수 있도록 하라는 설계 원칙도 개발자의 관점에서는 큰 단점이었습니다(물론 피할 수 없는 결정이지만요). 덕분에 새로운 브라우저를 지원하려면 해야 할 작업이 꽤 많았기 때문입니다. 게다가 기존의 구현을 버리고 처음부터 새로 구현해야 하는 경우도 많았습니다. 크롬(Chrome) 드라이버는 4번이나 전체 구현을 다시 했고, IE 드라이버는 대대적으로 수정한 것만 3번입니다.

13.5 자바스크립트 라이브러리의 계층구조

브라우저 자동화 도구는 크게 3개의 영역으로 이뤄집니다.

· DOM(Document Object Model) 탐색
· 자바스크립트 코드 실행
· 사용자 입력 에뮬레이션

그 중 이 절에서 설명하고자 하는 것은 첫 번째인 DOM 탐색 기능입니다. 모든 브라우저는 자바스크립트를 지원합니다. 따라서 DOM 탐색 기능을 자바스크립트로 구현하는 것은 일견 당연합니다. 그렇지만 설계하고 구현하는 일도 그저 순탄하게만 흘러가지는 않았습니다. 몇몇 까다로운 상황도 발생했고, 서로 충돌하는 요구사항들 사이의 균형도 고려해야 했습니다.

대부분의 규모 있는 프로젝트와 마찬가지로, 셀레늄의 내부도 계층구조를 이루고 있습니다. 최하층에는 모듈화 구조를 사용하기 위해 구글 Closure 라이브러리를 위치시켰습니다. 모듈화를 통해 각 소스 코드 파일을 최대한 작은 크기로 유지할 수 있기 때문입니다. 그 위에는 브라우저 자동화 단위기능 계층이 있

습니다. 단위기능이란 브라우저를 제어하기 위한 여러 기능을 최대한 작은 단위로 나눠 놓은 것입니다. 예를 들어, 속성값을 읽는 단순한 기능부터 어떤 요소가 화면에서 보이는 상태인지를 확인하는 복잡한 기능까지 매우 다양합니다. 클릭이벤트를 시뮬레이션하는 기능도 단위기능 중 하나입니다. 최상위는 하위의 단위기능들을 적절히 이용하여 웹드라이버와 Core의 API를 구현하는 계층입니다.

그림 13.3 셀레늄 자바스크립트 라이브러리의 계층구조

Closure 라이브러리를 채택한 데는 몇 가지 이유가 있습니다. 가장 큰 이유는 Closure 컴파일러의 효용성이었습니다. Closure 컴파일러는 Closure 라이브러리의 모듈화 기법을 잘 살려주는 존재입니다. 소스 파일들을 의존 관계의 순서에 따라 정렬한 후 병합하여 하나의 자바스크립트 파일로 만들어 주기 때문이지요. 그 과정에서 코드의 포매팅도 조정할 수 있으며, 자동으로 주석이나 줄바꿈 문자를 없애 크기를 최소화하거나 실행되지 않는 코드를 제거해 주기도 합니다. 게다가 당시의 개발 팀원 중에는 이 라이브러리에 익숙한 사람이 많아서 더 매력적이었습니다.

브라우저 자동화 단위기능은 프로젝트 내의 DOM을 다뤄야 하는 모든 곳에서 광범위하게 사용됩니다. RC와 자바스크립트로 구현된 드라이버들은 단위기능 라이브러리와 직접적으로 연동됩니다. 자바로 구현된 드라이버들을 위해서는 웹드라이버의 개별 기능이 JAR 파일에 리소스로 포함된 자바스크립트 라이브러리와 함께 컴파일 됩니다. 아이폰이나 IE 드라이버와 같이 C로 구현된 경우에는 자바스크립트 코드가 헤더 파일의 상수로 변환됩니다. 드라이버의 범용 자바스크립트 실행 기능을 통해 동작하는 것이지요. 조금 독특한 방식입니다만, 자바스크립트 코드를 여러 곳에 중복시키지 않고서도 드라이버에 포함시킬 수 있습니다.

단위기능들이 이렇게 광범위하게 공유되므로, 모든 브라우저에 대해 일관성을 보장하는 게 가능했습니다. 또 라이브러리를 자바스크립트로 작성하고 실행하는 데 특별한 권한이 필요하지 않아 개발 과정이 비교적 단순하고 빨라졌습니다. Closure 라이브러리는 의존 관계를 동적으로 반영하므로, 셀레늄 개발자는 테스트 코드를 수정하고 브라우저의 갱신 버튼만 누르면 그만이었습니다. 그리고 어떤 브라우저에서 테스트를 통과하면, 해당 테스트를 다른 브라우저에서 수행시키는 것도 매우 쉬웠지요. Closure 라이브러리가 브라우저들 사이의 차이점을 잘 가려주어서, 이것만으로도 충분한 경우가 많았습니다. 물론 통합 빌드 과정에서 모든 브라우저에 대해 테스트 전체를 수행합니다.

원래의 Core와 웹드라이버에는 서로 간에 중복된 코드가 많았습니다. 게다가 코드가 완전히 동일한 것도 아니었습니다. 동일한 기능을 조금씩 다른 방식으로 구현했던 것이지요. 단위기능 계층을 구축하면서, 우리는 그런 코드들 중 최선의 것을 취사선택 하고 중복을 없앰으로써 두 프로젝트를 개선하였습니다. 새로운 단위기능 함수를 하나 개발하면, 해당 기능이 필요한 곳의 코드를 모두 그 함수에 대한 호출로 대체하였습니다. 예를 들어, 파이어폭스 드라이버의 getAttribute 메서드의 코드는 이런 작업을 통해 50줄에서 6줄로 줄었습니다. 그 6줄에는 심지어 빈 줄도 포함되어 있었습니다.

```
FirefoxDriver.prototype.getElementAttribute =
  function(respond, parameters) {
  var element = Utils.getElementAt(parameters.id,
                                   respond.session.getDocument());
  var attributeName = parameters.name;

  respond.value = webdriver.element.getAttribute(element, attributeName);
  respond.send();
};
```

끝에서 두 번째 줄의 코드(respond.value에 값을 할당하는)가 단위기능 함수를 사용하는 것입니다.

단위기능 계층은 그 존재만으로도 셀레늄 프로젝트의 설계 원칙을 지키는 데 도움이 됐습니다. 자연스럽게 API가 자바스크립트 구현과 상통하게 되기 때문입니다. 더 좋은 점은 동일한 코드가 프로젝트 전체에서 공유된다는 사실입니다. 따라서 단위기능의 버그를 하나 잡으면 그 기능을 사용하는 여러 곳에 자동으로 반영됩니다. 즉, 유지보수 비용이 획기적으로 줄었습니다. 또, 버스 팩터를 낮추는 데도 도움이 되었습니다. 드라이버마다 어떻게 구현되었는지를 반드시 알 필요가 없이, 자바스크립트 단위 테스트를 만족시키는 것만으로도 코드를 제대로 수정했음을 보장할 수 있기 때문입니다. 덕분에 오픈 소스 개발자를 더 많이 끌어들일 수 있었습니다.

예전의 RC API를 새로운 웹드라이버 API로 마이그레이션 하는 작업도 단위기능 계층 덕분에 잘 통제할 수 있었습니다. Selenium Core의 각 기능이 잘 분리되어 있으므로, API들이 잘 동작하는지 하나하나 확인하면서 새로 구현하기 편했던 것입니다.

그렇다고 장점만 있었던 건 아닙니다. 특히, 자바스크립트 코드를 C 헤더 파일의 상수로 변환하는 것이 C 개발자에게는 꽤 황당한 일이었나 봅니다. 또, 모든 브라우저의 모든 버전에 대해 모든 테스트 코드를 수행하는 개발자가 거의 없었던 것도 문제가 되었습니다. 그래서 때때로 찾기 힘든 버그가 발생하기도 했습니다.

또 각 단위기능은 브라우저의 반환값을 나름대로 표준화하기 때문에, 사용자는 기대치 않았던 값을 얻을 수도 있습니다. 예를 들어, 〈input〉 요소를 봅시다.

```
<input name="example" checked>
```

checked 속성의 값은 브라우저마다 다르게 정의되어 있습니다. 이에 관련된 단위기능 메서드는 이 값을 불리언(true/false)로 표현합니다. 이 단위기능이 배포되자, 여러 사용자 테스트 코드가 제대로 동작하지 않게 되었습니다. checked 속성에 대한 테스트 대상 브라우저의 구현을 가정하고 만들어진 테스트 코드였기 때문입니다. 그 후로 단위기능의 이런 특성을 많이 홍보한 덕분에, 지금은 큰 문제가 되지 않습니다.

13.6 원격 드라이버, 특히 파이어폭스

원격 웹드라이버의 근간은 원래 RPC였습니다. RPC는 웹드라이버의 유지보수 비용을 낮추는 효과가 있었기 때문에 갈수록 더욱 중요해졌습니다. 여러 언어 바인딩에서 공통으로 사용할 수 있는 단일 인터페이스의 역할을 하기 때문입니다. 로직의 최대한 많은 부분을 드라이버 측에 구현하여 각 언어 바인딩은 드라이버의 기능을 그저 이용만 하면 되도록 한 것입니다. 그러나 각 드라이버가 저마다의 통신 프로토콜을 가지고 있어서 언어 바인딩마다 필요한 코딩량은 적지 않았습니다.

다른 프로세스에서 동작하는 브라우저 인스턴스와 통신할 때는 언제나 원격 웹드라이버 프로토콜을 통합니다. 그런데 이 프로토콜을 설계함에 있어서는 여러 가지 고민이 있었습니다. 대부분은 기술적인 것이었지만, 일부는 사회적인 것입니다. 셀레늄은 아무래도 오픈 소스 프로젝트니까요.

RPC 구현에는 전송(transport)과 인코딩(encoding) 이슈가 있는데, 우리는 원격 웹드라이버 프로토콜을 설계할 때 모든 언어 바인딩에 대하여 그 두 부분을 모두 구현하게 될 것임을 이미 알고 있었습니다. 초기 설계는 파이어폭스 드라이버의 일부로 개발되었습니다.

모든 모질라 프로젝트는 멀티플랫폼을 지향합니다. 그래서 XPCOM(cross-platform COM)이라는 컴포넌트 프레임워크를 고안해 사용합니다. 마이크로소프트의 COM과 비슷한 것입니다. XPCOM 인터페이스는 IDL(Interface Definition Language, 인터페이스 정의 언어)로 기술하고, C와 자바스크립트를 비롯한 여러 언어에 대한 바인딩을 지원합니다. 파이어폭스도 XPCOM 컴포넌트들을 기반으로 구현되어 있었습니다. 그리고 XPCOM은 자바스크립트를 통해 사용할 수 있습니다. 따라서 우리는 파이어폭스 확장 프로그램에 XPCOM 컴포넌트들을 사용했습니다.

Win32 COM 인터페이스는 원격 접근을 허용합니다. XPCOM에도 그런 기능을 추가할 계획이 있었기 때문에, 대런 피셔(Darin Fisher)가 그 기반이 될 XPCOM 서버 소켓 기능을 넣었습니다. 그 계획은 취소되었지만, 서버 소켓은 그대로 살아 있어 우리의 파이어폭스 확장프로그램의 파이어폭스 제어 로직 구현에 사용할 수 있었습니다. 초기의 프로토콜은 행으로 구분된 텍스트 기반이었고, UTF-2 인코딩을 사용했습니다. 각 요청 또는 응답은 하나의 숫자로 시작하는데, 해당 요청/응답에 포함된 행의 개수를 의미합니다. 이런 방식을 채택한 이유는 SeaMonkey(당시의 파이어폭스의 자바스크립트 엔진)이 자바스크립트 문자열을 16비트의 부호 없는 정수형으로 저장하기 때문에 구현이 용이했기 때문입니다.

기본 소켓 위에서 동작하는 자체 프로토콜을 구현하는 건 꽤 재미있는 작업이었지만, 여러 단점이 있었습니다. 자체 프로토콜이기 때문에 모든 언어에 대해 처음부터 끝까지 모두 직접 구현해야 했습니다. 오픈 소스 개발자들이 매우 싫어할 단점이지요. 또, 요청/응답의 내용을 행으로 구분하는 것은 텍스트를 주고받기에는 충분했지만, 스크린샷과 같은 이미지는 처리하기가 어려웠습니다.

따라서 초기의 RPC 설계를 계속 유지할 수는 없었습니다. 다행히도 HTTP라는 적절한 대안이 있었습니다. 당시에 이미 널리 쓰이고 있던 프로토콜이었지요. 따라서 다양한 언어로 구현된 라이브러리가 존재했습니다.

HTTP를 전송 방식으로 결정한 후의 이슈는 엔드포인트의 구조를 어떻게 가져갈 것인가였습니다. 즉, 엔드포인트를 하나로 할 것인가(SOAP 스타일), 아니면 여러 개로 할 것인가(REST 스타일) 사이의 선택이 필요했죠. 처음에는 전자를 선택하고, 명령어와 파라미터는 쿼리문자열(query string)에 넣었습니다. 그렇게 해도 동작에는 이상이 없었습니다만, 뭔가 문제가 있다고 느껴졌습니다. 이 프로젝트는 원격 브라우저와 붙어있는 웹드라이버 인스턴스에 접속하여 브라우저의 상태를 읽어오는 것이었기 때문입니다. 결국에 우리는 우리만의 용어로 'REST-ish'라 하는 방식으로 선회했습니다. 여러 개의 엔드포인트 URL을 제공하고, HTTP 규격의 요청 종류(verb)를 존중하여 의미를 부여했습니다. 그러나 완벽한 REST 시스템은 아닙니다. 상태와 캐시의 위치가 보통의 REST 시스템 원칙에 위배되기 때문입니다. 웹드라이버에서는 애플리케이션 상태의 의미 있는 위치가 한곳밖에 없었습니다.

HTTP는 콘텐츠 협상(content type negotiation) 기능을 제공하므로 데이터에 여러 가지 인코딩 형식을 지원하는 것은 어려운 일이 아니었습니다. 그러나 우리는 표준 형식은 있어야 된다고 판단했습니다. HTML, XML, JSON 등 후보는 여럿이었습니다. XML은 금방 포기했습니다. XML은 분명히 훌륭한 데이터 형식이고 거의 모든 언어로 라이브러리가 존재하지만, 왠지 모르게 오픈 소스 세계에서는 별로 환영 받지 못한다는 느낌이 있었기 때문입니다. 게다가 응답 데이터가 대체로 동일한 내용이지만 경우에 따라서는 특수한 필드가 포함될 수 있어야 하는데, 그렇게 하기에 XML은 적당치 않습니다.[4] XML 이름공간(namespace) 규약을 이용하면 가능은 하겠지만, 클라이언트 측의 코드가 더욱 복잡해질 것이 뻔합니다. HTML도 적당하지 않았습니다. 우리만의 데이터 형식이 필요한데, HTML로 그렇게 한다는 것은 계란 깨는 데 망치를 동원하는 꼴이

---

4 예를 들어, BASE64로 인코딩 된 스크린 캡처를 반환할 때 원격 서버는 디버깅 정보를 함께 보내지만 파이어폭스 드라이버는 그렇지 않습니다.

라고 생각했습니다.

그래서 최종적으로 JSON(Javascript Object Notation, 자바스크립트 객체 표기법)을 낙점했습니다. 모든 브라우저가 eval 함수를 제공하기 때문에, JSON 문자열을 객체로 변환할 수 있습니다. 요즘에는 보안 문제나 부작용이 없는 변환 방법도 제공됩니다. 게다가 JSON을 지원하는 라이브러리는 거의 모든 언어에 존재하고, 요즘 개발자들이 좋아하는 데이터 형식입니다. 사실, 별로 고민할 것도 없는 선택이었습니다.

원격 웹드라이버 프로토콜의 두 번째 버전은 HTTP로 전송하고 UTF-8 JSON으로 인코딩하도록 구현했습니다. UTF-8을 기본 인코딩으로 사용한 것은 유니코드를 완벽하게 지원하지 못하는 언어도 있기 때문입니다. 그리고 ASCII와의 하위 호환성도 고려했습니다. 명령어는 URL로 표현하고, 파라미터는 배열에 넣었습니다.

예를 들어, WebDriver.get("http://www.example.com")은 세션 ID를 포함하고 "/url"로 끝나는 URL에 대한 POST 요청으로 이어졌습니다. 파라미터 배열은 {{}'http://www.example.com'{}}와 같은 모양이 되었구요. 응답 데이터는 좀 더 구조화되어 있고, 반환값과 에러 코드가 들어가는 자리가 있었습니다. 그러다가 얼마 지나지 않아 세 번째 버전을 만들었습니다. 세 번째 버전에서는 파라미터를 키-값 쌍으로 표현하도록 변경하여, 요청을 만들기도 쉽고 클라이언트가 잘못 구현될 가능성도 줄였습니다. 결과적으로 시스템이 전체적으로 좀 더 견고해졌지요. 그리고 HTTP 에러 코드를 적극적으로 활용했습니다. 예를 들어, 유효하지 않은 URL에 대한 호출에 대한 응답이나 '응답이 비었음'을 표현하기 위해 그런 의미에 해당하는 HTTP 에러 코드를 동원한 것입니다.

원격 웹드라이버 프로토콜에서 에러 처리는 두 단계를 거칩니다. 우선 유효하지 않은 요청을 처리하고, 실패한 명령에 대한 에러를 처리합니다. 유효하지 않은 요청으로는 서버에 존재하지 않는 요소에 대한 요청 또는 지정된 요소가 지원하지 않는 명령어를 예로 들 수 있습니다. 그런 경우에는 HTTP 4xx 코드가 반환됩니다. 실패한 명령에 대해서는 HTTP 500 코드(Internal Server Error)가 반환되고, 본문에 좀 더 자세한 정보가 포함됩니다.

응답 데이터는 클라이언트에 의해 다음과 같은 식의 JSON 객체로 변환됩니다.

키 이름	설명
sessionId	세션 식별자
status	실행 결과를 표현하는 숫자 코드. 0이 아니면, 실패했음을 의미.
value	실행의 결과값

```
{
  sessionId: 'BD204170-1A52-49C2-A6F8-872D127E7AE8',
  status: 7,
  value: 'Unable to locate element with id: foo'
}
```

위에서 보듯이, 응답의 상태 코드를 본문 안에 넣었습니다. 상태 코드는 IE 드라이버를 구현하면서 처음 정했는데, 이후의 모든 드라이버에서도 같은 체계를 사용했습니다. 그래서 어떤 언어로 만든 에러 처리 로직은 모든 드라이버에서 재사용할 수 있었습니다.

원격 웹드라이버 서버는 분배기 역할을 하는 간단한 자바 서블릿입니다. 수신한 명령을 지정된 웹드라이버 인스턴스로 전달하는 것입니다. 석사 2년차 학생에게도 별거 아닐 수준입니다. 파이어폭스 드라이버도 원격 웹드라이버 프로토콜을 포함하는데, 그 구조가 매우 흥미롭습니다. 그러니 파이어폭스에서 원격 요청이 어떤 흐름을 타는지 따라가 봅시다.

자바를 예로 들겠습니다. 그리고 'element'는 WebElement 인스턴스라고 가정합시다. 요청은 이런 코드로 시작됩니다.

```
element.getAttribute("row");
```

내부적으로, WebElement 객체는 고유의 식별자(id)를 갖고 있어서 서버가 어떤 요소에 대응시켜야 하는지를 알게 됩니다. 식별자가 'some_element_id'라고 합시다. 이 값은 자바 Command 객체 내의 맵(Map) 변수에 'id'라는 이름으로 저장됩니다. 질의 대상 속성의 이름은 'name'이라는 이름으로 저장되구요.

이 요청은 다음과 같은 형식의 URL로 매핑됩니다.

```
/session/:sessionId/element/:id/attribute/:name
```

위의 URL에서 콜론(:)으로 시작하는 부분은 지정된 변수의 값으로 대체되는 부분입니다. 'id'와 'name'은 앞에서 언급했고, 'sessionId'는 서버가 세션을 식별하기 위한 파라미터입니다. 파이어폭스 드라이버는 그렇지 않지만, 동시에 여러 세션을 유지하는 드라이버도 있기 때문입니다. 결과적으로 요청 URL은 다음과 같은 모양이 됩니다.

```
http://localhost:7055/hub/session/XXX/element/some_ _id/attribute/row
```

참고로, URL 템플릿(URL Templates)라는 RFC 규약이 있는데, 우리의 원격 웹 드라이버 프로토콜의 URL 형식과 유사합니다. 그러나 우리가 처음 프로토콜을 구현할 당시에 URL 템플릿 RFC는 초안 상태였기 때문에, 안타깝게도 채용하지 못했습니다.

우리가 호출하려는 메서드는 서버상의 리소스를 변경하지 않으므로, GET HTTP 메서드를 통해야 합니다. 우리는 서버와의 HTTP 통신을 위해 자바 라이브러리(아파치 Http Client)를 이용했습니다.

파이어폭스 드라이버는 일종의 파이어폭스 확장 프로그램이고, 기본적인 구조는 그림 13.4와 같습니다. 그런데 특이하게도 HTTP 서버를 내장하고 있습니다. 처음에는 우리가 직접 구현한 모듈을 사용하다가 나중에는 기회가 닿을 때마다 모질라가 구현한 HTTPD로 대체했습니다. XPCOM상의 HTTP 서버를 구현하는 것은 우리 본연의 임무가 아니었기 때문입니다. HTTPD에 수신되는 요청들의 거의 그대로 '분배자'에게 전달됩니다.

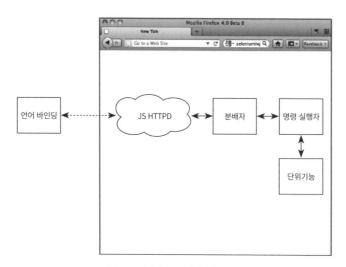

그림 13.4 파이어폭스 드라이버의 구조 개괄

요청을 전달 받은 분배자는 지원되는 URL 목록 중에서 그 요청에 해당하는 항목을 찾아냅니다. 그 과정에서는 클라이언트 측의 변수 대체 동작과 사용된 HTTP 요청 종류가 모두 고려됩니다. 정확히 해당하는 URL을 찾으면, 그 요청 을 표현하는 JSON 객체를 생성합니다. 예를 들면, 다음과 같습니다.

```
{
  'name': 'getElementAttribute',
  'sessionId': { 'value': 'XXX' },
  'parameters': {
    'id': 'some_element_id',
    'name': 'rows'
  }
}
```

이런 JSON 객체는 "'명령 실행자'를 호출할 때 파라미터로 넘겨집니다. 아래 코 드를 보시면 이해가 될 겁니다. 참고로, 명령 실행자는 일종의 XPCOM 컴포넌 트입니다.

```
var jsonResponseString = JSON.stringify(json);
varcallback=function(jsonResponseString){
  var jsonResponse = JSON.parse(jsonResponseString);
  if (jsonResponse.status != ErrorCode.SUCCESS) {
    response.setStatus(Response.INTERNAL_ERROR);
  }

  response.setContentType('application/json');
  response.setBody(jsonResponseString);
  response.commit();
};

//명령 전달
Components.classes['@googlecode.com/webdriver/command-processor;1'].
    getService(Components.interfaces.nsICommandProcessor).
    execute(jsonString, callback);
```

실제 코드는 훨씬 길지만, 핵심은 두 가지입니다. 첫째, 객체를 JSON 문자열로 변환합니다. 둘째, 명령 실행자가 실행을 끝내고 실행시키는 콜백 함수는 HTTP 응답을 생성합니다.

명령어 실행자의 execute 메서드(원래는 응답을 사용자에게 전송할 용도로 만들어진 함수)는 호출할 함수를 정하기 위해서 "name"을 확인합니다. 이를 처 리하는 함수의 첫 번째 파라미터는 "respond" 객체입니다. 이 respond 객체는 전송될 값을 처리하고, 응답을 사용자에게 분배하고, DOM에 관한 정보를 찾습니다. 두 번째 파라미터는 앞에서 본 parameters 객체의 값으로, 여기서는 id와 name이 됩니다. 이 방식에는 장점이 있습니다. 즉, 각 함수의 정형화된 인터페이스가 클라이언트에 사용된 구조를 미러링한다는 점이지요. 다시 말해서, 클라이언트 측과 서버 측의 코드를 짤 때 개발자들이 생각하는 사고 모형이 비슷하다는 것입니다. 13.5절에서 본 바 있는 getAttribute의 기본 구현은 다음과 같습니다.

```
FirefoxDriver.prototype.getElementAttribute = function(respond, parameters)
{
  var element = Utils.getElementAt(parameters.id,
                                   respond.session.getDocument());
  var attributeName = parameters.name;

  respond.value = webdriver.element.getAttribute(element, attributeName);
  respond.send();
};
```

요소 참조의 일관성을 유지하기 위해서 첫 번째 라인에서는 오페이크 ID가 참조한 요소를 캐시에서 찾도록 했습니다. 파이어폭스 드라이버에서 오페이크 ID는 UUID(universally unique identifier)고, 캐시는 단순히 맵(map)입니다. 또한 getElementAt 메서드에서도 하나의 점검 작업을 합니다. 즉, 참조 요소가 DOM에 알려져 있고, 첨부되어 있는지를 확인합니다. 참조 요소가 DOM에 알려져 있지 않거나 첨부되어 있지 않으면 필요할 경우 캐시에서 ID를 삭제하고, 예외를 발생시키고, 예외 결과를 사용자에게 반환하도록 했습니다.

끝에서 두 번째 라인에서는 앞에서 논의한 브라우저 자동화 단위기능을 이용했으며, 이번에는 단일 스크립트로 컴파일하고 확장 프로그램의 일부로 로드했습니다.

마지막 라인에서 send 메서드를 호출합니다. send 메서드는 콜백 함수를 호출하기 전에 응답을 전송합니다. 응답은 JSON 문자열 형식으로 사용자에게 가는 데, 다음과 같이 처리됩니다(getAttribute는 '7'을 반환한다고 가정; 7은 요소를 찾지 못했다는 뜻).

```
{
  'value': '7',
  'status': 0,
  'sessionId': 'XXX'
}
```

그런 다음에, 자바 클라이언트는 status 필드의 값을 확인합니다. status 필드의 값이 0이 아니면 해당 숫자로 된 상태 코드를 적절한 형식의 예외 메시지로 바꿔서 그것을 사용자에게 보내는데, 이때 사용자에게 가는 메시지를 지정하기 위해서 "value" 필드를 활용합니다. 그러나 상태가 0이면 "value" 필드의 값을 그대로 사용자에게 반환합니다.

지금까지 설명한 대부분의 내용을 이해하기에 어려움이 없겠지만 영악한 독자라면 다음과 같은 의문점이 들었을 것입니다. "분배기는 왜 execute 메서드를 호출하기 전에 객체를 문자열로 변환했는가?"

이 질문에 대한 답은 "파이어폭스 드라이버는 순수 자바스크립트로 작성된 테스트의 실행도 지원하기 때문"입니다. 통상, 이런 지원은 매우 어렵습니다. 왜냐하면 테스트는 특정 브라우저의 자바스크립트 보안 샌드박스 상황을 준수하면서 실행되어서, 테스트에 유용한 작업들(예: 도메인들 사이의 이동, 파일 올리기)을 하지 못하기 때문입니다. 그러나 웹드라이버 파이어폭스 확장 프로그램에서는 이런 샌드박스를 회피할 수 있게 했습니다. 이를 위해서 문서 요소에 webdriver 프로퍼티 값을 추가해서 존재를 알리게 했습니다. 웹드라이버 자바스크립트 API는 webdriver 프로퍼티를 지표로 사용해서, JSON 직렬화 명령어 객체를 문서 요소의 command 프로퍼티의 값으로 추가하고, 사용자 정의된 webdriverCommand 이벤트를 실행하고, response 프로퍼티가 설정되었다고 통보된 요소에서 webdriverResponse 이벤트를 청취할 수 있는지를 판단합니다.

이것이 시사하는 바는, 웹드라이버 확장 프로그램이 설치되어 있는 파이어폭스로 웹을 돌아다니는 일이 전혀 바람직하지 않다는 것입니다. 왜냐하면 다른 누군가가 여러분의 브라우저를 원격으로 제어하는 일이 아주 쉽기 때문입니다.

이렇게 되는 이면에는 DOM 메신저가 있습니다. DOM 메신저는 webdriver Command를 기다리면서 직렬화된 JSON 객체를 읽고 명령어 실행자의 execute 메서드를 호출합니다. 여기서, 콜백 함수는 문서 요소의 response 어트리뷰트를 설정한 다음에 예상되어 있던 webdriverResponse 이벤트를 실행합니다.

13.7 IE 드라이버

IE는 뛰어난 브라우저죠. IE는 많은 COM 인터페이스로 이루어져 있으며, 이들 인터페이스는 각기 맡은 작업을 조화롭게 처리합니다. 이런 모든 특징은 자바스크립트 엔진으로 확장되어서 낯이 익은 자바스크립트 변수들은 실제로 기본적인 COM 인스턴스를 참조하고 있습니다. 가령, 자바스크립트 window는 COM 인터페이스인 IHTMLDocument의 인스턴스인 IHTMLWindow.document입니다. 마이크로소프트는 IE의 기능을 향상시킬 때 기존의 비헤이비어를 유지시켰습니다. 다시 말해서, IE6 시절에 나왔던 COM 클래스와 돌아가던 애플리케이션이 IE9에서도 계속 잘 돌아갑니다.

IE 드라이버의 구조는 시간이 지나면서 진화했습니다. 진화 중에 설계에서 주안점을 둔 요건은 가급적이면 인스톨러를 빼는 것이었습니다. 이는 다소 특이한 요건이므로 조금의 설명이 필요합니다. 인스톨러를 배제한 첫 번째 이유는 인스톨러가 있으면 웹드라이버가 '5분 테스트'를 넘기기 어려워지기 때문입니다. 즉, 개발자는 패키지를 다운로드하고 별도의 시간을 내서 설치를 해야 합니다. 그런데 정작 더 중요한 요인은 웹드라이버 사용자들 중 상당수는 자신의 PC에 소프트웨어를 설치할 수 없기 때문에 인스톨러를 배제하게 되었습니다. 두 번째 이유는 프로젝트가 진행되면서 IE에서 테스트를 해야 할 시점에 인스톨러를 실행하기 위해 통합 서버에 로그인하지 않아도 되기 때문입니다. 마지막 이유는 일부 언어를 사용하는 개발자들은 인스톨러를 실행하는 문화에 익숙하지 않기 때문입니다. 자바 개발 환경에서는 JAR 파일을 만들어 CLASSPATH에 추가하는게 자연스럽습니다. 필자의 경험상, 인스톨러가 필요한 라이브러리는 개발자들의 사랑을 받지 못해서 외면당하는 경향이 있었습니다.

따라서, IE에서는 인스톨러가 필요 없게 되었습니다. 인스톨러가 없음으로 인해서 몇 가지 결과가 뒤따랐습니다.

윈도우 프로그래밍에서 기본 언어는 닷넷에서 돌아가는 언어, 즉 C#입니다. IE 드라이버는 IE와 긴밀하게 연계되어 있어서 모든 버전의 윈도우에 들어 있는 IE COM 자동화 인터페이스를 사용합니다. 특히, 개발자들은 IE의 일부인 MSHTML과 ShDocVw DLL의 COM 인터페이스를 사용합니다. C# 4 이전에는 CLR/COM 상호 운용성을 이루기 위해 별도의 PIA(Primary Interop Assemblies)를 사용했었습니다. 본질적으로, PIA는 CLR 세계와 COM 세계를 잇는 다리라고 보면 됩니다.

아쉽게도, C# 4는 최신 버전의 닷넷입니다. 그리고 많은 기업은 최첨단을 구가하기보다는 4보다 낮은 릴리스의 검증된 안정성과 익숙한 이슈를 선호하지요. 따라서 C# 4를 사용하면 굉장히 많은 사용자를 자동으로 배제하는 꼴이 됩니다. 그리고 PIA를 사용하면 다른 단점도 감수해야 합니다. 라이선스에 제약이 뒤따릅니다. 우리는 마이크로소프트와 상담하고 나서 웹드라이버 프로젝트에서는 MSHTML이나 ShDocVw 라이브러리의 PIA를 배포할 권리가 없다는 사실을 알았습니다. 설혹, 권리를 얻는다고 하더라도 설치되어 있는 각 윈도우와 IE에서 이들 라이브러리 조합이 모두 고유해서, 우리가 배포해야 할 라이브러리 조합이 크게 늘어날 수밖에 없었습니다. 클라이언트 컴퓨터마다 고유한 PIA를 구축하는 방법도 생각해 보았지만 이것은 애당초 성공할 가능성이 없는 방법이었습니다. 왜냐하면 이를 처리하기 위한 개발자 도구가 필요한데, 그 도구가 일반 사용자의 컴퓨터에는 없기 때문입니다.

C#이 대규모 코딩에 뛰어난 언어지만 우리 프로젝트에서 C#은 옵션이 아니었습니다. 우리는 다른 언어를 사용해야 했습니다. 적어도 IE와의 통신만이라도 제약이 없는 언어여야 했습니다. C# 다음으로 후보에 이름을 올린 언어는 C++였으며, 우리는 최종적으로 C++를 선택했습니다. C++를 사용하면 PIA를 사용하지 않아도 된다는 이점이 있습니다. 그러나 라이브러리들을 고정으로 링크시키지 않으면 비주얼 스튜디오 C++ 런타임 DLL을 재배포해야 합니다. DLL을 사용할 수 있게 하기 위해 인스톨러를 실행시켜야 했으므로 라이브러리를 고정으로 링크시켜서 IE와 통신할 수 있게 만들었습니다.

인스톨러를 사용하지 않도록 하기 위해 많은 비용을 지불해야 합니다. 그러나 복잡성 문제를 해결하는 데도 추가 비용이 들어가지만, 사용자들에게 큰 도움이 된다면 그 정도의 비용 투자에는 충분한 가치가 있습니다. 재평가 후 결정할 때도, 관건은 수준 높은 오픈 소스 프로젝트를 C++가 아닌 C#으로 진행하면 더 많은 개발자가 참여할 수 있지만 C++로 진행하면 사용자에게 더 많은 이점을 줄 수 있다고 보고, 비용이 더 들어가는 단점을 감수하면서 최종적으로 C++를 기본 언어로 선택하게 되었죠.

IE 드라이버의 초기 설계는 그림 13.5와 같습니다.

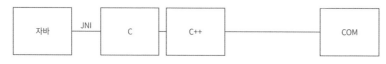

그림 13.5 최초의 IE 드라이버

위의 그림을 보면 알겠지만 가장 아랫단에서 IE의 COM 자동화 인터페이스를 사용했습니다. 개념적인 수준에서 더 쉬운 처리를 위해 COM 인터페이스들을 C++ 클래스들로 래핑했습니다. 이들 C++ 클래스는 웹드라이버 API를 미러링했습니다. 그리고 자바 클래스와 C++의 통신을 위해서 JNI를 사용했습니다. JNI 메서드에서는 COM 인터페이스의 C++ 추상화를 사용했습니다.

자바가 유일한 클라이언트 언어였을 때는 이 방법이 괜찮게 돌아갔습니다. 그러나 지원하는 언어의 기본 라이브러리를 수정해야 하는 상황이 생기면서 이 방법은 복잡해졌고 골치 아파졌습니다. 그리고 JNI가 제대로 돌아가기는 하지만 정확한 수준의 추상화를 제공하지는 못했습니다.

정확한 수준의 추상화가 무엇일까요? 우리가 지원하고 싶었던 모든 언어에는 C 코드를 직접 호출하는 메커니즘이 있었습니다. C#에는 PInvoke가 있습니다. 루비에는 FFI가 있고, 파이썬에는 ctype가 있습니다. 자바에서는 JNA(Java Native Architecture)라는 뛰어난 라이브러리가 있습니다. 우리는 이런 최소공통분모를 사용해서 우리의 API를 노출시켜야 했습니다. 이를 위해서 객체 모델을 만들고 다듬었습니다. 그리고 메서드의 "홈 인터페이스"를 나타내기 위해서 2-3글자로 된 접두사를 사용했습니다. 즉, "WebDriver"는 "wd"로, WebDriver Element는 "wde"로 표기하는 식이었습니다. 그래서 WebDriver.get은 wdGet이 되었고, WebElement.getText는 wdeGetText가 되었습니다. 각 메서드가 반환하는 정수는 상태 코드입니다. 함수가 더 의미 있는 데이터를 반환할 수 있게 하기 위해 "out" 파라미터를 사용했습니다. 그 결과, 메서드 시그너처는 다음과 같이 나왔습니다.

```
int wdeGetAttribute(WebDriver*, WebElement*, const wchar_t*, StringWrapper**)
```

호출하는 코드에서 WebDriver, WebElement, StringWrapper는 오페이크 타입 (opaque type)입니다.[5] 대부분의 경우, "void *"가 되겠지만 파라미터로 사용될

---

5 (옮긴이) 데이터 타입의 내부 정보가 외부 인터페이스로 모두 노출되지 않은 데이터 타입입니다. 즉, 데이터 타입이 어떻게 구성되어 있는지 외부에서 알 수 없습니다.

값을 명확히 하기 위해 API에 차이점을 표현했습니다. 우리는 텍스트에 길이가 긴 자료형을 사용했는데요, 그 이유는 전 세계의 다양한 언어 텍스트를 적절하게 처리하고 싶었기 때문입니다.

자바 쪽에서는 인터페이스를 통해서 함수 라이브러리를 노출시켰습니다. 그런 다음에 함수 라이브러리가 웹드라이버에 의해 표현된 일반적인 객체지향 인터페이스인 것처럼 보이도록 조정했습니다. 예를 들어서, getAttribute 메서드의 자바 정의는 다음과 같습니다.

```
public String getAttribute(String name) {
  PointerByReference wrapper = new PointerByReference();
  int result = lib.wdeGetAttribute(
      parent.getDriverPointer(), element, new WString(name), wrapper);

  errors.verifyErrorCode(result, "get attribute of");

  return wrapper.getValue() == null ? null : new StringWrapper(lib,
wrapper).toString();
}
```

설계는 그림 13.6과 같이 됩니다.

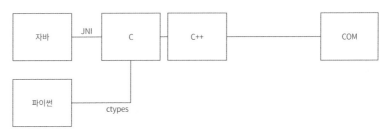

그림 13.6 수정된 IE 드라이버

테스트가 로컬 머신에서 실행될 때는 이상 없이 잘 돌아갔습니다. 그 다음에, 원격 웹드라이버에서 IE 드라이버를 사용하면서 락업이 무작위로 생기기 시작했습니다. 우리는 이 문제를 역으로 추적해서 IE COM 자동화 인터페이스에 있는 제약요인을 알게 되었습니다. IE COM 자동화 인터페이스는 "Single Thread Apartment" 모델에서 사용되는 것으로 설계되었습니다. 그래서 인터페이스를 매번 동일한 스레드에서 호출해야 합니다. 테스트가 로컬에서 실행될 때는 이 방식에 문제가 없죠. 그러나 자바 앱 서버는 예상되는 로드를 처리하기 위해서 여러 개의 스레드를 준비해서 돌립니다. 따라서 IE 드라이버 접근에 항상 동일한 스레드가 사용되도록 하는 방법을 찾을 수 없었습니다.

이 문제를 해결할 수 있는 한 가지 방법은 IE 드라이버를 단일 스레드 실행기에서 구동하고, 앱 서버에서 Futures를 통해서 이루어지는 모든 접근을 직렬화하는 것이었으며, 우리는 한동안 이 설계 방식을 따랐습니다. 그러나 호출을 처리하는 코드를 이렇게 복잡하게 만드는 일은 공평해 보이지 않았으며, 사용자들 입장에서도 다수의 스레드에서 IE 드라이버를 사용하는 상황이 더 괜찮아 보였습니다. 그래서 우리는 복잡한 부분을 드라이버 자체에 넣기로 결정했던 것입니다. 이를 위해서 IE 인스턴스를 별도의 스레드에 넣고, 스레드와의 통신을 처리하기 위해서 PostThreadMessage Win32 API를 사용하기로 했습니다. 그렇게 한 결과, 이 글을 쓰는 시점에 IE 드라이버의 설계는 그림 13.7과 같이 바뀌었습니다.

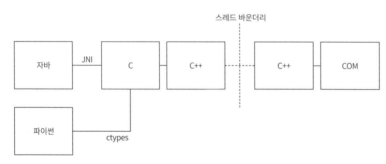

그림 13.7 웹드라이버 2.0 알파 7에 적용된 IE 드라이버

이 설계는 우리가 자발적으로 선택한 것이 아닙니다. 우리는 사용자들의 뜻에 따라 이 설계 방식을 선택했으며, 그 결과 사용자들의 의견을 수용하고 헤쳐나 갔다는 점에서는 의미가 있는 선택이라고 봅니다.

이 설계의 한 가지 결점은 IE 인스턴스가 인스턴스 자체를 견고하게 록킹했는지 여부를 판단하는 것이 어려울 수 있다는 점입니다. DOM과 상호작용하는 동안 모달 다이얼로그가 열리면 이런 일이 생길 수 있습니다. 즉, 스레드 바운더리의 먼 쪽에 돌발 장애가 생기면 이런 일이 생길 수 있습니다. 그래서 우리는 포스트하는 모든 스레드 메시지와 연계해서 타임아웃을 두었고, 시간을 2분으로 설정했습니다. 사용자들의 메일링 리스트 피드백에 따르면 우리의 이러한 추정이 대체적으로 맞지만 항상 정확하지는 않았습니다. 다음에 나오는 IE 드라이버 버전에서는 타임아웃을 설정할 수 있게 만들 계획입니다.

또 다른 결점은 내부 디버깅이 어렵다는 점입니다. 코드를 추적할 수 있는 시간이 최대 2분이므로 디버깅 작업을 그 안에 해야 하고, 브레이크 포인트를 신중하게 사용해야 하고, 스레드 바운더리의 예상 코드 경로를 이해해야 합니다. 말할 필요도 없이, 오픈 소스 프로젝트에는 해결해야 할 재미 있는 문제가 많이 있으며, 이렇게 사소한 일에는 관심이 없습니다. 이 결점은 시스템의 버스 팩터를 많이 줄이며, 프로젝트를 유지해야 하는 사람 입장에서는 매우 걱정스러운 사안이기도 합니다.

이 문제에 집중하기 위해서 점점 더 많은 IE 드라이버가 파이어폭스 드라이버 및 웹드라이버 코어와 동일한 자동화 단위기능을 이용하는 쪽으로 변화하고 있습니다. 우리도 이 흐름에 부응하기 위해서 사용하려고 계획한 각 단위기능을 컴파일하고, C++ 헤더 파일로 준비하고, 각 함수를 상수로 익스포즈했습니다. 그리고 실행 시에 이들 상수에서 실행되는 자바스크립트를 준비했습니다. 이는 C 컴파일러 없이도 IE 드라이버 코드를 개발하고 테스트할 수 있다는 것을 의미합니다. 그리고 훨씬 더 많은 사람이 버그를 찾고 해결하는 일에 참여할 수 있다는 것을 의미하기도 합니다. 결국, 이 방법의 최종 목표는 상호작용에 관련된 API만 네이티브 코드로 두고, 가능한 한 많은 API를 단위기능으로 처리하는 것이지요.

우리가 살펴본 또 다른 방법은 경량의 HTTP 서버를 사용하도록 IE 드라이버를 재작성해서, IE 드라이버를 원격 웹드라이버로 다루는 것이었습니다. 이렇게할 수 있다면 스레드 바운더리에 의해 생긴 복잡성의 많은 부분을 해소할 수 있으며, 그렇게 되면 필수 코드의 총량이 줄어들고, 제어 흐름도 따라가기 훨씬 더 쉬워집니다.

13.8 웹드라이버 RC

개별 브라우저에 딱 맞추는 일이 늘 가능하지는 않습니다. 이런 경우에 웹드라이버에서 사용된 원래의 메커니즘으로 돌아갈 수 있습니다. 이는 순수한 자바스크립트 프레임워크인 웹드라이버 코어를 사용한다는 의미입니다. 웹드라이버 코어는 자바스크립트 샌드박스 환경에서 실행될 때 수많은 문제를 일으킵니다. 그래서 웹드라이버 API 사용자는 지원 브라우저들을 계층으로 나누어서 관리합니다. 어떤 브라우저는 확실히 통합되어 있어서 특별한 제어가 가능하고, 어떤 브라우저는 자바스크립트를 통해 구동되어서 원래의 셀레늄 RC와 동일한 수준의 제어가 가능합니다.

그림 13.8을 보면 알 수 있듯이 개념상으로는 설계가 매우 간단합니다.

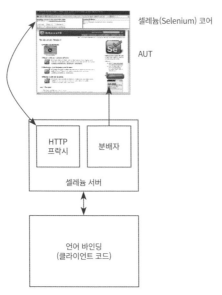

그림 13.8 웹드라이버 RC의 구조

RC는 세 부분, 즉 클라이언트 코드, 중간에 있는 서버, 브라우저에서 실행되는 웹드라이버 코어의 자바스크립트 코드로 이루어져 있습니다. 클라이언트 부분은 HTTP 클라이언트로서 서버 쪽으로 가는 명령어를 직렬화합니다. 원격 웹드라이버와 달리 엔드 포인트가 한 개이며, 사용된 HTTP 요청은 크게 관련이 없습니다. 이렇게 되는 이유는 부분적으론 웹드라이버 RC 프로토콜이 웹드라이버 코어의 테이블 기반 API에서 유래하기 때문입니다. 그리고 이 말은 세 개의 URL 쿼리 파라미터를 사용하면 전체 API를 설명할 수 있다는 의미이기도 합니다.

클라이언트가 새로운 세션을 시작하면 웹드라이버 서버는 요청된 '브라우저 문자열'을 찾아서 일치하는 브라우저 분배자를 파악합니다. 분배자가 하는 일은 요청된 브라우저의 인스턴스를 구성하고 시작하는 것입니다. 파이어폭스의 경우에 미리 설치된 두 개의 확장 프로그램을 이용해서 미리 만들어진 프로파일을 확장하면 됩니다. 확장 프로그램 중 하나는 'quit' 명령어를 처리하고, 다른 하나는 'document.readyState'를 모델링합니다. document.readyState가 오래된 파이어폭스 릴리스에는 없는데, 우리는 오래된 파이어폭스 릴리스도 계속 지원합니다. 구성 중에서 핵심 부분은 서버가 서버 자체를 브라우저의 프락시로 구성하는 곳입니다. 이는 일부 요청, 즉 "/selenium-server"에 대한 요청이 서버로 라우팅된다는 것을 의미합니다. 웹드라이버 RC의 운용 모드는 총 세 가지며, 세 가지 중 한 가지 모드로 운용됩니다. 첫 번째 모드는 "singlewindow" 모드로, 프레임을 단일 창에서 제어합니다. 두 번째 모드는 "multiwindow" 모드로, 프레임을 한 창에서 제어하고, 두 번째 창에서 AUT를 제어합니다. 세 번째 모드는 "proxyinjection" 모드로, 프레임을 페이지로 넣을 때 프락시를 이용합니다. 운용 모드가 무엇인지에 따라 모든 요청이 프락싱될 수 있습니다.

브라우저를 시작하기 위해서는 브라우저 구성이 완료되어야 합니다. 그리고 브라우저가 시작될 때 초기 URL은 웹드라이버 서버에 있는 페이지인 Remote Runner.html이 됩니다. RemoteRunner.html 페이지의 역할은 프로세스를 부트스트랩하는 것이며, 이를 위해서 웹드라이버 코어에 필요한 모든 필수 자바스크립트 파일을 로드합니다. 파일이 모두 로드되면 'runSeleniumTest' 함수가 호출됩니다. runSeleniumTest 함수는 메인 명령어 프로세싱 루프를 시작하기 전에 사용 가능한 명령어 목록을 초기화하며, 이를 위해 Selenium 객체를 사용합니다.

브라우저에서 실행되는 자바스크립트는 대기 서버(/selenium-server/driver)의 URL에 대해서 XMLHttpRequest를 엽니다. 이것이 이루어지려면 요청이 유효한 어딘가로 갈 수 있어야 하며, 이를 위해서 서버가 모든 요청을 프락싱하고 있어야 합니다. 서버가 요청을 만들기 전에 먼저 할 일은 앞서 실행된 명령어의 응답을 보내는 것입니다. 아니면, 브라우저가 막 시작했으면 명령어 응답이 아닌 "OK" 신호를 보내야 합니다. 명령어 응답이나 "OK"를 보낸 다음에 새로운 명령어가 사용자의 테스트로부터 클라이언트를 통해 수신되고, 이 수신이 대기하고 있는 자바스크립트에게 응답으로 전송될 때까지 요청을 열어둔 채로 유지합니다. 이 메커니즘을 원래는 "Respond/Request"라고 했지만, 요즘은 "count with AJAX long polling"이라고 더 많이 부릅니다.

RC가 왜 이런 방식으로 작동할까요? 서버는 프락시로 구성되어야 하며, 그렇게 해야 호출하는 자바스크립트가 "Single Host Origin" 정책을 위배하지 않고 서버와 관련된 모든 요청을 중간에서 가로챌 수 있습니다. "Single Host Origin"

정책의 주된 내용은 스크립트가 제공된 것과 동일한 서버의 리소스만이 자바스 크립트를 통해 요청될 수 있다는 것입니다. 이 정책은 보안을 위해 만들어졌지 만 브라우저 자동화 프레임워크를 개발하는 개발자 입장에서 보면 이 정책이 방 해 요소일 뿐만 아니라 이와 같은 쓸 데 없는 글을 쓰게 만드는 귀찮은 존재에 지나지 않습니다.

XMLHttpRequest 요청을 서버로 보내는 이유는 두 가지입니다. 가장 중요한 첫 번째 이유는 HTML5 WebSocket을 주요 브라우저에서 사용할 수 있기 전까 지는 브라우저에서 서버 프로세스를 신뢰성 있게 시작하는 방법이 없기 때문입 니다. 이것이 성립되려면 서버가 어딘가에서 작동되고 있어야 합니다. 두 번째 이유는 XMLHttpRequest가 응답 콜백을 비동기적으로 호출하기 때문입니다. 이 는 다음 명령어를 기다리는 동안 브라우저의 정상적인 실행이 영향을 받지 않는 다는 의미입니다. 다음 명령어를 기다리게 하는 방법은 두 가지입니다. 하나는 실행할 또 다른 명령어가 있는지를 서버가 정기적으로 확인하게 하는 것입니다. 우리는 이를 위해 사용자 테스트에 지연 기능을 도입했습니다. 다음 명령어가 올 때까지 대기시키는 두 번째 방법은 바쁜 루프에 자바스크립트를 넣어 CPU 사용량을 끌어올려서 다른 자바스크립트가 브라우저에 실행되지 못하게 막는 것입니다(이 방법이 가능한 이유는 단일 창 환경에서 실행되는 자바스크립트 스 레드가 하나이기 때문입니다).

웹드라이버 코어 내부에는 두 개의 주요 구성요소가 있습니다. 하나는 메 인 selenium 객체이고, 다른 하나는 browserbot입니다. 메인 selenium 객 체는 모든 가용 명령어를 관리하고 사용자에게 제공된 API를 미러링합니다. browserbot은 Selenium 객체에서 사용되며, 각 브라우저에서 나타난 차이 점을 추상화하고, 공통으로 사용된 브라우저 기능의 이상적인 모습을 제시합 니다. 이는 selenium의 기능이 더 명료하고 유지하기 쉽다는 의미이며, 또한 browserbot도 본연의 기능에 집중할 수 있는 의미이기도 합니다.

코어는 자동화 단위기능을 점점 더 많이 사용하는 추세로 바뀌고 있습니다. selenium과 browserbot의 많은 코드는 코어의 API를 사용할 것으로 전망됩니 다. 그러나 selenium과 browserbot은 궁극적으로 셸 클래스가 될 것이며, 가능 한 한 빨리 단위기능으로 넘어갈 것으로 기대됩니다.

13.9 회고

브라우저 자동화 프레임워크를 만드는 일은 방에 페인트칠을 하는 것과 아주 비슷합니다. 언뜻, 방에 페인트칠을 하는 일이 매우 쉬워 보입니다. 페인트칠을 위해 적당한 양의 페인트를 준비해서 그냥 칠을 하면 되니깐요. 그런데 문제는 페인트칠을 하면 할수록 해야 할 일은 더 많이 생기고 생각하지 못한 섬세하게 처리해야 할 일도 생기기 마련이고, 그러다 보면 작업 시간이 예상보다 더 길어집니다. 방에 페인트칠을 잘 하려면 조명 부품들, 방열기, 굽도리널[6]을 갖추어야 하며, 이렇게 하다 보면 시간이 더 들어가기 시작합니다. 브라우저 자동화 프레임워크의 경우에도, 브라우저마다 가지고 있는 특이한 특징과 서로 다른 성능으로 인해 상황이 더 복잡해집니다. 이와 관련된 극단적인 사례를 다니엘 바그너홀(Daniel Wagner-Hall)에게서 찾을 수 있습니다. 그는 크롬 드라이버를 만들 때 내 옆에 앉아서 일했는데, 손으로 책상을 탕탕 치면서 "살펴볼 게 너무 많아!"라고 불평했습니다. 프로젝트를 진행하다 보면 프로젝트가 예상보다 오래 걸릴 수 있으며, 이 경우 뒤를 돌아보면서 왜 그렇게 되었는지를 자문하는 것도 좋은 방법입니다.

프로젝트를 시작하고 얼마 지나지 않아서 자동화 단위기능 같은 개념이 필요하다는 생각을 하고 필요한 조치를 취했다면 프로젝트가 조금 더 수월하게 진행되었을 것입니다. 자동화 단위기능 덕분에 내부적/외부적으로, 기술적/사회적으로 프로젝트에 닥친 난관들 중 일부를 더 쉽게 처리할 수 있었습니다. 코어와 RC의 주 개발 언어는 자바스크립트와 자바였습니다. 제이슨 허긴스(Jason Huggins)가 이렇게 한 주된 이유는 웹드라이버 프로젝트에 사람들이 쉽게 참여할 수 있게 하기 위해서였습니다. 웹드라이버에서 단위기능을 도입함으로써 더 많은 개발자들이 참여하게 되었습니다. 이와 견주어서, 단위기능이 이렇게 널리 적용될 수 있었던 이유는 Closure 컴파일러 때문이기도 합니다. 우리는 Closure 컴파일러가 오픈 소스로 릴리스되자마자 바로 채택했습니다.

우리가 옳다고 생각하는 것을 반영하는 일은 재미있습니다. 프레임워크를 사용자 관점에서 작성하기로 한 결정은 지금 생각해도 올바른 결정이라고 생각합니다. 프레임워크를 처음에 채택한 사람들이 개선해야 할 곳을 알려주면서 우리

---

6 (옮긴이) 방 안 벽의 밑부분에 대는 좁은 널빤지

들의 결정은 소기의 목적을 달성했습니다. 또한 이와 함께 도구 이용도 크게 증가했습니다. 나중에 사람들은 웹드라이버에 더 어려운 기능을 추가로 넣기를 바랐으며, 웹드라이버를 사용하는 개발자들도 늘어났습니다. 이는 새로운 API들이 신중하고 조심스럽게 추가되었다는 것을 의미하며, 더 나아가서 프로젝트에 대한 집중력이 계속 유지되었다는 것을 의미합니다. 해야 할 일이 있을 때 집중력을 잃지 않는 것도 중요합니다.

브라우저에 딱 맞추는 것이 옳기도 하고 틀리기도 합니다. 사용자를 아주 성실하게 에뮬레이트하고 브라우저를 아주 잘 제어할 수 있다는 점에서는 옳습니다. 그러나 이 방법이 기술적으로는 극도로 부담이 많이 되는데, 특히 특정 브라우저에 대한 후크 포인트(hook point)를 찾아야 할 때 더욱 그렇습니다. 이런 점에서 보면 브라우저에 딱 맞추는 것이 옳지만은 않아 보입니다. 실제 상황이 어떻게 전개되는지는 IE 드라이버가 지속적으로 진화하는 것을 보면 알 수 있습니다. 물론 여기서는 다루지 않지만. 역사가 오래되고 이야기 거리도 많은 크롬 드라이버에서도 동일합니다. 어느 시점이 되면 우리도 이러한 복잡성을 처리하는 방법을 발견해야 할 것입니다.

13.10 향후 전망

웹드라이버가 100% 완전하게 통합할 수 없는 브라우저는 반드시 있습니다. 따라서 웹드라이버 코어는 언제나 필요하겠죠. 기존의 전통적인 설계에서 단위기능을 사용하는 것과 동일한 Closure 라이브러리를 기반으로 하는 모듈식 설계로 바꾸는 작업이 진행 중에 있습니다. 우리도 기존의 웹드라이버 구현에 단위기능을 더 깊이 포함시킬 계획입니다.

웹드라이버의 초기 목표들 중, 웹드라이버를 다른 API와 도구의 빌딩 블록으로 만드는 것이 있었습니다. 물론, 웹드라이버 외에 다른 오픈 소스 브라우저 자동화 도구도 많이 있습니다. 그 중에서 Watir(Web Application Testing In Ruby)가 있으며, Watir API를 웹드라이버 코어에 올리기 위한 공동 작업을 웹드라이버 개발자와 Watir 개발자들이 진행하기 시작했습니다. 우리는 다른 프로젝트 팀들과도 함께 작업하기를 열망하고 있으며, 어렵겠지만 그렇게 해서라도 모든 브라우저를 제대로 처리하고 싶습니다. 한 가지 소망이 있다면 견고한 커널을 만들고, 다른 개발자들이 그 커널을 기반으로 필요한 것을 만들게 하고 싶습니다. 즉, 웹드라이버를 커널로 만드는 것이 우리가 하고 싶은 일입니다.

우리의 이런 소망이 미래에 이루어질지도 모른다는 생각을 Open Software를 보면서 하게 됩니다. Open Software는 웹드라이버 API를 직접 만들었는데, 웹드라이버 테스트 스위트를 활용해서 자신의 팀에서 만든 코드의 비헤이비어를 검증했고, 그렇게 해서 그들 자신의 OperaDriver를 릴리스했습니다. 웹드라이버 팀의 멤버들은 Chromium 팀의 멤버들과 함께 크롬에서 웹드라이버를 더 잘 지원하기 위해서 크롬 확장 프로그램을 만들고 있습니다. 우리는 FirefoxDriver 코드 개발에 일조한 Mozilla는 물론이고, 인기 많은 HtmlUnit 자바 브라우저 에뮬레이터 개발자들과도 우호적인 관계를 맺고 있습니다.

앞으로, 다른 많은 브라우저에 자동화 도구가 정규적인 방법으로 탑재되는 추세가 계속될 전망입니다. 웹 애플리케이션 테스트를 열정적으로 작성하면 확실히 얻는 것이 생깁니다. 이는 브라우저 제조업체 테스트도 마찬가지입니다. 예를 들어서, 테스트를 수작업으로 진행하면 상대적으로 비용이 많이 들어가기 때문에 대규모 프로젝트에서는 자동화된 테스팅에 주로 의존합니다. 그런데 특정 브라우저를 테스트하는 일이 여의치 않고, 심지어 하게 되더라도 그 한 브라우저 때문에 많은 비용이 들어가면 테스트가 제때에 진행되지 않게 됩니다. 설상가상으로, 복잡한 애플리케이션이 해당 브라우저에서 잘 돌아가는지 확인하는 테스트도 연쇄적으로 지연됩니다. 이상에서 언급한 자동화 도구가 WebDirver를 기반으로 만들어질 것인지는 장담할 수 없지만 그렇게 되기를 소망합니다.

향후, 몇 년 동안은 상황이 매우 재미있게 전개될 것입니다. 우리는 오픈 프로젝트를 진행하고 있으며, 여러분들이 우리의 여행에 참여하는 것을 환영합니다. 웹 주소는 http://selenium.googlecode.com/입니다.

옮긴이: 조상민

씽크프리(주)에서 워드프로세서를 개발했고, (주)와이더댄 리서치센터와 (주)NHN 기술혁신센터, (주)생각제곱을 거쳤으며, 현재는 (주)SK플래닛에서 개발자로 일하고 있다. 『Java 세상을 덮친 이클립스』『생각하는 프로그래밍』『프로그래밍 심리학』『패턴을 활용한 리팩터링』을 함께 짓거나 옮겼다.

옮긴이: 최용호

소프트웨어 공학을 전공하고, 시스템 프로그래밍, 네트워크, 보안, 웹 분야에서 개발, 기획, 분석, 컨설팅 등 다양한 업무를 수행했다. 그리고 JavaScript, PERL5, VB, ASP, J2EE & Java 해킹, Internet Winsock, 자바 병행 프로그래밍, CCNA, CCNP, CCIE, 소프트웨어 공학, 경영, 검색 엔진 최적화, 보안 분야 책들을 번역/집필했다. 현재 BPAN.COM에서 일하고 있다.

14장

The Architecture of Open Source Applications

소셜캘크(SocialCalc)

오드리 탕(Audrey Tang) 지음
류성호 옮김

스프레드시트는 30년이 넘는 역사를 가지고 있습니다. 최초의 스프레드시트
인 VisiCalc는 댄 브리클린(Dan Bricklin)에 의해 1978년에 처음 고안되었으며,
1979년에 최초로 출시되었습니다.

스프레드시트의 기본 콘셉트는 당시에도 또렷했습니다. 2차원으로 테이블이
무한하게 펼쳐지고, 각 칸에 숫자나 문자열, 공식을 채워 넣을 수 있었습니다.
공식을 지정할 때에는 일반적인 사칙연산 및 다양한 기본 함수들을 사용할 수
있었으며, 다른 칸들에 기록된 값을 수식에서 활용할 수 있었습니다.

기본 개념 자체는 단순하지만, 스프레드시트는 방대한 분야에서 널리 사용되
고 있으며 무궁무진한 활용 가능성을 내포하고 있습니다. 덕분에 VisiCalc는 PC
시대의 첫 번째 '킬러앱'이 될 수 있었습니다.

이후 수십 년이 흐르는 동안 로터스 1-2-3(Lotus 1-2-3)이나 엑셀(Excel) 등 후
발 시스템들에 의해 꾸준히 점진적으로 개량되기는 했어도 스프레드시트의 기
본 개념 자체는 그대로 유지되어 왔습니다.

보통 스프레드시트들은 디스크에 저장되었다가 편집이 필요할 경우 메모리에
로드됩니다. 이런 파일 기반 모델에서는 다음과 같은 이유들로 인해 여러 사용
자가 같은 스프레드시트를 동시에 편집하기 어렵습니다.

· 모든 사용자가 동일한 스프레드시트 프로그램을 각자 설치해야 했습니다.
· 공유 폴더를 사용하거나, 이메일로 변경사항을 주고받거나, 전용 버전 관리
  시스템을 설정한다거나 하는 등의 추가 작업들로 인한 부담이 발생했습니다.
· 변경사항을 추적하는 데에도 한계가 있었습니다. 일례로, 엑셀에서는 서식

변경 이력 등을 별도로 기록하지 않습니다.

· 템플릿상의 서식이나 수식을 변경할 경우, 해당 템플릿을 사용하는 모든 스
  프레드시트에서 변경사항을 반영해야 했습니다.

다행스럽게도, 이런 문제점들을 깔끔하게 해결해줄 수 있는 새로운 협업 모델이
제시되었습니다. 2000년대 초 위키피디아로 인해 널리 알려지게 된, 1994년 워
드 커닝햄(Ward Cunningham)이 만든 위키 모델입니다.

위키 모델에서는 서버에 저장되는 위키 페이지들이 파일 대신 사용됩니다. 이
페이지들을 편집하는 데에는 브라우저만 있으면 충분합니다. 하이퍼텍스트를
기반으로 하는 이들 위키 페이지들에서는 상호 참조가 쉽게 이루어지며, 다른
페이지의 내용 일부를 가져다 자신의 페이지에 포함시키는 것도 가능합니다. 편
집에 참여하는 사람들은 모두 기본적으로 해당 페이지의 최신 버전을 대상으로
작업하게 됩니다. 각 페이지의 갱신 이력은 서버가 자동으로 관리해 줍니다.

위키 모델에 영향을 받아 댄 브리클린은 2005년부터 WikiCalc 개발에 착수했
습니다. WikiCalc는 위키가 제공해주는 쉬운 협업 및 편집 기능을 스프레드시트
에 결합하는 것을 목표로 하고 있습니다.

14.1 WikiCalc

WikiCalc의 첫 버전(그림 14.1)은 당시 다른 스프레드시트들과 차별되는 특징
을 다수 갖추고 있었습니다.

· 일반 텍스트/HTML/위키 스타일 마크업 등을 사용하여 텍스트를 표현할 수
  있었습니다.
· 위키 스타일 텍스트는 링크, 이미지, 다른 셀의 값에 대한 참조를 삽입하는 것
  과 같은 명령을 지정할 수 있었습니다.
· 수식에서는 다른 웹 사이트에 게시된 WikiCalc 페이지의 값을 참조할 수 있
  었습니다.
· 결과를 다른 웹페이지에 포함시킬 수 있었습니다.
· CSS stylesheet와 CSS 클래스를 사용하여 셀 서식을 지정할 수 있었습니다.
· 모든 편집 사항을 추적할 수 있었습니다.
· 위키에서와 같이 해당 문서의 모든 버전이 제공되었으며, 특징 버전으로의
  롤백이 지원되었습니다.

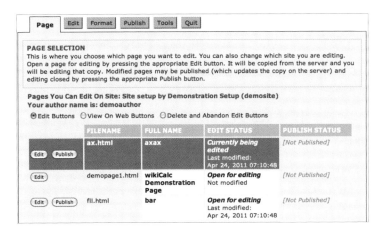

그림 **14.1** WikiCalc 1.0 인터페이스

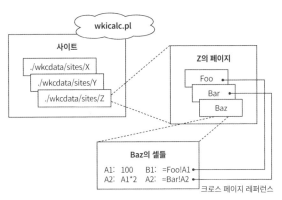

그림 **14.2** WikiCalc 컴포넌트

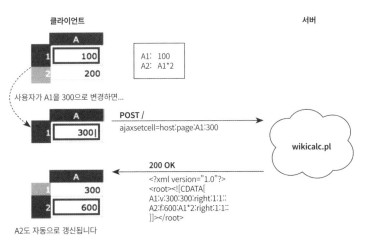

그림 **14.3** WikiCalc 플로

WikiCalc 1.0의 내부 구조(그림 14.2) 및 정보 흐름(그림 14.3)은 의도적으로 단순하게 설계되었습니다만, 그럼에도 불구하고 강력한 기능들을 제공하기 충분했습니다. 그 중에서도 다수의 소규모 스프레드시트들로부터 마스터 스프레드시트를 조합할 수 있는 기능은 특히 유용했습니다. 예를 들어, 각 영업사원들이 각자의 스프레드시트로 담당 데이터를 관리하고, 이 스프레드시트들을 단계별로 조합하여 팀장 단위, 임원 단위의 스프레드시트들을 구성하는 것이 가능했습니다.

이 스프레드시트들 중 어느 하나라도 수정되면, 모든 연관 스프레드시트들에서 변경사항이 반영되었습니다. 변경사항에 대해 더 자세히 알고자 할 경우, 단순히 연결된 스프레드시트를 클릭하는 것만으로 충분했습니다. 덕분에, 관련된 문서들을 일일이 번거롭게 수정할 필요가 없어졌으며, 이 과정에서 빈번하게 발생하던 오류들도 사라지게 되었습니다.

변경사항이 최신 버전으로 유지되도록 하기 위해서, WikiCalc는 모든 상태 정보를 서버에 저장하는 씬클라이언트(thin client) 설계 방식을 채택했습니다. 스프레드시트는 〈table〉 엘리먼트로 표현되었습니다. 셀이 변경될 때마다 서버에 ajaxsetcell 명령어가 전송되었고, 서버가 브라우저에 어떤 셀을 변경해야 하는지를 알려주었습니다.

당연하게도, 이런 설계에서는 브라우저와 서버 사이에 빠른 네트워크 연결이 존재한다는 가정이 필수적이었습니다. 네트워크 지연시간이 길 경우, 셀 값을 변경할 때마다 계속 "Loading…" 메시지가 나타났으며, 이로 인해 변경사항을 실시간으로 확인하기가 매우 거추장스러웠습니다.

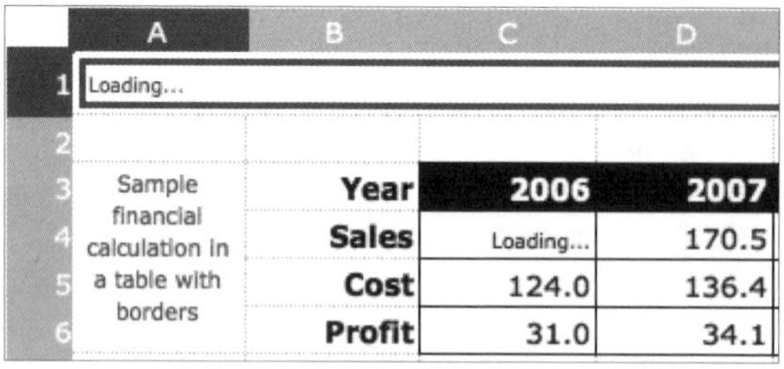

그림 14.4 Loading… 메시지

게다가 〈table〉의 크기가 스프레드시트의 크기와 동일해야 했기 때문에, 브라우저의 메모리 소모가 컸습니다. 예를 들어, 100×100 그리드를 표현하려면

10,000개의 〈td〉 DOM 객체가 필요했습니다. 이 때문에 표현할 수 있는 스프레드시트의 크기에 제한이 있었습니다.

이런 제약사항들로 인해 WikiCalc를 본격적인 웹기반 CMS(Content Management System, 콘텐트 관리 시스템)의 구성요소로 사용하기에는 무리가 있었습니다. 로컬 호스트 내의 독립 서버(standalone server)로 사용하는 정도로만 유용할 뿐이었습니다.

2006년에 댄 브리클린은 Socialtext팀과 함께 소셜캘크(SocialCalc)의 개발을 시작했습니다. 소셜캘크는 원래 펄(Perl)로 작성되었던 WikiCalc를 자바스크립트(Javascript) 기반으로 완전히 재작성한 것입니다.

소셜캘크는 대규모 분산 협업을 지향하는 동시에 한층 더 데스크톱 애플리케이션스러운 룩앤필을 제공하는 것을 주 목표로 했습니다. 그 밖에도 아래와 같은 사항들이 설계 목표에 포함되었습니다.

· 수백 개에서 수천 개 단위의 셀을 처리할 수 있을 것
· 편집 작업 결과를 빠르게 확인할 수 있을 것
· 클라이언트 단에서 undo/redo를 관리할 것
· 레이아웃 기능의 완벽한 제공을 위해서 자바스크립트와 CSS 활용을 개선할 것
· 자바스크립트의 사용 비중을 늘려서라도 크로스 브라우저를 지원할 것

수년에 걸친 개발과 다수의 베타 릴리스를 거쳐, 당초의 설계 의도를 충족시키면서 2009년에 소셜캘크 1.0을 출시할 수 있었습니다. 이제부터 소셜캘크 시스템의 구조에 대해 살펴보도록 하겠습니다.

14.2 소셜캘크

그림 14.5는 소셜캘크의 사용자 인터페이스를, 그림 14.6은 클래스 다이어그램을 보여줍니다. WikiCalc와 비교해 보았을 때, 우선 서버의 역할이 크게 줄어들었습니다. 이제 서버는 단지 전체 스프레드시트를 직렬화된 저장 포맷으로 전달해주는 HTTP GET 요청만을 처리합니다. 브라우저가 데이터를 전달받고 나면 모든 계산과 변경 추적, 사용자 인터랙션은 전부 자바스크립트를 이용하여 처리됩니다.

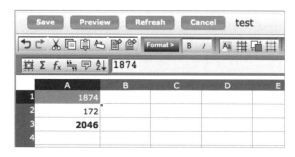

그림 14.5 소셜캘크(SocialCalc) 인터페이스

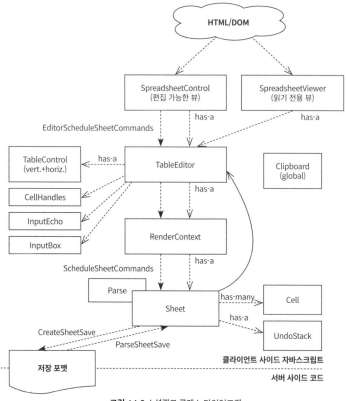

그림 14.6 소셜캘크 클래스 다이어그램

자바스크립트 컴포넌트들은 계층적 MVC(Model/View/Controller) 형태로 설계 되었으며, 각 클래스들은 오직 한 가지 측면에만 초점을 맞추고 있습니다.

· 시트(Sheet)는 데이터 모델로서, 메모리 내에서 스프레드시트가 어떻게 표현 되는지를 나타냅니다. 시트 안에는 좌표를 제공하면 그에 해당하는 셀 객체 를 찾을 수 있게 해 주는 사전 구조가 유지됩니다. 아무 내용도 없는 빈 셀들

은 이 사전에 등록되지 않기 때문에 메모리를 전혀 사용하지 않습니다.

· 셀(Cell)은 특정 셀의 서식 및 내용을 표현합니다. 표 14.1에 대표적인 속성들이 나열되어 있습니다.

· 렌더컨텍스트(RenderContext)는 뷰(View)를 나타내며, 시트를 DOM 객체들로 어떻게 표현할 것인지를 결정합니다.

· 테이블컨트롤(TableControl)은 주 컨트롤러로서 마우스와 키보드 입력을 처리합니다. 화면 스크롤이나 창 크기 조정과 같은 뷰 관련 이벤트를 전달받아 관련 렌더컨텍스트 객체를 갱신한다거나, 시트의 내용을 변경하는 이벤트를 전달받아 시트의 명령 큐에 관련 명령들을 채워 넣는 등의 작업을 담당합니다.

· 스프레드시트컨트롤(SpreadSheetControl)은 툴바, 상태표시 바, 대화상자나 색상 선택 상자 등과 같은 최상위 레벨 UI를 담당합니다.

· 스프레드시트뷰어(SpreadSheetViewer)는 읽기 전용 기능만을 제공하는 별도의 최상위 레벨 UI 를 제공합니다.

datatype	T
datavalue	1Q84
color	black
bgcolor	white
font	italic bold 12pt Ubuntu
comment	Ichi-Kyu-Hachi-Yon

표 14.1 셀 콘텐츠와 포맷

우리는 단순한 조합/위임 위주의 간소한 클래스 기반 객체 시스템을 채택했습니다. 상속이나 프로토타입 객체는 사용하지 않았습니다. 이름 충돌을 피하기 위해 모든 심벌들은 SocialCalc.* 네임스페이스에 선언되었습니다.

스프레드시트에 대한 모든 변경 작업은 ScheduleSheetCommands 메서드를 거치게 됩니다. 이 메서드에는 어떤 편집이 수행되었는지를 나타내는 명령어 문자열이 전달됩니다(표 14.2에 대표적인 명령어 사례들이 표시되어 있습니다). 다른 애플리케이션들이 소셜캘크를 내장하여 사용할 경우, 자신만의 확장 명령어들을 등록하여 사용할 수도 있습니다. 우선 SocialCalc.SheetCommandInfo.

CmdExtensionCallbacks 객체에 명명된 콜백을 등록한 뒤, startcmdextension 명령어를 호출하면 자신이 등록한 명령어를 사용할 수 있습니다.

```
Set      sheet defaultcolor blue    erase    A2
Set      A width 100                cut      A3
Set      A1 value n 42              paste    A4
Set      A2 text t Hello            copy     A5
Set      A3 formula A1*2            sort     A1:B9 A up B down
Set      A4 empty                   name     define Foo A1:A5
Set      A5 bgcolor green           name     desc   Foo Used in formulas like SUM(Foo)
Merge    A1:B2                      name     delete Foo
Unmerge  A1                         startcmdextension UserDefined args
```

표 14.2 셀 콘텐츠와 포맷

14.3 명령어 실행 루프

반응성을 향상시키기 위해, 소셜캘크는 모든 재계산 및 DOM 갱신 작업들을 백그라운드에서 수행합니다. 덕분에 명령어 큐에 등록된 작업들이 엔진에서 실행되는 동안 사용자는 계속 스프레드시트를 편집할 수 있습니다.

명령어가 엔진에서 실행 중인 경우 TableEditor 객체가 busy 플래그를 참으로 설정하며, 이후에 입력되는 명령어들은 deferredCommands 큐에 등록되어 차례로 실행됩니다. Sheet 객체는 그림 14.7에 나와 있는 것처럼 StatusCallback을 통해 이벤트를 지속적으로 보냄으로써 아래의 네 단계 중 현재 어떤 상태에 있는지를 사용자에게 알려줍니다.

- ExecuteCommand: 명령이 실행되기 시작할 때 cmdstart를 보내고, 명령이 종료되고 나면 cmdend를 실행합니다. 명령어가 셀의 값을 간접적으로 변경하면 Recalc 단계로 넘어갑니다. 재계산이 필요 없을 경우, 화면 갱신이 필요하면 Render 단계로, copy 명령처럼 화면 갱신이 필요 없을 경우에는 PositionCalculation 단계로 넘어갑니다.
- Recalc(필요한 경우에만 실행됨): 실행되기 시작하는 시점에 calcstart 이벤트를 보내고, 셀의 의존 관계를 분석하는 동안에는 100ms마다 calcorder 이벤트를, 계산이 완료되는 시점에 calccheckdone 이벤트를 전달합니다.
- Render(필요한 경우에만 실행됨): 실행되기 시작하는 시점에 schedender 이벤트를, 〈table〉 엘리먼트가 서식이 적용된 셀로 갱신되고 나면 renderdone

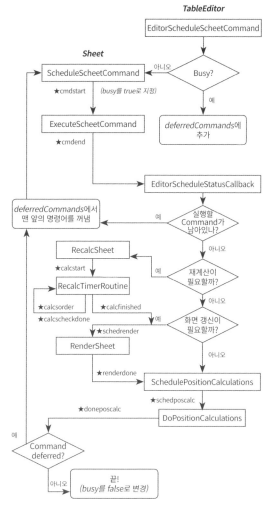

TableEditor

EditorScheduleScheetCommand

Busy?

Sheet

아니오 → ScheduleScheetCommand

★cmdstart (busy를 true로 지정)

ExecuteScheetCommand

★cmdend

예 → deferredCommands에 추가

EditorScheduleStatusCallback

실행할 Command가 남아있나?

예 → deferredCommands에서 맨 앞의 명령어를 꺼냄

아니오

재계산이 필요할까?

예 → RecalcSheet

★calcstart

RecalcTimerRoutine

★calcsorder   ★calcfinished
★calcscheckdone

아니오

화면 갱신이 필요할까?

예 → ★schedrender

RenderSheet

★renderdone

아니오

SchedulePositionCalculations

★schedposcalc

★doneposcalc ← DoPositionCalculations

예

Command deferred?

아니오 → 끝! (busy를 false로 변경)

그림 14.7 소셜캘크 명령어 실행 루프

이벤트를 발생시킵니다. 이 단계 다음에는 항상 PosisionCalculations 단계가 실행됩니다.

· PositionCalculations: 실행 시점에 schedposcalc를 발생시키며, 스크롤 바, 셀 커서를 비롯한 TableEditor의 시각적 컴포넌트들을 갱신하고 난 뒤 doneposcalc를 발생시킵니다.

명령들은 실행과 동시에 저장되기 때문에, 전체 작업에 대한 로그를 자연스럽게 얻을 수 있습니다. Sheet.CreateAuditString 메서드는 한 줄에 명령어 하나씩이 포함된 문자열 형태로 실행 이력을 제공해 줍니다.

ExecuteSheetCommand는 각 명령이 실행될 때마다 그에 상응하는 undo 명령어를 생성합니다. 예를 들어 A1 셀에 "Foo"라는 문자열이 입력되어 있고 사용자가 이 값을 "Bar"로 바꿔주는 set A1 text Bar라는 명령을 실행할 경우, set A1 text Foo라는 명령이 undo 스택에 추가됩니다. 사용자가 undo를 요청하면, 이 undo 명령이 실행되어 A1 셀 값을 원래대로 복원해 줍니다.

14.4 테이블 편집기

이제 테이블 편집기를 살펴보도록 하겠습니다. 테이블 편집기는 RenderContext의 스크린상의 좌표를 계산해 주며, 두 개의 TableControl 객체를 이용하여 가로/세로 스크롤바를 관리합니다.

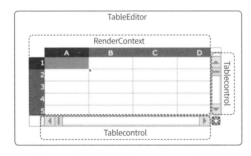

그림 14.8 스크롤바를 관리해주는 TableControl 인스턴스들

RenderContext 클래스가 관리하는 뷰 레이어의 설계 역시 WikiCalc와는 달라졌습니다. 앞서 설명한 바와 같이, WikiCalc에서는 스프레드시트의 각 셀마다 그에 상응하는 ⟨td⟩ 엘리먼트를 생성했었습니다. 하지만, SocialCalc의 경우에는 브라우저의 가시 영역을 딱 채울 수 있을 만큼만의 크기를 갖는 ⟨table⟩을 생성하고 그에 맞는 ⟨td⟩ 엘리먼트들을 미리 채워둡니다.

사용자가 문서를 스크롤 하면, 미리 그려져 있던 ⟨td⟩ 엘리먼트들의 innerHTML들이 동적으로 갱신됩니다. 이로 인하여 ⟨tr⟩이나 ⟨td⟩ 엘리먼트들을 없앴다가 새로 생성할 필요가 거의 없어지게 되었으며, 덕분에 반응속도를 비약적으로 향상시킬 수 있었습니다.

또한, 실제로 화면에 보이게 되는 영역만 RenderContext가 그려주기 때문에,

스프레드시트를 아무리 크게 늘려도 실행 성능이 저하되지 않게 되었습니다.

TableEditor에는 CellHandles 객체도 포함됩니다. CellHandles 객체는 그림 14.9처럼 지정된 셀의 오른쪽 아래 코너에 move/fill/slide 메뉴를 원형으로 보여줍니다.

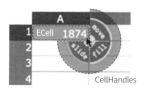

그림 14.9 현재 편집 가능한 셀(ECell)의 표현

입력 상자는 InputBox와 InputEcho의 두 개 클래스로 이루어져 있습니다. InputBox는 스프레드시트 화면 맨 위의 전용 편집 창을 관리하며, InputEcho는 입력이 변경될 때마다 현재 선택된 셀 위에 해당 변경사항을 오버레이해서 보여주는 기능을 담당합니다(그림 14.10).

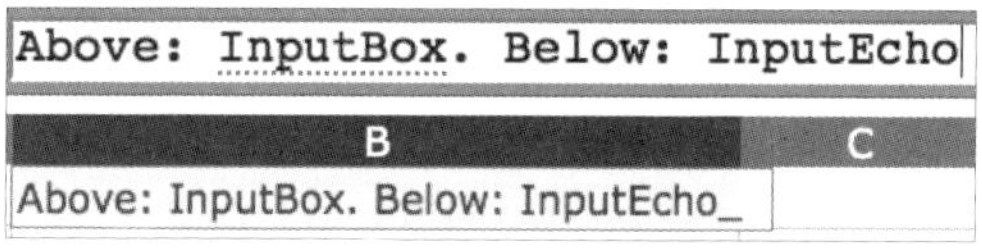

그림 14.10 입력 창을 구성하는 두 클래스 - InputBox와 InputEcho

일반적으로 소셜캘크 엔진은 스프레드시트를 편집하기 위해 연다거나, 편집이 끝난 결과를 다시 저장할 때에만 서버와 통신합니다. 이를 지원하기 위하여 저장용 포맷으로 구성된 문자열로부터 Sheet 객체를 파싱해 주는 Sheet. ParseSheetSave 메서드와, Sheet 객체를 저장 포맷으로 변환해주는 Sheet. CreateSheetSave 메서드가 제공됩니다.

수식에서는 URL로 표현가능하기만 하면 원격 스프레드시트의 어떤 값이든지 참조하여 사용할 수 있습니다. Recalc 명령어는 참조된 외부 값을 다시 읽어 들여 Sheet.ParseSheetSave 메서드를 통해 파싱한 뒤 별도의 전용 캐시에 그 결과를 저장해 줍니다. 덕분에 원격 스프레드시트에 있는 값을 참조할 때마다 매번 원격 콘텐츠를 새로 읽어 들이지 않아도 됩니다.

14.5 저장 포맷

소셜캘크는 네 개의 text/plain; charset=UTF-8 영역으로 구성되는 multipart/mixed MIME 포맷을 사용하여 자료를 저장합니다. 각 영역은 다시 콜론 기호로 필드를 구분하는 텍스트들로 구성되어 있으며, 구체적인 내용은 다음과 같습니다.

· meta 파트에는 다른 파트들의 타입들이 나열됩니다.
· sheet 파트에는 각 셀의 포맷과 내용, 각 칼럼의 너비(기본 값이 아닐 경우), 시트의 기본 포맷, 글꼴 목록, 시트에서 사용된 글꼴, 색상, 윤곽선 등이 포함됩니다.
· edit 파트에는 TableEditor의 편집 상태가 저장되며, 생략될 수 있습니다. ECell(Editable Cell/현재 선택되어 있는 편집 가능한 셀)의 가장 최근의 위치나 row/column pane들의 고정 크기 등이 포함됩니다.
· audit 파트에는 이전 편집 세션에서 실행한 명령어들의 목록이 저장되며, 역시 생략 가능합니다.

이해를 돕기 위하여, 그림 14.11처럼 셀 세 개로 구성된 스프레드시트를 예를 들어 살펴보겠습니다. A1 셀에는 ECell로서 1874라는 값이, A2에는 2^2*43이라는 수식이, A3에는 SUM(Foo)라는 수식이 볼드체로 그려져 있습니다. Foo는 A1:A2에 이루어지는 범위를 지칭합니다.

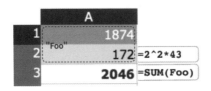

그림 14.11 저장 포맷을 설명하기 위한 예제 스프레드시트

이 스프레드시트를 저장하는 데 사용되는 직렬화 결과는 아래와 같습니다.

```
socialcalc:version:1.0
MIME-Version: 1.0
Content-Type: multipart/mixed; boundary=SocialCalcSpreadsheetControlSave
-SocialCalcSpreadsheetControlSave
Content-type: text/plain; charset=UTF-8
```

```
# SocialCalc Spreadsheet Control Save
version:1.0
part:sheet
part:edit
part:audit
—SocialCalcSpreadsheetControlSave
Content-type: text/plain; charset=UTF-8

version:1.5
cell:A1:v:1874
cell:A2:vtf:n:172:2^2*43
cell:A3:vtf:n:2046:SUM(Foo):f:1
sheet:c:1:r:3
font:1:normal bold * *
name:FOO::A1\cA2
—SocialCalcSpreadsheetControlSave
Content-type: text/plain; charset=UTF-8

version:1.0
rowpane:0:1:14
colpane:0:1:16
ecell:A1
—SocialCalcSpreadsheetControlSave
Content-type: text/plain; charset=UTF-8

set A1 value n 1874
set A2 formula 2^2*43
name define Foo A1:A2
set A3 formula SUM(Foo)
—SocialCalcSpreadsheetControlSave——
```

이 포맷은 사람이 읽을 수 있는 동시에 프로그램으로 생성하기도 쉽도록 설계되었습니다. 덕분에 드루팔(Drupal)의 Sheetnode 플러그인에서 PHP를 이용하여 이 포맷으로부터 엑셀의 .xls 포맷이나 OpenDocument의 .ods 포맷 등으로 변환하는 기능을 구현할 수 있었습니다.

이제 소셜캘크를 구성하는 요소들이 어떻게 서로 맞물려 작동하는지 살펴보았으니, 다음에는 소셜캘크를 확장한 실제 사례 두 개를 살펴보겠습니다.

14.6 리치 텍스트 편집

우선 그림 14.12처럼 소셜캘크에서 테이블 편집기에서 위키 마크업을 사용하여 텍스트 셀을 꾸며주는 기능에 관해 살펴보겠습니다.

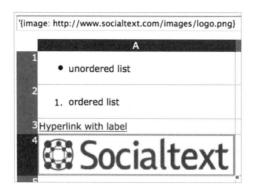

그림 14.12 테이블 에디터에서 제공되는 다양한 텍스트 렌더링 기능

위키 마크업 기능은 1.0 버전이 배포되고 난 후 사용자들로부터 이미지, 링크, 텍스트 마크업을 삽입할 수 있게 해 주는 일관적인 문법을 제공해 달라는 요청이 쇄도하여 개발되었습니다. Socialtext는 이미 오픈 소스 위키 플랫폼을 갖고 있었기 때문에, 자연스럽게 동일한 문법이 소셜캘크에서도 적용되었습니다.

이를 구현하기 위해서 text-wiki의 textvalueformat을 위한 전용 렌더러를 만들고 텍스트 셀의 기본 포맷을 이것으로 변경해야 했습니다. 그런데 Textvalueformat이 무엇이냐고요? 계속 읽어주세요.

14.6.1 타입과 포맷

소셜캘크에서는 각 셀이 datatype과 valuetype을 갖게 됩니다. 텍스트나 숫자를 가지는 데이터셀은 text/numeric valuetype을 가지며, datatype이 "f"인 수식 셀들에서는 텍스트나 숫자 값이 생성될 수 있습니다.

앞서 언급했던 것처럼, Sheet 객체는 Render 단계에서 각 셀에 대한 HTML을 생성합니다. 이때 어떤 HTML을 생성할 것인지 결정하기 위해 각 셀의 valuetype가 참조됩니다. 만일 해당 셀의 valuetype이 t로 시작되면 textvalueformat 애트리뷰트가, n자로 시작되면 nontextvalueformat 애트리뷰트가 대신 사용됩니다.

하지만, 이때 textvalueformat이나 nontextvalueformat가 명시적으로 정의되어 있지 않을 경우 그림 14.13에서 나온 것처럼 valuetype을 기반으로 기본 값을 찾아서 사용하게 됩니다.

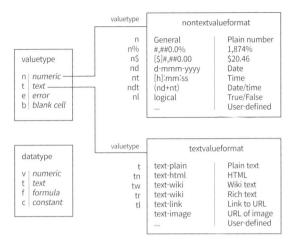

그림 14.13 셀이 가질 수 있는 밸류 타입들(Value Types)

text-wiki value format에 대한 지원은 SocialCalf.format_text_for_display에 구현되어 있습니다.

```
if (SocialCalc.Callbacks.expand_wiki && /^text-wiki/.test(valueformat)) {
    // 일반 위키 마크업을 처리함
    displayvalue = SocialCalc.Callbacks.expand_wiki(
        displayvalue, sheetobj, linkstyle, valueformat
    );
}
```

format_text_for_display에 wiki-to-HTML 변환기를 통째로 갖다 붙이는 대신, SocialCalc.Callbacks에 expand_wiki라는 새로운 후크를 정의했습니다. 이 방식은 모듈성이 향상되는 장점 때문에 소셜캘크 코드베이스 전체에 걸쳐 장려되는 스타일입니다. 보다 구체적으로, wikitext를 확장하는 다양한 방법들을 자유롭게 끼워 넣을 수 있게 해 주는 동시에 wikitext 기능을 원하지 않는 경우에도 호환성이 유지되도록 해 주기 때문입니다.

14.6.2 위키 텍스트의 렌더링

다음으로 wikitext[1]와 HTML 간 상호 변환을 담당하는 자바스크립트 라이브러리인 Wikiwyg을 살펴보겠습니다.

---

1 https://github.com/audreyt/wikiwyg-js

expand_wiki 함수는 셀의 텍스트를 가져다가 Wikiwyg의 wikitext 파서와 HTML 생성기에 순서대로 전달해줍니다.

```
var parser = new Document.Parser.Wikitext();
var emitter = new Document.Emitter.HTML();
SocialCalc.Callbacks.expand_wiki = function(val) {
    // val을 wikitext에서 HTML로 변환함
    return parser.parse(val, emitter);
}
```

마지막 단계에서는 set sheet defaulttextvalueformat text-wiki 명령이 스프레드 시트 초기화 직후에 실행되도록 설정하는 작업이 포함됩니다.

```
// <div id="tableeditor"/> 가 이미 DOM 에 존재하고 있다고 가정합니다.
var spreadsheet = new SocialCalc.SpreadsheetControl();
spreadsheet.InitializeSpreadsheetControl("tableeditor", 0, 0, 0);
spreadsheet.ExecuteCommand('set sheet defaulttextvalueformat text-wiki');
```

전체적으로 Render 단계는 그림 14.14에 나온 것처럼 진행됩니다.

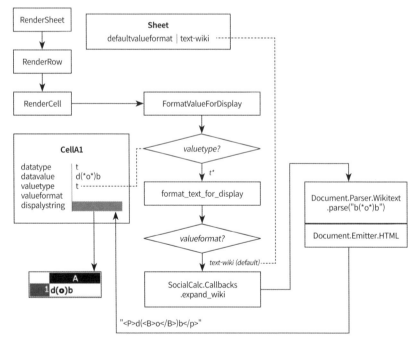

그림 14.14 화면 렌더링 진행 단계

이상의 작업만으로 소셜캘크는 wiki 마크업 문법에서 제공되는 다양한 기능들을 지원할 수 있게 됩니다.

```
*bold* _italic_ 'monospace' {{unformatted}}
> 들여쓰는 문단
* 순서가 없는 리스트
# 순서가 있는 리스트
"레이블이 지정된 하이퍼링크"http://softwaregarden.com/
{image: http://www.socialtext.com/images/logo.png}
```

A1 셀에 bold_italic_monospace를 입력하면, 그림 14.15에서 나오는 것처럼 관련 서식이 적용되어 표시되는 것을 확인할 수 있습니다.

그림 14.15 Wikiwyg 예제

14.7 실시간 협업

다음으로는 여러 사용자가 실시간으로 같은 스프레드시트를 편집하는 기능에 관해 살펴보겠습니다. 언뜻 상당히 복잡해 보일 수 있습니다만, 소셜캘크의 모듈화된 설계 덕분에 각 사용자가 각자 실행하는 명령들을 다른 참가자들에게 전달하는 것만으로 구현할 수 있었습니다.

원격 명령어를 로컬 커맨드와 구분하기 위해서, ScheduleSheetCommands 메서드에 isRemote 파라미터를 새로 추가한 뒤 아래와 같이 수정했습니다.

```
SocialCalc.ScheduleSheetCommands = function(sheet, cmdstr, saveundo,
isRemote) {
    if (SocialCalc.Callbacks.broadcast && !isRemote) {
        SocialCalc.Callbacks.broadcast('execute', {
            cmdstr: cmdstr, saveundo: saveundo
        });
    }
    // ...기존의 ScheduleSheetCommands 코드...
}
```

이제 적절한 SocialCalc.Callbacks.broadcast 콜백을 제공해 주기만 하면, 해당 스프레드시트에 연결된 모든 사용자가 브라우저에서 동일한 명령이 실행됨니다.

　이 기능은 SEETA의 Sugar Labs[2]에서 2009년에 OLPC(One Laptop Per Child)[3] 프로젝트를 위해 처음 개발되었습니다. 당시 이 broadcast 함수는 OLPC/Sugar 네트워크의 표준 트랜스포트였던 D-Bus/Telepathy상에서 XPCOM 호출을 사용하는 방식으로 구현되었습니다(그림 14.16).

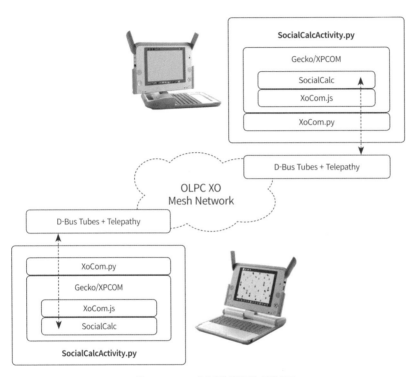

그림 14.16 OLPC상에서의 협업 기능 구현 구조

이 방식은 동일한 Sugar 네트워크상에 있는 XO 인스턴스들이 동일한 스프레드시트를 함께 편집할 수 있게 해 주었습니다. 하지만, 이 방식은 Mozilla/XPCOM 브라우저 플랫폼과 D-Bus/Telepathy 메시징 플랫폼에 의존한다는 문제가 있었습니다.

2　http://seeta.in/wiki/index.php?title=Collaboration_in_SocialCalc
3　http://one.laptop.org/

14.7.1 크로스 브라우저 트랜스포트

보다 다양한 브라우저 및 운영체제상에서 이 기능을 제공하기 위해 Web::Hippie 프레임워크를 사용했습니다. Web::Hippie[4] 프레임워크는 WebSocket과 JSON을 활용하는 고수준의 추상화된 프레임워크로서, jQuery 바인딩을 통해 편리하게 사용할 수 있습니다. 만일 WebSocket을 사용할 수 없을 경우에는 MXHR(Multipart XML HTTP Request)[5]를 트랜스포트 메커니즘으로 대신 사용합니다.

자체적으로 WebSocket을 지원하지는 않는 브라우저라도 어도비 플래시 플러그인이 지원되는 경우 플래시를 기반으로 WebSocket을 에뮬레이션 해주는 web_socket.js가 사용됩니다. web_socket.js[6]는 MXHR에 비해 더 빠르고 안정적입니다. 전반적인 작업 흐름은 14.17에 나와 있습니다.

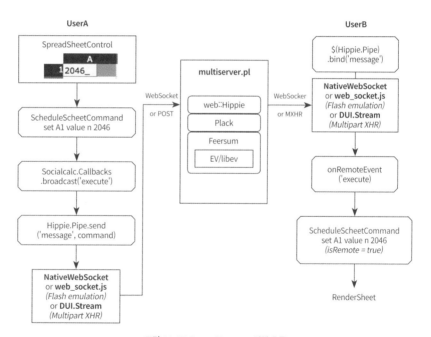

그림 14.17 Cross-Browser 진행 흐름

---

4 http://search.cpan.org/dist/Web-Hippie/
5 http://about.digg.com/blog/duistream-and-mxhr
6 https://github.com/gimite/web-socket-js

클라이언트 측의 SocialCalc.Callbacks.broadcast 함수는 아래와 같이 정의됩니다.

```
var hpipe = new Hippie.Pipe();

SocialCalc.Callbacks.broadcast = function(type, data) {
    hpipe.send({ type: type, data: data });
};

$(hpipe).bind("message.execute", function (e, d) {
    var sheet = SocialCalc.CurrentSpreadsheetControlObject.context.sheetobj;
    sheet.ScheduleSheetCommands(
        d.data.cmdstr, d.data.saveundo, true // isRemote = true
    );
    break;
});
```

이 방식은 상당히 잘 동작하기는 하지만, 해결되어야 할 문제가 아직 두 가지 더 남아있습니다.

14.7.2 충돌 해결

첫 번째로, 여러 명령어가 동시에 실행될 때 실행 순서를 결정하는 과정에서 발생하는 레이스 컨디션(Race Condition)[7]을 해결해야 합니다. 만일 서로 다른 사용자 A/B가 같은 셀에 대해 동시에 작업을 수행하면, 그림 14.18에서처럼 각자가 실행한 명령어들이 상대방에게 전달되어 서로 다른 결과를 보게 됩니다.

이 문제는 그림 14.19에서와 같이 소셜캘크의 기본 undo/redo 메커니즘을 통해 해결할 수 있었습니다.

충돌을 해결하는 과정은 다음과 같습니다. 우선 클라이언트가 로컬에서 실행하는 명령을 다른 클라이언트들에게 전달할 때 해당 명령을 Pending 큐[8]에 추가합니다. 이후 다른 사용자들이 실행한 명령을 전달받았을 때, 수신한 원격 명령을 Pending 큐의 내용들과 비교합니다.

만일 Pending 큐가 비어 있으면 수신한 원격 명령이 그대로 실행됩니다. 만일 똑같은 셀을 대상으로 하는 동일한 작업이 큐에 있을 경우, 이미 들어있던 로컬

---

7 (옮긴이) 공용 자원을 대상으로 동시에 여러 작업이 실행될 때, 각 작업이 실행되는 순서에 따라 최종 결과 값이 달라지는 경우를 일컫습니다. 병렬로 실행되는 작업들 사이의 실행 순서를 조율해 주는 별도의 도구가 사용되지 않는 경우, 실행 결과를 예측하거나 재현하기 어려운 문제를 야기합니다.
8 (옮긴이) 큐는 정보를 추가했다가 향후에 추출하여 사용할 수 있게 해주는 기본 자료구조로서, 먼저 추가된 정보가 우선적으로 추출되는 특성을 지니고 있습니다.

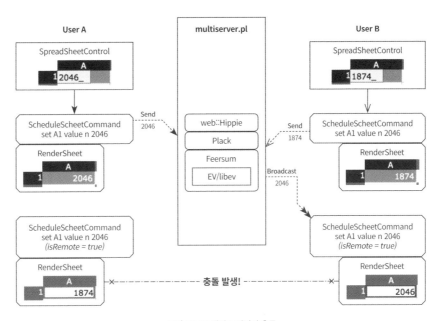

그림 14.18 레이스 컨디션 충돌

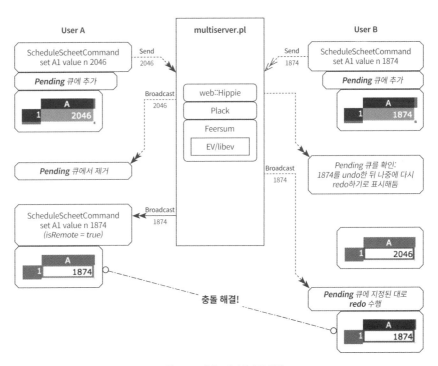

그림 14.19 레이스 컨디션 충돌 해결

명령을 큐에서 제거합니다.

아니면 큐에 수신된 원격 작업과 충돌하는 작업들이 있는지를 확인합니다. 충돌하는 작업들이 발견되면, 해당 작업들을 나중에 redo하기로 표시해 둔 다음 각각 undo합니다. 모든 Undo가 완료되고 나면 수신한 원격 명령을 실행합니다.

이후에 redo하기로 표시해 두었던 작업이 서버로부터 전달되면 클라이언트는 해당 작업을 다시 실행한 뒤 큐에서 제거합니다.

14.7.3 원격 커서

비록 레이스 컨디션이 해결될 수 있다고 해도, 다른 사용자가 현재 작업하고 있는 셀의 내용을 실수로 덮어쓰는 것은 효율적이지 않습니다. 간단한 해결책은 각자가 어떤 셀에서 작업하고 있는지를 모두가 한눈에 확인할 수 있도록 공유해 주는 것입니다.

이를 위해서 MoveECellCallback 이벤트에 대한 별도의 broadcast 핸들러를 추가했습니다.

```
editor.MoveECellCallback.broadcast = function(e) {
    hpipe.send({
        type: 'ecell',
        data: e.ecell.coord
    });
};

$(hpipe).bind("message.ecell", function (e, d) {
    var cr = SocialCalc.coordToCr(d.data);
    var cell = SocialCalc.GetEditorCellElement(editor, cr.row, cr.col);
    // …각 사용자들이 구분될 수 있도록 개별적인 서식을 지정함…
});
```

보통 현재 선택되어 있는 셀을 표시할 때에는 컬러 외곽선이 사용됩니다. 하지만, 해당 셀에 이미 border 속성이 지정되어 있을 수 있는 데다가, 외곽선 색은 한 개만 사용할 수 있기 때문에 한 셀에 커서 한 개밖에 표현할 수 없다는 단점이 있습니다.

때문에 CSS3를 지원하는 브라우저들에서는 box-shadow 속성을 사용하여 여러 사용자가 같은 셀을 편집하고 있다는 정보를 표현하는 방식을 채택했습니다.

```
/* 한 셀에 커서 두 개가 동시에 존재할 경우 */
box-shadow: inset 0 0 0 4px red, inset 0 0 0 2px green;
```

그림 14.20은 동시에 4명이 동일한 스프레드시트를 편집하고 있는 화면을 보여줍니다.

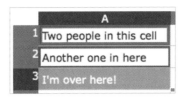

그림 14.20 하나의 스프레드시트를 네 명이 공유할 때의 화면

14.8 교훈

소셜캘크(SocialCalc)는 VisiCalc 첫 출시 30년을 기념하여 2009년 10월 19일에 버전 1.0이 공개되었습니다. 개인적으로 댄 브리클린(Dan Bricklin)의 가이드에 따라 Socialtext에서 동료들과 함께 일할 수 있었던 것은 매우 소중한 경험이었으며, 당시 얻을 수 있었던 교훈을 몇 가지 공유하고자 합니다.

14.8.1 뚜렷한 비전을 가진 핵심 디자이너가 있을 것

『The Design of Design』에서 프레드 브룩스(Fred Brooks)는 복잡한 시스템을 개발할 때, 일관성 있는 설계 콘셉트에 초점을 맞출 경우 의사소통이 훨씬 명확해진다고 주장했습니다. 마찬가지로 브룩스에 따르면, 가장 일관성을 향상시킬 수 있는 방법은, 전체 설계 콘셉트를 한 사람이 고안하는 것이라고 합니다.

> 개념적 일관성은 훌륭한 설계의 가장 핵심적인 속성입니다. 또한, 이런 일관성은 보통 혼자서 일할 때 혹은 몇 명 사이의 만장일치를 통해서 얻어집니다. 따라서 현명한 관리자는 설계 작업을 유능한 핵심 설계자 한 명에게 과감히 맡깁니다.

소셜캘크의 경우 트레이시 러글스(Tracy Ruggles)를 대표 UX 디자이너로 삼았던 점이 프로젝트를 공통된 비전으로 수렴시키는 데 결정적이었습니다. 소셜캘크의 기반 엔진이 워낙 유연했기 때문에, 불필요한 기능들이 잔뜩 추가될 가능성이 실제로 매우 높았습니다. 하지만 트레이시가 디자인 스케치들을 통해서 의사소통을 주도해준 덕분에 사용자들에게 직관적인 방식으로 기능들을 제공할 수 있었습니다.

14.8.2 프로젝트 연속성을 위해 위키를 사용할 것

제가 소셜캘크 프로젝트에 참여하기 전에, 이미 2년이 넘는 분량의 설계와 개발이 이루어져 있었습니다. 하지만 모든 것이 위키에 기록되어 있던 덕분에 1주일 만에 업무를 파악하고 개발에 참여하기 시작할 수 있었습니다.

최초의 설계 노트에서부터 가장 최근의 브라우저 지원 매트릭스에 이르기까지, 전체 과정이 위키 페이지와 소셜캘크 스프레드시트에 기록되어 있었습니다.

프로젝트의 워크스페이스를 읽어나가는 것만으로 프로젝트 진행 상황을 금방 따라잡을 수 있었으며, 보통 새로운 멤버가 추가되었을 때 누군가가 일일이 가르쳐 주어야 하는 오버헤드도 없었습니다.

기존의 오픈 소스 프로젝트들에서는 이처럼 빠르게 업무를 파악하는 것이 힘들었을 것입니다. 대부분의 대화가 IRC나 메일링 리스트에서 이루어지며, 위키는 단지 문서들이나 개발 관련 자료들의 링크들로만 사용되기 때문입니다. 이 경우 새로운 멤버들 입장에서는 정리되지 않은 IRC 로그나 이메일 아카이브로부터 전체 맥락을 파악하기가 훨씬 어렵습니다.

14.8.3 서로 다른 시간대에서 작업하기

루비온레일스(Ruby on Rails)를 만든 데이비드 하이네마이어 핸슨(David Heinemeier Hansson)은 37signals에 입사한 직후 팀원들이 분산되어 작업할 때의 장점에 대해 언급한 적이 있습니다. "코펜하겐과 시카고 사이에 서로 다른 시간대가 7개나 존재하는 덕분에 거의 끊이지 않고 많은 작업을 할 수 있었습니다." 소셜캘크의 경우에도 타이베이와 팔로알토 사이에도 9개의 시간대가 존재했기 때문에 같은 장점을 얻을 수 있었습니다.

상당수의 경우 설계-개발-QA 피드백 사이클이 24시간 안에 마무리 될 수 있었습니다. 각 담당자들이 각자의 시간대에서 8시간씩 일하는 것만으로 충분했기 때문입니다. 또한 서로 떨어져 있는 덕분에 딱 보기만 해도 알 수 있을 수준으로 설계 스케치, 코드, 테스트 등을 작업해야만 했으며, 이로 인해 서로에 대한 신뢰가 크게 향상되는 효과도 얻을 수 있었습니다.

14.8.4 재미를 최우선으로

2006년 CONISLI 컨퍼런스 키노트[Tan06]에서, 저는 펄(Perl) 6 구현 프로젝트를 리드했을 때의 경험을 바탕으로 여러 지역에 분산된 개발을 위한 유용한 교훈들을 요약하여 발표했습니다. 발표한 내용 중에서 '항상 로드맵을 가지고 있을 것', '권한을 통제하기보다는 실수를 용납할 것', '데드락을 제거할 것', '합의 도출 대신 아이디어 제시를 목표로 할 것', '코드를 통해 아이디어를 스케치할 것' 등과 같은 아이템들이 소수의 분산된 팀 개발에 적합했습니다.

소셜캘크 개발 시, 코드 오너십을 모두 함께 공유함으로써 팀 구성원들 사이에 지식이 가능한 한 많이 전파되도록 하는 동시에, 누구 한 명으로 인해 치명적인 병목이 발생하지 않도록 하는데 많은 주의를 기울였습니다. 나아가, 서로 다른 설계안 사이에 충돌이 발생할 때 실제 코딩을 통해 공유해 보는 방식으로 해결했습니다. 더 나은 대안이 발견될 경우 이미 완전하게 구현된 프로토타입을 버리는 것도 주저하지 않았습니다.

이 같은 문화적 속성들 덕분에 비록 직접 대면한 적은 없었지만 서로에 대한 존중과 동지애가 싹틀 수 있었으며, 소셜캘크에 즐겁게 참여할 수 있게 되었습니다.

14.8.5 스토리 테스트를 통한 개발 주도

SocialText에 참여하기 전부터 저는 명세서를 테스트와 함께 제공하는 방식을 옹호해 왔었습니다. 일례로 펄 6 명세[9]에서도 각 명세를 공식 테스트 수트들과 함께 제공했습니다. 하지만 소셜캘크의 QA팀인 켄 피어(Ken Pier)와 매트 호이저(Matt Heusser) 덕분에 '실행 가능한 명세서'라는 한 단계 더 나아간 방식에 대해 눈 뜰 수 있었습니다.

『Beautiful Testing』[GR09]의 16장에서 매트는 스토리 테스트 주도형 개발 프로세스에 대해 다음과 같이 설명하고 있습니다.

> 작업의 기본 단위는 '스토리'입니다. 스토리는 매우 간략한 요구사항 문서 입니다. 스토리에는 구현하고자 하는 기능에 대한 간단한 설명과 함께 스토리가 완료되면 어떤 일이 발생하는지에 대한 예제들이 포함됩니다. 이

---

9 http://perlcabal.org/syn/S02.html

> 예제들은 '인수 테스트'라고 부르며, 말로 간단하게 설명됩니다.
>
> 스토리를 처음 개발할 때, 프로덕트 소유자는 개발자 및 테스터의 도움을 받아 '인수 테스트' 를 우선 구현합니다. 인수 테스트가 구현되기 전에는 누구도 해당 기능 구현을 시작하지 않습니다.

이런 일련의 스토리 테스트들은 워드 커닝햄(Ward Cunningham)의 FIT 프레임워크[10]에서 영감을 받은 테이블 기반 명세서 언어인 wikitest로 변환되게 됩니다. 이들은 Test::WWW::Mechanize[11]나 Test::WWW::Selenium[12]과 같은 자동화된 테스트 프레임워크를 통해 수행되게 됩니다.

스토리 테스트를 요구사항을 표현하고 검증해 주는 공통 언어로 사용하는 것의 장점에 대해서는 아무리 강조해도 지나치지 않습니다. 이 방식은 의사소통 오류를 줄여주는데 핵심적인 역할을 수행하였으며, 또한 이 덕분에 월간 릴리스에서 회귀 테스트를 완전히 제거할 수 있었습니다.

14.8.6 CPAL을 통한 오픈 소스

소셜캘크의 개발에서 사용했던 오픈 소스 모델 역시 언급할 만합니다.

Socialtext는 소셜캘크를 위해 Mozilla Public License에 기반한 Common Public Attribution License[13]를 사용했습니다. 이 라이선스는 소프트웨어의 사용자 인터페이스에 원저자에 대한 언급이 표시되도록 할 수 있으며, 이에 기반한 파생 작업물들이 네트워크 서비스에서 사용될 경우 동일한 방식으로 공유될 수 있도록 해 주는 share-alike 항목이 포함되어 있습니다.

CPAL 라이선스가 OSI(Open Source Initiative)[14] 및 FSF(Free Software Foundation)[15]로부터 인증을 받고 난 뒤, facebook[16]이나 reddit[17] 같은 유명한 사이트들이 자신의 플랫폼 소스 코드를 종종 CPAL 라이선스로 공개하는 것을 목격했습니다.

---

10 http://fit.c2.com/
11 http://search.cpan.org/dist/Test-WWW-Mechanize/
12 Mechanize/http://search.cpan.org/dist/Test-WWW-Selenium/
13 https://www.socialtext.net/open/?cpal
14 http://opensource.org/
15 http://www.fsf.org
16 https://github.com/facebook/platform
17 https://github.com/reddit/reddit

CPAL은 약한 형태의 카피레프트 라이선스이기 때문에, 개발자들은 자유 소프트웨어와 상용 소프트웨어를 결합하여 개발할 수 있습니다. 이 경우 소셜캘크에 대한 수정 사항들만 배포하면 충분합니다. 이로 인하여 다양한 커뮤니티들이 소셜캘크를 채택하고 더 멋지게 향상시키는데 참여할 수 있었습니다.

소셜캘크는 재미있는 가능성이 많이 포함되어 있는 오픈 소스 스프레드시트 엔진입니다. 여러분이 자신의 프로젝트에 소셜캘크를 적용하신다면, 저희들에게도 이야기를 들려주세요.

옮긴이: 류성호

KAIST 인공지능 연구실에서 박사과정을 마쳤으며, 졸업 후 삼성전자와 NHN에서 근무했다. 네이버의 음성 비서 서비스인 '링크'의 음성인식 개발을 담당하였으며, 현재 아마존에서 Speech/Machine learning scientist로 재직 중이다.

15장

The Architecture of Open Source Applications

스노우플록(SnowFlock)

로이 브라이언트(Roy Bryant), 앙드레 라가 - 카빌라(Andrés Lagar-Cavilla) 지음
임성현 옮김

클라우드 컴퓨팅은 매력적이고 합리적인 비용으로 컴퓨팅 플랫폼을 제공합니다. 물리적 서버를 직접 구매하고 구성하면서 시간과 노력, 비용을 들이는 대신, 사용자는 클라우드에서 '서버'를 몇 번의 마우스 클릭을 통해 시간당 10센트 미만의 비용으로 임대할 수 있습니다. 클라우드 제공업체는 물리적 컴퓨터 대신 가상 머신(VM)을 제공하여 비용을 절감할 수 있습니다. 이를 위한 핵심 요소는 물리적 컴퓨터를 에뮬레이션하는 가상화 소프트웨어입니다. 이를 가상 머신 모니터(VMM)라고 부릅니다. 사용자는 수많은 다른 사용자와 물리적 시스템('호스트')을 공유하는지 여부에 신경 쓸 필요 없이 안전하게 '게스트' 가상 머신을 독립적으로 사용할 수 있습니다.

15.1 스노우플록 개요

클라우드 컴퓨팅은 애자일 조직에 안성맞춤입니다. 물리적 서버를 사용하려면 누군가 서버 구매를 승인하고, 주문하고, 서버를 발송하고, OS와 애플리케이션 스택을 설치하고 구성하는 과정을 인내심을 가지고 기다리는 과정이 필요합니다. 클라우드 사용자는 배송에만 이렇게 몇 주간 기다리는 대신, 자신의 프로세스를 그대로 유지하면서 몇 분만에 새로운 단독형 서버를 구축할 수 있습니다.

하지만 클라우드 환경에서 단독으로 돌아가는 서버는 극히 드뭅니다. 신속하게 설치가 가능하고 사용한 만큼 과금하는 모델에 따라, 클라우드 서버는 일반적으로 서로 유사하게 세팅된 서버들로 구성됩니다. 각 서버는 동적이고 확장

성이 높은 작업을 수행하게 되는데, 이 작업의 예로는 병렬 컴퓨팅, 데이터 마이닝, 웹 페이지 서비스 등이 있습니다. 하지만, 클라우드 업체에서는 새로운 인스턴스를 가동할 때마다 한 가지 정적 템플릿을 사용했기 때문에 고객 요청에 따른 서비스(on-demand)를 완전하게 제공하지 못했습니다. 즉, 클라우드 사용자가 서버를 인스턴스화 한 후에도 고객은 클러스터 멤버 관리와 서버 구성에 대한 추가 작업을 해야만 합니다.

스노우플록은 VM 복제와 클라우드 API를 통해 이러한 문제를 해결하고자 합니다. 애플리케이션 코드에서 주기적으로 시스템 콜 인터페이스를 통해 OS 서비스를 호출하는 것처럼, 애플리케이션이 클라우드 서비스를 호출할 수 있는 인터페이스를 제공합니다. 스노우플록에서는 VM 복제, 리소스 할당, 클러스터 관리 기능과 애플리케이션 로직을 프로그래밍을 통해 서로 엮을 수 있고, 단일 로직 작업으로 일괄 처리가 가능합니다.

VM 복제를 호출하면 복제하는 그 시점의 부모 VM을 여러 개의 클라우드 서버로 인스턴스화합니다. 논리적으로 복제된 서버는 OS 및 애플리케이션 수준의 캐시를 포함하여 부모의 모든 상태를 상속받습니다. 복제된 서버는 자동으로 내부 사설 네트워크에 추가되어 동적으로 확장 가능한 클러스터에 결합됩니다. 동일한 VM으로 캡슐화된 신규 연산 자원들은 요청에 따라 실시간, 동적으로 생성될 수 있습니다.

실제 사용 관점에서, VM 복제는 쓸만하고 효율적이며 신속합니다. 이 장에서는 스노우플록에서 서로 다른 프로그램 모델과 프레임워크를 어떻게 효율적으로 엮어서 VM 복제를 구현했는지 설명하고, 애플리케이션 런타임과 사용자 오버헤드 영향을 최소화 했는지 그 방법을 설명할 것입니다. 또, 어떤 방법으로 수십 개의 신규 VM을 단 5초 미만에 생성하는지 설명할 것입니다.

스노우플록에서는 C, C++, 파이썬, 자바로 작성된 프로그램을 통해 VM 복제를 제어할 수 있는 API를 다양하고 유연하게 제공합니다. 우리는 매우 다양하고 이질적인 시스템 환경에서 성공적으로 SnowFlock의 프로토타입을 적용해왔습니다. 병렬 컴퓨팅을 적용한 사례에서는 명시적으로 다수의 물리적 호스트 위에 작업 VM을 복제하여 부하를 효율적으로 분산하는 훌륭한 결과를 얻을 수 있었습니다. 메시지 전송 인터페이스(Message Passing Interface, MPI)를 사용하고 분산 서버 클러스터에서 실행되는 전형적인 병렬 애플리케이션의 사례에서는 MPI의 시작 관리자를 수정하여 별도의 애플리케이션 수정 없이 각 애플리케이션의 수요에 따라 복제 클러스터를 프로비저닝 해서 성능을 향상시킬 수 있었으며, 오버헤드를 훨씬 감소시킬 수 있었습니다. 마지막으로, 좀 다른 목적으로, 탄력적 서버 운영의 효율성과 성능을 향상시키기 위해 스노우플록을 사용했습니다. 오늘날 클라우드 기반의 탄력적인 서버를 운영할 때에는 서비스를 분할 요청할 때마다 새로운 VM을 부팅하게 됩니다. 하지만, 스노우플록을 사용해서 실행 중인 VM을 직접 복제하는 방식으로 20배 빠르게 신규 VM을 제공할 수 있습니다. 이 이유는 실행 상태인 부모 VM이 사용하고 있는 버퍼(warm buffers)를 상속해서 복제된 VM이 곧바로 최고 성능을 발휘할 수 있기 때문입니다.

15.2 VM 복제

이름에서 알 수 있듯이, 복제 VM은 부모 VM과 거의 동일합니다. 사실, MAC 어드레스 충돌과 같은 문제를 회피하기 위해 복제 VM은 중요도는 떨어지지만 꼭 필요한 차이점이 있습니다. 이 부분은 추후 설명하겠습니다.

복제 VM을 생성하기 위해, 모든 로컬 디스크와 메모리 상태가 가용 상태여야 합니다. 이 이슈는 우리의 첫 번째 설계 논점입니다. 그 상태 그대로 복제를 할 것인가, 아니면 요건에 따라서 부분적으로 복제를 실시할 것인가?

VM 복제를 수행하는 가장 간단한 방법은 표준 VM의 '마이그레이션' 기능을 사용하는 것입니다. 일반적으로 마이그레이션은 실행 중인 VM의 호스트에 과부하가 걸리거나 유지보수를 위해 중단되어야 하는 경우, 다른 호스트로 옮길 때 사용됩니다. VM은 순수한 소프트웨어이기 때문에, 시스템을 잠시 중단한 뒤 실행 부분을 추출하여 더 적합한 새로운 호스트로 복사할 수 있는 데이터 파일 형태로 캡슐화가 가능합니다. 이를 위해, 가상머신 모니터(VMM)는 VM의 '체크포인트'를 포함한 파일을 생성해야 합니다. 해당 파일에는 로컬 파일 시스템, 메모리 이미지, 가상 CPU 레지스터 등의 정보를 담게 됩니다. 마이그레이션을 하면 새로 생성된 복사본이 원본을 대체하게 되지만 프로세스의 경우에는 실행 중인 원본은 남겨 두고 복제된 것만 대체할 수 있습니다. 이러한 즉시(eager) 프로세스에서는 모든 VM의 상태가 우선 전송됩니다. 그래서 시작 시점에서 최고의 성능을 발휘하게 되는데, 그 이유는 VM의 모든 상태가 실행 시점에 제 자리에 존재하기 때문입니다. 즉시 복제의 단점은 실행을 시작하기 전에 전체 VM을 복사하기 때문에 신규 VM의 인스턴스화가 느려진다는 점입니다.

이와 반대로 스노우플록이 채택한 방식인 지연('lazy') 복제가 있습니다. 필요할지 모르는 것들을 전부 복사하는 대신에, 실행 초기에 필요한 중요 비트들을 먼저 전송하고 상태정보는 복제 VM에서 필요한 시점에 전송하는 방식을 사용합니다. 여기에는 두 가지 장점이 있습니다. 첫째, 초기에 해야 하는 작업을 줄여서 생성할 때 대기시간을 최소화 합니다. 둘째, 복제에서 사용하는 실제적인 상태만 복사하여 효율성을 높입니다. 이러한 장점은 복제할 대상에 따라 달라지지만, 대부분 애플리케이션에서는 로컬 파일시스템의 모든 파일과 메모리의 페이지에 접근할 필요가 없기 때문에 별 상관 없습니다.

하지만, 지연 복제의 장점은 대가 없이 얻을 수 없습니다. 상태 전송이 마지막 순간까지 지연되기 때문에, 복제 VM은 계속 실행하기 전에 상태 정보가 도착하기를 기다려야 합니다. 시분할 워크스테이션에서는 메모리와 디스크 사이의 스와핑이 병렬로 진행됩니다. 즉, 심한 지연이 발생되고 있는 원본에서 상태 정보가 오기 전까지 애플리케이션이 멈춰 있어야 합니다. 스노우플록의 경우, 복제 VM의 성능이 다소 저하되는데, 이러한 지연의 심각성은 애플리케이션의 종류에 따라 다릅니다. 고성능 컴퓨팅 애플리케이션의 경우 이러한 지연이 미치는 영향이 매우 미미하지만, 데이터베이스 서버를 복제한 경우에는 초기 성능이 저하되는 것을 발견할 수 있었습니다. 성능저하가 일시적인 증상이라는 점은 주목할 만합니다. 몇 분 이내에 필수 상태가 대부분 전송되고 난 후 복제 VM의 성능은 원본 수준까지 도달하게 됩니다.

참고로, 독자가 VM을 잘 알고 있다면, 이 시점에 '라이브' 마이그레이션 최적화를 적용하면 어떨지 궁금해 할 것입니다. 라이브 마이그레이션은 신규 VM 복제를 위해 원본 VM이 멈추고 재개하는 간격을 줄이도록 최적화 되어 있습니다. 이 작업을 수행하려면, 가상 머신 모니터가 원본 VM이 실행되고 있는 동안 VM의 상태 정보를 미리 복사해 두고, 중지된 다음 최근 변경되어 전송할 필요가 있는 페이지만 전송할 수 있도록 지원해야만 합니다. 이 기법은 마이그레이션이 요청되는 시점과 복제가 실행되는 시점 사이의 간격을 줄이지 못하기 때문에 VM을 즉시 복제할 때 생기는 초기 지연을 줄이지 못합니다.

15.3 스노우플록의 접근법

스노우플록은 'VM Fork'라고 부르는 기본형을 가지고 VM 복제를 구현하는데, 이는 표준 유닉스의 fork와 유사하지만 몇 가지 중요한 차이점이 있습니다. 첫째, 단일 프로세스를 복사하는 대신, VM Fork는 모든 메모리, 모든 프로세스, 가상 디바이스, 로컬 파일시스템을 포함하는 전체 VM을 복제합니다. 두 번째, 동일한 물리적 호스트에서 실행하는 단일 복사본을 만드는 대신 VM Fork는 병렬로 다수의 복제본을 동시에 만들어낼 수 있습니다. 마지막으로 필요에 따라 신속하게 클라우드 공간을 확장하기 위해 VM을 별개의 물리적 서버에 포크할 수 있습니다.

다음 개념들은 스노우플록의 핵심요소입니다.

· 가상화: VM이 컴퓨터 환경을 캡슐화하여 클라우드에 올리거나 복제가 가능하도록 합니다.
· 지연 전파: 필요하기 전까지는 VM의 모든 상태를 복제하지 않아, 복제 VM을 생성할 때 몇 초밖에 걸리지 않습니다.
· 멀티캐스트: 함께 생성된 복제 VM 사이에는 VM 상태 정보에 대한 유사한 요청사항이 존재하게 됩니다. 멀티캐스트를 통해 수십 개의 복제 VM을 한 번에 실행할 수 있습니다.
· 페이지 오류: 복제 VM이 누락된 메모리를 사용하고자 하면, 오류가 발생하고 이에 따라 부모 VM에 대한 요청이 발생합니다. 필요한 페이지가 도착하기 전까지 복제 VM 실행은 차단됩니다.
· 쓰기도중 복사(CoW): 메모리와 디스크 페이지를 덮어쓰기 전에 복제하기 때문에, 복제 VM에서 사용하기 위한 상태 정보의 고정된 복사본을 보존하는 동시에 부모 VM은 계속 실행이 가능합니다.

우리는 Xen 가상화 시스템을 통해서 스노우플록을 구현했습니다. 따라서 일부 Xen에 특화된 용어를 소개하면 명확하게 이해하는데 도움이 될 것입니다. Xen 환경에서 VMM은 하이퍼바이저(hypervisor)라고 하며, VM을 도메인이라고 부릅니다. 각 물리적 시스템(호스트)에 '도메인 0(dom0)'이라고 부르는 도메인이 존재하는데, 이 도메인의 특별한 권한은 호스트와 물리적 디바이스에 접근할 수 있는 모든 권한을 가지며, 도메인 U(domU)라고 부르는 VM이나 추가 게스트 또는 '사용자'를 제어할 수 있는 권한도 가집니다.

개략적으로, 스노우플록은 누락된 리소스를 자연스럽게 복구할 수 있는 접근 권한을 가진 Xen 하이퍼바이저의 수정 묶음, dom0에서 실행되고 협업하여 누락된 VM의 상태를 전송하는 프로세스와 시스템들을 지원하는 묶음, 그리고 복제된 VM 안에서 OS를 실행하는 몇몇 선택적인 수정사항 묶음으로 구성됩니다.

스노우플록의 여섯 가지 주요 컴포넌트는 다음과 같습니다.

· VM 설명자: 복제 VM의 시드로 사용되는 작은 객체 형태로, VM에서 실행할 때 필요한 가장 중요한 뼈대를 담고 있습니다. 의미있는 작업을 수행하기 위한 필수 항목은 아직 없는 상태입니다.

· 멀티캐스트 분배 시스템(mcdist): 부모 측 시스템에서 VM의 상태 정보를 동시에 모든 복제 VM에게 효율적으로 배포하는 목적의 시스템입니다.

· 메모리 서버 프로세스: 부모 측 시스템에 부모 VM의 상태 정보의 정적 복사본을 저장하고, 모든 복제 VM에서 mcdist를 통해 상태 정보를 요청할 때에 정적 복사본을 제공하도록 관리합니다.

· Memtap 프로세스: 복제 VM 측 프로세스로서 복제 VM을 대신하여 행동하고, 메모리 서버와 통신하여 누락된 필요 페이지를 요청합니다.

· 복제 VM 인라이트먼트: 복제 VM 내부에서 수행되는 게스트 커널로서, 요청에 따라 VM 상태 정보를 전송할 때 VMM에 힌트 정보를 제공해서 부하를 감소시키는 역할을 담당합니다. 이 부분은 선택사항이지만, 효율성을 감안한다면 권장할 만 합니다.

· 제어 스택: 물리적 호스트마다 실행되는 데몬으로서 다른 컴포넌트들을 조율하고 스노우플록 부모 VM과 복제 VM들을 관리하는 역할을 담당합니다.

그림 15.1은 VM의 복제생성 프로세스를 네 단계로 보여주고 있습니다.

(1) 아키텍처 설명자를 만들기 위해 부모 VM을 일시 중단
(2) 설명자를 모든 대상 호스트에 배포
(3) 거의 비어있는 상태의 복제 VM을 초기화
(4) 요청에 따라 상태를 전송

이 그림은 또한 mcdist를 통한 멀티캐스트 분배의 사용을 보여주고 있으며, 게스트의 인라이트먼트를 통해 페치를 회피하는 과정도 보여주고 있습니다.

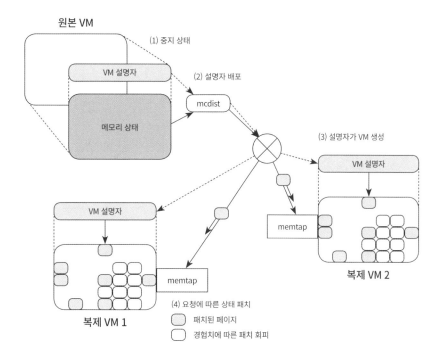

원본 VM

(1) 중지 상태

VM 설명자

(2) 설명자 배포

mcdist

메모리 상태

(3) 설명자가 VM 생성

VM 설명자

memtap

복제 VM 2

VM 설명자

memtap

(4) 요청에 따른 상태 패치

복제 VM 1

패치된 페이지

경험치에 따른 패치 회피

그림 15.1 스노우플록 VM 복제 아키텍처

만약 스노우플록를 사용해 보고자 한다면, 두 가지 방법이 있습니다. 먼저, 토론 토 대학의 스노우플록 연구 프로젝트에 있는 문서와 오픈 소스 코드 원본을 사 용할 수 있습니다.[1] 상업 수준의 수정본이면서도 동시에 무료이고 비상업적 라 이선스를 선호한다면, GridCentric 사를 통해 사용할 수도 있습니다.[2] 스노우플 록에는 하이퍼바이저 수정본이 포함되어 있으며 dom0에 접근이 필요하기 때문 에, 스노우플록을 설치할 때에는 호스트 머신에 접근할 권한이 필요합니다. 이 런 이유로, 직접 자신 소유의 하드웨어가 필요하게 되며, 아마존의 EC2와 같은 상용 클라우드 환경에서는 시도해 보기가 어렵습니다.

다음 몇 개의 섹션을 통해 효율적이고 신속한 복제를 위해 필요한 나머지 부 분들을 설명할 것입니다. 우리가 설명할 모든 컴포넌트는 그림 15.2에 담겨 있 습니다.

---

1 http://sysweb.cs.toronto.edu/projects/1
2 http://www.gridcentriclabs.com/architecture-of-open-source-applications

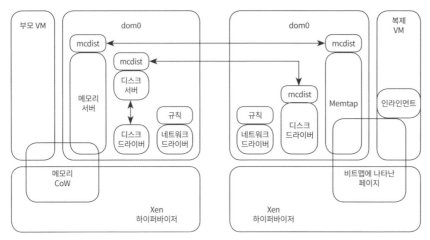

그림 15.2 스노우플롯(SnowFlock)의 소프트웨어 컴포넌트

15.4 아키텍처 VM 설명자

스노우플록의 설계 관점에서 가장 핵심이 되는 결정 사항은 VM 상태 정보의 복제를 지연된 런타임 수행 시점으로 늦추는 것입니다. 즉, VM의 메모리를 복사할 때 지연된 바인딩 작업을 해서 최적화를 위한 많은 기회를 얻을 수 있게 됩니다.

이 설계 결정을 실제로 옮기는 첫 번째 단계는 VM 상태에 대한 아키텍처 설명자를 생성하는 것입니다. 이 설명자는 복제 VM을 생성하는 기본 정보가 됩니다. 여기에는 VM을 생성하고 스케줄을 생성하는데 필요한 최소 사항이 담겨 있습니다. 아키텍처 설명자라는 이름에서 암시하는 것처럼, 이 최소 사항은 아키텍처 스펙에 필요한 데이터 구조로 구성되어 있습니다. 스노우플록의 경우 아키텍처는 인텔 x86 프로세서 요구사항과 Xen 요구사항의 조합입니다. 아키텍처 설명자는 이에 따라서 페이지 테이블, 가상 레지스터, 디바이스 메타 데이터, 벽시계 타임스탬프 등과 같은 데이터 구조를 포함하고 있습니다. 관심 있는 독자는 [LCWB +11]에서 아키텍처 설명자의 내용에 대해서 더 깊이 다루고 있으니, 이를 참조하면 됩니다.

아키텍처 설명자는 세 가지 중요한 속성을 가지고 있습니다. 첫째, 아키텍처 설명자는 200밀리초 정도의 짧은 시간 안에 생성될 수 있습니다. 두 번째, 원본 VM에 할당된 메모리보다 규모 면에서 1/1000정도 작은 메모리가 할당됩니다 (1GB VM당 1MB 수준). 세 번째, 아키텍처 설명자를 통해 복제 VM은 1초 미만

(일반적으로 800밀리초) 안에 생성될 수 있습니다.

여기에서 핵심은, 복제 VM이 아키텍처 설명자로부터 생성되는 시점에는 대부분의 메모리 상태가 누락되어 있다는 점입니다. 다음에는 우리가 이 문제를 어떻게 해결했는지 설명하고, 최적화를 통해 얻은 장점에 대해서 설명할 것입니다.

15.5 부모 측 컴포넌트

VM이 복제되기 시작하면 원본 VM은 복제 VM의 부모가 됩니다. 모든 책임감 있는 부모와 같이, 부모 VM은 그 자녀가 잘되기 위해 돌보아야 할 의무가 있습니다. 부모 VM은 복제 VM의 요청에 따라 메모리와 디스크 상태를 복제할 수 있는 서비스들을 준비하여 그 의무를 수행합니다.

15.5.1 Memserver 프로세스

아키텍처 설명자가 생성될 때, VM은 아키텍처 설명자가 생성되는 동안 잠시 정지 상태가 됩니다.

이는 VM이 잠시 중지되고 OS의 실행 스케줄에서 제외되고 내부 OS 드라이버가 정지상태가 되어, 복제 VM이 생성되고 나서 만나게 되는 외부 환경에 다시 접속할 수 있는 상태가 되기 이전에 VM 메모리의 상태를 고정하게 됩니다. 여기서 우리는 이 정지 시점에 '메모리 서버' 또는 memserver를 생성하는 이점을 얻을 수 있습니다.

메모리 서버는 모든 복제 VM의 요청에 따라 부모 VM으로부터 메모리 비트를 제공합니다. 메모리는 x86 메모리 페이지(4킬로바이트) 단위로 전달됩니다. 가장 간단한 방식은 메모리 서버가 복제 VM의 페이지 요청을 기다리고 있다가, 한 번에 하나의 복제 VM에게 한 페이지씩 보내주는 방식입니다.

하지만, 이곳은 부모 VM이 실행을 유지하는데 필요한 메모리와 동일한 메모리입니다. 만약, 부모 VM이 아무런 통제가 없이 이 메모리 수정을 허용하게 되면, 복제 VM에 제공하고자 하는 메모리가 훼손됩니다. 제공되는 메모리는 각 복제의 시점마다 다를 수 있고, 따라서 복제 VM에서는 심각한 혼동이 발생할 수도 있습니다. 커널을 해킹하는 관점에서, 이는 내용을 추적하는 확실한 정보가 됩니다.

이 문제를 회피하기 위해, 고전적인 OS 개념인 "쓰는 도중 복사하기" 또는 CoW 메모리 개념을 가져왔습니다. Xen 하이퍼바이저의 기능 지원을 통해, 부모 VM에게서 메모리의 모든 페이지에 대한 쓰기 권한을 제거할 수 있었습니다. 부모 VM이 실제 하나의 페이지를 수정하려 할 때에 하드웨어 페이지 오류를 발생시킵니다. Xen에서는 오류의 원인을 알고 해당 페이지의 복사본을 만듭니다. 메모리 서버에서 읽기 전용인 복사본 메모리를 사용하는 동안, 부모 VM은 원래의 페이지에 쓰기가 허용되고 실행을 지속할 수 있습니다. 이러한 방식으로, 복제 시점의 메모리 상태는 부모 VM이 실행을 지속할 수 있는 동안 복제 VM이 혼동되지 않도록 고정 상태로 남겨집니다. CoW의 오버헤드는 최소화될 수 있습니다. 이는 리눅스에서 사용하는 메커니즘(예를 들어 새로운 프로세스를 생성하는 과정)과 유사합니다.

15.5.2 Mcdist를 활용한 멀티캐스팅

복제 VM은 일반적으로 만들어질 때에 어떤 목적으로 어떻게 사용될지 이미 결정되어 있습니다. 우리는 대부분의 경우 복제 VM이 단일 목적을 위해 생성될 것이라 생각했습니다. 예를 들어, Y세그먼트 데이터베이스에 대한 DNA X 체인을 정렬하는 목적을 들 수 있습니다. 더 나아가, 복제 VM의 집합이 생성될 때 모든 생성된 복제 VM들은 동일한 작업을 수행할 것으로 생각합니다. 예를 들어 각기 다른 세그먼트 데이터베이스에 대해서 동일한 X 체인을 정렬한다든지, 단일 Y 세그먼트에 대한 각기 다른 체인을 정렬하는 경우를 들 수 있습니다. 복제 VM들은 이에 따라 메모리 접근의 측면에서 많은 양의 임시적 지역성을 보여주게 됩니다. 즉, 복제 VM들은 동일한 코드와 대부분 공용으로 쓰는 데이터를 사용하게 됩니다.

우리는 스노우플록에 맞게 수정한 멀티캐스트 분배 시스템인 mcdist를 통해 임시적 지역성의 문제를 해결하였습니다. Mcdist는 동시적으로 동일 패킷을 다수의 수신 세트에 분배하기 위해 IP 멀티캐스트를 사용합니다. 이는 네트워크 하드웨어의 병렬성을 활용하여 메모리 서버의 부하를 감소시키는 장점이 있습니다. 페이지에 대한 첫 요청에 따라 모든 복제 VM에 응답을 전송함으로써, 각 복제 VM의 요청이 다른 자매 복제 VM에게 프리페치(prefetch)되는 것처럼 움직이게 됩니다. 이는 메모리에 접근하는 시점과 패턴이 대부분 유사하기 때문입니다. 다른 멀티 캐스트 시스템과는 달리 mcdist는 반드시 신뢰성을 가질 필요가 없고, 주문에 따라 패킷을 전달할 필요가 없으며, 원자적으로 모든 특정 수신자에게 응답을 분배할 필요가 없습니다. 이에 따라 멀티캐스트가 최적화되고, 복제 VM에 분배하는 작업은 굳이 명시적으로 요청 페이지 단위로 보장할 필요가 없어집니다. 이에 따라서 디자인은 우아하게 단순해집니다. 만일 클라이언트가 시간 초과로 요청에 대한 응답을 못 받아서 다시 요청하는 경우에서도 서버는 그냥 멀티캐스트로 응답하면 됩니다.

스노우플록에 관련된 세 가지 최적화가 mcdist에 포함되어 있습니다.

· 잠금 단계 탐지: 임시적 지역성이 발생하는 경우, 다수의 복제 VM에서 거의 동시적으로 동일 페이지를 요청하게 됩니다. Mcdist 서버는 이러한 요청 중 첫 번째를 제외한 나머지는 모두 무시합니다.
· 흐름 제어: 수신기는 자신의 요청에 대한 응답과 더불어 수신 비율을 받게 됩니다. 서버는 클라이언트의 수신 비율에 대한 가중 평균에 따라 전송 속도를 제어 합니다. 그렇지 않으면, 수신기는 운영 중인 서버에서 보낸 너무 많은 페이지 때문에 시스템에 장애가 발생합니다.
· 마지막 처리: 서버가 대부분의 페이지를 전송한 후, 유니 캐스트 응답으로 전환됩니다. 이 시점에서의 대부분 요청은 재시도이고, 따라서 모든 복제 VM망을 통해 회신하는 작업은 굳이 필요하지 않습니다.

15.5.3 가상 디스크

스노우플록 복제 VM은 짧은 생명주기를 가지고 있으며 운명이 이미 결정되어 있기 때문에 디스크를 직접 사용하는 경우가 거의 없습니다. 스노우플록 VM의 가상 디스크는 바이너리, 라이브러리, 환경 설정 파일을 가지고 있는 루트 파티션을 담고 있습니다. 대규모의 데이터 프로세싱은 HDFS나 PVFS과 같이 이에 적절한 파일 시스템이 필요합니다. 따라서 스노우플록 복제 VM이 루트 디스크에서 파일을 읽어야 할 때, 일반적으로 커널 시스템의 페이지 캐시를 통해서 읽게 됩니다.

이 과정을 살펴본다면, 발생하는 경우가 극히 드물다 하더라도 복제 VM에게 가상 디스크에 접근할 수 있도록 해야 합니다. 우리는 거부감을 최소화고자 메모리를 복제하는 방식을 그대로 따라서 가상 디스크를 구현 했습니다. 첫째, 디스크의 상태는 복제 시점에 동결됩니다. 부모 VM은 CoW 방식으로 디스크를 계속해서 사용합니다. 즉, 디스크 복제 VM의 모든 뷰는 변동 없이 남아있을 것으로 간주하면서, 저장할 때에는 백업 저장소의 별도 위치로 전송합니다. 둘째, 디스크 상태 정보는 mcdist를 사용하여 4KB 페이지 단위로 동일 크기와 동일 수준의 임시 지역성을 가지고 모든 복제 VM에 멀티캐스트로 전달합니다. 셋째, 복제 VM을 위한 복제된 디스크 상태는 한시적으로 통제 됩니다. 즉, 디스크 상태는 여기저기 흩어져 있는 flat 파일에 저장되고 복제 VM이 소멸될 때 즉시 삭제 됩니다.

15.6 Clone-Side 컴포넌트

복제 VM은 아키텍처 기술자에 의해 생성될 때에는 빈껍데기입니다. 따라서 사람과 동일하게, 장성할 때까지 부모의 많은 도움이 필요합니다. 자식 VM이 밖으로 이동할 때 무엇이든 필요한 어떤 것을 잃어버린 경우에는 즉시 집에 연락해야 하고 부모에게 잃어버린 것을 전달해 달라고 요청해야 합니다.

15.6.1 Memtap 프로세스

각각의 복제 VM이 생성된 이후 부착되는 memtap 프로세스는 복제 VM의 생명선입니다. Memtap 프로세스는 복제 VM의 모든 메모리를 매칭하고 필요한 요청에 따라 메모리를 채웁니다. memtap 프로세스는 몇 가지 핵심적인 비트를 Xen 하이퍼바이저의 지원을 받아 목록화 합니다. 복제 VM의 메모리 페이지 접근 권한을 해제하고, 메모리 페이지에 처음 접근하여 발생하는 하드웨어 오류를 하이퍼바이저를 통해 memtap 프로세스로 전달합니다.

가장 간단한 모습에서는, memtap 프로세스는 단순히 메모리 서버에 오류가 발생한 페이지에 대해 요청만 하겠지만, 더 복잡한 시나리오도 존재합니다. 먼저, memtap 핼퍼가 mcdist를 사용합니다. 이는 어느 시점 어느 페이지에서도 다른 복제 VM의 요청에 따라 비동기적으로 프리패칭한 정보에 접근이 가능하다는 것을 의미합니다. 두 번째, 우리는 스노우플록 VM이 멀티 프로세스를 가질 수 있도록 허용했습니다. 이는 다수의 실패가 각기 병렬적으로 제어되어야 함을 의미하며, 다수의 실패가 하나의 페이지 안에서도 발생할 수도 있다는 것을 의미합니다. 세 번째, 최근 버전의 memtap 핼퍼는 명시적으로 페이지 배치에 프리페치 할 수 있습니다. 즉, mcdist 서버가 전달 순서를 보장할 수 없기 때문에 임의의 순서로 도착할 수 있다는 뜻입니다. 이러한 요소 중 단 하나라도 동시성 문제를 악몽으로 이끌게 되는데, 여기서는 이 세 요소들을 모두 안고 있습니다.

전체 memtap 설계는 페이지의 현재 비트맵에 집중되어 있습니다. 이 비트맵은 아키텍처 기술자가 복제 VM을 생성하는 과정 중에 생성되고 초기화가 됩니다. 비트맵은 VM의 메모리에 저장될 수 있는 페이지의 개수만큼 크기의 플랫한 비트 배열입니다. 인텔 프로세서에는 편리한 원자 단위 비트의 변이 지침이 있습니다. 예를 들어 비트를 세팅하거나 테스트, 설정을 수행할 때 동일 머신의 다른 프로세서의 원자성을 보장해야 하는 상황이 발생할 수 있습니다. 이 지침에 따라 대부분의 경우에서 락을 방지할 수 있습니다. 따라서 다른 프로텍션 도메인(Xen 하이퍼바이저, memtap 프로세스, 복제된 게스트 커널 자체) 내부에 존재하는 다른 엔터티에서 해당 비트맵에 접근할 수 있게 됩니다.

Xen에서는 페이지에 처음 접근해서 발생하는 하드웨어 페이지 오류를 처리할 때, memtap에 경고해야 할지 여부를 판단하기 위해 비트맵을 사용합니다. 또한, 하나의 누락된 페이지에 속한 여러 개의 실패한 가상 프로세스를 큐에 저장하기 위해 비트맵을 사용합니다. memtap에서는 이 프로세스들이 도달하는 시점에 페이지를 버퍼링하고 있습니다. 만일 memtap 버퍼가 다 차거나 명시적으로 요청한 페이지가 도착하면 VM은 잠시 중지되고, 도착했으나 이미 노출된 중복 페이지를 폐기하는데 비트맵이 사용됩니다. 필요한 나머지 페이지는 그 뒤에 VM 메모리에 복사하고 적절한 비트맵 비트가 설정됩니다.

15.6.2 불필요한 패치를 회피하기 위한 현명한 복제 VM

우리는 페이지의 존재 비트맵은 복제 VM 내부에서 실행 중인 커널에서 볼 수 있고, 페이지를 수정하기 위해서 어떠한 락도 필요하지 않다고 말했습니다. 이는 복제된 VM에게 강력한 인라인먼트('enlightment') 도구가 될 수 있습니다. 즉, 비트맵을 수정하고 마치 페이지가 존재하는 것처럼 동작해서 페이지를 덮어쓰는 것을 방지할 수 있습니다. 이 방법은 성능 측면에서 매우 유용하고 아직 사용되기도 전에 페이지를 덮어쓰지 않기에 안전한 방법입니다.

사실, 이 상황이 발생되고 덮어쓰기를 피하는 상황이 매우 일반적이며 자주 발생됩니다. vmalloc, kzalloc, get_free_page, 사용자 공간 brk과 같은 것을 사용하는 커널에 할당되는 모든 메모리는 궁극적으로 커널 페이지 할당자에 의해 처리됩니다. 일반적으로 세밀한 단위로 관리하는 중간 할당자(slab 할당자, 사용자 공간 프로세스의 glibc malloc 할당자 등)가 페이지를 요청합니다. 명시적으로 할당하든 암시적으로 할당하든 한 가지 명확한 사실이 있습니다. 그 내용은 임의로 덮어쓸 것이기 때문에 해당 페이지가 담고 있는 내용에 대해서는 관심이 없다는 것입니다. 그렇다면 왜 그런 페이지를 덮어쓰는 것일까요? 이에 대해서는 타당한 이유가 없습니다. 대신, 경험적으로는 이런 페치를 겪지 않게 하는 것이 엄청나게 큰 장점을 가지고 있습니다.

15.7 VM 복제 애플리케이션 인터페이스

지금까지 우리는 효율적으로 VM을 복제하는 내부에 초점을 맞춰 왔습니다. 자기중심적인 시스템이 흥미를 끌지만, 우리의 관심을 이 시스템을 사용하는 애플리케이션으로 조정할 필요가 있습니다.

15.7.1 API 구현

애플리케이션에서 VM을 복제하기 위해 표 15.1에서 설명하고 있는 간단한 스노우플록 API가 제공됩니다. 복제 작업은 기본적으로 두 단계 프로세스로 구성되어 있습니다. 먼저 복제 VM 인스턴스에 대한 할당을 요청합니다. 시스템 정책에 따라 요청보다 더 적게 할당될 수도 있습니다. 둘째로, VM을 복제하기 위해 할당된 리소스를 사용합니다. 여기에서는 이 VM이 단일 오퍼레이션에 초점을 맞추고 있다는 점이 가장 중요한 가정입니다. VM 복제는 웹 서버나 렌더팜(render farm) 컴포넌트와 같은 단일 애플리케이션 VM에 적합합니다. 만약 수백 개의 프로세스가 구동 중인 데스크톱 환경에서 다수 애플리케이션이 동시에 VM 클로닝을 호출하게 되는 경우, 이는 혼돈을 초래할 수 있습니다.

API는 단순히 메시지를 마샬링하고 Xen 제어영역 트랜잭션에 사용하는 공유 메모리 방식의 낮은 처리용량 인터페이스인 XenStore에 게시합니다. 스노우플록 로컬 데몬(SFLD)은 하이퍼바이저 위에서 실행되고 API 요청을 수신합니다. 메시지를 언마샬링해서 실행하고 요청에 회신합니다.

프로그램에서는 C, C++, 파이썬, 자바 API를 통해 직접 VM 복제를 제어할 수 있습니다. 커맨드라인 스크립트 대신 프로그램을 실행하기 위한 셸 스크립트를 사용할 수 있습니다. MPI와 같은 병렬 프레임워크에서도 API를 포함할 수 있습니다. MPI 프로그램은 스노우플록을 전혀 모르고도 사용할 수 있으며, 해당 소스 수정 없이 사용이 가능합니다. 웹 또는 애플리케이션 서버 앞에 있는 로드밸

sf_request_ticket(n)	n개의 복제 VM 할당을 요청합니다. m≤n 복제 VM의 할당을 설명하는 ticket을 회신합니다.
sf_clone(ticket)	Ticket 할당을 사용하는 복제 VM. 복제 VM ID(0≤ID⟨m)를 회신합니다.
sf_checkpoint_parent( )	복제 VM을 특정시간 이후에 생성할 때 사용하는 부모 VM의 비가변적인 체크포인트인 C를 준비합니다.
sf_create_clones(C, ticket)	sf_clone과 동일하게, 체크포인트 C를 사용합니다. 복제 VM은 sf_checkpoint_parent()가 실행하고 나서 실행하게 됩니다
sf_exit( )	자식 (1≤ID⟨m)에 대해서 복제 VM을 종료시킵니다.
sf_join(ticket)	부모 (ID = 0)에 대해서 ticket에 있는 모든 복제 VM이 sf_exit에 도달할 때까지 차단합니다. 모든 복제 VM이 종료되고 나면, ticket도 소멸됩니다.
sf_kill(ticket)	부모 전용으로, ticket을 폐기하고 즉시 관련된 모든 복제 VM을 종료시킵니다.

표 15.1 스노우플록 VM 클로닝 API

런서에서는 관리 대상인 서버를 복제하는 API를 사용할 수 있습니다.

SFLD는 VM 클로닝 요청의 실행을 조율하는 역할을 담당합니다. SFLD는 아키텍처 기술자를 생성 및 전송하며, 복제 VM을 생성하고, 디스크와 메모리 서버를 실행하고 memtap 지원 프로세스를 실행합니다. 물리적 클러스터에서 VM을 관리 담당하는 축소판 분산 시스템 역할을 합니다.

SFLD는 할당 결정에 대해서 중앙 SFMD(스노우플록 마스터 데몬)의 결정을 따릅니다. SFMD는 적절한 클러스터 관리 프로그램과 단순히 연계 합니다.

우리는 여기에서 바퀴를 다시 발명할 필요를 전혀 느끼지 않습니다. 리소스 할당, 할당량, 정책 등에 대해서는 Sun Grid Engine이나 Platform EGO와 같이 더 적합한 소프트웨어에 맡기는 것이 더 낫다고 생각합니다.

15.7.2 필수적인 변이

복제 이후 대부분의 복제된 VM의 프로세스는 이제 더 이상 부모 VM과 관계가 없고, 복제본 안에서만 실행됩니다. 이런 사상은 대개 큰 무리 없으며 별다른 이슈를 발생시키지도 않습니다. 궁극적으로 OS의 기본 작업은 네트워크 ID 식별 등과 같이 저수준의 세부 정보로부터 애플리케이션을 독립적으로 관리하는 것입니다. 그럼에도 무리 없이 복제 전환을 하기 위해서는 적절한 장소에 배치할 수 있는 메커니즘이 필요합니다. 문제의 핵심은 복제 VM의 네트워크 ID를 관리해서 혼란과 충돌을 방지하기 위해, 복제 프로세스 도중에 약간의 변이를 도입해야만 했다는 점입니다. 또한 이 작업은 고수준의 영역이 필요한 경우도 있기 때문에 사용자가 복제 VM의 ID에 의존적인 네트워크 파일시스템을 다시 마운트하는 작업 등 필요한 작업을 구성할 수 있도록 후크가 삽입되어 있습니다.

복제 VM은 대부분 복제 VM을 기대하지 않은 세상에 태어나게 됩니다.[3] 부모 VM은 DHCP 서버 등 다양한 방법으로 관리하는 네트워크에 속해있으며, sysadmin이 찾아서 작업을 지시하게 됩니다. 고정된 시나리오를 가정하는 대신, 우리는 부모와 모든 복제 VM을 그들이 관리하는 사설 가상 네트워크에 두었습니다. 같은 부모의 복제 VM은 모두 고유한 ID를 할당하고 사설 네트워크 안에서 이들의 IP 주소는 ID의 함수로서 복제 VM에 자동적으로 설정됩니다. 이는 sysadmin의 개입이 필요 없고, IP 주소가 결코 발생하지 않는다는 점을 보장하게 됩니다.

IP 재구성은 가상 네트워크 드라이버에 넣어 둔 후크에 의해 직접 수행됩니다. 그러나 자동으로 합성된 DHCP 응답에 의해서도 드라이버가 생성될 수 있습니다. 따라서 분배 방법의 선택에 관계없이 가상 네트워크 인터페이스를 처음부터 다시 시작하는 경우에도 적절한 IP 좌표가 게스트 OS에 전파되어 있는지 확인해야 합니다.

서로 다른 부모의 가상 사설 네트워크의 충돌로부터 복제 VM을 보호하고 상호 간에 DDoS 공격을 방지하기 위해 복제 VM의 가상 네트워크를 이더넷(또는 2계층) 레벨에서 격리시킵니다. 여기에서 우리는 이더넷 MAC OUI[4] 범위를 가로채서 클론 전용으로 만들었습니다. OUI는 부모 VM의 기능이 될 것입니다. VM의 ID가 IP 주소를 결정하는 것과 마찬가지로, 이는 비-OUI 이더넷 MAC 주소를 결정하게 됩니다. 가상 네트워크 드라이버는 VM이 가지고 있다고 믿고 있는 MAC 어드레스를 자신의 ID의 함수로 할당된 것으로 변환하고, 다른 OUI의 가상 사설 네트워크에서 오고가는 모든 트래픽을 필터링 합니다. 이런 방식의 고립화는 ebtables를 통해 작업한 결과와 동일하지만 훨씬 구현하기 쉽습니다.

복제 VM이 서로에 대해서만 이야기하는 것은 흥미롭지만, 아직 만족스럽지는 않습니다. 때때로 우리의 복제 VM이 인터넷에서 오는 HTTP 요청에도 응답하거나, 공용 데이터 레파지토리에 마운트하기를 원할 수도 있습니다. 우리는 부

---

[3] (옮긴이) 복제 VM을 쓴다는 인식 없이 사용한다는 뜻입니다.
[4] OUI, or Organizational Unique ID는 vendor에서 할당한 MAC addresses의 영역을 의미합니다.

모와 복제 VM들을 전용 라우터 VM과 함께 세트로 구성해보았습니다. 이 작은 전용 라우터 VM은 복제 VM에서 인터넷으로의 트래픽에 대해 방화벽, 스로틀 (throttle), NAT의 역할을 수행합니다. 또한 부모 VM과 잘 알려진 포트에 대한 인바운드 연결을 제한합니다. 라우터 VM은 경량이지만 확장성을 심각하게 제한할 수 있는 네트워크 트래픽에 대한 단일지점 집중화를 나타낼 수 있습니다. 동일한 네트워크 규칙이 복제 VM이 실행되고 있는 각 호스트에 분산 방식으로 도 적용이 가능하지만, 이 실험적 패치를 아직 릴리스하지는 않았습니다.

SFLD는 ID를 할당하고, 자기 자신을 어떻게 구성해야 하는지 가상 네트워크 드라이버에게 내부 MAC 및 IP 주소, DHCP 지침, 라우터 VM 좌표, 필터링 규칙 등의 정보를 알려줍니다.

15.8 결론

Xen 하이퍼바이저를 일부 조정하고 VM의 상태를 늦춰서 전송함으로서, 스노우 플록은 수초 내에 현재 실행 중인 VM의 수십 개 복제 VM을 생성할 수 있게 되 었습니다. 스노우플록을 통한 VM 복제는 즉시적이며 실시간적입니다. 이는 클 러스터 관리를 자동화하고 애플리케이션에게 클라우드 리소스에 대해 좀 더 강 한 프로그래밍적 제어력을 제공해서 클라우드의 사용성을 향상시킵니다. 스노 우플록은 VM의 인스턴스화를 가속화하고, 대부분의 신규로 생성된 VM의 성능 을 VM의 부모의 메모리 OS와 애플리케이션 캐시를 통해 개선하여 클라우드의 민첩성을 향상시킵니다. 스노우플록의 효율적인 성능 관리의 핵심은 불필요한 페이지 패치를 회피하는 사상과 멀티캐스트 시스템이 복제 VM 간 협업을 통해 상태 정보를 사전에 페치하자는 사상입니다. 다소의 시행 착오와 손재주, 그리 고 업계 최고 수준의 디버깅을 통해서 뛰어난 몇몇 프로그램은 이 모든 것을 가 지게 되었습니다.

우리는 스노우플록의 경험을 통해 두 가지 중요한 교훈을 배웠습니다. 첫 번 째 종종 과소평가되는 KISS 이론입니다. 우리는 복제 VM이 구동하는 시점에 쏟 아져 나오는 메모리 페이지에 대한 요청을 완화하기 위한 메모리 페이지 프리페 칭 기법이 복잡할 것으로 생각했습니다. 하지만, 놀랍게도 이는 불필요한 작업 이었습니다. 메모리 페이지는 필요한 시점에 가져온다는 단 한 가지의 원칙을 기반으로 다양한 부하에 대해 적절하게 대응이 가능했습니다. 단순함의 가치에 대한 또 다른 예는 비트맵에 나타난 페이지입니다. 명쾌한 원자적 접근 구조를 가진 단순한 데이터 구조는 아찔한 동시성 문제, 다수의 가상 CPU에서 멀티캐스트를 통해 페이지의 비동기적 도착에 따라 경쟁적으로 페이지를 업데이트하는 문제를 매우 단순화시켰습니다.

두 번째 교훈은 규모는 거짓말을 하지 않는다는 것입니다. 즉, 규모가 두 배 증가할 때마다, 시스템을 망가뜨리거나 새롭게 드러나는 병목현상에 대비해야 합니다. 이는 앞의 교훈과 밀접하게 엮여있는 이슈입니다. 즉, 단순하고 우아한 솔루션은 확장이 용이해야 하고, 부하가 증가할 때 만나게 되는 반갑지 않은 놀라움을 숨기지 말아야 합니다. 이 원칙의 대표적인 예시가 mcdist 시스템입니다. 대규모 테스트에서 TCP/IP 기반의 페이지 배포 메커니즘은 수백 개의 VM을 복제해야 하는 상황에서 비참하게 실패했습니다. 우리는 mcdist를 최대한 제한하고 클라이언트는 자신 소유의 페이지만 관리하게 하고, 서버는 전체적 흐름 제어만 관리하도록 역할을 잘 정의한 덕택에 성공할 수 있었습니다. mcdist의 역할을 줄이고 단순성을 유지할 때, 스노우플록이 매우 잘 확장할 수가 있었습니다.

더 많은 것을 알고 싶고 관심이 있다면, 학술 논문과 GPLv2 라이선스로 제공되는 오픈소스에 대해서는 토론토(Toronto)대학 사이트를 방문하고, 산업 수준의 구현체는 GridCentric을 방문하시기 바랍니다.

옮긴이: 임성현
소프트웨어 공학을 전공하였고, 현재 소프트웨어 품질 엔지니어로 일하고 있으며, 고객에게 박수 받는 제품을 만드는 꿈을 가지고 있다. 기술만큼이나 사람에게 관심이 많아, 다른 개발자들과 이야기하기를 좋아하고, 대학생의 졸업 작품을 지도하는 IT 한이음에서 8년째 멘토를 진행하고 있다. 중학생 딸, 아들과 함께 프로그래밍 할 때 제일 행복하다.

16장

애스터리스크(Asterisk)

러셀 브라이언트(Russell Bryant) 지음
정진수 옮김

애스터리스크[1]는 GPLv2 기반의 오픈 소스 통화 애플리케이션 플랫폼입니다. 간단히 말해 전화를 하고 받는 일반적인 과정을 수행하는 서버 애플리케이션입니다.

애스터리스크 프로젝트는 마크 스펜서(Mark Spencer)가 1999년에 시작했습니다. 마크는 Linux Support Service라는 회사를 운영하고 있었는데, 비즈니스에 도움이 될 만한 전화 시스템이 필요했습니다. 솔루션을 살 정도의 돈이 없었기 때문에, 자체적으로 필요한 솔루션을 개발했습니다. 애스터리스크가 성장해 감에 따라, Linux Support Services는 점점 애스터리스크에 집중하게 되었고 회사 이름도 Digium,inc.로 변경했습니다.

애스터리스크라는 이름은 유닉스의 와일드카드 문자(*)로부터 온 것입니다. 애스터리스크 프로젝트의 목표는 통화와 관련된 모든 것을 할 수 있도록 하는 것입니다. 애스터리스크는 이 목표에 따라 송수화를 위한 많은 기술을 지원하고 있습니다. 다양한 VoIP(Voice over IP) 프로토콜뿐만 아니라 전통적인 통화 네트워크에 연결되는 아날로그 및 디지털 연결, PSTN(Public Switched Telephone Network)도 이에 포함됩니다. 시스템의 내외부에서 수행되는 여러 가지 형태의 통화 연결 기술은 애스터리스크의 주요 강점 중 하나입니다.

애스터리스크 시스템은 전화가 연결됐을 때, 통화 프로세싱을 커스터마이징하는 데 사용될 수 있는 많은 기능을 제공합니다. 몇몇 기능은 음성통화처럼 이미 존재하는 일반적인 애플리케이션이기도 합니다. 애스터리스크 시스템은 음

---

1   http://www.asterisk.org/

성 파일 재생, 숫자 읽기 혹은 음성 인식과 같은 다양한 음성 애플리케이션을 만들 수 있는 여러 가지 작은 기능들도 제공합니다.

16.1 주요 아키텍처 개념

이 섹션에서는 애스터리스크의 모든 부분에서 중요한 몇 가지 아키텍처 개념에 대해서 이야기할 것입니다. 이 개념들은 애스터리스크 아키텍처의 기반이 되고 있습니다.

16.1.1 채널

애스터리스크에서 채널은 애스터리스크 시스템과 통화 단말 간의 연결을 의미합니다(그림 16.1). 이에 대한 가장 일반적인 예는 애스터리스크 시스템에서 통화가 이루어질 때입니다. 연결은 하나의 채널로 표현됩니다. 애스터리스크 코드에서 채널은 ast_channel 구조체의 인스턴스로서 존재합니다. 이 통화 시나리오는 음성메일로 통화하는 발신자에 대한 것일 수 있습니다.

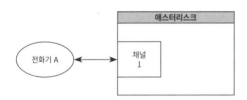

그림 16.1 하나의 통화 연결은 하나의 채널로 표현됩니다.

16.1.2 채널 브릿징

더 친숙한 통화 시나리오는 전화기 A를 사용하는 사람이 전화기 B를 가진 사람과 통화하는 두 개의 단말 간 연결입니다. 이 통화 시나리오에는 두 개의 단말이 애스터리스크 시스템과 연결되기 때문에 두 개의 채널이 존재하게 됩니다(그림 16.2).

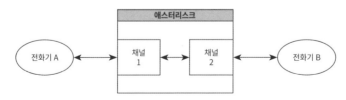

그림 16.2 두 개의 통화 연결은 두 개의 채널로 표현됩니다.

애스터리스크 채널들이 위와 같이 연결될 때, 이를 채널 브릿징라고 합니다. 채널 브릿징은 둘 간의 미디어 전달을 위해 채널을 연결시키는 것입니다. 미디어 스트림은 일반적으로 오디오 스트림입니다. 하지만, 통화상의 비디오나 문자 스트림이 될 수도 있습니다. 오디오와 비디오가 함께 있는 경우처럼 하나 이상의 미디어 스트림이 있으면, 애스터리스크에서는 통화의 각 종단은 하나의 채널이 다루게 됩니다. 그림 16.2에서는 전화기 A와 B를 위한 두 개의 채널이 있고, 브릿지는 전화기 A에서 전화기 B, 전화기 B에서 전화기 A로 오는 미디어를 전송합니다. 모든 미디어 스트림은 애스터리스크를 거쳐서 전달됩니다. 애스터리스크가 이해하지 못하거나 통제하지 못하는 것은 허락되지 않습니다. 이것은 애스터리스크가 녹음, 오디오 변경, 서로 다른 기술 간의 번역 등이 가능하다는 것을 의미합니다.

두 개의 채널이 서로 브릿징될 때, 사용할 수 있는 두 가지 방법이 있습니다. 일반적인 브릿징과 네이티브 브릿징입니다. 일반적인 브릿징은 어떠한 채널 기술이 사용되는지에 관계없이 동작합니다. 이 브릿징 방식은 애스터리스크 추상 채널 인터페이스를 통해 모든 오디오와 신호들을 통과시킵니다. 이 방법은 가장 유연한 브릿징 방법이지만 더 높은 수준의 추상화가 필요하기 때문에 가장 효율이 낮습니다.

네이티브 브릿징은 채널들을 연결하기 위한 독특한 기술적 방법입니다. 서로 다른 기술로 연결되어서 애스터리스크의 추상 계층을 통해서 동작하는 것보다 동일한 미디어 전송기술로 연결되는 것이 더 효율적입니다. 예를 들어, 전화망 연결에 특화된 하드웨어가 사용되고 있었다면, 미디어가 애플리케이션을 통할 필요가 전혀 없기 때문에 그 하드웨어에 있는 채널들로 브릿징할 수도 있습니다. 몇몇 VoIP 프로토콜의 경우, 통화 시그널 정보를 서버에 계속 전달함으로써 단말이 미디어 스트림을 각자에게 바로 전달할 수도 있습니다.

일반적 브릿징과 네이티브 브릿징 간의 결정은 브릿지를 해야 될 시기에 두 개의 채널을 비교해서 이루어집니다. 만약 두 채널 모두 같은 네이티브 브릿징 방법을 지원한다면 네이티브 브릿징이 사용될 것입니다. 아니라면 일반적인 브릿징 방법이 사용될 것입니다. 두 채널이 같은 네이티브 브릿징을 지원하는지를 결정하기 위해 간단한 C 언어 함수 포인터의 비교가 사용됩니다. 이 방법은 분명히 최선의 방법은 아니지만 요구사항을 만족시키지 못하는 경우는 아직 접하지 못했습니다. 하나의 채널을 다루기 위해 제공되는 네이티브 브릿지 함수는

16.2절에서 더 자세히 이야기하겠습니다. 그림16.3은 네이티브 브릿지의 예를 보여줍니다.

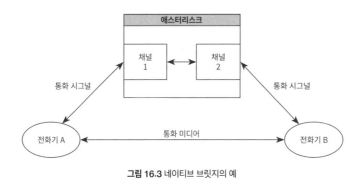

그림 16.3 네이티브 브릿지의 예

16.1.3 프레임

통화 중에 애스터리스크 코드 내부에서의 통신은 프레임을 사용해 이루어집니다. 프레임은 ast_frame 데이터 구조체의 인스턴스이고 미디어 프레임이거나 시그널 프레임일 수 있습니다. 기본적인 통화 도중에 오디오를 포함한 미디어 프레임 스트림은 시스템을 통과할 수 있습니다. 시그널 프레임은 호출 신호나 숫자가 찍혀 있는 등의 이벤트나 보류된 통화 또는 중단되는 통화에 대한 메시지를 보내는 데 사용됩니다.

사용가능한 프레임 형식의 목록은 정적으로 정의됩니다. 프레임은 숫자로 된 인코딩된 타입과 서브타입과 함께 표시됩니다. 전체 목록은 include/asterisk/frame.h에서 찾아볼 수 있습니다. 몇 가지 예제는 아래와 같습니다.

- VOICE: 오디오 스트림을 전달하는 프레임
- VIDEO: 비디오 스트림을 전달하는 프레임
- MODEM: 이 프레임은 IP를 이용해 FAX를 보내기 위한 T.38과 같은 데이터를 위한 인코딩입니다. 이 프레임 타입은 FAX를 다루는 것이 주요 목적입니다. 이 프레임 데이터들은 시그널을 받는 쪽에서 제대로 디코딩할 수 있도록 하기 위해 전혀 변경되지 않는다는 점이 중요합니다. 이러한 부분은 오디오 프레임과 다른데, 오디오 프레임은 필요한 경우에 대역폭을 줄이기 위해서 다른 오디오 코덱으로 변환이 가능합니다.
- CONTROL: 이 프레임이 가리키는 통화 시그널링 메시지. 이 프레임들은 통

화 시그널링 이벤트를 가리키는 데 사용됩니다. 이 이벤트들은 통화의 응답, 대기, 끊기를 포함합니다.

· DTMF_BEGIN: 번호 입력 시작. 송화자가 DTMF 키[2]를 누를 때 애스터리스 크가 보내는 프레임
· DTMF_END: 번호 입력 끝. 송화자가 DTMF 키에서 손을 뗐을 때 애스터리 스크가 보내는 프레임

16.2 애스터리스크 컴포넌트 추상화

애스터리스크는 고도로 모듈화된 애플리케이션입니다. 소스 트리의 메인 디렉터리에는 빌드되는 코어 애플리케이션이 위치합니다. 하지만 그 자체로는 유용하지 않습니다. 코어 애플리케이션은 주로 모듈의 레지스트리 역할로 동작합니다. 또한 통화를 동작하게 하기 위해 모든 추상 인터페이스를 연결하는 방법을 알고 있는 코드도 포함하고 있습니다. 이러한 인터페이스의 구체적인 구현은 실행 시에 로드 가능한 모듈들에 의해서 등록됩니다.

메인 애플리케이션이 시작할 때 기본적으로 사전에 정의된 애스터리스크 모듈 디렉터리에 있는 모든 모듈이 로드됩니다. 이 방법은 단순하기 때문에 채택되었습니다. 설정 파일에서 로드된 모듈의 정확한 종류와 어떤 순서로 로드하는지에 대해 지정할 수도 있습니다. 이를 위해서는 좀 더 복잡한 구성이 필요하지만, 필요하지 않은 모듈이 로드되지 않도록 지정할 수 있는 기능을 제공합니다. 주요 장점은 애플리케이션의 메모리 사용량을 줄일 수 있다는 것이지만, 몇 가지 보안상의 이점도 있습니다. 정말 필요하지 않다면 네트워크를 통한 연결을 허용하는 모듈을 로드하지 않는 것이 제일 좋습니다.

모듈을 로드할 때, 애스터리스크 핵심 애플리케이션은 구성요소에 대한 추상화 구현의 모든 것을 등록합니다. 애스터리스크는 모듈 구현과 모듈을 애스터리스크의 코어에 등록할 수 있는 많은 인터페이스가 있습니다. 모듈은 다양한 인터페이스의 등록을 가능하게 하고 일반적으로 서로 관련된 기능들은 단일 모듈로 그룹화됩니다.

---

2 DTMF는 이중 톤 다중 주파수(Dual-Tone Multi-Frequency)를 의미합니다. 전화기의 버튼을 눌렀을 때 보내지는 소리입니다.

16.2.1 채널 드라이버

애스터리스크 채널 드라이버 인터페이스는 가장 복잡하고 중요한 인터페이스입니다. 애스터리스크 채널 API는 다른 기능을 사용하는 전화 통신 프로토콜과 독립적으로 동작하기 위해 텔레포니 프로토콜에 대한 추상화(상세한 구현을 숨기고 상위 레벨의 기능을 제공)를 제공합니다. 이 컴포넌트는 애스터리스크 채널 추상화와 이를 구현한 텔레포니 기술의 세부요소 간의 변환을 담당합니다.

애스터리스크의 채널 드라이버 인터페이스는 ast_channel_tech 인터페이스라고도 합니다. 이것은 채널 드라이버에서 구현해야 하는 메서드들의 집합을 정의합니다. 채널 드라이버가 구현해야 하는 첫 번째 메서드는 ast_channel_tech의 requester 메서드인 ast_channel 팩토리 메서드(Factory Method)입니다. 두 개의 수신 또는 발신 전화를 위해 애스터리스크 채널이 생성될 때, 필요한 채널의 타입을 처리할 ast_channel_tech의 구현부가 통화를 위한 ast_channel의 인스턴스화 및 초기화를 담당합니다.

생성된 ast_channel은 이를 생성한 ast_channel_tech에 대한 참조를 가지고 있습니다. 기술별로 다르게 처리되어야 하는 ast_channel에서 여러 가지 작업을 실행해야 하는 경우, 작업은 ast_channel_tech에서 처리됩니다. 그림 16.2는 애스터리스크의 두 개 채널을 보여줍니다. 그림 16.4는 두 브릿지 채널 및 모든 채널 기술의 구현을 이미지에 맞게 표시하기 위해 확대했습니다.

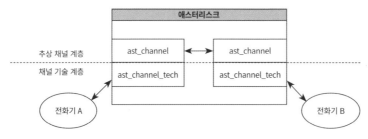

그림 16.4 채널 기술과 추상적인 채널 레이어들

ast_channel_tech의 가장 중요한 메서드는 다음과 같습니다.

· requester: 이 콜백은 ast_channel 객체를 인스턴스화 하는 채널 드라이버를 요청하고 해당 채널 타입에 적합하게 초기화하기 위해 사용됩니다.
· call: 이 콜백은 ast_channel로 표현되는 단말로의 발신을 시작하기 위해 사용

됩니다.

- answer: 이 콜백은 ast_channel과 연관되어 받는 통화에 응답해야 하는지를 결정할 때 호출됩니다.
- hangup: 이 콜백은 통화가 종료될지 결정할 때 호출됩니다. 채널 드라이버는 프로토콜에 특화된 방법으로 단말과 통신할 수 있게 합니다.
- indicate: 일단 통화가 연결되면, 단말에 신호를 보낼 필요가 있는 많은 이벤트가 발생할 수 있습니다. 예를 들어, 장치 연결이 보류된다면, 그 상황을 알리기 위해 이 콜백이 호출됩니다. 이 콜백은 통화가 보류된다는 것을 알리거나, 채널 드라이버가 장치에게 보류되었던 음악의 재생을 시작하라고 알리는 특화된 메서드일 수도 있습니다.
- send_digit_begin: 이 콜백은 장치에 보낸 digit(DTMF)의 시작을 나타내기 위해서 사용됩니다.
- send_digit_end: 이 콜백은 장치에 보낸 digit(DTMF)의 끝을 나타내기 위해서 사용됩니다.
- read: 이 함수는 Askrisk 코어가 단말로부터 ast_frame을 읽기 위해 호출합니다. ast_frame은 시그널 이벤트뿐만 아니라 미디어(오디오나 비디오 같이)를 캡슐화하기 위해 사용되는 추상화된 구조체입니다.
- write: 이 함수는 ast_frame을 장치에 보내는 데 사용됩니다. 채널 드라이버는 텔레포니 프로토콜을 단말에 구현하고 전달하기 위해 적합한 데이터와 패킷화를 수행합니다.
- bridge: 이는 채널 타입을 위한 네이티브 브릿지 콜백입니다. 이전에 언급한 바와 같이, 네이티브 브릿징은 추가적으로 불필요한 추상화 계층들을 통해 모든 시그널과 미디어 흐름 대신에 같은 형태의 두 채널을 위한 더 효과적인 브릿징 메서드를 구현할 수 있을 때 수행합니다. 이는 성능 이슈와 관련해서 매우 중요합니다.

통화가 끝나면 애스터리스크의 코어에 있는 추상 채널 핸들링 코드가 ast_channel_tech hang up 콜백을 호출한 다음 ast_channel 개체를 소멸시킵니다.

16.2.2 다이얼플랜 애플리케이션

애스터리스크의 관리자는 /etc/asterisk/extensions.conf 파일에 있는 애스터리스크 다이얼플랜을 사용하여 통화 라우팅을 설정합니다. 다이얼플랜은 확장기능(extension)이라고 불리는 일련의 규칙들로 구성되어 있습니다. 전화가 애스터리스크 시스템에 들어오면, 애스터리스크는 전화를 건 번호를 통화를 처리할 다이얼플랜의 확장기능을 찾는데 사용합니다. 확장기능은 채널에서 실행되는 다이얼플랜 애플리케이션의 목록을 포함합니다. 다이얼플랜을 실행하는 애플리케이션들은 애플리케이션 레지스트리에 보관됩니다. 모듈이 로드되는 것처럼 이 레지스트리도 실행 시간에 활성화됩니다.

애스터리스크는 거의 200개의 애플리케이션들을 가지고 있습니다. 애플리케이션의 정의는 매우 느슨합니다(loose). 애플리케이션들은 채널과 상호작용하기 위해 애스터리스크 내부 API 중 하나를 사용할 수 있습니다. 일부 애플리케이션들은 호출자에게 다시 오디오 파일을 재생하는 Playback과 같은 단일 작업을 수행합니다. 음성 메일과 같은 애플리케이션은 다른 애플리케이션들의 다양한 작업들을 함께 수행합니다.

애스터리스크 다이얼플랜을 사용하면, 통화의 처리를 커스터마이징하기 위해 다양한 애플리케이션들을 함께 사용할 수 있습니다. 만약 다이얼플랜에서 제공되는 것보다 광범위한 커스터마이징이 필요하다면, 애스터리스크는 다른 프로그래밍 언어를 사용하여 커스터마이징된 통화 처리를 가능하게 하는 스크립팅 인터페이스도 제공합니다. 다른 프로그래밍 언어에서 이러한 스크립트 인터페이스를 사용하는 경우에도 채널과 상호작용하기 위해 다이얼플랜 애플리케이션이 호출됩니다.

예제에 들어가기 전에, 번호 1234의 통화를 처리하는 애스터리스크 다이얼플랜의 문법을 살펴보겠습니다. 여기에서 1234는 임의의 숫자입니다. 이 다이얼플랜은 3개의 다이얼플랜 애플리케이션을 호출합니다. 먼저 통화에 응답합니다. 그런 다음 사운드 파일을 재생합니다. 마지막으로 전화를 끊습니다.

```
; Define the rules for what happens when someone dials 1234.
;
exten => 1234,1,Answer()
    same => n,Playback(demo-congrats)
    same => n,Hangup()
```

exten 키워드는 확장기능을 정의하는 데 사용됩니다. exten 라인의 오른쪽에 있는 1234는 누군가가 1234을 호출할 때와 관련된 규칙을 정의하고 있다는 것을 의미합니다. 그다음의 1은 그 번호를 다이얼할 때 실행되는 첫 번째 단계라는 것을 의미합니다. 마지막으로, Answer는 통화에 응답하라고 시스템에 지시합니다. same 키워드로 시작하는 다음 두 라인은 마지막 확장기능의 규칙을 가리키는 것이고 이 경우에는 1234입니다. n은 next의 약어로 다음 단계라고 알려주기 위해 사용됩니다. 이 라인들의 마지막 항목은 수행할 작업을 지정합니다.

아래는 애스터리스크 다이얼플랜을 사용하는 다른 예입니다. 여기에서는 걸려온 통화에 응답합니다. 송신자에게는 경고음이 재생되고, 송화자로부터 최대 4자리 숫자를 읽고 DIGITS 변수에 저장합니다. 그리고 그 숫자를 호출자에게 다시 읽어줍니다. 마지막으로 통화를 종료합니다.

```
exten => 5678,1,Answer()
    same => n,Read(DIGITS,beep,4)
    same => n,SayDigits(${DIGITS})
    same => n,Hangup()
```

이전에 언급했듯이, 애플리케이션의 정의는 매우 느슨하기 때문에 등록되어 있는 함수의 프로토타입은 매우 단순합니다.

```
int (*execute)(struct ast_channel *chan, const char *args);
```

하지만, 이 애플리케이션은 include/asterisk/ 폴더에서 볼 수 있는 모든 API를 사용해 구현합니다.

16.2.3 다이얼플랜 함수

대부분의 다이얼플랜 애플리케이션은 인수들의 문자열을 가집니다. 일부 값은 하드 코딩도 할 수 있지만, 동적인 것이 필요한 곳에서는 변수들이 사용됩니다. 다음 예제에서는 변수를 설정하고, 그 값을 Verbose 애플리케이션을 이용해서 asterisk 명령어 라인에 출력하는 다이얼플랜 코드를 보여줍니다.

```
exten => 1234,1,Set(MY_VARIABLE=foo)
    same => n,Verbose(MY_VARIABLE is ${MY_VARIABLE})
```

다이얼플랜 함수는 이전 예제와 동일한 구문을 사용하여 호출됩니다. 애스터리스크 모듈은 정보를 검색하고 다이얼플랜에 반환할 수 있습니다. 또한 다이얼플랜은 데이터를 수신하고 그에 따라 행동할 수 있습니다. 일반적인 법칙과 같이, 다이얼플랜 기능은 채널의 메타 데이터를 가져오거나 탐색할 수 있지만, 시그널링이나 미디어 프로세싱은 할 수 없습니다. 이는 다이얼플랜 애플리케이션의 역할입니다.

다음 예제에서는 다이얼플랜 함수의 사용법을 보여줍니다. 첫째, 애스터리스크 명령줄 인터페이스에 현재 채널의 발신 번호를 출력합니다. 그리고 Set 애플리케이션을 사용하여 발신자 번호를 변경합니다. 이 예제에서 Verbose와 Set은 애플리케이션이고, CALLERID는 함수입니다.

```
exten => 1234,1,Verbose(The current CallerID is ${CALLERID(num)})
    same => n,Set(CALLERID(num)=<256>555-1212)
```

CallerID 정보가 ast_channel 인스턴스에 있는 데이터 구조에 저장되기 때문에 간단한 변수 대신에 다이얼플랜 함수가 필요합니다. 다이얼플랜 함수의 코드는 이러한 데이터 구조에서 값을 설정하고 검색하는 방법을 알고 있습니다.

다이얼플랜 함수를 사용하는 또 다른 예는 CDR(Call Detail Record)이라고 하는 통화 로그에 사용자 지정 정보를 추가하는 것입니다. CDR 기능은 통화 상세 기록 정보뿐만 아니라 사용자 지정 정보도 검색할 수 있게 합니다.

```
exten => 555,1,Verbose(Time this call started: ${CDR(start)})
    same => n,Set(CDR(mycustomfield)=snickerdoodle)
```

16.2.4 코덱 변환기

VOIP 분야에서는, 네트워크를 통해 전송되는 미디어를 인코딩하는 데 여러 가지 코덱을 사용합니다. 다양한 선택에 따라 미디어 품질, CPU 소비 및 대역폭 요구사항에 기회비용(trade-off)이 생깁니다. 애스터리스크는 여러 가지 코덱을 지원하며, 코덱 간을 어떻게 변환해야 하는지 알고 있습니다.

하나의 통화가 설정될 때, 애스터리스크는 트랜스코딩이 필요하지 않도록 일반적인 미디어 코덱을 사용할 수 있는 2개의 단말을 얻으려고 합니다. 하지만 항상 가능하지는 않습니다. 일반적인 코덱이 사용되는 경우에도 트랜스코딩은 여전히 필요할 수 있습니다. 예를 들어 애스터리스크가 시스템을 통과하는 오디오에 신호 프로세싱을 수행하도록 설정되었다면(예를 들어, 소리 크기 증가 또는 감소시키는 등), 신호 프로세싱을 수행하기 전에 오디오를 압축이 해제된 형태로 만드는 오디오 트랜스코딩이 필요할 것입니다. 또한 애스터리스크는 통화 녹음을 수행하도록 설정할 수 있습니다. 녹음을 위해 설정된 포맷이 통화에서의 포맷과 다를 경우에도 트랜스코딩이 필요합니다.

코덱 협상

미디어 스트림을 위해 사용할 코덱의 협상(어떤 코덱을 사용할 것인지를 결정하는 작업)에 사용되는 방법은 애스터리스크로 통화를 연결하는 데 사용되는 기술과 관련된 것입니다. 전통적인 전화망(PSTN)에서의 통화와 같이 몇몇 경우에는 실행할 수 있는 모든 협상이 가능하지 않을 수도 있습니다. 그러나 어떤 경우(특히 IP 프로토콜을 사용하는 경우)에, 협상 메커니즘은 기능 및 설정을 표현하는 부분이나 합의된 공통의 코덱을 합의하기 위한 부분에서 사용됩니다.

예를 들어, 아래의 내용은 SIP(가장 일반적으로 사용되는 VOIP 프로토콜)의 경우, 애스터리스크로 통화가 연결됐을 때 코덱의 협상이 어떻게 이루어지는지를 간단하게 설명한 것입니다.

1. 단말은 사용하려고 하는 코덱의 목록을 가지고 있는 애스터리스크에게 새로운 통화 요청을 보냅니다.
2. 애스터리스크는 관리자에 의해서 선호하는 순서로 설정된 코덱(애스터리스크 자체 설정에 기반한)의 목록을 포함하고 있는 설정에서 먼저 찾아봅니다. 그리고 설정에 있는 목록에서 가장 적합한 코덱을 선택합니다.

애스터리스크가 잘 처리하지 못하는 영역 중 하나는 복잡한 코덱, 특히 비디오 코덱입니다. 코덱 협상에 대한 요구사항은 지난 10년간 더 복잡해지고 있습니다. 우리는 최신 오디오 코덱과 더 나은 처리를 할 수 있고, 더 나은 비디오를 지원하기 위해 많은 일을 했습니다. 이것은 애스터리스크의 다음 주요 릴리스에서의 최우선 과제 중 하나입니다.

코덱 변환 모듈들은 ast_translator 인터페이스에서 정의한 함수들을 구현합니다(하나 이상). 변환기(translator)는 변환할 원본 포맷과 변환될 목표 포맷을 속성으로 가지고 있습니다. 또한 소스가 대상 형식의 미디어 청크로 변환하는 데 사용되는 콜백을 제공합니다. 변환기는 전화의 개념에 대해 아무것도 모릅니다. 변환기는 단지 하나의 형식에서 다른 미디어로 변환하는 방법을 알고 있는 것뿐입니다.

변환 API에 대한 자세한 내용은 include/asterisk/translate.h와 main/translate.c

를 참조하면 됩니다. 변환기의 추상화 구현은 codecs 디렉터리에서 찾을 수 있습니다.

16.3 스레드

애스터리스크는 매우 무거운 멀티스레드 애플리케이션입니다. 애스터리스크는 스레드와 로킹(rocking) 같이 스레드와 관련된 서비스를 관리하는 POSIX 스레드 API를 사용합니다. 스레드를 다루는 모든 애스터리스크 코드는 디버깅을 위해 사용하는 래퍼(wrapper)의 집합을 통해서 수행합니다. 대부분의 애스터리스크에서의 스레드는 네트워크 모니터 스레드나 채널 스레드로 분류될 수 있습니다(때때로 PBX 스레드로 언급되기도 합니다. 스레드의 주요 목적이 채널을 위한 PBX를 수행하는 것이기 때문입니다).

16.3.1 네트워크 모니터 스레드

네트워크 모니터 스레드는 애스터리스크의 모든 주요 채널 드라이버에 존재합니다. 이 스레드는 연결되어 있는 네트워크(IP 네트워크, PSTN 등)와 상관없이 유입되는 통화 및 여러 요청을 모니터링합니다. 또 이 스레드는 인증이나 다이얼 번호 검증과 같은 초기 연결 설정 단계도 처리합니다. 일단 통화 설정이 완료되면, 모니터 스레드는 애스터리스크 채널(ast_channel)의 인스턴스를 생성하고, 남은 생명주기 동안의 통화를 처리하기 위해 채널 스레드를 시작시킵니다.

16.3.2 채널 스레드

앞에서 이야기한 바와 같이 채널은 애스터리스크의 기본적인 개념입니다. 채널은 인바운드 또는 아웃바운드 중 하나입니다. 애스터리스크 시스템에 전화가 걸려오면, 인바운드 채널이 만들어집니다. 이 채널은 다이얼플랜을 실행합니다. 다이얼플랜을 실행하는 모든 수신 채널별로 하나의 스레드가 만들어집니다. 이 스레드가 바로 채널 스레드입니다.

　다이얼플랜 애플리케이션은 항상 채널 스레드의 문맥 안에서 실행됩니다. 다이얼플랜 함수도 거의 항상 이 문맥에서 실행됩니다. 다이얼플랜 애플리케이션은 애스터리스크 CLI와 같은 비동기 인터페이스를 이용해서 다이얼플랜 함수를 읽고 쓸 수 있습니다. 하지만 ast_channel 데이터 구조의 소유자이고, 객체의 수명을 제어하는 것은 항상 채널 스레드입니다.

16.4 통화 시나리오

이 앞의 두 절에서 스레드 실행 모델과 애스터리스크 컴포넌트의 중요한 인터페이스들에 대해서 소개했습니다. 이번 절에서는 몇 가지 일반적인 통화 시나리오들을 나누어서 살펴보고 애스터리스크 컴포넌트들이 통화를 처리하기 위해 어떻게 동작하는지를 설명합니다.

16.4.1 음성메일(voicemail) 확인

예제 시나리오는 누군가가 자신의 음성 메일을 확인하기 위해서 전화 시스템에 연결할 때입니다. 이 시나리오에 포함되는 첫 번째 주요 구성요소는 채널 드라이버입니다. 채널 드라이버는 전화기로부터의 통화 요청(채널 드라이버 모니터링 스레드에서 발생하는)을 처리하는 역할을 맡게 됩니다. 시스템에 통화를 전달하는 데 사용되는 텔레포니 기술에 따라, 애스터리스크가 통화를 준비하기 위해 어느 정도 협상이 필요할 수도 있습니다. 또 통화를 설정하기 위해 필요한 단계 중 하나는 통화가 연결되어야 하는 목적지를 결정하는 것입니다. 이 목적지는 일반적으로 호출자가 건 번호로 지정됩니다. 그러나 어떤 상황에서는 통화를 전달하는 기술이 다이얼링된 번호를 정의하는 것을 지원하지 않아서 사용가능한 번호가 없을 수도 있습니다. 이러한 상황의 예로는 아날로그 전화 회선으로 걸려온 전화가 있습니다.

채널 드라이버가 다이얼링된 번호들을 처리하기 위해 다이얼플랜에 정의된 확장 기능이 있는지 애스터리스크의 설정(통화 라우팅 설정)을 확인하고 나면, 채널 드라이버가 애스터리스크 채널 객체(ast_channel)를 할당하고 채널 스레드를 생성합니다. 채널 스레드는 통화의 대부분을 처리하게 됩니다(그림 16.5).

채널 스레드의 메인 루프는 다이얼플랜을 실행합니다. 채널 스레드는 다이얼링된 내선번호에 대해 정의된 규칙을 보고 정의된 절차를 수행합니다. 다음은 extensions.conf 다이얼플랜 문법으로 표현한 확장 기능의 예입니다. 이 확장 기능은 누군가 *123을 다이얼링 했을 때 전화에 응답하고 VoicemailMain 애플리케이션을 실행합니다. 이 애플리케이션은 사용자가 자신의 사서함에 남겨진 메시지를 확인할 수 있도록 합니다.

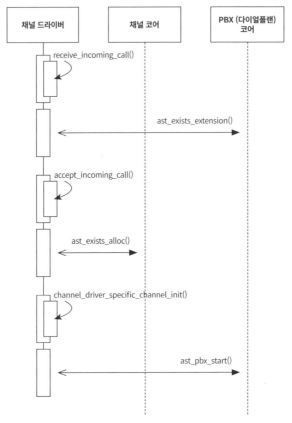

그림 16.5 통화 설정 시퀀스 다이어그램

```
exten => *123,1,Answer()
    same => n,VoicemailMain()
```

채널 스레드가 Answer 애플리케이션을 실행하면, 애스터리스크가 걸려 오는 전화에 응답합니다. 통화에 응답하는 것은 기술에 특화된 프로세싱을 요구하므로, 일반적인 응답 처리에 추가적으로 ast_channel_tech와 연결되어 있는 answer 콜백이 통화에 대한 응답을 처리하기 위해 호출됩니다. 이 콜백은 IP 네트워크 상으로 특별한 패킷을 보내거나 아날로그 회선 연결 종료 등과 같은 동작들을 포함할 수 있습니다.

다음 단계는 VoicemailMain(그림 16.6)을 실행하기 위한 채널 스레드입니다. 이 애플리케이션은 app_voicemail 모듈이 제공합니다. 주의해야 할 것은, 음성 메일 코드가 통화의 상호 작용을 처리하는 동안, 이 애플리케이션은 애스터리스크 시스템에 통화를 전달하는 데 사용된 기술에 대해 아무것도 모른다는 것입니다. 애스터리스크 채널의 추상화는 음성 메일 구현에서의 이러한 구체적인 부분들을 숨깁니다.

애스터리스크는 발신자들이 자신들의 음성메일에 접근할 수 있는 기능뿐만 아니라 다양한 기능을 제공합니다. 그러나 이 기능들 모두 주로 발신자로부터의 입력에 대한 응답으로 사운드 파일을 읽고 쓰는 것을 구현합니다. DTMF digit 은 여러 가지 방법으로 애스터리스크에 전달될 수 있습니다. 다시 말하지만, 이러한 세부적인 부분은 채널 드라이버가 처리합니다. 키 입력이 애스터리스크에 전달되면, 이 키 입력은 일반적인 키 입력 이벤트로 변환되고 음성통화 코드로 전달됩니다.

애스터리스크에서 가장 중요한 인터페이스 중에 하나는 코덱 변환기의 인터페이스입니다. 이 코덱 구현부는 이 통화 시나리오에서 매우 중요합니다. 음성 메일 코드가 발신자에게 음성파일을 재생하고자 할 때, 사운드 파일의 오디오 포맷은 애스터리스크와 발신자 간의 통신에서 사용된 오디오의 포맷과 같지 않을 수 있습니다. 만약 음성메일 코드가 오디오를 트랜스코딩해야 한다면, 음성 메일 코드는 원본으로부터 목표 포맷을 얻기 위해 하나 혹은 그 이상의 코덱 변환기로 구성된 변환 경로를 구축합니다.

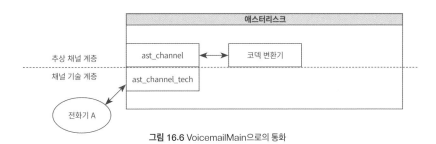

그림 16.6 VoicemailMain으로의 통화

특정 시점에, 발신자는 음성통화 시스템과의 상호작용을 마치고 통화를 중단합니다. 채널 드라이버는 이 상황을 감지하고 이를 일반적인 애스터리스크 채널 시그널링 이벤트로 변환합니다. 발신자가 통화를 종료해서 처리할 것이 없기 때문에 음성통화 코드는 이 시그널링 이벤트를 받아서 빠져나옵니다. 다이얼플랜의 실행을 계속하기 위해서, 채널 스레드의 메인 루프로 제어권이 돌아오지만, 이 예제에서는 처리해야 할 더 이상의 다이얼플랜이 없기 때문에, 채널 드라이

버가 사용 기술에 기반한 통화 종료 프로세스를 처리하면, ast_channel 객체가
소멸됩니다.

16.4.2 브릿지된 통화

또 다른 매우 일반적인 호출 시나리오는 두 채널 사이의 브릿징된 통화입니다.
이 시나리오는 하나의 통화가 시스템을 통해서 다른 전화를 호출하는 것입니다.
초기의 통화 준비 프로세스는 이전 예제와 동일합니다. 하지만 통화가 준비될
때와 채널 스레드가 다이얼플랜의 실행을 시작할 때의 처리 방식에 차이가 있습
니다.

다음 다이얼플랜은 브릿지된 통화를 만들어내는 간단한 예제입니다. 이 확장
기능을 이용하면 1234로 전화를 걸 때, 다이얼플랜은 발신 통화를 초기화하는
메인 애플리케이션인 Dial 애플리케이션을 실행합니다.

```
exten => 1234,1,Dial(SIP/bob)
```

Dial 애플리케이션의 인자를 보면 시스템이 SIP/bob 호출 장치로 발신 통화를
한다는 것을 알 수 있습니다. 인자들 중 SIP는 통화 시 SIP 프로토콜이 사용되어
야 한다는 것을 지정합니다. SIP 프로토콜을 구현한 chan_sip 채널 드라이버는
bob을 해석합니다. 만약 채널 드라이버가 제대로 bob이라는 계정에 대해 적합
하게 설정되어 있다면, 채널 드라이버는 bob의 전화기에 도달하는 방법을 알고
있을 것입니다.

Dial 애플리케이션은 SIP/bob 식별자를 사용하여 애스터리스크 코어에게 새
로운 채널을 할당하라고 요청합니다. 애스터리스크 코어는 SIP 채널 드라이버에
게 SIP 기술에 필요한 초기화를 수행할 것을 요구합니다. 또한 채널 드라이버는
통화를 하기 위해 필요한 프로세스를 초기화합니다. 요청이 진행되는 동안, 채
널 드라이버는 Dial 애플리케이션이 받은 이벤트들을 애스터리스크 코어로 전
달합니다. 이러한 이벤트들에는 통화에 대한 응답, 통화 중, 네트워크 혼잡, 몇
몇 이유에 의한 통화 거부, 다른 가능한 요소들을 가진 응답들이 있습니다. 모든
것이 정상이라면, 통화는 응답됩니다. 응답된 통화는 인바운드 채널로 다시 전
파됩니다. 애스터리스크는 아웃바운드 통화가 응답할 때까지 시스템으로 들어
오는 통화에 대해서는 응답하지 않습니다. 모든 채널들이 응답하게 되면 채널이
브릿징됩니다(그림 16.7).

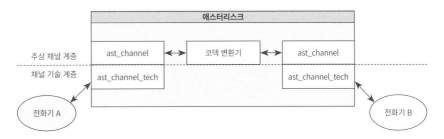

그림 16.7 일반적인 브릿지에서의 브릿지 통화의 블록 다이어그램

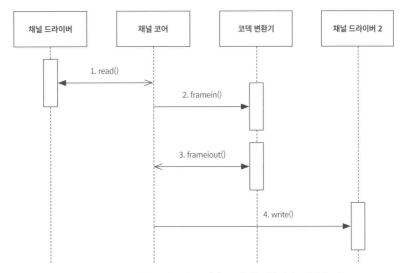

그림 16.8 브릿징을 하는 동안 오디오 프레임 프로세싱을 위한 시퀀스 다이어그램

채널이 브릿지되는 동안, 통화 종료와 같이 브릿지를 종료시키는 또 다른 이벤트가 일어날 때까지 채널로부터의 오디오와 시그널링 이벤트는 상대방으로 전달됩니다. 그림 16.8에 있는 시퀀스 다이어그램은 브릿지된 통화 시에 오디오 프레임을 위해 수행되는 주요 동작들을 보여줍니다.

통화가 완료됐을 때의 중단 프로세스는 이전의 예제에서와 매우 유사합니다. 주요 차이점은 두 개의 채널이 포함되어 있다는 것입니다. 채널 기술에 특화된 중단 프로세스는 채널 스레드가 동작을 멈추기 전에 이 두 채널 모두에서 실행됩니다.

16.5 마지막 설명

애스터리스크의 아키텍처는 10년이 넘었습니다. 하지만 애스터리스크 다이얼플랜에서 사용하고 있는 채널의 기본적인 개념과 유연한 통화 처리는, 여전히 계속해서 진화하는 산업에서의 복잡한 통화 시스템 개발을 가능하게 합니다. 애스터리스크의 아키텍처가 제대로 지원하지 않는 분야 중 하나는 여러 개의 서버로 시스템을 확장하는 것입니다. 애스터리스크 개발 커뮤니티는 현재 이러한 확장성과 관련된 이슈들에 집중하는 애스터리스크 SCF(Scalable Communications Framework)라고 불리는 프로젝트를 개발하고 있습니다. 우리는 몇 년 안에 애스터리스크 SCF 그리고 함께 하게 될 애스터리스크가 더욱 많이 설치되어 통화 시장의 큰 부분을 계속해서 차지할 것으로 기대합니다.

옮긴이: 정진수

성균관대학교 전자전기컴퓨터공학부 학사 및 석사학위를 받았다. 학창시절에 삼성소프트웨어 멤버십, KT 연구소 인턴 등을 거쳤다. 졸업 후 병역특례로 인프라웨어에서 모바일 브라우저 엔진 개발 프로젝트 및 신사업 개발 프로젝트에 참여하였고, 카카오 게임사업부에서 게임하기 및 관련 서비스들을 개발하다가 현재는 새롭게 시작하는 프로젝트에 참여하고 있다. RubyOnRails와 Scala 및 새로운 등장하는 기술들에 관심이 많고, 인간이란 존재, 역사를 통한 교훈, 운명에 대한 고찰 등 스타트업에서 요구하는 차별화된 엔지니어가 되기 위한 비기술적 주제들에 대해서도 깊은 관심을 가지고 있다. 현재는 용인에서 사랑스런 아내, 토끼 같은 두 아이와 함께 행복하게 살고 있다.

17장

오더시티(Audacity)

제임스 크룩(James Crook) 지음
정진수 옮김

오더시티(Audacity)는 인기 있는 녹음기이자 오디오 편집기이며 사용하기 쉽고 유용한 프로그램입니다. 대부분의 사용자가 윈도우에서 사용합니다만 동일한 오더시티 소스 코드로 리눅스와 맥용으로도 컴파일할 수 있습니다.

카네기멜론대학의 연구생이었던 도미니크 마쪼니(Dominic Mazzoni)는 1999년에 오더시티의 초기 버전을 개발했습니다. 도미니크는 오디오 처리 알고리즘을 개발하고 디버깅할 수 있는 플랫폼을 만들고 싶었습니다. 소프트웨어가 성장하면서 오더시티는 자신만의 다양한 방식으로 유용해졌습니다. 오더시티는 오픈 소스 소프트웨어로 공개되었고, 이는 다른 개발자들이 오더시티에 관심을 가지게 된 계기가 되었습니다. 열정적인 사람들로 구성된 작고 점진적으로 변화해 온 개발팀은 지난 몇 년 동안 코드를 관리, 테스트, 업데이트하고, 사용자들을 위한 문서를 만들고, 오더시티의 인터페이스를 여러 가지의 다른 언어에서 사용할 수 있도록 했습니다.

오더시티의 중요한 목표 중 하나는 사용자 인터페이스가 직관적(discoverable)이어야 한다는 것입니다. 즉 사용자들은 설명서 없이도 앉은 자리에서 바로 사용할 수 있고, 계속해서 오더시티의 기능들을 발견할 수 있어야만 합니다. 이 원칙은 오더시티의 사용자 인터페이스에 더 두드러진 일관성을 제공한다는 점에서 다른 요소들보다 매우 중요해졌습니다. 많은 사람이 참여하는 프로젝트에서는 이러한 종류의 통일된 원칙이 처음 생각했던 것보다 훨씬 더 영향력이 큽니다.

오더시티의 아키텍처도 참고할 만한 지침이나 정보 같은 것들이 있었다면 좋았을 것입니다. 우리가 해야 하는 것과 가장 가까운 것은 "시도한다, 그리고 일관성을 유지한다." 입니다. 개발자들은 새로운 코드를 추가할 때, 그 근처에 있는 코드의 스타일과 규칙을 준수하려고 노력합니다. 사실, 오더시티의 기반 코드는 잘 구조화된 부분과 그렇지 않은 코드가 혼합되어 있습니다. 전체적인 구조는 오히려 작은 도시와 유사점이 더 많은 것 같습니다. 거기에는 몇몇 인상적인 건물도 있지만, 빈민가 같은 지역들도 볼 수 있을 것입니다.

17.1 오더시티의 구조

오더시티는 몇몇 라이브러리로 계층화되어 있습니다. 오더시티 코드에 새로운 것을 개발할 때 이 라이브러리들이 어떻게 동작하는지에 대해 세부적인 부분까지 이해해야 하는 경우는 많지 않지만, 이 라이브러리들의 API에 익숙해지고 이 API들이 무엇을 하는지 아는 것은 중요합니다. 가장 중요한 두 가지 라이브러리는 크로스 플랫폼 방식의 저수준(low-level) 오디오 인터페이스를 제공하는 PortAudio와 크로스 플랫폼 방식의 GUI 컴포넌트를 제공하는 wxWidget입니다.

　오더시티의 코드를 읽을 때는, 코드의 일부만이 필수적인 코드임을 깨닫는 것이 중요합니다. 라이브러리들은 많은 부가적인 기능(비록 그 기능의 사용자들은 부가기능이라고 생각하지 않을 수 있지만)에서 사용됩니다. 예를 들어, 오더시티는 자체적인 오디오 효과들 뿐만 아니라, 동적으로 로딩되는 오디오 효과 플러그인을 지원하기 위해 LADSPA(Linux Audio Developer's Simple Plugin API)를 지원합니다. 오더시티에서 VAMP API는 오디오를 분석하는 플러그인과 동일한 동작을 수행합니다. 이러한 API들이 없어도, 오더시티는 기능이 몇 개 빠지는 것일 뿐이지 오더시티가 전적으로 이 API들에 의존하는 것은 아닙니다.

　오더시티가 선택해 사용할 수 있는 또 다른 라이브러리로 libFLAC, libogg, libvorbis가 있습니다. 이 라이브러리들은 다양한 오디오 압축 포맷을 제공합니다. MP3 포맷은 동적으로 로딩되는 LAME나 FFmpeg 라이브러리가 제공합니다. 하지만 이 인기 있는 압축 라이브러리들은 라이선스 문제로 오더시티에 기본적으로 내장되지 못했습니다.

　오더시티 라이브러리와 구조에서의 몇몇 결정은 라이선스 문제에 따른 것입니다. 예를 들면, VST 플러그인에 대한 지원은 라이선스 문제로 오더시티에 기본적으로 포함되지 않습니다. 또한 우리는 매우 효율적인 FFTW(fast Fourier transform)[1] 역시 몇몇 코드에서 사용하고 싶었지만, 오더시티를 직접 컴파일해서 사용하는 사용자들을 위한 옵션으로만 FFTW를 제공했습니다. 이로 인해 오더시티의 일반 빌드 버전에서는 복구(fall back)가 약간 느립니다. 오더시티가 플러그인들을 허용하는 한, FFTW를 사용할 수 없다는 점에 대한 논쟁은 계속될 것입니다. FFTW 개발자들은 그들 코드가 일반적인 서비스에서 자유롭게 사용되는 것을 원하지 않았습니다. 결국 플러그인을 지원하기로 한 아키텍처적 결정으로 인해 우리가 무엇을 제공할 수 있고 없는지 트레이드오프가 생긴 겁니다. 이 결정으로 인해 미리 컴파일되어 제공되는 실행파일(pre-built executables)에서 LADSPA 플러그인은 사용가능하지만, FFTW는 사용할 수 없습니다.

또한 오더시티의 아키텍처는 개발자들의 부족한 시간을 어떻게 최대한으로 사용할 수 있을까에 대한 고민을 기반으로 형성되어 있습니다. 우리는 작은 개발팀이기 때문에, 파이어폭스(Firefox) 및 선더버드(Thunderbird) 팀이 실시하고 있는 보안 취약성에 대한 심층 분석 같은 작업을 할 수 있는 여유를 가지고 있지 않습니다. 하지만 오더시티가 방화벽(firewall)을 우회할 수 있는 경로를 제공하는 것을 원하지 않았기 때문에, 우리는 오더시티로부터 들어오고 나가는 TCP/IP 연결을 하지 않는다는 규칙을 가지고 있습니다. TCP/IP를 사용하지 않음으로써 많은 보안 문제를 피할 수 있습니다. 제한된 자원에 대한 자각은 더 나은 디자인을 할 수 있게 했습니다. 이러한 자각은 개발자의 시간을 많이 필요로 하는 기능들이 아닌, 필수적인 기능에만 집중할 수 있도록 해주었습니다.

개발자의 시간에 대한 관심은 스크립팅을 하기 위한 언어들에도 동일하게 적용됩니다. 우리는 스크립팅을 원합니다만 스크립팅 언어를 구현하는 코드가 오더시티 내부에 있을 필요는 없습니다. 사용자들이 원하는 모든 것을 제공하기 위해 각 스크립트 언어의 복사본을 컴파일해서 오더시티에 포함시키는 방식은 그리 좋아 보이지 않습니다.[2] 그 대신 우리는 나중에 언급할 하나의 플러그인 모듈과 파이프로 스크립팅을 구현했습니다.

---

[1] (옮긴이) 고속 푸리에 변환(fast Fourier transform, FFT)은 이산 푸리에 변환(discrete Fourier transform, DFT)과 그 역변환을 빠르게 수행하는 효율적인 알고리즘이다. FFT는 디지털 신호 처리에서 편미분 방정식의 근을 구하는 알고리즘에 이르기까지 많은 분야에서 사용한다. http://ko.wikipedia.org/wiki/%EA%B3%A0%EC%86%8D_%ED%91%B8%EB%A6%AC%EC%97%90_%EB%B3%80%ED%99%98 참조.

[2] 이에 대한 한 가지 예외는 오더시티에 아주 초반부터 포함되어 있었던 리스프 기반 Nyquist 언어입니다. 우리는 이 언어를 오더시티에 번들로 포함된 분리된 모듈로 만들고 싶었지만 변경할 수 있는 시간이 아직 없었습니다.

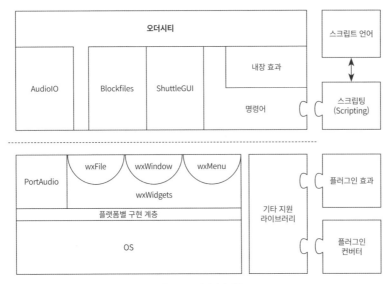

그림 17.1 오더시티의 계층

그림 17.1은 오더시티의 계층과 모듈을 보여줍니다. 이 다이어그램은 wxWidget에 포함되어 있는 세 가지 중요한 클래스들을 강조하고 있습니다. 오더시티에는 이 클래스 각각을 반영하는 클래스가 있습니다. 우리는 관련된 저수준 계층을 이용하여 고수준 추상 계층을 구축합니다. 예를 들어, BlockFile 시스템은 wxWidget의 wxFile을 기반으로 개발되었습니다. 이 시스템은 어떤 측면에서 보면 BlockFiles, ShutleGUI, 명령어 처리가 각각의 고유한 권한을 가지고 분리되어서 중간 라이브러리로 포함된 것으로도 볼 수 있습니다.

다이어그램의 아래를 보면 '플랫폼별 구현 계층'이라는 폭이 좁은 부분이 있습니다. wxWidget과 PortAudio 모두 OS 추상화 계층이고, 양쪽 모두 대상 플랫폼에 따라 서로 다른 구현체를 선택하는 조건부 코드를 포함하고 있습니다.

'기타 지원 라이브러리(other supporting libraries)' 카테고리는 다양한 라이브러리를 포함합니다. 흥미롭게도 이들 중 상당수가 동적으로 로딩되는 모듈에 의존하고 있습니다. 그 동적 모듈들은 wxWidgets에 대해서는 전혀 알지 못합니다.

윈도우 플랫폼에서, 우리는 오더시티를 wxWidgets과 오더시티 애플리케이션 코드를 가지고 있는 하나의 단일 실행 파일로 컴파일했었습니다. 2008년에는 오더시티가 wxWidgets을 분리된 DLL로 구성되는 모듈 구조로 변경했습니다. 이 구조에서는 wxWidget의 기능을 바로 사용해야 하는 곳에서 런타임에도 추가적인 DLL들을 로딩할 수 있습니다. 다이어그램에서 점선 위에 있는 플러그인들은 wxWidgets을 사용할 수 있습니다.

wxWidgets을 DLL로 사용하기로 한 결정은 단점들도 가지고 있습니다. 최적화되지 않은 채 많이 사용되지 않는 함수들이 DLL로 제공되고 있어서 배포판이 점점 더 커지고 있습니다. 또한 오더시티가 각 DLL을 별도로 로딩하므로 부팅 시간이 더 오래 걸립니다. 물론 장점도 꽤 있습니다. 우리는 모듈들이 아파치(Apache) 프로젝트에서 제공했던 장점과 유사한 장점을 오더시티에도 제공할 것이라고 기대하고 있습니다. 우리가 아는 바와 같이, 모듈들은 아파치 코어를 매우 안정적으로 만들어줍니다. 왜냐하면 실험적이고 특별한 기능, 새로운 아이디어들이 모듈 안에서 이루어지기 때문입니다. 새로운 방향으로 가고자 할 때, 모듈은 프로젝트를 나누고 싶은 유혹에 대항하면서 아주 먼 길을 가게 됩니다.[3] 우리가 생각하기에 이것은 매우 중요한 아키텍처적인 변경사항이었고 아파치 프로젝트와 같은 이점을 얻을 수 있을 것이라 기대하지만, 아직 그 이점을 누리지는 못하고 있습니다. wxWidgets의 기능을 노출하는 것이 그 첫걸음이며, 유연한 모듈 기반 시스템을 가지기 위해서는 아직도 많은 작업을 해야만 합니다.

오더시티와 같은 프로그램의 아키텍처는 개발 전에 먼저 설계되지 않았습니다. 오더시티의 구조는 오랜 시간 개발되어온 결과입니다. 우리가 개발해온 현재의 아키텍처는 완전하지는 않지만 대체적으로 우리에게 적합합니다. 우리는 소스에 많은 영향을 미치는 기능을 추가할 때면 아키텍처를 놓고 씨름하곤 합니다. 예를 들어 현재 오더시티는 특별한 방법으로 스테레오(stereo)와 모노(mono) 트랙을 다루고 있기에, 만약 오더시티의 서라운드 음원(surround sound)을 다루는 부분을 수정하려면 많은 클래스를 수정해야 합니다.

스테레오를 넘어서: GetLink 이야기

오더시티는 여러 개의 채널들을 처리하기 위한 추상화를 가지고 있었던 적이 한번도 없습니다. 추상화 대신에 오더시티가 사용하는 방법은 오디오 채널들을 연결하는 것입니다. Getlink 함수는 채널이 두 개면 한 쌍의 오디오 채널을 리턴하고, 트랙이 모노인 경우 NULL을 리턴합니다. Getlink를 사용하는 코드는 모노를 처리하기 위해서 처음 작성되었고 (GetLink() != NULL) 테스트는 이후에 스테레오를 다루는 코드로 확장하기 위해 추가

---

3 (옮긴이) 프로젝트가 새로운 방향으로 가야 할 때 프로젝트를 나누어서 개발하기보다는 모듈을 구현하는 것이 더 유용한 점이 많지만 더 많은 작업을 한다는 뜻입니다.

된 것으로 보입니다. 실제 그 방식으로 코드가 작성되었다고 확신할 수는 없지만 저는 그랬을 것이라고 생각합니다. 연결 리스트(linked list)에 있는 모든 채널을 순회하기 위해서 Getlink를 사용하는 루프는 없습니다. 그리기, 믹싱, 읽기, 쓰기 모두 n개(n은 거의 대부분이 1 혹은 2임)의 채널이 동작할 수 있는 일반적인 코드를 사용하기보다는 스테레오 확인 테스트 코드를 포함합니다. 이를 더 일반적인 코드로 만들려면, 최소한 26개의 파일에서 Getkllink 함수를 호출하는 100여 부분의 수정이 필요합니다.

GetLink를 호출하고 필요한 변경사항을 찾는 코드를 만드는 것은 간단하기 때문에, 이 이야기를 처음 들었을 때만큼 이 '문제'를 해결하는 대처 방법은 그리 어렵지 않습니다. GetLink 이야기는 수정하기 어려운 구조적인 결함에 대한 것이 아닙니다. 이 이야기는 하나의 작은 결함이 어떻게 다른 코드들로 전파되는가에 대한 예를 보여주고 있습니다.

돌이켜 보면, GetLink 함수를 private로 만들고, 그 대신 트랙의 모든 채널에서 반복 처리할 수 있는 반복자를 제공하는 것은 좋은 생각이었습니다. 이렇게 함으로써 스테레오에 너무 의존적인 코드를 피함과 동시에 코드가 리스트의 구현부에 얽매이지 않고 오디오 채널 목록을 사용할 수 있도록 했기 때문입니다.

모듈화된 디자인일수록 내부 구조를 더욱 잘 숨길 수 있습니다. 외부 API를 정의하고 확장하면서도, 우리는 우리가 제공하고 있는 함수들이 더 가깝게 연결되는 것을 확인할 수 있어야 합니다. 우리는 외부 API에 종속되는 것을 원하지 않기 때문에 이러한 확인을 통해 추상화에 더욱 신경을 쓸 수 있게 됩니다.

17.2 wxWidgets GUI 라이브러리

오더시티 사용자 인터페이스 프로그래머에게 가장 중요한 라이브러리는 버튼, 슬라이더, 체크 상자, 창 및 대화상자를 제공하는 wxWidgets GUI 라이브러리입니다. 이 라이브러리는 화면에 보이는 것과 관련 있는 대부분의 동작을 제공하고, 이 동작들은 크로스 플랫폼을 지원합니다.

wxWidgets 라이브러리는 자체 문자열 클래스인 wxString를 가지고 있고, 우리가 사용하는 모든 스레드, 파일 시스템 및 글꼴에 대한 추상화, 다양한 언어를 지원하는 메커니즘에 대한 크로스 플랫폼 추상화를 가지고 있습니다. 우리는 오더시티 개발에 새로 합류한 사람들에게 먼저 wxWidget을 다운로드해서 컴파일 해보고 해당 라이브러리에 포함된 샘플의 일부를 테스트해보라고 조언합니다. wxWidgets은 운영체제에서 제공하는 기본적인 GUI 객체들을 기반으로 하는 상대적으로 얇은(thin) 계층입니다.

wxWidgets은 복잡한 대화상자를 구성할 수 있는 위젯들만 제공하는 것이 아니라 각 위젯의 크기와 위치를 제어하는 크기 조절기(sizer)도 제공합니다. 그래픽적인 요소들의 절대 위치를 지정해주는 것보다는 이 크기 조절기를 사용하는 것이 훨씬 더 편리합니다. 만약 사용자가 직접 크기를 조정하거나, 혹은 다른 폰트를 사용해서 위젯 사이즈를 재조정해야 할 때, 대화상자에서 각 요소의 위치는 아주 자연스럽게 갱신됩니다. 크기 조절기는 크로스 플랫폼을 지원하는 애플리케이션에도 중요합니다. 크기 조절기가 없었다면 대화상자가 각 플랫폼별로 서로 다른 레이아웃을 가져야 했을지도 모릅니다.

이러한 대화상자 디자인은 보통 프로그램이 로딩하는 리소스 파일에 있습니다. 하지만 오더시티는 대화상자 디자인들을 wxWidgets 함수를 이용한 코드로 구현해서 프로그램에 포함시켜 컴파일합니다. 이렇게 하면 유연성이 극대화됩니다. 애플리케이션 레벨의 코드가 정확한 콘텐츠와 행동을 가진 대화상자를 만들 수 있기 때문입니다.

오더시티에는 그래픽 대화상자 구축 도구(dialog building tool)를 사용해서 자동으로 GUI를 생성해주었던 초기의 코드도 존재합니다. 이러한 도구들은 기본적인 설계를 할 때 도움이 되었습니다. 기본적인 코드들은 새로운 기능을 추가하면서 수정되었습니다. 이런 새로운 기능들은 많은 경우 이미 존재하던 대화상자 코드를 복사하고 수정해서 만든 새로운 대화상자를 사용했습니다.

몇 년 뒤에 우리는 오더시티 소스 코드의 많은 부분, 특히 사용자 환경 설정을 위한 대화상자들이 반복적인 코드로 구성되어 있음을 알게 되었습니다. 그 코드가 하는 일은 간단했지만, 코드를 이해하는 것은 예상외로 어려웠습니다. 우리가 해결해야 할 문제 중 하나는 대화상자를 만드는 순서가 매우 제멋대로인 것이었습니다. 작은 요소들이 큰 요소로 합쳐지고 이 요소들이 모여 마지막에 완전한 대화상자가 되어야 하지만, 코드에 의해서 생성된 요소들의 순서는 스크린에 보이는 순서대로 되어 있지 않았습니다. 그 코드는 너무 길었고, 반복적이었습니다. 설정 창의 데이터를 디스크에 쓰기 위한 GUI 관련 코드, 중간값을 GUI

로 보여주는 코드, GUI에서 중간값으로 전달하는 코드, 중간값을 저장되어 있는 설정 파일로 전달하는 코드들도 있었습니다. 이 코드들에는 '//엉망진창'이라는 주석이 있었지만 수정을 시작하는 데까지는 상당한 시간이 걸렸습니다.

17.3 ShuttleGui 레이어

이 코드들에 대한 해결책이 바로 새로운 ShuttleGui 클래스였습니다. 이 클래스는 대화상자를 정의하기 위해 필요한 코드를 줄여주고 더 읽기 좋은 코드를 만들어 주었습니다. ShuttleGui는 wxWidgets 라이브러리와 오더시티 사이에 추가된 계층입니다. ShuttluGui는 둘 사이에서 정보를 전달하는 역할을 합니다. 그림 17.2에 그려진 GUI 요소들을 만들어내는 예제를 보도록 하겠습니다.

```
ShuttleGui S;
// GUI 구조
S.StartStatic("Some Title",...);
{
    S.AddButton("Some Button",...);
    S.TieCheckbox("Some Checkbox",...);
}
S.EndStatic();
```

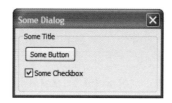

그림 17.2 대화상자 예제

이 코드는 대화상자에 하나의 정적 상자가 있고, 이 상자가 버튼과 체크 박스를 포함함을 정의합니다. 코드와 대화상자 간의 관련성은 명확해야 합니다. StartStatic과 EndStatic은 쌍으로 호출됩니다. 이와 유사하게 Start'어떤 것'/End '어떤 것' 역시 쌍으로 호출되어야 하며 대화상자 레이아웃의 다른 부분들을 제어하기 위해 사용합니다. 중괄호와 들여쓰기가 문법적으로 꼭 필요한 것은 아닙니다. 우리는 구조적인 측면에서, 특히 쌍으로 된 호출의 매칭을 좀 더 명확하게 하기 위해서 이들을 추가하는 규칙을 채택했습니다. 이렇게 추가된 요소들은 더욱 복잡한 예제들에서 가독성을 높여줍니다.

위의 소스 코드가 대화상자만 만들지는 않습니다. '// GUI 구조' 주석 다음의 코드는 대화상자에서 사용자 설정이 저장되는 곳으로 데이터를 전달하기 위해서 사용될 수도 있습니다. 이전에는 이를 위해 중복된 코드를 많이 작성해야 했습니다만, 이제는 ShuttleGui 클래스에 딱 한 번 포함되어 있습니다.

오더시티에 포함된 기본적인 wxWidgets에는 다른 확장 기능들도 있습니다. 예를 들어 오더시티는 툴바(도구 모음)를 관리하는 자체적인 클래스를 가지고 있습니다. 그러면 오더시티는 왜 wxWidget의 툴바 클래스를 사용하지 않는 것일까요? 여기에는 역사적인 이유가 있습니다. 오더시티의 툴바들은 wxWidgets가 툴바 클래스를 제공하기 전에 작성되었습니다.

17.4 TrackPanel

TrackPanel은 오디오 파형(waveform)들을 보여주는 메인 패널입니다. 이 패널은 오더시티가 그리는 사용자 지정 컨트롤이고, 트랙 정보, 타임베이스 눈금자, 진폭 눈금자 및 파형, 스펙트럼, 텍스트 레이블들을 표시합니다. TrackPanel은 트랙과 작은 패널 등의 요소로 구성되어 있습니다. 트랙들은 드래깅으로 크기 조절이나 이동을 할 수 있습니다. 텍스트 레이블이 포함된 트랙들은 기본 텍스트 상자를 사용하지 않고 우리가 재개발한 편집 가능 텍스트 상자로 구현했습니다. 여러분은 패널들의 트랙과 룰러가 wxWidget의 컴포넌트라고 생각했을지도 모르겠습니다만, 그렇지는 않습니다.

그림 17.3에 표시된 스크린샷은 오더시티의 사용자 인터페이스를 보여줍니다. 레이블이 있는 모든 컴포넌트는 오더시티를 위해 따로 개발한 것입니다. TrackPanel에 wxWidget 컴포넌트는 하나만 있습니다. 그리고 wxWidget이 아니라 오더시티 코드가 TrackPanel 안에서의 위치 지정(positioning)과 다시 그리기(repainting)를 담당합니다.

TrackPanel을 만들기 위해 이러한 모든 구성요소를 딱 맞게 조합하는 일은 정말 끔찍합니다(코드가 끔찍하다는 것입니다. 사용자는 결과적으로 잘 만들어진 화면을 보니까요). GUI 코드와 애플리케이션 코드가 깨끗하게 분리되지 않고 섞이게 됩니다. 좋은 디자인이라면 애플리케이션 코드만이 좌우의 오디오 채널,

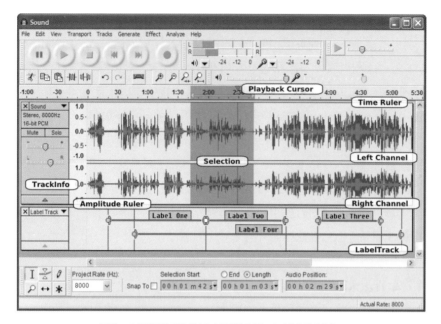

그림 17.3 라벨링된 트랙 패널 요소들과 같이 있는 오더시티 인터페이스

데시벨, 음 소거 및 솔로잉[4]에 대해 알고 있어야 합니다. GUI적인 요소들은 오디오와 관련 없는 애플리케이션에서도 재사용할 수 있도록 애플리케이션에 의존적이지 않아야 합니다. TrackPanel의 GUI 부분들은 절대 위치와 크기를 가지는 특수한 경우의 코드들이고 충분히 추상화되어 있지 않습니다. 하지만 이렇게 특별한 컴포넌트들이 독립적인(selfcontained) GUI 요소들을 가지고 있고, wxWidget이 사용하는 것과 동일한 인터페이스를 사용하는 크기 조절기를 사용했다면, 이 코드들은 훨씬 더 깨끗하고 깔끔하며 일관적일 수 있었을 것입니다.

더 좋은 TrackPanel을 만들기 위해서, 우리는 트랙이나 다른 위젯들을 이동시키고 크기를 변경하는 새로운 크기 조절기가 필요했습니다. wxWidgets 크기 조절기는 아직 그리 유연하지 않았기 때문입니다. 대신 그 크기 조절기를 다른 곳에서 사용해 부가적인 이익을 얻었습니다. 예를 들면 wxWidgets 크기 조절기를 사용해서 사용자가 정의할 수 있는 툴바에서도 드래깅을 통해 버튼의 순서를 쉽게 원하는 대로 만들 수 있었습니다.

원하는 기능을 가진 크기 조절기를 만들고 사용하는 몇몇 실험적인 작업들이

---

4 (옮긴이) 하나의 트랙만 늘리도록 하는 것.

진행되고 있지만, 아직 부족합니다. 필요한 것을 다 갖춘 wxWidget GUI 컴포넌트를 만드는 몇 가지 실험은 문제에 직면했습니다. 그렇게 하면 컴포넌트의 크기를 조절하거나 이동할 때 깜박거리는 현상이 발생해서, 위젯들을 다시 그리는 동안 우리가 하고 있는 동작들을 줄여야 했기 때문입니다. 우리는 깜박거림 없이 다시 그리기(flicker-free repainting)를 해내기 위해서 wxWidget을 많이 수정해야 했고, 다시 그리는(repainting) 단계로부터 크기 조절(resizing) 단계를 분리해야 했습니다.

TrackPanel에서 이러한 접근을 조심해야 하는 두 번째 이유는 많은 수의 위젯이 있으면 wxWidget이 느리게 실행된다는 점 때문입니다. TrackPanel은 대부분이 wxWidget 컨트롤로 구성되어 있지 않습니다. 각 wxWidget, 버튼, 텍스트 입력 상자는 윈도우 시스템의 리소스를 사용하고, 각각은 그 리소스에 접근하기 위한 핸들을 가지고 있습니다. 많은 수의 리소스를 처리하는 데에는 시간이 소요됩니다. 심지어 위젯의 대다수가 숨어있거나 화면에 없을 때에도 동작은 느려집니다. 우리는 트랙에 작은 위젯들을 많이 사용할 수 있기를 원했습니다.

가장 좋은 해결책은 윈도우 리소스나 핸들을 사용하지 않는, 우리가 만든 경량 위젯을 이용하는 flyweight 패턴을 사용하는 것입니다. 우리는 wxWidget의 크기 조절기와 컴포넌트 위젯 같은 구조를 사용하고 컴포넌트에 유사한 API를 제공할 수 있었지만, wxWidget 클래스를 기반으로 하지는 않았습니다. 우리는 구조를 더 명확하게 하기 위해서 TrackPanel 코드를 리팩터링했습니다. 만약 이 방법이 간단한 해결책이었다면, 이미 완료되었겠지만, 잘못된 초기 시도들을 없애기 위해서 우리가 정확하게 원하는 것이 무엇인가에 대해서는 의견이 나뉘었습니다. 현재의 임시적인 접근을 일반화하는 것은 상당한 디자인 작업과 코딩을 필요로 했고, 복잡하나 이미 잘 작동하는 코드를 그대로 두고자 하는 유혹은 아주 컸습니다.

17.5 PortAudio 라이브러리: 녹음과 재생

PortAudio는 오더시티에서 크로스 플랫폼 방식으로 오디오를 재생하고 기록하는 기능을 담당하는 오디오 라이브러리입니다. PortAudio가 없다면 오더시티가 장치의 사운드카드를 사용할 수 없습니다. PortAudio는 링 버퍼(ring buffer)와 재생/녹음 시 샘플 비율 변환(sample rate conversion), 맥(Mac), 리눅스

(Linux), 윈도우 간의 차이점을 감추는 API를 제공합니다.

저는 PortAudio 내부에서 어떤 일이 일어나는가 확인하려고 PortAudio를 깊게 분석해야 했던 적은 한번도 없었습니다. 하지만 우리가 PortAudio를 어떻게 사용하는지 알아두는 것은 유용합니다. 오더시티는 PortAudio로부터 데이터 패킷을 받기도 하고(녹음), 패킷들을 PortAudio로 보내기도 합니다(재생). PortAudio가 정확하게 어떻게 패킷을 보내고 받는지, 어떻게 디스크로부터 읽고 쓰는지, 어떻게 화면을 갱신하는지 살펴보는 작업은 분명히 의미가 있습니다.

동시에 서로 다른 여러 개의 프로세스들이 실행될 수도 있습니다. 어떤 프로세스는 소량의 데이터를 자주 전송하면서 신속하게 대응해야 합니다. 또 드물게 일어나지만, 어떤 프로세스는 다량의 데이터를 전달하면서 이에 대한 응답의 타이밍이 중요하지 않을 수 있습니다. 이것은 프로세스 간의 임피던스 부정합(impedance mismatch)이며, 버퍼는 이 차이를 맞추는데 사용됩니다. 그림의 아랫부분은 오더시티가 다루는 오디오 장치, 하드 드라이브 및 스크린입니다. 우리는 매우 아랫단까지는 작업하지 않으므로 이런 장치들이 제공하는 API로 작업을 해야 합니다. 프로세스가 모두 wxThread로 실행된든가 하는 식으로 프로세스들이 서로 비슷했으면 좋겠지만, 그런 사치를 누리지는 못합니다(그림 17.4).

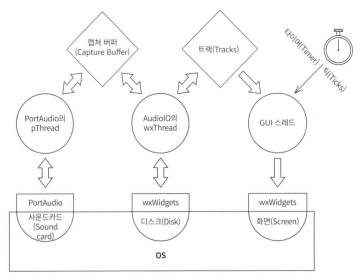

그림 17.4 재생과 레코딩 시의 스레드와 버퍼들

PortAudio 코드가 첫 번째 오디오 스레드를 시작합니다. 이 스레드는 직접 오디오 장치와 상호작용하면서 녹음 및 재생 작업을 주도합니다. 이 스레드는 응답성이 있어야만 하고, 패킷이 없어져서는 안 됩니다. 이 스레드는 PortAudio 코드의 제어하에, 녹음 시에는 새롭게 도착한 작은 패킷들을 큰 캡처 버퍼에 추가하는 audacityAudioCallback을 호출하고, 재생 시에는 5초 재생 버퍼의 작은 조각(chunk)들을 사용합니다. PortAudio 라이브러리는 wxWidget에 대해서 아무것도 모릅니다. 그래서 PortAudio가 생성한 이 스레드는 pthread입니다.

두 번째 스레드는 오더시티의 클래스인 AudioIO에 의해서 시작됩니다. AudioIO는 녹음 시에 캡처 버퍼로부터 데이터를 가져오고, 화면에 보이도록 오더시티의 트랙에 추가합니다. 데이터가 충분히 추가되면, AudioIO가 데이터를 디스크에 기록합니다. 또한 이 스레드는 오디오 재생을 위해 디스크를 읽습니다. 여기서 AudioIO::FillBuffers는 핵심 함수이며, 특정 부울 변수의 설정에 따라 동작합니다. 이 함수가 녹음 및 재생을 함께 처리합니다. 하나의 함수가 양방향을 모두 처리한다는 점은 중요합니다. 녹음을 하는 부분과 재생을 하는 부분 모두 이전에 녹음된 부분에 오버더빙을 하기 위해서 '소프트웨어를 통해 재생'할 때에 동시에 사용됩니다. AudioIO 스레드에서 발생하는 작업은 전적으로 운영체제의 디스크 IO에 의존하고 있습니다. 디스크의 읽기 및 쓰기 시간의 길이를 알 수 없는 경우 동작이 지연될 수도 있습니다. audacityAudioCallback의 응답이 필요했기 때문에, audacityAudioCallback에서 읽기/쓰기를 할 수 없었습니다.

이 두 스레드 간의 통신은 공유 변수(shared variables)를 통해서 이루어집니다. 언제 어떤 스레드가 이 변수들을 기록하는지 우리가 제어하기 때문에, 더 비싼 비용이 필요한 뮤텍스를 사용하지 않습니다.

재생 및 녹음 모두 추가적인 요구사항이 있습니다. 오더시티는 GUI 역시 업데이트해야 한다는 것입니다. 이는 시간이 중요한 작업입니다. 업데이트는 메인 GUI 스레드에서 발생하고 1초에 20번씩 도는 주기적인 타이머에 의해서 수행됩니다. 이 타이머의 틱(tick)은 TrackPanel::ONTIMER를 호출하고 만약에 GUI의 업데이트가 필요하다면, GUI를 업데이트합니다. 메인 GUI 스레드는 wxWidgets가 아니라 오더시티 코드가 생성합니다. 다른 스레드는 GUI를 직접적으로 업데이트할 수 없기 때문에 이 스레드는 특별합니다. 화면을 업데이트할 것인지를 확인하기 위해서 GUI 스레드를 가지고 오는 타이머를 사용하는 것은 여러 번 다시 그리는 작업(repaint)을 줄여줌으로써 반응성 있는 화면을 제공할 수 있게 하고,

화면 표시를 위해 많은 프로세서 타임을 필요로 하지 않게 해줍니다.

오디오 데이터 전송을 다루기 위해, 오디오 장치 스레드, 버퍼/디스크 스레드, 주기적인 타이머를 가지고 있는 GUI 스레드를 사용하는 것은 좋은 디자인일까요? 하나의 추상적인 기반 클래스를 상속하지 않은 세 가지의 서로 다른 스레드를 사용하도록 한 것은 다소 임시방편적입니다. 하지만, 이 임시방편적인 방법은 우리가 사용하고 있는 라이브러리에 의해 좌우됩니다. PortAudio는 자신이 스레드를 생성하기를 기대합니다. wxWidget 프레임워크는 자동으로 하나의 GUI 스레드를 가집니다. 버퍼를 채우는 스레드는 오디오 장치 스레드의 빈번한 작은 패킷들과 디스크 드라이브의 빈번한 더 큰 패킷 간의 임피던스 부정합을 고치기 위한 것입니다. 이 라이브러리들을 사용하면 확실한 장점이 있습니다. 라이브러리 사용에서의 비용은 결국 라이브러리가 제공하는 추상화들을 사용할 수밖에 없다는 것입니다. 결과적으로 우리는 필요한 것보다 더 빈번하게 다른 곳으로 메모리 데이터를 복사합니다. 제가 작업했던 고속 데이터 변환에서는, 이러한 종류의 임피던스 부정합을 다루는 아주 효율적인 코드를 볼 수 있었는데, 이 코드는 인터럽트 구동 방식으로 스레드를 전혀 사용하지 않았습니다.

버퍼의 포인터는 데이터를 복사하는 것보다 더 자주 전달됩니다. 이는 사용하고 있는 라이브러리가 버퍼 추상화와 함께 디자인되었을 때에만 가능합니다. 우리는 이미 존재하는 인터페이스를 사용해서, 강제로 스레드를 사용하게 하고, 강제로 데이터를 복사했습니다.

17.6 블록파일

오더시티가 직면한 도전 과제 중 하나는 몇 시간 정도 되는 길이의 오디오 녹음 데이터에도 데이터를 삽입하고 삭제할 수 있는 기능을 지원하는 것입니다. 녹음 데이터는 사용가능한 RAM의 크기보다 더 커질 수 있습니다. 오디오 녹음 데이터가 단일 디스크 파일에 있을 때, 해당 파일의 시작 부분에 오디오를 삽입한다는 것은 많은 양의 데이터 이동을 의미합니다. 이 데이터들을 디스크에 복사하는 것은 시간이 오래 걸릴 수 있으며, 이는 오더시티가 간단한 편집 작업에도 쉽고 빠르게 대응할 수 없다는 것을 의미합니다.

이 문제를 해결하기 위해 오더시티는 오디오 파일을 대략 1MB 정도 되는 여러 개의 블록파일(BlockFile)로 분할합니다. 이게 바로 오더시티가 자체 오디오 파일 포맷으로 마스터 파일(.aup)을 가지고 있는 주요한 이유입니다. 이 마스터 파일은 여러 개의 블록으로 구성된 XML 파일입니다. 긴 오디오 녹음 데이터의 시작 부분 변경으로 인한 영향은 하나의 블록파일과 마스터 .aup 파일에만 미칩니다.

블록파일들은 두 개의 상반된 힘의 균형을 잡습니다. 우리는 불필요하게 많이 복사하지 않고도 오디오 파일에서 추가와 삭제를 할 수 있으며, 재생하는 동안 디스크에 대한 요청이 오디오 데이터들의 적당히 큰 조각들을 잘 얻어올 수 있도록 해줍니다. 블록이 작으면 작을수록 전체 오디오 데이터를 가져오기 위해서 잠재적으로 더 많은 디스크 요청이 발생할 수 있습니다. 블록이 커지면 커질수록 삽입과 삭제를 할 때 더 많이 복사합니다.

오더시티의 블록파일은 내부에 여유 공간이 아예 없으며, 최대 블록 크기 이상으로 커지지 않습니다. 이러한 점을 유지하기 위해, 삽입과 삭제 시에 최대 하나의 데이터 블록만큼의 데이터를 복사합니다. 블록파일이 더 이상 필요하지 않으면 삭제합니다. 블록파일들은 참조된 횟수가 기록되며, 몇몇 오디오를 삭제해도, 관련 블록파일들은 여전히 저장될 때까지 유지됩니다. undo를 지원하기 위해서입니다. 파일에 있어서는 하나의 통합된 접근(all-in-one-file approach)을 해야 할 필요가 있었기 때문에, 오더시티 블록파일에서 가비지 컬렉션이 필요한 경우는 없습니다.

큰 조각의 데이터들을 병합 및 분할하는 것은 데이터 관리 시스템의 필수적인 요소입니다. 그림 17.5는 오더시티에서 시작 부근의 오디오를 제거할 때 어떤 일이 일어나는지 보여줍니다. 그림 17.5 삭제 전, .aup 파일과 블록파일들은 ABCDEFGHIJKLMNO를 순서대로 가지고 있습니다. 삭제 후에는 두 개의 블록파일이 합쳐졌습니다.

블록파일들은 오디오 데이터만을 위해서 사용되지는 않습니다. 요약 정보를 캐싱하는 블록파일들도 있습니다. 만약 오더시티가 4시간 길이로 녹음된 것을 화면에 보여줘야 한다면, 오디오의 각 시점마다 화면을 다시 그리는 것은 적합하지 않습니다. 대신에 시간의 범위 내에서 최대, 최소 오디오 진폭을 제공하는 요약 정보를 사용합니다. 줌인이 될 때에는 실제 샘플을, 그리고 줌아웃이 될 때에는 요약 정보를 그립니다.

블록파일 시스템의 개선 사항은 블록이 오더시티에 의해서 생성될 필요가 없다는 것입니다. 블록은 .wav 포맷으로 저장된 오디오의 특정 구간(timespan)처

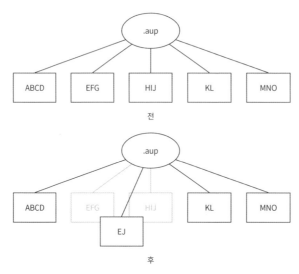

그림 17.5 삭제를 하기 전에는 .aup파일과 블록파일이 ABCDEFGHIJKLMNO의 순서로 되어있습니다. FGHI를 삭제하고 나면 두 개의 블록파일이 합쳐집니다.

럼 오디오 파일의 하위 구조로 참조될 수 있습니다. 오더시티가 요약 정보를 위한 블록파일을 생성하는 동안 사용자는 오더시티 프로젝트를 생성하고, .wav 파일의 오디오를 포함시키고, 여러 개의 트랙을 혼합할 수 있습니다. 이는 디스크 공간과 오디오를 복사하기 위한 시간을 절약합니다. 하지만 이 모든 건 좋지 못한 아이디어였습니다. 프로젝트 폴더에 완전한 복사본을 가지고 있을 것이라 생각하면서, 너무 많은 사용자가 원본인 .wav 파일을 삭제했습니다. 하지만 실제로는 원본 .wav 파일이 없이는 오디오 프로젝트가 실행되지 않습니다. 현재 오더시티의 기본 정책은 항상 가져온 오디오 파일을 복사하고, 이를 처리하는 과정에 새로운 블록파일을 생성하는 것입니다.

블록파일도 문제가 있었는데, 블록파일들이 많은 경우 윈도우 시스템에서는 성능이 좋지 않았습니다. 윈도우가 같은 디렉터리에 파일들이 많을 때 파일 처리가 더 느렸기 때문이고, 다수의 위젯을 사용하는 경우에도 유사한 문제가 발생했습니다. 뒤에 나온 수정판에서는 서브 디렉터리를 사용토록 했고, 각 서브 디렉터리는 파일이 절대 백 개를 넘지 않도록 했습니다.

블록파일 구조의 주요 문제는 블록파일들이 최종 사용자에게 노출된다는 것입니다. AUP 파일만을 이동하고, 블록파일들이 있는 모든 폴더를 이동해야 한다는 것을 잘 모르는 사용자가 있다는 얘기를 자주 듣습니다. 오더시티 프로젝트들에서 어떻게 파일의 내부 공간이 사용되는지 알고 있는 파일 하나였다면 더 좋았을 것입니다. 파일 하나라면 파일의 수를 줄이기보다는 성능을 향상시킬 수도 있었을 것입니다. 그리고 이 문제를 해결하기 위해서 필요한 것은 가비지 컬렉션을 위한 코드였을 것입니다. 가장 간단한 방법은, 파일이 설정 비율 이상 사용되지 않으면 저장할 때 블록들을 새 파일로 복사하는 방식일 것입니다.

17.7 스크립팅

오디시티는 다양한 스크립트 언어를 지원하는 실험적인 플러그인들을 가지고 있습니다. 이 플러그인들은 명명된 파이프(named pipe)[5]로 스크립트 인터페이스를 제공합니다. 스크립트를 통해 제공된 명령어들은 텍스트 형식으로 되어 있습니다. 사용자의 스크립트 언어가 명명된 파이프로 텍스트를 쓰고 읽을 수 있는 한, 스크립트 언어는 오디시티를 제어할 수 있습니다. 오디오와 대용량 데이터(그림 17.6)는 파이프를 통할 필요가 없습니다.

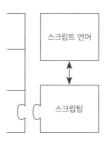

그림 17.6 스크립팅 플러그인은 명명된 파이프에 기반해서 스크립팅을 제공합니다.

플러그인은 전달하는 텍스트의 내용에 대해서는 아무것도 모릅니다. 플러그인은 오직 전달에 대한 책임만 있습니다. 오디시티에 연결하기 위해 스크립트 플러그인에서 사용되는 플러그인 인터페이스(혹은 가장 기본적인 확장점)는 이미 텍스트 형식으로 오디시티 명령어를 노출하고 있습니다. 이로 인해 스크립트 플러그인은 작고, 주 내용은 파이프를 다루는 코드입니다.

하지만 파이프는 TCP/IP와 유사한 보안 위험 요소를 갖고 있습니다. 그리고

---

5 (옮긴이) 유닉스(UNIX)와 유닉스 계열의 일반 파이프를 확장한 것으로, 파일 시스템을 이용한 프로세스 간 통신 기법 중 하나.

우리는 보안을 이유로 오더시티에서 TCP/IP 연결을 제외해왔습니다. 이러한 위험 요소를 줄이기 위해서 플러그인은 부가적인(Optional) DLL입니다. 이러한 플러그인을 획득하고 사용하는 것을 신중하게 결정해야 하며, 이 결정은 상태/보안(health/security) 경고를 발생시킬 수도 있습니다.

스크립트 기능을 제공하기 시작한 후, TCP/IP를 사용하여 프로세스 간 호출 메커니즘을 제공하는 KDE의 DBus 표준 사용을 고려하자는 제안이 우리의 위키 기능 요청 페이지에 올라왔습니다. 이미 이와는 다른 방향으로 가기로 했지만, 결국 DBus를 지원하기 위한 인터페이스를 적용하게 될지도 모릅니다.

스크립트 코드의 기원

오더시티를 열렬히 지지한 사람들로부터 시작해 성장한 스크립트 기능은 분기를 해야 할 필요가 있었습니다. CleanSpeech라고 불리는 기능은 mp3 변환에 대한 교훈을 제공합니다. CleanSpeech는 오디오에서 긴 묵음을 찾아내고 잘라내는 것(truncate silence) 같은 새로운 효과와 이미 존재하고 있던 정규화, 오디오 레코딩의 전체 배치(batch)에 대한 mp3 변환, 노이즈 제거 효과를 고정적인 순서로 전체 오디오 녹음 데이터에 일괄적으로 적용할 수 있는 기능을 가지고 있었습니다. 이러한 기능들 중에서 훌륭한 몇몇 기능만을 원했지만, 이 기능들이 개발되어 있는 방식이 오더시티에게는 너무 특별했습니다. 해당 기능을 오더시티 주된 기능으로 가져오는 작업은 코드를 고정된 순서보다 유연한 순서로 작성토록 했습니다. 이렇게 유연한 순서로 작성하는 방식은 명령어의 이름을 찾는데 사용되는 룩업 테이블과 사용자 설정에 텍스트 형식으로 명령 매개 변수를 저장하는 shuttle 클래스를 통해서 어떤 효과든지 사용할 수 있도록 합니다. 이 기능을 일괄 연결(batch chains)이라고 합니다. 우리는 임시방편적인 스크립트 언어를 개발하지 않으려고 매우 의도적으로 조건식이나 로직을 추가하지 않았습니다.

돌이켜 보면 분기를 하지 않으려고 했던 노력은 매우 가치가 있었습니다. 환경 설정을 변경하여 사용할 수 있는 CleanSpech 모드는 아직도 오더시티에 있습니다. 그 모드는 사용자 인터페이스를 많이 덜어내고, 고급 기능을 제거합니다. 오더시티의 간소화 버전은 특히 학교에서 다양하게 사용되기 위해서 요구되었습니다. 문제는 고급 기능과 필수적인 기능에 대한 관점이 사람들마다 다르다는 것입니다. 우리는 변환 메커니즘을 활용한 간단한 아이디어를 구현했습니다. 메뉴 항목의 번역된 문구가 ""로 시작하는 경우에는 더 이상 메뉴에 표시되지 않습니다. 이 방법은 표시되는 메뉴를 줄이고자 하는 사람들이 재컴파일 없이 표시할 기능들을 선택할 수 있도록 합니다. 즉, 전체를 삭제할 수도 있는 mCleanspeech 플래그보다 일반적이면서도 부작용이 덜한 방법입니다.

CleanSpeech는 우리에게 일괄 연결(batch chain)과 오디오에서 묵음을 찾아내서 삭제할 수 있는 기능(truncate silence)을 제공합니다. 두 기능 모두 코어 팀의 외부에서 추가된 매력적인 개선사항입니다. 일괄 연결은 스크립트 기능으로 바로 이어졌습니다. 결국 그 작업은 오더시티에 적용할 더 일반적인 목적의 플러그인들을 지원하는 과정이 시작되도록 했습니다.

17.8 실시간 효과

오더시티는 실시간 효과, 즉 음성 재생을 하면서 동시에 처리될 수 있는 오디오 효과를 가지고 있지 않습니다. 오더시티에서는 효과를 적용하면 적용이 완료될 때까지 기다려야 합니다. 오더시티에 가장 많이 요청된 기능 중에 하나는 사용자 인터페이스의 응답성을 유지하면서 백그라운드에서 실시간 효과와 오디오 효과의 렌더링을 수행하는 기능입니다.

문제는 어떤 컴퓨터에서는 실시간 효과일 수 있는데 더 느린 컴퓨터에서는 충분히 실시간이라고 느껴지지 않을 수 있다는 것입니다. 오더시티는 다양한 컴퓨터에서 동작하고 있으며 우리는 우아한 대비책을 좋아합니다. 느린 시스템에서도 전체 트랙에 효과를 적용하는 요청을 하고 약간만 기다리면 트랙의 중간 정도 부분의 프로세싱된 오디오를 들을 수 있기를 원했습니다. 실시간으로 효과를 렌더링하기에 컴퓨터가 너무 느리다면, 효과의 렌더링을 재생할 수 있을 때까지 오디오를 들을 수 있게 하는 것입니다. 이를 위해서 오디오 효과가 사용자 인터페이스를 멈추게 하는 것과 오디오 블록 프로세싱의 순서가 왼쪽에서 오른쪽으로 가는 것 같은 제약 사항을 제거할 필요가 있었습니다.

비교적 최근에 추가된 요청 시 로딩(demand loading)은 오디오 효과를 전혀 포함하지 않고 있지만, 실시간 효과를 위해 필요한 요소들을 많이 가지고 있습니다. 이 기능은 오더시티로 오디오 파일을 불러올 때, 오더시티가 백그라운드 작업으로 요약된 블록파일을 만들 수 있도록 합니다. 오더시티는 오디오가 로딩되고 있는 동안에도 사용자의 명령들에 반응할 것이고, 아직 처리되지 않은 오디오는 파란색의 경사와 회색 줄무늬의 표시자를 보여줄 것입니다. 블록은 왼쪽에서 오른쪽의 순서로 처리될 필요는 없습니다. 목표는 같은 코드가 적절한 시간에 실시간 효과에서도 항상 사용될 수 있도록 하는 것입니다.

요청 시 로딩(demand loading)은 실시간 효과를 추가할 수 있는 혁신적인 접근방식을 제공합니다. 이는 효과들 자체를 실시간으로 만들면서 생기는 몇몇 복잡함을 피하게 해주는 방식입니다. 또한 실시간 효과들은 블록 간의 오버랩을 필요로 할 것이고, 그렇지 않으면 에코 같은 효과를 제대로 적용할 수 없을 것입니다. 오디오를 재생할 때에 파라미터들 역시 변화할 수 있도록 해야 합니다. 요청 시 로딩을 수행하기 위해서는 관련된 코드를 그렇지 않은 경우보다 더 초기 단계부터 사용하게 됩니다. 이렇게 함으로써 실제 사용하면서 더 많은 피드백과 개선을 얻을 것입니다.

17.9 요약

이 장의 앞부분 절에서는 좋은 구조가 프로그램의 성장에 어떻게 기여하는지, 좋지 않은 구조가 프로그램의 성장을 어떻게 저해하는지 이야기했습니다.

- PortAudio나 wxWidget 같은 서드파티 API들은 많은 장점을 갖고 있습니다. 서드파티 API들은 다양한 플랫폼의 차이점을 추상화해주는 매력적인 코드를 제공했습니다. 우리가 서드파티 API를 사용하기 때문에 지불해야 하는 대가는 추상화를 선택하면서 유연성을 확보하지 못한다는 점입니다. 세 가지 다른 방법으로 스레드를 다루어야만 하기 때문에 재생(playback)과 녹음(recording)을 위한 코드가 좋지 않습니다. 이 코드는 또한 추상화를 제어하려 할 때 필요할 데이터보다 더 많은 데이터를 복사합니다.
- wxWidget에서 제공하는 API는 몇 군데에 쓸데없이 긴 코드를 작성하게 하고 애플리케이션 코드를 분석하기 어렵게 합니다. 이에 대한 해결책으로, 원하는 추상화와 깔끔한 애플리케이션 코드를 제공하는 퍼사드를 wxWidget 앞에 추가했습니다.
- 오더시티의 TrackPanel에서는 이미 존재하는 위젯에서 쉽게 얻을 수 있는 기

능들을 밖으로 빼내야 했습니다. 결과적으로 우리의 범용성이 떨어져서 한 곳에서밖에 못쓰는(adhoc) 시스템을 롤백했습니다. TrackPanel에서 위젯, 크기 측정기, 애플리케이션 레벨 객체들이 빠져나옴으로써 오더시티는 더 깔끔한 시스템이 되었습니다.

· 구조적인 결정이란 새로운 기능을 어떻게 구조화할 것인가에 대한 결정을 넘는 더 넓은 범위를 다룹니다. 어떤 것을 프로그램에 포함하지 않는다는 결정이 중요할 수도 있습니다. 이러한 결정이 깔끔하고 안전한 코드로 이어질 수 있습니다. 스크립트 언어에 대한 자체적인 복사본을 유지하지 않아도, Perl과 같은 스크립트 언어의 장점을 얻을 수 있는 것은 큰 장점입니다. 또한 구조적인 결정은 미래의 성장을 위한 계획에 의해서도 이루어집니다. 우리가 만든 초기 모듈 시스템에서 더 많은 실험을 할 수 있을 것으로 기대합니다. 실험을 안전하게 할 수 있도록 만들었기 때문입니다. 요청 시 로딩(demand loading)은, 실시간 효과를 처리하는 요청 시 로딩으로 가는 진화 단계가 될 것이라 예상합니다.

보면 볼수록, 오더시티는 커뮤니티의 공이라는 것이 명백합니다. 커뮤니티는 정말, 직접적인 기여 이상의 훨씬 큰 도움을 줬습니다. 오더시티는 라이브러리들에 의존하고 있고, 이 각각의 라이브러리는 해당 분야 전문가로 이루어진 커뮤니티가 함께 하기 때문입니다. 오더시티에서 라이브러리들이 구조에 어떻게 섞였는지 읽어보았다면, 커뮤니티가 왜 새로운 개발자들을 환영하고, 기술적으로 폭넓은 범위를 잘 처리할 수 있다고 생각하는지 당연하게 다가올 것입니다.

제가 볼 때, 오더시티 커뮤니티의 성격이 코드의 장단점에 반영되었음은 의심의 여지가 없습니다. 폐쇄적인 그룹이 오히려, 우리가 작업한 것보다 더 통일되고 일관된 고품질 코드를 작성할 수도 있었겠지만, 소수의 사람들로 오더시티가 담고 있는 정도와 비슷한 기능 범위를 제공하는 것은 어려웠을 것입니다.

옮긴이: 정진수
성균관대학교 전자전기컴퓨터공학부 학사 및 석사학위를 받았다. 학창시절에 삼성소프트웨어 멤버십, KT 연구소 인턴 등을 거쳐 졸업 후 병역특례로 인프라웨어에서 모바일 브라우저 엔진 개발 프로젝트 및 신사업 개발 프로젝트에 참여하였고, 카카오 게임사업부에서 게임하기 및 관련 서비스들을 개발하다가 현재는 새롭게 시작하는 프로젝트에 참여하고 있다. RubyOnRails와 Scala 및 새로운 등장하는 기술들에 관심이 많고, 인간이란 존재, 역사를 통한 교훈, 운명에 대한 고찰 등 스타트업에서 요구하는 차별화된 엔지니어가 되기 위한 비기술적 주제들에 대해서도 깊은 관심을 가지고 있다. 현재는 용인에서 사랑스런 아내, 토끼 같은 두 아이와 함께 행복하게 살고 있다.

18장

웨스노스 전투(Battle for Wesnoth)

리처드 쉬무카(Richard Shimooka), 데이비드 화이트(David White) 지음
박성철 옮김

프로그래밍을 단순한 문제 해결 활동으로 보는 경향이 있습니다. 개발자에게 요구사항을 주면 해법을 코딩한다는 식으로 말이죠. 종종 우아하고 효율적인 기술 구현이 예술적 아름다움으로 평가되곤 합니다. 이 책은 기술적인 아름다움의 멋진 사례로 가득합니다. 코드는 계산하는 기능을 넘어 사람의 삶에 깊은 영향을 미칠 수 있습니다. 코드는 사람을 움직여 새로운 콘텐츠를 만들도록 영감을 줄 수도 있습니다. 하나 불행히도, 프로젝트에 사람들이 개인적으로 참여하지 못하도록 막는 심각한 장애가 존재합니다.

대부분 프로그램 언어는 다루려면 상당한 기술적 전문성이 필요해서 많은 사람이 다가갈 수 있는 영역을 넘어섭니다. 게다가, 다수의 사람이 참여하도록 코드의 접근성을 개선하는 일은 기술적으로 어려울 뿐 아니라 대부분 프로그램에서 필요하지도 않습니다. 코드 접근성을 개선한다는 말이 깔끔한 코딩 스크립트나 독창적인 프로그래밍 해법을 의미하는 것으로 이해되기도 합니다. 접근성 개선 목표를 달성하려면 프로젝트와 프로그램 설계에 대한 깊은 고려가 선행되어야 합니다. 더욱이, 대부분 프로젝트는 경험 많은 전문가로 구성된 상근 직원에 의존하며, 이들은 꽤 높은 수준으로 일할 것입니다. 프로젝트는 추가 인력 없이 이들로 충분합니다. 따라서 코드 접근성이 조금은 고려된다 하더라도 우선순위에서 밀리게 됩니다.

웨스노스 전투(Battle for Wesnoth) 프로젝트에서는 초기부터 이 문제를 목표로 삼으려 했습니다. 웨스노스 프로그램은 턴 방식 판타지 전략 게임으로, GPL2 라이선스에 기반을 둔 오픈 소스 모델로 제작되었습니다. 이 글을 쓰는 시점에

4백만 건이 다운로드된, 어느 정도 성공한 프로젝트입니다. 이런 지표도 인상적이기는 하지만, 우리 프로젝트의 진정한 아름다움은 개발 역량 수준이 매우 다양한 자원 봉사자들이 생산적인 방식으로 협업할 수 있었던 개발 모델에 있다고 믿습니다.

코드 접근성 개선은 개발자가 설정한 모호한 목적이 아닌, 프로젝트의 생존과 관련된 필수 요소로 보였습니다. 웨스노스가 오픈 소스 전략을 취했다고 해서 다수의 경험 많은 개발자가 바로 모일 거라고 기대할 수는 없었습니다. 프로젝트에 접근하기 좋게 만들어 (다양한 수준의 경험을 가진) 참여자의 수를 넓힌다면 오랜 생존이 보장될 것입니다.

웨스노스 개발자들은 접근성을 확대하기 위한 기초를 개발 초기부터 놓으려 했습니다. 이런 노력은 프로그래밍 아키텍처의 모든 관점에서 영향을 미쳤습니다. 주요 결정은 대부분 이 목표를 염두에 두고 이뤄졌습니다. 이번 장에서는 접근성을 높이려는 노력에 집중해서 웨스노스를 깊이 살펴보겠습니다.

이 글의 첫 부분엔 프로젝트의 (언어를 포함한) 프로그래밍 기술과 아키텍처 일반을 대략 설명합니다. 두 번째 부분은 웨스노스 마크업 언어(Wesnoth Markup Language)로 알려진 웨스노스의 독특한 데이터 저장 언어에 초점을 맞춥니다. 특히 게임 유닛에 미치는 영향을 특별히 강조할 예정입니다. 그 다음엔 멀티플레이어 구현과 외부 프로그램을 다룹니다. 마지막으로 웨스노스의 구조와 참여자를 확대하려는 도전을 평가하는 의견으로 마무리합니다.

18.1 프로젝트 개요

웨스노스의 핵심 엔진은 C++로 작성되었고 이 글을 출판하는 시점에 총 200,000줄 정도가 됩니다. 이 엔진은 핵심 게임 엔진을 대표하며 콘텐츠를 제외한 코드 베이스의 절반에 해당합니다. 또, 이 프로그램 덕에 게임 콘텐츠를 고유의 데이터 언어인 웨스노스 마크업 언어(WML)로 정의할 수 있습니다. 출시되는 웨스노스는 250,000줄의 WML 코드가 포함됩니다. 이 비율은 프로젝트가 진행되는 사이 역전되었습니다. 프로그램이 성숙하면서, C++로 일일이 작성되었던 게임 콘텐츠는 WML이 게임의 동작을 정의하는데 사용되도록 차츰 재작성되었습니다. 그림 18.1은 이 프로그램의 아키텍처를 대략 그리고 있습니다. 회색 영역은 웨스노스 개발자들이 유지 보수하며 흰색 영역은 외부에 의존하는 모듈

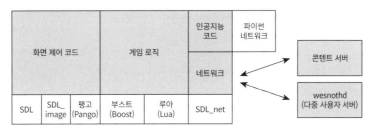

그림 18.1 프로그램 아키텍처

입니다.

전반적으로 이 프로젝트는 대부분 외부에 의존하는 부분을 최소화해서 애플리케이션의 이식성을 극대화했습니다. 이 때문에 부가적으로 프로그램의 복잡도가 줄어들고 개발자들이 다량의 외부 API를 익혀야 하는 필요성도 줄어드는 이점도 있습니다. 그렇지만, 몇몇 외부 모듈도 신중하게 사용하면 사실상 같은 효과를 얻을 수 있습니다. 예를 들어, 웨스노스는 SDL(Simple Directmedia Layer)[1]을 비디오, I/O, 이벤트 처리에 사용합니다. SDL을 선택한 이유는 사용하기 쉽고 다양한 플랫폼에 걸쳐 공통 I/O 인터페이스를 제공하기 때문입니다. 이런 특성 덕에 서로 다른 플랫폼의 전용 API에 맞춰서 코딩하지 않고도 웨스노스를 다양한 플랫폼에 폭넓게 이식할 수 있습니다. SDL을 사용함으로써 치뤄야 하는 비용도 있습니다. SDL을 쓰면 특정 플랫폼의 특징을 사용하는 이점을 누리기 어렵습니다. SDL는 웨스노스가 다양한 목적으로 사용하는 여러 라이브러리도 포함합니다.

· SDL_mixer: 오디오와 음향
· SDL_image: PNG와 기타 포맷의 이미지 입력
· SDL_net: 네트워크 I/O

여기에 덧붙여, 웨스노스는 다른 여러 라이브러리도 사용합니다.

· C++을 다양하게 개선한 부스트(Boost)
· 국제화된 글꼴에 팽고(Pango)와 카이로(Cairo)
· 압축에 zlib

---

1 (옮긴이) SDL(Simple DirectMedia Layer)은 오픈 소스 멀티미디어 라이브러리로서 다양한 플랫폼의 멀티미디어 기능을 추상화해 이식성이 높습니다. 자세한 내용은 사이트(http://www.libsdl.org)를 참조하세요.

- 스크립트 언어 지원에 파이썬(Python)과 루아(Lua)
- 국제화에 그누(GNU)의 겟텍스트(gettext)

웨스노스 엔진 전체에서 WML 객체(자녀 노드를 가진 문자열 사전형 자료구조)는 안 쓰이는 곳이 없습니다. 많은 객체를 WML 노드로부터 생성할 수 있고, 그 객체를 WML 노드로 직렬화할 수도 있습니다. 엔진 일부는 WML 딕셔너리 기반의 형식으로 데이터를 보관하고, 이 데이터를 구문 분석해서 C++ 자료구조로 변환하지 않고 직접 해석합니다.

웨스노스는 여러 중요한 하부 시스템을 활용하며, 이들 대부분은 가능한 한 자기 완결적으로 동작합니다. 이런 분리된 구조는 접근성에 유리합니다. 관심 있는 사람들이 특정 영역에 있는 코드를 쉽게 다룰 수 있고 프로그램의 나머지 영역에 피해를 주지 않으면서 변경사항을 추가할 수 있습니다. 주요 하부 영역은 다음을 포함합니다.

- WML 파서와 전처리기
- (비디오 모듈, 음향 모듈, 네트워크 모듈 같은) 하부의 라이브러리와 시스템 호출을 추상화하는 기본 I/O 모듈
- 버튼, 목록, 메뉴 등의 위젯 구현체를 포함하는 GUI 모듈
- 게임 보드, 유닛, 애니메이션 등 화면에 그리는 모듈
- 인공지능 모듈
- 육각형 게임 보드를 다루는 다수의 유틸리티 함수를 포함하는 경로 탐색 모듈
- 다양한 유형의 지도를 무작위로 만들어 내는 지도 생성 모듈

게임 진행상 서로 다른 부분을 제어하는 모듈이 또 여러 가지 있습니다.

- 타이틀 화면을 제어하는 titlescreen 모듈
- 게임 데모나 배경 등 컷신을 보여주는 storyline 모듈
- 다중 사용자 서버에서 게임 설정을 표시하고 지정할 수 있도록 하는 lobby 모듈
- 게임을 제어하는 게임 진행 모듈

게임 진행 모듈과 주 화면 모듈은 웨스노스에서 가장 큰 부분입니다. 두 모듈의

목적은 명확하게 정의되지 않았는데, 모듈의 기능이 계속 바뀌며, 그래서 명백한 명세를 정의할 수 없기 때문입니다. 결국, 이 모듈은 프로그램의 역사 내내 안티 패턴(예를 들어, 잘 정의되지도 않은 채 어떤 동작을 하는 거대한 모듈이 된다거나 하는)에 오염되어 고통 받을 위험에 빠지곤 했습니다. 게임을 표시하고 진행하는 모듈의 코드는 정기적으로 평가해서 모듈에서 분리할 것이 있는지 검토합니다.

전체 프로젝트의 일부이지만 주 프로그램과는 분리된 부속 기능도 있습니다. 여기에는 다중 사용자 네트워크 게임을 가능케 하는 다중 사용자 서버, 사용자가 자신이 만든 콘텐츠를 공통 서버에 올리고 다른 사람과 공유하는 콘텐츠 서버가 포함됩니다. 둘 다 C++로 작성되었습니다.

18.2 웨스노스 마크업 언어

확장 가능한 엔진으로서, 웨스노스는 모든 게임 데이터를 저장하고 읽는데 단순한 데이터 언어를 사용합니다. 초기에 XML이 검토되기는 했지만, 조금 더 기술을 모르는 사람에게도 친근하고 시각적인 데이터를 다루기에 편안한 어떤 것이 필요하다는 결론을 내렸습니다. 그리고 웨스노스 마크업 언어(WML)라는 독자적인 데이터 언어를 개발했습니다. WML은 기술에 익숙하지 않은 사용자를 염두에 두고 설계되었습니다. 파이썬이나 HTML에도 질겁하는 사람이라도 WML은 이해할 거라고 생각했습니다. 웨스노스 게임 데이터는 유닛 정의, 캠페인, 시나리오, GUI 정의, 기타 게임 로직 설정을 포함해 모두 WML로 저장됩니다.

WML은 XML와 같이 요소와 속성이라는 기본 특성을 공유합니다. 하지만 요소가 내부에 문자를 포함할 수는 없습니다. WML 속성은 단순히 문자열에 문자열이 대응되는 사전(dictionary) 식으로 표현되며 프로그램 로직은 속성을 해독할 책임이 있습니다. 다음은 단순한 예제로, 게임 속 요정 전사 유닛 정의를 보기 좋게 다듬었습니다.

```
[unit_type]
  id=Elvish Fighter
  name= _ "Elvish Fighter"
  race=elf
  image="units/elves-wood/fighter.png"
  profile="portraits/elves/fighter.png"
  hitpoints=33
```

```
        movement_type=woodland
        movement=5
        experience=40
        level=1
        alignment=neutral
        advances_to=Elvish Captain,Elvish Hero
        cost=14
        usage=fighter
        {LESS_NIMBLE_ELF}
        [attack]
          name=sword
          description=_"sword"
          icon=attacks/sword-elven.png
          type=blade
          range=melee
          damage=5
          number=4
        [/attack]
[/unit_type]
```

웨스노스에서 국제화는 중요한 문제이기에 WML은 이를 직접 지원합니다. 속성값 중에 언더스코어로 시작하는 값은 변환됩니다. 모든 변환 대상 문자열은 WML이 파싱될 때 그누 겟텍스트(GNU gettext)를 사용해서 실제 사용될 문자열로 바뀝니다.

웨스노스는 게임 엔진에 제공될 주요 게임 데이터를 여러 WML 문서에 나누기보다 한 문서에만 두는 방식을 택했습니다. 이로써 문서를 전역 변수 하나에 저장할 수 있고, 게임이 시작할 때, units 요소 이하의 unit_type이란 이름의 요소를 뒤져서 모든 유닛 정의를 읽습니다.

모든 데이터가 개념상의 단일 WML 문서에 저장된다고 하더라도 모든 내용을 한 파일에 담는다면 다루기 어려울 것입니다. 웨스노스는 구문 분석 전에 모든 WML을 처리하도록 전처리기를 지원합니다. 전처리기 덕에 파일 하나에 다른 파일이나 디렉터리 전체의 내용을 포함시킬 수 있습니다. 예를 들어 다음과 같이 하면 gui/default/window/ 속의 모든 .cfg 파일이 포함됩니다.

```
{gui/default/window/}
```

WML이 매우 번잡해질 것을 대비해, 전처리기 매크로를 정의해 내용을 함축하게 합니다. 예를 들어, 엘프 전사를 정의한 부분의 {LESS_NIMBLE_ELF} 매크로 호출로, 숲에 배치되었다거나 하는 특정 상황에서 특정 엘프 유닛의 민첩성이 둔해지도록 하는 매크로가 실행됩니다.

```
#define LESS_NIMBLE_ELF
  [defense]
    forest=40
  [/defense]
#enddef
```

이런 설계 덕에 엔진은 WML 문서가 어떤 방식으로 여러 파일에 나뉘었는지 신경 쓰지 않아도 됩니다. 게임 데이터 전체를 여러 다른 파일과 디렉터리로 구조화하고 나누는 방식은 WML을 작성하는 사람의 책임입니다.

게임 엔진은 WML 문서를 읽을 때 다양한 게임 설정에 따라 몇 가지 전처리기용 기호도 정의합니다. 예를 들어, 웨스노스 캠페인은 다양한 난이도 설정을 정의할 수 있는데, 각 난이도 설정에 따라 다른 전처리기 기호가 정의됩니다. 가령, 보통은 적에게 주어지는 (금으로 표시되는) 자원의 양을 조정해서 난이도를 조정합니다. 이를 간편히 처리하려고 다음과 같은 WML 매크로가 정의되었습니다.

```
#define GOLD EASY_AMOUNT NORMAL_AMOUNT HARD_AMOUNT
  #ifdef EASY
    gold={EASY_AMOUNT}
  #endif
  #ifdef NORMAL
    gold={NORMAL_AMOUNT}
  #endif
  #ifdef HARD
    gold={HARD_AMOUNT}
  #endif
#enddef
```

이 매크로는 적을 정의하는 부분에서 난이도에 따라 적이 얼마의 금을 갖도록 할지 정하면서 {GOLD 50 100 200} 같은 식으로 사용해 호출할 수 있습니다.

WML은 조건문에 따라 처리되므로, 웨스노스 엔진이 실행되는 중에 WML 문서에 사용된 기호 중 어떤 것이라도 바꾸면, 전체 WML 문서를 다시 읽어 처리해야 합니다. 예를 들어, 사용자가 게임을 시작할 때, 엔진은 WML 문서를 읽고 나서 여러 캠페인 중에 하나를 읽습니다. 하지만 그때, 사용자가 캠페인을 시작하면서 (쉬운 단계 같은) 특정 난이도를 선택한다면 'EASY' 기호가 정의된 상태로 이 문서 전체를 다시 읽어야 할 것입니다.

이런 설계 방식은 모든 게임 데이터가 단일 문서에 들어 있을 때 적절합니다. 이 기호 덕에 WML 문서를 구성하기 쉽습니다. 하지만 프로젝트가 성공하면서 웨스노스용 콘텐츠가 점점 늘어났고, 이 중에는 WML 문서가 수 메가바이트에 이르는 (그리고 결국에는 핵심 문서 트리에 삽입될) 콘텐츠도 포함됩니다. 이는 웨스노스에 성능에 문제가 되었습니다. 문서를 읽는데 어떤 컴퓨터에서는 1분까지 걸릴 수 있고, 이 때문에 문서를 다시 읽어야 할 때에는 게임 중에 지연이 생깁니다. 더군다나, 메모리를 상당히 차지합니다. 이런 문제에 대처하는 방법으로, 캠페인을 읽을 때 해당 캠페인에만 사용되는 기호가 전처리기에 정의되어 있습니다. 그래서 그 캠페인에서만 사용되는 어떤 콘텐츠라도 그 캠페인이 필요할 때에만 사용되도록 #ifdef로 처리할 수 있습니다.

게다가, 웨스노스는 캐시 시스템을 사용해서 주어진 주요 정의 집합에 쓰이는 WML 문서의 전처리 후 버전을 전부 캐시합니다. 당연히, 이 캐시 시스템은 모든 WML 파일의 변경 날짜를 조사해서 변경이 일어나면 캐시된 문서를 새로 생성합니다.

18.3 웨스노스의 유닛

웨스노스의 주역은 유닛들입니다. 요정 전사와 요정 주술사는 트롤 전사와 오크 병사에 대항해서 전투를 벌입니다. 모든 유닛은 같은 기본 행위를 공유하지만, 많은 유닛이 기본 게임 흐름과 다른 고유한 능력을 갖춥니다. 예를 들어, 트롤은 턴마다 건강을 일부 회복하고, 엘프 주술사는 휘감는 뿌리로 적을 느리게 만들고, 워스(Wose)는 숲에 들어가면 보이지 않습니다.

엔진에서 이를 표현하는 가장 좋은 방법은 무엇일까요? C++로 기본 유닛 클래스를 만들고 다른 유형의 유닛은 그 클래스를 상속하게 하려는 충동이 유혹을 합니다. 예를 들어, wose_unit 클래스는 unit를 상속하고, unit에는 가상 함수 bool is_invisible() const가 있어서 false가 반환되는데, wose_unit는 이를 오버라이드해 숲에 들어갔을 때 true가 반환되도록 할 수 있습니다.

이런 방식은 규칙이 단순한 게임을 만들 때에는 잘 맞습니다. 불행히 웨스노스는 아주 큰 게임이고 이런 방식은 확장이 그리 쉽지 않습니다. 이런 방식에서 어떤 사람이 새로운 유형의 유닛을 추가하려고 한다면, 새 C++ 클래스를 게임에 추가해야 합니다. 더구나, 서로 다른 특징을 혼합하지 못합니다. 유닛을 재창조한다고 해봅시다. 망으로 적의 움직임을 느리게 하고 숲에서는 보이지 않는 유닛을 만들 수 있을까요? 다른 클래스들에 있는 코드와 중복되는 전혀 새로운 클래스를 만들어야 할 것입니다.

웨스노스의 유닛 시스템은 새 유닛을 만드는 작업에 상속을 전혀 사용하지 않습니다. 대신, 유닛의 한 개체를 나타내는 unit 클래스와 특성을 나타내면서 변경 불가능하고 특정 유형의 모든 유닛이 공유하는 unit_type 클래스를 사용합니다. unit 클래스는 자신을 나타내는 유형 객체의 참조를 가집니다. 모든 unit_type 객체는 가능한 한 전역적으로 보관되는 사전(dictionary)형 자료구조에 저장되며 주 WML 문서를 읽을 때 읽습니다.

유닛 유형은 유닛의 모든 능력을 목록으로 가지고 있습니다. 예를 들어, 트롤은 '재생' 능력이 있어 매 턴마다 생명을 회복합니다. 도마뱀족 척후병은 '정탐(skirmisher)' 능력이 있어 적 방어선을 통과할 수 있습니다. 엔진에는 이런 능력을 감지하는 기능이 내장되어 있습니다. 예를 들어 경로 탐색 알고리즘은 유닛이 '정탐' 플래그가 설정되어 있는지 확인해서 적 방어선을 자유롭게 통과할 수 있는지 알아냅니다. 이런 방식 덕에 한 개인이 엔진이 제공하는 어떤 능력이라도 조합해서 새로운 유닛을 추가할 수 있습니다. 물론, 전혀 새로운 능력과 유닛의 행위는 엔진 수정 없이 추가할 수 없습니다.

덧붙이면, 웨스노스에서 각 유닛은 공격 방법이 하나 이상입니다. 예를 들어, 엘프 궁수는 화살로 장거리, 검으로 단거리 공격을 합니다. 각 공격 방법마다 공격력과 특성이 다릅니다. 공격은 attack_type 클래스로 표현하고 모든 unit_type의 인스턴스에는 가능한 attack_type의 목록이 있습니다.

웨스노스에는 유닛마다 특성을 추가로 부여하기 위한 트레잇(trait)이라는 요소가 있습니다. 모병할 때, 대부분 유닛에는 두 가지 트레잇이 미리 정의된 목록에서 무작위로 할당됩니다. 예를 들어, 강한 유닛은 근접 공격을 할 때 더 큰 피해를 주며, 지능적인 유닛은 적은 경험으로도 레벨을 높일 수 있습니다. 게다가, 유닛은 게임 진행 중에 능력을 강화하는 장비를 장착할 수 있습니다. 예를 들어, 공격 시 더 큰 피해를 주는 검을 게임 중에 구할 수 있습니다. 트레잇과 장비를 구현하기 위해 웨스노스에서는 유닛을 변형하도록 허용합니다. 이 변형은 WML에 정의되었고 유닛의 통계를 대체합니다. 이 변형은 특정 유형의 공격에도 적용할 수 있습니다. 예를 들어, strong 트레잇은 강한 유닛이 근접 공격을 할 때 더 큰 피해를 주지만 원거리 공격을 할 때는 효과가 없습니다.

WML을 사용해서 유닛의 행위를 전부 설정할 수 있도록 목표를 세우면 아주 멋질 것입니다. 따라서 웨스노스가 왜 이 목표를 달성하지 않았는지 알아보면 교훈을 얻을 수 있습니다. 유닛의 행위를 임의로 정의하도록 했다면 WML은 지금보다 훨씬 유연했어야 했을 것입니다. WML은 데이터 중심 언어가 되기보다 완전한 프로그래밍 언어로 확장되었어야 했을 것이고 많은 야심 찬 기여자의 기를 꺾었을 것입니다.

더욱이, C++로 개발된 웨스노스 인공지능은 게임 속 능력을 인식합니다. 인공지능은 재생 능력이나 사라지는 능력 따위를 고려해서 유닛이 여러 능력 중에서 최대의 이득을 볼 수 있도록 책략을 짭니다. 유닛의 능력을 WML을 사용해서 생성할 수 있다고 해도, 이 능력을 인지하고 그로부터 강점을 취할 정도로 정밀한 인공지능을 만들기는 매우 어렵습니다. 능력을 구현하면서 인공지능이 반응하도록 하지 않는다면 아주 만족스러운 구현이라 할 수 없을 것입니다. 마찬가지로, WML로 능력을 구현하고 나서 C++로 개발된 인공지능을 수정해 이 능력에 반응하도록 한다면 번거로운 일이 될 것입니다. 따라서 유닛은 WML에 정의하도록 하고 능력은 엔진 속에 단단히 결합되도록 한 결정은 합리적이며 웨스노스 고유의 요구에 가장 잘 맞는 타협안이라고 할 수 있습니다.

18.4 웨스노스의 다중 사용자 구현

웨스노스의 다중 사용자 게임 기능에는 최대한 단순한 방식이 사용되었습니다. 이 방식은 악성 서버 공격을 최대한 줄여주지만, 부정행위 차단에는 소홀한 편입니다. 웨스노스 게임에서 일어나는 (유닛의 이동, 적 공격, 유닛 모병 등의) 움직임은 WML 노드로 저장될 수 있습니다. 예를 들어, 유닛을 움직이는 명령은 WML 다음과 같이 저장됩니다.

```
[move]
    x="11,11,10,9,8,7"
    y="6,7,7,8,8,9"
[/move]
```

이 코드는 사용자의 명령에 따라 유닛이 이동하는 경로입니다. 웨스노스에는 이런 WML 명령이 주어졌을 때 실행하는 장치가 있습니다. 이 장치 덕에 게임의 초기 상태와 그 이후의 모든 명령을 저장함으로써 게임 진행 기록을 전부 저장할 수 있습니다. 게임을 재생하는 기능은 사용자가 서로의 게임을 관찰하거나 특정 유형의 버그 보고를 돕는데 유용합니다.

우리는 커뮤니티가 웨스노스의 네트워크 다중 사용자 기능을 구현하면서 친근하고 가벼운 게임에 집중하도록 해야 한다고 결심했습니다. 반사회적 크래커에 대항해서 기술적인 전투를 벌이기보다 부정 방지 시스템에서 타협을 보기로 했습니다. 이 프로젝트는 부정행위를 막으려고 전혀 힘쓰지 않을 것입니다. 다른 다중 사용자 게임을 분석한 결과에 따르면 경쟁 순위 시스템이 반사회적 행위의 핵심 원천임을 알 수 있습니다. 서버에서 일부러 이런 기능을 억제하면 개인이 부정행위를 할 동기가 많이 줄어듭니다. 무엇보다 조정자들은 개인들이 같이 게임하는 다른 사용자와 사적인 관계를 맺는 긍정적인 분위기의 게임 커뮤니티가 되도록 조장합니다. 이런 노력으로 경쟁보다는 관계가 많이 강조됩니다. 지금까지는 게임에 대한 악성 해킹이 대부분 고립되었으니, 조정자들이 노력한 결과는 성공적이었다고 생각합니다.

웨스노스의 다중 사용자 기능은 일반적인 클라이언트-서버 하부구조로 구성됩니다. 서버인 wesnothd는 웨스노스 클라이언트에서 연결을 받아 가능한 게임의 요약 정보를 클라이언트에게 보냅니다. 웨스노스는 로비를 표시하고 사용자는 참여할 게임을 고르거나 새 게임을 만들어 다른 사람이 참여하도록 합니다. 일단 사용자가 게임에 들어가 게임이 시작되면 웨스노스의 각 인스턴스는 사용자가 내린 행위를 나타내는 WML 명령을 생성합니다. 이 명령들은 서버에 전송되고 서버는 이를 게임의 다른 모든 클라이언트에 전달합니다. 서버는 특별히 하는 일 없이, 단순히 전달하는 역할만 합니다. 게임 재생 시스템은 다른 클라이언트에서 WML 명령을 실행하는데 사용됩니다. 웨스노스는 턴 기반의 게임이라서 TCP/IP가 모든 네트워크 통신에 사용됩니다.

이 시스템 덕에 게임 참관인들이 게임을 관람하도록 하기 쉽습니다. 참관인들은 진행 중인 게임에 참가할 수 있고, 이럴 때 서버는 게임의 초기 상태를 나타내는 WML을 전송하고, 이어서 게임이 시작한 이후에 전송된 모든 명령의 기록을 전송합니다. 이렇게 해서 새로운 참관인이 게임의 상황에까지 속도를 따라잡을 수 있습니다. 참관인은 게임의 기록을 볼 수도 있지만, 이렇게 하면 참관인이 게임의 현재 위치까지 따라잡는데 시간이 걸립니다. 게임 기록을 빠르게 재생할 수도 있지만, 시간이 걸리기는 마찬가지입니다. 클라이언트 중 하나가 게임의 현재 상태를 WML로 생성하고 이를 새로운 참관인에게 보내는 다른 방법이 있을 수 있겠으나, 이 방식은 참관인에 따른 부하를 클라이언트에 부가하며, 참관인 다수가 게임에 참여하는 식의 서비스 거부(denial-of-service) 공격을 허용하게 됩니다.

물론, 웨스노스 클라이언트는 어떤 게임 상태도 다른 클라이언트와 공유하지 않고, 명령만 보내기 때문에, 게임의 규칙을 클라이언트가 동의하는 것이 중요합니다. 서버는 버전으로 나뉘어 있고, 동일 버전의 게임을 사용하는 사용자만 서로 게임을 할 수 있습니다. 클라이언트는 동기(sync)가 맞지 않아서 정상적으로 게임을 할 수 없으면 사용자가 바로 알 수 있도록 경고를 띄웁니다. 이 시스템은 부정행위를 막는 데에도 유용합니다. 사용자가 자신의 클라이언트를 수정해서 부정행위를 하는 편이 쉽기는 하지만, 버전 간의 조그마한 차이도 사용자가 가능한 한 바로 알아차릴 수 있도록 합니다.

18.5 결론

프로그램 관점에서 본 웨스노스 전투의 아름다움은 폭넓은 개인들이 개발에 참여하도록 한 코딩 방법에 있습니다. 이 목표를 달성하기 위해, 프로젝트는 코드 속 어떤 우아해 보이지 않는 것과도 타협하곤 했습니다. 웨스노스 프로젝트의 재능이 뛰어난 많은 프로그래머가 WML의 비효율적인 문법에 눈살을 찌푸렸음을 언급하고 싶습니다. 그렇지만 이 타협으로 프로젝트의 내세울 만한 성공 중 하나가 가능했습니다. 오늘날 웨스노스에는 자랑스럽게도 사용자들이 만든 수백 개의 캠페인과 시대가 있는데, 대부분 프로그래밍 경험이 거의 없거나 전혀 없는 사용자들이 만들었습니다. 더욱이 이에 영감을 받아 몇몇 사람은 프로그래밍을 전문적으로 시작하면서 웨스노스 프로젝트를 학습 도구로 사용합니다. 이런 수준의 명백한 성과에 이른 프로그램은 소수에 불과합니다.

독자가 웨스노스의 노력에서 얻어야 할 핵심 교훈 중 하나는 숙련되지 않은 프로그래머로 인해 닥치는 도전을 고려하라는 것입니다. 이를 위해서는 웨스노스 프로젝트에 이바지하는 사람들이 실제로 코딩하고 그들의 기술을 개발하는 데 장애가 되는 요소가 무엇인지 인식해야 합니다. 예를 들어 어떤 개인이 이바지하고 싶은 마음은 있으나 프로그래밍 경험이 전혀 없을 수 있습니다. 개발 전용 편집기인 이맥스(emacs)나 빔(vim)은 이런 개인에게 위협적으로 느껴질 만큼 학습 곡선이 상당합니다. 따라서 WML은 참여하려는 누군가에게 건넬 수 있는 간단한 문서 편집기로도 파일을 열 수 있도록 설계했습니다.

하지만 코드 베이스에 쉽게 다가설 수 있도록 개선한다는 목표는 간단히 달성될 수 없습니다. 코드 접근성을 높이는 확신하면서도 빠른 규칙이란 없습니다.

오히려 커뮤니티가 주의해야 할 부정적 결과가 발생할지도 모를 여러 가지 고려 사항 사이의 균형이 필요합니다. 이런 양면성은 프로그램이 의존 문제를 다루는 방법에서 분명하게 나타납니다. 어떤 경우엔, 의존성이 참여의 문턱을 실제로 높이기도 하고, 다른 경우엔 사람들이 더 쉽게 이바지하도록 독려합니다. 모든 문제는 사례별로 하나씩 따져 봐야 합니다.

물론, 웨스노스의 몇몇 성공에 허풍 떨며 거들먹거리지 않도록 조심해야 하기도 합니다. 웨스노스 프로젝트는 다른 프로그램이 쉽게 되풀이 못할 이점을 다소 누렸습니다. 많은 대중이 코드에 접근하도록 하는 일은 부분적으로 프로그램이 놓인 환경의 결과입니다. 웨스노스는 오픈 소스 프로그램이라서 그에 따른 몇 가지 이점이 있습니다. 그누(GNU) 라이선스는 법적으로 누구라도 파일을 열어서 작동 원리를 이해하고 수정할 수 있도록 허용합니다. 이 문화는 개인이 실험하고 학습하고 공유하도록 권장하는데, 다른 프로그램에서는 이런 행위가 좀처럼 허용되지 않습니다. 그렇지만, 모든 개발자에게 유용하다고 증명될 만한, 그리고 그들이 노력을 기울이는 가운데 코딩의 아름다움을 발견하도록 돕는 어떤 요소가 웨스노스에 있기를 바랍니다.

옮긴이: 박성철

8bit 애플 2 호환기로 시작해 지금까지 30년 넘게 SW 개발 주변을 겉도는 경도 히키코모리이다. 평생 혼자 살 운명이었으나 천사를 만나 가장 역할을 부여받고 서울 근교에서 아들 하나와 함께 행복한 가정을 꾸리고 있다. 별생각 없이 시작한 회사를 10년 만에 말아 먹은 흑역사를 뒤로하고 지금은 SK플래닛에서 멋진 개발자들과 즐거운 퀘스트를 수행 중이다. 소프트웨어 개발 현장을 개선하는 데 관심이 많다.

19장

이클립스(Eclipse)

킴 므와르(Kim Moir) 지음
김성안 옮김

소프트웨어를 모듈 단위로 개발하는 작업은 어렵기로 악명이 높습니다. 그리고 다양한 커뮤니티에서 작성한 방대한 코드 기반과 함께 동작되도록 관리하는 것도 어렵습니다. 이클립스(Eclipse)는 이 두 가지 과업을 모두 달성하며 관리되어 왔습니다. 2010년 6월, 이클립스 재단(Eclipse Foundation)이 코드명 헬리오스(Helios)를 릴리스할 당시에 이클립스는 39개의 프로젝트와 40개가 넘는 회사의 490여 명의 커미터가 기반 플랫폼의 기능을 함께 협업해서 구축했습니다. 이렇게 성장한 이클립스의 초기 아키텍처의 비전은 무엇이었을까요? 어떻게 진화해왔을까요? 그리고 어떻게 애플리케이션의 아키텍처가 커뮤니티의 참여와 성장을 촉진하는 역할을 했을까요? 이클립스의 시작부터 보도록 하겠습니다.

　2001년 11월 7일 이클립스라고 불리는 오픈 소스 프로젝트의 1.0 버전이 릴리스 되었습니다. 당시에 이클립스는 '어디에나 쓸 수 있는 통합 개발 환경(IDE)'이라고 설명하고 있었습니다. 이클립스 아키텍처의 비전이 단순히 도구의 모음을 제공하기 위한 것이 아니라, 도구를 만들기 위해 모듈화되고 규모 가변성(scalability)을 가진 프레임워크를 제공하는 것이기 때문에 의도적으로 굉장히 일반화해서 설명했습니다. 이클립스는 개발자를 위한 도구를 구축하는 데 필요한 기반 환경을 제공하는 컴포넌트 기반 플랫폼입니다. 이렇게 확장성(extensibility) 있는 아키텍처는 커뮤니티의 구성원들이 코어 플랫폼을 확장하도록 장려하였습니다. 이런 확장은 초기 이클립스의 비전을 넘어서는 결과를 보여주었습니다. 이클립스는 플랫폼으로 시작했고, 이클립스 SDK는 플랫폼으로서의 가능성을 검증하기 위한 제품이었습니다. 그리고 개발자들이 이클립스 SDK

를 이용해서 새로운 버전의 이클립스를 직접 개발할 수 있게 됐습니다.

오픈 소스 개발자라고 하면 이타적인 개발자 혼자서 밤늦게 힘들게 버그를 고치고 있거나, 자신의 관심사를 반영한 멋진 새로운 기능을 구현하는 모습을 상상하기 쉽습니다. 하지만 이클립스 프로젝트의 초기 이력을 돌아보면 초기 코드의 일부는 IBM에서 개발했던 VisualAge for Java 코드를 기증 받은 것이란 사실을 알 수 있습니다. 그리고 기증 받아 시작한 오픈 소스 프로젝트의 초기 커미터 역시 IBM의 자회사인 OTI(Object Technology International)에 고용된 사람들이었습니다. 당연히 이 사람들은 종일 오픈 소스 프로젝트 일을 하는 대가로 급여를 받았습니다. 뉴스그룹의 질문에 답하고, 새로운 버그를 다루고, 새로운 기능을 구현하는 등의 일을 직업으로 했다는 얘기입니다. 그러다 이런 작업에 관심을 가진 소프트웨어 회사들의 컨소시엄이 구성되어서 오픈 소스 기반의 도구개발 환경을 구축하려는 노력이 확장될 수 있었습니다. 이렇게 구성된 이클립스컨소시엄의 초기 멤버는 볼랜드(Borland), IBM, Merant, QNX 소프트웨어 시스템, 래쇼날 소프트웨어(Rational Software), 레드햇(RedHat), SuSE, 투게더소프트(TogetherSoft)였습니다.

이런 노력과 투자 덕분에 컨소시엄에 합류한 회사들은 이클립스 기반의 상용제품을 출시하는 데 전문성을 가질 수 있게 되었습니다. 리눅스를 상업적으로사용하는 기업에서 리눅스 커널 개발에 기여했던 것처럼 상업적인 서비스의 기반이 되는 오픈 소스 소프트웨어를 개선하는 형태를 보였습니다. 2004년 초에커져가는 이클립스 커뮤니티를 관리하고 계속 성장할 수 있도록 이클립스 재단이 설립되었고, 비영리재단으로서 기업의 회비로 유지되고 이사회를 통해 관리를 받도록 조직되었습니다. 오늘에 와서 이클립스 커뮤니티는 170여 개의 회원사와 거의 1000명의 커미터를 가진 규모로 확장되었습니다.

기존에는 사람들이 이클립스를 단순히 SDK로 알고 있었지만 이제는 SDK보다는 훨씬 더 큰 의미를 포함합니다. 2010년 6월에는 eclipse.org에서 250개의다양한 프로젝트가 개발 중이었습니다. C/C++, PHP, 웹 서비스(Web Services), 모델 중심 개발(Model Driven Development)을 지원하는 도구, 도구 개발을 지원하는 프로젝트 등 많은 프로젝트가 있었습니다. 각각의 프로젝트는 프로젝트의 기술 방향과 릴리스 목표를 설정하는 책임을 가진 수석 멤버가 있고, 프로젝트는 이런 수석 멤버들로 구성된 프로젝트 관리위원회(PMC)가 관리하는 하나의 최상위 프로젝트(TLP)에 포함됩니다. 좀 더 간결하게 설명하기 위해서 이 장에서는 이클립스[1]와 런타임 에퀴녹스(Runtime Equinox)[2] 프로젝트에서의 이클립스 SDK의 아키텍처 진화만 보려합니다. 그리고 이클립스에는 많은 변경 이력이 있기 때문에 초기의 이클립스와 이클립스 3.0, 3.4, 4.0 릴리스에만 집중하겠습니다.

19.1 초기의 이클립스

21세기가 시작할 무렵에는 소프트웨어 개발자를 위한 많은 도구가 있었지만 도구 간에 서로 연동되며 동작되는 경우는 많지 않았습니다. 이런 문제를 인식하고 이클립스는 애플리케이션 개발자를 위해서 서로 연동이 되는 도구를 만들 수 있도록 오픈 소스 플랫폼을 제공하겠다는 목표를 정했습니다. 이렇게 하면 도구를 만드는 개발자는 파일 시스템을 직접 다루거나, 소프트웨어 업데이트 기능을 만들고, 소스 코드 저장소에 연결하는 것 같이 도구를 만들 때 필요한 기본적인 것들을 위한 코드를 작성하는 대신 새로운 도구를 만드는 데 집중할 수 있으리라 생각했습니다. 사실 이클립스는 자바 개발 도구(Java Development Tools, JDT)로 가장 유명합니다. 자바 개발 도구를 잘 만들어 제공하면 다른 언어를 위한 도구를 만들어야 하는 사람들에게 좋은 예가 될 수 있으리라 생각했기 때문입니다.

이클립스의 아키텍처를 자세히 알아보기 전에 이클립스 SDK가 개발자에게 어떻게 보이는지 알아보겠습니다. 이클립스를 시작하고 워크벤치를 선택하고 나면, 자바 퍼스펙티브(perspective)가 화면에 나옵니다. 퍼스펙티브는 현재 사용 중인 도구에 필요한 뷰와 편집기를 배치해서 보여주는 단위입니다.

초기 버전의 이클립스 SDK 아키텍처는 세 개의 주요 요소를 가지고 있었고, 이 주요 구성요소는 각각 플랫폼, 자바 개발 도구인 JDT, 플러그인 개발 환경인 PDE(Plug-in Development Environment)라는 하위 프로젝트에서 다루고 있습니다.

---

1   http://www.eclipse.org
2   http://www.eclipse.org/equinox

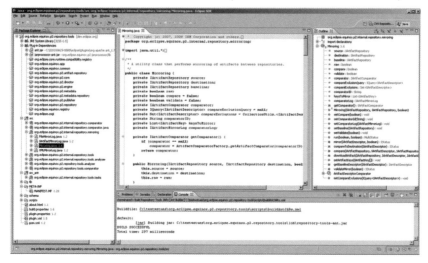

그림 19.1 자바 퍼스펙티브

19.1.1 플랫폼

이클립스 플랫폼은 자바로 작성되었기에 이클립스를 실행하려면 자바 가상 머신(Java VM)이 필요합니다. 플랫폼은 작은 기능 단위로 묶어둔 플러그인(plugin)으로 구성됩니다. 플러그인이 이클립스 컴포넌트 모델의 기본이 됩니다. 기본적으로 플러그인은 JAR 파일과 매니페스트(manifest)를 포함하고 있는데 매니페스트 파일에는 플러그인에 대한 설명, 다른 플러그인과의 의존성, 어떻게 활용될 수 있고, 어떻게 확장될 수 있는지에 대한 정의가 들어있습니다. 이런 매니페스트 정보는 처음에는 플러그인 디렉터리의 최상위의 plugin.xml 파일에 저장되어 있었지만 현재는 별도의 파일로 옮겨졌습니다. 자바 개발 도구(JDT)는 자바 개발에 필요한 플러그인들을 제공합니다. 그리고 플러그인 개발 환경(PDE)은 새로운 도구를 만들 수 있도록 이클립스를 확장하기 위한 도구를 제공합니다. 이클립스 플러그인은 자바로 작성되지만 온라인 문서를 제공할 목적의 HTML 파일만 가진 플러그인처럼 코드를 포함하지 않는 형태로도 작성이 가능합니다. 각 플러그인은 자신만의 클래스 로더를 가지고 있습니다. 플러그인은 다른 플러그인에 대한 의존성을 plugin.xml 파일의 〈requires〉 구문을 이용해서 표현할 수 있습니다. 다음의 org.eclipse.ui 플러그인의 plugin.xml 파일을 보면 플러그인의 이름과 버전 그리고 필요로 하는 다른 플러그인에 대한 의존성도 기록되어 있습니다.

```xml
<?xml version="1.0" encoding="UTF-8"?>
<plugin
    id="org.eclipse.ui"
    name="%Plugin.name"
    version="2.1.1"
    provider-name="%Plugin.providerName"
    class="org.eclipse.ui.internal.UIPlugin">

    <runtime>
        <library name="ui.jar">
        <export name="*"/>
        <packages prefixes="org.eclipse.ui"/>
        </library>
    </runtime>
    <requires>
        <import plugin="org.apache.xerces"/>
        <import plugin="org.eclipse.core.resources"/>
        <import plugin="org.eclipse.update.core"/>
            :       :       :
        <import plugin="org.eclipse.text" export="true"/>
        <import plugin="org.eclipse.ui.workbench.texteditor" export="true"/>
        <import plugin="org.eclipse.ui.editors" export="true"/>
    </requires>
</plugin>
```

누구라도 이클립스 플랫폼 위에 무언가 구축해서 올려볼 수 있도록 장려하기 위해서는 플랫폼에 기여(contribution)하고, 플랫폼에서 이런 기여를 받아들일 수 있는 기법이 필요했습니다. 이클립스 컴포넌트 모델에서는 이렇게 기여하고 기여를 받아들이는 구조를 위해 확장(extension)과 확장점(extension point)을 제공합니다. 확장점을 정의할 때 이 플러그인을 확장하는 소비자가 사용하도록 하고 싶은 인터페이스만 지정해서 내보낼 수 있습니다. 이를 통해, 플러그인의 외부에서 지정한 클래스만 사용하도록 제한합니다. 플러그인 외부에서 이용할 수 있는 자원에 대해서도 제약이 생깁니다. 모든 메서드와 클래스를 플러그인을 사용하는 소비자에게 공개하는 것과는 반대로 플러그인에서 지정한 것만 공개 API로 취급되고, 다른 것들은 내부 구현의 세부사항으로 취급됩니다. 이클립스 툴바의 메뉴 항목에 기여하는 플러그인을 작성하려면 org.eclipse.ui 플러그인에 정의된 다음의 확장점 중에서 actionSets 확장점을 이용할 수 있습니다.

```xml
<extension-point id="actionSets" name="%ExtPoint.actionSets"
    schema="schema/actionSets.exsd"/>
<extension-point id="commands" name="%ExtPoint.commands"
    schema="schema/commands.exsd"/>
<extension-point id="contexts" name="%ExtPoint.contexts"
    schema="schema/contexts.exsd"/>
<extension-point id="decorators" name="%ExtPoint.decorators"
```

```
        schema="schema/decorators.exsd"/>
<extension-point id="dropActions" name="%ExtPoint.dropActions"
        schema="schema/dropActions.exsd"/>
```

org.eclipse.ui.actionSet 확장점을 이용해서 메뉴 항목에 기여한 플러그인의 예
제는 다음과 같은 형태를 가집니다.

```xml
<?xml version="1.0" encoding="UTF-8"?>
<plugin
        id="com.example.helloworld"
        name="com.example.helloworld"
        version="1.0.0">
    <runtime>
        <library name="helloworld.jar"/>
    </runtime>
    <requires>
        <import plugin="org.eclipse.ui"/>
    </requires>
    <extension
        point="org.eclipse.ui.actionSets">
        <actionSet
            label="Example Action Set"
            visible="true"
            id="org.eclipse.helloworld.actionSet">
            <menu
                label="Example &Menu"
                id="exampleMenu">
                <separator
                    name="exampleGroup">
                </separator>
            </menu>
            <action
                label="&Example Action"
                icon="icons/example.gif"
                tooltip="Hello, Eclipse world"
                class="com.example.helloworld.actions.ExampleAction"
                menubarPath="exampleMenu/exampleGroup"
                toolbarPath="exampleGroup"
                id="org.eclipse.helloworld.actions.ExampleAction">
            </action>
        </actionSet>
    </extension>
</plugin>
```

이클립스가 시작되면 런타임 플랫폼이 설치된 플러그인의 매니페스트를 조회
하고, 메모리에 플러그인 레지스트리를 구성합니다. 이때, 확장점과 이 확장점
을 확장한 플러그인들은 서로 이름으로 연관 지어집니다. 이렇게 구성된 플러
그인 레지스트리는 이클립스 플랫폼이 제공하는 API를 이용해서 참조할 수 있
습니다. 플러그인 레지스트리는 디스크에 캐싱되어서 다음번에 이클립스가 재

시작될 때 이 정보를 다시 불러올 수 있도록 되어 있습니다. 모든 플러그인은 이 클립스가 시작될 때 발견되어서 레지스트리에 등록되지만 실제 코드가 사용되기 전까지는 활성화되지 않습니다. 다시 말해, 클래스가 로드되지 않습니다. 이런 방법을 지연 활성화(lazy activation)라고 부릅니다. 예를 들어 org.eclipse.ui.actionSet 확장점에 기여한 플러그인은 사용자가 툴바에서 이 플러그인의 메뉴 항목을 선택하기 전까지는 활성화되지 않습니다.

이 메뉴 항목을 생성한 코드는 다음과 같습니다.

그림 19.2 예제 메뉴

```
package com.example.helloworld.actions;

import org.eclipse.jface.action.IAction;
import org.eclipse.jface.viewers.ISelection;
import org.eclipse.ui.IWorkbenchWindow;
import org.eclipse.ui.IWorkbenchWindowActionDelegate;
import org.eclipse.jface.dialogs.MessageDialog;

public class ExampleAction implements IWorkbenchWindowActionDelegate {
    private IWorkbenchWindow window;
    public ExampleAction() {
    }
    public void run(IAction action) {
        MessageDialog.openInformation(
                window.getShell(),
                "org.eclipse.helloworld",
                "Hello, Eclipse architecture world");
    }
    public void selectionChanged(IAction action, ISelection selection) {
    }
    public void dispose() {
    }
    public void init(IWorkbenchWindow window) {
        this.window = window;
    }
}
```

사용자가 툴바에서 이렇게 추가된 항목을 선택하면, 이 확장점을 구현하고 있는 플러그인을 통해 확장 레지스트리가 조회됩니다. 그러고 나서 확장점을 확장하고 있는 플러그인을 불러옵니다. 플러그인이 활성화되고 나면 예제 코드의 ExampleAction 생성자가 실행되고, 워크벤치의 액션 델리게이트(action delegate)가 초기화됩니다. 워크벤치의 선택이 변경됐고, 델리게이트가 생성되었기 때문에 액션이 실행될 수 있습니다. 이제 "Hello, Eclipse architecture world"가 적힌 메시지 창을 볼 수 있습니다.

이렇게 확장 가능한 아키텍처 덕분에 이클립스 생태계가 성공적으로 성장할 수 있었습니다. 기업이나 개인이 새로운 플러그인을 만들어서 오픈 소스로 공개하거나 유료 플러그인으로 판매할 수 있게 됐습니다.

이클립스의 가장 중요한 개념 중 하나는 이클립스에선 모든 것이 플러그인이란 사실입니다. 이클립스 플랫폼에 포함된 플러그인과 당신이 만든 플러그인 모두 최종 애플리케이션에선 동등한 기본 구성요소입니다. 그림 19.3은 초기 버전 이클립스에서 연관된 기능들이 플러그인을 통해 서로 기여하는 형태를 보여줍니다.

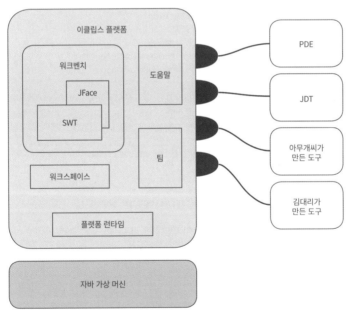

그림 19.3 초기 이클립스의 아키텍처

워크벤치는 이클립스 플랫폼의 사용자들에게 가장 익숙한 UI 구성요소입니다. 워크벤치는 데스크톱에서 이클립스가 사용자에게 어떻게 보일지를 조직화하는 구조이기 때문입니다. 워크벤치는 퍼스펙티브, 뷰, 편집기로 구성됩니다. 파일의 확장자에 따라서 연결될 편집기가 결정되며, 파일을 열 때 필요한 편집기가 실행됩니다. 어떤 파일을 열 때 필요한 편집기가 실행될 수 있게 합니다. 뷰의 예로는 자바 코드의 오류나 경고를 보여주는 'problems' 뷰를 들 수 있습니다. 편집기와 뷰가 모여서 사용자에게 조직화된 도구 모음을 제공하는 퍼스펙티브를 구성합니다.

이클립스 워크벤치는 SWT(Standard Widget Toolkit)와 JFace를 이용해서 구성됩니다. SWT는 중요하니 조금 더 알아보도록 하겠습니다. 일반적으로 위젯 툴킷은 네이티브 툴킷과 가상 툴킷으로 나눌 수 있습니다. 네이티브 위젯 툴킷은 운영체제를 직접 호출해서 리스트나 버튼 같은 사용자 인터페이스 컴포넌트를 구성합니다. 이런 컴포넌트와 상호작용은 운영체제에 의해 처리됩니다. 반면에 가상 위젯 툴킷은 운영체제 독립적으로 컴포넌트를 만듭니다. 마우스, 키보드, 그리기, 입력 포커스 같은 위젯의 기능을 운영체제에 미루지 않고 직접 제공합니다. 네이티브 위젯 툴킷과 가상 위젯 툴킷은 각자의 장단점이 있습니다.

네이티브 위젯은 '픽셀 단위의 정확도(pixel perfect)'를 가집니다. 이런 위젯은 데스크톱의 다른 애플리케이션에서 보던 위젯과 동일한 룩앤필을 제공합니다. 운영체제를 만드는 업체는 지속적으로 룩앤필을 바꾸기도 하고, 새로운 기능을 넣기도 하는데, 네이티브 위젯은 이런 최신 사항이 다른 노력 없이 반영됩니다. 하지만 네이티브 툴킷은 운영체제에 따라 너무도 다른 구현 방식을 가지고 있기 때문에 구현하기가 어렵습니다. 덕분에 일관성이 없거나 이식성이 떨어지기 쉽습니다.

가상 위젯 툴킷은 운영체제와 상관없는 자신만의 룩앤필을 가지거나, 운영체제에서 제공하는 것과 비슷한 형태로 보이도록 노력합니다. 가상 툴킷은 유연성이 높다는 장점을 가집니다(물론 WPF(Windows Presentation Framework) 같은 최신 네이티브 툴킷도 동일한 수준의 유연성을 가지고 있습니다). 위젯 구현과 관련된 코드가 운영체제가 아니라 위젯 툴킷의 일부이기 때문에 원하는 대로 그려지고 행동하도록 할 수 있습니다. 가상 위젯 툴킷을 사용하는 프로그램의 이식성은 매우 높습니다. 하지만, 초기의 가상 위젯 툴킷은 악명이 높았습니다. 상당수가 속도가 느렸고, 운영체제를 제대로 흉내 내지 못해서 데스크톱에 전혀 어울리지 않게 만들었기 때문입니다. 특히, 스몰토크-80 기반의 프로그램은 가상 위젯만 보고도 한눈에 알아볼 수 있었습니다. 사용자는 자신이 스몰토크 프로그램을 실행하고 있단 사실을 인지할 수 있었고, 이런 문제로 스몰토크로 작성된 애플리케이션은 잘 받아들여지지 않았습니다.

C나 C++ 같은 다른 컴퓨터 언어와는 다르게 초기 버전의 자바는 네이티브 위젯 툴킷 라이브러리인 AWT(Abstract Widget Toolkit)와 함께 배포되었습니다. 안타깝지만 AWT는 제한적이고, 버그도 많고, 일관성도 없다고 평가 받았습니다. AWT의 개발 경험 덕분에 SUN 등에서는 이식성을 가지면서 성능이 좋은 네이티브 위젯 툴킷은 제대로 동작하기 어렵다고 여겼습니다. 그래서 자바는 모든 기능을 갖춘 가상 위젯 툴킷인 Swing을 도입했습니다.

1999년쯤에 OTI는 자바를 이용해서 VisualAge Micro Edition이라는 제품을 만들고 있었습니다. VisualAge Micro Edition의 첫 버전은 Swing을 사용했는데, OTI는 Swing에 대해서 긍정적인 평가를 내리지 못했습니다. 초기 버전의 Swing에는 타이밍 문제나 메모리와 관련된 문제 등 버그도 많았고, 당시의 하드웨어에선 만족할 만한 성능을 내지도 못했습니다. OTI는 스몰토크-80이나 다른 스몰토크 구현체용 네이티브 위젯 툴킷을 성공적으로 개발한 경험을 가지고 있었는데, 이런 경험을 바탕으로 SWT의 첫 버전을 만들었습니다. SWT를 이용한 VisualAge Micro Edition은 성공적으로 개발됐기에 이클립스를 만들 때 SWT를 이용한 것도 자연스러운 선택이었습니다. 이클립스가 Swing 대신에 SWT를 이용한 것을 두고 자바 커뮤니티에서 논란이 있었지만 결과적으로 이클립스는 성공적이었고 SWT를 이용한 것이 다른 자바 프로그램과의 차별점이 되었습니다. 이클립스는 괜찮은 성능을 보여주었고, 픽셀 단위의 정확도를 가질 뿐 아니라, "자바로 만든 프로그램이라고 생각되지 않는다."라는 평을 들었습니다.

초기의 이클립스 SDK는 리눅스와 윈도우에서 동작했습니다. 2010년에는 10여 개가 넘는 플랫폼을 지원했습니다. 개발자는 하나의 플랫폼에서 코드를 작성하고 여러 플랫폼에 배포할 수 있었습니다. 당시에 새로운 네이티브 위젯 툴킷을 개발하는 것은 자바 커뮤니티에서 논쟁이 많이 벌어지는 주제였습니다. 하지만 이클립스의 커미터들은 최적의 네이티브 경험을 데스크톱에서 제공하는 것이 충분히 가치 있는 일이라고 판단했습니다. 이런 판단이 옳았음을 보여주듯 이제는 SWT를 이용하는 코드는 수백만 줄이 넘습니다.

JFace는 SWT 위에 올라가는 레이어로 설정(preferences) 화면이나 마법사 화면 같이 자주 사용되는 UI 작업을 쉽게 만들 수 있도록 도와줍니다. SWT와 마찬가지로 다수의 플랫폼에서 동작하도록 설계되었지만 네이티브 플랫폼 코드를 배제하고 모두 자바로만 작성되었습니다.

플랫폼은 적당한 정보 단위로 주제별로 나뉜 통합 도움말 시스템도 제공합니다. 주제는 제목과 본문의 위치 정보로 구성됩니다. 위치는 HTML 문서 파일이거나 추가적인 링크를 가리키는 XML 문서일 수 있습니다. 이런 주제가 모여서 목차(TOC)를 구성합니다. 애플리케이션에 도움말 콘텐츠를 추가하고 싶다면 org.eclipse.help.toc 확장 포인트를 이용할 수 있습니다. 다음의 org.eclipse.platform.doc.isv 플러그인의 pulgin.xml에서 도움말을 추가하는 방식을 볼 수 있습니다.

```xml
<?xml version="1.0" encoding="UTF-8"?>
<?eclipse version="3.0"?>
<plugin>
<!-- ======================================================== -->
<!-- Define primary TOC                                       -->
<!-- ======================================================== -->
    <extension
        point="org.eclipse.help.toc">
        <toc
            file="toc.xml"
            primary="true">
        </toc>
        <index path="index"/>
    </extension>
<!-- ======================================================== -->
<!-- Define TOCs                                              -->
<!-- ======================================================== -->
    <extension
        point="org.eclipse.help.toc">
        <toc
            file="topics_Guide.xml">
        </toc>
        <toc
            file="topics_Reference.xml">
        </toc>
        <toc
            file="topics_Porting.xml">
        </toc>
        <toc
            file="topics_Questions.xml">
        </toc>
        <toc
            file="topics_Samples.xml">
        </toc>
    </extension>
```

온라인 도움말의 내용을 인덱스로 만들고 검색하는 데는 아파치 루씬(Apache Lucene)을 이용하고 있습니다. 초기 버전의 이클립스에서는 온라인 도움말을 톰캣 웹 애플리케이션 형태로 제공했습니다. 그리고 도움말을 이클립스 내부에

서 제공함으로써 도움말 플러그인의 일부를 활용해서 독립적인 도움말 서버를 제공할 수도 있습니다.[3]

또한, 이클립스는 소스 코드 저장소에 접근할 수 있는 팀 지원 기능도 제공해서 패치를 만드는 것 같이 팀 작업에서 많이 쓰이는 작업들을 지원합니다. 워크스페이스는 이런 팀 작업을 지원하기 위해서 작업한 내용을 파일과 추가적인 메타데이터로 관리합니다. 그리고 자바 코드의 문제를 추적하기 위한 디버거와 다른 언어를 위한 디버거를 만들 수 있는 프레임워크도 있습니다.

이클립스 프로젝트의 목표 중 하나는 오픈 소스와 이클립스 플랫폼을 자신에 맞게 확장해서 상업적으로 이용하는 것을 장려하는 데 있습니다. 그리고 이런 확장을 장려하는 좋은 방법 중 하나는 안정적인 API를 제공하는 것입니다. API는 애플리케이션이 어떤 행위를 할지 기록해 둔 기술적인 계약으로 볼 수 있습니다. 그리고 API는 사회적인 약속으로 생각할 수도 있습니다. 이클립스 프로젝트에는 "API는 평생간다"라는 주문(mantra)이 있습니다. 따라서 API를 작성할 땐 앞으로도 계속 사용된다는 생각으로 신중히 고려해야 했습니다. 안정적인 API를 제공하는 것은 생산자와 소비자 간의 약속입니다. 이런 약속이 있기 때문에 API를 사용하는 소비자가 API 변화에 맞추기 위한 고통스러운 리팩터링 없이 이클립스 플랫폼을 믿고 사용할 수 있습니다. 그리고 좋은 API는 바뀌지 않아야 하는 것과 함께 진화할 수 있도록 구현되어야 합니다.

19.1.2 자바 개발 도구(JDT)

JDT는 자바 편집기, 프로젝트 생성 등을 위한 마법사 화면, 리팩터링 지원, 디버거, 컴파일러, 점진적 빌드 등을 제공합니다. 그리고 JDT의 컴파일러를 이용해서 자동완성(content assist), 내비게이션과 같은 편집 기능을 지원합니다. 자바 SDK는 이클립스와 함께 배포되지 않고 사용자가 자신의 데스크톱에 설치된 SDK 중에서 사용하고 싶은 것을 골라서 사용할 수 있습니다. JDT 팀이 이클립스 안에서 자바 코드를 컴파일 하기 위해서 별도의 컴파일러를 만든 이유는 무엇일까요? 컴파일러의 초기 코드는 VisualAge Micro Edition에서 제공 받았습니다. VisualAge Micro Edition은 이 컴파일러 위에 도구 지원을 추가하려고 계획했었으니 컴파일러를 직접 만들겠다는 결정은 타당해 보입니다. 컴파일러를

---

3 예제: http://help.eclipse.org

직접 만들겠다는 결정 덕분에 JDT 커미터들이 컴파일러를 확장하기 위한 확장점을 제공할 수 있었습니다. 컴파일러가 외부에서 제공되는 커맨드라인 애플리케이션이라면 이렇게 확장점을 제공하는 것이 쉬운 일은 아니었을 것입니다.

컴파일러를 직접 작성함으로써 IDE 내부에서 점진적 빌더를 이용할 수 있습니다. 점진적 빌드를 이용하면 변경된 파일과 그 파일에 의존 관계에 있는 코드만 다시 컴파일하기 때문에 더 나은 성능을 얻을 수 있습니다. 점진적 빌드 과정은 어떻게 동작할까요? 이클립스에서 자바 프로젝트를 만들고, 프로젝트에 파일을 추가하면 워크스페이스에 저장되고 이클립스의 자원 형태로 참조됩니다. 이클립스의 빌더는 워크스페이스의 .java 파일을 입력으로 받아서 .class 파일을 생성합니다. 빌드 과정 중에 빌더가 워크스페이스를 통해서 작업하기 때문에 파일이 클래스 타입인지 인터페이스 타입인지를 알 수 있고, 서로 간의 참조 관계도 알 수 있습니다. 소스 파일이 컴파일 될 때마다 컴파일러를 통해 빌드 상태가 빌더에 제공됩니다. 점진적 빌드가 호출되면 빌더는 새로운 자원, 수정되거나 삭제된 파일 정보를 이용합니다. 삭제된 소스 파일에 대한 클래스 파일은 이때 삭제됩니다. 새로 추가되거나 수정된 타입은 큐에 추가됩니다. 큐에 추가된 파일은 순서대로 컴파일되고 구조적인 변경이 있는지 이전 클래스 파일과 비교합니다. 구조적인 변경은 이 클래스를 참조하고 있는 다른 타입에도 영향을 줄 수 있는 수정을 의미합니다. 예를 들어, 메서드 시그니처를 변경하거나, 메서드를 추가하거나 삭제하는 것은 구조적인 변경입니다. 구조적인 변경이 발생하면 이 타입을 참조하고 있는 모든 다른 타입들도 큐에 추가됩니다. 타입이 변경된 경우에는 새로운 클래스 파일이 빌드 출력 폴더에 생성됩니다. 빌드 상태가 컴파일된 타입에 대한 참조 정보로 갱신됩니다. 이런 과정이 큐에 남아 있는 타입이 없을 때까지 반복됩니다. 이때 컴파일 오류가 발생하면 자바 편집기에 문제 표시(problem marker)가 추가됩니다. 해가 지나면서 JDT가 제공하는 도구의 기능은 새로운 버전의 자바 런타임 기능을 이용하기도 하고, 필요한 도구 지원이 추가되면서 발전해 왔습니다.

19.1.3 플러그인 개발 환경(PDE)

플러그인 개발 환경인 PDE는 이클립스의 기능을 확장하기 위해서 새로운 플러그인을 개발하고, 빌드하고, 배포하고, 테스트할 수 있는 환경과 기타 산출물을 제공합니다. 이클립스 플러그인이 기존에 자바 진영에서 쓰이던 형태의 산출물이 아니기 때문에 소스 코드를 플러그인으로 변환하기 위한 빌드 시스템도 존재하지 않았습니다. 그래서 PDE 팀에서 PDE Build라는 컴포넌트를 만들었는데, 이 컴포넌트는 플러그인 간의 의존관계를 분석해서, 빌드 산출물을 만들어 주는 앤트(Ant) 스크립트를 생성합니다.

19.2 이클립스 3.0: 런타임, RCP, 로봇

19.2.1 런타임

릴리스를 준비하면서 있었던 큰 변화를 돌이켜보면 이클립스 3.0이 가장 중요한 릴리스 중 하나일 것입니다. 이클립스 3.0 이전 아키텍처의 컴포넌트 모델을 따르는 플러그인들은 두 가지 방식으로 서로 상호작용할 수 있었습니다. 먼저, plugin.xml 파일에 requires 문을 이용해서 플러그인 간의 의존 관계를 표현할 수 있었습니다. 플러그인 A에서 requires 문으로 플러그인 B를 지정하면, 플러그인 A는 자바의 가시성 규약에 따라서 플러그인 B의 자바 클래스와 리소스에 접근할 수 있었습니다. 모든 플러그인은 버전을 가지고 있어서 의존 관계에 버전도 지정할 수 있었습니다. 그리고 컴포넌트 모델이 제공하는 다른 상호작용 방식은 확장과 확장점의 이용입니다. 이때까지 이클립스의 커미터들은 클래스 로딩, 확장, 확장점을 관리하기 위해서 이클립스 SDK를 위한 별도의 런타임을 만들었습니다.

에퀴녹스(Equinox) 프로젝트는 이클립스에서 인큐베이터 프로젝트로 시작했습니다. 에퀴녹스 프로젝트의 목표는 이미 존재하는 기술을 이용해서 동적 플러그인을 지원할 수 있도록 이클립스의 컴포넌트 모델을 대체하는 것이었습니다. JXM, 자카르타 아발론(Jakarta Avalon), OSGi 등의 기술이 검토되었습니다. JMX는 완전한 컴포넌트 모델이 아니었기 때문에 적절하지 않다고 판단되었고, 자카르타 아발론은 프로젝트가 추진력을 잃고 있는 것으로 보였습니다. 기술적인 성숙도도 중요했지만 이 기술을 지원하는 커뮤니티도 중요하게 평가되었습니다. 해당 기술의 커뮤니티에서 이클립스만을 위한 변경에 협조적일지? 활발히 개발되고 있고, 계속해서 새로운 사용자가 생기고 있는지? 에퀴녹스 팀은 기술적인 부분만큼이나 커뮤니티도 기술을 최종 선택하는 데 중요하다고 판단했습니다.

여러 대안을 놓고 연구하고 평가한 결과로 에퀴녹스 팀은 OSGi를 신택했습니다. 왜 OSGi였을까요? OSGi는 의존 관계를 관리할 수 있는 시맨틱 버전 시스템을 가지고 있습니다. 그리고 OSGi는 JDK에서 제공하지 않는 모듈을 지원하는 프레임워크를 제공합니다. 덕분에 다른 번들에 공개되는 패키지는 명시적으로 지정해야 하고, 그 외에는 다 감춰집니다. OSGi는 자체 클래스로더를 가지고 있기 때문에 에퀴녹스 팀이 별도의 클래스로더를 관리할 필요가 없었습니다. 또한, 이클립스 생태계 밖에서도 널리 적용된 컴포넌트 모델로 표준화함으로써, 많은 외부 커뮤니티의 관심을 끌어서 이클립스를 적용하도록 촉진하는 데 도움이 될 것이라고 생각했습니다.

에퀴녹스 팀은 OSGi가 이미 활발한 커뮤니티를 가지고 있기 때문에 커뮤니티와 함께 작업하면 이클립스의 컴포넌트 모델에 필요한 기능을 넣을 수 있으리라 판단했습니다. 예를 들어, 당시의 OSGi는 패키지 수준에서 필요한 컴포넌트를 나열했는데, 이클립스는 플러그인 단위로 나타낼 수 있어야 했습니다. 그리고 OSGi에는 프래그먼트(fragment)라는 개념이 도입되어 있지 않았는데, 이클립스에서는 기존의 플러그인이 특정 플랫폼이나 환경을 지원하도록, 추가되는 코드를 관리하는 기법으로 많이 사용되고 있는 방법이었습니다. 예를 들어, 프래그먼트를 이용해서 리눅스나 윈도우용 파일시스템을 지원하는 코드를 제공하고, 다른 언어를 지원하는 언어팩도 프래그먼트를 이용해서 제공하고 있습니다.

OSGi를 새로운 런타임으로 결정한 이상 에퀴녹스 팀은 OSGi 프레임워크의 오픈 소스 구현체가 필요 했습니다. 오스카(Oscar), 아파치 펠릭스(Apache Felix), IBM이 개발한 SMF(Serveice Management Framework)를 평가했습니다. 당시에 오스카는 제한적으로만 배포된 연구 프로젝트였기에 제외되었고, 이미 사용되고 있는 제품이면서 기업용 제품으로 준비된 SMF가 최적의 선택이었습니다. 현재 에퀴녹스의 구현은 OSGi 스펙의 참조 구현체로 활용되고 있습니다.

호환 레이어를 제공해서 기존 플러그인이 이클립스 3.0을 설치해도 그대로 동작하도록 했습니다. 플러그인 개발자들에게 이클립스 3.0의 구조 변화에 대응해서 플러그인을 다시 작성해달라고 요청해야 한다면 이클립스가 도구 플랫폼으로 성장하는 가속도를 잃게 된다고 생각했습니다. 이클립스 플러그인 개발자 입장에서는 기존 버전도 최신 플랫폼에서 잘 동작하면 좋으리라 판단했습니다.

OSGi로 바꾼 다음부터 이클립스 플러그인은 번들이라고 부릅니다. 번들은 기능을 제공하는 모듈로 매니페스트를 이용해서 메타데이터를 설명한다는 점에서는 기존 플러그인과 같습니다. 기존에는 의존 관계, 공개되는 패키지, 확장, 확장점이 모두 plugin.xml 파일에 정의되어 있었습니다. OSGi 번들로 바뀌고 나서도 확장과 확장점은 이클립스만의 개념이기 때문에 plugin.xml에 정의됩니다. 나머지 정보는 번들 매니페스트의 OSGi 버전인 META-INF/MANIFEST.MF 파일에 기록됩니다. 이런 변경사항을 반영해서 PDE에서 새로운 매니페스트 파일을 편집할 수 있는 편집기를 제공합니다. 각 번들은 이름과 버전 정보를 가집니다. 예를 들어, org.eclipse.ui 번들의 매니페스트 파일 내용은 다음과 같습니다.

```
Manifest-Version: 1.0
Bundle-ManifestVersion: 2
Bundle-Name: %Plugin.name
Bundle-SymbolicName: org.eclipse.ui; singleton:=true
Bundle-Version: 3.3.0.qualifier
Bundle-ClassPath: .
Bundle-Activator: org.eclipse.ui.internal.UIPlugin
Bundle-Vendor: %Plugin.providerName
Bundle-Localization: plugin
Export-Package: org.eclipse.ui.internal;x-internal:=true
Require-Bundle: org.eclipse.core.runtime;bundle-version="[3.2.0,4.0.0)",
  org.eclipse.swt;bundle-version="[3.3.0,4.0.0)";visibility:=reexport,
  org.eclipse.jface;bundle-version="[3.3.0,4.0.0)";visibility:=reexport,
  org.eclipse.ui.workbench;bundle-version="[3.3.0,4.0.0)";visibility:=reexport,
  org.eclipse.core.expressions;bundle-version="[3.3.0,4.0.0)"
Eclipse-LazyStart: true
Bundle-RequiredExecutionEnvironment: CDC-1.0/Foundation-1.0, J2SE-1.3
```

이클립스 3.1에는 매니페스트에 번들이 실행되는 데 필요한 환경(Bundle Required Execution Environment, BREE)을 기록할 수 있게 됐습니다. 이 환경 값에는 번들을 실행하는 데 필요한 최소한의 자바 환경을 지정할 수 있습니다. 자바 컴파일러는 번들이나 OSGi 매니페스트를 해석할 수 없고, OSGi 번들 개발을 지원하는 도구는 PDE에서 제공합니다. 따라서 PDE가 번들 매니페스트를 해석하고, 번들의 클래스경로(classpath)를 생성합니다. 매니페스트에 J2SE-1.4를 지정한 다음 자바 5에 추가된 제네릭스(generics)를 사용하면 코드에 컴파일 오류가 있다고 알려줍니다. 이렇게 매니페스트에 지정한 명세를 코드에서 잘 지키고 있다는 사실을 보장해 줍니다.

OSGi는 자바를 위한 모듈화 프레임워크를 지원합니다. OSGi 프레임워크는 매니페스트를 이용해서 자신을 설명하고 있는 일련의 번들을 관리하고, 이런 번들들의 클래스로딩을 관리합니다. 각 번들은 자신만의 클래스로더를 가지고 있습니다. 번들이 이용하는 클래스경로는 매니페스트에 표현된 의존성을 분석해서 생성됩니다. OSGi 애플리케이션은 일련의 번들로 구성됩니다. 이런 모듈성을 온전히 포용하려면 번들의 의존성을 번들을 사용하는 쪽에서 이해할 수 있도록 안정적인 형식으로 기록되어야 합니다. 그렇기 때문에 매니페스트에는 클라이언트가 이용 가능한 내보낼 패키지를 기록할 수 있는데, 소비자를 위해 준비된 공개 API로 볼 수 있습니다. 이렇게 공개된 API를 소비하는 번들에는 사용하는 패키지에 대한 적절한 import 구문이 있어야 합니다. 매니페스트에는 의존성을 가지는 번들에 대한 버전 범위도 지정할 수 있습니다. 앞에서 본 org.eclipse.ui 번들의 매니페스트의 Require-Bundle 영역을 보면 번들에서 필요로 하는 org.eclipse.core.runtime 번들의 버전이 반드시 3.2.0 이상이고, 4.0.0보다는 작아야 한다는 사실을 알 수 있습니다.

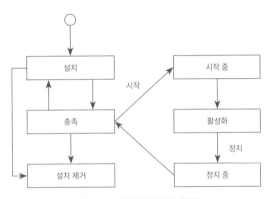

그림 19.4 OSGi 번들 라이프사이클

OSGi는 동적인 프레임워크로 실행 중에 번들의 설치, 시작, 정지, 제거를 지원합니다. 앞에서도 설명했듯이 지연 초기화를 이용해서 플러그인의 클래스를 필요할 때까지 불러오지 않는 것이 이클립스의 핵심 장점입니다. OSGi 번들의 라이프사이클도 지연 초기화에 적합합니다. OSGi 애플리케이션을 실행하면 번들은 설치(installed) 상태입니다. 번들이 필요로 하는 의존성이 충족되면 번들은 충족(resolved) 상태가 됩니다. 충족 상태가 되면 번들에 포함된 클래스를 불러오고 실행할 수 있습니다. 시작 중(starting) 상태는 활성화 정책에 따라서 번들이 활성화 되고 있음을 나타냅니다. 일단 활성화된 이후에는 번들은 활성화 (active) 상태를 유지하고 필요한 자원을 이용하고 다른 번들과 상호작용할 수 있게 됩니다. 번들이 활성화 상태일 때 열어 놓은 자원을 정리하려고 액티베이터의 stop 메서드를 호출하면 번들은 정지 중(stopping) 상태가 됩니다. 마지막으로 번들은 설치 제거(uninstalled) 상태가 될 수 있는데 번들을 이용할 수 없는 상태입니다.

API가 진화하면서 API를 사용하는 소비자에게 변경이 있다는 사실을 알릴 수 있는 방법이 필요해졌습니다. 한 가지 방법은 번들이 시맨틱 버전을 이용하고, 의존성도 버전 범위를 지정하도록 매니페스트에 기록하는 것입니다. OSGi는 그림 19.5에서 볼 수 있듯이 네 부분으로 나뉜 버전명 체계를 사용합니다.

그림 19.5 버전 이름 규칙

OSGi 버전 숫자 체계를 이용해서 각 번들은 이름과 네 부분의 숫자로 이루어진 유효한 식별자를 가집니다. 번들 id와 버전이 합쳐져서 소비자에게 유일한 식별자로 사용됩니다. 이클립스 규약에 따라 번들을 수정하면 어떤 내용을 수정했느냐에 따라서 버전 표시의 해당 영역을 수정해야 합니다. API를 변경했다면 가장 첫 번째 주요(major) 부분의 숫자를 하나 증가시킵니다. API를 추가하는 수준의 변경이라면 두 번째 작은(minor) 부분의 숫자를 증가시킵니다. API에 영향을 주지 않는 사소한 버그를 수정했다면 세 번째 서비스(service) 부분의 숫자를 증가시킵니다. 마지막으로 네 번째 영역은 빌드 id나 소스 코드 저장소의 태그를 가리킵니다.

번들 간에 고정된 의존성을 표현하는 방법 외에도 OSGi에는 서비스라고 말하는 번들 간의 결합도가 낮은 방법도 있습니다. 서비스는 OSGi 서비스 레지스트리에 등록된 객체로 일련의 프로퍼티를 가집니다. 이클립스가 시작될 때 번들을 조회하면서 확장 레지스트리에 등록되는 확장과는 다르게, 서비스는 동적으로 등록됩니다. 서비스를 이용하는 번들은 서비스 계약에 정의된 패키지를 import 구문으로 가져와야 하고, 프레임워크가 서비스 레지스트리를 통해 서비스 구현을 결정합니다.

자바 클래스 파일의 main 메서드처럼 이클립스를 실행시키도록 정의된 애플리케이션이 있습니다. 이클립스 애플리케이션은 확장을 이용해서 정의됩니다. 예를 들어, 이클립스 IDE 자신을 실행하는 애플리케이션은 org.eclipse.ui.ide. application 번들에 정의되어 있는 org.eclipse.ui.ide.workbench입니다.

```
<plugin>
  <extension
    id="org.eclipse.ui.ide.workbench"
    point="org.eclipse.core.runtime.applications">
    <application>
      <run
        class="org.eclipse.ui.internal.ide.application.IDEApplication">
      </run>
    </application>
  </extension>
</plugin>
```

도움말 서버, 앤트(Ant) 태스크, JUnit 테스트와 같이 독립적으로 실행되는 이클립스가 제공하는 많은 애플리케이션이 있습니다.

19.2.2 리치 클라이언트 플랫폼(RCP)

오픈 소스 커뮤니티에서 일하다보니 원래 소프트웨어를 만들 때의 의도와는 전혀 다른 방식으로 해당 소프트웨어를 사용하는 것을 볼 수가 있습니다. 이클립스의 원래 의도는 통합 개발 도구를 확장할 수 있는 플랫폼과 도구를 제공하는 것이었습니다. 하지만, 3.0 릴리스까지의 버그 리포트를 지켜보면 커뮤니티에서 이클립스 플랫폼 번들 중 일부분을 이용해서 리치 클라이언트 플랫폼(Rich Client Platform, RCP) 애플리케이션을 만들고 있었단 사실을 알 수 있었습니다. 이렇게 만들어진 애플리케이션은 많은 사람에게 그냥 자바 애플리케이션으로 보였을 것입니다. 이클립스가 IDE 개발에만 집중하고 있었기 때문에 이렇게 독립 애플리케이션 형태로 사용하고자 하는 요구에 맞춰서 사용자 커뮤니티가 좀 더 쉽게 적용할 수 있도록 일부 번들의 리팩터링이 필요했습니다. RCP 애플리케이션은 IDE의 모든 기능이 필요한 것이 아니기 때문에 많은 번들이 좀 더 작은 단위로 다시 묶여서 커뮤니티에서 RCP 애플리케이션을 만들 때 사용될 수 있도록 했습니다.

NASA의 제트추진연구소에서 개발된 화성 탐사 로봇을 모니터링하기 위한 RCP 애플리케이션, 생물정보학 데이터를 시각화하기 위한 Bioclipse, Dutch Railway에서 열차의 성능을 모니터링하기 위해 개발한 애플리케이션이 RCP를 실제 적용한 대표적인 사례입니다. 다양한 분야에서 많은 애플리케이션이 만들어졌는데, 핵심적인 공통 가치는 개발팀이 RCP 플랫폼에서 제공하는 기본적인 환경을 활용하고 그 위에 자신들에게 필요한 도구를 구축해 올려야겠다고 결정한 데 있습니다. RCP를 선택함으로써 오랫동안 지원 받을 수 있는 안정적인 API를 제공하는 플랫폼 위에 도구를 만들고 덕분에 개발 시간도 단축할 수 있었고, 비용도 절약할 수 있었습니다.

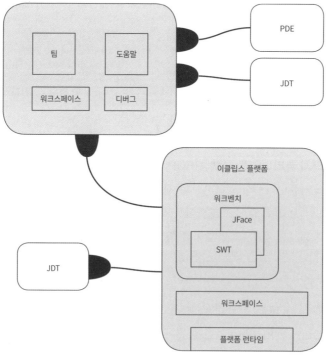

그림 19.6 이클립스 3.0 아키텍처

그림 19.6의 이클립스 3.0 아키텍처를 보면 애플리케이션 모델과 확장 레지스트리를 제공하는 이클립스 런타임이 여전히 존재한다는 사실을 알 수 있습니다. 다만, 컴포넌트 간의 의존관계와 플러그인 모델이 이제는 OSGi에 의해 관리됩니다. 그리고 이클립스를 이전처럼 IDE를 확장하는 용도로 사용할 수도 있고, RCP 애플리케이션 프레임워크 기반으로 개발함으로써 IDE가 아닌 좀 더 범용적인 애플리케이션을 개발할 수 있게 되었습니다.

19.3 이클립스 3.4

애플리케이션을 새 버전으로 업데이트하고 새로운 콘텐츠를 자연스럽게 추가할 수 있는 기능은 당연히 중요합니다. 이를테면, 파이어폭스에선 이런 동작이 아주 자연스럽게 처리됩니다. 하지만 이클립스에선 그리 쉽지 않았습니다. 이전에도 업데이트 매니저(Update Manager)를 이용하면 이클립스에 새로운 콘텐츠를 추가하거나 새로운 버전으로 업데이트할 수 있었습니다.

이클립스 3.4의 업데이트와 설치에 관련된 변경사항을 이해하려면, 이클립스에서 '피처(feature)'라 부르는 단위를 이해해야 합니다. PDE의 산출물인 피처는 함께 배포되는 관련된 번들들의 묶음을 정의합니다. 그림 19.7에서 볼 수 있듯이

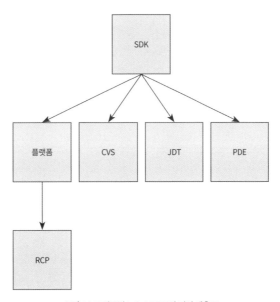

그림 19.7 이클립스 3.4 SDK의 피처 계층도

피처에 다른 피처가 포함되기도 합니다.

설치된 이클립스를 하나의 번들만 추가된 새 빌드로 업데이트하려면, 전체 피처
를 업데이트 해야 합니다. 피처가 업데이트 매니저에서 사용하는 논리적인 단위
이기 때문입니다. 하나의 번들을 수정하려고 전체 피처를 업데이트 하는 것은
효율적이진 않습니다.

　피처를 만들고 워크스페이스에서 빌드되도록 지원하는 PDE 마법사가 있습니
다. feature.xml 파일에 피처에 포함되는 번들의 목록과 번들에 관련된 간단한
프로퍼티가 정의됩니다. 피처도 번들처럼 이름과 버전을 가집니다. 피처는 다른
피처를 포함할 수 있고, 포함할 피처의 버전 범위를 지정할 수 있습니다.

　피처에 포함될 번들은 몇 가지 프로퍼티와 함께 목록에 추가됩니다. 예를 들
어, org.eclipse.launcher.gtk.linux.x86_64 프래그먼트를 보면 사용될 운영체
제(os), 윈도우 시스템(ws), 아키텍처(arch)가 프로퍼티로 있는 것을 볼 수 있습
니다. 따라서 새로운 릴리스로 업그레이드할 때 이 프래그먼트는 지정된 플랫폼
인 경우에만 설치됩니다. 이런 플랫폼 필터는 이 번들들의 OSGi 매니페스트에 추
가되어 있습니다.

```xml
<?xml version="1.0" encoding="UTF-8"?>
<feature
    id="org.eclipse.rcp"
    label="%featureName"
    version="3.7.0.qualifier"
    provider-name="%providerName"
    plugin="org.eclipse.rcp"
    image="eclipse_update_120.jpg">

    <description>
        %description
    </description>

    <copyright>
        %copyright
    </copyright>

    <license url="%licenseURL">
        %license
    </license>

    <plugin
        id="org.eclipse.equinox.launcher"
        download-size="0"
        install-size="0"
        version="0.0.0"
        unpack="false"/>
```

```
<plugin
    id="org.eclipse.equinox.launcher.gtk.linux.x86_64"
    os="linux"
    ws="gtk"
    arch="x86_64"
    download-size="0"
    install-size="0"
    version="0.0.0"
    fragment="true"/>
```

이클립스 애플리케이션은 피처와 번들 외에도 다른 구성요소가 있습니다. 이클립스를 구동시키기 위한 플랫폼별 실행파일, 라이선스 파일, 특정 플랫폼 전용 라이브러리 등이 포함됩니다. 이클립스 애플리케이션에 포함된 다음 파일 목록을 예로 볼 수 있습니다.

```
com.ibm.icu
org.eclipse.core.commands
org.eclipse.core.conttenttype
org.eclipse.core.databinding
org.eclipse.core.databinding.beans
org.eclipse.core.expressions
org.eclipse.core.jobs
org.eclipse.core.runtime
org.eclipse.core.runtime.compatibility.auth
org.eclipse.equinox.common
org.eclipse.equinox.launcher
org.eclipse.equinox.launcher.carbon.macosx
org.eclipse.equinox.launcher.gtk.linux.ppc
org.eclipse.equinox.launcher.gtk.linux.s390
org.eclipse.equinox.launcher.gtk.linux.s390x
org.eclipse.equinox.launcher.gtk.linux.x86
org.eclipse.equinox.launcher.gtk.linux.x86_64
```

업데이트 매니저는 피처만 관리하기 때문에 이런 파일들은 업데이트 매니저를 이용해서 업데이트할 수 없습니다. 이 파일 중 상당수가 주요 버전에서 매번 바뀌기 때문에 새로운 버전이 릴리스될 때마다 사용자는 기존에 설치된 버전을 업데이트 하지 못하고 새로운 zip 압축 파일을 내려받아야 했습니다. 이런 현실은 이클립스 커뮤니티에서 받아들이기 어려웠습니다. PDE는 제품의 설정과 관련된 파일을 제공해서 이클립스 RCP 애플리케이션을 빌드할 때 필요한 파일을 정의할 수 있도록 도와줍니다. 하지만, 업데이트 매니저는 이런 정보를 이용해서 필요한 파일을 기존에 설치된 이클립스에 설치하지 못했습니다. 사용자나 제품을 개발하는 개발자 모두 광장히 불편했습니다. 2008년 3월, 이런 문제를 해결하기 위해 p2가 새로운 설치 방법으로 SDK에 포함되었습니다. 하위 호환성을 위해서 기존의 업데이트 매니저도 이용할 수 있지만, p2가 기본적으로 활성화된 상태로 제공됐습니다.

19.3.1 p2 개념

에퀴녹스 p2는 설치 단위(Installation Units, IU)를 관리합니다. 설치 단위는 산출물의 이름과 id를 가지고 있는 메타데이터입니다. 설치 단위는 산출물이 내보내는 기능과 필요로 하는 의존성도 포함하고 있습니다. 메타데이터에는 해당 산출물이 특정 환경에서만 적합하다면 이런 적용 가능성을 표현할 수 있습니다. 예를 들어 org.eclipse.swt.gtk.linux.x86 프래그먼트는 리눅스 GTK x86 머신에 설치할 때만 적합합니다. 기본적으로 메타데이터는 번들 매니페스트에 있는 정보의 표현입니다. 그리고 산출물은 설치된 바이너리입니다. 메타데이터와 메타데이터가 설명하는 산출물을 나눔으로써 관심의 분리를 만족시킬 수 있었습니다. 이클립스 p2 저장소는 그림 19.8에서 표현되듯이 메타데이터와 산출물 저장소로 구성됩니다.

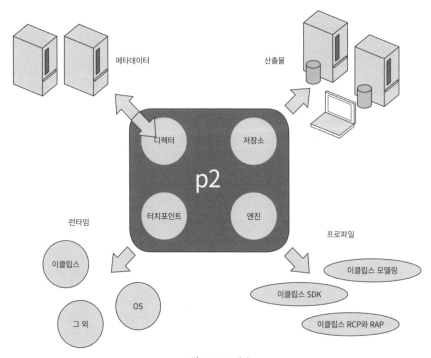

그림 19.8 P2 개념

프로파일은 설치된 설치 단위의 목록입니다. 자신의 PC에 설치되어 있는 이클립스 SDK는 현재 설치 정보를 설명하는 프로파일을 가지고 있습니다. 이클립스 내부에서 새로운 버전의 빌드로 업데이트를 요청하면 다른 설치 단위 목록을 가진 새로운 프로파일을 생성합니다. 그리고 프로파일은 설치와 관련된 속성도 제공합니다. 이 속성에는 운영체제, 윈도우 시스템, 아키텍처 매개변수 등이 있습니다. 프로파일에는 설치 디렉터리와 위치 정보도 보관됩니다. 프로파일은 프로파일 레지스트리에 보관되고, 이 프로파일 레지스트리는 다수의 프로파일을 보관할 수 있습니다. 디렉터(director)는 프로비저닝 연산을 호출하는 책임을 가집니다. 여기에는 플래너(panner)와 엔진(engine)이 참여합니다. 플래너는 존재하는 프로파일을 시험해서 설치가 새로운 상태로 전환되어야 하는지를 결정합니다. 엔진이 실제 프로비저닝 작업을 수행하는 책임을 가지고, 새로운 산출물을 디스크에 설치합니다. 터치포인트(touchpoints)는 엔진의 일부로 설치된 시스템의 런타임 구현과 함께 동작합니다. 예를 들어, 이클립스 SDK에서는 이클립스 터치포인트가 있는데 이 터치포인트가 번들을 어떻게 설치해야 하는지 알고 있습니다. 이클립스를 RPM을 통해 설치한 리눅스 시스템이라면 엔진은 RPM 터치포인트를 다룰 것입니다. p2는 프로세스 내에서 설치를 하거나, 빌드 같이 별도의 프로세스로 실행되기도 합니다.

새로운 p2 프로비저닝 시스템을 통해 얻을 수 있는 이점은 많습니다. 이클립스 설치 산출물이 한 릴리스에서 다음 릴리스로 업데이트가 가능해졌습니다. 이전 버전의 프로파일이 디스크에 저장되어 있기에 이전 버전으로 되돌아가는 것도 가능합니다. 그리고 프로파일과 저장소를 활용해서 버그를 보고한 사용자의 이클립스 설치 상태를 그대로 생성해볼 수 있습니다. 이를 통해서 자신의 데스크톱에서 해당 버그를 재현해볼 수 있게 됐습니다. p2를 이용한 프로비저닝은 이클립스 SDK를 업데이트하거나 설치하는 기능뿐 아니라 이클립스 RCP 애플리케이션이나 OSGi를 이용할 때도 활용할 수 있습니다. 그리고 에퀴녹스 팀은 ECF(Eclipse Communication Framework) 프로젝트 팀과의 협업을 통해 p2 저장소의 산출물과 메타데이터 전송의 신뢰도를 높였습니다.

p2가 SDK에 포함되어 릴리스된 이후에 이클립스 커뮤니티에선 활발한 논의가 이뤄졌습니다. 업데이트 매니저가 이클립스 설치를 관리하는 이상적인 방법이 아니었기 때문에, 이클립스의 사용자들은 이미 설치 경로에 번들의 압축을 해제하고, 이클립스를 다시 시작하는 방식에 익숙해져 있었습니다. 하지만 이런

방법은 모든 게 맞아 떨어질 때만 동작합니다. 설치 과정 중에 생긴 문제라고 해도 설치할 때 알 수 없고 실행 시점에나 알 수 있습니다. 번들 간의 제약사항은 실행 시점이 아닌 설치 시점에 해결할 수 있어야 합니다. 사용자들은 번들이 디스크에 존재하기 때문에 이런 문제를 인식하지 못하고 그냥 잘 동작할 것이라고 생각합니다. 기존에는 이클립스가 제공하는 업데이트 사이트는 JAR로 묶인 번들과 피처로 구성된 단순한 형태의 디렉터리였습니다. 단순한 site.xml 파일이 해당 사이트에서 사용할 수 있는 피처의 이름을 제공했습니다. p2가 도입되면서 p2 저장소가 제공하는 메타데이터는 이것보다 훨씬 더 복잡해졌습니다. p2 저장소를 위한 메타데이터를 생성하려면 빌드 과정이 필요합니다. 번들을 빌드하는 시점에 메타데이터를 생성하거나, 이미 생성된 번들에 생성 태스크를 실행해야 합니다. 처음에는 메타데이터의 변경에 대해 설명하는 문서가 부족했습니다. 그리고 새로운 기술이 많은 고객에게 배포되면 항상 있는 일이지만, 수정되어야 할 예상치 못한 버그도 존재했습니다. 그렇지만 시간이 지나면서 더 많은 문서가 제공되었고 알려진 버그도 수정되면서 이런 문제에 대한 걱정은 사라졌고, 이제 p2는 많은 상업용 제품에서 사용되는 프로비전 엔진이 되었습니다. 그리고 이클립스 재단은 매년 새로운 릴리스를 발표하면서 p2를 이용해서 모든 기여 프로젝트의 저장소를 취합해서 업데이트 가능하도록 공개하고 있습니다.

19.4 이클립스 4.0

아키텍처는 지속적으로 검토되어서 이전에는 적합했던 아키텍처가 여전히 유효한지 확인해야 합니다. 현재 아키텍처가 새로운 기술을 받아들일 수 있는지? 커뮤니티의 성장을 장려할 수 있는지? 그리고 새로운 기여자에게 매력적인 아키텍처인지? 2007년 말 이클립스 프로젝트 커미터들은 이런 질문에 '아니오'라는 결론은 내고, 이클립스의 새로운 비전을 설계하는 일에 착수했습니다. 하지만 이미 기존 API에 의존하고 있는 수천 개의 애플리케이션이 존재했습니다. 2008년 말 다음 목표를 가진 인큐베이터 프로젝트가 만들어졌습니다. 먼저, 이클립스 프로그래밍 모델을 단순화하고, 그리고 새로운 커미터에서 매력적인 아키텍처가 되도록 하기, 마지막으로 오픈 아키텍처를 제공하면서 새로운 웹 기반의 기술들의 장점을 활용할 수 있는 플랫폼으로 만들기를 목표로 했습니다.

이클립스 4.0은 얼리어댑터들에게 변화에 대한 피드백을 제공하기 위해서

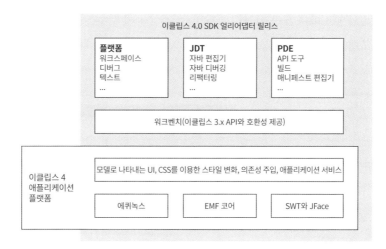

이클립스 4.0 SDK 얼리어댑터 릴리스

플랫폼	JDT	PDE
워크스페이스 디버그 텍스트 ...	자바 편집기 자바 디버깅 리팩터링 ...	API 도구 빌드 매니페스트 편집기 ...

워크벤치(이클립스 3.x API와 호환성 제공)

이클립스 4 애플리케이션 플랫폼	모델로 나타내는 UI, CSS를 이용한 스타일 변화, 의존성 주입, 애플리케이션 서비스		
	에퀴녹스	EMF 코어	SWT와 JFace

그림 19.9 이클립스 4.0 SDK 얼리어댑터 릴리스

2010년 6월에 처음 릴리스 되었습니다. 4.0 릴리스는 3.6 릴리스에 포함된 SDK 번들 중 일부와 기술 프로젝트를 통해 검증된 새로운 번들로 구성되었습니다. 3.0을 릴리스했을 때처럼 기존 번들이 새로운 릴리스에서도 동작하도록 호환 레이어를 제공합니다. 물론, API를 사용하는 쪽에서 공개된 API를 이용해서 처리한 경우에만 이런 호환성을 보장받을 수 있습니다. 내부 코드를 이용하도록 번들 코드를 작성했다면 이런 호환성은 보장받지 못합니다.[4] 4.0 릴리스는 이클립스 4 애플리케이션 프레임워크를 제공합니다. 이어지는 몇 개의 절을 통해서 이 프레임워크의 주요 특성에 대해서 설명합니다.

19.4.1 모델 워크벤치

이클립스 4.0의 모델 워크벤치는 이클립스 모델링 프레임워크(Eclipse Modeling Framework, EMF)를 이용해서 생성되었습니다. 관심의 분리를 통해 모델과 뷰를 화면에 표현하는 것을 분리했습니다. 렌더러(renderer)가 모델을 이용해서 SWT 코드를 생성합니다. 기본적으로 SWT 렌더러를 이용하지만 다른 렌더러도 사용할 수 있습니다. 4.x 예제 애플리케이션을 생성하면 XMI 파일이 기본 워크벤치 모델로 생성됩니다. 모델이 수정되면 워크벤치가 모델의 변화를

---

4 (옮긴이) 이클립스에는 내부 구현 코드는 org.eclipse.ui.internal 같이 패키지 이름에 internal을 추가해서 관리하는 관례가 있습니다.

반영하기 위해서 바로 갱신됩니다. 그림 19.10은 4.x 예제 애플리케이션을 위해 생성된 모델을 보여줍니다.

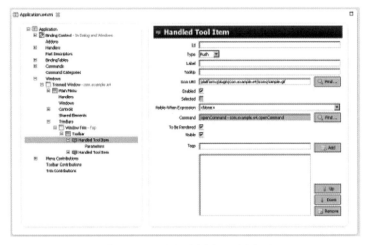

그림 19.10 4.x 예제 애플리케이션으로 생성된 모델

19.4.2 캐스케이딩 스타일시트(CSS)

이클립스가 처음 릴리스된 2001년은 CSS를 이용해서 룩앤필을 마음대로 바꾸고 하는 리치 인터넷 애플리케이션의 시대가 아니었습니다. 이클립스 4.0은 스타일시트를 이용해서 이클립스 애플리케이션의 룩앤필을 바꿀 수 있는 기능을 제공합니다. 기본 CSS 스타일시트는 org.eclipse.platform 번들의 css 폴더에서 찾을 수 있습니다.

19.4.3 의존성 주입

이클립스 확장 레지스트리와 OSGi가 서비스 프로그래밍 모델의 예입니다. 관례상 서비스 프로그래밍 모델은 서비스 생산자(producer)와 소비자(consumer)를 포함하고 있습니다. 중개자(broker)는 생산자와 소비자 간의 관계를 관리하는 책임을 가집니다.

이클립스 3.4 애플리케이션에서는 소비자가 직접 구현의 위치를 알아야 했고, 서비스를 소비하기 위해선 프레임워크에서의 상속 관계도 이해하고 있어야 했습니다. 이런 점 때문에 소비자가 사용하는 구현이 고정되어 있고 재정의 할 수 없기 때문에, 소비자 코드의 재사용성이 떨어질 수밖에 없었습니다. 예를 들어,

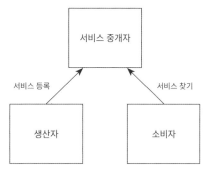

그림 19.11 생산자와 소비자의 관계

이클립스 3.x에서 상태줄의 메시지를 갱신하는 다음 코드는 강한 결합 관계를 보여줍니다.

```
getViewSite().getActionBars().getStatusLineManager().setMessage(msg);
```

이클립스 3.6은 컴포넌트로 구성되어 있지만 이런 컴포넌트 중 상당수는 너무 강하게 결합되어 있습니다. 애플리케이션을 좀 덜 결합된 형태의 컴포넌트의 조립 형태로 만들 수 있도록 하기 위해서 이클립스 4.0에서는 의존성 주입(dependency injection)을 이용해서 클라이언트에게 서비스를 제공합니다. 이클립스 4.x에서 의존성 주입은 컨텍스트 개념을 이용하는 커스텀 프레임워크를 통해서 사용됩니다. 컨텍스트는 소비자가 필요로 하는 서비스를 찾기 위한 범용 기법입니다. 컨텍스트는 애플리케이션과 프레임워크 사이에 존재합니다. 컨텍스트는 계층적인 특징을 가지고 있기 때문에 자신이 처리할 수 없는 요청은 상위 컨텍스트로 위임하도록 되어 있습니다. 이클립스 컨텍스트는 IEclipseContext로 부르며 이용 가능한 서비스를 저장하고 있고, OSGi 서비스 검색을 제공합니다. 간단히 생각하면 컨텍스트는 자바의 Map 자료구조를 이용해서 이름이나 클래스를 특정 객체와 연결해주는 방식과 유사합니다. 컨텍스트는 모델 요소와 서비스를 다룹니다. 모델에 있는 모든 요소는 컨텍스트를 가질 것입니다. 이클립스 4.x에서는 서비스가 OSGi 서비스 기법을 이용해서 배포됩니다.

생산자는 서비스와 객체를 자신을 저장하고 있는 컨텍스트에 추가합니다. 서비스는 소비자 객체에 컨텍스트를 통해서 주입됩니다. 소비자는 자신이 필요로 하는 서비스를 선언하고, 컨텍스트는 이 요청을 만족시킬 수 있는 서비스를 결

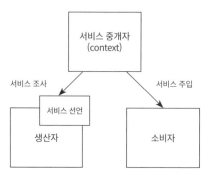

그림 19.12 서비스 중개자 Context

정합니다. 이런 방식 덕분에 동적인 서비스를 제공하기가 좀 더 쉬워졌습니다. 이클립스 3.x에서는 소비자가 서비스가 이용가능하거나 가능하지 않을 때 알림을 받으려면 직접 리스너(listener)를 붙여야 했습니다. 이클립스 4.x에서는 컨텍스트가 소비자 객체에 주입되고 나선 모든 변경사항이 자동으로 객체에 전달됩니다. 다시 말해, 의존성 주입이 다시 일어납니다. 소비자는 자바 5의 애노테이션(annotation)을 이용해서 컨텍스트를 이용할 것이라고 지정할 수 있습니다. JSR 330 표준을 따라서 @inject 같은 애노테이션을 이용하고, 이클립스만의 애노테이션도 사용합니다. 생성자, 메서드, 필드에 대해서 의존성 주입이 지원됩니다. 이클립스 4.x 런타임이 애노테이션이 지정된 객체를 검사하고, 지정해 둔 애노테이션에 따라서 동작이 수행됩니다.

이렇게 컨텍스트와 애플리케이션 간의 관심의 분리를 통해서 컴포넌트의 재사용성이 높아지고, 사용하는 측에서 직접적인 구현을 이해하지 않아도 됩니다. 이런 방식을 이용해서 이클립스 4.x에서 상태줄을 갱신하는 코드는 다음과 같습니다.

```
@Inject
IStatusLineManager statusLine;
...
statusLine.setMessage(msg);
```

19.4.4 애플리케이션 서비스

이클립스 4.0의 가장 핵심 목표 중 하나는 API를 단순화해서, 이를 이용해 개발하는 번들 개발자들이 공통적인 부분은 쉽게 개발할 수 있게 하는데 있습니다. 이런 API는 '20가지 핵심 서비스'로 알려진 이클립스 애플리케이션 서비스로 표현됩니다. 목표는 각 서비스가 독립적인 API를 제공해서 클라이언트가 다른 모든 API를 이해하지 않아도 되도록 하는데 있습니다. 이런 것들은 개별적인 서비스로 구조화되어서 자바 외에 자바스크립트 같은 다른 언어를 위한 환경에서도 사용될 수 있도록 되어 있습니다. 예를 들어, 애플리케이션 모델에 접근하기 위한 API, 설정(preferences)을 읽고 수정하기 위한 API, 오류와 경고를 보고하기 위한 API가 있습니다.

19.5 결론

이클립스의 컴포넌트 기반 아키텍처는 새로운 기술을 받아들이면서도 하위 호환성을 유지하며 진화해왔습니다. 하위 호환성을 유지하는 데 많은 노력이 필요했지만 플랫폼을 사용하는 입장에서는 안정적인 API 덕분에 안심하고 자신들의 제품을 계속해서 만들 수 있었습니다. 덕분에 이클립스 커뮤니티가 성장할 수 있었습니다.

이클립스는 정말 다양한 사용 방식을 가진 플랫폼 사용자가 있고, 광범위한 API는 새로 시작해보려는 플랫폼 사용자가 적응하고 이해하기가 어렵게 만듭니다. 돌이켜 생각해 보면 API를 좀 더 간결하게 유지할 필요가 있었습니다. 80%의 플랫폼 사용자가 20%의 API만 사용한다면 API를 간결하게 정리할 필요가 있다는 의미일 것입니다. 바로 이클립스 4.x을 시작한 계기 중 하나가 간결한 API입니다.

사용자 커뮤니티의 집단지성을 통해 IDE를 더 작은 번들로 나누고, 이를 통해 RCP 애플리케이션을 만들 수 있게 된 것처럼 유익한 개입도 있습니다. 하지만 반대로 변경하려면 엄청나게 많은 시간과 노력이 필요하지만 정말 일반적이지 않은 사용 시나리오에 대한 요청도 종종 있고, 이런 잡음은 집중력을 분산시키는 역할을 하기도 했습니다.

이클립스 프로젝트의 초창기에는 커미터들이 문서를 작성하고, 예제를 만들고, 사용자 커뮤니티의 질문에 답할 수 있는 충분한 시간이 있었습니다. 시간이 지나면서 이런 일들은 모두 커뮤니티의 역할이 되었습니다. 문서와 사용사례 등을 제공했다면 커뮤니티에 더 도움이 되었겠지만, 릴리스가 계획된 많은 항목에 대해서 이런 것들을 제공하는 것이 쉽지는 않습니다. 소프트웨어 릴리스 일정은 예정보다 늦어진다는 일반적인 통념과는 다르게, 이클립스는 일관되게 정해진 일정대로 릴리스하고 있는데, 이를 통해 다음번에도 정해진 시간에 이클립스의 새 버전이 나올 것이라고 소비자들이 믿을 수 있게 하기 위해서입니다.

새로운 기술을 적용하고 이클립스의 룩앤필과 동작 방식을 새로 만듦으로써, 소비자들과 지속적으로 대화하고 있고, 그들이 이클립스 커뮤니티에 계속해서 참여하도록 했습니다. 이클립스 개발에 직접 참여해보고 싶다면 http://www.eclipse.org에 방문해볼 것을 권합니다.

옮긴이: 김성안
대학원에서 소프트웨어 공학을 전공했고, 대학원과 첫 회사에서 이클립스 기반의 도구를 개발했다. 지금은 쿠팡에서 아이폰 애플리케이션을 개발하고 있다. 『프로그래밍 루아(2014)』『아이패드를 제대로 활용하는 앱 개발(2011)』『Git, 분산 버전 관리 시스템(2010)』『프로그래밍 jQuery(2008)』를 공역했다.

20장

지속적 통합 시스템
(Continuous Integration)

티투스 브라운(C. Titus Brown), 로산젤라 카니노-코닝(Rosangela Canino-Koning) 지음
류성호 옮김

지속적 통합 시스템(CI)은 소프트웨어 빌드 및 테스트를 주기적으로 자동 반복 수행해 주는 시스템입니다. 이런 시스템의 주 기능은 빌드 및 테스트 작업에 드는 시간을 절약해 준다는 점입니다만, 그 밖에도 다른 다양하고 지루한 작업들을 단순화/자동화하는 데에도 사용될 수 있습니다. 몇 가지 예로 크로스 플랫폼 테스팅을 수행하거나, 설정이 까다롭고 수행시간이 오래 걸리는 데이터 중심 테스팅을 주기적으로 수행하거나, 레거시 시스템(legacy system)상에서도 적절한 속도로 실행되는지 여부를 검증한다거나, 비정기적으로 드물게 발생하는 테스트 케이스 실패를 감지한다거나, 프로덕트의 최신 배포판을 주기적으로 생성한다든가 하는 작업 등을 들 수 있습니다. 뿐만 아니라, CI 시스템은 소프트웨어의 변경사항을 자동 테스트 후 실제 환경으로 빠르게 배포시켜 주는 지속적 배포 프레임워크를 구성하는 데 있어서 첫 단추 역할을 수행합니다.

비록 애자일 소프트웨어 방법론의 구성요소로서 주목받기 시작했지만, CI는 분명 그 자체만으로도 흥미 있는 주제입니다. 최근 몇 년 간 오픈 소스 CI 툴들이 폭발적으로 증가했으며, 각각에서 대상으로 하는 언어나 구현에 사용된 언어 모두 다양하고 제공되는 기능들 역시 방대하다는 점이 이를 뒷받침합니다. 이 장에서는 CI 시스템들에서 공통적으로 제공되는 기능들에는 어떤 것이 있으며 적용가능한 아키텍처에 따라 어떤 기능별 장단점이 있는지를 살펴보겠습니다.

이제부터 CI 시스템 설계에서 활용가능한 아키텍처를 대표 사례 위주로 설명하겠습니다. 가장 먼저 마스터/슬레이브 모델을 사용하는 Buildbot을, 두 번째로는 리포팅 서버 모델을 사용하는 CDash를, 세 번째로는 하이브리드 모델인

Jenkins를, 그리고 마지막으로 Python 기반의 분산 리포팅 서버인 Pony-Build 를 살펴본 뒤 그 밖의 다른 이슈들에 대해서 논의하도록 하겠습니다.

20.1 배경

CI 시스템에는 두 종류의 대표적인 아키텍처가 존재합니다. 첫 번째는 한 대의 중앙 서버가 원격 빌드 과정 전반을 제어하는 중앙집중형 마스터/슬레이브 아 키텍처이며, 두 번째는 각 클라이언트에서 자율적으로 빌드를 수행하고 그 결과 리포트를 중앙 서버에 전송하는 리포팅 아키텍처입니다. 일반적으로 알려져 있 는 CI 시스템들은 이 두 아키텍처에서 제공되는 기능들을 적절히 조합하여 구성 되어 있습니다.

중앙집중형 아키텍처의 대표 사례로 살펴볼 Buildbot은 크게 두 부분으로 구 성되어 있습니다. Buildbot은 빌드마스터라고 불리는 중앙 서버가 전체 클라이 언트들의 빌드 일정을 결정하고 조율하며, 빌드슬레이브라고 불리는 클라이언 트들이 실제 빌드를 수행하는 역할을 담당합니다. 빌드마스터는 빌드슬레이브 들에게 마스터 설정 정보를 제공하는 구심점 역할을 수행합니다. 마스터 설정 정보에는 어떤 명령어를 어떤 순서대로 실행해야 하는지가 기록되어 있으며, 각 빌드슬레이브는 전송받은 마스터 설정에 따라 빌드를 수행합니다. 슬레이브 설 정 정보에는 소프트웨어 설치 관련 정보, 마스터 서버 식별 정보, 서버에 접속하 기 위한 인증 정보 등이 포함되어 있습니다. 전체 빌드 스케줄은 빌드마스터에 의해 결정되며, 빌드슬레이브의 출력 결과들은 모두 마스터로 전송되어 보관된 뒤, 이후 웹 등의 통보 수단을 통해 사용자에게 제공됩니다.

이와 대비되는 아키텍처로는 Kitware의 VTK/ITK 프로젝트에서 사용되는 CDash가 있습니다. CDash는 CMake, CTest를 실행하는 컴퓨터들로부터 전달 받은 정보를 저장하고 제공해주는 일종의 리포팅 서버입니다. 이 경우 각 클라 이언트들이 빌드 및 테스트 수트(test suite)를 실행한 다음, 그 결과를 CDash 서 버에 전송해 줍니다.

마지막으로 세 번째 Jenkins(2011년에 이름을 바꾸기 전에는 Hudson으로 알 려졌었습니다)는 두 가지 방식을 모두 제공합니다. Jenkins에서는 각 클라이언 트가 각자 독립적으로 빌드를 수행하고, 그 결과만 마스터 서버에 전송하도록 할 수도, 혹은 반대로 Jenkins 마스터 서버가 각 노드를 직접 제어하면서 빌드 스케줄을 정하고 각 노드의 빌드 실행을 제어하도록 할 수도 있습니다.

중앙집중형 모델과 분산형 모델 모두에서 공통적으로 제공되는 기능이 일정 부분 존재하며, Jenkins의 사례에서처럼 두 모델이 한 시스템 안에서 공존하는 것도 가능합니다. 하지만 Buildbot과 CDash 둘만을 놓고 비교한다면, 소프트웨어를 빌드하고 그 결과를 리포팅한다는 기본 기능을 제외하면 아키텍처의 거의 모든 부분이 극단적으로 다릅니다. 왜 이런 현상이 발생하게 되었을까요? 또한, 특정 아키텍처를 선정하는 것이 개별 기능들의 구현 난이도에는 얼마만큼의 영향을 미치게 될까요? 만일 중앙집중식 모델을 선택한다면, 그에 따라 자연스럽게 도출되는 기능들이 존재할까요? 또한, 기존 시스템들의 확장성은 어떨까요? 예를 들어, 새로운 리포팅 메커니즘을 추가하거나, 클라우드 환경에서 빌드 및 테스트를 수행하는 등의 기능을 간단히 도입할 수 있을까요?

20.1.1 지속적 통합(CI) 시스템이란?

지속적 통합 시스템의 핵심 기능은 간단합니다. 소프트웨어를 빌드하고, 테스트를 실행한 뒤 그 결과를 리포트하는 것이죠. 이러한 일련의 과정들은 셸 스크립트로 작성한 다음 cron 등을 이용하여 주기적으로 실행되게 할 수 있습니다. 해당 셸 스크립트에서는 VCS(Version control system)에서 소스 코드를 체크아웃하여 빌드한 다음, 테스트를 실행한 결과를 지정된 위치에 저장합니다. 만일 테스트가 실패한 경우 그 결과를 이메일로도 전송해 줍니다. 이런 작업을 구현하는 것은 간단합니다. 예를 들어, 유닉스 환경에서 python 패키지를 빌드하는 경우라면 이 모든 과정을 아래와 같은 7줄짜리 스크립트로 실행할 수 있습니다.

```
cd /tmp && \
svn checkout http://some.project.url && \
cd project_directory && \
python setup.py build && \
python setup.py test || \
echo build failed | sendmail notification@project.domain
cd /tmp && rm -fr project_directory
```

물론 이것만이 전부는 아닙니다. 실제 CI 시스템에서는 훨씬 많은 기능을 제공합니다.

· 체크아웃과 업데이트 기능 제공: 대규모 프로젝트에서 소스 코드 전체를 새로 체크아웃하는 작업은 네트워크 대역폭이나 시간이 많이 소요되는 작업입

니다. 일반적으로 CI 시스템들은 기존의 작업본(working copy)을 유지하면서, 이전 상태와의 변경사항만을 주고받는 형태를 취합니다. 이를 위하여, CI 시스템은 현재 작업 중이던 로컬 소스 복사본(working copy)를 어떻게 유지하고 갱신하는지를 알고 있어야 하며, 따라서 일정 수준 이상으로 버전 관리 시스템과의 통합이 필요합니다.

- 추상화된 빌드 레시피의 제공: 소프트웨어 빌드를 위해서는 관련 설정/빌드/테스트 레시피의 작성이 필요합니다. 이때 사용되어야 하는 명령어들은 Mac OS X, 윈도우, 유닉스 등 대상 OS에 따라 제각각인 경우가 다반사입니다. 이런 다양한 환경들에 맞게 일일이 전용 레시피를 매번 새로 작성하는 것은 번거롭기도 하거니와 오류가 발생할 확률도 높습니다. 따라서 이런 문제를 회피하려면 CI 설정 시스템상에서 적절한 추상화가 제공되어야 합니다.

- 체크아웃/빌드/테스트 상태의 저장: 향후의 분석을 위하여 어떤 파일이 업데이트되었는지, 코드 버전이 얼마인지 등 체크아웃 관련 정보나, 코드 커버리지, 퍼포먼스, 메모리 사용량 같은 테스트 정보 등을 저장해 두는 것도 필요합니다. 이러한 결과들은 '최근 체크인된 변경사항이 특정 아키텍처에서 성능에 심각한 악영향을 미쳤는가?'와 같은 빌드 아키텍처 관련 분석이나, '코드 커버리지가 지난달에 비약적으로 향상되었는가?'와 같은 빌드 히스토리 관련 분석에 활용될 수 있습니다. 빌드 레시피와 마찬가지로, 이러한 정보 제공에 필요한 메커니즘 및 데이터 타입은 빌드 시스템 및 플랫폼에 따라 천차만별인 경우가 대부분입니다.

- 패키지 릴리스: 빌드 산출물을 외부에 제공하는 기능 역시 필요합니다. 빌드 시스템에 직접 접근할 수 없는 개발자들이라도 특정 아키텍처에 대한 최신 빌드를 다운받아 테스트해보고 싶어 할 수 있습니다. 이를 위해서는 CI 시스템에서 중앙 저장소(repository)에 빌드 산출물을 전송할 수 있는 기능이 지원되어야 합니다.

- 다양한 머신 아키텍처에 대한 빌드: CI 시스템의 주 기능 중 하나는 크로스 플랫폼 기능을 테스트하기 위하여 다양한 머신 하드웨어 아키텍처상에서 빌드를 실행하는 것입니다. 따라서 어떤 머신 아키텍처가 어느 장비에서 빌드되었으며 그 실행결과는 무엇이었는지를 파악할 수 있어야 합니다.

- 자원 관리: 빌드 과정 중 일부가 많은 자원을 필요로 할 경우, CI 시스템은 해당 작업이 특정 조건에서만 수행되도록 설정할 수 있어야 합니다. 예를 들어

아무 빌드도 수행되지 않고 있을 때나, CPU/메모리 사용량이 일정 수준 이하
가 될 때까지 빌드 실행을 연기하는 것 등을 들 수 있습니다.

· 외부 리소스 조율: 통합 테스트 과정 중 일부는 스테이징 데이터베이스나 원
격 웹 서비스와 같은 외부 자원에 의존할 수 있습니다. 따라서 CI 시스템은 다
수의 장비에서 동시에 수행되는 빌드들 사이에서 이러한 공용 자원들에 대해
접근하는 것을 조율해 주어야 합니다.

· 진행 상황 리포트: 빌드 프로세스가 오래 걸릴 경우, 진행 상황을 주기적으로
리포팅해 주는 것 역시 중요합니다. 전체 빌드 및 테스트를 모두 수행하려면
5시간이 소요되지만 실제로 사용자는 처음 30분의 결과만이 필요한 경우라
면, 모든 작업이 끝날 때까지 사용자를 기다리게 하는 것은 시간낭비가 아닐
수 없습니다.

그림 20.1은 CI 시스템의 구성요소들을 개략적으로 나타냅니다. 이 그림에서 표
시된 구성요소들이 모두 제공되는 경우는 드물며, 보통 일반적인 CI 시스템에서
는 이들 중 일부만이 제공되고 있습니다.

그림 20.1에서 흰색 사각형은 개별 서브시스템과 시스템 내부의 기능을 의미
합니다. 화살표는 각 컴포넌트 사이에 정보의 흐름을 나타냅니다. 구름 모양은

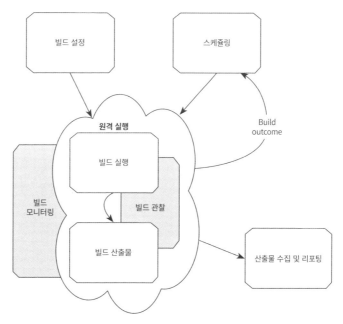

그림 20.1 지속적 통합(CI) 시스템의 내부

빌드 프로세스의 원격 실행을 표현합니다. 회색 사각형은 각 서브시스템 사이의 연관 관계를 나타냅니다. 예를 들어, 빌드 모니터링은 빌드 프로세스 자체와 시스템의 상태(CPU load, I/O load, 메모리 사용량 등)에 대한 모니터링을 포함할 수 있습니다.

20.1.2 외부 다른 시스템들과의 상호작용

CI 시스템은 다른 시스템들과의 상호작용도 필요합니다.

- 빌드 수행 결과 통보: 빌드의 수행 결과는 일반적으로 pull 방식(웹, RSS, RPC 등)이나 push 방식(이메일, 트위터, PubSubHubbub 등)과 같은 수단을 통해 관련자들에게 전송되어야 합니다. 통보되는 내용에는 빌드 결과 전체, 혹은 실패한 빌드 결과만, 혹은 특정 기간 동안 실행되지 않은 빌드 정보만이 포함되도록 선택할 수 있습니다.
- 빌드 정보의 제공: 빌드에 대한 상세 정보 및 산출물은 일반적으로 RPC나 벌크 다운로드 시스템을 통해서 획득할 수 있어야 합니다. 예를 들어, 외부 시스템을 활용하여 더 깊이 있는 전문적 분석이나 코드 커버리지/퍼포먼스 분석 리포트 등을 제공하는 것이 바람직할 수 있습니다. 추가로, CI 시스템과 별개로 테스트의 성공/실패 이력을 추적하는 테스트 전용 외부 저장소를 유지하는 것도 가능합니다.
- 빌드 요청의 처리: 사용자나 코드 저장소로부터의 외부 빌드 요청을 처리할 수 있는 기능도 필요합니다. 예를 들어, 대부분의 VCS는 post-commit hook를 이용하여 빌드 시작 RPC를 호출할 수 있게 해주는 기능을 제공합니다. 혹은 사용자가 웹 인터페이스나 다른 RPC를 이용하여 직접 수동으로 빌드를 요청하는 것도 가능할 수 있습니다.
- 외부에서의 원격 제어 기능: 나아가, 깔끔하게 정의된 RPC 인터페이스를 통해 런타임 전체를 제어하거나 확장할 수 있도록 해주는 기능도 필요합니다. 특정 플랫폼상에서 빌드가 수행될 수 있게 한다거나, 다양한 패치들이 적용되어 있는 특정 소스 코드 브랜치를 지정하여 빌드를 수행한다거나, 일정 조건이 만족되었을 경우 별도의 추가 빌드가 수행되도록 한다거나 하는 기능들을 지원하려면, 빌드 시스템을 확장할 수 있게 해주는 체계적인 인터페이스나 애드혹 확장모듈(ad-hoc extension) 작성 기능을 제공해 주어야 합니다.

이런 인터페이스는 보다 일반적인 워크플로 시스템을 구현하는 데에도 유용합니다. 예를 들어, 패치를 커밋하려면 테스트 집합(test set)을 모두 통과해야만 하도록 한다거나, 패치가 최종 통합되기 전에 다양한 구성의 환경에서 테스트를 실행해 본다거나 하는 식입니다. 버그 트래커나 패치 시스템처럼 빌드 시스템과 연동해서 사용될 외부 시스템들의 다양성을 감안해 볼 때, 이런 로직들을 빌드 시스템 내부에서 구현하는 것은 바람직하지 않습니다. 대신, 빌드 시스템의 API를 활용하여 별도의 시스템이나 확장 모듈 형태로 구현하는 것이 더 자연스러운 접근 방법이 될 것입니다.

20.2 아키텍처

Buildbot과 CDash는 정반대의 아키텍처를 선정하여 서로 다른 형태의 기능들을 구현하고 있습니다. 이제부터 각 아키텍처의 기능별 장단점에 대해서 살펴보겠습니다.

20.2.1 Buildbot

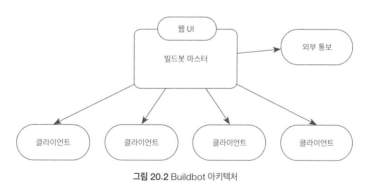

그림 20.2 Buildbot 아키텍처

Buildbot은 하나의 중앙 서버와 다수의 빌드슬레이브로 구성되는 마스터/슬레이브 아키텍처를 사용합니다. 원격 작업은 전적으로 마스터 서버가 실시간으로 수행합니다. 마스터 설정에는 각 원격 시스템에서 어떤 명령어가 수행될지가 명시되어 있으며, 마스터는 이에 따라 각 명령을 하나씩 차례대로 실행시킵니다. 작업의 스케줄링과 외부 빌드 요청을 처리하는 것은 전적으로 마스터 서버가 담당합니다. VCS 연동 기능은 코드가 어느 저장소에 있는지와 같은 최소한의 기본적 수준만 제공되며, 레시피 추상화 역시 빌드 디렉터리 관리 명령과 빌드 디렉터리 내에서 수행되는 명령을 구분해주는 정도의 수준만 제공됩니다. OS 전용 명령어들은 주로 설정 파일 안에 직접 입력됩니다.

Buildbot은 각 빌드슬레이브들과 연결을 지속적으로 유지하면서 작업 실행을 관리하고 조율합니다. 이처럼 네트워크 연결을 계속 유지하면서 원격 장비를 관리하는 방식은 구현이 매우 까다로우며 지속적인 버그의 원천이 되고 있습니다. 일단 네트워크 연결을 안정적으로 지속하는 것부터가 결코 간단하지 않습니다. 또한, 네트워크상으로 로컬 GUI를 테스팅하는 것 역시 어려우며, 그중에서도 OS 경고창은 처리하기가 특히 까다롭습니다. 반면 이처럼 마스터가 네트워크 연결을 지속적으로 유지하면서 각 빌드 슬레이브에서의 작업을 전적으로 제어할 경우, 자원 조율 및 스케줄링이 명확해집니다.

또한, Buildbot처럼 중앙에서 모든 것을 제어하는 경우 각 리소스에 대한 접근을 제어하기가 매우 용이합니다. Buildbot은 빌드마스터에 마스터와 개별 슬레이브들에 각각 대응되는 lock들이 모두 구현되어 있습니다. 덕분에 빌드 수행시 시스템 공용 리소스나 각 장비의 개별 리소스들에 대한 접근을 세밀하게 조율할 수 있습니다. 이 특성으로 인하여 Buildbot은 데이터베이스 등 고비용 리소스들이 사용되는 대규모 시스템 통합 테스트 환경에 특히 유용합니다.

반면, 이 같은 방식은 분산형 사용 환경에서는 문제를 일으킵니다. 각각의 새로운 빌드슬레이브는 마스터 설정에 명시적으로 등록되어 있어야 하기 때문에, 새로운 빌드슬레이브가 중앙 서버에 접속하여 동적으로 빌드에 참여하는 것이 불가능합니다. 뿐만 아니라, 각 빌드슬레이브가 전적으로 빌드마스터에 의해 제어되므로, 빌드슬레이브들은 설정에 포함된 악성코드나 설정 오류 등에 취약합니다. 마스터는 클라이언트 OS의 보안 제약이 허용하는 한도 내에서 말 그대로 클라이언트를 전적으로 제어하기 때문입니다.

Buildbot의 또 다른 제약점 중 하나는 빌드 결과를 중앙 서버에 전송하는 간단한 방법이 존재하지 않는다는 것입니다. 예를 들어, 코드 커버리지 통계나 바이너리 빌드 산출물은 각 빌드슬레이브에 유지되지만, 이들을 수집하고 배포하기 위하여 빌드 서버로 전송하는 API가 존재하지 않습니다. 이 기능이 왜 누락되게 되었는지는 뚜렷하지 않습니다. 명령어 집합 자체가 빌드슬레이브에서의 명령 수행에만 초점이 맞춰져 있는 태생적 한계에 따른 결과일 수도, 혹은 빌드마스터와 빌드슬레이브 사이의 연결을 RPC 메커니즘이 아닌 제어 수단으로만 사용한다는 설계 정책상의 영향일 수도 있습니다.

마스터/슬레이브 모델과 이러한 통신 채널 제약으로 인한 또 하나의 결과는, 빌드슬레이브가 시스템 상태를 리포트하지 않기 때문에 마스터가 슬레이브의 과부하 여부를 인식할 수 없다는 점입니다.

또한 빌드 결과를 외부에 통보하는 것 역시 전적으로 빌드마스터에 의해서만 처리되므로, 새로운 종류의 통보 방식 역시 빌드마스터 내부에서 구현되어야만 합니다. 마찬가지로, 새로운 빌드 요청 역시 빌드마스터를 통해서만 접수될 수 있습니다.

20.2.2 CDash

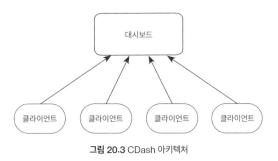

그림 20.3 CDash 아키텍처

Buildbot과는 대조적으로 CDash는 리포팅 서버 모델을 구현합니다. 이 모델에서는 CDash 서버가 원격에서 수행된 빌드 결과 및 테스트 오류, 코드 커버리지 분석, 메모리 사용량 등에 대한 정보를 저장하는 중앙 저장소 역할을 수행합니다.

각 클라이언트는 각자의 스케줄에 따라 빌드를 실행한 뒤 XML 형식의 빌드 리포트를 전달합니다. 공식 빌드 클라이언트가 아니더라도 해당 시스템의 공개 빌드 프로세스를 따르기만 하면 일반 개발자나 사용자들도 자체적으로 빌드를 수행한 뒤 리포트를 전달할 수 있습니다.

이처럼 간단한 모델이 가능했던 이유는, CDash가 빌드 설정 시스템인 CMake나 패키징 시스템인 CPack, 테스트 시스템인 CTest 같은 Kitware의 다른 빌드 인프라스트럭처 구성요소들과 개념적으로 밀접하게 엮여 있기 때문이었습니다. CDash는 빌드-테스트-패키징 작업을 OS에 독립적인 추상화된 레벨에서 구현할 수 있게 해주는 메커니즘을 제공해 줍니다.

CDash의 클라이언트 주도형 프로세스는 클라이언트에서의 다양한 CI 프로세스를 단순화시켜 줍니다. 빌드 실행을 클라이언트가 주도적으로 결정한다는 점 덕분에, 실행 시간이나 로드 상태 등과 같은 클라이언트 상태 정보들을 빌드 착수 시점 결정에 반영시킬 수 있습니다. 클라이언트가 원하는 시점에 빌드에 참여하거나 떠날 수 있으므로, 클라우드 빌드 환경에 대한 자발적 참여 역시 가능합니다. 각 빌드 산출물은 잘 정의된 업로드 메커니즘을 통하여 중앙 서버에 전송됩니다.

반면에 CDash에는 Buildbot에서 제공되는 편의 기능들 상당수가 누락되어 있습니다. 우선, 중앙집중형 리소스 접근 조율 기능이 존재하지 않습니다. 클라이언트들에 대한 신뢰성과 안정성이 보장될 수 없는 분산 환경에서 이런 기능들을 구현하는 것은 결코 간단하지 않습니다. 또한, 빌드 진행 상황 리포팅 역시 누락되어 있습니다. 이를 위해서는 서버가 빌드 상태를 점진적으로 갱신할 수 있도록 변경되어야 합니다. 마찬가지로, 글로벌한 빌드 요청을 등록하거나 체크인이 이루어질 때마다 빌드가 수행되도록 보장하는 것도 불가능합니다. 클라이언트들의 안정성에 항상 의문을 품고 있어야만 하기 때문입니다.

최근, CDash는 각 클라이언트가 자발적으로 서비스를 제공할 것을 제안할 수 있게 해주는 "@Home" 클라우드 빌드 시스템 기능을 추가했습니다. 클라이언트들은 서버를 폴링하여 빌드 요청을 획득하며, 수신한 빌드 요청을 실행하고, 그 결과를 서버에 반환합니다. 2010년 10월 기준의 시스템에서 빌드 요청은 서버 측에서 수동으로 등록되어야 하며, 클라이언트들이 서비스를 제공하기 위해서는 서버에 연결되어 있어야 한다는 제약이 존재합니다. 그러나 이 기능을 보다 일반화시켜 관련 클라이언트가 준비되는 대로 서버가 자동으로 빌드를 개시할 수 있도록 확장하는 것은 간단합니다. "@Home" 시스템은 이후에 설명될 Pony-Build 시스템과 개념적으로 매우 유사합니다.

20.2.3 Jenkins

Jenkins는 자바로 구현된 유명한 지속적 통합 시스템입니다. 2011년까지는 Hudson이라는 이름으로 알려져 왔습니다. Jenkins는 로컬 장비에서 독자적으로 빌드를 수행하는 스탠드얼론 방식이나, 원격 빌드를 조율하는 코디네이터 방식이나, 혹은 원격 빌드 정보를 수동적으로 취합하는 방식 등과 같이 다양한 형태로 동작할 수 있습니다. 단위테스트 및 코드 커버리지 보고서 등의 다양한 테스트 결과들을 통합하는 데에는 JUnit[1] XML 표준이 사용됩니다. Jenkins는 Sun에서 개발해 현재 광범위하게 사용되고 있으며, 안정적인 오픈 소스 커뮤니티를 가지고 있습니다.

Jenkins는 하이브리드 모드로 동작합니다. 기본적으로는 마스터-슬레이브 형태로 빌드를 수행하지만, 서버와 클라이언트 모두가 빌드를 시작할 수 있는 등 여러 종류의 원격 빌드 수행 방식이 제공됩니다. Buildbot과 마찬가지로 Jenkins도 중앙 서버의 제어를 우선적으로 설계되었지만 가상 머신 관리 등과 같은 다양한 분산 작업 수행 메커니즘도 지원할 수 있도록 개조되었습니다.

Jenkins는 마스터가 연결을 시작하는 SSH 연결이나, 클라이언트가 연결을 시작하는 JNLP(Java Web Start) 연결 등을 활용하여 다수의 클라이언트를 관리합니다. 이 연결에서는 직렬화된 전송을 통해 데이터 및 객체를 양방향으로 주고받을 수 있습니다.

Jenkins는 이 같은 네트워크 연결 세부 사항들을 추상화해주는 견고한 플러그인 아키텍처를 도입하고 있으며, 이 덕분에 바이너리 빌드 산출물 및 다른 유용한 데이터를 전송해 주는 다양한 서드 파티 플러그인이 개발될 수 있었습니다.

중앙집중식 모드상에서 여러 작업이 동시에 수행되는 것을 방지해 주는 locks 플러그인도 존재하지만, 아직 개발이 완전히 마무리된 상태는 아니며 2010년 4월 버전 0.6이 공개된 이후 공식 업데이트가 없었습니다.

20.2.4 Pony-Build

Pony-Build는 Python으로 개발된 개념 시연용(proof-of-concept) 분산형 CI 시스템입니다. Pony-build는 그림 20.4와 같이 크게 세 개의 핵심 컴포넌트로 구성됩니다. 결과 서버는 각 클라이언트로부터 받은 빌드 결과를 저장하는 중앙 데이터베이스 역할을 수행합니다. 각 클라이언트는 고유의 설정 정보와 빌드 컨텍스트를 가지며, VCS 저장소 연결, 빌드 프로세스 관리, 서버와의 결과 통신 등의 기능들을 제공하는 경량 클라이언트 사이드 라이브러리를 가지고 있습니다. 리포팅 서버는 선택 사양으로서, 빌드 결과를 보여주거나 새로운 빌드 요청을 등록할 수 있게 해주는 간단한 웹 인터페이스를 제공합니다. 현재 구현에서는 결과 서버와 리포팅 서버가 하나의 멀티프로세스에서 동작합니다만, 서로 개별적으로 동

---

1 (옮긴이) Java에서 널리 사용되는 단위 테스트 프레임워크입니다. http://junit.org/

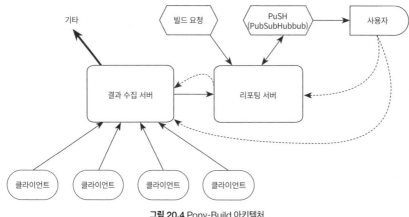

그림 20.4 Pony-Build 아키텍처

작하는 형태로 쉽게 전환될 수 있도록 API 레벨에서 느슨하게 상호 연결되어 있습니다.

또한 원활한 빌드 작업 수행, 변경사항 통보, 빌드 정보 검사 등 다양한 기능을 지원해주는 웹 후크 및 RPC 메커니즘들을 통해 기본 모델을 보완해 주고 있습니다. 예를 들어 코드 저장소에서 발생된 VCS 변경사항 통보 작업을 빌드 시스템에 직접 연동시키는 대신, 원격 빌드 요청을 리포팅 시스템으로 전송하고, 리포팅 시스템에서 이것을 결과 서버로 다시 전달하는 방식이 사용됩니다. 마찬가지로, 새로운 빌드 시작 정보를 이메일이나 인스턴트 메시징 등과 같은 서비스들을 이용해서 통보해 주는 기능을 리포팅 서버에서 직접 구현하는 대신, 통보 기능 전체가 PubSubHubbub(PuSH) active 프로토콜을 이용하는 방식이 사용됩니다. 이로 인하여 다양한 형태의 애플리케이션에서 PuSH 웹 후크를 통하여 관심 있는 이벤트(현재는 새로운 빌드의 시작과 빌드 실패 통보만 지원됩니다)를 받아보는 것이 가능해집니다.

이와 같이 각 구성요소들을 최대한 느슨하게 연결시키는(loosely coupled) 모델이 가지는 장점은 명백합니다.

· 통신의 용이성: 기본적인 아키텍처 컴포넌트들과 웹 후크 프로토콜[2]은 기본적인 웹 프로그래밍 지식만으로 구현 가능합니다.

· 수정의 용이성: 새로운 통보 방식이나 새로운 리포팅 서버 인터페이스의 구

---

2 (옮긴이) 웹 애플리케이션 실행 중 특정한 시점에 자신이 필요로 하는 기능을 콜백(callback) 함수 형태로 등록하여 실행될 수 있게 해주는 기법입니다.

현이 매우 용이합니다.

· 다수의 언어 지원: 각 컴포넌트는 다양한 프로그래밍 언어에서 지원되는 웹 후크를 통해 상호 호출을 수행하므로, 개별 컴포넌트들을 서로 다른 언어로 구현하는 것이 가능합니다.

· 테스트 가능성: 각 컴포넌트는 완벽히 서로 분리되어 mock으로 대체 가능하므로, 전체 시스템에 대한 테스트가 용이합니다.

· 설정의 용이성: 클라이언트에는 요구사항이 거의 없습니다. Python이 있는 경우 라이브러리 하나만 설치하면 충분합니다.

· 최소한의 서버 로드: 중앙 서버가 각 클라이언트에 대한 제어를 거의 수행하지 않기 때문에, 각 클라이언트는 상호 독립적으로 실행되며 결과 보고 시점에만 서버에 접속하게 됩니다.

· VCS 통합: 빌드 설정은 전적으로 클라이언트에 위치하게 되며, 이로 인하여 빌드 설정을 VCS로 관리하는 것이 가능해집니다.

· 결과 획득의 용이성: 개발에 사용된 언어에서 XML-RPC 요청을 수행할 수만 있다면 어떤 애플리케이션이든 빌드 결과를 활용하는 것이 가능합니다. 빌드 시스템 사용자들은 네트워크 레벨에서 결과 서버나 리포팅 서버에 접속하거나, 리포팅 서버의 전용 인터페이스를 통하여 접속할 수 있습니다. 빌드 클라이언트들은 결과 서버에 결과를 전송하기 위한 액세스만 필요합니다.

하지만, CDash의 경우에서와 마찬가지로 심각한 단점들도 다수 존재합니다.

· 빌드 요청의 어려움: 이 문제는 각 빌드 클라이언트들이 결과 서버와 전적으로 독립적으로 동작하는 데서 기인합니다. 각 클라이언트는 빌드 요청이 새로 등록되었는지 여부를 결과 서버에 폴링하여 확인할 수 있지만, 이런 방식은 부하를 증가시키고 반응시간을 느려지게 만듭니다. 반대로, 서버가 빌드 요청을 클라이언트들에게 직접 통지할 수 있도록 해주는 전용 연결을 생성하여 활용할 수도 있지만, 이 경우에는 시스템의 복잡도가 증가하며 디커플된 빌드 클라이언트의 장점을 상쇄해 버리게 됩니다.

· 자원 locking의 어려움: lock을 획득하고 해제하는 RPC 메커니즘을 제공하는 것은 간단하지만, 클라이언트들이 관련 정책을 준수하도록 하는 것은 훨씬 어려운 작업입니다. CDash 같은 CI 시스템들에서처럼 선의의 클라이언트들만을 대상으로 가정한다고 하더라도, 이러한 클라이언트들 역시 의도치

않게 lock을 해제하지 않는 등 심각한 장애를 야기할 수 있습니다. 견고한 분산 locking 시스템을 구현하는 것은 상당히 까다롭습니다. 예를 들어, 안정적이지 않은 클라이언트들에게 마스터 리소스 lock을 제공하기 위해서 마스터 lock 컨트롤러는 시스템 크래시나 데드락으로 인하여 lock을 획득하고 다시는 해제하지 않는 클라이언트들에 대한 정책을 마련해 두어야 합니다.

- 실시간 모니터링의 어려움: 항시적인 네트워크 연결 없이 실시간 빌드 상황 모니터링이나 빌드 프로세스 제어 기능을 구현하는 것은 어렵습니다. 클라이언트 주도형 모델에 대해 Buildbot이 가지는 큰 상대적 장점 중의 하나는 빌드 작업이 오래 걸리더라도 그 진행상황을 중간중간 간단히 점검할 수 있다는 점입니다. 마스터 인터페이스에서 빌드 진행상황을 꾸준히 갱신해주기 때문입니다. 뿐만 아니라 Buildbot은 제어 전용 연결을 항상 유지하기 때문에, 설정 오류나 잘못된 체크인 등으로 인하여 빌드가 잘못될 경우 도중에 개입하여 빌드를 중단시키는 것이 가능합니다. Pony-Build에서 이러한 기능을 제공하려면, 결과 서버가 클라이언트들에 접속을 유지할 수 있는 기능이 전혀 보장되지 않기 때문에 클라이언트에 연결되고 난 후에도 지속적이며 주기적으로 폴링[3]을 수행해야 합니다.

이 외에도 Pony-Build에서는 빌드 레시피를 어떻게 구현할 것인지, 그리고 어떤 레시피들을 신뢰할 것이며 그 정보들은 어떻게 관리할 것인지에 대한 고민도 필요합니다. 빌드 클라이언트들은 빌드 레시피에 있는 내용 그대로 어떤 코드든지 실행하기 때문에, 이 두 이슈는 서로 밀접하게 연관되어 있습니다.

20.2.5 빌드 레시피

빌드 레시피는 크로스 플랫폼 언어나 멀티 플랫폼 빌드 시스템을 활용하는 소프트웨어의 경우에 유용한 추상화 단계를 제공합니다. 예를 들어, CDash에서 사용되는 레시피는 명확합니다. CDash는 CMake, CTest, CPack 등으로 빌드되는 소프트웨어를 대상으로 활용되며, 이들 자체가 멀티 플랫폼 이슈 처리에 적합한 툴들입니다. 따라서 대부분의 이슈를 빌드 툴체인이 맡아서 해결해 줄 수 있기 때문에 CI 시스템 입장에서는 이상적인 환경이 제공됩니다.

---

3 (옮긴이) 어떤 정보가 주어지기를 수동적으로 기다리는 대신, 직접 대상에 주기적으로 접속하여 획득하는 방식을 의미합니다.

그러나 모든 언어 및 빌드 환경의 조합에 대해 이러한 환경이 항상 성립하는 것은 아닙니다. Python 환경에서는 소프트웨어 빌드와 패키징을 위하여 distutils와 distutils2 사이의 표준화 작업이 꾸준히 진행되어 오고 있습니다만, 테스트 실행 및 그 결과 수집에 대한 표준은 아직 도출되지 않고 있습니다. 뿐만 아니라, 다수의 Python 패키지들은 distutils 등을 통하여 임의의 코드로 구성된 고유 빌드 로직을 내장하고 있습니다. 이런 현상은 대부분의 빌드 툴체인에서 흔하게 벌어지는 상황입니다. 상당한 수준의 표준 명령어가 제공되더라도, 그에 따르는 예외 및 확장 기능 역시 항상 존재하기 때문입니다.

빌드, 테스트, 패키징에 관한 레시피를 작성하는 것은 항상 두 가지 문제를 동시에 풀어야 하기 때문에 까다롭습니다. 레시피 하나만으로도 다양한 시스템에서 빌드를 수행할 수 있도록 플랫폼 의존성은 최소화하는 동시에, 빌드하려는 소프트웨어만의 고유한 특성들을 충분히 반영할 수 있어야 하기 때문입니다.

20.2.6 신뢰

이것은 자연스럽게 세 번째 문제로 연결됩니다. CI 시스템에 의해 사용되는 레시피들이 늘어남에 따라 시스템 자체가 신뢰할 수 있는 세컨드 파티의 도입 역시 불가피해집니다. 대상 소프트웨어 자체가 신뢰성이 있어야 할 뿐만 아니라 (CI 클라이언트들에서 임의의 코드를 실행하게 되기 때문입니다), 레시피들 역시 신뢰할 수 있어야 하기 때문입니다(레시피들 역시 임의의 코드를 실행할 수 있기 때문입니다).

이러한 신뢰성 이슈는 빌드 클라이언트 및 CI 시스템이 모두 개발 프로세스의 일부를 구성하는 회사 환경과 같이 긴밀하게 제어되는 환경에서는 간단하게 해결될 수 있습니다. 반면에, 다른 개발 환경이라면 별도의 서드 파티들이 빌드 서비스를 제공하는 데 관심을 보일 수도 있습니다. 예를 들면 오픈 소스 프로젝트를 대상으로 말이죠. 이상적인 해결책 중 하나는 Python의 distutils2처럼 커뮤니티 차원의 표준화된 빌드 레시피를 소프트웨어에 포함시키도록 지원하는 것이 될 것입니다. 또 다른 대안으로서는 디지털 서명된 레시피를 사용함으로써 신뢰할 수 있는 개인들이 레시피를 작성하고 배포할 수 있도록 하는 동시에 각 CI 클라이언트가 해당 레시피를 신뢰할지 여부를 판단하게 하는 것입니다.

— The Architecture of

20.2.7 모델 선택

경험으로 볼 때, 느슨하게 연결된(loosely coupled)[4] RPC 및 웹 후크(webhook) 콜백 모델을 기반으로 CI 시스템을 구현하는 것은 매우 용이했습니다. 복잡한 커플링이 요구되는 상세한 조율 기능을 구현할 수는 없었습니다만, 이 점은 충분히 감내할 수 있었습니다.

클라이언트가 빌드를 주도적으로 수행하게 할 것인지, 아니면 원격으로 일일이 제어할 것인지 여부에 따라 기본적인 체크아웃과 빌드 기능 설계의 밑그림이 그려집니다. 또한, 빌드의 성공 혹은 실패 여부 같은 정보를 수집하는 기능이나, 머신 아키텍처에 따른 정보 및 실행 결과를 추적하는 기능은 클라이언트 측 요구사항에 의해 영향을 많이 받습니다. 덕분에 리포팅 모델을 사용할 경우 기본적인 CI 시스템을 구현하기가 상당히 쉬웠습니다.

또한, 느슨하게 연결된 모델을 적용한 덕분에 유연성과 확장성도 향상되었습니다. 각 컴포넌트가 분명하게 분리되어 거의 완벽하게 독립적으로 동작하기 때문에, 새로운 종류의 결과 리포팅 및 통보 메커니즘이나 빌드 레시피를 추가하는 작업 등을 간단하게 구현할 수 있었습니다.

단지, 원격으로 빌드를 조율하기 어려운 점이 유일하게 까다로운 부분이었습니다. 빌드의 시작 및 종료, 진행 중인 빌드에 대한 상태 제공, 서로 다른 클라이언트들 사이의 리소스 lock 조율 기능 등이 기술적으로 어려운 부분이었습니다.

보통 느슨하게 연결된 모델이 모든 측면에서 우월하다고 결론 내리게 되기 쉽습니다만, 이러한 결론은 빌드 조율 기능이 필요하지 않은 환경에서만 유효하다는 점을 염두에 두어야 합니다. 따라서 어떤 아키텍처가 적합할지에 대한 결정은 CI 시스템이 적용될 프로젝트의 성격에 따라 달라져야 합니다.

20.3 향후 개선 방향

Pony-Build에 관해 검토하면서 우리는 앞으로의 CI 시스템에서 도입되었으면 하는 기능들을 도출할 수 있었습니다.

· 언어 중립적 빌드 레시피: 현재의 CI 시스템들은 불필요하게 설정 언어를 제

---

4 (옮긴이) 서로 다른 컴포넌트들 사이에 상호 의존도가 낮은 경우를 의미합니다. 변경사항의 영향이 전파되는 범위가 제한되기 때문에 수정과 개선이 용이합니다. http://en.wikipedia.org/wiki/Loose_coupling

484

각각 정의하여 사용하고 있습니다. 실제로 널리 사용되는 빌드 시스템은 몇 개 되지 않으며 테스트 툴도 수십 개 정도밖에 되지 않는데도 불구하고, 각 CI 시스템들은 빌드 및 테스트 실행 방식을 기술하는 자신만의 새로운 방식을 도입합니다. 사실, 이것이 근본적으로 동일한 기능을 갖는 다수의 CI 시스템들이 난무하는 주요 이유라고 생각됩니다. 따라서 널리 사용되는 빌드 및 테스트 툴 체인에서 공통적으로 사용되는 핵심 기능들을 표현해주는 전용 언어(Domain Specific Language, DSL)가 개발되면 전체 CI 환경의 단순화에 크게 공헌할 수 있을 것입니다.

· 빌드와 테스트 리포팅을 위한 공용 포맷 제공: 빌드 및 테스트 시스템에서 어떤 정보가 어떤 포맷으로 제공되어야 하는지에 대해서는 거의 합의된 바가 없습니다. 만일 공통의 포맷이나 표준이 개발된다면 지속적 통합 시스템에서 각 빌드별로 상세 정보와 요약 정보들을 제공하는 것이 훨씬 쉬워질 것입니다. Perl 커뮤니티에서 유래된 TAP(Test Anywhere Protocol)이나 Java 커뮤니티에서 사용되는 JUnit XML 테스트 결과 포맷은 수행된 테스트 개수, 각각의 성공 및 실패 결과, 파일별 코드 커버리지 상세 정보 등을 기술해주는 좋은 사례들입니다.

· 세분화된 리포팅 점검 기능 제공: 각 빌드 플랫폼이 각자의 설정, 컴파일, 테스트 시스템에 대해 잘 문서화된 hook을 제공한다면 편리할 것입니다. 이 기능들은 CI 시스템이 수행 중인 빌드에 관한 상세 정보를 얻을 수 있게 해주는 API로서 활용될 수 있을 것입니다.

20.3.1 마치며

앞에서 살펴본 CI 시스템들은 아키텍처에 따라 각자 고유한 기능들을 구현하고 있었습니다. 하이브리드 Jenkins 시스템은 마스터/슬레이브 모델로 시작하였으나, 보다 느슨하게 연결된 리포팅 아키텍처의 기능들이 추가되었습니다.

보통 어떤 아키텍처를 선택하는지에 따라 어떤 기능들이 제공될지가 결정된다고 단정 짓기 쉽습니다. 하지만, 실질적으로는 아키텍처의 선정이 이후 어떤 기능이 개발될지에 대한 방향을 자연스럽게 유도한다고 보는 편이 정확합니다. Pony-Build의 경우, 우리는 초기에 CDash 형태의 리포팅 아키텍처를 선정했던 결정이 이후의 설계와 구현 관련 결정사항에 얼마나 크게 영향을 미치게 되는지를 깨닫고 놀랐습니다. 구현에 관련된 결정 중 일부는, 예를 들어 Pony-

Build에서 중앙집중식 설정 및 스케줄링 시스템을 회피하기로 한 결정들은 자체적인 유스케이스에 영향을 받았습니다. 일례로, 우리는 원격 빌드 클라이언트들이 빌드 시스템에 동적으로 참여할 수 있도록 하고 싶었습니다. 하지만, Buildbot과 같은 중앙집중식 구조를 채택할 경우 이런 기능을 구현하기 어려웠습니다. 또한, 진행 상황 리포트나 중앙집중식 locking 같은 기능들은 Pony-Build의 아키텍처에서 구현하기 어려워 생략되었습니다. 물론 이들 기능이 있으면 좋긴 했겠지만, 구현의 복잡함을 감수할 만큼 필요성이 절실하지 않았기 때문입니다.

동일한 논리가 Buildbot, CDash, Jenkins에도 적용될 수 있습니다. 각각의 시스템 모두에는 유용하지만 누락된 기능들이 분명 존재합니다. 물론, 아키텍처적 호환성 문제가 그 원인이라고 할 수도 있습니다. 하지만, Buildbot이나 CDash 커뮤니티의 구성원들과 토의해보고 Jenkins 웹 사이트를 읽어본 결과, 어떤 기능들이 필요한지가 먼저 결정되고, 그 후에 해당 기능들을 쉽게 구현할 수 있게 해주는 아키텍처를 선정하여 시스템들이 개발되었다고 보는 편이 더 자연스러운 설명이라고 봅니다. 예를 들어, CDash는 중앙집중식 개발 모델을 사용하여 소프트웨어를 개발하는 소수의 핵심 개발자들이 모인 커뮤니티를 주 대상으로 합니다. 이 경우, 그들이 개발하는 소프트웨어가 지정된 핵심 장비들에서 계속 정상 동작한다는 것을 보장해 주는 것이 무엇보다도 중요합니다. 기술적으로 해박한 사용자들로부터 버그 리포트를 수집하는 것도 그에 못지않은 중요한 목표입니다. 반면, Buildbot은 공용 리소스에 대한 접근 제어를 필요로 하는 다수의 클라이언트들이 활용되는 복잡한 환경에서 갈수록 널리 사용되고 있습니다. Buildbot의 유연한 설정 포맷과 해당 설정을 통해 제공되는 스케줄링 및 변경 통보, 그리고 리소스 locking 기능 등은 이 같은 환경에서 상대적인 이점을 제공합니다. 마지막으로 Jenkins는 사용의 편의성과 CI 작업을 단순화시켜 주는 데 초점을 맞추고 있습니다. 완전한 GUI 설정 화면을 제공해 준다거나, 스탠드얼론 모드로 로컬 서버에서도 실행할 수 있게 해주는 점 등이 그 예입니다.

오픈 소스 개발의 사회학은 아키텍처와 개별 기능들 사이의 연관 관계에 영향을 미치는 또 하나의 미묘한 이슈입니다. 개발자들이 특정 프로젝트의 아키텍처와 기능들이 자신들의 유스케이스에 잘 맞아 떨어지기 때문에 오픈 소스 프로젝트를 선택한다고 가정할 경우, 그들이 제공하는 추가 산출물들은 이미 해당 프로젝트와 잘 들어맞는 유스케이스를 확장하는 형태 위주로 개발될 것입니다. 이 같은 참여자들의 자발적 선택의 결과로 인하여 각 프로젝트는 특정 기능에 종속되게 됩니다. 이 점이 우리가 Buildbot의 개선에 참여하는 대신 새로운 시스템인 Pony-Build를 개발하게 된 이유입니다. Buildbot의 아키텍처는 수천 개 단위의 패키지 빌드에는 적합하지 않았습니다.

기존의 CI 시스템들은 한두 개의 핵심 아키텍처를 기반으로, 해당 아키텍처에서 구현 가능한 전체 기능들 중 일부분만을 선택적으로 제공하고 있었습니다. CI 시스템들이 성숙되고 관련 사용자층이 늘어남에 따라 각 시스템은 다양한 추가 기능들을 통해 확장되어 나갈 것입니다. 그러나 실제로 어떤 기능들이 추가될 것인가는 기반 아키텍처 선정 결과에 의해 제약받을 수 있습니다. 이 분야가 향후 어떻게 전개될지 지켜보는 것은 흥미 있는 주제입니다.

20.3.2 감사의 글

우리는 일반적인 CI 시스템, 특히 Pony-Build에 대해 흥미 있는 토론을 제공해 준 Greg Wilson, Brett Cannon, Eric Holscher, Jesse Noller, Victoria Laidler에게 감사드립니다. Pony-Build 개발은 Jack Carlson, Fatima Cherkaoui, Max Laite, Khushboo Shakya를 비롯한 다수의 학생들이 참여해 주었습니다.

옮긴이: 류성호
KAIST 인공지능 연구실에서 박사과정을 마쳤으며, 졸업 후 삼성전자와 NHN에서 근무했다. 네이버의 음성 비서 서비스인 '링크'의 음성인식 개발을 담당하였으며, 현재 아마존에서 Speech/Machine learning scientist로 재직 중이다.

21장

지트시(Jitsi)

에밀 이보프(Emil Ivov) 지음
조상민 옮김

지트시(Jitsi)는 영상/음성 통화와 데스크톱 공유, 파일 및 메시지 교환 기능을 제공하는 애플리케이션입니다. 제일 중요한 특징은 업계 표준이라 불릴 만한 XMPP(Extensible Messaging and Presence Protocol)와 SIP(Session Initiation Protocol)부터 야후(Yahoo!)와 윈도우 라이브 메신저(Windows Live Messenger, MSN) 등의 비공개 프로토콜까지 다양한 프로토콜을 지원한다는 점입니다. 그리고 마이크로소프트 윈도우와 애플 맥 OS X, 리눅스, FreeBSD에서 작동됩니다. 대부분 자바(Java)로 구현되었고, 일부만 네이티브 코드를 사용했습니다.

이 글에서는 지트시에서 여러 프로토콜의 구현과 관리를 효과적으로 도모하기 위해 도입한 OSGi 기반의 아키텍처를 주로 설명하겠습니다. 그리고 우리가 지트시 프로젝트를 통해 무엇을 배우게 되었는지도 회고해 보겠습니다.[1]

21.1 지트시의 설계

프로젝트 초기에 지트시는 SIP 커뮤니케이터(SIP communicator)라 불리었는데, 다양한 프로토콜과 멀티플랫폼(cross-platform) 지원, 개발자 친화성이 가장 중요한 설계 원칙이었습니다.

개발자의 관점에서 보면, 여러 프로토콜을 지원한다는 것은 지원하는 모든 프

---

1 지트시의 소스 코드는 http://jitsi.org/source에서 다운 받을 수 있습니다. 이클립스(Eclipse) 또는 넷빈즈 (NetBeans) 사용자라면 프로젝트를 설정할 때 http://jitsi.org/eclipse 또는 http://jitsi.org/netbeans를 참고 하기 바랍니다.

로토콜을 아우르는 공통의 인터페이스(interface)를 상정한다는 의미입니다. 다시 말해, 사용자가 메시지를 보낼 때 GUI(Graphical User Interface)가 호출하는 함수는 해당 프로토콜의 종류와 관계없이 항상 sendMessage 함수가 됩니다. 물론 실제로 동작하는 함수는, 예를 들어 sendXmppMessage일 수도 있고, sendSipMsg일 수도 있습니다.

코드 대부분을 자바로 구현했기에, 두 번째 설계 원칙인 멀티플랫폼 지원은 자동적으로 어느 정도 보장되었습니다. 그러나 지트시에 필요한 일부 기능은 자바 실행 환경(Java Runtime Environment, JRE)가 제공하지 않거나 또는 제공하더라도 우리가 원하는 방식이 아니었기에 각 OS의 네이티브 코드로 구현하였습니다. 웹캠(webacm)을 통한 영상 캡처(capturing) 기능을 대표적인 예로 들 수 있는데, 윈도우의 DirectShow, 맥 OS X의 QTKit, 리눅스의 Video for Linux 2를 이용하여 각각 별도로 구현했습니다(이 글에서는 영상 캡처에 대해 자세히 다루지 않겠습니다. 하나하나 설명하기에는 너무 복잡하기 때문입니다).

세 번째 설계 원칙인 개발자 친화성은 다른 개발자들이 지트시에 새로운 기능을 추가하기가 쉽도록 만들겠다는 뜻이었습니다. 오늘날 인터넷전화(Voice Over Internet Protocol, VoIP)는 수백만 명이 사용하고 있는 만큼 그 방식이 정말 다양하므로, 지트시의 활용법을 한정하고 싶지 않았습니다. 그리고 우리가 예상하지 못한 아이디어도 지트시에 쉽게 반영될 수 있기를 바랐습니다. 그래서 새로운 기능을 추가하고 싶은 사람은 지트시의 기존 코드 중 딱 필요한 부분만을 읽고 이해한 후 바로 작업할 수 있도록 만들어야 했습니다. 또, 누군가가 추가한 코드가 다른 사람이 추가한 코드에 끼치는 영향도 최소화해야 했습니다.

정리하면, 우리에게는 모듈 사이의 의존성을 최소화할 수 있는 구조가 필요했습니다. 플랫폼에 따라 별도의 구현이 필요한 부분이 있다면, 그 모듈만 쉽게 분리해 새로 구현하고 나머지 코드는 수정 없이 그대로 사용할 수 있기를 원한 것입니다. 그리고 각 모듈의 활성 여부를 쉽게 제어하고, 전체 플러그인 목록을 제공하여 필요한 것들만 인터넷을 통해 다운로드하여 사용하는 기능도 생각하게 되었습니다.

처음에는 이를 위해 자체적인 플러그인 프레임워크를 만들까 생각했으나, 곧 마음을 고쳐먹었습니다. VoIP와 메시징에 관련된 코드를 빨리 구현해 보고 싶었기 때문에 플러그인 프레임워크를 구현하는 데 몇 개월을 투자하고 싶지 않았던 것입니다. 그러던 와중에 누군가가 OSGi를 소개해줬는데, 정확히 우리가 원하던 플러그인 프레임워크였습니다.

21.2 지트시와 OSGi 프레임워크

OSGi를 본격적으로 다룬 책도 많기 때문에, 여기서 OSGi의 모든 것을 설명할 필요는 없겠습니다. 지트시에서 OSGi 프레임워크가 어떤 의미를 갖고 어떻게 사용되었는지만 살펴보겠습니다.

OSGi 프레임워크의 가장 큰 의미는 모듈화에 있습니다. OSGi 기반 애플리케이션의 모든 기능은 각각의 번들(bundle) 내에 구현됩니다. OSGi 번들은 자바 라이브러리 또는 애플리케이션을 배포할 때 사용하는 JAR 파일 이상의 존재이고, 지트시는 그런 번들들의 집합체입니다. 윈도우 라이브 메신저 연결을 책임지는 번들이 있고, XMPP 프로토콜은 또 다른 번들에서 처리하며, GUI를 다루는 번들도 따로 있는 식입니다. 그리고 번들들을 구동할 OSGi 플랫폼이 필요한데, 지트시에서는 아파치 Felix를 사용했습니다.

모든 모듈은 서로 연동됩니다. GUI 번들은 프로토콜 번들을 통해 메시지를 보내고, 메시지 내역을 저장하기 위해 또 다른 번들을 호출합니다. 이때 등장하는 개념이 OSGi 서비스입니다. OSGi 서비스는 어떤 번들에서 외부로 공개할 부분을 규정하는 것으로, 대부분은 자바 인터페이스입니다. 로깅 기능을 제공하는 인터페이스가 있는가 하면, 메시지를 보내거나 최근 통화 목록을 제공하는 인터페이스도 있습니다. 어떤 기능을 실제로 구현하는 클래스를 서비스 구현체라고 부르는데, 해당 서비스 인터페이스 이름에 'Impl'을 덧붙여 이름 짓는 것이 보통입니다(예를 들어, ConfigurationServiceImpl). OSGi 프레임워크는 서비스 구현체를 해당 번들의 외부로부터 철저히 숨길 수 있도록 해줍니다. 그래서 외부에서는 서비스 인터페이스를 통해서만 실행시킬 수 있습니다.

또, 일반적으로 모듈은 저마다의 활성관리자(activator)를 갖습니다. 활성관리자는 start/stop 함수를 제공하는 인터페이스입니다. 지트시에서 Felix가 어떤 모듈을 로드(load) 또는 언로드(unload)할 때마다 해당 활성관리자의 start 또는 stop 메서드가 호출되는데, 이때 BundleContext 객체가 파라미터로 넘겨집니다. 번들은 BundleContext 객체를 통해 OSGi 플랫폼과 연결됩니다. 즉, 다른 번들이 제공하는 OSGi 서비스를 얻거나 자신의 서비스를 등록합니다(그림 21.1).

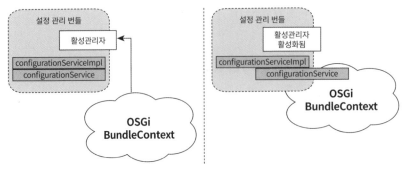

그림 21.1 OSGi 번들의 활성화

이 과정을 코드 수준에서 살펴봅시다. 설정값을 어떤 저장소에 저장하거나 읽어오는 설정 관리 서비스를 상상해보세요. 지트시에서 ConfigurationService라 부르는 설정 관리 인터페이스는 다음과 같은 꼴입니다.

```
package net.java.sip.communicator.service.configuration;
public interface ConfigurationService
{
  public void setProperty(String propertyName, Object property);
  public Object getProperty(String propertyName);
}
```

ConfigurationService의 가장 간단한 구현제를 제시하자면 다음과 같을 것입니다.

```
package net.java.sip.communicator.impl.configuration;

import java.util.*;
import net.java.sip.communicator.service.configuration.*;

public class ConfigurationServiceImpl implements ConfigurationService
{
  private final Properties properties = new Properties();
  public Object getProperty(String name)
  {
    return properties.get(name);
  }
  public void setProperty(String name, Object value)
  {
    properties.setProperty(name, value.toString());
  }
}
```

서비스 인터페이스의 패키지(net.java.sip.communicator.service)와 구현체의 패키지(net.java.sip.communicator.impl)가 다름에 주목하기 바랍니다. 지트시

에서 모든 서비스 인터페이스와 구현체는 이와 같이 각각의 패키지로 분리되어 있습니다. OSGi는 번들 내의 특정 패키지만 외부로 공개하는 기능을 제공하기 때문에, 구현체를 별도의 패키지로 분리하면 외부로부터 쉽게 숨길 수 있습니다.

이 ConfigurationService 구현체가 실제로 사용되게 하려면, 활성관리자를 통해 ConfigurationServiceImpl 클래스가 ConfigurationService 인터페이스의 '구현체'임을 알리는 과정이 필요합니다. 이 과정을 '등록'이라 합니다.

```
package net.java.sip.communicator.impl.configuration;

import org.osgi.framework.*;
import net.java.sip.communicator.service.configuration;

public class ConfigActivator implements BundleActivator
{
  public void start(BundleContext bc) throws Exception
  {
    bc.registerService(ConfigurationService.class.getName(), // 서비스 이름
        new ConfigurationServiceImpl(), // 서비스 구현체
        null);
  }
}
```

이렇게 BundleContext 객체에 등록된 ConfigurationServiceImpl 객체는 다른 번들에서 사용할 수 있는 상태가 됩니다. ConfigurationService 서비스를 사용하는 번들의 코드는 다음과 같은 모양이 됩니다.

```
package net.java.sip.communicator.plugin.randombundle;

import org.osgi.framework.*;
import net.java.sip.communicator.service.configuration.*;

public class RandomBundleActivator implements BundleActivator
{
  public void start(BundleContext bc) throws Exception
  {
    ServiceReference cRef = bc.getServiceReference(
                             ConfigurationService.class.getName());
    configService = (ConfigurationService) bc.getService(cRef);
    // 이제 됐다. 설정 관리 서비스의 구현체를 얻었으니,
    // 그것을 이용하여 설정값을 저장할 수 있다.
    configService.setProperty("propertyName", "propertyValue");
  }
}
```

다시 한번 위 코드의 패키지 설정에 유의하기 바랍니다. 지트시에서는 다른 번들이 정의한 서비스를 사용하기만 하는(즉, 내보내거나(export) 구현하지 않

는) 번들들을 net.java.sip.communicator.plugin 패키지 아래로 모았습니다. 설정 폼(form)이 그 좋은 예인데, 사용자에게 설정값을 확인하고 변경하는 UI를 제공하는 플러그인입니다. 사용자가 설정값을 변경할 때, 설정 폼은 ConfigurationService 인터페이스 또는 해당 번들을 호출합니다. 그러나 어떤 다른 번들이 설정 폼 플러그인을 호출할 필요는 전혀 없습니다.

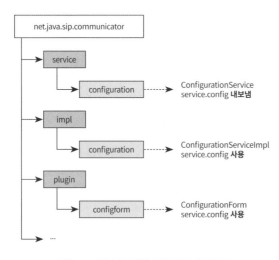

그림 21.2 서비스와 구현체, 플러그인의 패키지 구조

21.3 번들의 패키징과 실행

번들의 코드에 대해서 설명했으니, 이제는 패키징(packaging)하는 방법을 살펴볼 차례입니다. 모든 번들은 OSGi 플랫폼에 다음의 세 가지 정보를 알려줘야 합니다.

· 외부에 공개할 패키지 목록(exported)
· 외부에서 정의 또는 구현되고 이 번들 내에서 사용할 패키지 목록(imported)
· 활성관리자 클래스의 이름(BundleActivator 인터페이스의 구현체)
· 이 정보는 JAR 메니페스트(menifest) 파일에 기술합니다.

예를 들어, ConfigurationService 번들의 메니페스트는 다음과 같은 모양이 됩니다.

```
Bundle-Activator: net.java.sip.communicator.impl.configuration.ConfigActivator
Bundle-Name: Configuration Service Implementation
Bundle-Description: A bundle that offers configuration utilities
Bundle-Vendor: jitsi.org
Bundle-Version: 0.0.1
System-Bundle: yes
Import-Package: org.osgi.framework,
Export-Package: net.java.sip.communicator.service.configuration
```

JAR 메니페스트 파일을 작성한 후에는 번들을 JAR 파일로 패키징해야 합니다. 지트시에서는 아파치 Ant를 사용하여 번들의 패키징 과정을 처리합니다. 지트시 의 빌드 과정에 새로운 번들을 포함시키려면, 프로젝트 루트의 build.xml 파일을 편집하면 됩니다. 번들 패키징은 build.xml의 맨 아래에서 이뤄지는데, 여기에 새로운 빌드 타깃(target)을 추가하는 것입니다. 예를 들어, ConfigurationService 번들을 패키징하는 Ant 스크립트는 다음과 같은 모양입니다.

```
<target name="bundle-configuration">
  <jar destfile="${bundles.dest}/configuration.jar" manifest=
    "${src}/net/java/sip/communicator/impl/configuration/conf.manifest.mf" >

    <zipfileset dir="${dest}/net/java/sip/communicator/service/configuration"
        prefix="net/java/sip/communicator/service/configuration"/>
    <zipfileset dir="${dest}/net/java/sip/communicator/impl/configuration"
        prefix="net/java/sip/communicator/impl/configuration" />
  </jar>
</target>
```

위에서 보듯이, 번들 패키징은 단순히 지정된 메니페스트 파일과 서비스 패키지, 구현체 패키지를 하나의 JAR 파일로 묶어내는 과정입니다. 이제 남은 과정 은 Felix가 이렇게 패키징 된 번들을 로드하도록 만드는 것입니다.

이미 언급했듯이, 지트시는 OSGi 번들의 집합체입니다. 사용자가 지트시 애플리케이션을 실행한다는 것은 Felix가 지정된 번들들을 로드하는 것과 동일한 의미입니다. 번들 목록은 lib 디렉터리의 felix.client.run.properties 파일을 통해 지정하는데, 시작 수준별로 그룹화하여 기술합니다. 특정 시작 수준에 포함된 번들들은 모두 다음 수준에 해당하는 번들보다 앞서 로드되는 것이 보장 됩니다. 예를 들어, 앞에서는 언급하지 않았지만, ConfigurationService 번들 (configuration.jar)은 설정값을 파일에 저장하기 위해 FileAccessService 번들 (fileaccess.jar)을 사용합니다. 따라서 fileaccess.jar 파일이 configuration.jar 파 일보다 먼저 로드되도록 felix.client.run.properties 파일을 작성해야 합니다.

```
...
felix.auto.start.30= \
  reference:file:sc-bundles/fileaccess.jar

felix.auto.start.40= \
  reference:file:sc-bundles/configuration.jar \
  reference:file:sc-bundles/jmdnslib.jar \
  reference:file:sc-bundles/provdisc.jar \
...
```

또, felix.client.run.properties 파일의 첫머리에는 다음과 같이 일단의 패키지 목록이 기술되어 있습니다.

```
org.osgi.framework.system.packages.extra= \
  apple.awt; \
  com.apple.cocoa.application; \
  com.apple.cocoa.foundation; \
  com.apple.eawt; \
...
```

이 목록은 해당 Felix가 로드하는 번들 내에서 사용할 수 있는 시스템 패키지들 입니다. 즉, 시스템 패키지는 이 목록에 포함되어 있어야만 번들이 사용할 수 있 습니다(메니페스트 파일의 Import-Package 속성에 지정했을 때). 특정 OS에서 만 존재하는 JRE 패키지도 이미 포함시켜 놨으므로, 지트시 개발자가 이 목록을 수정할 필요는 거의 없습니다.

21.4 프로토콜 제공자 서비스

지트시에서 모든 프로토콜 구현의 동작 방식은 ProtocolProviderService에 의해 규정됩니다. ProtocolProviderService는 메시지를 주고받거나 통화 연결을 시도 하거나 네트워크상에서 파일을 공유하려 하는 다른 번들(예를 들어 사용자 인터 페이스)이 사용하는 인터페이스입니다.

프로토콜 서비스 인터페이스들은 net.java.sip.communicator.service. protocol 패키지에 위치합니다. 서비스 구현체는 각 프로토콜마다 하나씩 존재 하므로 여러 개가 되고, 저마다의 net.java.sip.communicator.impl.protocol. protocol_name 패키지에 위치합니다.

먼저 service.protocol 디렉터리를 살펴보자면, 제일 중요한 요소는 Protocol ProviderService 인터페이스입니다. 어떤 번들에서 프로토콜에 관련된 동작을 하려면, BundleContext 객체로부터 해당 서비스의 구현체를 얻어 와야 합니다. 프로토콜 서비스 구현체를 통해, 해당 네트워크에 접속하여 사용자들의 접속 상태 및 세부사항을 가져오고 채팅 또는 통화를 수행하는 등의 기능을 사용할 수 있습니다.

21.4.1 지원 기능 목록

ProtocolProviderService 인터페이스는 지트시가 지원하는 모든 프로토콜을 동일한 방식으로 사용할 수 있도록 추상화한 것입니다. 메시징과 같이 모든 프로토콜이 제공하는 공통 기능은 이렇게 추상화하기가 쉬웠지만, 특정 프로토콜만 제공하는 기능들도 있기 때문에 처리하기가 까다로웠습니다. 예를 들어, 현존하는 SIP 서비스들은 주소록을 서버에 저장하는 기능을 제공하지 않습니다. 또, MSN과 AIM은 접속 중이지 않은(offline) 상대방에게 메시지를 전송하도록 허용하지 않습니다.

따라서 ProtocolProviderService 인터페이스를 사용하는 다른 번들이 프로토콜 사이의 이런 차이점을 인지하고 적절히 대응할 수 있는 방안이 필요했습니다. 예를 들어, GUI 번들이 AIM 주소록을 표시할 때 접속 중이지 않은 사용자 항목 옆에는 '통화하기' 버튼을 알아서 그리지 않도록 할 수 있어야 했습니다.

그래서 OperationSets 인터페이스를 도입했습니다. 이름에서 알 수 있듯이 이 인터페이스는 해당 프로토콜이 지원하는 기능의 목록을 제공하는데, 기능의 이름이 아니라 각 기능을 조작할 수 있는 인터페이스를 반환합니다. 각 기능 인터페이스는 해당 기능에 특화된 것입니다. 예를 들어, OperationSetBasic InstantMessaging 인터페이스에는 채팅 연결을 열고 메시지들을 보낸 후 등록한 리스너(listener)를 통해 답장을 받을 수 있는 메서드들이 포함되어 있고, OperationSetPresence 인터페이스에는 특정 사용자의 접속 상태를 질의하거나 자신의 상태를 설정하여 서버에 보내는 메서드들이 있습니다. 정리하면, GUI 번들에서 주소록을 표시할 때 상대방들의 상태를 업데이트하려면 우선 해당 ProtocolProviderService의 OperationSets을 통해 OperationSetPresence 인터페이스를 얻어 와야 합니다. 또, 어떤 사용자에게 메시지를 보내려면 OperationSetBasicInstantMessaging 인터페이스를 얻어 와야 합니다. Protocol ProviderService 인터페이스에서 이와 관련된 메서드들은 다음과 같습니다.

```
public Map<String, OperationSet> getSupportedOperationSets();
public <T extends OperationSet> T getOperationSet(Class<T> opsetClass);
```

우리는 각 OperationSet* 인터페이스를 정의하는 데 세심한 주의를 기울였습니다. 만약 나중에 새로운 프로토콜을 추가하려는데, 이미 정의된 어떤 OperationSet 인터페이스를 부분적으로만 구현하게 되는 사태를 피하고 싶었기 때문입니다. 예를 들어, 사용자별 접속 상태를 확인하는 기능(Operation SetPresence)과 주소록을 서버에 저장하는 기능(OperationSetPersistent Presence)을 별도로 정의하여, 주소록의 서버 저장 기능을 제공하지 않는 프로토콜에 대비하였습니다. 참고로, 메시지를 보낼 수만 있고 받을 수는 없는 프로토콜은 아직 만나 보지 못했습니다. 그래서 메시지의 송수신 기능은 하나의 인터페이스로 묶여 있습니다.

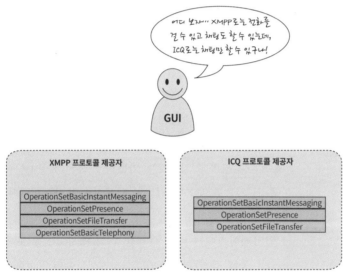

그림 21.3 지원 기능 목록

21.4.2 계정과 팩토리/제공자의 관계

ProtocolProviderService 객체는 각 프로토콜 계정마다 하나씩 만들어진다는 특징이 있습니다. 따라서 사용자가 등록한 계정의 수만큼 프로토콜 제공자 객체가 존재합니다.

그렇다면 프로토콜 제공자 객체는 누가 생성해서 등록하는 것일까요? 프로토콜 제공자 객체를 생성하는 과정에는 두 가지 요소가 개입합니다. 첫 번째로

ProtocolProviderFactory라는 서비스가 있습니다. 다른 번들들은 이 서비스를 통해 특정 프로토콜 제공자 객체를 생성하고 그것을 서비스로 등록합니다. 각 프로토콜은 저마다의 팩토리를 제공하는데, 팩토리의 구현은 해당 프로토콜의 구현 패키지에 위치합니다. 예를 들어, SIP 팩토리는 net.java.sip.communicator. impl.protocol.sip.ProtocolProviderFactorySipImpl 클래스입니다.

그 다음에는 계정 생성 마법사(wizard)를 거쳐야 합니다. 팩토리와 달리, 계정 생성 마법사는 프로토콜 구현 패키지와 분리되어 있습니다. GUI를 포함하기 때문입니다. 예를 들어, SIP 계정 생성 마법사는 net.java.sip.communicator. plugin.sipaccregwizz 패키지에 위치합니다.

21.5 미디어 서비스

VoIP 세계에서는 꼭 알아야 할 사실이 있습니다. 가장 많이 쓰이는 VoIP 프로토콜인 SIP이나 XMPP는 음성이나 비디오를 직접적으로 다루지 않는다는 점입니다. 음성과 비디오는 RTP(Real-time Transfer Protocol, 실시간 전송 프로토콜)가 처리합니다. SIP이나 XMPP는 RTP가 동작하는 데 필요한 설정들을 준비할 뿐입니다. 예를 들어, RTP 패킷을 보낼 목적지 주소를 결정하고 음성/영상의 코덱을 선정하는 것입니다(물론, 상대방의 위치를 식별하거나 접속 여부를 확인하고 착신음을 울리는 역할도 합니다). 그래서 SIP이나 XMPP는 신호 처리 (signaling) 프로토콜의 일종이라 하는 것입니다.

이런 이유로 지트시의 SIP 또는 jabber 관련 코드에는 음성 또는 영상을 직접 처리하는 부분이 없습니다. 음성과 영상은 MediaService 서비스에서 담당합니다. MediaService 인터페이스의 정의와 그 구현은 net.java.sip.communicator. service.neomedia 패키지와 net.java.sip.communicator.impl.neomedia 패키지에 위치합니다.

> **왜 'neomedia'인가?**
> 우리는 미디어에 관련된 초기 구현을 버리고 완전히 새로 구현한 적이 있습니다. 그래서 새 패키지의 이름에 'neo'를 붙인 것입니다. 이런 작업 방식은 우리가 추구하고 있는 원칙과 관련이 있습니다. 처음부터 완벽한 설계를 추구하지 말자는 것입니다. 미래를 100% 대비할 수는 없습니다. 따

> 라서 현재의 설계 또는 구현은 언젠가 당연히 수정될 수 있습니다. 게다가 초기 설계에 너무 공을 들이면, 애플리케이션이 쓸데없이 과도하게 복잡해질 우려가 있습니다.

MediaService 구현에는 MediaDevice와 MediaStream이라는 2개의 중요한 인터페이스가 포함됩니다.

21.5.1 캡처와 스트리밍, 재생

MediaDevice 인터페이스는 통화 중에 음성 또는 영상을 캡처하거나 재생하는 장치들을 의미합니다(그림 21.4). 단순히 마이크와 스피커, 헤드셋, 웹캠만이 해당되지는 않습니다. 지트시는 데스크톱 공유 기능도 제공하므로 스크린 캡처도 미디어 장치가 됩니다. 또, 컨퍼런스 콜에서는 여러 사용자의 음성을 합하기 위해 오디오 믹서 장치도 필요합니다.

각 MediaDevice는 하나의 미디어 형식(MediaType)을 제공합니다. 이때의 미디어 형식이란 음성 또는 영상을 의미합니다. 즉, 음성과 영상을 동시에 제공하는 MediaDevice는 지트시에 존재하지 않습니다. 따라서 마이크가 달린 웹캠이 있다면, 지트시에서는 영상 캡처 장치와 음성 캡처 장치의 2개 장치로 인식됩니다.

미디어 장치만 있다고 음성 또는 영상 통화가 가능한 것은 아닙니다. 미디어를 네트워크를 통해 송수신 해야 하기 때문입니다. 이 기능은 MediaStream이 담당합니다. 각 MediaStream은 MediaDevice와 마찬가지로 하나의 미디어 형식만을 제공합니다. 즉, 지트시에서의 음성/영상 통화는 음성과 영상을 각각 처리하는 2개의 별도 MediaStream을 사용합니다.

21.5.2 코덱

미디어의 또 다른 중요한 요소로 지트시에서의 MediaFormat 인터페이스에 해당하는 코덱(codec)이 있습니다. 대부분의 OS에서 기본적으로 지원하는 음성 코덱은 48KHz PCM(또는 그와 비슷한 코덱)인데, WAV 파일을 생각하면 됩니다. 우리가 익히 경험했듯이, WAV 파일은 음질은 좋지만 용량이 너무 큽니다. 즉, PCM 형식의 음성 데이터를 인터넷으로 주고받는 것은 실용적이지 않습니다.

그래서 다양한 음성/영상 코덱이 존재합니다. iLBC와 8KHz Speex, G.729 등의 음성 코덱은 대역폭은 작지만 음질이 너무 떨어지고, wideband Specx외

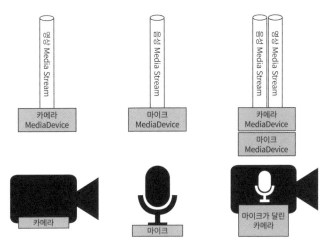

그림 21.4 장치별 MediaStream

G.722 등은 음질은 더 좋지만 필요한 대역폭이 매우 큽니다. 반면에, 대역폭을 너무 많이 차지하지 않으면서도 화질을 어느 정도 보장하는 H.264 같은 코덱도 있습니다. 그러나 H.264 코덱을 사용하는 데는 많은 CPU 시간이 소요되는 단점이 있습니다.

즉, 코덱의 선택은 대역폭과 음질 또는 화질, CPU 사용량에 대한 트레이드오프(trade-off) 문제가 됩니다. 따라서 VoIP를 다루는 사람들은 코덱에 대해 잘 알아야 합니다.

21.5.3 미디어와 프로토콜 제공자의 연동

프로토콜 제공자가 MediaService 서비스를 사용하는 방식은, 프로토콜 제공자가 사용되는 방식과 동일합니다. 우선, MediaService 인터페이스를 통해 해당 시스템이 지원하는 미디어 장치들을 얻습니다.

```
public List<MediaDevice> getDevices(MediaType mediaType, MediaUseCase useCase);
```

MediaType 파라미터는 사용하려는 미디어가 음성인지 영상인지를 지정하는 것입니다. MediaUseCase 파라미터는 영상 장치에서만 의미가 있는데, 일반적인 영상 통화를 위한 MediaUseCase.CALL과 데스크톱 공유를 위한 MediaUseCase.DESKTOP이 있습니다. MediaUseCase.CALL로 지정된 경우에는 활성화된 웹캠의 목록이 반환되고, MediaUseCase.DESKTOP으로 지정된 경우에는 사용자 데스크톱에 대한 핸들러가 반환됩니다.

그 다음에는 MediaDevice.getSupportedFormats 메서드를 통해 해당 장치가 지원하는 미디어 형식들을 얻어옵니다.

```
public List<MediaFormat> getSupportedFormats();
```

이 목록을 원격의 상대방에게 보내 상대방도 지원하는 형식들만 추려 돌려 줍니다. 이 과정은 제안-답변(Offer-Answer) 모델에 해당하고 SDP(Session Description Protocol) 또는 그에 상응하는 프로토콜로 처리됩니다.

지원되는 미디어 형식과 함께 IP 주소, 포트 번호를 교환한 후에는 VoIP 연결이 생성되고 미디어 스트리밍이 시작됩니다. 코드는 대략적으로 다음과 같은 모양입니다.

```
// RTP(미디어 송수신 프로토콜)와 RTCP(실시간 통신 제어 프로토콜)을 위한 각각의 소켓을 바탕으로
// StreamConnector 객체를 생성
StreamConnector connector = new DefaultStreamConnector(rtpSocket, rtcpSocket);
MediaStreamstream=mediaService.createMediaStream(connector,device,control);

// 상대방이 미디어를 기다리고 있는 IP 주소와 포트 번호를 MediaStreamTarget 객체를 통해
// 스트림에 설정.
// setTarget() 메서드의 내부 구현은 프로토콜마다 다름
stream.setTarget(target);

// 스트리밍의 방향 즉, 송신인지 수신인지를 설정
stream.setDirection(direction);

// 양측이 지원하는 미디어 형식 중 하나를 골라 설정
stream.setFormat(format);

// 해당 미디어 장치의 작동시키고 스트리밍을 시작
stream.start();
```

이제 웹캠 앞에서 춤을 추거나 마이크에 대고 말할 수 있습니다. "안녕하세요?"

21.6 사용자 인터페이스 서비스

지금까지는 지트시의 내부적인 측면(다양한 프로토콜 지원, 메시지 또는 음성/영상의 송수신)에 대해서만 설명했습니다. 그러나 지트시는 실제 사람이 사용하는 애플리케이션이므로, 사용자 인터페이스도 설명에서 빼놓을 수 없는 요소입니다.

사용자 인터페이스는 대부분 다른 번들이 제공하는 서비스를 사용하는 코드로 이뤄져 있지만, OS GUI와의 연동도 중요합니다. 플러그인을 대표적인 예로

들 수 있습니다. 지트시에서의 플러그인이란 사용자에게 인터페이스를 제공하는 역할을 하는 존재입니다. 따라서 플러그인은 실행창 또는 그 내부의 특정 영역에 사용자 인터페이스 컴포넌트를 추가/삭제하거나 적절히 배치할 수 있어야 하는데, 이를 위해 UIService 서비스가 존재합니다. UIService 서비스를 이용하여 지트시 메인 실행창에 대한 제어권을 얻을 수 있는 것입니다. 또 맥 OS X의 독(dock)이나 윈도우의 알림 영역에 접근할 수도 있습니다.

플러그인은 다른 플러그인이 제공하는 사용자 인터페이스를 확장할 수도 있습니다. 예를 들어, 채팅 암호화(Off The Record, OTR) 플러그인을 살펴봅시다. 지트시의 OTR 번들은 여러 사용자 인터페이스에 GUI 컴포넌트를 추가합니다. 채팅창에 '암호화' 버튼을 추가하고, 주소록의 컨텍스트 메뉴에 부메뉴를 추가합니다.

다른 번들이 정의한 사용자 인터페이스에 컴포넌트를 추가하는 것은 코드 몇 줄만으로 가능합니다. OtrActivator 클래스(OTR 번들의 OSGi 활성관리자)의 구현에는 다음과 같은 코드가 포함되어 있습니다.

```
Hashtable<String, String> filter = new Hashtable<String, String>();

// 컨텍스트 메뉴 항목을 등록
filter(Container.CONTAINER_ID,
    Container.CONTAINER_CONTACT_RIGHT_BUTTON_MENU.getID());

bundleContext.registerService(PluginComponent.class.getName(),
    new OtrMetaContactMenu(Container.CONTAINER_CONTACT_RIGHT_BUTTON_MENU),
    filter);

// 채팅창의 메뉴바에 항목을 등록
filter.put(Container.CONTAINER_ID,
        Container.CONTAINER_CHAT_MENU_BAR.getID());

bundleContext.registerService(PluginComponent.class.getName(),
        new OtrMetaContactMenu(Container.CONTAINER_CHAT_MENU_BAR),
        filter);
```

이 코드에서 보듯이, GUI 컴포넌트를 추가하는 것은 OSGi 서비스(이 경우에는 PluginComponent 인터페이스의 구현체)를 등록함을 의미합니다. 이렇게 등록된 서비스들을 실제로 반영하는 것은 UIService 클래스가 담당합니다. 어떤 서비스가 새로 등록되면, 해당 OSGi 필터에 해당하는 컨테이너들에 대해 그 서비스를 반영해주는 것입니다.

예를 들어, 다음 코드는 컨텍스트 메뉴를 처리하는 과정입니다(UI 번들의

MetaContactRightButtonMenu 클래스 구현의 일부).

```
// OSGi 번들 컨텍스트 객체에 등록된 플러그인 컴포넌트들을 검색
ServiceReference[] serRefs = null;

String osgiFilter = "("
    + Container.CONTAINER_ID
    + "="+Container.CONTAINER_CONTACT_RIGHT_BUTTON_MENU.getID()+")";

serRefs = GuiActivator.bundleContext.getServiceReferences(
        PluginComponent.class.getName(),
        osgiFilter);
// 검색된 플러그인들은 메뉴에 추가
for (int i = 0; i < serRefs.length; i ++)
{
    PluginComponent component = (PluginComponent) GuiActivator
        .bundleContext.getService(serRefs[i]);

    component.setCurrentContact(metaContact);

    if (component.getComponent() == null)
        continue;

    this.add((Component)component.getComponent());
}
```

지트시의 사용자 인터페이스 대부분은 위와 같은 방식으로 통해 구성됩니다. 각 사용자 인터페이스 번들은 번들 컨텍스트 객체에 자신을 목표로 등록된 PluginComponent 서비스들을 식별하고 해당하는 컴포넌트들을 생성하여 스스로 추가합니다.

21.7 교훈

프로젝트 초기에 우리가 가장 많이 받은 비판은 "왜 하필 자바인가? 자바가 느린 걸 모르는가? 그 속도로는 영상이나 음성 통화의 품질을 보장할 수 없을 거야"였습니다. "자바는 느리다"는 미신 때문이었는지 일반 사용자도 지트시로 갈아타기보다는 스카이프(Skype)를 고수했습니다. 그러나 지트시 프로젝트를 통해 우리가 배운 첫 번째 교훈은 자바로 인해 딱히 더 많은 성능 문제가 발생하지는 않는다는 점입니다.

모든 대안을 검토하여 신중하게 얻은 결론이 자바였다고 주장하지는 않겠습니다. 우리는 그저 다양한 OS를 쉽게 지원하고 싶었고, 자바 미디어 프레임워크를 사용하면 최소한의 노력으로 그 목표를 달성할 수 있을 것이라 판단했습

니다.

수년이 지난 지금, 자바를 선택한 것을 후회할 이유는 그렇게 많지 않습니다. 완벽하게 '하나의 소스로 다양한 OS를 지원'한 것은 아니지만, 90%의 코드가 OS 중립적으로 동작하고 있습니다. 지트시에서 가장 중요하고 복잡하다 할 수 있는 프로토콜(SIP, XMPP, RTP 등등) 구현 코드가 모두 OS 중립적입니다. 이런 복잡한 코드를 작성하면서 OS 사이의 차이를 고려하지 않아도 된다는 점이 얼마나 큰 축복이었는지.

게다가 자바의 넓은 저변은 지트시의 오픈 소스 커뮤니티의 활성화에도 큰 도움이 되었습니다. 오픈 소스에 기여할 개발자(contributor)는 매우 귀한 자원입니다. 새로운 개발자가 어떤 오픈 소스 프로젝트에 참여하려면, 그 프로젝트의 구조에 대해 심도 있게 공부해야 합니다. 그런데 이때 프로그래밍 언어까지 새로 학습해야 한다면 큰 장애물이 될 것입니다.

다른 사람들의 믿음과 다르게, 자바가 느려서 문제가 된 석은 거의 없습니다. 네이티브 코드로 대체한 부분들은 OS와 보다 매끄럽게 통합하기 위한 것이었습니다. 자바를 사용해서는 제대로 구현하기 어려웠던 기능들은 다음과 같습니다.

21.7.1 자바 사운드? PortAudio?

자바 사운드(Java Sound)는 자바 플랫폼에서 음성의 캡처와 재생 기능을 제공하는 기본 API로서, JRE에 기본적으로 포함되기 때문에 모든 자바 가상 머신에서 사용할 수 있습니다. 지트시의 초기에는 이 API를 사용했었는데, 기능적으로 많이 부족했습니다.

무엇보다도, 음성 장치를 선택할 수 없도록 API가 설계되어 있는 게 가장 문제였습니다. VoIP 사용자는 통화 중에 헤드셋을 사용할 수도 있고 스피커를 사용할 수도 있을 텐데, 자바 사운드는 시스템에 여러 개의 음성 장치가 있어도 OS 기본 장치만을 사용하도록 구현되어 있어 사용자에게 선택권을 줄 수 없었습니다. 게다가 우리는 착신음과 실제 통화 음성을 각각 별도의 장치에서 재생하는 기능을 제공하고 싶었기 때문에 더욱 문제가 되었습니다.

그래서 자바 사운드는 포기하고 대안을 찾아봤는데, PortAudio[2] 라이브러리가 있었습니다. PortAudio는 윈도우와 리눅스, 맥 OS X, FreeBSD 등을 지원하

2　http://portaudio.com/

는 오픈 소스 프로젝트여서 우리의 필요에 딱 들어맞았습니다.

자바로 부족할 때는 멀티플랫폼을 지원하는 오픈 소스 프로젝트가 차선책이라 할 수 있습니다. PortAudio 라이브러리를 도입한 결과, 우리는 애초에 원했던 미디어 장치의 선택적 사용 등의 다양한 기능을 제공할 수 있게 됐습니다.

21.7.2 영상 캡처와 재생

우리에게는 영상도 음성만큼이나 중요하지만, 썬(Sun) 엔지니어들에게는 그렇지 않았나 봅니다. JRE에는 영상을 처리하는 기본 API가 없었습니다. 자바 미디어 프레임워크에서 영상을 처리하려던 흔적이 보이긴 했지만, 그마저도 유지보수가 중단된 상태였습니다.

그래서 자연스럽게 대안을 찾기 시작했습니다. PortAudio와 같은 라이브러리가 영상 세계에도 있다면 좋았으련만, 이번에는 그런 행운이 없었습니다. 처음에는 켄 라르손(Ken Larson)이 시작한 LTI-CIVIL 프레임워크[3]를 도입해 보았습니다. 나름대로 훌륭한 프레임워크였지만, 도입 후 얼마 되지 않아 실시간 통신에는 적합하지 않은 것으로 밝혀졌습니다.[4]

그래서 영상에 관련해서는 OS마다 우리가 직접 구현했습니다. 작업의 난이도나 유지보수성을 고려할 때 쉽지 않은 선택이었지만, 대안이 없었습니다. 영상통화의 품질을 양보하고 싶지 않았기 때문입니다. 결국 우리는 해냈습니다!

지트시의 영상 캡처/재생 코드는 Video4Linux 2(리눅스), QTKit(맥 OS X), DirectShow/Direct3D(윈도우)를 기반으로 구현되었습니다.

21.7.3 영상 코덱

우리는 처음부터 영상 통화를 지원할 계획이었습니다. 자바 미디어 프레임워크가 영상을 H.263 코덱을 이용해 CIF(176x144) 형식으로 인코딩하는 기능을 제공했기 때문입니다. 그러나 일부 독자들은 이 부분에서 빵 터질지도 모르겠습니다. "H.263 CIF? 그렇게 후진 영상으로 통화를 하라고?"

따라서 우리는 FFmpeg 등의 영상 인코딩 라이브러리를 사용했습니다. 영상 인코딩은 자바의 성능 한계에 부딪힌 몇 안 되는 사례 중 하나였습니다. 그러나

---

3 (옮긴이) http://sourceforge.net/projects/lti-civil/
4 LTI-CIVIL 프레임워크를 사용하는 코드는 지금도 존재하므로, 원한다면 옵션 조정을 통해 동작시킬 수 있습니다.

C++이라고 좀 나았을까요? FFmpeg 개발자들이 성능 개선을 위해 어셈블러를 사용한 것에 주목해야 할 것입니다.

21.7.4 기타

네이티브 코드를 사용하는 것이 더 바람직했던 기능들이 몇 개 더 있습니다. 시스템의 알림 영역에 접근하기 위해 맥 OS X의 Growl과 리눅스의 libnotify를 사용했습니다. 마이크로소프트 아웃룩과 애플 주소록의 연락처 데이터베이스와 연동하기 위한 코드도 네이티브로 구현했습니다. 상대방에 따라 소스 IP를 달리 결정하는 코드, Speex와 G.722 코덱을 사용하는 코드, 데스크톱 스크린샷을 얻는 코드, 키 코드를 문자로 변환하는 코드도 네이티브입니다.

 네이티브 코드로 구현할 필요가 있고 그것이 가능할 때면, 우리는 항상 그렇게 해왔다는 점이 중요합니다. 지트시의 품질 향상을 최우선의 목표로 삼았기 때문입니다. 그러나 "왜 처음부터 이렇게 하지 않았을까"라고 후회한 적은 없습니다. 최선이 무엇인지 명확하지 않은 상황이라면 그중 한 가지를 선택하여 매진했습니다. 나중에 더 좋은 방안을 알게 되면 그때 수정했습니다. 만약 중간중간에 후회나 하고 있었다면 지금의 지트시는 존재하지 않았을 겁니다.

21.8 감사의 말

이 글의 모든 그림을 그려준 야나 스탬체바(Yana Stamcheva)에게 감사 인사를 전합니다.

옮긴이: 조상민
씽크프리(주)에서 워드프로세서를 개발했고, (주)와이더댄 리서치센터와 (주)NHN 기술혁신센터, (주)생각제곱을 거쳤으며, 현재는 (주)SK플래닛에서 개발자로 일하고 있다. 『Java 세상을 덮친 이클립스』 『생각하는 프로그래밍』 『프로그래밍 심리학』 『패턴을 활용한 리팩터링』을 함께 짓거나 옮겼다.

22장

천 파섹(Thousand Parsec)

앨런 로디치나(Alan Laudicina), 아아론 마브리낙(Aaron Mavrinac) 지음
현수명 옮김

광활한 별의 제국은 수백 개의 세계를 포함하고 있고 온 우주에 걸쳐 1000파섹[1] 넓이로 펼쳐져 있습니다. 여기에는 은하계의 다른 영역과는 다르게 진정한 전사가 살고 있었는데 이들은 지능이 높고 풍부한 문화와 학풍을 지니고 있었습니다. 양질의 과학기술 대학교로 이루어진 그들의 아름다운 행성은 이 시대의 평화와 번영의 상징이었습니다. 어느 날 머나먼 곳에서 우주선 한 대가 도착하고 사방에 연구원들이 나타났습니다. 그들은 전혀 시도해본 적이 없는 굉장한 프로젝트를 위해 그들의 기술을 공유하러 왔는데, 그 프로젝트는 바로 온 우주의 다양한 언어, 문화, 법체계를 연결하는 분산 컴퓨터 네트워크를 개발하는 것이었습니다.

천 파섹은 단순한 비디오 게임이 아닙니다. 멀티 플레이어를 지원하고 턴 기반의 우주 제국 전략 게임을 만들 수 있는 완전한 툴킷으로 구성된 프레임워크입니다. 천 파섹의 범용적인 게임 프로토콜을 사용하면 클라이언트, 서버, 인공지능 소프트웨어를 다양하게 구현할 수 있어서 굉장히 많은 게임을 만들 수 있습니다. 물론 계획을 세워야 하고 실천을 위한 도전의식도 있어야 하며 참여하는 사람들을 지나치게 수직적인 개발과 지나치게 수평적인 개발 사이에서 아슬아슬한 곡예를 하도록 만들어야 할 수도 있습니다. 하지만 오픈 소스 애플리케이션의 아키텍처에 대해 토론할 때는 꽤 흥미로운 샘플이 만들어지기도 합니다.

기자가 분류한 천 파섹 게임의 장르는 '4X'입니다. 즉 '탐험(explore), 확장(expand), 개발(exploit), 전쟁(exterminate)'의 줄임말로 제국을 제어하는 플레

---

1   (옮긴이) 파섹은 천문학에서 사용하는 거리의 단위로 1파섹은 약 3.26광년이다.

이어의 작업 방식을 뜻합니다.[2] 보통 4X 장르의 게임에서 플레이어는 지도에서 가보지 않은 곳을 정찰하고(탐험), 새로운 정착지를 만들거나 기존 정착지의 영향력을 넓히기도 하고(확장), 제어하고 있는 지역의 자원을 모아서 사용하거나(개발), 라이벌 플레이어를 공격하거나 죽이는 행동(전쟁)이 가능합니다. 경제, 기술 개발, 세부 관리, 우위를 차지하기 위한 다양한 방법들을 강조하는 천 파섹은 다른 전략 장르의 게임과는 비교할 수 없는 정도로 게임 플레이의 복잡성과 깊이를 만들어 냅니다.

플레이어의 관점에서 보면 천 파섹 게임에는 세 가지의 주요한 컴포넌트가 있습니다. 먼저 클라이언트입니다. 플레이어가 우주와 상호작용을 할 수 있도록 해주는 애플리케이션으로 네트워크로 서버와 연결되며 중요한 프로토콜을 사용해서 다른 플레이어(혹은 특정 경우에는 인공지능)의 클라이언트와 통신합니다. 서버는 전체 게임 상태를 저장하고 있으며 턴을 시작할 때마다 클라이언트를 갱신합니다. 그리고 나서 플레이어는 다양한 동작을 수행할 수 있으며 서버와 다시 통신해서 다음 턴의 결과를 계산합니다. 플레이어가 수행할 수 있는 동작의 종류는 룰셋(ruleset)에 의해 정의되는데 룰셋은 플레이 하는 게임, 서버 측 구현과 제한 사항, 지원하는 클라이언트로 플레이어를 실제화 하는 방법 등을 결정합니다.

만들 수 있는 게임이 다양하고 이 다양성을 만족하기 위해 아키텍처가 복잡하기 때문에 천 파섹은 게임을 즐기는 사람은 물론 개발자에게도 흥미로운 프로젝트입니다. 게임 프레임워크에는 관심이 적은 코더들도 클라이언트와 서버 간의 통신, 동적인 환경 설정, 메타데이터 처리, 레이어 기반의 구현 방식, 그리고 이 모든 것이 오픈 소스 스타일로 수년에 걸쳐 좋은 디자인으로 발전했다는 사실에 숨어있는 가치를 발견할 수 있을 것입니다.

천 파섹의 핵심은 게임 프로토콜과 다른 관련 기능에 대한 표준 명세를 모아 놓은 것입니다. 이 장에서는 추상화된 관점에서 논의하겠지만, 실제 구현을 언급하는 게 더 효율적인 경우가 많겠습니다. 그래서 마지막에는 구체적인 논의를 위해 각 주요 컴포넌트의 '대표(flagship)' 구현체를 살펴보도록 합니다.

---

2 천 파섹에 영감을 받아 만들어진 상용 게임은 Master of Orion, Galactic Civilizations, Space Empires, VGA Planets, Stars! 등이 있습니다. 익숙하지 않은 독자들을 위해 한마디 덧붙이면 Civilization 시리즈는 비록 설정은 다르지만 같은 게임플레이 스타일의 유명한 게임입니다. 그리고 Imperium Galactica, Sins of a Solar Empire와 같은 실시간 4X 게임도 많이 존재합니다.

클라이언트로 살펴 볼 사례는 비교적 잘 만들어진 wxPython 기반의 tpclient-pywx라는 클라이언트로, 최신 버전의 게임 프로토콜과 많은 기능을 지원하고 있습니다. 이 클라이언트는 캐싱과 다른 기능을 지원하는 파이썬 클라이언트 헬퍼 라이브러리인 libtpclient-py와 천 파섹 프로토콜의 최신 버전을 구현한 파이썬 라이브러리인 libtpproto-py를 사용합니다. 서버의 사례로는 최신 기능과 프로토콜을 지원하며 C++로 구현한 tpserver-cpp를 살펴봅니다. 이 서버는 많은 룰셋을 지원하는데 그 중에는 전통적인 4X 우주게임을 구현하고 가장 많은 기능을 활용한 Missile and Torpedo Wars라는 마일스톤 룰셋도 있습니다.

22.1 우주 제국

천 파섹의 우주를 어떻게 만드는지 살펴보기 전에 먼저 전반적인 게임의 내용을 살펴보는 게 좋겠습니다. 이를 위해 프로젝트의 두 번째 마일스톤 룰셋인 Missile and Torpedo Wars 룰셋을 살펴보겠습니다. 이 룰셋은 현재 천 파섹 프로토콜 메인 버전의 주요한 기능을 대부분 사용해서 만들어졌습니다. 앞으로 사용할 몇 가지 용어가 익숙하지 않을 수도 있지만 이 절을 정리하면서 더 자세히 설명할 테니 걱정하지 않으셔도 됩니다.

Missile and Torpedo Wars는 천 파섹 프레임워크의 모든 메서드를 구현한 룰셋입니다. 이 글을 작성하는 시점에 모든 메서드를 구현한 룰셋은 이게 유일하며 더 완전하고 재미있는 게임으로 빠르게 발전하고 있습니다.

클라이언트는 천 파섹 서버와 연결되고 나면 서버에게 게임 리스트를 물어보고 전체 목록을 다운 받습니다. 이 목록은 모든 객체, 보드, 메시지, 카테고리, 디자인, 컴포넌트, 프로퍼티, 플레이어, 자원 등 게임의 상태를 구성하는 요소들을 포함하고 있습니다. 이 절에서 하나씩 살펴보겠습니다. 게임 시작 시 그리고 턴이 끝날 때마다 클라이언트가 소화해야 하는 게 많긴 하지만 게임을 진행하는데 필수적인 정보들입니다. 이 정보를 다운로드 하는 건 보통 몇 초 안에 이루어지며 한 번 다운로드하고 나면 클라이언트는 게임을 실행하는데 필요한 모든 준비를 마치게 됩니다.

처음 서버에 접속하면 새로운 플레이어의 '모성'이 될 임의의 행성이 하나 생성되고 두 개의 함대가 자동으로 생성됩니다. 각 함대는 두 개의 기본 스카우트(Scout) 디자인으로 구성되며 스카우트는 알파 미사일 튜브를 장착하고 있습니다. 기본 함대에는 추가된 폭발 컴포넌트가 아직 없기 때문에 함 대 함 혹은 함 대 행성 간 전투를 할 수가 없습니다. 그래서 사실 무방비 상태나 다름없습니다.

플레이어는 이 시점에 함대에 무기를 장착하는 게 중요합니다. 이를 위해서는 먼저 무기 개발 명령(Build Weapon)을 통해 무기 디자인을 생성하고 무기 장착 명령(Load Armament)을 통해 완성된 무기를 함대에 장착하면 됩니다. 무기 개발 명령은 각 행성에 임의로 정해진 비율과 양만큼의 자원을 완성품, 즉 행성의 표면에 생성되는 폭발 탄두로 변환합니다. 이렇게 해서 완성된 무기는 무기 장착 명령으로 기다리고 있는 함대에 전달됩니다.

쉽게 접근할 수 있는 행성 표면의 자원을 다 소모하게 되면 채굴을 통해 자원을 더 확보하는 게 중요합니다. 자원은 채굴이 가능한 상태(mineable)와 그렇지 않은 상태(inaccessible)라는 두 상태로 분류할 수 있는데 행성에 채굴 명령(Mine)을 내리면 채굴이 가능한 자원은 시간이 흐른 후 표면 자원으로 변환되고 이 자원을 통해 제작을 할 수 있습니다.

22.1.1 객체

천 파섹의 우주에서 모든 사물은 객체입니다. 사실 우주 그 자체도 객체입니다. 이런 디자인으로 인해 룰셋을 꼭 필요한 몇 가지 객체만으로 간단하게 유지하면서도 게임에는 가상의 요소를 무한히 만들 수 있습니다. 새로운 종류의 객체를 추가할 때는 물론이고, 모든 객체는 천 파섹 프로토콜을 통해 보내거나 사용할 수 있는 자신만의 특정한 정보를 가질 수 있습니다. 기본으로는 제공되는 다섯 가지 내장 객체는 우주(Universe), 은하계(Galaxy), 별 시스템(Star System), 행성(Planet), 함대(Fleet)입니다.

우주는 천 파섹 게임에서 가장 상위의 객체라서 모든 플레이어가 언제든지 접근할 수 있습니다. 우주 객체가 실제로 게임에 많은 영향을 주진 않지만 꽤 중요한 정보인 현재 몇 번째 턴인지를 저장하고 있습니다. 또한 천 파섹 용어로 '년도'라고 표현하는 이 턴 번호는 당연히 턴이 끝날 때마다 하나씩 증가합니다. 턴 정보는 unsigned 32비트 integer에 저장하며 4,294,967,295년까지 게임을 진행할 수 있습니다. 이론상으로 불가능한 건 아니지만 이렇게까지 진행된 게임은 아직까지는 보지 못했습니다.

은하계는 별 시스템, 행성, 함대 등 객체를 여러 개 담을 수 있는 컨테이너로 다른 정보는 제공하지 않습니다. 게임에는 많은 수의 은하계가 존재할 수 있으며 각각은 우주의 세부 항목들을 담당합니다.

별 시스템도 지금까지 살펴본 두 개의 객체처럼 주로 저 수준의 객체를 담는 컨테이너입니다. 하지만 별 시스템 객체는 클라이언트에서 그래픽으로 표현하는 첫 번째 객체로 행성과 함대를(최소한 임시로) 포함하고 있습니다.

행성은 사람이 살 수도 있고 채굴 가능한 자원, 생산 시설, 지상 무기 등이 있는 큰 천체입니다. 행성은 플레이어가 소유할 수 있는 첫 번째 객체이고 행성의 소유권은 쉽게 획득할 수 없는 업적이며 룰셋에서 플레이어가 아무런 행성도 소유하지 못하면 게임 패배로 처리하는 게 보통입니다. 행성 객체는 상대적으로 많은 양의 다음과 같은 데이터를 가지고 있습니다.

· 행성을 소유하고 있는 플레이어 ID(어떤 플레이어도 소유하고 있지 않으면 -1)
· 행성의 자원 리스트, 보유하고 있는 자원 ID(종류), 표면 자원의 양, 채굴 가능한 자원의 양, 채굴 불가능한 자원의 양.

지금까지 설명한 내장 객체들은 전통적인 4X 우주게임의 기준을 따르며 많은 룰셋의 좋은 기반이 되고 있습니다. 그리고 좋은 소프트웨어 개발 원칙처럼 룰셋에서 객체 클래스를 확장할 수도 있습니다. 따라서 룰셋 디자이너는 룰셋에서 정의한 기존 객체에 추가 정보를 넣거나 새로운 종류의 객체를 생성할 수 있습니다. 즉, 게임에서 사용 가능한 물리적인 객체는 무제한으로 확장할 수 있다는 의미입니다.

22.1.2 명령

각 룰셋에 정의하는 명령은 함대와 행성 객체에 사용할 수 있습니다. 핵심 서버가 기본으로 제공하는 명령은 없지만 명령이라는 것은 기본적인 게임을 진행하기 위해 필수적인 부분입니다. 룰셋의 종류에 따라 다르겠지만 명령은 거의 대부분 작업을 수행하는 데 사용됩니다. 4X 장르를 따르는 대부분의 룰셋에서는 몇 가지 표준 명령을 구현하는데 이는 이동(Move), 요격하기(Intercept), 빌드(Build), 식민지화(Colonize), 채굴(Mine), 공격(Attack) 명령 등입니다.

4X의 첫 번째 요건인 탐험을 만족하기 위해서는 플레이어가 우주지도 안을 돌아다닐 수 있어야 합니다. 이를 위해서는 보통 함대 객체에 이동(Move) 명령을 보내면 됩니다. 천 파섹 프레임워크는 유연하고 확장 가능하기 때문에 룰셋의 종류에 따라 이동 명령을 다르게 구현할 수 있는데 Minisec과 Missile and

Torpedo Wars에서 이동 명령은 3D 영역에서 매개변수로 포인트를 소모합니다. 서버 측에서는 예상 도착 시간을 계산하고 필요한 턴 수를 클라이언트로 전달합니다. 또한 이동 명령은 팀워크가 구현되지 않은 룰셋에서는 공격 명령으로 동작합니다. 예를 들면 Minisec과 Missile and Torpedo Wars에서 적 함대가 소유하고 있는 지점으로 이동할 시에는 대부분 치열한 전투로 이어집니다. 이동 명령의 매개변수를 다르게 구현한(3D 포인트를 사용하지 않는) 룰셋도 있습니다. 예를 들어 Risk 룰셋에서는 '웜홀'에 직접 연결된 행성으로 이동하려면 한 턴을 소비해야 합니다.

보통 함대 객체에 사용하는 요격하기(Intercept) 명령은 우주에서 한 객체가 다른 객체(보통 적 함대)를 만나도록 해줍니다. 이 명령은 이동 명령과 비슷하지만 조금 다릅니다. 한 턴이 진행되는 동안 두 개의 객체는 서로 다른 방향으로 움직일 수 있기 때문에 공간 좌표를 사용해서 다른 함대를 바로 만나는 건 사실 불가능합니다. 따라서 다른 종류의 명령이 필요한 것입니다. 요격하기 명령은 이 문제를 해결해주며 우주 저편에 있는 적 함대를 전멸시키거나 위기의 순간에 몰려드는 공격을 막는데 사용할 수 있습니다.

빌드(Build) 명령은 4X의 확장과 개발 요건을 만족시키는 명령입니다. 우주 전체에서 확장이라는 단어의 명확한 의미는 많은 함대를 만들고 최대한 넓고 멀리 이들을 이동시키는 것입니다. 빌드 명령은 보통 행성 객체에 사용하며 행성이 들고 있는 자원의 양과 이 자원을 어떻게 개발할지와 관련됩니다. 운이 좋은 플레이어라면 모성이 자원을 많이 가지고 있어서 게임 초반에 많이 유리할 수 있습니다.

식민지화(Colonize) 명령은 빌드 명령처럼 확장과 개발 요건을 만족시키는 명령입니다. 거의 대부분 함대 객체에 사용하며 플레이어가 아직 주인이 없는 행성을 점령할 때 사용합니다. 이 명령을 통해 우주의 여러 행성에 대한 영향력을 확장할 수 있습니다.

채굴(Mine) 명령은 개발 요건을 만족시킵니다. 이 명령은 보통 행성 객체와 다른 천체에 사용하며 이 명령을 통해 플레이어는 지금 당장은 이용할 수 없는 표면의 사용되지 않은 자원을 채굴할 수 있습니다. 이를 통해 자원이 표면으로 이동하게 되며 빌드에 이 자원을 사용함으로써 결국 우주에서 플레이어의 영향력을 확장할 수 있습니다.

특정 룰셋에 구현된 공격(Attack) 명령은 4X의 마지막 요건인 전쟁을 만족시키는 명령으로 플레이어는 이를 통해 적 함대나 행성과의 전투를 시작할 수 있습니다. 팀 기반의 룰셋에서는 아군을 공격하는 것을 방지하고 공격을 제어하기 위해 확실한 공격 명령(단순히 이동해서 목표를 공격하는 요격하기 명령과는 다른)을 제공하는 게 중요합니다.

천 파섹 프레임워크에서는 룰셋 개발자들이 각자 스스로 명령 유형을 정의할 수 있기에 고정관념을 깨고 다른 곳에서는 찾아볼 수 없는 커스텀 명령을 생성할 수 있으며 심지어 장려하기까지 합니다. 어떤 객체에든 추가적인 데이터를 넣을 수 있기 때문에 개발자는 커스텀 명령 타입으로 재미있는 일을 많이 만들 수 있습니다.

22.1.3 자원

게임상에서 자원은 객체에 포함되는 추가 데이터를 의미합니다. 많이 사용되는 자원, 특히 행성 객체에 사용되는 자원의 경우 룰셋으로 확장하기 쉬워야 합니다. 천 파섹의 다른 수많은 설계 결정 사항처럼 자원에 대한 확장성도 중요한 사항이었습니다.

자원은 보통 룰셋 디자이너에 의해 구현되지만 프레임워크에서 사용되는 단 하나의 자원이 있습니다. 바로 모성 자원으로 플레이어의 모성을 구분하는 데 사용됩니다.

천 파섹을 이용한 잘 만든 사례를 보면 보통 자원은 특정한 종류의 객체로 변환됩니다. 예를 들어 Minisec에서는 Ship Parts 자원이 우주의 각 행성 객체마다 임의의 양만큼 할당되도록 구현했습니다. 그리고 이 행성 중 하나를 식민지화하면 이 Ship Parts 자원을 빌드 명령을 사용해서 실제 함대로 변환할 수 있도록 구현했습니다.

Missile and Torpedo Wars는 아마 어떤 룰셋보다도 자원의 활용을 극대화한 룰셋일 것입니다. 행성에 있는 다양한 종류의 무기를 함대에 장착할 수 있고 반대로 우주선의 무기를 행성에도 장착할 수 있는 첫 번째 룰셋이기 때문입니다. 이를 위해서는 게임에 존재하는 모든 무기에 대한 자원 타입을 생성해야 합니다. 그래야 우주선은 자원으로 무기 타입을 확인할 수 있으며 우주 안에서 마음대로 무기를 이동시킬 수 있습니다. 또한 Missile and Torpedo Wars에서는 각 행성의 팩토리 자원을 통해 행성의 생산 능력을 파악할 수 있습니다.

22.1.4 디자인

천 파섹에서 무기와 우주선은 다양한 컴포넌트로 구성될 수 있습니다. 이 컴포넌트들은 게임상에서 제작해 사용할 수 있는 것들의 프로토타입, 즉 디자인을 바탕으로 만들어집니다. 룰셋을 생성할 때 디자이너는 무기와 우주선의 디자인을 동적으로 생성할 수 있게 할 것인가 아니면 단순히 미리 정의된 디자인만 사용할 것인가에 대한 결정을 가장 먼저 내려야 합니다. 미리 정의된 디자인을 사용하는 게임은 개발하기 쉽고 게임의 균형을 맞추기도 쉽습니다. 반면에 디자인을 동적으로 생성할 수 있는 게임은 전체적으로 한 단계 더 높은 복잡성, 난이도 그리고 재미가 더해지게 됩니다.

사용자가 디자인을 생성할 수 있게 하면 게임은 한결 고급스러워집니다. 사용자는 반드시 전략적으로 그들의 우주선과 무기를 디자인해야 하기 때문에 게임에 다양성이 더해집니다. 이 다양성은 결국 운이나(예를 들어, 위치) 다른 게임 전략으로 플레이어가 얻을 수 있는 굉장한 이점을 줄이는 역할을 합니다. 이런 디자인은 천 파섹 컴포넌트 언어(Thousand Parsec Component Language, TPCL), 나중에 다시 다룹니다)로 명시된 각 컴포넌트의 규칙을 따르며 각 룰셋마다 디자인은 달라지게 됩니다. 그 결과 무기와 우주선의 디자인을 구현하는 개발자는 프로그래밍을 하지 않아도 됩니다. 단지 룰셋에서 사용할 수 있는 각 컴포넌트의 간단한 규칙을 변경하는 것으로 충분합니다.

신중하게 계획하지 않고 균형을 적절히 맞추지 않으면 커스텀 디자인의 장점은 사라지기 마련입니다. 게임 후반부로 가면 빌드할 새로운 종류의 무기와 우주선을 디자인 하는데 꽤 많은 시간이 소요될 수도 있습니다. 또한 클라이언트 측에서 디자인을 변경하는 과정에 대한 좋은 사용자 경험을 제공하는 것도 도전적인 과제입니다. 디자인을 변경하는 화면이 게임에서는 중요한 부분입니다. 하지만 다른 화면과는 완전히 달라서 클라이언트에 이 화면을 추가하는 일이 결코 쉽지 않습니다. 천 파섹의 가장 완전한 클라이언트인 tpclient-pywx는 현재 이 창을 비교적 멀리 배치해 놓았는데 메뉴 바의 서브 메뉴 안에서(게임에서 거의 사용되지 않는) 이 화면을 제공하고 있습니다.

디자인 기능은 룰셋 개발자들이 게임을 거의 무제한 수준으로 확장할 수 있으면서 쉽게 사용할 수 있도록 설계됐습니다. 대부분의 룰셋은 미리 정의된 디자인만을 허용하지만 Missile and Torpedo Wars은 무기와 우주선의 디자인을 변경해서 다양한 컴포넌트로 만들 수 있는 기능을 제공합니다.

22.2 천 파섹 프로토콜

혹자는 프로젝트의 모든 것을 만드는 기본이 천 파섹 프로토콜이라고 말합니다. 이 프로토콜은 룰셋을 작성하는 사람들이 사용할 수 있는 기능, 서버가 동작하는 방법, 어떤 클라이언트를 지원해야 하는지 등을 정의합니다. 그리고 가장 중요하게는 항성 간의 통신을 위한 표준처럼 다양한 소프트웨어 컴포넌트들이 서로를 이해하는 수단으로 사용됩니다.

서버는 게임의 실제 상태와 변하는 부분을 룰셋이 제공하는 규칙대로 관리합니다. 각 턴마다 플레이어의 클라이언트는 객체, 소유하고 있는 것들, 현재 상태, 진행 중인 명령, 자원 비축량, 기술 진행 속도, 메시지 등 플레이어 눈에 보이는 게임의 모든 상태를 받게 됩니다. 그리고 나서 플레이어는 주어진 현재 상태를 기준으로 명령을 내리거나 디자인을 만드는 등의 특정 동작을 수행할 수 있고 다음 턴을 계산하기 위해 서버로 이 동작들을 다시 보내게 됩니다. 이러한 과정에서 모든 통신은 천 파섹 프로토콜로 이루어집니다. 이 아키텍처의 흥미롭고 상당히 의도적인 효과는 바로 인공지능 클라이언트입니다. 이 클라이언트는 서버/룰셋과는 완전히 별개이며 그저 게임에 참여하는 컴퓨터 플레이어를 의미합니다. 실제 플레이어의 클라이언트와 동일한 규칙을 사용하고 있으며 여러 정보에 부당하게 접근하거나 규칙을 악용하는 행위는 절대 허용하지 않습니다.

프로토콜 명세는 일련의 프레임을 정의하고 있는데, 모든 프레임(헤더 프레임 제외)은 자신만의 데이터를 추가할 수 있는 기본 프레임 타입을 가지고 있는 계층 구조로 이루어져 있습니다. 명시적으로는 절대 사용되지 않고 특정 프레임의 기본 프레임으로만 사용되는 여러 가지 종류의 추상 프레임 타입이 있으며 또한 전송 방향을 정의해서 (서버 혹은 클라이언트) 한쪽에서는 보내고 다른 쪽에서는 받을 수만 있도록 만들 수도 있습니다.

천 파섹 프로토콜은 TCP/IP상에서 혼자 동작하거나 HTTP 터널링 같은 다른 프로토콜에서도 동작하도록 설계됐습니다. 또한 SSL 암호화도 지원합니다.

22.2.1 기본

프로토콜은 서버와 클라이언트 간의 통신에서 유비쿼터스 역할을 해주는 범용적인 프레임을 몇 가지 제공합니다. 조금 전에 언급했던 Header 프레임은 다른 모든 프레임의 기본이 되는 Request와 Response라는 두 가지 자식 프레임을 제공합니다. Request 프레임은 통신을 초기화하는데(양방향) 사용하고 Response 프레임은 이에 대한 응답으로 만들어집니다. OK와 Fail 프레임은(둘 다 Response입니다) 두 개의 불리언 로직에 대한 값을 제공하고 Sequence 프레임은(역시 Response) 요청에 대한 응답으로 연속된 프레임이 이어질 것이라고 수신자에게 알려주는 역할을 합니다.

천 파섹에서는 구분자로 숫자로 된 ID를 사용합니다. 그래서 프레임은 이 ID를 사용해서 데이터를 다룹니다. Get With ID 프레임이 이런 ID를 가져오는 기본적인 요청입니다. 또한 ID를 들고 있는 '슬랏(slot)'을 받아오는 Get With ID and Slot 프레임도 있습니다. 클라이언트의 상태를 초기화할 때는 여러 개의 ID를 가져와야 하는데, 이럴 때는 Get ID Sequence 타입의 요청을 사용하면 되고 ID Sequence 타입을 응답으로 받습니다. 이처럼 여러 개의 항목에 대한 요청을 보내는 일반적인 방법은 Get ID Sequence 요청을 보내고 ID Sequence 응답을 받는 것입니다. 그리고 나서 각각에 대한 Get With ID 요청을 보내고 그에 해당하는 응답을 받아서 처리하면 됩니다.

22.2.2 플레이어와 게임

클라이언트로 게임을 플레이하기 전에 처리돼야 하는 절차가 몇 가지 있습니다. 클라이언트는 먼저 서버로 Connect 프레임을 보내야 합니다. 그러면 서버는 OK 혹은 Fail 응답을 보내줍니다. Connect 프레임에는 클라이언트의 프로토콜 버전이 명시되는데, 이 버전이 맞지 않아서 요청이 실패하는 경우도 있습니다. 혹은 서버가 응답으로 Redirect 프레임을 보내서 다른 서버나 서버 풀로 클라이언트를 리다이렉트시킬 수도 있습니다. 이후 클라이언트는 Login 프레임을 보내서 플레이어의 신원을 확인하고 인증합니다. 새로운 플레이어이면 Create Account 프레임을 보내서 서버가 알 수 있도록 합니다.

천 파섹의 어마어마한 변동성 때문에 클라이언트는 서버가 어떤 프로토콜 기능을 지원하는지 알 필요가 있습니다. 이는 Get Features 요청을 보내고 Features 응답을 통해서 알 수 있는데 서버가 보내는 응답은 다음과 같습니다.

· SSL과 HTTP 터널링 사용 가능 여부(현재 포트 혹은 다른 포트)
· 서버 측 컴포넌트 프로퍼티 연산을 지원하는지 여부
· 응답 안에 포함된 연속된 ID들의 정렬 방식(오름차순 vs 내림차순)

비슷하게 Get Games 요청과 연속된 Game 응답은 서버에서 현재 활성화된 게임의 종류를 클라이언트에게 알려줍니다. 하나의 Game 프레임에 있는 게임 정보를 보면 다음과 같습니다.

- 게임의 이름(설명)
- 지원하는 프로토콜 버전
- 서버의 종류와 버전
- 룰셋의 이름과 버전
- 설정 가능한 네트워크 연결 항목
- 추가 옵션 항목(플레이어의 수, 객체의 수, 관리자 정보, 질문, 현재 턴 번호 등)
- 게임에서 사용되는 미디어의 베이스 URL

당연히 플레이어는 자기가 누구와 함께 게임을 하는지(혹은 경쟁하는지) 알고 싶어 하기 때문에 이를 위한 여러 개의 프레임이 있습니다. 여러 항목을 처리하는 일반적인 패턴(item sequence pattern)에 따라 Get Player IDs 요청을 보내고 List of Player IDs 응답을 받은 다음 각각에 대한 Get Player Data 요청과 Player Data 응답을 사용하면 됩니다. Player Data 프레임은 플레이어의 이름과 종족 정보를 포함하고 있습니다.

게임의 턴 역시 프로토콜로 제어됩니다. 플레이어가 모든 동작을 완료하면 다음 턴을 준비해 달라는 Finished Turn 요청을 서버에게 보냅니다. 그러면 모든 플레이어가 턴을 완료하고 나서 다음 턴이 처리됩니다. 턴 역시 서버가 부과하는 시간 제한이 있어서 너무 느리거나 응답이 없는 플레이어로 인해 게임이 지연되지 않습니다. 보통 클라이언트가 Get Time Remaining 요청을 보내고 서버의 Time Remaining 응답의 값을 기준으로 로컬 타이머를 설정해서 현재 턴의 남은 시간을 추적합니다.

마지막으로 천 파섹은 모든 플레이어에게 방송하기, 한 명의 플레이어에게 게임 공지사항 전달하기, 플레이어 간의 대화하기 등 다양한 용도로 사용하는 메시지 기능을 제공합니다. 이 메시지는 '보드' 컨테이너별로 분류되며 순서와 숨김 여부가 각각 관리됩니다. 그리고 마찬가지로 연속된 항목을 처리하는 패턴을 사용하는데 Get Board IDs 요청과 List of Board IDs 응답 그리고 이어지는 여러 개의 Get Board 요청과 이에 대한 Board 응답으로 처리됩니다.

클라이언트가 메시지 보드에서 정보를 가져가려면 Get Message 요청을 보내서 해당 보드의 메시지를 슬랏별로 가져갑니다(Get Message가 Get With ID and Slot 베이스 프레임을 사용하기 때문에). 서버는 메시지의 제목, 내용, 메시지가 생성된 턴, 메시지에서 언급된 다른 항목들에 대한 참조 등이 담긴 Message 프레임을 응답으로 보냅니다. 천 파섹에서는 일반적인 항목들(플레이어, 객체 등)에 더하여 메시지 우선순위, 플레이어 행동, 명령의 상태 등 약간 특별한 항목들도 존재합니다. 보통 클라이언트는 Messsage 프레임의 이동 수단 역할을 해주는 Post Message 프레임을 사용해서 메시지를 추가할 수 있으며 Remove Message 프레임을(GetMessage 프레임을 기반으로 하는) 사용해서 메시지를 삭제할 수 있습니다.

22.2.3 객체, 명령, 자원

우주와 상호작용을 하는 여러 가지 과정들은 객체, 명령, 자원을 처리하는 여러 개의 프레임을 조합해서 처리할 수 있습니다.

우주의 물리적인 상태 혹은 최소한 플레이어가 제어할 수 있거나 눈으로 볼 수 있는 부분은 클라이언트를 통해 턴이 끝날 때마다 갱신되어야 합니다. 클라이언트는 보통 Get Object IDs 요청을(Get ID Sequence) 보내고 서버는 이에 대한 응답으로 List of Object IDs를 보내 줍니다. 그러면 클라이언트는 Get Object by ID로 각 객체의 세부 내용에 대한 요청을 보내고 서버는 플레이어가 볼 수 있는 항목인 종류, 이름, 크기, 위치, 속도, 포함된 객체, 가능한 명령의 종류, 현재 명령 등 자세한 정보가 담긴 Object 프레임을 응답으로 보내줍니다. 또한 프로토콜은 우주에서 지정한 영역 안의 모든 객체를 찾아주는 Get Object IDs by Position 요청도 제공합니다.

클라이언트에도 연속된 항목을 처리하는 패턴으로 사용할 수 있는 여러 가지의 명령이 존재합니다. Get Order Description IDs 요청을 보내고 List of Order Description IDs 응답을 받은 다음 각 ID에 대한 Get Order Description 요청을 보내서 Order Description 응답을 받는 방식입니다. 명령과 명령을 처리하는 큐에 대한 구현은 프로토콜의 역사만큼 뚜렷하게 발전했는데 기존에는 각 객체가 하나씩 명령 큐를 가지고 있었습니다. 그래서 클라이언트는 명령의 종류, 목표 객체, 기타 정보들을 포함하는 Order 요청을 보내고 명령의 예상 결과에 대한 내용을 Outcome 응답으로 받았습니다. 그리고 명령이 처리되고 나면 실제 결과가 담긴 Result 프레임을 다시 받았었습니다.

두 번째 버전에서는 Outcome 프레임의 내용이 Order 프레임으로 포함되었고(서버의 입력이 필요하지 않기 때문에) Result 프레임은 완전히 삭제됐습니다. 그리고 최신 버전의 프로토콜에서는 명령 큐가 객체 밖으로 리팩터링됐고 메시지와 보드의 처리 방식처럼 동작하는 Get Order Queue IDs, List of Order Queue IDs, Get Order Queue, Order Queue 프레임이 추가됐습니다.[3] Get Order와 Remove Order 프레임을 사용하면 (둘 다 Get With ID Slot을 요청) 클라이언트는 큐에 접근해서 명령을 하나씩 가져오거나 삭제할 수 있습니다. Insert Order 프레임은 이제 Order 페이로드를 실어 나르는 운송 수단 역할을 하며 Probe Order라는 또 다른 프레임으로 이 동작은 완성됩니다. 이 프레임은 클라이언트가 특정한 경우에 로컬에서 사용할 목적으로 정보를 가져갈 때 사용됩니다.

자원에 대한 설명을 가져올 때도 역시 연속된 항목을 처리하는 패턴을 사용합니다. Get Resource Description IDs 요청을 보내고 List of Resource Description IDs 응답을 받은 다음 일련의 Get Resource Description 요청을 보내고 Resource Description 응답을 받으면 됩니다.

22.2.4 디자인 변경

천 파섹 프로토콜에서 디자인을 변경하는 일은 카테고리, 컴포넌트, 프로퍼티, 디자인이라는 네 개의 하위 카테고리로 나눌 수 있습니다.

카테고리는 서로 다른 종류의 디자인을 구분할 수 있는 기준입니다. 가장 많이 사용되는 종류의 디자인으로는 우주선과 무기가 있습니다. 카테고리를 생성하는 방법은 간단한데, 카테고리에는 오직 이름과 설명만 있기 때문입니다. 그래서 Category 프레임에는 오직 두 개의 문자열만 있을 뿐입니다. 각 카테고리는 룰셋에 의해서 Category 프레임의 운송수단 역할을 해주는 Add Category 요청을 통해 디자인 스토어에 추가됩니다. 카테고리를 관리하는 방법도 역시 연속된 항목을 처리하는 패턴을 사용하며 Get Category IDs 요청과 List of Category IDs 응답을 사용해 처리합니다.

---

3 사실은 그 반대입니다. 프로토콜의 두 번째 버전에서는 메시지와 보드가 명령으로부터 파생됩니다.

컴포넌트는 디자인을 구성하는 서로 다른 부분과 모듈로 구성되는데, 우주선의 선체에 있거나 미사일이 장착되는 튜브 안에 있는 것이라면 무엇이든 가능합니다. 컴포넌트는 카테고리보다 많은 정보를 가지고 있습니다. Component 프레임이 들고 있는 정보는 다음과 같습니다.

· 컴포넌트의 이름과 설명
· 컴포넌트가 속해 있는 카테고리 리스트
· 천 파섹 컴포넌트 언어(TPCL)인 Requirements 함수
· 프로퍼티 리스트와 그에 해당하는 값

여기서 Requirements 함수는 컴포넌트와 특히 관련이 있습니다. 왜냐하면 컴포넌트는 우주선이나 무기, 제작하는 다른 객체를 만드는 부분이기 때문에 디자인에 컴포넌트를 집어넣었을 때 잘 동작한다는 보장이 꼭 필요합니다. 그래서 Requirements 함수는 디자인에 추가되는 각 컴포넌트를 검증해서 이미 추가되어 있는 다른 컴포넌트의 규칙과 합치게 됩니다. 예를 들면, Missile and Torpedo Wars에서는 우주선에 알파 미사일 튜브가 없으면 알파 미사일을 장착할 수 없도록 되어 있습니다. 이러한 검증이 클라이언트 측과 서버 측 양쪽에서 이루어지기 때문에 프로토콜 프레임 안에 전체 함수가 선언돼야 하며 간결한 언어(TPCL, 잠시 후 다루는)를 선택한 이유이기도 합니다.

디자인의 모든 프로퍼티는 Property 프레임으로 통신하며 각 룰셋은 게임에서 사용되는 여러 가지 프로퍼티들을 공개하고 있습니다. 보통 우주선에 허용되는 특정한 미사일 튜브의 수나 특정 선체에 장착 가능한 장갑의 양 등이 프로퍼티로 표현됩니다. Component 프레임처럼 Property 프레임도 TPCL로 만들어지며 Property 프레임이 가지고 있는 정보는 다음과 같습니다.

· 프로퍼티의 (보이는) 이름과 설명
· 프로퍼티가 속한 카테고리 리스트
· 프로퍼티의 이름(TPCL 구분자로 사용 가능한)
· 프로퍼티의 등급
· 천 파섹 컴포넌트 언어(TPCL)의 Calculate와 Requirements 함수

프로퍼티의 등급은 의존 계층 관계를 구분하는 데 사용됩니다. TPCL에서 함수는 한 프로퍼티와 동일하거나 더 낮은 등급의 프로퍼티에는 의존하지 않습니다.

즉 등급 1의 Armor 프로퍼티와 등급 0의 Invisibility 프로퍼티를 가지고 있으면 Invisibility 프로퍼티는 Armor 프로퍼티에 직접 의존할 수 없다는 의미입니다. 이러한 등급 시스템은 축소된 순환 종속 관계로 구현됐습니다. Calculate 함수는 프로퍼티가 어떻게 보이고 측정 방법을 어떻게 구분 짓는지를 정의하는 데 사용됩니다. Missile and Torpedo Wars에서는 게임 데이터 파일에서 게임 프로퍼티를 XML로 저장할 수 있는데 실제 프로퍼티 예제로 그림 22.2를 살펴봅시다.

```
<prop>
 <CategoryIDName>Ships</CategoryIDName>
 <rank value="0"/>
 <name>Colonise</name>
 <displayName>Can Colonise Planets</displayName>
 <description>Can the ship colonise planets</description>
 <tpclDisplayFunction>
    (lambda (design bits) (let ((n (apply + bits))) (cons n (if (= n 1) "Yes" "No")) ) )
 </tpclDisplayFunction>
 <tpclRequirementsFunction>
    (lambda (design) (cons #t ""))
 </tpclRequirementsFunction>
</prop>
```

이 예제는 우주선 카테고리에 속하는 등급 0의 프로퍼티를 보여주고 있습니다. Colonise라는 이름의 이 프로퍼티는 우주선이 행성을 식민지화 하는 능력에 관한 프로퍼티입니다. TPCL의 Calculate 함수를 (여기서는 tpclDisplayFunction 으로 표시된) 살펴보면 이 프로퍼티는 우주선의 능력에 따라 "Yes" 혹은 "No" 중에 하나를 보여준다는 것을 알 수 있습니다. 이렇게 프로퍼티를 추가하는 방식으로 인해 룰셋 디자이너는 게임의 측정 기준을 세부적으로 제어할 수 있고, 쉽게 비교할 수 있으며 플레이어가 익숙한 방식으로 보여줄 수도 있습니다.

Design 프레임과 관련 프레임들을 사용해서 우주선이나 무기, 게임의 다른 아티팩트들의 실제 디자인을 만들거나 변경할 수 있습니다. 현재의 모든 룰셋에서는 기존에 만들어 놓은 컴포넌트와 프로퍼티를 사용해서 우주선이나 무기를 만드는 데 이 프레임들을 사용합니다. 디자인을 위한 규칙들은 이미 프로퍼티와 컴포넌트 모두 TPCL Requirements 함수로 다루고 있기 때문에 디자인을 만드는 일은 훨씬 더 간단합니다. Design 프레임이 가지고 있는 정보는 다음과 같습니다.

· 디자인의 이름과 설명
· 디자인이 속한 카테고리 리스트

- 디자인의 인스턴스 수
- 디자인을 만든 이
- 컴포넌트 ID와 그에 해당하는 컴포넌트 수
- 프로퍼티 리스트와 해당하는 출력 문자열
- 디자인에 대한 피드백

이 프레임은 다른 것들과 확실히 다릅니다. 무엇보다도 게임에서는 디자인이 한 항목이 되기 때문에 각 디자인을 만든 이가 누구인지에 대한 정보가 들어갑니다. 또한 디자인이 몇 번 인스턴스화 됐는지도 추적합니다.

22.2.5 서버 관리

서버 관리를 위해 프로토콜을 확장하는 것도 가능하며 실시간으로 서버를 원격 제어할 수도 있습니다. 일반적인 방식은 셸과 비슷한 커맨드 인터페이스나 GUI 설정 패널을 사용한 관리자 클라이언트를 통해 서버에 접속해서 설정을 변경하거나 관리를 위한 작업을 수행하는 방식입니다. 하지만 싱글 플레이어 게임에서 몰래 관리 작업을 수행하는 등 특별한 경우도 있긴 합니다.

이전 절에서 설명한 게임 프로토콜대로 관리자 클라이언트는 먼저 연결을 설정해야 하며(게임을 진행 중인 포트와는 별개의 포트로) Connect와 Login 요청으로 인증을 거쳐야 합니다. 연결되고 나면 클라이언트는 서버로부터 로그 메시지를 받을 수 있으며 서버로 커맨드를 보낼 수도 있습니다.

로그 메시지는 Log Message 프레임을 통해 클라이언트로 전달됩니다. 이 프레임에는 문맥에 따라 적절한 중요도와 내용이 들어가 있으며 클라이언트는 모두를 보여줄지 아니면 일부분만 보여줄지 혹은 어떠한 메시지도 보여주지 않을지를 결정할 수 있습니다.

서버는 또한 Command Update 프레임을 클라이언트에게 보낼 수 있는데, 클라이언트는 이를 받아서 로컬 커맨드를 생성하거나 갱신합니다. 서버는 지원하는 커맨드를 Get Command Description IDs 프레임에 대한 응답으로 클라이언트에 전달합니다. 각 커맨드에 대한 설명은 Get Command Description 프레임에 대한 서버의 응답인 Command Description 프레임으로 알 수 있습니다.

이런 교환 방식은 게임 프로토콜에서 사용한 명령 프레임의 방식과 많이 비슷합니다(사실 원래 여기에 기반하고 있습니다). 이 방식으로 커맨드는 사용자에게 전달되며 내부적으로 커맨드를 검사할 수 있어서 네트워크 사용을 최소한으로 줄일 수 있습니다. 관리자 프로토콜은 처음부터 새로 만든 게 아니라 게임 프로토콜이 이미 잘 만들어졌을 때 같이 만들어졌습니다. 즉 개발자들은 게임 프로토콜에 이미 존재하는 기능으로 관리자 기능을 구현하기에 충분하다는 것을 발견하고서 같은 프로토콜 라이브러리에 코드를 추가했습니다.

22.3 지원 기능

22.3.1 서버 지속성

턴 기반의 다른 전략 게임처럼 천 파섹 게임은 상당한 시간 동안 게임이 이어질 수 있습니다. 게다가 어떨 때는 플레이어의 하루 주기 리듬보다 더 길어지기도 합니다. 이렇게 시간이 길어지면 어떤 이유에서든 예상보다 빨리 서버의 처리가 중단될 수 있습니다. 그래서 천 파섹 서버는 플레이어가 자리를 떠나면 우주의 모든 상태를(여러 개의 우주일지라도) 데이터베이스에 저장해서 지속성을 제공합니다. 이 기능은 또한 싱글 플레이어 게임을 저장하는 용도로도 사용되며, 자세한 내용은 이어서 살펴보겠습니다.

대표적인 서버인 tpserver-cpp는 지속성을 위한 추상 인터페이스를 제공하며 다양한 데이터베이스 백엔드를 붙일 수 있는 모듈 플러그인 시스템을 지원합니다. 이 글을 쓰는 지금 tpserver-cpp는 MySQL과 SQLite를 위한 모듈을 제공합니다.

추상 Persistence 클래스는 서버가 게임의 다양한 요소를(우주 제국 절에서 살펴본) 저장하고 갱신하고 읽어오는 기능을 구현한 클래스입니다. 데이터베이스는 게임 상태가 변경되는 서버 코드의 여러 부분에서 계속 갱신되며 서버가 갑자기 중단되거나 죽는 일이 생겨도 해당 시점의 모든 정보는 서버가 다시 시작될 때 모두 복구돼야 합니다.

22.3.2 천 파섹 컴포넌트 언어

천 파섹 컴포넌트 언어(TPCL)는 서버와의 통신 없이도 클라이언트에서 자체적으로 디자인을 만들기 위해 존재합니다. 프로퍼티, 마크업, 디자인의 유효성 여부에 대한 즉각적인 피드백을 받으면서 말입니다. 그래서 플레이어는 새로운 우주선, 구조 재정의, 추진력, 장비, 방어 시설, 군사비 등의 가능한 기술들을 상호작용을 해가며 만들 수 있습니다.

　TPCL은 Scheme의 아주 작은 부분을 수정한 부분 집합입니다. Scheme의 R5RS 표준을 만족하기 때문에 호환되는 어떤 해석기든 사용할 수 있습니다. Scheme을 처음부터 선택한 이유는 Scheme의 단순함 때문이었습니다. 임베디드 언어로 Scheme을 사용한 다수의 사례도 있었고 많은 언어로 구현된 해석기도 사용할 수 있었습니다. 그리고 오픈 소스 프로젝트에서 가장 중요한 방대한 문서도 Scheme을 사용하고, 해석기(interpreters)를 개발할 때 활용할 수 있었습니다.

　TPCL의 Requirements 함수 예제 하나를 살펴봅시다. 컴포넌트와 프로퍼티에서 사용하며 서버 측의 룰셋에 포함되어서 게임 프로토콜로 클라이언트와 통신하는 예제입니다.

```
(lambda (design)
  (if (> (designType.MaxSize design) (designType.Size design))
      (if (= (designType.num-hulls design) 1)
          (cons #t "")
          (cons #f "Ship can only have one hull")
      )
      (cons #f "This many components can't fit into this Hull")
  )
)
```

Scheme에 익숙한 독자라면 이 코드가 이해하기 쉽다는 데 의심할 여지가 없을 것입니다. 이 코드는 게임에서(클라이언트와 서버 모두) 다른 컴포넌트 프로퍼티(MaxSize, Size, Num-Hulls)를 해당 디자인에 추가할 수 있는지 검사할 때 사용됩니다. 먼저 컴포넌트의 Size가 디자인상의 최대 크기 안에 들어가는지 검사하고 디자인에 다른 선체는 없는지 검사합니다(이 문장으로 이것이 우주선 선체의 Requirements 함수라는 것을 알 수 있습니다).

22.3.3 BattleXML
약한 무기를 장착하고 있는 스카우트 소함대의 소규모 전투에서부터 두 개의 주요한 함대가 중심지에서 격돌하는 최후의 전투까지 모든 전투에는 번호가 매겨집니다. 천 파섹 프레임워크에서 전투의 세부적인 내용은 룰셋으로 관리되며 전투에 관련된 명시적인 클라이언트 측 기능은 존재하지 않습니다. 보통 플레이어는 전투의 시작과 결과만 메시지로 전달받고 전투 결과는 객체에 적절히 적용됩니다(예를 들어 우주선이 파괴되는 등). 플레이어는 룰셋이 다루는 복잡한 전투의 매커니즘보다는 상위 레벨에 집중하고 있긴 하지만 전투를 더 자세히 검사할 수 있다는 장점이 있습니다(최소한 재미를 위해).

BattleXML이 필요한 곳이 바로 여기입니다. 전투 데이터는 크게 두 부분으로 나눌 수 있는데, 사용되는 그래픽의 세부 내용을 정의하는 미디어 정의(media definition)와 전투 중에 실제 어떤 일이 벌어지는지 정의하는 전투 정의(battle definition)입니다. 이 데이터들은 현재의 천 파섹에서 지원하는 2D 전투 뷰어와 3D 전투 뷰어 두 개로 확인할 수 있습니다. 물론 전투의 종류는 룰셋에 따라서 완전히 달라지기 때문에 룰셋 코드는 BattleXML 데이터를 실제로 만들어야 하는 책임을 지고 있습니다.

미디어 정의는 뷰어의 종류와 관련이 있는데, 디렉터리에 저장되거나 혹은 필요한 XML 데이터, 그래픽 파일, 모델 파일 등과 함께 압축됩니다. 데이터에는 우주선마다(혹은 다른 객체) 어떤 미디어가 사용돼야 하는지와 무기를 발사하거나 죽는 등의 동작을 위한 애니메이션, 우주선의 무기에 대한 미디어 등이 명시됩니다. 파일 위치는 XML 파일에 상대적이라고 가정하며 부모 디렉터리를 참조할 수는 없습니다.

전투 정의는 뷰어와 미디어에 독립적입니다. 먼저 전투 시작 시점의 양쪽 엔터티들을 유일한 구분자와 이름, 설명, 종류 같은 정보와 함께 명시합니다. 그리고 전투의 매 턴마다 객체의 이동, 발사된 무기(발사한 주체와 목표 모두), 객체에 입힌 피해, 죽은 객체, 로그 메시지 등을 명시합니다. 한 턴마다 얼마나 자세한 정보를 명시할지는 룰셋에 정의한 내용에 따라 달라집니다.

22.3.4 메타서버

플레이할 수 있는 공개된 천 파섹 서버를 찾는 일은 마치 광활한 우주 한가운데에 홀로 있는 스텔스 정찰기의 위치를 찾는 것과 같습니다. 어디를 찾아봐야 하는지도 모른다면 상황은 더 어려워집니다. 다행히 공개된 서버는 중앙 허브 역할을 하는 메타서버에 자신의 위치를 알려줄 수 있으며 이를 통해 플레이어에게 공개됩니다.

현재 구현된 메터서버는 metaserver-lite로 PHP 스크립트로 작성됐으며 천 파섹 웹사이트처럼 서비스되고 있습니다. 서버를 등록하려면 갱신 동작, 지원하는 타입, 위치(프로토콜, 호스트, 포트), 룰셋, 플레이어의 수, 객체 수, 관리자, 다른 추가 정보와 함께 HTTP 요청을 보내면 됩니다. 서버 리스트는 정해진 시간마다 갱신되기 때문에(기본 값은 10분) 서버는 주기적으로 메타서버에 자신을 갱신해줘야 합니다.

스크립트에 특정한 동작을 지정하지 않고 호출하면 웹 사이트에 서버 리스트를 세부 내용과 함께 보여주는데 사용할 수 있습니다. 클릭할 수 있는 URL(보통 tp:// 형태)도 같이 보여주며 badge 동작을 지정하면 작은 '배지' 형태로 서버 리스트를 보여줍니다.

클라이언트는 메타서버에 get 동작을 사용해서 가능한 서버 리스트를 요청할 수 있습니다. 이 경우 메타서버는 클라이언트에게 하나 혹은 여러 개의 Game 프레임을 리스트의 각 서버마다 반환합니다. tpclient-pywx에서는 최초 연결 창의 서버 브라우저를 통해 리스트가 표시됩니다.

22.3.5 싱글 플레이어 모드

천 파섹은 처음부터 네트워크 멀티 플레이어 게임으로 설계됐습니다. 하지만 플레이어가 로컬 서버를 띄워놓고 AI 클라이언트를 몇 개 연결해 둔 다음에 커스텀 싱글 플레이어로 우주를 정복하려는 시도를 막을 수는 없습니다. 프로젝트는 몇 가지 표준 메타데이터와 기능을 정의해서 이 과정을 지원하고 있으며 GUI 위자드나 파일을 더블클릭하는 것만큼 쉽게 설정할 수 있습니다.

이 기능의 핵심은 각 컴포넌트(서버, AI 클라이언트, 룰셋 등)의 프로퍼티와 특성에 관한 메타데이터 포맷을 정의한 XML DTD입니다. 컴포넌트 패키지는 하나 혹은 여러 개의 이런 XML 파일로 구성되며 결국 모든 이 메타데이터는 두 개의 중요한 부분인 서버와 AI 클라이언트로 나눠진 배열 형태로 만들어집니다. 서버의 메타데이터를 보면 보통 하나 혹은 여러 개의 룰셋 메타데이터를 발견할 수 있습니다. 이는 룰셋이 여러 서버를 위해 구현될지라도 특정 설정은 달라질 수 있기 때문에 보통 각 구현별로 별개의 메타데이터가 필요하기 때문입니다. 이런 컴포넌트 하나를 위한 엔트리가 가지고 있는 정보는 다음과 같습니다.

· 짧은 이름(바이너리), 긴 이름(설명), 상세한 설명 등의 설명 데이터
· 설치된 컴포넌트 버전, 저장된 데이터의 초기 버전은 설치된 버전과 호환됨
· 사용할 수 있는 커맨드 문자열과 강제로 설정되는 매개변수
· 플레이어가 설정할 수 있는 매개변수

강제로 설정되는 매개변수는 플레이어가 설정할 수 없는 값으로 보통 컴포넌트의 로컬, 싱글 플레이어 기능에 대한 옵션입니다. 플레이어가 설정할 수 있는 매개변수로는 이름, 설명, 데이터 종류, 기본 값, 값의 범위, 커맨드 문자열에 적용되는 포맷 문자열 등이 있습니다.

조금 특별한 경우도 있긴 하지만(예를 들어, 특정 룰셋을 위한 클라이언트의 미리 정의된 게임 설정), 싱글 플레이어 게임을 만드는 일반적인 과정은 적합한 컴포넌트를 고르는 일부터 시작합니다. 클라이언트를 선택하는 건 암묵적일 수밖에 없는데 플레이어가 이미 게임을 하기 위해 클라이언트 하나를 실행했을 것이기 때문입니다. 그래서 잘 만들어진 클라이언트는 나머지 부분을 설정할 때 사용자 친화적인 방법을 사용합니다. 다음으로 선택해야 하는 것은 룰셋으로 플레이어는 여러 개의 룰셋을 마주하게 됩니다. 이때 서버의 세부적인 내용은 신경 쓰지 않아도 되는데 선택한 룰셋이 여러 개의 서버에 설치된 경우라면(아마 극히 드문 경우), 플레이어는 하나를 선택할 것이고, 그렇지 않으면 적절한 서버가 자동으로 선택될 것이기 때문입니다. 그 다음 플레이어는 룰셋과 서버를 위한 옵션을 메타데이터에서 가져온 기본 값을 기준으로 설정하게 됩니다. 마지막으로 적절한 AI 클라이언트가 설치되어 있다면 플레이어는 하나 혹은 여러 개의 AI 클라이언트를 게임에 추가할 수 있습니다.

게임을 이렇게 설정하고 나면 클라이언트는 메타데이터의 커맨드 문자열 정보를 사용해서 적절한 매개변수와 함께 (룰셋, 룰셋의 매개변수, 서버 설정에 포함되는 모든 매개변수 등) 로컬 서버를 띄웁니다. 전에 언급했던 관리자 프로토콜 확장으로 서버가 동작하고 연결하는데 문제가 없다는 게 확인되면 AI 클라이언트를 실행하고 게임에 문제없이 연결되는지 확인합니다. 모든 것이 다 잘 동작하면 클라이언트는 그제서야 서버에 접속합니다. 마치 온라인 게임에 접속하는 것처럼 말입니다. 그리고 플레이어는 드넓은 우주에서 탐험하고 무역을 하고 정복을 하는 등 마음껏 게임을 즐길 수 있습니다.

싱글 플레이어 기능을 활용하는 또 하나의 방법(아주 중요)은 게임을 세이브하거나 로드하는 기능입니다. 그리고 비슷하게 바로 게임을 플레이할 수 있는 시나리오를 로드하는 기능도 있습니다. 이 경우 세이브한 데이터(반드시 필요하진 않지만 하나의 파일)는 싱글 플레이어 게임 환경 설정 데이터를 게임 자체의 영속적인 데이터와 함께 저장합니다. 그리고 호환되는 버전으로 제공된 모든 컴포넌트는 플레이어의 시스템 환경에 설치되고 세이브된 게임이나 시나리오가 거의 자동으로 실행됩니다. 이런 특별한 시나리오는 단 한 번의 클릭으로 게임에 진입할 수 있는 방법을 제공합니다. 비록 지금의 천 파섹은 전용 시나리오 편집기나 편집 모드가 지원되는 클라이언트를 가지고 있진 않지만 룰셋의 일반적인 기능 범위 밖에서 영속적인 데이터를 만들어서 일관성과 적합성을 검증할 수 있는 방법을 제공한다는 것이 콘셉트입니다.

지금까지 이 기능에 대한 설명은 조금 추상적이었습니다. 조금 더 자세히 살펴보면, 파이썬 클라이언트 헬퍼 라이브러리인 libtpclient-py는 현재 천 파섹 프로젝트의 싱글 플레이어 메커니즘을 모두 구현한 유일한 라이브러리입니다. 이 라이브러리는 SinglePlayerGame라는 클래스를 제공하는데 이 클래스가 인스턴스화 되면 시스템의 모든 싱글 플레이어 메타데이터를 자동으로 취합합니다(물론 해당 플랫폼에서 XML 파일이 어디에 설치돼야 하는지에 대한 가이드라인이 있습니다). 그리고 나면 객체는 사용 가능한 컴포넌트의 다양한 정보들 즉 서버, 룰셋, AI 클라이언트, 딕셔너리(파이썬의 배열)에 저장되는 매개변수 등을 클라이언트를 통해 요청합니다. 지금까지 설명한 게임을 설정하는 일반적인 과정처럼 보통의 클라이언트는 다음과 같은 단계를 수행합니다.

1. SinglePlayerGame.rulesets으로 가능한 룰셋 리스트를 요청하고 선택한 룰셋을 SinglePlayerGame.rname으로 객체에 설정합니다.

2. SinglePlayerGame.list_servers_with_ruleset으로 해당 룰셋을 구현한 서버 리스트를 요청하고 필요하다면 사용자에게 보여준 다음 하나를 선택하게 하고 선택한 서버를 SinglePlayerGame.sname으로 객체에 설정합니다.

3. SinglePlayerGame.list_rparams와 SinglePlayerGame.list_sparams로 서버와 룰셋의 매개변수를 각각 받아온 다음에 사용자가 설정할 수 있도록 보여줍니다.

4. SinglePlayerGame.list_aiclients_with_ruleset으로 해당 룰셋에 사용할 수 있는 AI 클라이언트를 찾고 SinglePlayerGame.list_aiparams로 받아올 수 있는 매개변수를 통해 사용자가 AI 클라이언트를 하나 혹은 여러 개를 설정할 수 있도록 보여줍니다.

5. SinglePlayerGame.start를 호출해서 게임을 실행하고 성공적으로 게임이 실행되면 접속할 수 있는 TCP/IP 포트를 반환합니다.

6. 마지막으로는 SinglePlayerGame.stop을 호출해서 게임을 종료합니다(실행
   중인 서버와 AI 클라이언트 프로세스도 모두 종료합니다).

천 파섹의 대표적인 클라이언트인 tpclient-pywx는 저장된 게임이나 시나리오
파일을 처음에 바로 로드하지 않고 사용자 친화적인 위자드를 제공하여 이런 과
정을 처리합니다. 이 위자드를 위해 만든 사용자 중심의 워크플로는 오픈 소스
개발 프로젝트의 장점을 보여주는 좋은 예입니다. 처음에 개발자들은 지금과는
아주 다르게 내부 동작 방식과 유사한 방식의 게임 설정 과정을 제안했었습니
다. 하지만 커뮤니티의 토론과 공동 개발을 통해서 사용자가 더 사용하기 좋은
형태로 발전했습니다.

　마지막으로 게임과 시나리오를 저장하는 기능은 libtpclient-py의 기능과 인터
페이스인 tpclient-pywx와 함께 tpserver-cpp에 실제로 구현돼 있습니다. 이 기
능은 지속성 모듈로 구현됐으며 어떠한 외부 프로세스도 필요 없고 데이터베이
스를 파일 하나로 저장하는 오픈 소스 RDBMS인 SQLite를 사용합니다. 서버의
특정 매개변수를 설정해서 SQLite 지속성 모듈을 사용할 수 있고 늘 그렇듯이
데이터베이스 파일은 (임시 위치에 있는) 게임을 진행하는 내내 갱신됩니다. 플
레이어가 게임을 세이브하면 데이터베이스 파일은 특정 위치로 복사되고 싱글
플레이어 설정 데이터를 담고 있는 테이블 하나가 추가됩니다. 나중에 이 파일
이 어떻게 로드되는지는 이제 독자들도 알고 있으리라 봅니다.

22.4 교훈

확장성이 좋은 천 파섹 프레임워크가 탄생하고 점점 발전함에 따라 개발자는 중
간에 결정했던 설계를 다시 평가하고 뒤돌아볼 수 있는 많은 기회를 가질 수 있
었습니다. 기존의 핵심 개발자들(Tim Ansell과 Lee Begg)은 프레임워크를 처음
부터 만들었으며 비슷한 프로젝트에 대해서 조언을 아끼지 않았습니다.

22.4.1 잘한 점
천 파섹의 개발에 있어서 가장 중요한 핵심은 구현에 이어서 프레임워크의 서브
셋을 정의하고 만들기로 한 결정이었습니다. 이렇게 반복적이면서 조금씩 발전
하는 설계 결정으로 인해 프레임워크는 새로운 기능이 끊임없이 추가되면서 유

기적인 발전이 가능해졌습니다. 그리고 이는 자연스럽게 천 파섹 프로토콜의 주요한 성공작마다 버전을 정하는 결정으로 이어졌습니다. 이렇게 프로토콜에 버전을 정함으로써 프레임워크는 새로운 플레이 방법을 계속 추가하며 지속적으로 발전할 수 있었습니다.

성장하고 있는 프레임워크를 개발할 때는 목표와 개발주기(iterations)를 아주 작게 가져가는 게 중요합니다. 몇 주마다 마이너 릴리스를 하는 정도로 개발 주기를 짧게 잡으면 프로젝트가 빠르게 진행될 수 있습니다. 즉각적인 결과를 만들어 내면서 말입니다. 구현과 관련된 또 하나의 성공을 꼽자면 클라이언트-서버 모델입니다. 이를 통해 게임 로직과 아무런 상관없이 클라이언트를 개발할 수 있었습니다. 이렇게 클라이언트와 서버 로직을 분리하는 모델은 천 파섹의 전반적인 성공에 아주 중요한 요소였습니다.

22.4.2 아쉬운 점

천 파섹 프레임워크에서 아쉬웠던 결정은 바이너리 프로토콜을 사용하겠다는 결정이었습니다. 예상하는 것처럼 바이너리 프로토콜을 디버깅하는 것은 쉽지 않았으며 시간도 굉장히 오래 걸렸습니다. 추후에도 이런 결정을 하지 않기를 정말 강력히 추천하고 싶습니다. 프로토콜이 발전하면서 복잡성도 너무나 심해졌습니다. 그래서 프로토콜을 만들 때는 필수적인 기본 기능만 구현하는 게 중요합니다.

가끔 개발 주기가 굉장히 길어졌습니다. 큰 프레임워크의 오픈 소스 개발 일정을 관리할 때는 개발의 속도를 유지하기 위해 개발 주기마다 추가할 기능을 작은 부분으로 나누는 게 중요합니다.

22.4.3 결론

우리는 지금까지 거대한 우주선의 프로토타입에서 선체의 뼈대를 면밀하게 살펴 작은 우주선을 만드는 것 같은 천 파섹 아키텍처의 다양한 세부사항은 제외했습니다. 유연성과 확장성에 대한 일반적인 설계 기준이 처음부터 개발자들 마음속에 자리하고 있었지만 프레임워크의 역사를 살펴보면 우리에게 확실한 게 하나 있었습니다. 바로 새로운 생각과 새로운 관점들이 북적대는 오픈 소스 생태계 시스템만이 기능과 응집력을 유지하면서 엄청난 양의 가능성을 만들어낼 수 있었다는 점입니다. 천 파섹은 매우 야심 찬 프로젝트이면서 오픈 소스 진영의 다른 프로젝트처럼 할 일이 많이 남아있습니다. 시간이 지나 더 복잡한 새로운 게임이 개발된다 하더라도 천 파섹은 기능을 확장하면서 계속 발전했으면 하는 바람입니다. 결국 천 파섹의 여정도 한걸음 내딛는 데서 시작됩니다.

옮긴이: 현수명

장인 개발자를 꿈꾸는 수습 개발자로, 함께 배우고 토론하며 지식 공유하기를 좋아한다. 신나고 즐겁게 개발하기 위해 노력 중이며, 습득한 지식은 블로그(soomong.net)를 통해 공유한다.

23장

텔레파시(Telepathy)

다니엘 마델리(Danielle Madeley) 지음
서지혁 옮김

텔레파시(Telepathy)[1]는 음성, 영상, 텍스트, 파일 전송 등을 다루는 실시간 통신을 위한 모듈화된 프레임워크입니다. 텔레파시의 차별점은 다양한 인스턴트 메시지 프로토콜의 세부사항을 추상화 한다는 점이 아니라, 여러 응용 프로그램이 동시에 사용하는 프린터 서비스처럼, 통신을 하나의 서비스로 제공한다는 점입니다. 텔레파시는 이것을 달성하기 위해 D-Bus 메시지 버스와 모듈화된 설계를 광범위하게 사용합니다.

서비스로서의 통신은 응용 프로그램 간의 통신 수단을 제공하므로 굉장히 유용합니다. 이메일 클라이언트에서 연락처의 상태를 확인하고, 해당 연락처와 통신을 시작하고, 파일 브라우저에서 바로 파일을 전송하거나, 텔레파시에서 Tubes로 알려진 기능인 응용 프로그램 내에서 연락처 간의 협업 기능을 제공하는 등 흥미로운 많은 일을 가능하게 합니다.

텔레파시는 2005년 로버트 맥퀸(Robert McQueen)이 만들었으며, 그 이후 맥퀸이 공동 창립한 회사인 Collabora를 포함한 여러 회사와 개인이 유지, 개발하고 있습니다.

D-Bus 메시지 버스

D-Bus는 GNOME, KDE 데스크톱 환경 등, GNU/Linux 시스템의 백본 대부분을 구성하는, 프로세스 간 통신을 위한 비동기적 메시지 버스입

---

1 http://telepathy.freedesktop.org/ 또는 http://telepathy.freedesktop.org/doc/book/의 개발자 매뉴얼 참조.

니다. D-Bus의 설계는 공유 버스를 기반으로 합니다. 응용 프로그램들은 (소켓 주소로 구분되는) 버스에 연결하여 같은 버스에 연결된 다른 응용 프로그램을 대상으로 메시지를 보내거나 모든 버스 구성원에게 광대역(broadcast) 신호를 보낼 수 있습니다. 버스에 연결된 응용 프로그램에는 IP 주소와 유사한 버스 주소가 할당되고, DNS 이름처럼 'org.freedesktop.telepathy.AccountManager' 같은 몇 개의 잘 알려진 이름을 차지할 수 있습니다. 모든 프로세스는 메시지 전달과 이름 등록을 처리하는, D-Bus 데몬을 통해 통신합니다.

사용자의 관점에서 볼 때 모든 시스템에는 두 개의 버스가 있습니다. 시스템 버스는 사용자가 시스템 공용의 구성요소(프린터, 블루투스, 하드웨어 관리 등)들과 통신하게 해 주며, 시스템을 사용하는 모든 사용자와 공유됩니다. 세션 버스는 사용자에게 고유한, 즉 로그인된 사용자당 하나의 세션 버스가 있으며, 사용자의 각 응용 프로그램이 서로 통신을 할 때 사용됩니다. 응용 프로그램이 대량의 트래픽을 버스를 통해 전달해야 하는 경우, 사설 버스나 중재자인 dbus-daemon이 없는 P2P 버스를 생성하여 통신할 수도 있습니다.

libdus, GDBus, QtDBus, python-dbus 등 여러 라이브러리가 D-Bus 데몬과 통신하기 위한 D-Bus 프로토콜을 구현합니다. 이 라이브러리들은 D-Bus 메시지의 송수신, 언어의 타입을 D-Bus의 타입으로 마샬링, 그리고 객체를 버스에 발행하는 역할을 합니다. 이러한 라이브러리들은 주로 연결됐거나 활성화 가능한 응용 프로그램의 목록을 받아오거나, 버스에서 잘 알려진 이름들을 요청하는 편의성 API도 제공합니다. D-Bus 단에서 이 모든 것은 dbus-daemon 자체가 발행한 객체의 메서드를 호출하여 이루어집니다.

D-Bus에 대한 더 자세한 정보는 http://www.freedesktop.org/wiki/Software/dbus에 있습니다.

23.1 텔레파시 프레임워크의 구성요소

텔레파시는 모듈화되어 있으며, 각 모듈들은 D-Bus 메시징 버스를 통해 통신합니다. 대부분의 모듈은 사용자 세션 버스를 사용합니다. 이 통신은 텔레파시 명세[2]에 상세히 명시되어 있습니다. 그림 23.1에 텔레파시 프레임워크의 구성요소들이 나와 있습니다.

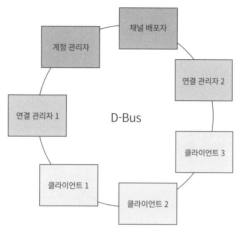

그림 23.1 텔레파시 구성요소 예시

- 연결 관리자는 텔레파시와 통신 서비스들 간의 인터페이스를 제공합니다. XMPP, SIP, IRC 등을 위한 연결 관리자가 있습니다. 새로운 프로토콜에 대한 지원을 위해서는 해당 프로토콜을 위한 새로운 연결 관리자를 작성하면 됩니다.
- 계정 관리자 서비스는 사용자의 통신 계정들을 저장하고, 요청을 적합한 연결 관리자에 연결하는 역할을 합니다.
- 채널 배포자는 각 연결 관리자로부터 들어오는 채널을 듣고, 해당 종류의 채널(문자, 음성, 영상, 파일, 튜브 등)을 다룰 수 있는 클라이언트들에게 신호를 전달합니다. 채널 배포자는 특히 텔레파시 클라이언트가 아닌 응용 프로그램이 발송 채널을 요청하고 적절한 클라이언트가 그것을 지역적으로 처리할 수 있게 하는 서비스를 제공합니다. 이것은 응용 프로그램, 예를 들어 이메일 클라이언트가 연락처와의 텍스트 채팅을 요청하면, 인스턴스 메시징 클라이언트가 채팅 창을 보여주게 할 수 있습니다.
- 텔레파시 클라이언트들은 들어오는 채널(문자, 음성, 영상, 파일, 튜브 등)에

---

2 http://telepathy.freedesktop.org/spec/

대한 연결 관리자의 신호를 듣고, 해당 채널을 처리할 수 있는 클라이언트들에게 전달합니다. 클라이언트는 인스턴스 메신저와 VoIP 클라이언트 같은 사용자 인터페이스 그리고 대화 로거 같은 서비스를 모두 포함합니다. 클라이언트는 관심 있거나 처리하고자 하는 채널 종류의 목록과 함께 자신을 채널 배포자에 등록합니다.

현재 버전의 텔레파시에서, 계정 관리자와 채널 배포자는 Mission Control이라는 하나의 프로세스가 제공하도록 구현되어 있습니다.

이러한 모듈화는 더그 맥일로이(Doug McIlroy)의 "딱 한 가지 일만을 훌륭하게 처리하는 프로그램을 작성한다"라는 철학에 기반하였고, 몇 가지 중요한 이점을 가집니다.

· 견고함: 한 구성요소에 결함이 있다고 해서 전체 서비스를 무너지게 하지 않습니다.
· 개발의 편리함: 동작 중인 시스템의 구성요소들은 다른 구성요소에 영향을 주지 않으면서 교체될 수 있습니다. 개발 중인 모듈을 안정된 버전의 모듈과 비교하며 테스트할 수도 있습니다.
· 언어 독립성: 구성요소들은 D-Bus 바인딩이 있는 어떠한 언어로도 작성될 수 있습니다. 주어진 커뮤니케이션 프로토콜의 가장 좋은 구현체가 특정 언어로 작성되었다면, 해당 언어로 연결 관리자를 작성할 수 있으며, 그 연결 관리자는 모든 텔레파시 클라이언트에서 사용될 수 있습니다. 비슷한 맥락에서, 어떤 언어로 사용자 인터페이스를 개발하든, 이용할 수 있는 프로토콜에 대한 제한이 없습니다.
· 라이선스 독립성: 시스템이 하나의 프로세스로 동작한다면 라이선스 호환이 안 되겠지만, 서로 별개인 구성요소로 이루어져 있기 때문에 구성요소들은 서로 다른 소프트웨어 라이선스를 가질 수 있습니다.
· 인터페이스 독립성: 같은 텔레파시 구성요소를 기반으로 다양한 사용자 인터페이스를 개발할 수 있습니다. 이것은 데스크톱 환경과 하드웨어 장치를 위한 네이티브 인터페이스 구현을 가능하게 합니다(GNOME, KDE, Meego, Sugar 등).
· 보안: 구성요소들은 각자의 주소공간에서 매우 제한된 권한을 가지고 실행됩니다. 예를 들어, 전형적인 연결 관리자는 네트워크와 D-Bus 세션 버스에 대

한 접근 권한만을 필요로 하며, SELinux 같은 모듈을 사용하여 구성요소의 자원 접근 권한을 제한할 수 있습니다.

연결 관리자는 여러 개의 연결을 관리하며, 각 연결은 통신 서비스와의 논리적인 연결을 나타냅니다. 설정된 계정당 하나의 연결이 존재하며, 하나의 연결은 여러 개의 채널을 포함합니다. 채널은 통신이 이루어지는 메커니즘이며, 인스턴스 메신저 대화, 음성, 영상 통화, 파일 전송, 혹은 다른 상태를 유지해야 하는 작업일 수 있습니다. 연결과 채널에 대해서는 23.3에서 자세히 다룹니다.

23.2 Telepathy가 D-Bus를 사용하는 방식

Telepathy 구성요소들은 D-Bus 메시징 버스를 통해 통신하며, 주로 사용자의 세션 버스를 사용합니다. D-Bus는 다양한 IPC 시스템에서 공통적으로 찾아볼 수 있는 기능을 제공합니다. 서비스는 /org/freedesktop/Telepathy/AccountManager[3]처럼 엄격한 이름 공간의 객체 경로를 가진 객체를 발행하며, 각 객체는 몇 가지 인터페이스를 구현합니다. 이 인터페이스들 역시 org.freedesktop.DBus.Properties 그리고 ofdT.Connection 같은 형식의 엄격한 이름 공간을 가지며, 각 인터페이스는 호출, 듣기 또는 요청 가능한 메서드와 시그널, 그리고 속성들을 제공합니다.

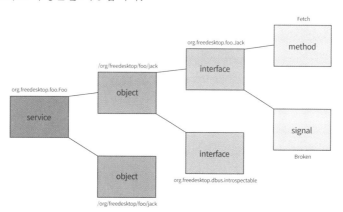

그림 23.2 D-Bus 서비스가 발행한 객체들의 개념적 표현

---

3 여기서부터 /org/freedesktop/Telepathy/와 org.freedesktop.Telepathy는 공간 절약을 위해 ofdT로 줄여 쓰겠습니다.

D-Bus 객체 발행하기

D-Bus 객체의 발행은 사용되는 D-Bus 라이브러리에 의해 온전히 처리됩니다. 결과적으로 볼 때, 객체 발행은 D-Bus 객체 경로를 해당되는 인터페이스를 구현하는 소프트웨어 객체로 대응시키는 것입니다. 서비스가 발행하는 객체의 경로는 org.freedesktop.DBus.Introspectable이라는 선택적인 인터페이스에 의해 노출됩니다.

서비스가 지정된 목적지 경로(/ofdT/AccountManager 등)와 함께 메서드 호출을 받으면, D-Bus 라이브러리는 해당 D-Bus 객체를 제공하는 소프트웨어 객체를 찾고, 찾은 객체에 대한 적절한 메서드 호출을 하는 역할을 합니다.

텔레파시가 제공하는 인터페이스, 메서드, 시그널 그리고 속성들은, 더 많은 정보를 포함할 수 있도록 확장된 XML 기반의 D-Bus IDL로 명시되어 있습니다. 텔레파시 명세는 구문 분석되어 문서와 언어 바인딩을 생성할 수 있습니다.

텔레파시 서비스들은 버스에 몇 가지 객체를 발행할 수 있습니다. Mission Control은 계정 관리자와 채널 배포자의 서비스에 접근하기 위한 객체를, 클라이언트들은 채널 배포자가 접근 가능한 Client 객체를 발행합니다. 연결 관리자는 계정 관리자가 새로운 연결들을 요청하기 위해 사용하는 서비스 객체, 열린 연결당 하나의 객체, 그리고 열린 채널당 하나의 객체를 발행합니다.

D-Bus 객체에는 (인터페이스만 있고) 타입이 없지만, 텔레파시는 몇 가지 방법으로 타입을 흉내 냅니다. 객체의 경로는 객체가 연결인지, 채널인지 또는 클라이언트인지 등의 정보를 알려줍니다. 비록 대개는 객체에 대한 프락시를 요청할 때 이미 알지만 말입니다. 각 객체는 해당 타입의 기초 인터페이스를 구현합니다(ofdT.Connection, ofdT.Channel 등). 채널이 보기에 이 인터페이스는 추상화된 기반 클래스와 비슷합니다. 이제 채널 객체는 채널 타입을 정의하는 정확한 클래스를 가집니다. 이 역시 D-Bus 인터페이스에 의해 표현됩니다. 채널 타입은 채널 인터페이스의 ChannelType 속성을 읽어 알아낼 수 있습니다.

마지막으로, 각 객체는 프로토콜과 연결 관리자의 기능에 의존하는 몇 가지 선택적인 인터페이스를 구현합니다(놀랍지도 않지만, 이 역시 D-Bus 인터페이스에 의해 표현됩니다). 주어진 객체 위에서 제공되는 인터페이스들은 객체의 기반 클래스의 Interface 속성을 통해 접근할 수 있습니다.

ofdT.Connection 타입 연결 객체의 선택적 인터페이스들은 (프로토콜에 아바타 개념이 있으면) ofdT.Connection.Interface.Avatars, (프로토콜이 연락처 목록을 제공한다면(모든 프로토콜이 제공하지는 않습니다)) odfT.Connection.Interface.ContactList, 그리고 (프로토콜이 위치 정보를 제공하면) odfT.Connection.Interface.Location 같은 이름을 가집니다. ofdT.Channel 타입을 가진 채널 객체에 대해서는, 구상 클래스는 ofdT.Channel.Type.Text, odfT.Channel.Type.Call 그리고 odfT.Channel.Type.FileTransfer 같은 형식의 인터페이스 이름을 가집니다. 연결과 비슷하게, 선택적 인터페이스는 (채널이 문자 메시지를 송수신 할 수 있으면) odfT.Channel.Interface.Messages, 그리고 (채널이 다수의 연락처를 포함하는 그룹을 대상으로 하면, 예를 들어 단체 채팅방) odfT.Channel.Interface.Group 같은 이름을 가집니다. 예를 들어, 텍스트 채널은 최소한 ofdT.Channel, ofdT.Channel.Type.Text, 그리고 Channel.Interface.Messages 인터페이스를 구현합니다. 단체 채팅방일 경우 odfT.Channel.Interface.Group도 구현합니다.

D-Bus 인트로스펙션이 있는데 왜 Interface 속성을 사용하나요?

왜 기반 클래스가 사용 가능한 인터페이스들 알아내는 데 D-Bus의 인트로스펙션 기능을 사용하지 않고, 각각의 Interfaces 속성을 구현하는지 궁금할 수도 있습니다. 서로 다른 채널과 연결 객체들은 갖고 있는 기능에 따라 다른 인터페이스를 제공할 수도 있지만, 대부분의 D-Bus 인트로스펙션 구현체들은 같은 객체 클래스의 객체들은 모두 같은 인터페이스를 가진다고 가정합니다. 예를 들어 telepathy-glib에서 D-Bus 인트로스펙션이 찾은 인터페이스들은 클래스가 구현하는 인터페이스들로부터 가져오며, 이것은 컴파일 시간에 정적으로 정의됩니다. 우리는 D-Bus 인트로스펙션이 객체에 존재할 수 있는 모든 인터페이스에 대한 정보를 제공하게 하고, Interfaces 속성이 객체에 실제로 존재하는 인터페이스들을 나타내게 하여 이 문제를 회피합니다.

D-Bus 자체에서는 연결 객체가 커넥션과 관련된 인터페이스만 가진다는 것을 보장하지 않습니다. D-Bus에는 임의 기명 인터페이스만 있고, 타입에 대한 개념은 존재하지 않기 때문입니다. 하지만 우리는 텔레파시 언어 바인딩 내에서, 텔

레파시 명세에 있는 정보를 사용하여 연결 객체가 정상적인 인터페이스를 가지는지 알 수 있습니다.

IDL 명세가 왜, 어떻게 확장되었는지에 대해

기존 D-Bus IDL 명세는 이름, 매개변수, 접근 권한, 메서드의 D-Bus 타입 시그너처, 속성 그리고 시그널을 정의하였습니다. 문서, 바인딩 힌트 또는 기명 타입은 지원하지 않았습니다.

이 한계를 극복하기 위해, 필요한 정보를 제공하기 위한 새로운 XML 이름 공간이 추가되었습니다. 이 이름공간은 다른 D-Bus API들도 사용할 수 있도록 일반화되어 설계되었습니다. 인라인 문서, 근거, 서론, 대체된 버전들 그리고 메서드에서 발생될 수 있는 예외에 대한 정보를 포함하기 위한 요소들이 추가되었습니다.

D-Bus 타입 시그너처는 버스 위에서 직렬화된 모든 것에 대한 저수준 타입 표기입니다. D-Bus 타입 시그너처는 (ii)(두 개의 int32를 포함하는 구조체)처럼 생겼거나, 더 복잡하게 생겼을 수 있습니다. 예를 들어, a{sa(usuu)}는, 문자열로부터 uint32, string, uint32 그리고 uint32로 이루어진 구조체의 배열에 대한 매핑을 나타냅니다(그림 23.3). 이 타입들은

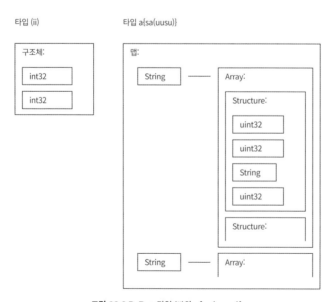

그림 23.3 D-Bus 타입 (ii)와 a{sa(usuu)}

데이터 형식에 관해서는 자세히 기술하지만 타입에 저장된 의미에 대한 정보는 전혀 제공하지 않습니다.

프로그래머들에게 의미론적 명료함을 제공하고, 언어 바인딩을 위한 타입 적용을 강화하기 위해 간단한 타입, 구조체, 맵, 열거형 그리고 플래그에 이름을 붙이기 위한 요소들이 추가되었습니다. 이 요소들은 문서와 타입 시그너처를 제공합니다. D-Bus 객체에 대해 객체 상속을 흉내 내기 위한 요소들도 추가되었습니다.

23.2.1 핸들

텔레파시에서는 식별자(연락처와 대화방 이름 등)를 표현하기 위해 핸들을 사용합니다. 핸들은 부호 없는 정수로, 튜플(연결, 핸들 종류, 핸들)이 특정 연락처나 대화방에 대한 고유한 참조가 되도록 연결 관리자에 의해 할당됩니다.

식별자를 일반화시키는 방법이 통신 프로토콜마다 다르기 때문에(대소문자 구분, 자원 등), 핸들은 클라이언트가 두 식별자가 같은지 확인할 방법을 제공합니다. 클라이언트들은 두 개의 서로 다른 식별자에 대한 핸들을 요청하고, 핸들 번호가 같은 경우 해당 식별자가 같은 연락처나 대화방을 가리킨다는 것을 알 수 있습니다.

식별자의 일반화 규칙은 프로토콜마다 다르므로, 문자열로 식별자들을 구분하는 클라이언트는 잘못 구현된 것입니다. 예를 들어, XMPP 프로토콜에서 escher@tuxedo.cat/bed와 escher@tuxedo.cat/litterbox는 같은 연락처 (escher@tuxedo.cat)의 인스턴스들이므로 같은 핸들을 가집니다. 클라이언트가 식별자나 핸들로 채널을 요청하는 것은 상관없지만, 식별자의 구분을 위해서는 핸들만을 사용해야 합니다.

23.2.2 텔레파시 서비스 발견

계정 관리자나 채널 배포자 등 일부 상존하는 서비스들은 텔레파시 명세에 정의되어 잘 알려진 이름을 가지고 있지만, 연결 관리자와 클라이언트의 이름들은 잘 알려져 있지 않으므로 직접 찾아야 합니다.

텔레파시에는 실행 중인 연결 관리자와 Client의 등록을 관리하는 서비스가 없습니다. 대신, D-Bus 데몬은 새로운 D-Bus 서비스가 버스에 나타났다는 신호를 발신하므로, 관심이 있다면 D-Bus 위에서 새로운 서비스에 대한 선언을 들을 수 있습니다. 클라이언트와 연결 관리자들의 이름은 텔레파시 명세에 정의된 알려진 접두어로 시작하며, 새로운 이름을 이 접두어들에 대해 비교할 수 있습니다.

이 디자인은 상태가 없다는 장점이 있습니다. 텔레파시 구성요소가 시작될 때, (열려 있는 연결들을 기반으로 한 목록을 가지고 있는) 버스 데몬에게 어떤 서비스들이 실행 중인지 물어볼 수 있습니다. 예를 들어, 계정 관리자가 비정상적으로 종료되어도 실행 중인 연결들을 확인하여 다시 계정 객체들과 연관시킬 수 있습니다.

> **연결도 서비스다**
>
> 연결 관리자는 물론, 연결 자체도 D-Bus 서비스로서 선언됩니다. 이것은 이론적으로 연결 관리자가 각 연결을 개별 프로세스로 포크할 수 있게 해주지만, 아직 이런 식으로 구현된 연결 관리자는 존재하지 않습니다. 좀 더 실용적인 관점에서 보면, 이것은 D-Bus 데몬에 이름이 ofdT.Connection으로 시작하는 서비스들을 조회하여 실행 중인 모든 연결을 발견하는 것을 가능하게 합니다.

채널 배포자 역시 텔레파시 클라이언트들을 발견하기 위해 이 방법을 사용합니다. 텔레파시 클라이언트들은 ofdT.Client.Logger처럼 ofdT.Client로 시작합니다.

23.2.3 D-Bus 트래픽 줄이기

초기 텔레파시 명세는 과다한 D-Bus 트래픽을 발생시켰습니다. 버스 위의 많은 소비자가 원하는 정보를 요청하기 위해 필요한 메서드 콜 때문이었습니다. 이후 버전의 텔레파시에서는 몇 가지 최적화를 통해 이 문제를 해결하였습니다.

개별 메서드 호출은 D-Bus 속성으로 대체되었습니다. 기존 명세에선 GetInterfaces, GetChannelType 등 각 객체 속성을 위한 메서드들이 있었고 각각의 호출 오버헤드를 가졌습니다. 이후 D-Bus 속성을 사용함으로써 표준 GetAll 메서드로 모든 속성을 한 번에 가져올 수 있게 되었습니다.

채널 타입, 인터페이스, 연결되어 있는 대상, 요청자 등 상당수의 채널 속성들은 채널이 살아 있는 동안 바뀌지 않습니다. 예를 들어 파일 전송 채널의 불변 속성에는 파일 크기와 콘텐츠 타입 등이 있습니다.

불변 속성에 대한 해시 테이블을 포함하는, 채널의 생성을 알리기 위한 새로운 신호가 추가되었습니다. 이 신호는 클라이언트가 각자 정보를 요청할 필요 없이, 채널 생성자 프락시에 직접 전달될 수 있습니다(23.4를 참고하세요).

사용자 아바타는 버스에서 바이트 배열의 형태로 전송됩니다. 이미 텔레파시에서는 클라이언트들에게 새로운 아바타가 필요함을 알리고, 불필요한 아바타를 받는 비용을 줄일 수 있도록 아바타를 토큰으로 구분하고 있었지만, 클라이언트들은 아바타를 받아오기 위해 RequestAvatar 메서드를 통해 아바타를 각자 요청해야 했습니다. 따라서 연결 관리자가 특정 연락처의 아바타가 갱신되었다는 신호를 보내면, 아바타를 요청하는 다수의 요청이 일어나, 같은 아바타가 버스를 통해 여러 번 전송돼야 했습니다.

이 문제는 아바타를 반환하지 않고(아무것도 반환하지 않음) 요청 큐에 넣는 새로운 메서드를 추가함으로써 해결되었습니다. 네트워크로부터 아바타를 가져오면 AvatarRetrieved 신호가 발생하며, 관심 있는 모든 클라이언트가 신호를 들을 수 있습니다. 이것은 아바타가 버스 위로 한 번만 전송되면 된다는 것을 의미합니다. 클라이언트의 요청이 큐에 들어간 이상, 이후 클라이언트 요청들은 AvatarRetrieved 신호의 송출 이전엔 모두 무시할 수 있습니다.

많은 수의 연락처를 불러와야 할 때(연락처 목록을 불러올 때)마다 별명, 아바타, 기능, 그룹들과 위치, 주소, 전화번호 등을 포함할 수도 있는 상당한 양의 정보가 요청되어야 합니다. 이전 텔레파시 버전에서는 정보 그룹마다 메서드 호출을 해야 했고(GetAliases 등 대부분의 API들은 이미 연락처 목록을 요구했습니다), 이 작업은 여섯 개 이상의 메서드 호출을 필요로 하였습니다.

이 문제를 해결하기 위해 Contacts 인터페이스가 도입되어, 여러 인터페이스로부터의 정보를 한 번의 메서드 호출로 가져올 수 있게 되었습니다. 텔레파시 명세는 GetContactAttribute 메서드가 반환하는 이름공간을 가진 Contact 속성들을 포함하도록 확장되었으며, 이로 인해 연락처 정보를 가져오기 위해 사용되었던 메서드 콜은 더 이상 사용되지 않게 되었습니다. 클라이언트가 GetContactAttributes 메서드를 연락처와 관심 있는 인터페이스의 목록과 함께 호출하면, 연락처의 속성과 값에 대한 매핑의 목록을 돌려받게 됩니다.

코드를 보면 좀 더 명확해집니다. 다음과 같이 생긴 요청이 있으면,

```
connection[CONNECTION_INTERFACE_CONTACTS].GetContactAttributes(
  [ 1, 2, 3 ], # contact handles
  [ "ofdT.Connection.Interface.Aliasing",
    "ofdT.Connection.Interface.Avatars",
    "ofdT.Connection.Interface.ContactGroups",
    "ofdT.Connection.Interface.Location"
  ],
  False # 이 연락처들에 대한 레퍼런스를 가지고 있지 마라
)
```

이렇게 생긴 응답이 있을 수 있습니다.

```
{ 1: { 'ofdT.Connection.Interface.Aliasing/alias': 'Harvey Cat',
       'ofdT.Connection.Interface.Avatars/token': hex string,
       'ofdT.Connection.Interface.Location/location': location,
       'ofdT.Connection.Interface.ContactGroups/groups': [ 'Squid House' ],
       'ofdT.Connection/contact-id': 'harvey@nom.cat'
     },
  2: { 'ofdT.Connection.Interface.Aliasing/alias': 'Escher Cat',
       'ofdT.Connection.Interface.Avatars/token': hex string,
       'ofdT.Connection.Interface.Location/location': location,
       'ofdT.Connection.Interface.ContactGroups/groups': [],
       'ofdT.Connection/contact-id': 'escher@tuxedo.cat'
     },
  3: { 'ofdT.Connection.Interface.Aliasing/alias': 'Cami Cat',
         ...
     }
}
```

23.3 연결, 채널 그리고 클라이언트

23.3.1 연결

연결은 연결 관리자가 하나의 프로토콜/계정 당 하나의 연결을 만듭니다. 예를 들어 XMPP 계정 escher@tuxedo.cat과 cami@egg.cat에 연결하는 것은 D-Bus 객체로 표현되는 두 개의 연결을 만들게 됩니다. 연결은 주로 현재 활성화된 계정에 대해, 계정 관리자에 의해 구성됩니다.

연결은 연결 상태를 관리 관찰하고 채널을 요청하기 위한 몇 가지 필수적인 기능을 제공하며, 프로토콜의 기능에 따라 선택적인 기능들을 제공하기도 합니다. 이러한 기능들은 선택적인 (이전 장에서 다뤘던 것처럼) D-Bus 인터페이스로 제공되며, 연결의 Interfaces 속성에서 확인할 수 있습니다.

연결들은 주로 해당하는 계정의 속성을 사용하여 만들어진 계정 관리자에 의해 관리됩니다. 계정 관리자는 각 계정에 대한 사용자의 상태를 각 연결에 동기

화시키고, 주어진 계정에 대한 연결 경로를 제공하기도 합니다.

23.3.2 채널

채널은 통신이 이루어지는 체계입니다. 채널은 주로 인스턴트 메신저 대화, 음성, 영상통화나 파일 전송이지만, 서버 자체와의 상태 유지 통신(대화방이나 연락처 검색 등)을 제공할 수도 있습니다. 각 채널은 D-Bus 객체로 표현됩니다.

채널은 주로 둘 이상의 사용자들 사이에서 이루어지며, 그중 하나는 자신입니다. 채널은 주로 대상 식별자를 가지고 있으며, 이것은 1:1 통신일 경우엔 다른 연락처이거나, 다중 사용자 통신일 경우엔(대화방 등) 방 식별자입니다. 다중 사용자 채널은 Group 인터페이스를 제공하며, 이를 통해 현재 채널에 있는 연락처들을 알 수 있습니다.

채널은 연결에 속하며, 주로 채널 배포자를 통해 연결 관리자로부터 요청이 들어오거나, 네트워크 이벤트(걸려오는 대화 등)에 내한 응답으로써, 연결에 의해 만들어지며, 이후 배포를 위해 채널 배포자로 전달됩니다.

채널의 타입은 ChannelType 속성에 정의되어 있습니다. 해당 채널 타입에 필요한 핵심 기능, 메서드, 속성, 신호(문자 메시지를 송수신하는 등) 들은 Channel.Type.Text처럼 적절한 Channel.Type D-Bus 인터페이스에 정의되어 있습니다. 어떤 채널 타입들은 선택적인 추가 기능(암호화 등)을 구현할 수 있으며, 채널의 Interfaces 속성에 추가적인 인터페이스로 정의되어 있습니다. 표 23.1은 다중 사용자 대화방에 연결하는 텍스트 채널이 가질 수 있는 인터페이스의 예시를 보여줍니다.

속성	목적
odfT.Channel	모든 채널에 공통적인 기능
odfT.Channel.Type.Text	채널 타입(텍스트 채널에 공통적인 기능들을 포함)
odfT.Channel.Interface.Messages	서식 있는 텍스트 메시징
odfT.Channel.Interface.Group	이 채널의 구성원을 나열, 추적, 초대, 승인
odfT.Channel.Interface.Room	제목 등 대화방의 속성을 읽고 쓰기

표 23.1 예시 텍스트 채널

연락처 목록 채널: 실수

초기 텔레파시 명세에선 연락처 목록을 채널의 일종으로 정의했었습니다. 각 연결에서 요청할 수 있는, 서버에서 지정하는 여러 연락처 목록들(구독한 사용자, 발행 대상 사용자, 차단된 사용자)이 있었으며, 목록의 구성원들은 다중 사용자 채팅과 같이 Group 인터페이스를 통해 발견되었습니다.

기존 방식에서의 채널 생성은, 일부 프로토콜에서는 어느 정도의 시간이 걸리는 연락처 목록 가져오기를 한 다음에야 채널이 생성될 수 있었습니다. 클라이언트는 원하면 어느 때나 채널을 요청하고 준비되면 받을 수 있지만, 연락처가 많은 사용자에게 이 요청은 지나치게 긴 시간이 걸려 종종 자동으로 중단됩니다. 클라이언트의 구독/발행/차단 상태를 결정짓기 위해서는 세 가지 채널을 확인해야 했습니다.

연락처 그룹(친구 그룹 등) 역시 그룹당 하나의 채널의 형태로 노출되어 있었습니다. 이러한 구조는 클라이언트 개발자들이 다루기 매우 까다로운 것으로 판명되었습니다. 연락처가 속해 있는 그룹들의 목록을 가져오는 등의 작업을 하려면 클라이언트 측에서 매우 많은 양의 코드를 작성해야 합니다. 게다가 채널을 통해서만 정보를 받아올 수 있기 때문에 연락처의 그룹이나 구독 상태를 Contacts 인터페이스를 통해 발행할 수 없었습니다.

이후 두 채널 타입은 모두 클라이언트 개발자에게 유용한 연락처 목록 정보를 노출하는, (enum 타입의) 연락처의 구독 상태, 속해 있는 그룹, 그리고 그룹에 있는 연락처들을 포함하는, 연결 자체의 인터페이스로 교체되었습니다. 시그널은 연락처 목록이 준비되었는지 여부를 알려줍니다.

23.3.3 채널과 채널 속성의 요청, 그리고 배포

채널은 채널이 갖기 원하는 속성들의 매핑과 함께 요청될 수 있습니다. 일반적으로 채널 요청은 채널 타입, 대상 핸들 타입(연락처 또는 대화방)과 대상을 포함합니다. 하지만, 채널 요청은 추가적인 정보를 포함할 수도 있습니다. 파일 전송엔 파일 이름이나 파일 크기, 전화엔 초기 음성이나 영상, 전화 회의엔 합칠 기존의 채널, 연락처 검색엔 사용할 연락처 서버 등이 있습니다.

채널 요청의 속성들은 텔레파시 인터페이스 명세에 정의되어 있는 속성들로, ChannelType 속성(표 23.2) 같은 것들입니다. 이 속성들은 인터페이스의 이름

공간에 의해 자격을 갖춥니다. 채널 요청에 포함될 수 있는 속성들은 그 사실이 텔레파시 명세에 정의되어 있습니다.

속성	값
ofdT.Channel.ChannelType	ofdT.Channel.Type.Text
ofdT.Channel.TargetHandleType	Handle_Type_Contact
ofdT.Channel.TargetID	escher@tuxedo.cat

표 23.2 채널 요청의 예시

좀 더 복잡한, 파일 전송 채널을 요청하는 예시가 표 23.3에 있습니다. 요청된 속성들이 소속된 인터페이스에 대해 적합하다는 것을 확인할 수 있습니다. (간략하게 파악할 수 있도록 필요한 속성들의 일부만 표시하였습니다).

속성	값
ofdT.Channel.ChannelType	ofdT.Channel.Type.FileTransfer
ofdT.Channel.TargetHandleType	Handle_Type_Contact
ofdT.Channel.TargetID	escher@tuxedo.cat
ofdT.Channel.Type.FileTransfer.Filename	meow.jpg
ofdT.Channel.Type.FileTransfer.ContentType	image/jpeg

표 23.3 파일 전송 채널 요청

채널들은 생성되거나 확보될 수 있습니다. 채널을 확보한다는 것은 채널이 존재하지 않을 시에만 생성한다는 뜻입니다. 채널 생성을 요청하는 것은 완전히 새로운 별개의 채널을 생성하거나, 해당 채널의 사본이 존재할 수 없을 경우 오류를 냅니다. 보통 텍스트 채널과 통화를 확보하며(보통 한 사람당 하나의 대화만을 원할 뿐더러, 많은 프로토콜이 같은 연락처와의 다중 개별 대화를 지원하지 않습니다), 파일 전송 그리고 상태가 있는 채널을 생성합니다.

새롭게 생성된 채널들은 (요청되었거나 아니거나) 연결로부터의 신호로 선언됩니다. 이 신호는 채널의 불변 속성들의 매핑을 포함합니다. 이 속성들은 채널이 존재하는 동안 불변성이 보장되어 있습니다. 변하지 않을 것이라고 간주되는 속성들은 텔레파시의 명세에 표시되어 있으나, 보통 채널의 타입, 타깃 핸들 타입, 타깃, 창시자(채널을 만든 사람), 그리고 인터페이스들을 포함합니다. 물론 채널의 상태 같은 속성들은 포함되지 않습니다.

> **옛 채널 요청 방식**
>
> 기존의 채널들은 타입, 핸들 타입 그리고 대상 핸들로 요청되었습니다. 하지만 모든 채널이 타깃을 갖는 것은 아니고(연락처 검색 채널 등), 일부 채널들은 초기 채널 요청에 추가적인 정보를 포함해야 했기 때문에(파일 전송, 음성 메시지 요청, SMS 전송 채널 등) 충분히 유연하지 않았습니다.
>
> 또, 채널을 요청할 때 두 개의 서로 다른 동작(고유함이 보장된 채널을 생성하거나, 단순히 채널이 존재하는지에 대한 보장만 하거나)이 일어날 수 있음이 발견되었으며, 그 이전까지는 연결 객체가 어떤 동작이 일어날지 정해야 했습니다. 따라서 기존의 방식은 새롭고, 더 유연하고, 더 명시적인 방식으로 교체되었습니다.

채널을 확보하거나 생성할 때 채널의 불변 속성들을 반환하면 채널에 대한 프락시 객체를 훨씬 빠르게 만듭니다. 이제 불변 속성들을 확보하기 위한 요청을 따로 보낼 필요가 없습니다. 표 23.4의 매핑은 (표 23.3의 채널 요청을 사용하여) 텍스트 채널을 요청할 때 포함될 수 있는 불변 속성들을 보여줍니다. 일부 속성들(TargetHandle과 InitiatorHandle 등)은 간결한 설명을 위해 생략했습니다.

속성	값
ofdT.Channel.ChannelType	Channel.Type.Text
ofdT.Channel.Interfaces	{[] Channel.Interface.Messages, Channel.Interface. Destroyable, Channel.Interface.ChatState []}
ofdT.Channel.TargetHandleType	Handle_Type_Contact
ofdT.Channel.TargetID	escher@tuxedo.cat
ofdT.Channel.InitiatorID	danielle.madeley@collabora.co.uk
ofdT.Channel.Requested	True
ofdT.Channel.Interface.Messages.Supported ContentTypes	{[] text/html, text/plain []}

표 23.4 새로운 채널이 반환한 불변 속성들의 예시

요청하는 프로그램은 주로 채널 배포자에 채널 요청을 보냅니다. 이때 요청을 위한 계정, 채널 요청 그리고 선택적으로 원하는 핸들러 이름(프로그램이 채널

을 직접 다룰 때 유용합니다)을 함께 보냅니다. 연결 객체 대신 계정 이름을 넘겨주기 때문에 필요할 경우 채널 배포자가 계정 관리자에게 계정을 접속시킬 것을 요청할 수 있습니다.

요청이 완료되면, 채널 배포자는 채널을 기명 Handler에 전달하거나 적절한 Handler(Handler와 다른 클라이언트에 대한 논의는 아래에서 다시 얘기합니다)를 찾습니다. 원하는 Handler의 이름을 선택사항으로 만든 것은, 초기 요청 이후 채널과의 통신이 필요 없는 프로그램들이, 채널을 요청한 후 나머지는 다른 프로그램이 처리할 수 있게 하기 위함입니다(이메일 클라이언트에서 텍스트 채팅을 시작하는 등).

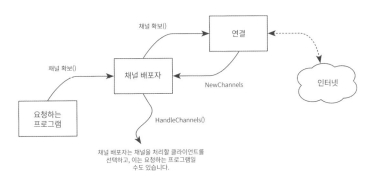

그림 23.4 채널 요청과 배포

요청하는 프로그램은 채널 배포자에 채널 요청을 보내고, 채널 요청은 적절한 연결에 전달됩니다. 연결은 NewChannels 신호를 발신하고, 이 신호는 다시 해당 채널을 처리할 적절한 클라이언트를 찾는 채널 배포자에 의해 수집됩니다. 요청하지 않은 들어오는 채널들도 비슷한 방식으로 배포됩니다. 단지 프로그램으로부터의 초기 요청이 없을 뿐, 역시 연결로부터의 시그널이 채널 배포자에 의해 수집됩니다.

23.3.4 클라이언트

클라이언트들은 수신 및 발신 채널들을 처리하거나 관찰합니다. 채널 배포자에 등록된 어떠한 것이든 클라이언트가 될 수 있습니다. 텔레파시에는 세 종류의 클라이언트가 있습니다(개발자가 원할 경우 하나의 클라이언트는 이 종류들 중 두 개, 혹은 세 개 모두가 될 수도 있습니다).

- Observer: 채널에 개입하지 않고 관찰만 합니다. Observer들은 주로 채팅과 활동(수신 및 발신 VoIP 통화 등)을 기록하기 위해 사용됩니다.
- Approver: 사용자들이 수신 채널을 허용하거나 차단할 수 있는 기회를 주는 역할을 합니다.
- Handler: 문자 메시지들을 승인하거나 보내기, 파일을 보내거나 받기 등 채널과 실제로 상호 작용을 합니다. Handler는 사용자 인터페이스와 주로 연관됩니다.

클라이언트들은 Client.Observer, Client.Approver 그리고 Client 총 세 개까지의 인터페이스에 D-Bus 서비스를 제공할 수 있습니다. 각 인터페이스는 채널 배포자가 클라이언트에게 관찰, 승인, 혹은 처리할 채널에 대해 알려 주기 위해 호출할 수 있는 메서드를 제공합니다.

채널 배포자는 채널을 클라이언트 그룹에 순차적으로 배포합니다. 먼저, 채널은 모든 적절한 Observer들에게 배포됩니다. Observer들이 모두 반환된 이후, 채널들은 모든 적절한 Approver들에게 배포됩니다. 첫 번째 Approver가 채널을 허용하거나 차단하면, 다른 Approver들에게 그 여부가 전달되며, 최종적으로 채널이 Handler에 배포됩니다. 채널 배포가 단계별로 진행되는 이유는, Handler가 채널을 변경시키기 전에, Observer들을 구성하기 위한 시간이 필요할 수도 있기 때문입니다.

클라이언트들은 채널 필터 속성을 노출합니다. 채널 필터 속성은, 클라이언트가 관심 있는 채널의 종류를 알기 위해 채널 배포자가 읽는 채널 필터의 목록입니다. 필터는 최소한 클라이언트가 관심 있는 채널 타입과 타깃 핸들 타입(연락처, 대화방 등)을 포함해야 하며, 더 많은 속성을 포함할 수도 있습니다. 매칭은 채널의 불변 속성에 대한 단순 동등성 비교로 이루어집니다. 표 23.5의 필터는 모든 1:1 텍스트 채널에 매칭됩니다.

속성	값
ofdT.Channel.ChannelType	Channel.Type.Text
ofdT.Channel.TargetHandleType	Handle_Type_Contact (1)

표 23.5 채널 필터의 예시

클라이언트들은 ofdT.Client로 시작하는 잘 알려진 이름의 서비스들(ofdT. Client.Empathy.Chat 등)을 발행하기 때문에 D-Bus에서 쉽게 찾을 수 있습니다. 또, 채널 배포자가 읽을, 채널 필터를 정의하는 파일을 설치할 수도 있습니다. 이를 통해 클라이언트가 실행되고 있지 않을 경우에 채널 배포자가 클라이언트를 실행할 수 있습니다. 이러한 방식으로 클라이언트를 쉽게 찾을 수 있도록 하면 텔레파시의 다른 부분을 교체하지 않고도 사용자 인터페이스를 어느 때라도 설정하거나 수정할 수 있습니다.

> **모 아니면 도**
>
> 모든 채널에 관심이 있다는 것을 나타내는 필터를 제공할 수도 있지만, 이런 필터는 채널 관찰에 대한 예시로서밖엔 쓸모가 없습니다. 실제 클라이언트들은 채널 타입에 종속적인 코드를 가집니다.
>
> 빈 채널 필터는 Handler가 어떤 채널 타입에도 관심이 없다는 것을 나타냅니다. 하지만 이름을 사용해 채널을 배포한다면 여전히 이런 핸들러에 채널을 배포할 수 있습니다. 특정 채널을 다루기 위해 생성되는 임시 Handler들이 이러한 필터를 사용합니다.

23.4 언어 바인딩의 역할

텔레파시는 D-Bus API이므로, D-Bus를 지원하는 어떠한 프로그래밍 언어로도 운용될 수 있습니다. 텔레파시가 언어 바인딩을 필요로 하진 않지만, 언어 바인딩은 텔레파시를 편리하게 사용할 수 있게 합니다.

언어 바인딩들은 두 개의 그룹으로 나눌 수 있습니다. 즉 텔레파시 명세, 상수, 메서드 이름 등으로부터 생성된 코드를 포함하는 저수준 바인딩, 그리고 프로그래머들이 텔레파시를 응용하여 개발할 수 있기 쉽도록 손으로 짠 고수준 바인딩이 그것입니다. 고수준 바인딩의 예로는 Glib와 Qt4 바인딩이 있습니다. 저수준 바인딩의 예로는 파이썬 바인딩과 기존의 lib 텔레파시 C 바인딩이 있지만, GLib와 Qt4 바인딩 역시 저수준 바인딩을 포함합니다.

23.4.1 비동기 프로그래밍

언어 바인딩 내에서 D-Bus를 통해 요청을 보내는 모든 메서드 호출들은, 응답이 콜백으로 주어지는 비동기적 방식으로 동작합니다. D-Bus 자체가 비동기식이므로 이런 동작 방식이 요구됩니다.

대부분의 네트워크와 사용자 인터페이스 구현처럼, D-Bus는 들어오는 신호와 메서드 반환에 대한 콜백을 발생시키기 위해 이벤트 루프를 필요로 하며, GTK+와 Qt 툴킷들이 사용하는 GLib 메인 루프와 잘 통합됩니다.

일부 D-Bus 언어 바인딩들(dbus-glib 등)은, 메서드 응답이 반환되기 전까지 메인 루프가 블록되는 가성 비동기(pseudo-synchronous) API를 제공합니다. 이 API들은 오래전 telepathy-glib API 바인딩들이 노출시켰던 것입니다. 안타깝게도 가성 비동기 API는 많은 문제점을 내포한다는 것이 드러났으며, 결국 telepathy-glib에서 제거되었습니다.

가성 비동기 D-Bus 호출을 사용할 수 없는 이유

dbus-glib과 다른 D-Bus 바인딩들이 제공하는 가성 비동기 인터페이스는 요청 후 블록하는 기법으로 작성되어 있습니다. 블록하는 도중엔 D-Bus 소켓만이 새로운 I/O를 위해 폴링되며, 해당 요청에 대한 응답이 아닌 D-Bus 메시지들은 큐에 쌓여 나중에 처리됩니다.

이것은 몇 가지 회피할 수 없는 중요한 문제를 만듭니다.

- 호출자는 요청에 대한 응답을 받을 때까지 블록되며, 호출자(존재한다면, 호출자의 사용자 인터페이스 역시)는 완전히 무반응 상태가 됩니다. 요청이 네트워크를 사용한다면, 이것은 시간이 걸립니다. 즉, 피호출자에 락이 걸린 상태라면 호출이 타임아웃 될 때까지 무반응 상태를 유지하게 됩니다. 스레드를 만드는 것 역시 비동기식 호출의 또 다른 방식이므로 해결책이 되지 않습니다. 차라리 응답이 기존 이벤트 루프를 통해 들어오는 비동기 호출을 사용하는 것이 낫습니다.
- 메시지들의 순서가 바뀔 수 있습니다. watched-for 응답 이전에 수신된 메시지들은 큐에 쌓이게 되며, 응답을 받은 이후에 클라이언트에 전달되게 됩니다. 이는 상태 변경에 대한 시그널(객체가 소멸되는 등)이, 해당 객체에 대한 메서드 호출이 실패한 후에 (UnknownMethod 예외와 함께) 들어오게 되는 상황에서 문제가 됩니다. 이런 상황에서는 사용자에게 어떤 오류 메시지를 보여줘야 할지 모호하게 됩니다. 반면 시그널

을 먼저 수신할 수 있다면 대기 중인 D-Bus 메서드 호출을 취소하거나 반환값을 무시하면 됩니다.

- 서로에게 가성 비동기 호출을 보내는 두 프로세스는 서로의 쿼리에 대한 응답을 기다리는 데드락을 만들 수 있습니다. 이 상황은 다른 D-Bus 서비스를 호출하는 두 프로세스가 모두 D-Bus 서비스일 경우(텔레파시 클라이언트 등)에 일어날 수 있습니다. 채널 배포자는 채널을 배포하기 위해 클라이언트의 메서드를 호출하지만, 클라이언트들 역시 새로운 채널의 생성 요청을 위해 채널 배포자의 메서드를 호출합니다(같은 과정 중 하나인, 계정 관리자를 호출할 수도 있습니다).

C로 생성된 초기 텔레파시 바인딩들의 메서드들은 단순히 typedef 콜백 함수들을 사용하였습니다. 그리고 콜백 함수는 같은 타입 시그너처를 구현하기만 하면 되었습니다.

```
typedef void (*tp_conn_get_self_handle_reply) (
    DBusGProxy *proxy,
    guint handle,
    GError *error,
    gpointer userdata
);
```

이 아이디어는 단순하고 C 언어에서 잘 동작하므로 다음 세대의 바인딩들에도 포함되었습니다.

최근 몇 년 간 사람들은 GObject-Introspection이라는 GLib/GObject 기반의 API를 통해 자바스크립트나 파이썬, 그리고 C#과 유사한 언어인 Vala 같은 스크립팅 언어를 사용하기 시작했습니다. 안타깝게도, 이러한 타입의 콜백을 다른 언어로 바인딩하는 것은 매우 힘들기 때문에, 새로운 바인딩들은 해당 언어와 GLib에서 제공하는 비동기 콜백 기능을 사용하도록 설계되었습니다.

23.4.2 객체의 준비성

저수준 텔레파시 바인딩 같은 간단한 D-Bus API에서는 프락시 객체를 만드는 것만으로도 D-Bus 객체의 메서드를 호출하거나 신호를 받을 수 있습니다. 단지 객체 경로와 인터페이스 이름을 주기만 하면 됩니다.

하지만 텔레파시의 고수준 API에서, 우리는 객체 프락시가 이용할 수 있는 인터페이스에 대해 알고 싶으므로, 객체 타입에 대한 공통 속성들(채널 타입, 대상, 창시자 등)을 가져올 필요가 있으며, 객체의 상태(연결 상태 등)를 판단하고 추적할 수 있어야 합니다.

따라서 모든 프락시 객체에는 준비성이라는 개념이 존재합니다. 프락시 객체에 대한 메서드를 호출 함으로써 해당 객체의 상태를 비동기적으로 받아오고, 객체를 사용할 수 있을 때 통보를 받을 수 있습니다.

모든 클라이언트가 객체의 모든 기능에 관심이 있는 것이 아니므로, 특정 객체 타입에 대한 준비성은 몇 가지 기능으로 나뉘어 있습니다. 각 객체는 객체에 대한 중요한 정보(객체의 Interfaces 속성과 기본 상태)를 준비하는 핵심 기능과 별도의 속성이나 상태 추적 같은 추가적인 상태에 대한 몇 가지 선택적 기능을 구현합니다. 여러 프락시에 대해 준비할 수 있는 추가적 기능의 예로는, 연락처 정보, 기능, 위치 정보, 대화 상태("아무개가 글을 쓰고 있습니다…" 등), 그리고 사용자 아바타가 있습니다.

예를 들어, 연결 객체 프락시들은 다음과 같은 기능을 가지고 있습니다.

· 인터페이스와 연결 상태를 가져오는 핵심 기능
· 요청 가능한 채널 클래스들을 가져오고 연락처 정보를 지원하는 기능
· 연결을 성사시키고, 연결되었을 때 준비 상태를 반환하는 기능

프로그래머는 관심 있는 기능들의 목록과 기능들이 준비되었을 때 호출할 콜백과 함께 객체 준비 요청을 보냅니다. 요청한 모든 기능이 준비되었을 때 콜백이 호출되며, 이미 모든 기능이 준비되어 있으면 콜백은 즉시 호출됩니다.

23.5 견고함

견고함은 텔레파시의 핵심적인 장점입니다. 텔레파시의 구성요소들은 모듈화되어 있으므로 하나의 구성요소가 고장 나도 전체 시스템이 중단되지 않습니다. 다음은 텔레파시를 견고하게 만드는 몇 가지 특징입니다.

· 계정 관리자와 채널 배포자는 상태를 회복할 수 있습니다. Mission Control(계정 관리자와 채널 배포자를 포함하는 하나의 프로세스)이 시작할 때, 사용자의 세션 버스에 등록되어 있는 서비스들의 이름을 확인합니다. 알려진 계정과 연관된 연결을 발견하면 (새로운 연결을 만드는 대신) 다시 해당 계정과 연관시

키며, 실행 중인 클라이언트들이 처리하고 있는 채널의 목록을 가져옵니다.

· 클라이언트가 채널을 처리하는 도중에 사라질 경우에 채널 배포자는 클라이언트를 재실행하고 채널을 다시 등록합니다. 클라이언트가 반복적으로 중단될 경우엔 채널 배포자는 다른 클라이언트를 실행할 수 있으며, 다른 클라이언트가 없을 경우엔 (클라이언트가 처리할 수 없는 데이터에 의해 반복적으로 중단되는 것을 막기 위해) 채널을 닫습니다. 텍스트 메시지는 대기 큐에서 빠지기 전에 승인되어야 합니다. 클라이언트는 사용자가 메시지를 본 후에야 (메시지 창에 포커스를 주는 등) 메시지를 승인할 수 있습니다. 이를 통해 클라이언트가 메시지를 렌더링하려는 도중에 중단된 경우에도 채널은 대기 메시지 큐에 표시하지 못한 메시지에 대한 정보를 가지고 있을 수 있습니다.

· 연결이 중단될 경우엔, 계정 관리자는 연결을 다시 만듭니다. 이 과정에서 채널의 상태는 사라지지만, 해당 프로세스의 연결에만 영향을 미칩니다. 클라이언트들은 연결들의 상태를 관찰할 수 있으며, 연락처 목록과, 다른 상태 없는 채널들에 대한 정보 등을 다시 요청하기만 하면 됩니다.

23.6 텔레파시 확장하기: 사이드카

텔레파시 명세는 통신 프로토콜이 노출하는 폭넓은 범위의 기능을 다루려 하지만, 어떤 프로토콜들은 프로토콜 자체가 확장될 수 있습니다.[4] 텔레파시 개발자들은 텔레파시 명세를 확장하지 않고도 사용자의 텔레파시 연결을 확장할 수 있게 하고 싶었습니다. 이는 사이드카를 통해 가능합니다.

사이드카는 일반적으로 연결 관리자의 플러그인에 의해 구현됩니다. 클라이언트들은 주어진 D-Bus 인터페이스를 구현하는 사이드카를 요청하는 메서드를 호출합니다. 예를 들어, 어떤 사람의 XEP-0016 사생활 목록 구현체는 com.example.PrivacyLists라는 인터페이스를 구현할 수 있습니다. 이 메서드는 (추가적으로 다른 인터페이스를 구현할 수도 있는) 해당 인터페이스를 구현하는 플러그인이 제공하는 D-Bus 객체를 반환합니다. 이 객체는 메인 연결 객체와 공존하게 됩니다(따라서 오토바이의 사이드카라는 이름을 가지게 되었습니다).

---

4 Extensible Messaging and Presence Protocol (XMPP) 등.

초창기 텔레파시 시절에, 어린이 한 명당 한 대의 노트북(One Laptop Per Child, OLPC) 프로젝트는 기기 간 정보를 공유하기 위해 맞춤형 XMPP 확장(XEP)을 지원할 필요가 있었습니다. 이 확장들은 telepathy-Gabble(XMPP 연결 매니저)에 직접, 문서화되지 않은 인터페이스로서 연결 객체에 추가되었습니다. 결과적으로 다른 통신 프로토콜과 대응되는 것이 없는 특정 XEP에 대한 지원을 필요로 하는 개발자들이 많아지며, 플러그인이 사용할 수 있는 일반화된 인터페이스의 필요성이 인정되었습니다.

23.7 연결 관리자 내부 개요

대부분의 연결 관리자들은 C/GLib 언어 바인딩을 사용해 작성되었으며, 연결 관리자를 쉽게 작성할 수 있도록 몇 가지 고수준 기반 클래스들이 개발되었습니다. 위에서 논의되었던 것처럼, D-Bus 객체들은 D-Bus 인터페이스에 매핑되는 몇 가지 소프트웨어 인터페이스를 구현하는 소프트웨어 객체로부터 발행됩니다. telepathy-GLib은 연결 관리자, 연결 그리고 연결 객체를 구현하기 위한 기반 객체와 BaseConnection이 채널 객체를 초기화, 관리 그리고 버스에 발행하기 위해 사용하는 팩토리인 채널 관리자를 구현하기 위한 인터페이스를 제공합니다.

바인딩은 믹스인을 제공합니다. 믹스인은 추가적인 기능과, 명세 API의 새로운 버전이나 더 이상 권장되지 않는 API 버전에 대한 하위 호환성을 하나의 체계를 통해 제공하는 추상화를 클래스에 더할 수 있습니다. 가장 일반적으로 사용되는 믹스인은 오브젝트에 D-Bus 속성 인터페이스를 추가하는 믹스인입니다. ofdT.Connection.Interface.Contacts와 ofdT.Channel.Interface.Group 인터페이스를 구현하는 믹스인, 예전과 현재의 사용자 상태를 확인하는 인터페이스, 그리고 텍스트 메시지 인터페이스를 하나의 메서드 집합을 통해 구현할 수 있게 하는 믹스인도 있습니다.

믹스인이 텔레파시 명세의 실수를 해결하기 위해 사용된 곳 중 하나는 TpPresenceMixin입니다. 텔레파시에 의해 노출되던 기존 인터페이스

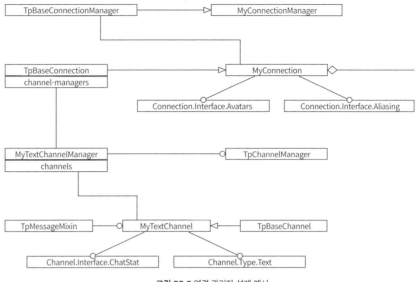

그림 23.5 연결 관리자 설계 예시

(odfT.Connection.Interface.Presence)는 연결과 클라이언트들 모두에게 매우 복잡하고, 구현하기 힘들며, 대부분의 통신 프로토콜에는 존재하지 않거나 거의 사용되지 않는 기능들을 노출했었습니다. 이 인터페이스는 사용자들이 실제로 필요로 하는 기능만을 노출하고, 연결 관리자에서 실제로 구현된 훨씬 간단한 인터페이스(odfT.Connection.Interface.SimplePresence)로 교체되었습니다.

사용자의 상태를 확인하는 믹스인은 옛날 클라이언트들이 계속 동작할 수 있도록, 연결을 기반으로 두 인터페이스 모두 구현하지만, 단순한 인터페이스 쪽의 기능만큼만 구현합니다.

23.8 얻은 교훈

텔레파시는 D-Bus를 기반으로 한 유연하고 모듈화된 API를 만든 훌륭한 예시입니다. D-Bus를 기반으로, 중앙 관리 데몬 없이, 구성요소들이 개별적으로, 다른 구성요소들의 데이터 손실 없이 재 시작될 수 있는, 분산된 유연한 프레임워크를 개발할 수 있다는 것을 보여줍니다. 또, 텔레파시는 버스에 전송하는 트래픽을 최소화하여 D-Bus를 효율적이고 효과적으로 사용할 수 있는 방법도 보여줍니다.

텔레파시는 D-Bus의 사용 방식을 계속 반복해 개선하며 개발되었습니다. 그 과정에서 실수도 있었지만 교훈도 얻었습니다. 다음은 우리가 텔레파시를 설계하며 얻은 몇 가지 중요한 교훈입니다.

- D-Bus 속성을 사용합니다. 정보를 가져오기 위해 수십 개의 작은 D-Bus 메서드를 호출하지 않아도 됩니다. 모든 메서드 호출에는 왕복 비용이 있습니다. 많은 개별 호출(GetHandle, GetChannelType, GetInterfaces 등)을 하는 것보다는, D-Bus 속성을 사용하여 하나의 GetAll 호출을 통해 정보를 반환하는 것이 낫습니다.

- 새로운 객체를 선언할 땐 최대한 많은 정보를 제공합니다. 클라이언트가 새로운 객체의 존재를 발견하였을 때 가장 먼저 하는 일은, 해당 객체가 필요하긴 한지 알아내기 위해 해당 객체에 대한 모든 속성을 요청하는 것입니다. 객체의 불변 속성을 객체 선언 시그널에 포함시킴으로서, 대부분의 클라이언트는 메서드 호출을 하지 않고서도 객체가 필요한지 판단할 수 있습니다. 또, 객체가 필요하다고 판단될 경우에도 불변 속성에 대한 요청을 보낼 필요가 없어집니다.

- Contacts 인터페이스는 여러 인터페이스로부터의 정보를 한번에 가져올 수 있습니다. 연락처에 대한 정보를 가져오기 위해 GetAll을 여러 번 호출하는 대신, Contacts 인터페이스에 모든 정보에 대한 요청을 보내 D-Bus로의 왕복 요청 개수를 줄일 수 있습니다.

- 애매한 추상화는 사용하지 않습니다. 연락처 목록과 연락처 그룹을 Group 인터페이스를 구현하는 채널로 노출시키는 아이디어는 좋아 보였습니다. 추가적인 인터페이스를 요구하기보다 기존의 추상화를 사용했기 때문입니다. 하지만 이 결정은 클라이언트 구현을 어렵게 만들었으며, 결국엔 적절하지 않았습니다.

- API가 미래의 요구사항을 충족시킬 수 있도록 보장합니다. 기존의 채널 요청 API는 단순한 채널 요청만 보낼 수 있게 하는 등, 유연하지 못했습니다. 이런 방식은 더 많은 정보를 필요로 하는 채널에 요청을 보낼 때 우리의 요구사항에 맞출 수 없었습니다. 이 API는 결국 훨씬 더 유연한 새로운 API로 교체되어야 했습니다.

옮긴이: 서지혁

건국대학교에서 생명과학을 공부하며, 스마트스터디에서 소프트웨어 엔지니어로 일하고 있다. 참여한 주요 프로젝트로는 Earth Reader, Crosspop 등이 있다.

24장

T h e   A r c h i t e c t u r e   o f   O p e n   S o u r c e   A p p l i c a t i o n s

파이썬 패키징(Python Packaging)

타렉 지아데(Tarek Ziadé) 지음
임성현 옮김

24.1 개요

애플리케이션을 설치하는 방법에는 크게 두 가지 유형이 있습니다. 첫 번째는
윈도우나 맥 OS X 등에서 볼 수 있는 유형으로 애플리케이션이 관련된 모든 내
용을 자체 내장하고 있어서 설치할 때 다른 모듈과 의존성이 없는 방법입니다.
이 사상 덕에 애플리케이션의 관리가 단순해집니다. 각 애플리케이션은 각자의
독립된 '어플라이언스(appliance)'를 갖고 있어서 설치할 때나 제거할 때 OS의
다른 부분에 영향을 주지 않습니다. 일반적이지 않은 라이브러리가 필요한 경우
에는 그 라이브러리를 애플리케이션 배포 시에 함께 포함합니다.

두 번째 유형은 리눅스 기반 시스템에서 표준으로 사용하는 방식으로 소프트
웨어를 '패키지'라 불리는 작은 내장 단위의 모음으로 취급하는 방식입니다. 라
이브러리들은 패키지에 포함되어 있으며, 각 라이브러리는 다른 패키지에 종
속적일 수 있습니다. 애플리케이션을 설치한다는 것은 특정 버전의 다른 라
이브러리를 찾아 함께 설치한다는 의미입니다. 수많은 패키지가 중앙저장소
(repository)에 담겨 있고, 종속성 정보에 따라 라이브러리를 가져오게 됩니다.
이러한 철학에 따라 리눅스 배포판에서 dpkg[1]나 RPM[2]과 같은 복잡한 패키지 관

---

1 (옮긴이) dpkg는 debian package management system의 약어로 .deb 패키지를 설치, 삭제하고 패키지 정
　보를 조회할 때 사용하는 툴입니다.
2 (옮긴이) RPM은 Red Hat Package Manager를 의미하며, 원래는 레드햇에서 사용하는 패키지 배포 파일이
　었지만, 현재는 많은 배포 시스템에서 사용하고 있습니다.

리 시스템을 사용합니다. 리눅스 배포 관리 시스템을 통해 의존성 정보를 추적하고 서로 다른 애플리케이션이 설치될 때 동일 라이브러리의 호환되지 않는 다른 버전이 사용되는 상황을 방지합니다.

각 접근 유형에는 장단점이 존재합니다. 낱개의 조각 단위로 업데이트 또는 대체할 수 있도록 잘 구조화된 시스템에서는 각 라이브러리가 단일 공간에 있기 때문에 관리가 쉽고, 업데이트될 때 모든 관련된 애플리케이션에서 사용할 수 있는 장점이 있습니다. 예를 들어, 특정 라이브러리의 보안 패치를 적용했다면 한 번에 다른 모든 애플리케이션에 반영할 수 있습니다. 이 반면에, 각 애플리케이션이 각자 자신의 별도 라이브러리를 가지고 있다면 보안 패치를 반영하기는 더 복잡해집니다. 특히 각 애플리케이션이 동일 라이브러리를 사용하지만 호환이 되지 않는 서로 다른 버전을 사용할 때 더 그렇습니다.

반면, 이런 모듈화는 일부 개발자에게는 단점으로 다가옵니다. 그 이유는 개발하는 애플리케이션과 모듈의 종속성을 직접 제어할 수 없기 때문입니다. 이런 개발자는 시스템이 업그레이드할 때마다 라이브러리 간 의존성의 문제로 고생하게 되는 의존성 지옥(dependency hell)을 회피하도록 안정적인 환경의 독립적인 소프트웨어 어플라이언스를 선호합니다.

또한 라이브러리를 자체 내장한 형태로 만들어진 애플리케이션은 이기종 OS를 지원해야 할 때 개발자가 고려할 사항을 훨씬 줄여줍니다. 몇몇 프로젝트에서는 더 나아가 이식성을 높이고자 애플리케이션 자체에 포함되어 있는 디렉터리 안에 로그 파일을 관리해서 OS와 상호작용을 완전히 제거하기도 합니다.

파이썬의 패키징 시스템은 두 번째 철학에 따르고 있으며, 각 설치본에 대해서 개발자, 어드민, 패키징 담당자, 사용자 관점 등 다양한 유형으로 의존성을 구성할 수 있습니다. 유감스럽게도 이런 방식은 여러 가지 유형의 결함과 문제를 발생시켰고, 지금도 문제가 되고 있습니다. 예를 들어, 직관적이지 못한 버전 체계, 데이터 파일 처리 실수, 재패키지가 쉽지 않은 등의 문제가 있습니다. 3년 전 필자와 몇몇 파이썬 개발자들이 이러한 문제에 대해서 재발명이 필요하다고 의견을 모았습니다. 우리는 패키징 원정대라고 불렀으며, 이번 장에서는 이 문제를 해결하기 위해 노력하면서 겪었던 문제들과 이에 대한 해결 방안들을 제시하고자 합니다.

> **용어에 대해**
>
> 파이썬에서 패키지는 파이썬 파일을 담고 있는 디렉터리를 의미하며, 파이썬 파일을 모듈이라고 부릅니다. 패키지라는 용어는 일반적으로는 프로젝트 릴리스를 언급하는 경우가 많아서 본 용어가 다소 모호할 수도 있습니다.
>
> 파이썬 개발자들 또한 종종 이런 모호함에 빠지곤 합니다. 이 모호함을 제거하는 방법은 파이썬 모듈을 담고 있는 디렉터리를 언급할 때만 '파이썬 패키지'라는 용어를 사용하는 것입니다. 또한 '릴리스'는 프로젝트에서의 한 버전을 의미하는 것으로, '배포'는 tarball, zip 파일과 같은 바이너리나 소스를 배포하는 것으로 정의하겠습니다.

24.2 파이썬 개발자의 부담

대부분의 파이썬 개발자는 어떤 환경에서도 자신의 프로그램이 사용될 수 있기를 희망합니다. 동시에 파이썬의 표준 라이브러리와 시스템 종속적인 라이브러리를 섞어서 사용하고자 합니다. 하지만 개발자가 작성한 프로그램을 모든 시스템별로 패키징하지 않는 한 파이썬 의존적인 패키징을 할 수밖에 없고 다음 사항을 기대하게 됩니다. 여기에서 파이썬 의존적인 설치라고 하는 것은 프로그램이 설치될 하부 OS에 상관없이 파이썬 환경 안에서 설치되는 것을 의미합니다.

· 각 대상 시스템에 패키징하기 위해서는 자신의 프로그램을 재패키징 해줘야 하고,
· 프로그램이 가지고 있는 의존성 정보를 타깃 시스템에 맞게 재패키징해야 하고,
· 시스템 의존성이 명확하게 기술되어야 합니다.

때때로 이런 기대가 이뤄지기란 거의 불가능합니다. 예를 들어 본격적인 파이썬 기반의 CMS 애플리케이션인 Plone의 경우 수백 개의 작은 순수 파이썬 라이브러리를 사용하고 있는데, 패키징하는 모든 시스템별로 설치 프로그램을 갖추고 있지는 않습니다. 다시 말해서, Plone은 반드시 이식성을 위해서 관련된 모든 라이브러리를 자체적으로 가지고 있어야 한다는 의미입니다. 이를 위해서 Plone은 의존 정보에 따라 모든 라이브러리를 수집하고 모든 시스템에서 단일

디렉터리 안에서 동작하게 할 목적으로 zc.buildout을 사용하고 있습니다. 이는 바이너리 배포에서 효과적인데, C 코드 조각이 한 영역에서 컴파일되기 때문입니다.

이러한 방식은 개발자에게 큰 편의를 제공한다고 볼 수 있을 텐데, 개발자는 다음에 설명하는 것처럼 파이썬의 표준에 따라 직접 의존 정보를 기술하고 zc.buildout을 사용해서 애플리케이션을 릴리스하기만 하면 되기 때문입니다. 하지만, 위에서 언급한 대로 이런 형태의 릴리스는 시스템 안에 요새를 구축하는 것과 같기 때문에 리눅스 시스템 관리자가 선호하지 않는 방식입니다. 윈도우 시스템 관리자는 크게 신경 쓰지 않겠지만, 시스템 내부의 모든 파일을 등록하고 정의해서 어드민 툴에서 관리할 수 있어야 한다는 사상을 기반으로 하는 CentOS나 Debian 관리자에게는 거슬리는 방식입니다.

그래서 관리자들은 자신의 표준에 따라 개발자의 애플리케이션을 재패키징하기를 원합니다. 여기에서 우리는 '파이썬에서 자동으로 다른 시스템에 맞도록 패키징이 가능한지' 여부에 답변을 줄 수 있어야 합니다. 만약 그렇다면, 하나의 애플리케이션 또는 라이브러리가 추가적인 패키징 부담 없이 어떠한 시스템에도 자동적으로 설치될 수 있다는 의미를 가지게 됩니다. 여기서, '자동적으로'라는 의미는 굳이 하나의 스크립트로만 수행되어야 한다는 뜻은 아닙니다. 프로젝트를 재패키징할 때마다 매번 세부 정보를 추가해야 하는 RPM 혹은 dpkg 패키지 방식으로는 거의 불가능한 방법입니다. 개발자가 기본적인 패키징 규칙 몇 개를 준수하지 못한 이유로 아주 작은 소스에 대해서도 재패키징에 어려움을 겪게 됩니다.

파이썬의 패키징 시스템을 사용하면서 발생하는 문제점을 하나 소개 하겠습니다. 'MathUtils' 라이브러리를 'Fumanchu' 버전으로 릴리스하는 사례입니다. 이 라이브러리를 작성한 명석한 수학자가 재미로 자신의 고양이 이름을 프로젝트 버전으로 사용했습니다. 하지만, 'Fumanchu'는 그 수학자가 키우는 두 번째 고양이의 이름이며, 첫 번째 고양이 이름이 'Phi'이기 때문에 'Fumanchu'는 'Phi'의 다음 버전인지 어떻게 알 수 있겠습니까?

극단적인 예로 보이겠지만, 현재 툴과 표준에서 실제로 발생하는 사례들입니다. 최악의 경우는 easy_install, pip를 사용하는 자체 표준 레지스트리에서 'Fumanchu'와 'Phi' 버전을 알파벳 순서로 정렬하여 설치 파일들을 관리하는 경우입니다.

또 다른 문제는 데이터 파일을 어떻게 다루는가의 문제입니다. 예를 들어, 애플리케이션을 개발할 때에 SQLite 데이터베이스를 사용하면서 이를 패키지 디렉터리 안에 넣는 경우, 애플리케이션에 문제가 생기게 되는데, 그 이유는 시스템에서 그 영역에 대해 쓰기를 금지하기 때문입니다. 리눅스 시스템에서는 애플리케이션의 데이터를 /var에 둔다는 전제사항과도 충돌이 발생하게 됩니다.

실무에서 시스템 관리자는 애플리케이션에 장애를 주지 않으면서도 파일을 특정 위치에 둘 수 있어야 하고, 개발자는 이 파일이 어떤 것인지를 알려줘야 할 필요가 있습니다. 그래서 이전의 질문을 다시 되돌아본다면 다음과 같습니다. 파이썬에서 제3의 어떤 패키징 시스템에서도 애플리케이션을 재패키징할 때 소스 코드를 읽어들일 필요 없이 관련된 모든 사람이 만족하도록 필요한 모든 정보를 제공할 수 있는 패키징 시스템을 구축할 수 있을까?

24.3 패키징의 현재 아키텍처

파이썬 표준 라이브러리에서 제공하는 Distutils 패키지는 위에서 언급한 것과 같이 문제투성이입니다. 그렇지만 표준이기 때문에 이를 감수하고 사용하거나, Setuptools 같이 기능적으로 보완된 툴을 사용하거나, Setuptools에서 분기된 Distribute을 사용하기도 합니다.[3] Setuptools를 기반으로 만들었지만 더 고도화된 Pip도 있습니다.

하지만 새로운 패키징 툴들도 Distutils를 기반으로 하고 있기 때문에, 고스란히 동일한 문제를 안고 있습니다. 즉, Distutils를 수정하는 시도가 있었지만, 다른 툴들이 너무 깊숙한 내부까지 참조하고 있어서 어떤 유형의 보완을 시도해도 전체 파이썬 패키징 생태계 어딘가에서는 퇴행적 오류가 발생할 수도 있습니다.

따라서 우리는 하위 호환성 이슈에 대해서 너무 복잡하게 고민하지 않으려고 Distutils는 그대로 두고 동일한 코드를 기반으로 Distutils2를 개발하기로 했습니다. 대신 어떤 부분이 변경되었고 그 이유가 무엇인지 이해하기 위해, Distutils에 대해서 좀 더 깊이 살펴보고자 합니다.

---

3 2013년 Distribute는 다시 Setuptools로 통합 되었습니다. 자세한 사항은 https://pythonhosted.org/setuptools/merge.html을 참조하세요.

24.3.1 Distutils 기본과 디자인 결함

Distutils에는 몇가지 커맨드가 포함되어 있는데, 각 커맨드는 몇 가지 옵션을 지정해서 호출할 수 있는 run 메서드를 가진 클래스 형태로 구현되어 있습니다. Distutils은 또한 모든 커맨드가 참조할 수 있는 전역변수를 가지고 있는 Distribution 클래스를 제공합니다.

Distutils을 사용하기 위해, 개발자는 통상 setup.py이라고 부르는 단일 파이썬 모듈을 프로젝트에 추가합니다. setup.py 모듈은 Distutils의 메인 진입점인 setup 함수를 호출하는 부분을 가지고 있습니다. setup 함수는 Distribution에 종속적인 다양한 옵션을 가질 수 있습니다. 아래 내용은 프로젝트의 이름, 버전 같은 표준 옵션 그리고 포함되어 있는 모듈 목록을 정의하는 예제입니다.

```
from distutils.core import setup
setup(name='MyProject', version='1.0', py_modules=['mycode.py'])
```

이 모듈은 소스 배포판을 아카이브 형태로 만들고 dist 디렉터리에 배치하는 sdist와 같은 Distutils 명령을 실행하는 데, 다음과 같이 사용할 수 있습니다.

```
$ python setup.py sdist
```

동일한 스크립트로, install 명령어를 통해 다음과 같이 프로젝트를 설치할 수 있습니다.

```
$ python setup.py install
```

Distutils은 다음과 같은 명령어를 제공합니다.

· upload: 배포판을 온라인 저장소에 업로드
· register 배포판을 업로드할 필요 없이 온라인 저장소에 프로젝트의 메타 정보를 등록
· bdist 바이너리 배포판 생성
· bdist_msi 윈도우 환경 용도의 .msi 파일 생성

또한 다른 커맨드라인 옵션을 통해 프로젝트에 대한 정보를 얻을 수 있습니다.

즉, 이 파일을 통해서 Distutils를 실행할 수 있으며, 이를 통해서 프로젝트를 설치하거나 정보를 가져오는 것이 가능합니다. 예를 들어, 프로젝트의 이름을 찾고자 한다면,

```
$ python setup.py --name
MyProject
```

setup.py 파일은 프로젝트와 상호작용하면서 빌드, 패키지, 배포 또는 설치할 때 활용할 수 있습니다. 개발자는 함수에 전달되는 옵션을 활용하여 자신의 프로젝트 내용을 설명하고, 그 파일을 모든 패키징 작업에 사용합니다. 이 파일은 또한 목적(target) 시스템에 프로젝트를 설치할 때에도 사용합니다.

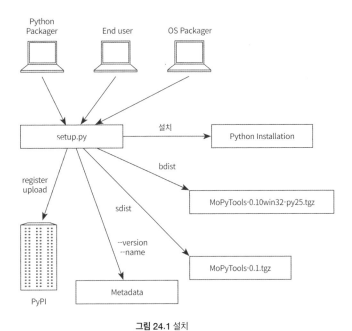

그림 24.1 설치

단 하나의 파이썬 모듈을 가지고 패키징하고, 릴리스할 때 사용하는 동시에 프로젝트를 설치할 때 사용하는 방식이 Distutils의 중대한 결함 중 하나입니다. 예를 들어, 단순히 lxml 프로젝트의 name을 찾을 때에도 setup.py에서는 아주 단순한 문자열 하나를 가져오기 위해서 상당히 많은 작업이 필요합니다.

```
$ python setup.py --name
Building lxml version 2.2.
NOTE: Trying to build without Cython, pre-generated 'src/lxml/lxml.etree.c'
needs to be available.
Using build configuration of libxslt 1.1.26
Building against libxml2/libxslt in the following directory: /usr/lib/lxml
```

일부 프로젝트에서는 위의 작업이 실패하기도 하는데, 그 이유는 개발자가

setup.py 파일을 설치할 때에만 사용하고, Distutils의 다른 기능들은 개발할 때에만 활용할 것이라고 간주하기 때문입니다. setup.py 스크립트는 다양한 목적으로 사용할 때 혼동을 일으키기 쉽습니다.

24.3.2 메타데이터와 PyPI

Distutils로 배포본을 빌드하는 경우, PEP 314[4] 표준을 준수하는 메타데이터 파일을 생성하게 됩니다. 이 파일에는 프로젝트의 이름 또는 릴리스 버전 등 모든 메타데이터의 정적 버전 정보를 담고 있습니다. 주요 메타데이터의 속성값은 다음과 같습니다.

- Name: 프로젝트의 이름
- Version: 릴리스 버전
- Summary: 한 줄 요약
- Description: 상세 설명
- Home-Page: 프로젝트의 URL
- Author: 작성자 이름
- Classifiers: 프로젝트 식별자 정보. 파이썬에서는 라이선스, 릴리스의 성숙도 (베타, 알파, 파이널) 등의 식별 정보를 제공
- Requires, Provides, Obsoletes: 모듈의 의존 정보를 정의하기 위해 사용

이러한 필드들은 대부분 다른 패키징 시스템에서 동일하게 사용하기 쉽도록 구성되어 있습니다.

파이썬 패키지 인덱스(PyPI)[5]는 CPAN[6]과 같이 패키지의 중앙저장소의 역할을 하며, Distutils의 register 명령어를 통해 프로젝트를 등록하거나, upload 명령어를 통해 릴리스를 배포할 수 있습니다. register 명령어는 메타데이터 파일을 생성하고 이를 PyPI에 전송해서 사용자 또는 installers 등과 같은 설치 툴이 웹페이지 또는 웹 서비스를 통해서 검색할 수 있도록 합니다.

---

4 PEP(The Python Enhancement Proposals, 파이썬 개선 제안)에서 참조한 내용은 이 장의 마지막에 요약되어 있습니다.

5 기존엔 CheeseShop으로 알려져 있었습니다.

6 (옮긴이) CPAN(Comprehensive Perl Archive Network)은 펄로 작성된 114,000개 이상 소프트웨어 모듈을 저장한 저장소이자 이에 대한 문서화 체계를 의미합니다.

그림 24.2 PyPI 저장소

사용자는 Classifiers를 통해 프로젝트를 검색할 수 있고 작성자 이름이나 프로 젝트 URL 정보를 얻을 수 있습니다. 또한, Requires를 통해 파이썬 모듈의 의존 성 정보를 얻을 수 있습니다. 프로젝트의 Requires 메타데이터 속성을 추가하면 requires 옵션을 사용할 수 있습니다.

```
from distutils.core import setup
setup(name='foo', version='1.0', requires=['ldap'])
```

ldap 모듈에 의존성을 정의하는 것은 순전히 선언적인 의미만 가집니다. 어떤 툴이나 설치 도구도 해당 모듈이 존재하는지 여부를 확인하지는 않습니다. 펄 언어에서 사용하는 것과 같이 파이썬에 require 키워드가 제공되어 해당 모듈 의 존재 여부를 알려줄 수 있었다면 이슈가 되지 않았을 겁니다. Require 키워 드가 제공되었다면 설치 툴이 PyPI에서 의존성을 검색하고 설치하면 되는데, 이 는 CPAN에서 기본적으로 사용하는 방식입니다. 하지만, 파이썬에서는 이 방식 이 불가능합니다. 파이썬으로 작성된 어떤 다른 프로젝트에 ldap이라는 동일 이 름의 모듈이 존재할 수 있기 때문입니다. Distutils에서는 릴리스할 때 여러 개의 패키지와 모듈을 담을 수 있도록 허용하기 때문에 이러한 메타데이터가 전혀 쓸 모가 없어지게 됩니다.

메타데이터 파일의 또 다른 결함은 메타데이터 파일이 파이썬 스크립트에 의 해 생성되기 때문에 실행 플랫폼에 의존적일 수밖에 없습니다. 예를 들어, 윈도 우 OS의 기능을 제공하는 프로젝트의 경우 다음과 같이 setup.py가 정의될 수 있습니다.

```
from distutils.core import setup
setup(name='foo', version='1.0', requires=['win32com'])
```

하지만, 위의 경우 프로젝트가 이식성을 위한 준비가 되어 있다 하더라도 오직 윈도우에서만 동작한다는 제한을 가지게 됩니다. 이 문제를 해결하는 방법 중 하나는 requires 옵션을 Windows OS에 특화하는 것입니다.

```python
from distutils.core import setup
import sys
if sys.platform == 'win32':
    setup(name='foo', version='1.0', requires=['win32com'])
else:
    setup(name='foo', version='1.0')
```

사실 이 방법은 문제를 더 악화시키게 됩니다. 위에서 언급하였듯, 이 스크립트는 소스 아카이브를 생성하는데 사용되고, PyPI를 통해 세상에 배포됩니다. 즉, 컴파일되었던 플랫폼에 의존적인 메타데이터 파일이 PyPI에 전달되며, 특정 플랫폼에 의존성을 가지고 있다는 정보를 나타낼 수 있는 방법이 없습니다.

24.3.3 PyPI 아키텍처

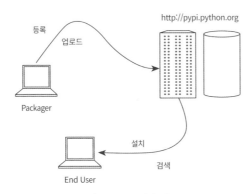

그림 24.3 PyPI 작업흐름도

이전에 언급하였듯 PyPI는 파이썬 프로젝트의 중앙 색인으로, 사용자가 카테고리에 따라 기존 프로젝트를 검색할 수 있고 직접 자신의 프로젝트를 등록할 수도 있습니다. 소스 또는 바이너리 배포판은 기존 프로젝트에 업로드해서 덧붙일 수 있으며 설치 또는 학습의 목적으로 다운 받을 수 있습니다. PyPI에서는 또한 installers와 같은 툴에서 사용하기 위한 웹서비스를 제공합니다.

프로젝트 등록 및 배포판 업로드

PyPI에 프로젝트를 등록하는 작업은 Distutils register 명령어를 통해 가능합니다. 이 명령을 수행하면 버전에 상관없이 프로젝트의 메타데이터를 포함한 POST 요청이 생성됩니다. 이 요청에는 Authorization 헤더가 필요한데, PyPI에서는 basic 인증 기반으로 각기 등록된 프로젝트를 처음 PyPI에 등록한 사용자인지 여부를 확인합니다. 권한 정보는 로컬 Distutils 환경 정보에 저장되거나 매번 register 명령어를 실행할 때마다 물어봅니다. 예를 들어 다음과 같이 사용합니다.

```
$ python setup.py register
running register
Registering MPTools to http://pypi.python.org/pypi
Server response (200): OK
```

등록된 각 프로젝트는 HTML 형태의 메타데이터를 웹 페이지에 가지고 있으며, 패키지 담당자는 upload를 사용하여 PyPI에 배포판을 업로드할 수 있습니다.

```
$ python setup.py sdist upload
running sdist
…
running upload
Submitting dist/mopytools-0.1.tar.gz to http://pypi.python.org/pypi
Server response (200): OK
```

사용자가 다른 위치를 지정하는 것도 가능한데, 이는 직접 PyPI에 등록하지 않고 Download-URL 메타데이터 필드에 등록하면 됩니다.

PyPI 검색하기

PyPI에서는 웹 사용자를 위해 HTML 페이지를 제공할 뿐 아니라, 심플 인덱스 프로토콜과 XML-RPC API의 두 가지 방식으로 툴에서 조회할 수 있는 서비스를 제공합니다.

심플 인덱스 프로토콜은 http://pypi.python.org/simple/과 같이 시작하며, 단순 HTML 페이지에는 등록된 모든 프로젝트의 상대경로가 제공됩니다.

```
<html><head><title>Simple Index</title></head><body>
...
<a href='MontyLingua/'>MontyLingua</a><br/>
<a href='mootiro_web/'>mootiro_web</a><br/>
<a href='Mopidy/'>Mopidy</a><br/>
```

```
<a href='mopowg/'>mopowg</a><br/>
<a href='MOPPY/'>MOPPY</a><br/>
<a href='MPTools/'>MPTools</a><br/>
<a href='morbid/'>morbid</a><br/>
<a href='Morelia/'>Morelia</a><br/>
<a href='morse/'>morse</a><br/>
...
</body></html>
```

예를 들어, MPTools 프로젝트는 MPTools/ 링크를 가지고 있는데, 이는 프로젝트가 존재하는 영역을 의미합니다. 이 사이트에는 다음과 같이 사이트 프로젝트와 관련된 모든 링크 목록이 포함되어 있습니다.

· PyPI에 저장된 모든 배포판 링크
· 등록된 프로젝트의 각 버전별 Metadata에 정의된 모든 홈 URL 링크
· 각 버전별 Metadata에 정의된 모든 다운로드 URL 링크.

MPTools를 위한 페이지에는 다음을 담고 있습니다.

```
<html><head><title>Links for MPTools</title></head>
<body><h1>Links for MPTools</h1>
<a href="../../packages/source/M/MPTools/MPTools-0.1.tar.gz">MPTools-
0.1.tar.gz</a><br/>
<a href="http://bitbucket.org/tarek/mopytools" rel="homepage">0.1 home_
page</a><br/>
</body></html>
```

인스톨러와 같은 툴에서는 인덱스 페이지에서 프로젝트의 배포판을 검색하거나 단순히 http://pypi.python.org/simple/PROJECT_NAME/이 있는지 점검합니다.

심플 인덱스 프로토콜에는 두 가지 제약사항이 있습니다. 첫째, 현재 PyPI는 단일 서버로 구성되어 있습니다. 보통 개발자는 라이브러리를 로컬 PC에 복사해서 사용하지만, 몇몇 개발자들은 빌드할 때마다 모든 의존 정보를 PyPI에서 조회해서 서버가 중지되었는데, 필자는 지난 2년 동안 이런 경우를 여러 번 겪었습니다. 예를 들어, Plone 애플리케이션을 빌드할 때 필요한 모든 정보를 얻기 위해 PyPI에 수백 개의 요청이 발생하게 됩니다. 이런 경우 PyPI에 단일장애점(single point of failure)[7]을 발생시킵니다.

---

7 (옮긴이) 단일장애점(single point of failure, SPOF)은 시스템 또는 애플리케이션 구성요소 중에서, 정상적으로 동작하지 않으면 전체 시스템이 중단되는 요소를 의미합니다.

둘째, 배포본이 PyPI에 저장되지 않고 다운로드 URL 링크가 심플 인덱스 페이지에서 제공되면 인스톨러는 그 URL 링크를 따라가서 원하는 버전의 릴리스가 그 위치에 존재할 것이라고 가정합니다. 이 방식은 매번 접근할 때마다 일관적이지 않아 심플 인덱스 기반의 프로세스 자체의 약점이 됩니다.

심플 인덱스 프로토콜의 목적은 인스톨러에게 링크 주소 목록을 제공해서 프로젝트를 설치할 때 활용할 수 있도록 하는 것입니다. 프로젝트의 메타데이터가 별도로 생성되지 않고, 그 대신 XML-RPC 메서드가 등록된 프로젝트에 관한 추가 정보를 제공합니다.

```
>>> import xmlrpclib
>>> import pprint
>>> client = xmlrpclib.ServerProxy('http://pypi.python.org/pypi')
>>> client.package_releases('MPTools')
['0.1']
>>> pprint.pprint(client.release_urls('MPTools', '0.1'))
[{'comment_text': &rquot;,
'downloads': 28,
'filename': 'MPTools-0.1.tar.gz',
'has_sig': False,
'md5_digest': '6b06752d62c4bffe1fb65cd5c9b7111a',
'packagetype': 'sdist',
'python_version': 'source',
'size': 3684,
'upload_time': <DateTime '20110204T09:37:12' at f4da28>,
'url': 'http://pypi.python.org/packages/source/M/MPTools/MPTools-0.1.tar.
gz'}]
>>> pprint.pprint(client.release_data('MPTools', '0.1'))
{'author': 'Tarek Ziade',
'author_email': 'tarek@mozilla.com',
'classifiers': [],
'description': 'UNKNOWN',
'download_url': 'UNKNOWN',
'home_page': 'http://bitbucket.org/tarek/mopytools',
'keywords': None,
'license': 'UNKNOWN',
'maintainer': None,
'maintainer_email': None,
'name': 'MPTools',
'package_url': 'http://pypi.python.org/pypi/MPTools',
'platform': 'UNKNOWN',
'release_url': 'http://pypi.python.org/pypi/MPTools/0.1',
'requires_python': None,
'stable_version': None,
'summary': 'Set of tools to build Mozilla Services apps',
'version': '0.1'}
```

XML RPC 방식의 문제는 클라이언트 툴의 작업을 단순화하기 위해 XML-RPC API가 공개하고 있는 일부 데이터가 정적 파일로도 저장되고 심플 인덱스 페이지에 게재될 수도 있다는 점입니다. PyPI는 이러한 질의를 처리하기 위해 수행할 추가 작업을 줄여줍니다. 특정 웹서비스에서 배포본별 다운로드 횟수와 같이 동적인 데이터를 다룰 때에는 큰 문제가 없지만, 해당 프로젝트의 모든 정적 정보를 위해 서로 다른 두 개의 서비스를 사용한다면 서로 꼬이게 됩니다.

24.3.4 파이썬을 설치하는 구조

파이썬의 setup.py install 명령어로 프로젝트를 설치하면, 표준 라이브러리에 들어 있는 Distutils를 통해서 시스템에 파일을 복사합니다.

- 파이썬 패키지와 모듈은 인터프리터가 실행될 때 읽어 들이는 파이썬 디렉터리에 저장됩니다. 최신 버전 우분투(Ubuntu)의 경우 /usr/local/lib/python2.6/dist-packages/에 저장되고, 페도라(Fedora)의 경우 /usr/local/lib/python2.6/sites-packages/에 저장됩니다.
- 프로젝트에서 정의한 데이터 파일의 경우 시스템의 어느 곳에나 저장될 수 있습니다.
- 실행 스크립트의 경우 시스템의 bin 디렉터리에 저장됩니다. 플랫폼에 따라, 실행 스크립트는 /usr/local/bin 디렉터리 또는 파이썬이 설치된 특정 bin 디렉터리에 저장됩니다.

파이썬 2.5 버전 이후, 메타데이터 파일은 모듈 그리고 패키지와 함께 project-version.egg-info 파일에 복사됩니다. 예를 들어, virtualenv 프로젝트는 virtualenv-1.4.9.egg-info 이름의 파일이 생성될 수 있습니다. 이러한 메타데이터 파일은 설치된 프로젝트의 데이터베이스로 간주할 수 있습니다. 그 이유는 메타데이터 파일 내부를 찾아서 각 버전별로 프로젝트 정보를 얻을 수 있기 때문입니다. 하지만, Distutils 인스톨러는 자신이 시스템에 설치한 파일 목록을 기록하지 않습니다. 다시 이야기하면, 시스템에 설치한 모든 파일을 제거할 수 있는 방법이 없다는 의미입니다. 우스꽝스럽게도, install 명령어는 --record 옵션이 있어 설치되는 파일 목록을 텍스트 파일로 저장하는 기능을 가지고 있습니다만, 이 옵션은 디폴트로 사용되지는 않고 Distutils의 문서에서는 거의 언급하고 있지 않습니다.

24.3.5 Setuptools, Pip와 선호도

개요에서 이야기한 것처럼 몇몇 프로젝트에서 Distutils에서 발생하는 문제들을 해소하기 위해 노력하고 있으나, 성공 수준은 각기 다릅니다.

의존성 이슈

PyPI에서는 개발자가 파이썬 패키지로 다수의 모듈을 묶어 프로젝트로 배포할 수 있도록 허용합니다. 하지만 동시에, 프로젝트는 Require를 통해 모듈 단계의 의존성을 정의할 수도 있습니다. 두 방식 모두 합리적이지만, 둘을 조합해서 함께 적용할 수는 없습니다.

이를 위한 최적의 방법은 프로젝트 수준의 의존성을 지정해주는 것인데, Distutils 위에 Setuptools를 기능적으로 추가하는 방식입니다. 또한 Distutils에서는 의존성이 있는 모듈을 PyPI에서 찾아보고 자동적으로 패치하고 설치해주는 easy_install 스크립트를 제공합니다. 실제로, 모듈 레벨의 의존관계를 사용할 일이 전혀 존재하지 않습니다. 통상적으로 개발자는 Setuptools의 확장 방식을 사용합니다. 하지만 Setuptools에 존재하는 이러한 기능들이 Distutils나 PyPI에서는 무시되어 왔기 때문에 Setuptools는 효율적인 고유 표준을 수립하였지만 나쁜 디자인 위에 문제를 올린 꼴이 되었습니다.

따라서 easy_install은 프로젝트의 아카이브를 다운로드 하고, 필요한 메타데이터를 가져오기 위해 모든 의존정보마다 반복적으로 setup.py 스크립트를 실행해야 합니다. 의존정보 그래프는 각기 다운로드 때마다 만들어지게 됩니다.

새로운 메타데이터가 PyPI에 등록되고, 온라인에서 검색이 된다 하더라도, easy_install에서는 모든 아카이브가 다운로드 되어야 합니다. 그 이유는 이전에 언급한 것과 같이, PyPI에 배포된 메타데이터는 업로드하는 특정 플랫폼별로 특화되어 있는데, 타깃 플랫폼이 다른 플랫폼일 수도 있기 때문입니다. 하지만 이 기능은 프로젝트와 그 프로젝트에 의존적인 모듈을 설치하는 케이스의 대부분을 충족하고 있으며, 이 자체만으로도 괜찮은 기능입니다. 그 이유로 Setuptools가 다음과 같은 다른 문제를 지닌다는 한계에도 불구하고 다양하게 활용되고 있습니다.

- 의존 모듈의 설치가 실패해도 되돌리는 방법이 없어 시스템이 깨진 상태가 되어버립니다.

- 설치 시점에 종속성 그래프가 만들어지므로, 종속성 충돌이 발생하는 경우, 시스템이 깨진 상태가 될 수 있습니다.

언인스톨 이슈

Setuptools는 언인스톨을 지원하지 않았기 때문에, 커스텀 메타데이터에 설치된 파일 목록을 담고 있다 하더라도 언인스톨이 되지 않습니다. 이에 반하여 Pip의 경우 Setuptools의 메타데이터를 확장하여 설치된 파일 목록을 저장하고 있고, 이를 활용하여 언인스톨할 수 있습니다. 하지만 이는 또 다른 메타데이터의 커스텀 셋이며, 인스톨 한 번에 다음의 네 가지 종류의 메타데이터 유형이 존재한다는 것을 의미합니다.

- Distutils의 egg-info: 단일 메타데이터 파일
- Setuptools의 egg-info: 메타데이터와 Setuptools 의존적인 추가 옵션을 함께 담고 있는 디렉터리
- Pip의 egg-info: 이전 버전에서 확장된 버전 정보
- 타 패키징 시스템에서 생성된 부가적 정보

24.3.6 Data Files을 어떻게 해야 할까?

Distutils에서는 데이터 파일은 시스템 어느 곳에든 설치될 수 있습니다. 만약 setup.py 내부에 패키지 데이터 파일을 정의한다면 다음과 같이 표현할 수 있습니다.

```
setup(…,
    packages=['mypkg'],
    package_dir={'mypkg': 'src/mypkg'},
    package_data={'mypkg': ['data/*.dat']},
    )
```

이렇게 하면 mypkg 프로젝트 내부에 있는 모든 .dat 확장자를 가진 파일들이 배포본에 포함되고, 설치 시점에 파이썬 모듈과 함께 설치됩니다.

파이썬 배포본 외부의 데이터 파일이 필요한 경우, 다음과 같이 아카이브에 파일을 저장하는 옵션이 있습니다. 단, 지정된 특정 위치에 두어야 합니다.

```
setup(…,
    data_files=[('bitmaps', ['bm/b1.gif', 'bm/b2.gif']),
                ('config', ['cfg/data.cfg']),
                ('/etc/init.d', ['init-script'])]
    )
```

하지만, 다음과 같은 이유로 OS 패키징에 또 다른 심각한 문제를 유발하게 됩니다.

· 데이터 파일은 메타데이터의 일부가 아니므로, 패키지 담당자는 setup.py를 파악해야 할 필요가 있으며, 종종 프로젝트의 실제 코드를 분석해야 하는 경우도 있습니다.
· 개발자가 목적 시스템의 어느 위치에 데이터 파일을 위치할 것인지 결정해서는 안 됩니다.
· 데이터 파일을 위한 카테고리가 별도로 존재하지 않아서 이미지, man 페이지 및 기타 모든 파일이 동일하게 취급됩니다.

이러한 파일들로 프로젝트를 다시 패키지 해야 하는 패키징 담당자는 자신의 플랫폼에서 구동시키기 위해서 setup.py를 수정해야만 합니다. 그러기 위해서는 담당자가 코드를 리뷰하고 데이터 파일을 사용하는 모든 라인을 조정해야 합니다. 그 이유는 개발자가 특정 위치를 사용하고 있다는 가정을 가지고 프로그래밍 하기 때문입니다. Setuptools와 Pip 툴은 이러한 한계를 가지고 있습니다.

24.4 개선 표준

결국 모든 작업이 하나의 파이썬 모듈을 통해 진행되고, 메타 파일이 불완전하고 프로젝트가 담고 있는 모든 정보를 표현할 수도 없는 이것저것 뒤섞이고 혼동스러운 패키징 환경을 갖게 되었습니다. 이에 대해서 좀 더 나은 방안을 제시하고자 합니다.

24.4.1 메타데이터

첫 번째 단계는 Metadata 표준을 수정하는 것입니다. PEP 345는 다음과 같은 내용을 포함하는 신규 버전을 정의했습니다.

· 버전을 정의하는 좀 더 나은 방안
· 프로젝트 수준의 의존 정보
· 플랫폼 종속적인 값에 대한 정적 표기법

버전

메타데이터 표준화의 목적 중 하나는 파이썬 프로젝트에서 동작하는 모든 툴을 같은 방법으로 분류할 수 있도록 하는 것입니다. 즉, 버전 관련해 모든 툴은 반드시 1.1 버전이 1.0 버전 뒤에 와야 합니다. 하지만, 프로젝트가 자체 사용자 정의 버전 체계를 가지고 있는 경우, 좀 더 복잡해집니다.

일관성 있는 버전을 보장하기 위한 유일한 방법은 모든 프로젝트가 따라야 하는 표준을 제정하는 것입니다. 여기에서 선택한 방식은 전통적인 시퀀스 기반의 방식입니다. PEP 386에 정의된 대로, 포맷은 다음과 같습니다.

```
N.N[.N]+[{a|b|c|rc}N[.N]+][.postN][.devN]
```

여기에서,

- N은 정수를 의미합니다. 두 개 이상의 정수를 가지고 있다면 이를 '.'으로 구분합니다(메이저.마이너).
- a, b, c, rc는 각기 알파, 베타, 릴리스 후보를 의미합니다. 이는 숫자 뒤에 추가할 수 있습니다. 릴리스 후보는 두 개의 유형을 가지는데, 파이썬과의 호환성을 위해서 rc를 쓸 수도 있고, 단순하게 c로 표기하는 것도 가능합니다.
- 숫자 뒤에 오는 dev는 개발 버전을 의미합니다.
- 숫자 뒤에 오는 post는 정식 릴리스 후에 나온 버전을 의미합니다.

프로젝트의 릴리스 프로세스에 따라, dev 또는 post 표기는 최종 릴리스 사이의 모든 중간 버전에서 사용할 수 있습니다. 대부분의 프로세스에서는 dev 표기를 사용합니다.

이러한 스키마에 따라 PEP 386는 다음의 순서를 엄격하게 정의합니다.

- 알파 〈 베타 〈 릴리스 후보 〈 파이널
- 개발 〈 비개발 〈 릴리스 후 버전(비개발 버전은 알파, 베타, 릴리스 후보 또는 파이널에 해당)

다음은 풀 버전 예시입니다.

```
1.0a1 < 1.0a2.dev456 < 1.0a2 < 1.0a2.1.dev456
  < 1.0a2.1 < 1.0b1.dev456 < 1.0b2 < 1.0b2.post345
    < 1.0c1.dev456 < 1.0c1 < 1.0.dev456 < 1.0
      < 1.0.post456.dev34 < 1.0.post456
```

이 스키마의 목표는 파이썬 프로젝트의 버전을 간단하게 다른 패키징 시스템의 고유 방식으로 변환할 수 있도록 하는 것입니다. PyPI는 현재 프로젝트의 버전 번호 체제가 PEP 386을 준수하지 않는 PEP 345 메타데이터 업로드를 거부하고 있습니다.

의존성

PEP 345는 PEP 314의 Requires, Provides, Obsoletes 필드를 대체하는 세 개의 필드를 새로 정의하고 있습니다. 각기 Requires-Dist, Provides-Dist, Obsoletes-Dist 필드이며, 메타데이터에서 여러 번 사용할 수 있습니다.

Requires-Dist의 경우 각각 항목은 Distutils 프로젝트에서 해당 배포 시에 필요한 문자열 이름을 담고 있습니다. 문자열의 형태는 일반적으로는 Distutils 프로젝트의 이름(예: Name 필드의 값)이며, 선택적으로 괄호 안에 버전 정보를 사용할 수 있습니다. Distutils 프로젝트 이름은 PyPI에서 검색할 수 있는 정보와 동일해야 하며, 버전 정보는 반드시 PEP 386의 표준을 준수해야 합니다. 다음의 예제를 참조하세요.

```
Requires-Dist: pkginfo
Requires-Dist: PasteDeploy
Requires-Dist: zope.interface (>3.5.0)
```

Provides-Dist는 프로젝트 내부에서 추가 이름을 정의할 때 사용합니다. 이는 프로젝트를 다른 프로젝트와 병합할 때 유용한데, 다음 예시는 ZODB 프로젝트가 transaction 프로젝트와 상태 정보를 포함하고 있다는 예시입니다.

```
Provides-Dist: transaction
```

Obsoletes-Dist는 프로젝트의 구 버전에 대해서 표기할 때 사용합니다.

```
Obsoletes-Dist: OldName
```

환경정보 마커

환경정보 마커는 실행 환경에 대한 조건 정보이며, 각 필드 정보 마지막에 세미콜론을 추가하고 그 뒤에 등록할 수 있습니다. 다음은 몇 가지 예시입니다.

```
Requires-Dist: pywin32 (>1.0); sys.platform == 'win32'
Obsoletes-Dist: pywin31; sys.platform == 'win32'
```

```
Requires-Dist: foo (1,!=1.3); platform.machine == 'i386'
Requires-Dist: bar; python_version == '2.4' or python_version == '2.5'
Requires-External: libxslt; 'linux' in sys.platform
```

환경정보 마커의 사용 규칙은 파이썬 개발을 하지 않는 개발자라도 이해할 수 있도록 단순하게 정의되었습니다. 문자열 비교는 ==과 in 연산자를 사용하며, boolean 조합을 사용할 수 있습니다. 이 마커를 사용할 수 있는 PEP345 필드는 다음과 같습니다.

- Requires-Python
- Requires-External
- Requires-Dist
- Provides-Dist
- Obsoletes-Dist
- Classifier

24.4.2 설치되는 내용은?

상호 운용성을 위해서 모든 파이썬 도구 간에 공유할 하나의 설치 포맷이 반드시 필요합니다. 인스톨러 B가 기존에 설치한 프로젝트 Foo를 인스톨러 A가 감지하기 위해, 각 인스톨러가 설치된 프로젝트에 대해서 동일 데이터베이스를 공유하고 갱신해야 합니다.

물론 사용자가 시스템에 한 가지 설치 프로그램을 사용하면 좋겠지만, 사용자는 특정 기능을 가지고 있는 신규 인스톨러를 사용하고자 할 수도 있습니다. 예를 들어, Mac OS X은 Setuptools를 기본 탑재하고 있기 때문에 Mac OS X 사용자는 자동적으로 easy_install 스크립트를 사용하게 됩니다. 만약 사용자가 다른 새로운 설치 툴을 사용하고자 한다면, 기존 툴과 하위 호환성이 필요하게 됩니다.

또 다른 문제는 RPM과 같은 패키징 시스템을 사용하는 플랫폼에서 파이썬 설치 프로그램을 사용할 때 시스템에 프로젝트가 설치되고 있다고 알릴 방법이 없다는 점입니다. 더 심각한 것은, 파이썬 인스톨러가 어떤 방식으로든 중앙 패키징 시스템에 설치되었다는 정보를 알릴 수 있더라도, 파이썬 메타데이터와 시스템 메타데이터를 매핑해야 한다는 것입니다. 당장 프로젝트의 이름이 서로 다를 수도 있습니다. 여러 가지 이유로 프로젝트의 이름을 다르게 명명할 수 있는

데, 가장 흔한 이유는 이름이 충돌하는 경우입니다. 즉, 파이썬 설치 공간 밖에 있는 다른 프로젝트가 이미 동일한 RPM의 이름을 사용하고 있는 경우입니다. 또 다른 문제는 플랫폼의 규칙을 위반한 python 접두사를 이름에 포함하는 경우입니다. 예를 들어, 프로젝트 이름을 foo-python이라고 명명 했다면, 페도라 (Fedora) RPM에서는 python-foo라고 부를 가능성이 높다는 것입니다.

이 문제를 방지하는 방법 중 하나는 중앙 패키징 시스템에서 관리하는 전역 파이썬 설치는 별도로 두고, 서로 격리된 환경에서 작업하는 것입니다. Virtualenv 같은 툴은 이런 방식을 허용합니다.

어떠한 경우든, 파이썬에서의 단일한 설치 포맷이 꼭 필요합니다. 그 이유는 상호운용성이 타 패키징 시스템 내부에서 파이썬 프로젝트를 설치하는 경우에도 필요하기 때문입니다. 서드파티 패키징 시스템이 신규 프로젝트를 시스템의 데이터베이스에 등록하고 나면, 파이썬 설치 자체를 위한 적합한 메타데이터를 생성해야 합니다. 그래서 프로젝트를 파이썬 설치 프로그램이 직접 설치하거나 파이썬 설치 시 확인하는 API를 통해서 설치된 것처럼 보이도록 해야 합니다.

메타데이터 매핑 문제는 다음 방법을 고려할 수 있습니다. 파이썬 프로젝트에서 메타데이터를 내부적으로 포함하고 있다는 것을 RPM이 알게 되면서, PRM은 파이썬이 사용할 수 있는 수준의 메타데이터를 생성하게 되었습니다. 예를 들어, python26-webob을 PyPI에서는 WebOb이라고 부른다는 것을 알고 있다는 뜻입니다.

다시 표준으로 돌아가서, PEP 376은 패키지 설치의 표준을 정의하고 있습니다. 이는 Setuptools와 Pip에서 사용하는 형식과 매우 유사한 형태입니다. 이 구조는 다음의 정보를 가지는 dist-info 확장자 파일을 포함한 디렉터리 형태입니다.

· METADATA: PEP 345, PEP 314와 PEP 241에서 설명하는 메타데이터
· RECORD: csv와 같은 형식의 설치된 파일 리스트
· INSTALLER: 프로젝트를 설치할 때 사용한 툴 이름
· REQUESTED: 해당 파일이 명시적인 요청에 의해서(즉, 의존성 때문에 설치되지 않았음) 설치되었음을 의미합니다.

모든 인스톨러가 이 포맷을 이해하게 되기만 한다면, 특정 인스톨러와 그 기능에 의존하지 않고 파이썬 프로젝트를 관리할 수 있게 될 것입니다. 또한, PEP

376이 메타데이터를 디렉터리로 정의하고 있기 때문에, 확장하기 위해 신규 파일을 추가하기 쉬워질 것입니다. RESOURCES라고 부르는 신규 메타데이터 파일에 대해서는 다음 절에서 설명하겠지만, 추후 PEP 376을 수정하지 않더라도 추가할 수 있을 것으로 봅니다. 결국, 이 신규 파일이 모든 툴에 유용한 것으로 밝혀진다면, PEP에 추가될 것입니다.

24.4.3 데이터 파일의 구조

앞서 설명한 것처럼, 패키지 담당자는 개발자의 코드를 훼손하지 않으면서도 설치하는 동안 데이터 파일을 어디에 둘 것인지 결정할 권한을 가져야 합니다. 동시에, 개발자는 데이터 파일의 위치에 신경 쓸 필요 없이 해당 데이터 파일을 가지고 작업할 수 있어야 합니다. 이에 대한 일반적 해결 방법 중 하나는 간접 참조입니다.

데이터 파일 사용

MPTools 애플리케이션에서 환경설정 파일로 작업할 필요가 있다고 가정한다면, 개발자는 해당 환경설정 파일을 파이썬 패키지에 포함하고 __file__을 통해 파일에 접근하고자 할 것입니다.

```
import os

here = os.path.dirname(__file__)
cfg = open(os.path.join(here, 'config', 'mopy.cfg'))
```

이 작업은 환경설정 파일이 프로그램 코드처럼 설치되어야 하고, 개발자는 반드시 이 파일을 프로그램 동일 영역(예를 들어 config 디렉터리)에 두어야 한다는 것을 의미합니다.

데이터 파일의 새로운 아키텍처는 프로젝트의 트리 구조를 모든 파일의 루트 디렉터리로 사용합니다. 그리고 파이썬 패키지에 존재하든 단순 디렉터리에 속해 있든 상관없이 모든 파일에 접근을 허용합니다. 이러한 접근 권한은 개발자가 데이터 파일을 위한 전용 디렉터리를 생성하고 pkgutil.open를 사용해서 다음과 같이 접근할 수 있도록 해줍니다.

```
import os
import pkgutil
```

```
# MPTools 프로젝트의 config/mopy.cfg에 포함되어 있는 파일을 연다.
cfg = pkgutil.open('MPTools', 'config/mopy.cfg')
```

pkgutil.open은 프로젝트 메타데이터를 찾아서 메타데이터 내부에 RESOURCES 파일이 존재하는지 확인합니다. RESOURCE 파일은 시스템에 있는 파일 위치 정보에 대한 맵 정보입니다.

```
config/mopy.cfg {confdir}/{distribution.name}
```

여기에서 {confdir} 변수는 시스템의 환경설정 디렉터리를 가리키고, {distribution.name} 변수는 메타데이터에서 발견할 수 있는 파이썬 프로젝트의 이름입니다.

해당 RESOURCES 메타데이터 파일이 설치할 때 생성된다면, 개발자는 API를

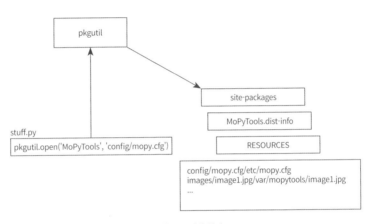

그림 24.4 파일 찾기

통해 mopy.cfg 파일의 위치를 찾을 것입니다.

그리고 config/mopy.cfg의 정보는 디렉터리에 따라 상대경로를 포함하고 있는데, 이는 또한 프로젝트 메타데이터가 적정한 위치에 생성되고 pkgutil에 대한 조회 경로를 추가할 수 있는 개발 모드를 제공할 수 있다는 것을 의미합니다.

데이터 파일 선언

실제로, 프로젝트에서는 매핑 정보를 setup.cfg 파일에 정의하여 데이터 파일이 반드시 위치해야 할 곳을 정의할 수 있습니다. 매핑 정보는 (glob-style pattern, target) 튜플의 목록으로 구성되어 있습니다. 각 pattern은 프로젝트 트리의 여러 파일 중 하나를 지정하고 있으며, target은 괄호 안에 변수로도 쓸 수 있는 설치 경로입니다. 예를 들어, MPTools의 setup.cfg는 다음처럼 구성할 수 있습니다.

```
[files]
resources =
        config/mopy.cfg {confdir}/{application.name}/
        images/*.jpg     {datadir}/{application.name}/
```

sysconfig 모듈은 각 플랫폼별로 사용할 수 있는 변수의 목록과 기본값을 제공하고 문서화합니다. 예를 들어 {confdir}은 리눅스의 /etc에 해당합니다. 인스톨러는 이에 따라 설치 시점에 매핑 정보를 sysconfig와 결합하여 파일들이 어느 위치에 놓여야 하는지 파악하게 됩니다. 최종적으로, 설치 메타데이터에 예전에 언급하였던 RESOURCES 파일을 생성하여 pkgutil에서 해당 파일들을 다시 찾을 수 있도록 합니다.

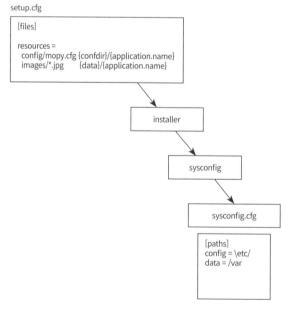

그림 24.5 인스톨러

24.4.4 PyPI 개선 사항

필자는 앞에서 PyPI가 사실상 단일장애점(single point of failure)이라고 언급했습니다. PEP 380에서는 PyPI가 다운되었을 때 사용자가 다른 서버로 연결될 수 있도록 미러링 프로토콜을 정의했습니다. 최종 목표는 파이썬 커뮤니티의 구성원들이 전 세계에 걸쳐 미러 사이트들을 생성할 수 있도록 하는 것입니다.

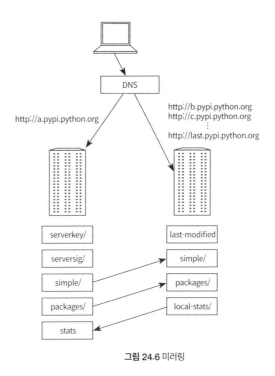

그림 24.6 미러링

미러 목록은 호스트 이름의 X.pypi.python.org 형태의 목록으로 제공되는데, x는 영문 시퀀스로 a,b,c,…,aa,ab,…와 같은 값이 할당됩니다. a.pypi.python.org는 마스터 서버로, 복제 서버는 b부터 시작합니다. CNAME에는 last.pypi.python.org를 기록하고 있어서 마지막 호스트 이름을 가지고 있게 됩니다. PyPI를 사용하는 클라이언트는 해당 CNAME 레코드를 통해 모든 복제 서버의 목록을 얻을 수 있게 됩니다.

예를 들어, 아래 요청은 마지막 미러가 h.pypi.python.org임을 알려주고, 이는 PyPI에 6개의 미러(b부터 h까지)가 존재함을 의미합니다.

```
>>> import socket
>>> socket.gethostbyname_ex('last.pypi.python.org')[0]
'h.pypi.python.org'
```

잠재적으로, 이 프로토콜은 미러 사이트의 IP를 로컬라이징하여 클라이언트가 가장 인근에 있는 미러 사이트로 요청을 리다이렉션 할 수 있으며, 미러 사이트 또는 마스터 서버가 죽을 경우 다음 미러 사이트로 재전송하게 합니다. 이러한 미러링 프로토콜 자체는 간단한 rsync보다는 좀 더 복잡한데, 그 이유는 다운로드 통계를 정확하게 유지해야 하고 최소한의 보안을 제공하기 위해서입니다.

동기화

미러 사이트는 중앙 사이트와 미러 사이트 사이에 전송되는 데이터의 양을 감소시켜야 합니다. 이 목표를 달성하기 위해, 반드시 changelog의 PyPI XML-RPC 호출을 사용하여, 이전 호출시간 이후 변경된 패키지만 다시 가져오게 합니다. 각 패키지 P마다, /simple/P/와 /serversig/P 문서를 복제해야 합니다.

만약 중앙 서버에서 패키지가 삭제되면 미러 사이트에서는 반드시 해당 패키지 및 그와 관련된 파일을 삭제해야 하며, 패키지 파일의 변경을 감지하기 위해서, 파일의 ETag를 캐시하고 If-None-Match 헤더를 사용하여 이를 건너뛰도록 요청할 수도 있습니다. 동기화가 끝난 이후에는, 미러 사이트는 /last-modified 를 현재 시간으로 수정 변경합니다.

통계 전파

미러 사이트 중 하나에서 릴리스를 다운로드 하게 될 때, 먼저 마스터 PyPI 서버에 다운로드 횟수를 보내고, 그 이후 다른 미러 서버에 전송합니다. 이 작업을 통해 사용자나 도구에서는 PyPI를 검색해서 모든 미러 사이트에 걸쳐 신뢰성 있는 합산 다운로드 횟수를 검색할 수 있게 됩니다.

통계 정보는 중앙 PyPI의 stats 디렉터리에 일간, 주간 CSV 파일로 그룹화해서 저장됩니다. 각 미러 사이트는 자체 통계를 포함하는 local-stats 디렉터리를 제공해야 합니다. 각 파일은 사용 에이전트가 그룹화 한 아카이브별 다운로드 수를 제공합니다. 중앙 서버는 통계를 수집하기 위해 미러 사이트를 매일 방문하고, 이를 글로벌 stats 디렉터리에 병합하기 위해서 각 미러 사이트는 반드시 /local-stats 정보를 최소 하루에 한 번은 갱신해야 합니다.

미러 인증

분산된 미러 시스템에서, 클라이언트는 미러 사이트의 사본이 인증되었는지 확인할 필요가 있을 수도 있습니다. 예상 가능한 위협은 다음과 같습니다.

· 중앙 인덱스가 손상될 수 있음
· 미러 사이트가 훼손될 수 있음
· 중앙 인덱스와 최종 사용자 사이 또는 미러 사이트와 최종 사용자 사이에서 중간자 공격(man-in-the-middle attack)을 받을 수 있음

첫 번째 유형의 공격을 감지하기 위해, 패키지 작성자는 사용자가 신뢰할 수 있는지 확인할 수 있도록 PGP 키를 사용하여 패키지에 서명해야 합니다. 일부 시도를 통해 중간자 공격을 탐지할 수도 있지만, 미러링 프로토콜 자체는 두 번째 위협에 대해서만 대응이 가능합니다.

중앙 인덱스는 openssl dsa -pubout[8]에 의해 생성된 PEM 형식의 DSA 키를 /serverkeyURL에서 제공합니다. 해당 URL은 절대 미러링 되어서는 안 되고, 클라이언트는 직접 PyPI에서 공식 serverkey를 가져오거나 PyPI 클라이언트 소프트웨어와 함께 제공되는 복사본을 사용해야 합니다. 미러 사이트는 해당 키를 반드시 다운로드해서 키 자동 갱신을 감지해야 합니다.

각 패키지의 경우, 미러 사이트의 서명은 /serversig/package에서 제공됩니다. 이는 SHA-1와 DSA[9]를 사용한 DER 폼으로, /simple/package 병렬 URL에 대한 DSA 서명입니다.

미러 사이트를 사용하는 클라이언트는 패키지를 확인하기 위해 다음의 단계를 수행해야 합니다.

1. /simple 페이지를 다운로드 하고, SHA-1 해시를 계산합니다.
2. 해당 해시의 DSA 서명을 계산합니다.
3. 해당 /serversig를 다운로드하고, 2단계에서 계산된 값을 바이트 단위로 비교합니다.
4. 미러 사이트에서 다운로드한 모든 파일의 MD5 해시를 계산하고 /simple 페이지를 통해 검증합니다.

---

8 즉, RFC 3280 SubjectPublicKeyInfo로 알고리즘 1.3.14.3.2.12에 해당합니다.
9 즉, RFC 3279 Dsa-Sig-Value로서, 알고리즘 1.2.840.10040.4.3에 의해 생성되었습니다.

중앙 인덱스에서 다운로드 할 때 검증 작업이 필요하지는 않습니다, 연산 오버 헤드를 줄이기 위해서입니다.

일 년에 한 번 정도, 키는 신규 키로 교체되고, 미러 사이트는 모두 /serversig 페이지를 다시 가져와야 합니다. 미러를 사용하는 클라이언트 프로그램은 신규 서버 키의 신뢰할 수 있는 복제본을 찾아야 합니다. 이를 위한 하나의 방법은 해당 복제 키를 https://pypi.python.org/serverkey에서 다운로드 하는 것입니다. 중간자(man-in-the-middle) 공격을 감지하기 위해서 클라이언트 프로그램은 CACert 기관에서 서명한 SSL 서버 인증서를 확인해야 합니다.

24.5 구현 상세

이전 항목에서 설명한 대부분의 개선 작업 구현은 Distutils2에서 진행하고 있습니다. setup.py 파일은 더 이상 사용되지 않으며 프로젝트는 완전히 setup.cfg 파일, 즉 정적 .ini 파일과 같은 파일에 설명되어 있습니다. 이렇게 함으로써, 배포 담당자는 파이썬 프로그램 코드를 손대지 않고 프로젝트 설치 동작을 수정하기 용이해졌습니다. 다음은 예시입니다.

```
[metadata]
name = MPTools
version = 0.1
author = Tarek Ziade
author-email = tarek@mozilla.com
summary = Set of tools to build Mozilla Services apps
description-file = README
home-page = http://bitbucket.org/tarek/pypi2rpm
project-url: Repository, http://hg.mozilla.org/services/server-devtools
classifier = Development Status :: 3 - Alpha
    License :: OSI Approved :: Mozilla Public License 1.1 (MPL 1.1)


[files]
packages =
        mopytools
        mopytools.tests

extra_files =
        setup.py
        README
        build.py
        _build.py

resources =
    etc/mopytools.cfg {confdir}/mopytools
```

Distutils2는 이 환경 구성 파일을 다음과 같이 사용합니다.

· 예를 들어 PyPI에 등록하는 작업 등 다양한 작업에 사용할 수 있는 META-1.2 메타데이터 파일을 생성합니다.
· sdist 같이, 다양한 패키지 관리 명령어를 실행합니다.
· Distutils2- 기반 프로젝트를 설치합니다.

Distutils2는 또한 version 모듈을 통해 VERSION을 구현합니다.

INSTALL-DB 구현 작업은 파이썬 3.3의 표준 라이브러리로 자리를 잡을 것이며, pkgutil 모듈에 포함될 것입니다. 그 전까지 해당 모듈의 버전은 Distutils2에 포함되어 있어, 즉시 사용이 가능합니다. 제공되는 API를 통해 설치 작업을 검색하고 어떤 모듈이 설치되었는지 정확히 파악할 수 있습니다.[10]

이러한 API들이 Distutils2의 개선된 기능의 기반이 됩니다.

· 설치자/제거자
· 설치된 프로젝트 간 의존성 그래프 조회

24.6 교훈

24.6.1 PEP의 모든 것

파이썬 패키징 아키텍처를 대폭 수정할 때에는 PEP 프로세스에 따라 표준을 수정하면서 신중하게 접근해야 합니다. 또한, PEP를 변경하거나 추가하기 위해서는 경험상 1년 정도 소요됩니다.

이 절차에 따르다가 발생한 커뮤니티의 한 가지 실수는 관련된 PEP를 수정하지 않고 메타데이터를 확장하고 일부 파이썬 애플리케이션이 설치하는 툴을 제공했다는 점입니다.

다시 말해서, 사용하는 툴에 따라, 표준 라이브러리 Distutils나 Setuptools를 사용하면서, 애플리케이션은 다른 방식으로 설치됩니다. 문제는 개발자 커뮤니티의 한 부분에서는 신규 툴로써 특정 문제를 해결하지만, 다른 쪽에서는 더 많은 문제를 추가한다는 것입니다. OS 패키지 담당자를 예를 든다면, 공식적 문서

---

10 (옮긴이) 현재 파이썬 3.3에는 Distutils2가 적용되어 있지는 않습니다. 자세한 사항은 https://wiki.python.org/moin/Distutils2를 참조하세요.

화된 표준과 Setuptools에서 작성된 사실상 표준 등 다수의 파이썬 표준에 직면
해야 합니다.

그러나 그러는 동안 Setuptools는 실제적인 규모의 전 커뮤니티를 대상으로
다소 혁신적인 사항을 매우 빠른 속도로 실험할 수 있는 기회를 가질 수 있었고,
그 피드백은 유용했습니다. 우리는 새로운 PEP를 어떤 부분은 정상 작동하고 어
떤 부분은 그렇지 않은지 좀 더 확신을 가지고 작성할 수 있었는데, 이렇게 서로
다른 측면을 가지고 있지 않았다면 아마도 불가능했을 것입니다. 그래서 신규
PEP를 작성하는 작업은 몇몇 서드파티 툴이 언제 문제를 해결하는 혁신에 기여
하고, PEP 변경을 점화하게 되는지 감지하는 작업이 되었습니다.

24.6.2 다 죽어가는 표준 라이브러리를 포함하는 패키지

본 섹션의 제목은 귀도 반 로섬의 글[11]을 차용했지만, 곧 죽을 패키지가 표준 라
이브러리에 남아 있는 것도 방전되면 멈출 배터리 포함이라는 파이썬 철학의 한
측면입니다.

Distutils은 표준 라이브러리의 일부이며, Distutils2도 곧 표준이 될 것입니
다.[12] 표준 라이브러리에 포함되어 있는 패키지는 진화시키기 매우 어렵습니다.
물론 소멸시키는 절차가 존재하지만, API 하나를 사장시키거나 변경시키기 위
해서는 파이썬 두 개의 마이너 버전이 지나고 나서야 가능합니다. 즉, API가 하
나 공개되면 이는 몇 년 간 사용된다는 것을 의미입니다.

따라서 표준 라이브러리 내부에 있는 패키지를 수정하는 작업은 단순한 버그
수정이 아니라, 잠재적으로 파이썬 생태계를 훼손하게 됩니다. 그렇기 때문에
중요한 변경을 수행하게 될 때에는 새로운 패키지를 작성해야 합니다.

필자는 Distutils를 통해 이를 고생하며 배웠는데, 결국 1년 넘게 작업한 모든
내용을 원상복귀시키고 Distutils2를 새로 작성해야만 했습니다. 앞으로 표준을
대폭적으로 변경할 일이 생긴다면, 표준 라이브러리가 특정 지점에서 새로 릴리
스되지 않는다면 Distutils3 독립 프로젝트를 먼저 시작할 가능성이 높습니다.

---

11 (옮긴이) 귀도 반 로섬이 다음 트윗에서 언급한 말입니다. https://twitter.com/gvanrossum/status/9479647981
12 (옮긴이) 사실, 저자는 곧 표준이 될 것을 확신했지만 결국 파이썬 표준 라이브러리 외부에서 개발된
Distutils2는 기존 패키징 방식과의 개념 차이를 극복하지 못하고 표준화 되지 못합니다(관련 정보는 https://
wiki.python.org/moin/Distutils2 참조).

24.6.3 하위 호환성

파이썬의 패키징이 작동하는 방식을 변경하는 작업은 매우 긴 여정입니다. 즉 파이썬 생태계에는 기존 패키징 도구에 기반한 수많은 프로젝트가 존재하고 있기 때문에 변화에 대한 저항이 심할 것입니다(이 장에서 언급한 주제 중 어떤 내용은 합의에 도달하는데 몇 개월이면 가능할 것이라 생각하였지만 실제로는 몇 년이 소요되었습니다). 파이썬 3에서는 모든 프로젝트가 신규 표준으로 전환하는데 몇 년이 걸릴 것입니다.

이러한 이유로 필자가 진행하는 개선 작업이 기존의 모든 도구, 설치와 표준과 하위 호환성을 가지고 있어야 하는 것이고, 이러한 이유로 Distutils2를 구현하는데 몇 가지 문제를 유발하게 되었습니다.

예를 들어, 특정 프로젝트에서 다른 프로젝트는 아직 사용하지 않는 신규 표준을 사용하게 될 때, 종속성 정보가 알 수 없는 포맷으로 구성되어 있다고 해서 최종 사용자에게 설치 작업을 중지시킬 수 없다는 것입니다.

예컨대, INSTALL-DB 구현체는 호환성을 위해서 기존의 Distutils, Pip, Distribute, Setuptools를 통해서 설치된 프로젝트가 참조하기 위한 코드를 가지고 있습니다. Distutils2에서는 기존의 Distutils로 만들어진 프로젝트를 설치하는 작업 역시 자신의 메타데이터를 실시간으로 변환할 수 있습니다.

24.7 레퍼런스 및 기여자

이번 장의 일부 항목은 패키징을 위해서 직접 작성한 다양한 PEP 문서에서 직접 인용해서 사용하였습니다. 원문은 http://python.org에서 찾을 수 있습니다.

· PEP 241: 파이썬 소프트웨어 패키지 1.0을 위한 메타데이터: http://python. org/peps/pep-0214.html
· PEP 314: 파이썬 소프트웨어 패키지 1.1을 위한 메타데이터: http://python. org/peps/pep-0314.html
· PEP 345: 파이썬 소프트웨어 패키지 1.2를 위한 메타데이터: http://python. org/peps/pep-0345.html
· PEP 376: 설치된 파이썬 배포판의 데이터베이스: http://python.org/peps/ pep-0376.html

· PEP 381: PyPI의 미러링 구조: http://python.org/peps/pep-0381.html
· PEP 386: Distutils에 있는 버전 비교 모듈의 변경: http://python.org/peps/pep-0386.html

패키징 영역에서 작업하는 모든 분께 감사드립니다. 여러분은 모든 PEP에서 필자가 언급한 이름을 찾을 수 있을 것입니다. 그리고 패키징 작업을 수행한 동료들에게 특별히 감사드립니다. 또한, 이 장에 대해 Alexis Metaireau, Toshio Kuratomi, Holger Krekel 그리고 Stefane Fermigier의 피드백에 감사드립니다.

이 장에서 논의된 프로젝트는 다음과 같습니다.

· Distutils: http://docs.python.org/distutils
· Distutils2: http://packages.python.org/Distutils2
· Distribute: http://packages.python.org/distribute
· Setuptools: http://pypi.python.org/pypi/setuptools
· Pip: http://pypi.python.org/pypi/pip
· Virtualenv: http://pypi.python.org/pypi/virtualenv

옮긴이: 임성현
소프트웨어 공학을 전공하였고, 현재 소프트웨어 품질 엔지니어로 일하고 있으며, 고객에게 박수 받는 제품을 만드는 꿈을 가지고 있다. 기술만큼이나 사람에게 관심이 많아, 다른 개발자들과 이야기하기를 좋아하고, 대학생의 졸업 작품을 지도하는 IT 하이음에서 8년째 멘토를 진행하고 있다. 중학생 딸, 아들과 함께 프로그래밍할 때 제일 행복하다.

25장

하둡 분산 파일시스템
(Hadoop Distributed File System)

로버트 챈슬러(Robert Chansler), 하이롱 쾅(Hairong Kuang), 산제이 라디아(Sanjay Radia),
콘스탄틴 쉬바치코(Konstantin Shvachko), 스레쉬 스리니바스(Suresh Srinivas) 지음
류성호 옮김

하둡[1] 분산 파일시스템(Hadoop Distributed File System, HDFS)은 방대한 규모의 데이터셋을 안정적으로 저장하면서, 해당 데이터를 사용자 애플리케이션에 고대역폭으로 전송해주기 위한 용도로 설계되었습니다. 대형 하둡 클러스터에서는 수천 대의 서버가 각자의 저장장치에 데이터를 기록하면서 사용자의 애플리케이션을 실행합니다. 데이터 저장 및 계산 작업들을 다수의 서버로 분산시키는 덕분에 경제성을 유지하면서도 작업의 규모에 맞게 자원을 유연하게 확장시킬 수 있습니다. 이번 장에서는 HDFS의 구조와 약 40페타바이트에 달하는 야후!의 엔터프라이즈 데이터를 HDFS에서 운용한 경험에 관해 설명하고자 합니다.

25.1 개요

하둡은 분산 파일시스템인 동시에 맵리듀스 패러다임[DG04]을 통해 대규모 데이터셋에 대한 분석 및 변환 기능을 제공해 주는 프레임워크입니다. HDFS의 인터페이스는 유닉스 파일시스템에서 영향을 받았지만, 실제 애플리케이션의 성능 향상을 위하여 POSIX 표준안 중 일부만이 구현되었습니다.

하둡의 대표적인 특징은 데이터뿐 아니라 계산 작업 역시 수천 대에 달하는

---

[1] http://hadoop.apache.org

호스트에 분산 배치/실행하면서, 각 애플리케이션 계산을 각자가 필요로 하는 데이터가 위치한 서버의 근처에서 실행하는 점입니다. 하둡 클러스터는 범용 서버를 추가하는 것만으로도 계산 용량, 저장 용량, I/O 대역폭을 확장시킬 수 있습니다. 야후!의 하둡 클러스터를 구성하는 서버들은 약 40,000대에 달하며, 전체 40페타바이트에 달하는 애플리케이션 데이터를 저장하고 있습니다. 이 중 최대 규모 클러스터는 약 4,000대로 이루어져 있습니다. 야후! 외에도 전 세계 수백여 기관에서 하둡이 운용되고 있습니다.

HDFS는 파일시스템 메타데이터와 애플리케이션 데이터를 분리하여 저장합니다. PVFS[CIRT00], Lustre[2], GFS[GGL03] 등 다른 분산 파일시스템과 마찬가지로, HDFS에서는 네임노드라고 불리는 전용 서버 한 대에 메타데이터가 저장됩니다. 애플리케이션 데이터는 데이터노드라고 불리는 다른 서버들에 저장됩니다. 모든 서버는 완전히 연결되어 있으며(fully connected), TCP 기반 프로토콜을 이용하여 서로 통신합니다. 하지만, Lustre나 PVFS와는 달리 HDFS의 데이터노드들은 데이터의 안정성을 보장하기 위해서 RAID와 같은 전용 데이터 보호 메커니즘에 의존하지는 않습니다. 대신 GFS에서처럼 파일의 내용이 다수의 데이터노드들에 분산되어 중복 저장됩니다. 이런 접근 방식은 데이터의 내구성을 보장함과 동시에 데이터 전송 대역폭 역시 비례해서 증가하는 장점이 있으며, 계산 작업들이 각자가 필요로 하는 데이터가 저장된 위치 근처에서 수행될 수 있는 확률 역시 증가시켜 줍니다.

25.2 아키텍처

25.2.1 네임노드

HDFS 네임스페이스는 파일과 디렉터리로 구성된 계층구조입니다. 네임노드상에서 각 파일과 디렉터리들은 아이노드(inode)[3]로 표현됩니다. 아이노드에는 접근 권한, 수정 및 액세스 시점, 네임스페이스, 디스크 사용 쿼터와 같은 속성들이 기록됩니다. 파일 내용은 큰 블록 단위로 분할되어 다수의 데이터노드들에 분산되어 중복 저장됩니다. 보통 파일 블록 한 개는 128MB이며 각각 세 벌씩 중

---

2 http://www.lustre.org
3 (옮긴이) Unix 기반 파일시스템에서 사용되는 용어로, 색인 노드(index node)를 지칭합니다. 아이노드는 파일, 디렉터리 등 다양한 대상을 지칭할 수 있으며, 아이노드에는 해당 대상의 위치나 접근 권한 같은 부가 정보가 포함되어 있습니다.

복 저장되지만, 사용자가 개별 파일 단위로 이 값들을 직접 지정할 수도 있습니다. 네임노드는 네임스페이스 트리와 각 블록이 어느 데이터노드에 위치하는지에 대한 연관 정보를 저장합니다. 현재 구조에서는 각 클러스터마다 네임노드가 하나씩만 존재합니다. 각 클러스터는 수천 개의 데이터노드들로 구성될 수 있으며, 수만 개의 HDFS 클라이언트로부터 동시 접속을 처리할 수 있습니다. 각 데이터노드들은 다수의 애플리케이션 작업들을 동시에 수행할 수 있습니다.

25.2.2 이미지와 저널

네임시스템의 메타데이터를 구성하는 아이노드들과 블록리스트들을 한데 일컬어 '네임스페이스 이미지'라고 부릅니다. 네임노드는 네임스페이스 이미지 전체를 램에 유지합니다. 네임노드상의 이미지를 로컬 네이티브 파일시스템에 저장해 둔 것을 체크포인트라고 부릅니다. 네임노드는 '저널'이라고 불리는 선행기입 로그(write-ahead-log)[4]에 HDFS에 대한 변경사항을 기록합니다. 저널 역시 로컬 네이티브 파일시스템에 기록됩니다. 체크포인트에는 블록 복제본들의 위치는 포함되지 않습니다.

클라이언트로부터 요청된 트랜잭션은 저널에 기록되며, 클라이언트에게 승낙 (acknowledge) 신호를 전송하기 전에 저널 파일의 플러시 및 동기화가 완료됩니다. 한번 생성된 체크포인트 파일은 두 번 다시 변경되지 않습니다. 시스템이 재시작되거나, 관리자가 명시적으로 요청하거나, 다음 장에서 설명될 체크포인트 노드에 의한 요청을 수행할 때마다 매번 새로운 체크포인트 파일이 생성됩니다. 시스템이 시작될 때 네임노드는 체크포인트를 읽어 들여 네임노드 이미지를 초기화한 뒤, 저널에 남아있는 변경사항들을 순서대로 적용합니다. 적용이 모두 완료되고 나면 새로운 체크포인트와 빈 저널을 저장합니다. 이 작업이 마무리되고 나서야 네임노드는 클라이언트들로부터 요청을 수신하여 처리하기 시작합니다.

일반적으로 체크포인트와 저널 정보들은 내구성 향상을 위하여 다수의 로컬 볼륨과 원격 NFS[5] 서버들에 걸쳐서 중복 저장됩니다. 같은 내용을 다수의 로컬

---

4 (옮긴이) 파일시스템이나 데이터베이스에서 임의의 수정 작업을 적용하기 전에 해당 내용을 미리 기록해 두는 로그입니다. 시스템에 장애가 발생할 경우, 로그의 내용과 실제 적용 대상을 비교함으로써 작업이 성공적으로 적용되었는지를 판단할 수 있게 해줍니다.
5 (옮긴이) 네트워크 파일시스템(Network File System)의 약자로서, 선마이크로시스템즈에서 개발된 분산 파일시스템입니다. 원격 서버들에 존재하는 파일들을 마치 자체 로컬 저장 장치에 있는 것처럼 접근할 수 있게 해 줍니다.

볼륨에 중복하여 저장함으로써 어느 한 볼륨에서 오류가 발생하더라도 정보가 손실되는 것을 방지할 수 있으며, 마찬가지로 원격 서버들에도 중복 저장함으로써 네임노드 자체에 장애가 발생했을 때에 대비할 수 있습니다. 네임노드가 저널을 기록하는 도중에 어느 특정 디렉터리에서 에러가 발생하면 해당 디렉터리는 자동적으로 저장 위치 목록에서 제외됩니다. 더 이상 사용 가능한 저장 위치가 남지 않게 되면 네임노드는 스스로 셧다운에 들어갑니다.

네임노드는 다수의 클라이언트들로부터 쇄도하는 요청들을 동시에 처리할 수 있는 멀티스레드 시스템입니다. 보통 트랜잭션을 디스크에 기록하는 작업이 성능상 병목지점이 되게 됩니다. 하나의 스레드가 flush-and-sync[6] 작업을 수행하는 동안 나머지 스레드들은 모두 해당 작업이 끝나기만을 기다려야 하기 때문이죠. 이를 최적화하기 위하여 네임노드는 여러 개의 트랜잭션을 배치(batch) 형태로 묶어서 일괄 처리합니다. 네임노드 스레드 중 하나가 플러시 및 동기화 (flush-and-sync) 작업을 시작하면 그때까지 배치로 묶여 있던 다른 트랜잭션들이 모두 한꺼번에 같이 커밋(commit)됩니다. 다른 스레드들은 각자 자신의 트랜잭션이 저장되었는지 확인하기만 하면 충분하기 때문에 따로 flush-and-sync 작업을 수행할 필요가 없습니다.

25.2.3 데이터노드

데이터노드들에 배포되는 각 블록 복사본들은 로컬 네이티브 파일시스템상에서 두 개의 파일로 저장됩니다. 첫 번째 파일은 데이터 그 자체를 저장하며, 두 번째 파일은 해당 데이터의 체크섬이나 제너레이션 스탬프(generation stamp)와 같은 블록의 메타데이터를 저장합니다. 데이터 파일의 크기는 블록에 저장된 정보의 실제 길이와 동일합니다. 종래의 파일시스템에서처럼 기준(norminal) 블록 사이즈로 고정시키느라 별도의 저장 공간을 추가로 사용하지는 않습니다. 예를 들어 특정 블록의 데이터 크기가 최대 크기의 절반밖에 안 된다면, 실제 로컬 드라이브상에서도 딱 그만큼의 저장 공간만 사용되게 됩니다.

시스템이 기동되는 시점에 각 데이터노드들은 네임노드에 접속하여 일련의 핸드셰이크[7] 과정을 수행하면서 데이터노드의 네임스페이스 ID와 소프트웨어

---

6 (옮긴이) 기록하고자 하는 데이터가 실제로 저장 매체에 기록되는 것을 보장하기 위한 일련의 작업들을 수행하는 명령입니다.

7 (옮긴이) 실제 데이터 통신을 시작하기 전, 통신에 필요한 파라미터들의 교환/설정을 수행하는 일련의 자동화된 과정입니다.

버전을 검증합니다. 둘 중 하나라도 네임노드의 정보와 일치하지 않으면 데이터노드는 자동적으로 셧다운됩니다.

네임스페이스 ID는 파일시스템이 포맷되는 시점에 부여되며, 모든 노드는 자신이 소속한 클러스터의 ID를 항구적으로 기록해두고 있습니다. 다른 네임스페이스 ID를 갖는 노드들은 클러스터에 참여할 수 없기 때문에 파일시스템의 완결성(integrity)이 유지될 수 있습니다. 단, 새로 초기화된 데이터노드는 네임스페이스 ID가 없더라도 클러스터에 참여할 수 있습니다. 이 경우 해당 노드는 클러스터에 처음 참여하게 되는 시점에 해당 클러스터의 ID를 부여받게 됩니다.

핸드셰이크 과정이 완료되고 나면 데이터노드가 네임노드에 등록됩니다. 각 데이터노드들은 IP 주소나 포트 넘버가 변경되더라도 정상적으로 인식될 수 있게 해주는 고유의 저장 공간 ID를 항구적으로 유지합니다. 저장 공간 ID는 네임노드에 데이터노드가 처음 등록되는 시점에 부여되며, 그 이후에는 전혀 변경되지 않습니다.

데이터노드는 자신이 보유하고 있는 블록 복제본들을 파악한 뒤, 해당 블록 리포트를 네임노드에 전송합니다. 블록 리포트에는 해당 서버가 저장하고 있는 각 블록 복제본들에 대한 블록 ID, 제너레이션 스탬프, 블록 길이 정보들이 포함됩니다. 첫 번째 블록 리포트는 데이터노드가 네임노드에 등록된 직후에 전송되며, 그 이후부터는 매시간 단위로 전송됩니다. 이를 통해서 네임노드는 어떤 블록이 클러스터 내의 어떤 노드에 위치하고 있는지에 대한 정보를 항상 최신 상태로 유지할 수 있습니다.

데이터노드가 정상적으로 동작하는 동안에는 데이터노드들은 네임노드에 하트비트(heartbeat) 메시지[8]를 전송합니다. 이를 통해 네임노드는 해당 데이터노드가 정상 동작 중이며, 그 노드에 저장되어 있는 블록 복제본들이 활용 가능하다는 것을 파악합니다. 하트비트 메시지의 기본 전송 간격은 3초입니다. 네임노드가 특정 데이터노드로부터 10분 이상 하트비트를 수신하지 못하면, 네임노드는 해당 데이터노드에 장애가 발생한 것으로 간주하며 해당 데이터노드에 저장된 블록 복제본들이 접근 가능하지 않다는 점을 기록해 둡니다. 그리고 나서 네임노드는 누락된 블록들의 복제본을 다른 데이터노드들에 생성하기 위한 작업을 스케줄링합니다.

---

8 (옮긴이) 일정 주기를 두고 전송되는 소량의 메시지로써, 주로 시스템이 정상 동작 중임을 알리는 용도 등으로 사용됩니다. 심장박동처럼 주기적으로 수행된다고 하여 heartbeat라고 불립니다.

데이터노드로부터 수신되는 하트비트 메시지에는 전체 저장 공간, 현재 사용 중인 공간의 비중, 현재 진행 중인 데이터 전송 수와 같은 추가 정보들이 포함되어 있습니다. 이런 통계정보들은 네임노드가 블록을 어디에 배치할 것인지 결정하거나 로드 밸런싱을 수행하기 위한 참고 자료로 활용됩니다.

네임노드는 데이터노드로 직접 요청을 전송하는 대신, 하트비트 메시지에 대한 답신에 명령을 실어서 전송합니다. 여기에 포함되는 명령들에는 어떤 블록을 다른 노드로 복제하라고 한다든가, 특정 로컬 블록 복제본을 제거하라든가, 데이터노드를 다시 등록하고 블록 리포트를 즉각 재전송하라고 한다든가, 데이터노드를 셧다운하라고 하는 것 등이 있습니다.

이런 일련의 명령들은 전체 시스템의 완결성(integrity)을 유지하는 데 핵심적이며, 따라서 아무리 큰 클러스터에서라도 하트비트 메시지는 반드시 빈번하게 전송되어야 합니다. 네임노드는 다른 네임노드 작업 수행에 영향을 끼치지 않으면서도 초당 수천 개의 하트비트 메시지를 처리할 수 있습니다.

25.2.4 HDFS 클라이언트

사용자 애플리케이션이 HDFS 파일시스템에 접근할 때에는 HDFS 클라이언트를 거치게 됩니다. HDFS 클라이언트는 HDFS 파일시스템 인터페이스를 제공하는 라이브러리입니다.

종래의 파일시스템과 마찬가지로, HDFS는 파일을 읽기, 쓰기, 삭제하는 기능과 디렉터리를 생성하고 삭제하는 기능을 제공합니다. 어떤 파일이나 디렉터리에 이 같은 기능들을 적용할지를 지칭(reference)하기 위해서는 네임스페이스상의 경로명만 있으면 충분합니다. 애플리케이션은 파일시스템이 어떻게 구현되어 있는지 세부사항들에 대해 전혀 신경 쓸 필요가 없습니다. 예를 들자면, 메타데이터 및 데이터가 서로 다른 서버들에 저장되어 있다든가, 각 블록에 대한 여러 개의 복제본이 존재한다든가 하는 점 등 말이죠.

애플리케이션이 특정 파일을 읽어 들일 때, 먼저 HDFS 클라이언트는 네임노드에게 해당 파일을 구성하는 블록들의 복사본을 갖고 있는 데이터노드 목록을 요청합니다. 해당 데이터노드들의 목록은 클라이언트로부터 네트워크 토폴로지 거리[9]가 가까운 순서대로 정렬되어 전달됩니다. 목록을 받고 나면, 클라이언트

---

9 (옮긴이) 네트워크 상호 연결 구조가 주어졌을 때, 서로 다른 두 노드 사이의 개념적인 거리를 나타내는 척도입니다. 직접 연결된 노드들이 1의 거리를 가지며, 두 노드를 연결하기 위해 거쳐야 하는 노드 수에 비례하여 거리가 증가합니다.

는 이를 참조하여 관련 데이터노드에 직접 접속하여 필요한 블록의 전송을 요청합니다.

클라이언트가 데이터를 기록하려고 할 때에는 먼저 첫 번째 블록의 복제본을 어느 데이터노드들에 저장할 것인지 네임노드에게 결정해주길 요청합니다. 클라이언트는 수신된 데이터노드들을 순서대로 연결하는 파이프라인을 구성하고 난 뒤 데이터를 전송합니다. 첫 번째 블록을 다 쓰고 나면, 클라이언트는 다음 블록의 복제본을 저장할 새로운 데이터노드들의 목록을 요청합니다. 이후 새로운 파이프라인을 다시 구성해서 다음 데이터를 전송합니다. 각 블록을 저장할 데이터노드들의 목록은 가급적 매번 달라지도록 선정됩니다. 클라이언트와 네임노드, 데이터노드들 상의 상호 동작 과정은 그림 25.1에서 설명되어 있습니다.

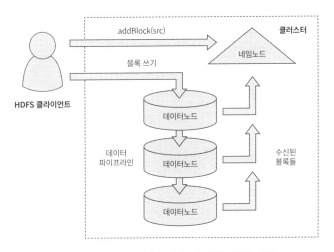

그림 25.1 HDFS 클라이언트가 새로운 파일을 생성하는 과정

종래의 파일시스템과는 달리, HDFS는 각 블록의 위치를 알려주는 API를 제공합니다. 덕분에 맵리듀스 프레임워크 등은 데이터가 실제로 위치하는 서버에서 태스크가 실행되도록 할 수 있으며 이로 인해 읽기 성능이 향상됩니다. 또한, 사용자가 각 파일을 몇 벌씩 복제해 둘 것인지도 개별적으로 지정할 수 있습니다. 기본값은 3으로 지정되어 있습니다만, 아주 중요한 파일이나 자주 사용되는 파일들의 경우 더 많은 복제본을 유지함으로써 읽기 대역폭 및 장애 내구성을 향상시킬 수 있습니다.

25.2.5 체크포인트노드

네임노드 서버 프로그램의 주 역할은 클라이언트의 요청을 처리하는 것입니다만, 이 외에도 체크포인트노드와 백업노드라는 보조 기능을 수행할 수도 있습니다. 어떤 역할을 수행할 것인지는 노드 시작 시점에 지정할 수 있습니다.

체크포인트노드는 기존의 체크포인트와 저널을 주기적으로 통합하여 새로운 체크포인트를 생성하고 저널을 비워줍니다. 체크포인트노드는 네임노드만큼 메모리를 필요로 하기 때문에, 보통 네임노드와 다른 장비에서 실행됩니다. 체크포인트노드는 네임노드로부터 현재 체크포인트와 저널을 다운받아 통합한 뒤 새로 만들어진 체크포인트를 네임노드에 다시 전송합니다.

주기적으로 체크포인트를 생성함으로써, 파일시스템 메타데이터를 보호하는 수단을 하나 더 추가로 확보할 수 있게 됩니다. 만일 시스템 기동 시점에 네임스페이스 이미지나 저널 데이터 중 어떤 것도 읽어 들일 수 없을 경우, 그 대신 최신 체크포인트에 저장된 내용을 사용하여 시스템을 기동시킬 수 있습니다. 또한, 새로운 체크포인트가 업로드되고 나면 네임노드는 해당 체크포인트 시점 이전의 저널 데이터를 안전하게 폐기할 수 있습니다.

HDFS가 재시작 없이 오랫동안 실행되면 저널 파일의 크기 역시 꾸준히 증가하게 되며, 그에 따라 저널 파일이 손상될 확률도 높아집니다. 또한, 저널 파일 크기가 커지면 커질수록 네임노드를 재시작하는데 필요한 시간 역시 늘어나게 됩니다. 일례로, 대형 클러스터의 1주일분 저널을 처리하는 데에는 보통 한 시간 가량이 소요됩니다. 따라서 체크포인트는 매일매일 생성해주는 것이 바람직합니다.

25.2.6 백업노드

백업노드는 상대적으로 최근에 HDFS에 도입된 기능입니다. 버전에 따라 차이는 있습니다만, 약 2009년 전후에 등장하기 시작했습니다. 백업노드는 체크포인트노드처럼 주기적으로 체크포인트를 생성할 수 있습니다. 또한, 자체 메모리상에서 네임노드와 완전히 동기화되는 최신 파일시스템 네임스페이스 이미지를 별도로 유지합니다.

백업노드는 활성 네임노드로부터 네임스페이스 트랜잭션의 저널 스트림을 수신하고, 자체 저장 디렉터리에 기록한 뒤, 자신이 유지하는 네임스페이스에 해당 트랜잭션을 적용합니다. 네임노드 입장에서는 백업노드를 자체 저널 저장 디렉터리인 것처럼 취급할 수 있습니다. 네임노드에 장애가 발생하면, 백업노드

메모리 내의 이미지와 디스크상의 체크포인트로부터 네임스페이스의 최신 상태를 얻을 수 있습니다.

백업노드는 이미 최신 버전의 네임스페이스 이미지를 보유하고 있기 때문에, 네임노드로부터 체크포인트와 저널 파일을 다운받지 않아도 자체적으로 체크포인트를 생성할 수 있습니다. 덕분에 백업노드에서 체크포인트 생성이 훨씬 효율적으로 수행될 수 있습니다. 로컬 디렉터리에 자신이 보유한 네임스페이스를 저장하는 것만으로 충분하기 때문이죠.

백업노드는 읽기 전용 네임노드로도 볼 수 있습니다. 백업노드에는 블록 위치를 제외한 모든 파일시스템 메타데이터 정보가 저장되며, 블록 위치에 관련된 작업이나 파일의 수정을 필요로 하지 않는 작업들은 모두 수행 가능합니다. 백업노드를 사용할 때에는 네임스페이스 상태의 저장 관련 기능에 대한 책임을 모두 백업노드에 위임함으로써, 자체적인 저장 공간 없이 네임노드를 실행시킬 수 있는 옵션도 제공합니다.

25.2.7 업그레이드 및 파일시스템 스냅숏

업그레이드가 진행될 때에는 소프트웨어 버그나 사용자의 실수로 인해서 파일시스템이 손상될 가능성이 높아집니다. HDFS 스냅숏은 업그레이드가 진행되는 동안 발생할 수 있는 잠재적 데이터 손상을 최소화하기 위해 생성됩니다.

스냅숏 메커니즘은 파일시스템의 현재 상태를 저장시켜 둠으로써, 업그레이드 과정에서 데이터 손실이나 손상이 발생하더라도 스냅숏이 생성된 시점으로 원상복귀할 수 있게 해 줍니다.

스냅숏은 딱 한 개만 생성될 수 있습니다. 스냅숏을 생성할지 여부는 시스템을 시작하는 시점에 관리자가 결정합니다. 스냅숏을 생성하기로 한 경우, 네임노드는 우선 체크포인트 정보와 저널 파일을 읽어 들여 메인 메모리에서 합칩니다. 그리고 나서 체크포인트를 생성한 뒤, 이전 체크포인트와 저널은 그대로 유지해 둔 채로 새로운 체크포인트를 만들고 저널을 비웁니다.

핸드셰이크가 진행되는 과정에서 네임노드는 데이터노드들에게 로컬 스냅숏을 생성할지 여부를 지시합니다. 데이터노드에서 스냅숏을 생성할 때, 데이터 파일까지 포함하여 디렉터리를 전부 복사할 수는 없습니다. 클러스터 내 각 데이터노드의 저장 공간이 두 배로 소요되게 될 테니까요. 대신, 데이터노드들은 storage 디렉터리만 복사한 뒤, 블록의 내용을 저장하고 있는 기존의 파일들에 대해서는 하드 링크를 생성합니다. 데이터노드가 특정 블록을 삭제할 때에는 하드 링크만을 삭제하며, 파일에 내용을 추가하는 과정에서 발생하는 블록 내용 수정은 카피온라이트(Copy-On-Write)[10] 방식으로 수행됩니다. 때문에 기존의 블록 복사본들은 각자의 디렉터리에서 변경 없이 유지됩니다.

시스템을 재시작할 때, 클러스터 관리자는 HDFS를 스냅숏 시점으로 원상 복귀시킬 것인지 여부를 선택할 수 있습니다. 특정 스냅숏으로의 원상복귀를 지정하게 되면, 네임노드는 스냅숏이 생성된 시점의 체크포인트로 복원됩니다. 또한, 데이터노드에서는 기존에 이름이 변경되었던 디렉터리들을 원상복귀시키고 스냅숏 생성 시점 이후에 생성된 파일들을 삭제해주는 백그라운드 스레드가 시작됩니다. 일단 원상 복귀 작업이 시작되고 나면 해당 결정을 다시 번복하는 것은 불가능합니다. 클러스터 관리자는 더 이상 사용할 필요가 없어진 스냅숏들을 삭제해주는 명령을 실행함으로써 해당 저장 공간들을 회복할 수 있습니다. 예를 들어, 하둡 시스템을 업그레이드할 때 업그레이드를 마무리하는 마지막 단계가 바로 업그레이드 용도로 생성된 스냅숏을 삭제하는 작업입니다.

시스템이 점점 진화함에 따라 네임노드의 체크포인트, 저널 파일 혹은 데이터노드의 블록 복제본의 저장 포맷 등이 변경될 수도 있습니다. 이 같은 데이터 포맷을 구분하기 위한 용도로 레이아웃 버전 넘버가 사용됩니다. 레이아웃 버전 넘버는 네임노드 및 데이터노드의 storage 디렉터리에 항구적으로 기록됩니다. 시스템이 시작될 때, 각 노드는 현재 소프트웨어 시스템에서 사용되는 레이아웃 버전과 기존의 storage 디렉터리 내의 레이아웃 버전을 서로 비교합니다. 만일 레이아웃 버전이 서로 다를 경우 자동으로 변환이 수행됩니다. 실제로 변환이 발생하게 되면, 시스템이 새로운 소프트웨어 레이아웃 버전으로 재시작되는 시점에 새로운 스냅숏이 반드시 생성됩니다.

25.3 파일 I/O 작업 및 복제본 관리

물론, 파일시스템의 주 용도는 데이터를 파일에 저장하는 것입니다. HDFS의 동작을 이해하기 위해서는, 파일을 읽고 쓰는 작업이 어떻게 수행되며 각 블록이 어떻게 관리되는지에 대해서 살펴봐야 합니다.

---

10 (옮긴이) 동일한 데이터에서 비롯된 사본들을 다수의 작업에서 사용할 때, 실제 해당 데이터에 수정이 발생하기 전까지는 데이터를 복제하지 않고 동일한 데이터를 공유하도록 하는 최적화 기법입니다.

25.3.1 파일 읽기 및 쓰기

애플리케이션이 새로운 파일을 생성하고 데이터를 기록하면 HDFS에 새로운 데이터가 추가됩니다. 한번 기록된 내용은 파일이 클로즈되고 난 뒤에는 수정이 불가능하며, 오직 파일 추가하기 모드로 다시 열어서 뒷부분에 새로운 데이터를 덧붙이는 것만 가능합니다. HDFS는 싱글 라이터, 멀티 리더(single-writer, multi-reader) 모델을 구현합니다.

특정 파일을 쓰기 용도로 오픈하는 HDFS 클라이언트는 일정 기간 동안 해당 파일에 대한 독점적인 임시 소유권(lease)을 부여받게 됩니다. 즉, 다른 클라이언트들은 해당 파일에 쓰기 작업을 수행할 수 없게 됩니다. 쓰기 권한을 획득한 클라이언트는 해당 파일을 사용하는 동안 네임노드에 주기적으로 하트비트(heartbeat) 신호를 보냄으로써 임시 소유권을 꾸준히 갱신받게 됩니다. 쓰기 작업을 마무리하고 파일을 닫는 시점에 이 임시 소유권은 회수됩니다.

임시 소유권에는 소프트 리미트와 하드 리미트라는 두 종류의 유효기간이 존재합니다. 소프트 리미트 시점을 지나기 전까지, 해당 파일에 대한 배타적인 접근 권한은 기본적으로 보장됩니다. 클라이언트는 소프트 리미트 시점을 지나기 전에 쓰기 작업을 완료하고 파일을 닫아야 합니다. 만일, 이 시점 이후에도 계속 쓰기 작업을 수행하고자 할 경우, 소유권을 다시 갱신받아야 합니다. 그러지 못하면 소유권이 다른 클라이언트에게 넘어갈 수 있습니다. 만일, 한 시간으로 설정된 하드 리미트마저 만료되도록 소유권을 갱신하지 못하면, HDFS는 해당 클라이언트가 종료되었다고 간주합니다. 이 경우, HDFS가 직접 해당 파일을 닫고 소유권을 회수해 버립니다.

단, 읽기 작업은 쓰기 소유권을 보유한 클라이언트의 존재 여부와 무관하게 얼마든지 수행될 수 있습니다. 즉, 하나의 파일에는 동시에 여러 개의 읽기 클라이언트가 존재할 수 있습니다.

HDFS 파일은 블록으로 이루어져 있습니다. 새로운 블록이 필요해지면, 네임노드는 새 블록에 고유한 ID를 부여하고, 해당 블록의 복사본을 어떤 데이터노드들에 저장할 것인지를 결정합니다. 선정된 데이터노드들은 클라이언트에서 최종 데이터노드까지의 총 네트워크 거리가 최소화되는 순서대로 파이프라인을 구성하게 됩니다. 이렇게 구성된 파이프라인에 파일의 내용을 담은 데이터 바이트들이 패킷 시퀀스 형태로 전송됩니다. 애플리케이션은 HDFS 클라이언트의 첫 번째 버퍼에 데이터들을 기록하기 시작합니다. 이 패킷 버퍼가 가득차고 나면(보통 64kb입니다) 데이터가 파이프라인으로 전송됩니다. 다음 패킷은 이전 패킷에 대한 수신 확인 신호가 도착하기 전에 파이프라인으로 전송될 수 있습니다. 전송 대기 패킷의 수는 클라이언트의 대기 패킷 윈도 크기 값에 의하여 제약받게 됩니다.

하지만, 데이터를 HDFS 파일에 쓰는 작업이 완료되었다고 해서, 다른 새로운 읽기 클라이언트들이 곧바로 그 데이터를 읽을 수 있게 되는 것은 아닙니다. 해당 파일이 닫히기 전에는, 새로운 읽기 클라이언트들에게 변경사항이 전달될 것이라는 보장이 없습니다.

만일 사용자 애플리케이션에서 명시적으로 그런 보장을 제공하고 싶을 경우, hflush 작업을 실행하면 됩니다. hflush를 실행하면 현재 버퍼에 있는 패킷이 즉시 파이프라인에 전송되며, 파이프라인 내의 모든 데이터노드들로부터 성공적으로 패킷이 전송되었다는 확인을 받을 때까지 기다립니다. hflush가 완료되고 나면, 해당 명령을 실행하기 전의 모든 데이터를 다른 리더들이 읽을 수 있게 된

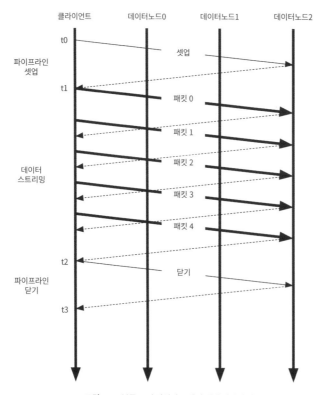

그림 25.2 블록 쓰기 작업이 수행될 때의 데이터 파이프라인

다는 점이 보장됩니다.

새로운 블록을 생성하는 과정은 만일 별다른 에러가 발생하지 않는다면 그림 25.2에서와 같은 세 단계를 거치게 됩니다. 그림 25.2에서는 3개의 데이터노드와 다섯 개의 패킷으로 구성된 파이프라인을 보여주고 있습니다. 그림에서 굵은 선은 데이터 패킷을, 점선은 수신 확인 메시지를, 얇은 선은 파이프라인의 셋업 및 종료와 같은 컨트롤 메시지를 나타냅니다. 수직선은 시간 순서에 따른 클라이언트와 데이터노드들의 활동을 나타냅니다. t0에서 t1이 파이프라인 셋업 단계입니다. 데이터 스트리밍 단계는 t1에서 t2 사이입니다. t1은 첫 데이터 패킷이 전송되기 시작하는 시점이며, t2는 마지막 패킷의 수신 확인 신호가 수신되는 시점입니다. 이 그림에서 packet2가 전송되는 부분이 hflush가 수행되는 지점입니다. hflush가 수행되는지 여부는 패킷 데이터와 함께 전송되며, hflush 명령을 위한 별도의 전용 패킷은 사용되지 않습니다. t2와 t3 사이는 해당 블록에 대한 파이프라인 종료 과정을 나타냅니다.

수천 대 규모의 클러스터에서는 노드 장애가 거의 일상적으로 발생합니다(보통 저장 장치가 원인입니다). 또한, 각 데이터노드에 저장된 복사본들은 메모리, 디스크, 네트워크 문제로 인하여 손상될 수 있습니다. 때문에, HDFS는 HDFS 파일들을 구성하는 각각의 블록에 대한 체크섬을 생성해서 기록해 둡니다. HDFS 클라이언트는 데이터를 읽어 들이면서 체크섬 검증을 수행함으로써 오류가 발생했는지 여부를 검출합니다. 클라이언트는 새로운 HDFS 파일을 생성할 때, 각 블록의 체크섬들을 별도로 계산해서 데이터와 함께 데이터노드에 전송합니다. 데이터노드는 별도의 메타데이터 파일에 해당 체크섬을 기록합니다. 클라이언트가 파일을 읽어 들일 때, HDFS는 각 블록의 데이터와 체크섬을 함께 전송해 줍니다. 클라이언트는 수신된 데이터의 체크섬을 자체적으로 계산한 뒤, 데이터와 함께 전달받은 체크섬과 비교함으로써 데이터를 검증합니다. 검증에 실패하면 클라이언트는 네임노드에 손상된 복사본을 발견했음을 통보하고, 다른 데이터노드로부터 해당 블록의 데이터를 다시 수신합니다.

클라이언트가 파일을 읽기 위해 오픈할 때, 가장 먼저 네임노드로부터 해당 파일을 구성하는 블록 복제본들이 어느 데이터노드들에 있는지 정보를 받아옵니다. 이 블록 위치 정보들은 클라이언트에서 가까운 순서대로 정렬되어 제공됩니다. 클라이언트는 이 중 가장 가까운 데이터노드로부터 블록 복제본을 읽어 들이기 시작합니다. 만일 해당 노드에 대한 읽기 시도가 실패하면, 다음 순서의 데이터노드로부터 다시 읽기를 시도합니다. 만일 데이터노드에 장애가 발생하거나, 해당 노드에 필요로 하는 블록이 더 이상 존재하지 않거나, 체크섬 확인 결과 해당 블록이 손상된 경우 읽기 작업은 실패하게 됩니다.

HDFS에서는 쓰기 모드로 열려 있는 파일을 다른 클라이언트들이 읽을 수 있습니다. 하지만 쓰기 모드로 열려 있는 파일을 읽을 때에는, 네임노드가 현재 쓰기 작업이 한창 진행되고 있는 마지막 블록의 길이는 제공해주지 못합니다. 이 경우, 클라이언트는 해당 블록의 복사본을 보유한 데이터노드 중 하나에 직접 최신 길이 정보를 요청할 수 있습니다.

HDFS I/O는 높은 처리율(throughput)로 순차적 읽기/쓰기 작업이 수행되어야 하는, 맵리듀스 같은 배치형(batch) 정보처리 시스템에 특화되어 설계되었습니다. 현재 진행 중인 작업에서는 실시간 데이터 스트리밍이나 무작위적 액세스를 필요로 하는 애플리케이션들에 대한 읽기/쓰기 반응 시간을 향상시키는 방안도 모색 중입니다.

25.3.2 블록 배치

대형 클러스터에서는 모든 노드들을 평활한 토폴로지로 연결하는 것은 바람직하지 않습니다. 일반적으로 노드들은 여러 대의 랙에 나뉘어 배치됩니다. 동일한 랙에 배치된 노드들은 같은 스위치를 공유하며, 각 랙 스위치는 다시 한 대 이상의 코어 스위치에 연결됩니다. 서로 다른 랙에 배치된 두 노드들 사이에서 데이터를 주고받으려면 여러 대의 스위치를 거치게 됩니다. 보통, 같은 랙에 배치된 노드 사이의 대역폭이 서로 다른 랙에 배치된 노드들의 경우보다 큽니다. 그림 25.3의 클러스터의 경우, 전체 2대의 랙으로 구성되며 각 랙마다 3대씩의 노드가 배치되어 있습니다.

HDFS는 두 노드 사이의 거리를 바탕으로 네트워크 대역폭을 추산합니다. 어떤 노드와 그 부모 노드 사이의 거리는 1로 간주됩니다. 임의의 두 노드 사이의 거리는 가장 가까운 공통 조상 노드(closest common ancestor node)까지의 거리의 합으로 정의됩니다. 두 노드 사이의 거리가 가까울수록 데이터 전송에 사용가능한 대역폭이 높다는 점을 의미합니다.

HDFS는 어떤 노드의 주소가 주어지면 해당 노드의 랙 식별자를 반환해 주는 스크립트를 관리자가 직접 작성하여 지정할 수 있도록 해줍니다. 각 데이터노드들의 랙 위치 정보를 제공해주는 역할은 네임노드가 수행합니다. 데이터노드가

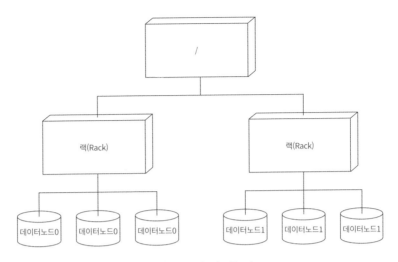

그림 25.3 클러스터 토폴로지

네임노드에 등록되는 시점에, 네임노드는 앞서 설명한 스크립트를 통해서 해당 노드가 어떤 랙에 위치하는지를 파악합니다. 만일 그런 스크립트가 지정되어 있지 않은 경우 모든 노드가 같은 랙에 놓여있다고 가정됩니다.

블록 복제본을 어떻게 배치할 것인지에 대한 정책은 HDFS에서의 데이터 안정성과 읽기/쓰기 성능에 결정적인 영향을 미칩니다. 적절한 블록 배치 정책을 적용할 경우, 데이터 안정성, 시스템 가용성, 네트워크 대역폭 활용성 등을 향상시킬 수 있습니다. 현재 HDFS는 애플리케이션별로 각자의 특성에 맞게 최적화된 배치 정책을 지정할 수 있게 해주는 인터페이스를 제공하고 있습니다.

HDFS에서 기본적으로 제공되는 블록 배치 정책은 쓰기 비용을 최소화하는 동시에, 데이터 안정성과 가용성, 총 읽기 대역폭을 최대화하는 서로 상충된 목표 사이의 절충안을 제공합니다. HDFS에서 새로운 블록을 생성할 때, 첫 번째 복제본은 라이터(writer)가 위치하는 노드에 저장됩니다. 두 번째 복제본과 세 번째 복제본은 각각 다른 랙에 위치한 서로 다른 노드들에 저장됩니다. 만일 복사본이 네 벌 이상 사용될 경우, 나머지 복제본들은 가급적 노드마다 최대 한 개씩만 저장된다는 제약만 주어진 상태에서 무작위로 배치됩니다. 두 번째 복제본과 세 번째 복제본을 서로 다른 랙에 저장함으로써, 블록 복제본들이 클러스터 내부에 더 고르게 분산되는 효과를 얻을 수 있습니다. 만일 첫 번째 복제본과 두 번째 복제본을 동일한 랙에 저장할 경우, 어떤 블록이든 복제본의 2/3는 동일한 랙에 위치하게 됩니다.

새로운 블록을 저장할 타깃 노드들이 선정되고 나면, 이 노드들은 첫 번째 복제본에서 가까운 순서대로 파이프라인을 구성하게 됩니다. 데이터는 이 순서에 따라 노드에서 노드로 전달됩니다. 반대로 읽기 작업의 경우, 네임노드는 먼저 클라이언트의 호스트가 클러스터 내부에 위치하는지부터 파악합니다.

만일 그렇다면 원하는 블록의 복제본들의 위치 정보를 리더(reader)에서 가까운 순서대로 정렬해서 제공합니다. 리더(reader)가 실제로 어떤 노드로부터 블록을 읽어 들일 것인지는 이 순서에 따라 결정하게 됩니다.

이러한 정책을 적용할 경우 서로 다른 랙 사이와 노드 사이에서 벌어지는 쓰기 트래픽을 감소시킴으로써 전반적인 쓰기 성능이 향상되는 효과를 얻을 수 있습니다. 보통 랙에서 장애가 발생할 확률은 개별 노드에서 장애가 발생할 확률에 비해 훨씬 낮기 때문에, 이러한 정책이 데이터 안정성과 가용성에 딱히 영향을 미치지 않습니다. 보통 각 블록마다 복제본을 세 벌씩 유지하지만 실제로는 복제본이 배치된 랙은 2개뿐이기 때문에, 데이터 읽기 작업에 소요되는 총 네트워크 대역폭 사용량이 감소될 수 있습니다.

25.3.3 복제본 관리

네임노드는 모든 블록에 대해 항상 지정된 만큼의 복제본이 유지되도록 노력합니다. 네임노드가 데이터노드들로부터 블록 리포트를 수신하고 나면, 지정된 수보다 많거나 적게 복제되어 있는 블록들을 파악할 수 있습니다. 어떤 블록의 복제본들이 너무 많이 있을 경우, 그중 어떤 것을 삭제할 것인지 네임노드가 결정합니다. 네임노드는 가급적 전체 랙 개수가 줄어들지 않도록 하면서 유휴공간이 가장 적게 남아 있는 데이터노드의 복제본이 삭제되는 것을 선호합니다. 전반적인 목표는 블록의 가용성을 희생하지 않으면서 데이터노드들의 저장 공간이 최대한 고르게 사용되도록 하는 것입니다.

반대로 어떤 블록이 너무 적게 복제되어 있을 경우, 해당 블록은 복제 우선순위 큐(priority queue)에 등록됩니다. 가장 높은 우선순위를 갖는 블록은 복사본이 딱 하나만 있는 경우이며, 가장 낮은 우선순위를 갖는 블록은 목표 복제율의 2/3 이상의 복제본이 존재하는 경우입니다. 이 복제 큐를 별도의 백그라운드 스레드가 주기적으로 스캔하면서 어디에 새로운 복제본을 배치할 것인지를 결정합니다. 복제될 블록의 위치를 결정하는 데 사용되는 정책은 새로운 블록의 위치를 결정하는 경우와 유사합니다. 만일 기존의 복제본 개수가 한 개밖에 없다면, 새 복제본은 다른 랙에 배치됩니다. 만일 복제본 개수가 두 개이고 모두 같은 랙 안에 배치되어 있을 경우, 세 번째 복사본은 다른 랙에 배치됩니다. 만일 두 복제본이 서로 다른 랙에 배치되어 있다면, 세 번째 블록은 기존 복제본 중 하나와 동일한 랙의 다른 노드에 배치됩니다. 여기에서의 목표는 새로운 복제본을 생성하는 데 필요한 비용을 절감하는 것입니다.

또한, 네임노드는 블록의 복제본이 모두 같은 랙에 배치되지 않도록 보장합니다. 만일 네임노드가 특정 블록의 복제본이 모두 같은 랙에 배치된 것을 발견하면, 해당 블록의 복제가 잘못 수행된 것으로 간주하고 해당 블록의 복제본을 다른 랙에 하나 더 생성합니다. 네임노드가 새 블록 복제가 완료되었다는 통지를 받으면, 해당 블록은 과도하게 복제된 상태가 됩니다. 하지만, 앞서 설명한 대로 복제본을 제거할 때 전체 랙의 개수가 줄어들지 않도록 해야 하기 때문에, 네임노드는 원래 같은 랙에 존재하던 복제본들 중 하나를 제거하게 됩니다.

25.3.4 밸런서

HDFS에서는 데이터가 항상 각 노드에 고르게 분포되지는 않습니다. 저장 공간이 많이 남아있는 소수의 데이터들에만 새 블록들이 집중되는 현상을 피하기 위해, HDFS에서 블록의 배치를 결정할 때 각 데이터노드들에 저장 공간이 얼마나 많이 남아있는지를 반영하지 않기 때문입니다. 최근에 생성된 데이터들은 곧 다시 참조될 확률도 높기 때문에 일부 노드에만 새 블록들이 집중되는 것은 바람직하지 않습니다. 또한, 이런 불균형 현상은 클러스터에 새로운 노드가 추가될 때에도 발생하게 됩니다.

밸런서는 HDFS상의 디스크 사용량을 고르게 만들어 주는 도구입니다. 밸런서는 주어진 기준치를 바탕으로 저장 공간 사용량이 고르게 분포되어 있는지 여부를 판단해서 필요할 경우 밸런싱 작업을 수행합니다. 이 기준치는 클러스터 관리자가 직접 지정 가능하며, 0에서 1 사이의 값을 갖습니다. 클러스터가 균형 잡힌 상태에 있다고 간주되려면, 전체 클러스터의 저장 공간 사용률 (utilization)[11]과 각 데이터노드의 저장 공간 사용률[12]의 차이가 모두 이 범위 이내에 들어와야 합니다.

---

11 전체 클러스터의 저장 공간 대비 사용 중인 공간의 비율
12 각 노드의 저장 공간 대비 사용 중인 공간의 비율

밸런서는 클러스터 관리자가 실행시킬 수 있는 애플리케이션 형태로 배포됩니다. 밸런서는 저장 공간 사용률이 높은 노드에서 낮은 노드로 점진적으로 블록 복제본을 이동합니다. 이때 핵심 요구사항 중 하나는 데이터 가용성을 유지하는 것으로서, 밸런서는 복사가 진행되는 동안 복제본 개수나 랙 개수가 줄어들지 않도록 합니다.

밸런싱 과정을 최적화하기 위해 서로 다른 랙 사이의 데이터 복사는 최소한으로만 수행됩니다. 예를 들어 복제본 A를 다른 랙으로 옮겨야 할 때, 만일 대상 랙 안의 다른 노드에 복제하려고 하는 블록의 다른 복제본 B가 존재하고 있을 경우, 데이터 복제에 A 대신 B를 사용함으로써 복제 과정이 같은 랙 안에서만 이루어질 수 있게 해 주는 것입니다.

밸런싱 작업에서 대역폭을 얼마만큼 사용할지 지정할 수도 있습니다. 허용된 대역폭이 높을수록 클러스터는 더 빠르게 균형 잡힌 상태에 도달할 수 있지만, 대신 애플리케이션 프로세스와의 대역폭 경쟁 또한 치열해집니다.

25.3.5 블록 스캐너

데이터노드들은 각자 블록스캐너(block scanner)라는 프로그램을 주기적으로 실행합니다. 블록스캐너는 해당 데이터노드가 보유한 블록 복제본들을 모두 스캔하면서 각 체크섬의 유효성을 검증해 줍니다. 매번 스캔을 수행할 때마다 블록스캐너는 주어진 시간 내에 검증작업이 완료될 수 있도록 읽기 대역폭을 적절히 조정합니다. 또한, 이와는 별개로 각 클라이언트들 역시 블록을 읽어 들이는 시점에 체크섬 검사를 수행합니다. 만일 클라이언트에서 체크섬 검사에 성공하면 해당 결과를 데이터노드에 통보해 줍니다. 이 경우 결과를 전달받은 데이터노드는 해당 복제본에 대해서는 체크섬 확인을 건너뛸 수 있습니다.

각 블록의 검증 시각은 사람이 읽을 수 있는 포맷으로 로그 파일에 기록됩니다. 데이터노드의 최상위 디렉터리에는 최신 로그와 바로 직전 로그 파일 두 개가 항상 존재하게 됩니다. 최신 검증 수행 시각들은 최신 로그 파일의 뒷부분에 순서대로 추가됩니다. 이에 상응하여, 각 데이터노드는 각 복제본의 검증 시각에 따라 정렬된 인-메모리 스캐닝 리스트를 유지합니다.

클라이언트와 블록스캐너는 손상된 블록을 발견할 때마다 해당 정보를 네임노드에 전송합니다. 네임노드는 해당 복제본이 손상되었다는 정보를 일단 기록해두기만 합니다. 손상된 블록은 즉시 삭제되지 않습니다. 대신 다른 정상적인 복사본으로부터 추가 복사본을 생성하는 작업이 먼저 진행됩니다. 손상된 블록 삭제는 정상적인 복사본의 수치가 지정된 복제본 수(replication factor)에 도달하고 난 뒤에야 진행됩니다. 이런 정책은 데이터를 최대한 오래 유지하는 것을 목표로 하고 있습니다. 만에 하나 어떤 블록의 복제본들이 모두 손상되더라도, 이런 정책 덕분에 사용자는 최소한 손상된 블록으로부터라도 데이터를 얻을 수 있게 됩니다.

25.3.6 노드 제거

가장 먼저, 클러스터 관리자가 제거할 노드의 목록을 지정합니다. 일단 특정 데이터노드가 제거 대상으로 지정되고 나면, 그 시점 이후부터는 더 이상 복제본을 저장할 대상으로 선정되지 않습니다. 하지만 자신이 보유한 블록에 대한 읽기 요청은 계속 처리합니다. 네임노드는 해당 노드가 보유하고 있는 블록들을 다른 데이터노드들로 복사하기 위한 스케줄링을 시작합니다. 제외될 데이터노드가 보유하고 있는 블록들이 모두 다른 노드들에 복사되고 나면 해당 노드는 디커미션 상태가 됩니다. 이 상태가 되고 나면 해당 노드를 클러스터에서 안전하게 제거할 수 있습니다.

25.3.7 클러스터 간 데이터 복사

방대한 규모의 데이터를 다룰 때, HDFS에 데이터를 넣고 빼오는 작업은 쉽사리 엄두를 내기 어려운 대규모 작업입니다. HDFS는 클러스터 내부/외부 사이의 대규모 데이터 복사를 위해 Distcp라는 도구를 제공합니다. Distcp는 그 자체가 하나의 맵리듀스 작업(MapReduce job)으로서, 각각의 맵 작업에서 원본 데이터의 일부를 대상 파일시스템에 복사합니다. 태스크 스케줄링이나 에러 검출 및 복원 작업들은 맵리듀스 프레임워크가 알아서 처리해 줍니다.

25.4 야후!의 사례

야후!에서 운용하는 클러스터들 중에서 규모가 가장 큰 것들은 약 4,000개의 노드로 구성되어 있습니다. 보통 각각의 클러스터 노드는 2.5GHz 쿼드코어 제온 프로세서를 2개, 2TB SATA 드라이브를 4개에서 12개, 램 24GB, 1Gbit 이더넷 커넥션을 장착하고 있습니다. 전체 디스크 공간 중 약 70% 정도가 HDFS를 위해 할당되며, 나머지는 레드햇 리눅스 운영체제, 로그 데이터, 맵 태스크에서 생성되는 스필(spill) 아웃풋[13] 등을 저장하기 위한 용도로 사용됩니다.

하나의 랙에는 IP 스위치를 공유하는 40대의 노드가 배치됩니다. 각 랙 스위치는 8개의 코어 스위치 중 하나로 연결되게 됩니다. 코어 스위치는 랙 스위치들을 서로 연결해 주며, 클러스터 외부 리소스와의 연결도 담당합니다. 각 클러스터의 네임노드와 백업노드들에는 특별히 램이 최대 64GB까지 장착됩니다.

이들 장비에는 애플리케이션의 계산 작업이 할당되지 않습니다. 4,000노드 규모의 대형 클러스터의 경우 총 11페타바이트의 저장 공간을 갖게 되며, 각 블록이 3번씩 중복될 때 사용자 애플리케이션에게 제공되는 저장 공간은 총 3.7PB가 됩니다. 수년에 걸쳐 HDFS가 사용되면서, 클러스터 노드들은 기술 발전의 혜택을 보아왔습니다. 새 클러스터 노드들에는 더 빨라진 프로세서, 더 커진 디스크와 더 많은 램이 제공됩니다. 구형 노드들은 클러스터에서 제거되거나 개발/테스트 전용 하둡 클러스터로 재배치되게 됩니다.

실제 대형 클러스터 하나의 사례를 살펴보면, 약 6,500만 파일과 8,000만 블록들이 들어있었습니다. 각 블록은 일반적으로 3벌씩 복제되었으며, 각 데이터노드들은 60,000개의 블록 복제본을 보유하고 있었습니다. 매일 사용자 애플리케이션들이 새 파일 200만 개씩을 생성하고 있었습니다. 야후!의 하둡 클러스터들을 전체적으로 봤을 때, 총 노드 개수는 약 40,000개에 달하며 약 40PB의 온라인 저장 공간을 제공합니다.

야후!의 핵심 기술 구성요소가 된다는 점은, 연구 프로젝트에서는 볼 수 없는 수 PB의 기업 데이터를 관리하는 데에서 발생하는 기술적 문제들과 씨름해야한다는 점을 의미합니다. 무엇보다도 우선되는 이슈는 데이터의 안정성과 내구성입니다만, 그 밖에도 경제성이라든가 사용자 간 리소스 공유 메커니즘, 시스템 운영의 용이성 등도 역시 중요한 사항입니다.

25.4.1 데이터 내구성

데이터를 3개씩 복제해두는 정책은 노드 장애가 상호 독립적으로 발생하는 경우에 대한 효율적인 대응책입니다. 이 같은 방식을 적용한 덕분에 야후!에서 블

---

13 (옮긴이) 맵리듀스 작업이 수행되는 동안 생성되는 임시 데이터 중 하나입니다. 각 노드의 로컬 저장 장치에만 임시로 기록되었다가 삭제되며, HDFS상에 저장되지는 않습니다.

록이 단 한 개라도 손실되었을 가능성은 극히 희박합니다. 대형 클러스터에서 1년 동안 블록 하나가 손실될 확률은 0.005퍼센트 이하입니다. 이를 이해하는 데 있어서 핵심적인 요소는 매달 전체 노드 중 약 0.8퍼센트에서 장애가 발생한다는 점입니다(해당 노드가 결국 다시 살아난다고 하더라도, 해당 노드에 저장되어 있던 손실된 데이터를 복원하기 위한 별도의 작업은 따로 수행되지 않습니다). 따라서 앞에서 설명된 대규모 클러스터의 사례를 보면 매일 노드 한두 대꼴로 장애가 발생하지만, 장애가 발생한 노드에 저장된 블록 6만여 개가 전부 복원되는 데는 약 2분이면 충분합니다. 클러스터 규모가 클수록 블록 재복사 속도 역시 빨라지기 때문입니다. 이 2분 안에 어떤 블록의 복사본을 가진 모든 노드에서 동시에 장애가 발생할 확률은 극히 희박합니다.

반면, 장애가 서로 연관된 경우에는 문제가 달라집니다. 이런 종류의 대표적인 사례는 랙이나 코어 스위치에서 장애가 발생하는 경우입니다. 랙 스위치 한 대에서만 장애가 발생할 경우에는, 이미 블록 복제본들이 다수의 랙에 걸쳐 배치되어 있기 때문에 HDFS가 정상 동작하는 데에는 지장이 없습니다. 반면, 코어 스위치에 장애가 발생할 경우에는 다수의 랙들에 배치된 클러스터 노드들이 한꺼번에 격리되게 되기 때문에 어떤 블록들은 접근이 불가능해질 수 있습니다. 두 경우 모두 장애가 발생한 스위치를 수리하기만 하면 관련 데이터들이 복원됩니다.

또 다른 종류의 사례로는 의도적으로든 실수로든 발생하는 전원 장애를 들 수 있습니다. 이 경우에도 마찬가지로, 한꺼번에 다수의 랙들이 정전의 영향을 받게 되면 일부 블록이 접근 불가능해질 수 있습니다. 하지만, 정전의 경우에는 전원이 복구되더라도 통상 0.5~1퍼센트의 노드들이 재기동에 실패하며, 이로 인해서 복구가 완전히 되지 않을 수 있습니다. 통계적으로 볼 때, 실제 환경에서 대규모 클러스터가 정전으로 인하여 재기동될 경우 통상 블록 몇 개 정도는 손실됩니다.

또한, 노드에 별다른 장애가 발생하지 않더라도 저장된 데이터가 손상 혹은 손실되기도 합니다. 예제로 들고 있는 대형 클러스터에서는 2주마다 블록 스캐너가 전체 블록들에 대한 스캔을 수행하며, 이 과정에서 매번 대략 20여 개의 손상된 복제본들이 발견되고는 합니다. 손상된 블록 복제본들은 발견되는 즉시 대체됩니다.

25.4.2 HDFS 공유 기능

HDFS의 사용층이 확대됨에 따라서, 파일시스템 자체에서 다수의 사용자들 간 자원 공유 수단들에 대한 필요성이 제기되기 시작했습니다. 그 중 첫 번째는 유닉스의 파일 및 디렉터리 접근 권한과 같은 접근 권한(permission) 기능입니다. 이 프레임워크에서는, 각 파일이나 디렉터리 단위로 소유자, 소유자와 동일한 그룹 내의 사용자들, 그리고 전체 사용자들에 대한 권한을 개별적으로 지정 가능합니다. 종래의 유닉스/POSIX의 경우와의 근본적인 차이점은 HDFS에서는 실행 권한(execute permission)이나 sticky bit[14]가 없다는 점입니다.

초기 버전의 HDFS에서는 사용자 식별 기능이 매우 미미했습니다. HDFS에 접속할 때, 애플리케이션 클라이언트가 로컬 운영체제로부터 획득한 사용자 ID 와 그룹 소속 정보가 그대로 사용되곤 했습니다. 반면, 새로운 프레임워크에서는 애플리케이션 클라이언트가 신뢰할 수 있는 소스로부터 획득된 식별 정보 (credential)를 제공해야 합니다. 식별 정보 관리 기법으로는 다양한 종류의 기술들을 선택할 수 있습니다. 초기 구현에서는 케르베로스(Kerberos)가 사용되었습니다. 반대로, 사용자 애플리케이션 역시 동일한 프레임워크를 사용하여 자신이 접속한 네임시스템에게 신뢰할 수 있는 식별 정보를 제공해달라고도 요청할 수 있습니다. 또한, 네임시스템이 클러스터에 참여하려고 하는 모든 데이터노드에게 식별 정보 제공을 요청할 수도 있습니다.

전체 저장 공간 규모는 데이터노드가 모두 몇 대이며, 각 노드에서 제공되는 저장 공간의 크기는 얼마인지에 의해 결정됩니다. 초창기의 HDFS 운용 경험에 따라, 각 사용자에게 얼마만큼의 자원을 할당할 것인지를 강제할 수 있는 수단, 즉 쿼터(quota) 설정 기능의 필요성이 대두되었습니다. 단지 자원을 공정하게 배분하는 것뿐만이 아니라, 어떤 애플리케이션에서 수천 대의 장비에 데이터를 기록하는 와중에 의도치 않게 전체 저장 공간이 모두 소진되어버리는 것을 방지하는 것도 중요하기 때문입니다. 또한, 네임스페이스에서 사용가능한 파일 및 디렉터리의 최대 개수에도 제약이 존재합니다. HDFS에서는 시스템 메타데이터가 항상 RAM에만 유지되기 때문입니다. Quota는 각각의 디렉터리 단위로 지정할 수 있습니다. 즉, 해당 디렉터리의 하부에 존재하는 파일 및 서브디렉터리들

---

14 (옮긴이) Unix 시스템에서 파일 및 디렉터리의 접근 권한을 나타내기 위해 사용되는 플래그 종류들 중 하나입니다. 실제 나타나는 효과는 OS와 적용 대상에 따라 달라집니다만, 주로 실행 권한과 관련되기 때문에 실행 권한 자체가 없는 HDFS에서는 의미가 없습니다.

을 합쳐서 얼마만큼의 저장 공간을 사용할 수 있으며, 전체 파일 및 서브디렉터리 개수는 몇 개까지 사용가능한지를 각각 개별적으로 지정할 수 있습니다.

HDFS 아키텍처는 애플리케이션들이 대규모 데이터를 스트리밍 방식으로 입력받는 경우를 위주로 설계되었습니다. 하지만, 맵리듀스 프로그래밍 프레임워크에서는 각 리듀스 작업마다 하나씩 파일이 생성되기 때문에, 작은 파일들이 다수 생성되는 경향을 띨 수도 있습니다. 이 경우, 네임스페이스의 한정된 자원에 추가 부담이 발생합니다. 이를 해결하기 위한 편의 기능으로써, 디렉터리를 하둡 아카이브 파일(Hadoop Archive File)로 묶는 것이 가능합니다. HAR 파일은 tar, jar, zip 파일들과 유사합니다만, 아카이브 내의 개별 파일별로 파일시스템 작업을 수행할 수 있습니다. 또한, 별도의 변환 없이도 HAR 파일을 맵리듀스 작업의 입력으로 사용할 수도 있습니다.

25.4.3 확장성 및 HDFS 페더레이션[15]

네임노드의 확장성은 핵심 난제였습니다[Shv10]. 네임스페이스와 블록 위치 정보들이 네임노드의 메인 메모리상에서만 유지되기 때문에, 네임노드의 heap 크기에 비례하여 파일 및 블록 개수들을 몇 개까지 사용할 수 있는지, 사용가능한 저장 공간의 최대 크기가 얼마인지가 결정됩니다. 따라서 동일한 메인 메모리를 사용했을 때, 가급적 전체 파일 개수는 적고, 각 파일 크기는 큰 편이 바람직합니다. 하지만 큰 파일들만 사용해도 충분한 애플리케이션들은 드문 데다가, 새로운 종류의 애플리케이션들에서는 HDFS상에서 작은 파일들을 많이 저장해야 하는 경우도 나타나고 있습니다. 앞에서 설명했던 Quota나 아카이브 기능들 역시 이런 확장성 문제를 근본적으로 해결해 주지는 못합니다.

새로운 기능 중 하나는 다수의 독립적인 네임스페이스/네임노드들이 클러스터 내의 동일한 물리적 저장 공간을 공유하도록 해주는 것입니다. 네임스페이스들은 블록 풀(Block Pool)이라고 불리는 그룹들로 묶여진 블록들을 사용합니다. SAN 저장 시스템[16]으로 비유해 볼 때, 각각의 블록 풀은 LUN(Logical UNit)[17]에,

---

15 (옮긴이) 단일 네임노드를 사용하는 데서 오는 한계를 극복하기 위해, 다수의 네임노드를 활용할 수 있게 하는 구조입니다.

16 (옮긴이) Storage Area Network의 줄임말로서, 다수의 저장 장치를 통합하여 서버에서 로컬 저장 장치처럼 사용할 수 있도록 네트워크를 통해 제공해주는 장치입니다.

17 (옮긴이) SAN에서 사용되는 논리적 장치를 지칭하는 용어로써 논리적 디스크 등을 가리킵니다.

블록 풀을 가진 네임스페이스는 전체 파일시스템 볼륨에 대응되는 개념입니다.

이 방식은 확장성 외에도 다수의 장점을 제공합니다. 각 애플리케이션별로 상호 분리된 네임스페이스를 제공해줌으로써 클러스터의 전반적인 가용성을 향상시킬 수 있습니다. 블록 풀 추상화 개념을 활용하면, 다른 서비스들이 전혀 다른 네임스페이스 구조를 통해 블록 스토리지를 사용하는 것도 가능해집니다. 그 밖에도 네임스페이스의 일부만을 메모리에 저장하거나 네임노드 구조를 완전히 분산화시키는 등의 시도들도 진행되고 있습니다.

애플리케이션 관점에서는 예전처럼 단일 네임스페이스를 계속 사용하는 것이 선호됩니다. 이처럼 예전과 같은 단일화된 뷰를 생성하기 위해서는 네임스페이스를 마운트하는 방법이 사용될 수 있습니다. 클라이언트 사이드 마운트 테이블이 서버 사이드 마운트 테이블에 비하여 상대적으로 효율적입니다. 서버 사이드 마운트 테이블의 경우 별도의 RPC가 필요한 데다가, 장애가 발생할 경우 전체가 영향을 받게 되기 때문입니다. 가장 간단한 접근 방법은 클러스터 단위로 공유되는 네임스페이스를 사용하는 것입니다. 클러스터 내의 각 클라이언트들이 모두 동일한 클라이언트 사이드 마운트 테이블을 제공받아 사용하는 형태로 구현될 수 있습니다. 또한, 클라이언트 사이드 마운트 테이블을 이용하면 각 애플리케이들이 자신만의 고유한 네임스페이스 뷰를 생성하는 것도 가능해집니다. 이것은 분산 시스템에서 원격 실행을 처리하기 위해 사용되는 프로세스 단위 네임스페이스와 대응되는 개념입니다[PPT+93, Rad94, RP93].

25.5 교훈

하둡 파일시스템을 개발하고 실제 프로덕션 환경에서 사용할 수 있을 만큼 안정화시키는 데에는 소규모 팀만으로도 충분했습니다. 이러한 성공을 거둘 수 있었던 데에는 아키텍처의 단순성이 기여한 바가 큽니다. 블록의 중복 배치, 주기적인 블록 단위 리포트 수행, 중앙집중식 메타데이터 서버 등과 같은 점들이죠. POSIX 표준안의 일부만을 지원하기로 결정했던 점도 아키텍처를 단순화하는 데 큰 도움이 되었습니다. 모든 메타데이터를 메모리 내에서 유지하기로 한 결정은 네임스페이스의 확장성에 제약을 가하기도 했지만, 덕분에 일반적인 파일시스템에서 요구되는 복잡한 locking을 회피할 수 있었기 때문에 네임노드의 구조를 단순화시킬 수 있었습니다. 빠르고 점진적으로 개발이 진행되던 과정 내내

야후!의 프로덕션 환경에 즉시 적용해 볼 수 있었던 점의 영향도 컸습니다. 하둡 파일시스템은 매우 안정적이며, 네임노드 장애는 거의 발생하지 않고 있습니다. 다운타임의 대부분은 소프트웨어 업그레이드로 인해 발생했었습니다. (수동) 페일오버 솔루션은 최근에서야 등장하기 시작하고 있습니다.

많은 사람들이 확장성 있는 분산 파일시스템을 구축하는 데 자바를 선택했다는 점에 놀라곤 합니다. 비록 가비지 컬렉션과 자바만의 객체 메모리 오버헤드로 인해 네임노드 확장성 확보가 까다롭기는 했지만, 시스템 전체의 안정성 측면에서 자바가 기여한 바 역시 큽니다. 자바 덕분에 메모리 관리나 포인터 사용 버그로 인한 메모리 깨짐 현상을 피할 수 있었기 때문입니다.

25.6 고마운 분들

야후!가 하둡 프로젝트에 투자해주고 해당 프로젝트를 오픈 소스로 공개해 준 점에 대해 깊은 감사를 표합니다. HDFS와 MapReduce 코드의 약 80%는 야후!에서 개발되었습니다. 또한 소중한 기여를 해준 모든 커미터와 협조자께도 감사드립니다.

옮긴이: 류성호
KAIST 인공지능 연구실에서 박사과정을 마쳤으며, 졸업 후 삼성전자와 NHN에서 근무했다. 네이버의 음성 비서 서비스인 '링크'의 음성인식 개발을 담당하였으며, 현재 아마존에서 Speech/Machine learning scientist로 재직 중이다.

참고자료

[AF94] Rick Adams and Donnalyn Frey: !%@:: A Directory of Electronic Mail Addressing & Networks. O'Reilly Media, Sebastopol, CA, fourth edition, 1994.

[Ald02] Gaudenz Alder: The JGraph Swing Component. PhD thesis, ETH Zurich, 2002.

[BCC+05] Louis Bavoil, Steve Callahan, Patricia Crossno, Juliana Freire, Carlos E. Scheidegger, Cláudio T. Silva, and Huy T. Vo: "VisTrails: Enabling Interactive Multiple-View Visualizations". Proc. IEEE Visualization, pages 135-142, 2005.

[Bro10] Frederick P. Brooks, Jr.: The Design of Design: Essays from a Computer Scientist. Pearson Education, 2010.

[CDG+06] Fay Chang, Jeffrey Dean, Sanjary Ghemawat, Wilson C. Hsieh, Deborah A. Wallach, Mike Burrows, Tushar Chandra, Andrew Fikes, and Robert E. Gruber: "BigTable: a Distributed Storage System for Structured Data". Proc. 7th USENIX Symposium on Operating Systems Design and Implementation (OSDI'06). USENIX Association, 2006.

[CIRT00] P. H. Carns, W. B. Ligon III, R. B. Ross, and R. Thakur: "PVFS: A Parallel File System for Linux Clusters". Proc. 4th Annual Linux Showcase and Conference, pages 317-327, 2000.

[Com79] Douglas Comer: "Ubiquitous B-Tree". ACM Computing Surveys, 11:121-137, June 1979.

[CRS+08] Brian F. Cooper, Raghu Ramakrishnan, Utkarsh Srivastava, Adam Silberstein, Philip Bohannon, Hans Arno Jacobsen, Nick Puz, Daniel Weaver, and Ramana Yerneni: "PNUTS: Yahoo!'s Hosted Data Serving Platform". PVLDB, 1(2):1277-1288, 2008.

[DG04] Jeffrey Dean and Sanjay Ghemawat: "MapReduce: Simplified Data Processing on Large Clusters". Proc. Sixth Symposium on Operating System Design and Implementation, 2004.

[DHJ+07] Giuseppe DeCandia, Deniz Hastorun, Madan Jampani, Gunavardhan Kakulapati, Avinash Lakshman, Alex Pilchin, Swaminathan Sivasubramanian,

Peter Vosshall, and Werner Vogels: "Dynamo: Amazon's Highly Available Key-Value Store". SOSP'07: Proc. Twenty-First ACM SIGOPS Symposium on Operating Systems Principles, pages 205-220, 2007.

[FKSS08] Juliana Freire, David Koop, Emanuele Santos, and Cláudio T. Silva: "Provenance for Computational Tasks: A Survey". Computing in Science and Engineering, 10(3):11-21, 2008.

[FSC+06] Juliana Freire, Cláudio T. Silva, Steve Callahan, Emanuele Santos, Carlos E. Scheidegger, and Huy T. Vo: "Managing Rapidly-Evolving Scientific Workflows". International Provenance and Annotation Workshop (IPAW), LNCS 4145, pages 10-18. Springer Verlag, 2006.

[GGL03] Sanjay Ghemawat, Howard Gobioff, and Shun-Tak Leung: "The Google File System". Proc. ACM Symposium on Operating Systems Principles, pages 29-43, 2003.

[GL02] Seth Gilbert and Nancy Lynch: "Brewer's Conjecture and the Feasibility of Consistent Available Partition-Tolerant Web Services". ACM SIGACT News, page 2002, 2002.

[GR09] Adam Goucher and Tim Riley (editors): Beautiful Testing. O'Reilly, 2009.

[GLPT76] Jim Gray, Raymond Lorie, Gianfranco Putzolu, and Irving Traiger: "Granularity of Locks and Degrees of Consistency in a Shared Data Base". Proc. 1st International Conference on Very Large Data Bases, pages 365-394, 1976.

[Gra81] Jim Gray: "The Transaction Concept: Virtues and Limitations". Proc. Seventh International Conference on Very Large Data Bases, pages 144-154, 1981.

[Hor05] Cay Horstmann: Object-Oriented Design and Patterns. Wiley, 2 edition, 2005.

[HR83] Theo Haerder and Andreas Reuter: "Principles of Transaction-Oriented Database Recovery". ACM Computing Surveys, 15, December 1983.

[Kit10] Kitware: VTK User's Guide. Kitware, Inc., 11th edition, 2010.

[Knu74] Donald E. Knuth: "Structured Programming with Go To Statements". ACM Computing Surveys, 6(4), 1974.

[LA04] Chris Lattner and Vikram Adve: "LLVM: A Compilation Framework for Lifelong Program Analysis & Transformation". Proc. 2004 International Symposium on Code Generation and Optimization (CGO'04), Mar 2004.

[LCWB+11] H. Andrées Lagar-Cavilla, Joseph A. Whitney, Roy Bryant, Philip Patchin, Michael Brudno, Eyal de Lara, Stephen M. Rumble, M. Satyanarayanan, and Adin Scannell: "SnowFlock: Virtual Machine Cloning as a First-Class Cloud Primitive". ACM Transactions on Computer Systems, 19(1), 2011.

[Mac06] Matt Mackall: "Towards a Better SCM: Revlog and Mercurial". 2006 Ottawa Linux Symposium, 2006.

[MQ09] Marshall Kirk McKusick and Sean Quinlan: "GFS: Evolution on Fast-Forward". ACM Queue, 7(7), 2009.

[PGL+05] Anna Persson, Henrik Gustavsson, Brian Lings, Björn Lundell, Anders Mattson, and Ulf Ärlig: "OSS Tools in a Heterogeneous Environment for Embedded Systems Modelling: an Analysis of Adoptions of XMI". SIGSOFT Software Engineering Notes, 30(4), 2005.

[PPT+93] Rob Pike, Dave Presotto, Ken Thompson, Howard Trickey, and Phil Winterbottom: "The Use of Name Spaces in Plan 9". Operating Systems Review, 27(2):72–76, 1993.

[Rad94] Sanjay Radia: "Naming Policies in the Spring System". Proc. 1st IEEE Workshop on Services in Distributed and Networked Environments, pages 164-171, 1994.

[RP93] Sanjay Radia and Jan Pachl: "The Per-Process View of Naming and Remote Execution". IEEE Parallel and Distributed Technology, 1(3):71-80, 1993.

[Shu05] Rose Shumba: "Usability of Rational Rose and Visio in a Software Engineering Course". SIGCSE Bulletin, 37(2), 2005.

[Shv10] Konstantin V. Shvachko: "HDFS Scalability: The Limits to Growth". ;login:, 35(2), 2010.

[SML06] Will Schroeder, Ken Martin, and Bill Lorensen: The Visualization Toolkit: An Object-Oriented Approach to 3D Graphics. Kitware, Inc., 4 edition, 2006.

[SO92] Margo Seltzer and Michael Olson: "LIBTP: Portable, Modular Transactions for Unix". Proc 1992 Winter USENIX Conference, pages 9-26, January 1992.

[Spi03] Diomidis Spinellis: "On the Declarative Specification of Models". IEEE Software, 20(2), 2003.

[SVK+07] Carlos E. Scheidegger, Huy T. Vo, David Koop, Juliana Freire, and Cláudio T. Silva: "Querying and Creating Visualizations by Analogy". IEEE Transactions on Visualization and Computer Graphics, 13(6):1560-1567, 2007.

[SY91] Margo Seltzer and Ozan Yigit: "A New Hashing Package for Unix". Proc. 1991 Winter USENIX Conference, pages 173–184, January 1991.

[Tan06] Audrey Tang: "-O fun: Optimizing for Fun". http://www.slideshare.net/autang/ofun-optimizing-for-fun, 2006.

[Top00] Kim Topley: Core Swing: Advanced Programming. Prentice-Hall, 2000.